（宋）楊復 撰

元本儀禮圖

第七册

國家圖書館出版社

第七册目録

儀禮卷第十二

士喪禮第十二

士喪禮死于適室幠用斂衾復者一人以爵弁服簪裳于衣左何之扱領于帶升自前東榮中屋北面招以衣曰皋某復三降衣于前受用篋升自阼階以衣尸復者降自後西榮楔齒用角柶綴足用燕几奠脯醢醴酒升自阼階奠于尸東帷堂乃赴于君主人西階東南面命赴者拜送有賓則拜之入坐于牀東衆主人在其後西面婦人俠牀東面親者在室衆婦人戶外北面衆兄弟堂下北面君使人弔徹帷主人迎

于寢門外見賓不哭先入門右北面弔者入升自西
階東面主人進中庭弔者致命主人哭拜稽顙成踊
賓出主人拜送于外門外君使人襚徹帷主人如初
襚者左執領右執要入升致命主人拜如初襚者入
衣尸出主人拜送如初唯君命出升降自西階遂拜
賓有大夫則特拜之即位于西階下東面不踊大夫
雖不辭入也親者襚不將命以即陳庶兄弟襚使人
以將命于室主人拜于位委衣于尸東牀上朋友襚
親以進主人拜委衣如初退哭不踊徹衣者執衣如
襚以適房爲銘各以其物亡則以緇長半幅赬末長

終幅廣三寸書銘於末曰某氏某之柩竹杠長三尺置于宇西階上向人掘坎于階間少西爲垼于西牆下東鄉新盆槃瓶廢敦重鬲皆濯造于西階下陳襲事于房中西領南上不綪明衣裳用布鬠笄用桑長四寸纋中布巾環幅不鑿掩練帛廣終幅長五尺析其末瑱用白纊幎目用緇方尺二寸赬裏著組繫握手用玄纁裏長尺二寸廣五寸牢中旁寸著組繫決用正王棘若檡棘組繫纊極二冒緇質長與手齊赬殺掩足爵弁服純衣皮弁服褖衣緇帶韎韐竹笏夏葛屨冬白屨皆繶緇約純組綦繫于踵庶襚繼陳不

用貝三實于笄稻米一豆實於筐沐巾一浴巾二皆
用綌於笄櫛於簞浴衣於篋皆饌于西序下南上管
人汲不說繘屈之祝淅米于堂南面用盆管人盡階
不升堂受潘煑于垼用重鬲祝盛米于敦奠于貝北
士有冰用夷槃可也外御受沐入主人皆出戶外北
面乃沐櫛挋用巾浴用巾挋用浴衣渜濯棄于坎蚤
揃如他日鬠用組乃笄設明衣裳主人入即位商祝
襲祭服褖衣次主人出南面左袒扱諸面之右盥于
盆上洗貝執以入宰洗柶建于米執以從商祝執巾
從入當牖北面徹枕設巾徹楔受貝奠于尸西主人

由足西牀上坐東面祝又受米奠于貝北宰從立于
牀西在右主人左扱米實于右三實一貝左中亦如
之又實米唯盈主人襲反位商祝掩瑱設幎目乃屨
綦結于跗連絇乃襲三稱明衣不在筭設韐帶搢笏
設決麗于掔自飯持之設握乃連掔設冒櫜之幠用
衾巾柶鬊蚤埋于坎重木刊鑿之甸人置重于中庭
參分庭一在南夏祝鬻餘飯用二鬲于西牆下冪用
疏布久之繫用靲縣于重冪用葦席北面左衽帶用
靲賀之結于後祝取銘置于重厥明陳衣于房南領
西上綪絞橫三縮一廣終幅析其末緇衾赬裏無紞

祭服次散衣次凡十有九稱陳衣繼之不必盡用饌
于東堂下脯醢醴酒冪奠用功布實于簞在饌東設
盆盥于饌東有巾苴絰大鬲下本在左要絰小焉散
帶垂長三尺牡麻絰亦如之亦散帶垂皆饌于東
方婦人之帶牡麻結本在房牀笫夷衾饌于西坫南
西方盥如東方陳一鼎于寢門外當東塾少南西面
其實特豚四鬄去蹄兩胉脊肺設扃鼏鼏西末素俎
在鼎西西順覆匕東柄士盥二人以並東面立于西
階下布席于戶內下莞上簟商祝布絞衾散衣祭服
祭服不倒美者在中士舉遷尸反位設牀笫于兩楹之

間衽如初有枕卒斂徹帷主人西面馮尸踊無筭主
婦東面馮亦如之主人髺髮袒衆主人免于房婦人
髽于室士舉男女奉尸侇于堂幠用夷衾男女如室
位踊無筭主人出于足降自西階衆主人東即位婦
人阼階上西面主人拜賓大夫特拜士旅之即位踊
襲絰于序東復位乃奠舉者盥右執匕郤之左執俎
橫攝之入阼階前西面錯錯俎北面右人左執匕抽
扃予左手兼執之取鼏委于鼎北加扃不坐乃朼載
載兩髀于兩端兩肩亞兩胉亞脊肺在於中皆覆進
柢執而俟夏祝及執事盥執醴先酒脯醢俎從升自

阼階丈夫踊甸人徹鼎巾待于阼階下奠于尸東執醴酒北面西上豆錯俎錯於豆東立於俎北西上醴酒錯於豆南祝受巾巾之由足降自西階婦人踊奠者由重南東丈夫踊賓出主人拜送于門外乃代哭不以官有襚者則將命擯者出請入告主人待于位擯者出告須以賓入賓入中庭北面致命主人拜稽顙賓升自西階出于足西面委衣如於室禮降出主人出拜送朋友親襚如初儀西階東北面哭踊三降主人不踊襚者以褶則必有裳執衣如初徹衣者亦如之升降自西階以東宵爲燎于中庭厥明滅燎陳

衣于房南領西上績絞紟衾二君襚祭服散衣庶襚凡三十稱紟不在算不必盡用東方之饌兩瓦甒其實醴酒角觶木柶毼豆兩其實葵菹芋蠃醢兩籩無縢布巾其實栗不擇脯四脡奠席在饌北斂席在其東掘肂見衽棺入主人不哭升棺用軸蓋在下熬黍稷各二筐有魚腊饌于西坫南陳三鼎于門外北上豚合升魚鱄鮒九腊左胖髀不升其他皆如初燭俟于饌東祝徹盥于門外入升自阼階丈夫踊祝徹巾授執事者以待徹饌先取醴酒北面其餘取先設者出于足降自西階婦人踊設於序西南當西榮如設

于堂醴酒位如初執事豆北南面東上乃適饌帷堂婦人尸西東面主人及親者升自西階出于足西面袒士盥位如初布席如初商祝布絞紟衾衣美者在外君襚不倒有大夫則告士舉遷尸復位主人踊無筭卒斂徹帷主人馮如初主婦亦如之主人奉尸斂于棺踊如初乃蓋主人降拜大夫之後至者北面視肂衆主人復位婦人東復位設熬旁一筐乃塗踊無筭卒塗祝取銘置于肂主人復位踊襲乃奠燭升自阼階祝執巾席從設于奥東面祝反降及執事執饌士盥舉鼎入西面北上如初載魚左首進鬐三列腊

進祇祝執醴如初酒豆籩俎從升自阼階丈夫踊甸
人徹鼎奠由楹內入于室醴酒北面設豆右菹菹南
栗栗東脯豚當豆魚次腊特于俎北醴酒在籩南巾
如初既錯者出立于戶西西上祝後闔戶先由楹西
降自西階婦人踊奠者由重南東丈夫踊賓出婦人
踊主人拜送于門外入及兄弟北面哭殯兄弟出主
人拜送于門外衆主人出門哭止皆西面于東方闔
門主人揖就次君若有賜焉則視斂既布衣君至主
人出迎于外門外見馬首不哭還入門右北面及衆
主人袒巫止于廟門外祝代之小臣二人執戈先二

人後君釋采入門主人辟君升自阼階西鄉祝負墉
南面主人中庭君哭主人哭拜稽顙成踊出君命反
行事主人復位君升主人主人西楹東北面升公卿
大夫繼主人東上乃斂卒公卿大夫逆降復位主人
降出君反主人主人中庭君坐撫當心主人拜稽顙
成踊出君反之復初位衆主人辟于東壁南面君降
西鄉命主人馮尸主人升自西階由足西面馮尸不
當君所踊主婦東面馮亦如之奉尸斂于棺乃蓋主
人降出君反之入門左視塗君升即位衆主人復位
卒塗主人出君命之反奠入門右乃奠升自西階君

要節而踊主人從踊卒奠主人出哭者止君出門廟中哭主人不哭辟君式之貳車畢乘主人哭拜送襲入即位衆主人襲拜大夫之後至者成踊賓出主人拜送三日成服於拜君命及衆賓不拜棺中之賜朝夕哭不辟子卯婦人即位于堂南上哭丈夫即位于門外西面北上外兄弟在其南南上賓繼之北上門東北面西上門西北面東上西方東面北上主人即位辟門婦人拊心不哭主人拜賓旁三右還入門哭婦人踊主人堂下直東序西面兄弟皆即位如外位卿大夫在主人之南諸公門東少進他國之異爵者

門西少進敵則先拜他國之賓凡異爵者拜諸其位徹者盥于門外燭先入升自阼階丈夫踊祝取醴北面取酒立于其東取豆籩俎南面西上祝先出酒豆籩俎序從降自西階婦人踊設于序西南直西榮醴酒北面西上豆西面錯立于豆北南面籩俎既錯立于執豆之西東上酒錯復位醴錯于西遂先由主人之北適饌乃奠醴酒脯醢升丈夫踊入如初設不巾錯者出立于户西西上滅燭出祝闔户先降自西階婦人踊奠者由重南東丈夫踊賓出婦人踊主人拜送衆主人出婦人踊出門哭止皆復位闔門主人卒拜

送賓揖衆主人乃就次朔月奠用特豚魚腊陳三鼎如初東方之饌亦如之無籩有黍稷用瓦敦有蓋當籩位主人拜賓如朝夕哭卒徹舉鼎入升皆如初奠之儀卒朼釋匕于鼎俎行朼者逆出甸人徹鼎其序醴酒菹醢黍稷俎其設于室豆錯俎錯腊特黍稷當籩位敦啓會郤諸其南醴酒位如初祝與執豆者巾乃出主人要節而踊皆如朝夕哭之儀月半不殷奠有薦新如朔奠徹朔奠先取醴酒其餘取先設者敦啓會面足序出如入其設于外如於室筮宅冢人營之掘四隅外其壤掘中南其壤既朝哭主人皆往兆

南北面免經命筮者在主人之右筮者東面抽上韇
兼執之南面受命命曰哀子某為其父某甫筮宅度
茲幽宅兆基無有後艱筮人許諾不述命右還北面
指中封而筮卦者在左卒筮執卦以示命筮者命筮
者受視反之東面旅占卒進告于命筮者與主人占
之曰從主人經哭不踊若不從筮擇如初儀歸殯前
北面哭不踊既井槨主人西面拜工左還槨反位哭
不踊婦人哭于堂獻材于殯門外西面北上綪主人
徧視之如哭槨獻素獻成亦如之卜日既朝哭皆復
外位卜人先奠龜于西塾上南首有席楚焞置于燋

在龜東族長涖卜及宗人吉服立于門西東面南上
占者三人在其南北上卜人及執燋席者在塾西闑
東扉主婦立于其內席于闑西閾外宗人告事具主
人北面免絰左擁之涖卜即位于門東西面卜人抱
龜燋先奠龜西首燋在北宗人受卜人龜示高涖卜
受視反之宗人還少退受命命曰哀子某來日某卜
葬其父某甫考降無有近悔許諾不述命還即席西
面坐命龜興授卜人龜負東扉卜人坐作龜興宗人
受龜示涖卜涖卜受視反之宗人退東面乃旅占卒
不釋龜告于涖卜與主人占曰某日從授卜人龜告

于主婦主婦哭告于異爵者使人告于衆賓卜人徹
龜宗人告事畢主人絰入哭如筮宅賓出拜送若不
從卜擇如初儀

儀禮卷之十二

儀禮卷第十三

既夕禮第十三

既夕哭請啓期告于賓夙興設盥于祖廟門外陳鼎皆如殯東方之饌亦如之夷牀饌于階間二燭俟于殯門外丈夫髽散帶垂即位如初婦人不哭主人拜賓入即位袒商祝免袒執功布入升自西階盡階不升堂聲三啓三命哭燭入祝降與夏祝交于階下取銘置于重踊商祝拂柩用功布幠用夷衾遷于祖用軸重先奠從燭從柩從燭從主人從升自西階奠俟于下東面北上主人從升婦人升東面衆主人東

即位正柩于兩楹間用夷牀主人柩東西面置重如
初席升設于柩西奠設如初巾之升降自西階主人
踊無算降拜賓即位踊襲主婦及親者由足西面薦
車直東榮北輈質明滅燭徹者升自阼階降自西階
乃奠如初升降自西階主人要節而踊薦馬纓三就
入門北面交轡圉人夾牽之御者執策立于馬後哭
成踊右還出賓出主人送于門外有司請祖期曰日
側主人入袒乃載踊無算卒束襲降奠當前束商祝
飾柩一池紐前經後緇齊三采無貝設披屬引陳明
器於乘車之西折橫覆之抗木橫三縮二加抗席三

加茵用疏布緇翦有幅亦縮二橫三器西南上綪茵
苞二筲三黍稷麥甕三醯醢屑冪用疏布甒二醴酒
冪用功布皆木桁久之用器弓矢耒耜兩敦兩杅槃
匜匜實于槃中南流無祭器有燕樂器可也役器甲
冑干笮燕器杖笠翣徹奠巾席俟于西方主人要節
而踊袒商祝御柩乃祖踊襲少南當前束婦人降即
位于階間祖還車不還器祝取銘置于茵二人還重
左還布席乃奠如初主人要節而踊薦馬如初賓出
主人送有司請葬期入復位公賵玄纁束馬兩擯者
出請入告主人釋杖迎于廟門外不哭先入門右北

面及衆主人袒馬入設賓奉幣由馬西當前輅北面
致命主人哭拜稽顙成踊賓奠幣于棧左服出宰由
主人之北舉幣以東士受馬以出主人送于門外
拜襲入復位杖賓賵者將命擯者出請入告出告須
馬入設賓奉幣擯者先入賓從致命如初主人拜于
位不踊賓奠幣如初舉幣受馬如初擯者出請若奠
入告出以賓入將命如初士受羊如受馬又請若賻
入告主人出門左西面賓東面將命主人拜賓坐委
之宰由主人之北東面舉之反位若無器則捂受之
又請賓告事畢拜送入贈者將命擯者出請納賓如

初賓奠幣如初若就器則坐奠于陳凡將禮必請而
后拜送兄弟賵奠可也所知則賵而不奠知死者贈
知生者賻書賵於方若九若七若五書遣於策乃代
哭如初宵為燎于門內之右厥明陳鼎五于門外如
初其實羊左胖髀不升腸五胃五離肺豕亦如之豚
解無腸胃魚腊鮮獸皆如初東方之饌四豆脾析蜱
醢葵菹蠃醢四籩棗糗栗脯醴酒陳器滅燎執燭俠
輅北面賓入者拜之徹者入丈夫踊設于西北婦人
踊徹者東鼎入乃奠豆南上綪籩蠃醢南北上綪俎
二以成南上不綪特鮮獸醴酒在籩西北上奠者出

主人要節而踊甸人抗重出自道道左倚之薦馬馬
出自道車各從其馬駕於門外西面而俟南上徹者
入踊如初徹巾苞牲取下體不以魚腊行器茵苞器
序從車從徹者出踊如初主人之史請讀賵執筭從
柩東當前束西面不命毋哭哭者相止也唯主人主
婦哭燭在右南面讀書釋筭則坐卒命哭滅燭書與
筭執之以逆出公史自西方東面命毋哭主人主婦
皆不哭讀遣卒命哭滅燭出商祝執功布以御柩執
披主人袒乃行踊無筭出宮踊襲至于邦門公使宰
夫贈玄纁束主人去杖不哭由左聽命賓由右致命

主人哭拜稽顙賓升實幣于蓋降主人拜送復位杖
乃行至于壙陳器于道東西北上茵先入屬引主人
袒衆主人西面北上婦人東面皆不哭乃窆主人哭
踊無筭襲贈用制幣玄纁束拜稽顙踊如初卒袒拜
賓主婦亦拜賓即位拾踊三襲賓出則拜送藏器於
旁加見藏苞筲於旁加折卻之加抗席覆之加抗木
實土三主人拜鄉人即位踊襲如初乃反哭入升自
西階東面衆主人堂下東面北上婦人入丈夫踊升
自阼階主婦入于室踊出即位及丈夫拾踊三賓弔
者升自西階曰如之何主人拜稽顙賓降出主人送

于門外拜稽顙遂適殯宮皆如啓位拾踊三兄弟出
主人拜送衆主人出門哭止闔門主人揖衆主人乃
就次猶朝夕哭不奠三虞卒哭明日以其班祔記士
處適寢寢東首于北墉下有疾疾者齊養者皆齊徹
琴瑟疾病外內皆埽徹褻衣加新衣御者四人皆坐
持體屬纊以俟絕氣男子不絕於婦人之手婦人不
絕於男子之手乃行禱于五祀乃卒主人啼兄弟哭
設牀第當牖衽下莞上簟設枕遷尸復者朝服左執
領右執要招而左扱領于上兩末綴足用燕几校
在南御者坐持之即牀而奠當腢用吉器若醴若酒

絰帶哭晝夜無時非喪事不言歠粥朝一溢米夕
溢米不食菜果主人乘惡車白狗幦蒲蔽御以蒲菆
犬服木錧約綏約轡木鑣馬不齊髦主婦之車亦如
之疏布裧貳車白狗攝服其他皆如乘車朔月童子
執帚卻之左手奉之從徹者而入比奠舉席埽室聚
諸窔布席如初卒奠埽者執帚垂末內鬣從執燭者
而東燕養饋羞湯沐之饌如他日朔月若薦新則不
饋于下室筮宅冢人物土卜曰吉告從于主婦主婦
哭婦人皆哭主婦升堂哭者皆止啓之昕外內不哭
夷牀輁軸饌于西階東其二廟則饌于禰廟如小斂

奠乃啓朝于禰廟重止于門外之西東面柩入升自
西階正柩于兩楹間奠止于西階之下東面北上主
人升柩東西面衆主人東即位婦人從升東面奠升
設于柩西升降自西階主人要節而踊燭先入者升
堂東楹之南西面後入者西階東北面在下主人降
即位徹乃奠升降自西階主人踊如初祝及執事舉
奠巾席從而降柩從序從如初適祖薦乘車鹿淺幦
干笮革靾載旜載皮弁服纓轡貝勒縣于衡道車載
朝服槀車載蓑笠將載祝及執事舉奠戸西南面東
上卒束前而降奠席于柩西巾奠乃牆抗木刊茵著

無巾櫛赴曰君之臣某死赴母妻長子則曰君之臣
某之某死室中唯主人主婦坐兄弟有命夫命婦在
焉亦坐尸在室有君命衆主人不出襚者委衣于牀
不坐其襚于室戶西北面致命夏祝淅米差盛之御
者四人抗衾而浴襢笫其母之喪則内御者浴鬠無
笄設明衣婦人則設中帶卒洗貝反于笲實貝柱右
齻左齻夏祝徹餘飯瑱塞耳掘坎南順廣尺輪二尺
深三尺南其壤垼用塊明衣裳用幕布袂屬幅長下
膝有前後裳不辟長及轂縓緆緇純設握裏親膚
繫鉤中指結于掔甸人築坅坎隸人涅廁既襲宵爲

燎于中庭厥明滅燎陳衣凡絞紟用布倫如朝服設
棜于東堂下南順齊于坫饌于其上兩甒醴酒酒在
南篚在東南順實角觶四木柶二素勺二豆在甒北
二以並籩亦如之凡籩豆實具設皆巾之籩俟時而
酌柶覆加之面枋及錯建之小斂辟奠不出室無踊
節既馮尸主人袒髺髮絞帶衆主人布帶大斂于阼
大夫升自西階階東北面東上既馮尸大夫逆降復
位巾奠執燭者滅燭出降自阼階由主人之北東既
殯主人說髦三日絞垂冠六升外縪纓條屬厭衰三
升屨外納杖下本竹桐一也居倚廬寢苫枕塊不說

用荼實綏澤焉葦苞長三尺一編菅筲三其實皆瀹
祖還車不易位執披者旁四人凡贈幣無常凡糗不
煎唯君命止柩于堩其餘則否車至道左北面立東
上柩至于壙斂服載之卒窆而歸不驅君視斂若不
待奠加蓋而出不視斂則加蓋而至卒事既正柩賓
出遂匠納車于階間祝饌祖奠于主人之南當前輅
北上巾之弓矢之新沽功有弭飾焉亦張可也有柲
設依撻焉有韣䋲矢一乘骨鏃短衛志矢一乘軒輖
中亦短衛

儀禮卷第十三

儀禮卷第十四

士虞禮第十四

士虞禮特豕饋食側亨于廟門外之右東面魚腊爨亞之北上饎爨在東壁西面設洗于西階西南水在洗西篚在東尊于室中北墉下當戶兩甒醴酒酒在東無禁冪用絺布加勺南枋素几葦席在西序下苴刌茅長五寸束之實于篚饌于西坫上饌兩豆菹醢于西楹之東醢在西一鉶亞之從獻豆兩亞之四籩亞之北上饌黍稷二敦于階間西上藉用葦席匜水錯于槃中南流在西階之南簞巾在其東陳三鼎于

門外之右北面北上設扃鼏鼏匕俎在西塾之西羞燔
俎在內西塾上南順主人及兄弟如葬服賓執事者
如弔服皆即位于門外如朝夕臨位婦人及內兄弟
服即位于堂亦如之祝免澡葛絰帶布席于室中東
面右几降出及宗人即位于門西東面南上宗人告
有司具遂請拜賓如臨入門哭婦人哭主人即位于
堂衆主人及兄弟賓即位于西方如反哭位祝入門
左北面宗人西階前北面祝盥升取苴降洗之升入
設于几東席上東縮降洗觶升止哭主人倚杖入祝
從在左西面贊薦菹醢醢在北佐食及執事盥出舉

長在左鼎入設于西階前東面北上匕俎從設左人
抽扃鼏匕佐食及右人載卒朼者逆退復位俎入設
于豆東魚次腊特于俎北設一敦于俎南黍東稷設
一鉶于豆南佐食出立于戶西祝酌醴命
佐食啟會佐食許諾啟會卻于敦南復位祝奠觶于
鉶南復位主人再拜稽首祝饗命佐食祭佐食許諾
鉤袒取黍稷祭于豆上三取膚祭祭如初祝取奠觶祭
亦如之不盡益反奠之主人再拜稽首祝祝卒主人
拜如初哭出復位祝迎尸一人衰經奉篚哭從尸尸
入門丈夫踊婦人踊淳尸盥宗人授巾尸升階祝延

尸入升宗人詔踊如初尸入戶踊如初哭止婦人入
于房主人及祝拜妥尸尸拜遂坐從者錯篚于尸左
席上立于其北尸取奠左執之取菹擩于醢祭于豆
閒祝命佐食墮祭佐食取黍稷肺祭授尸尸祭之祭
奠祝祝卒主人拜如初尸嘗醴奠之佐食舉肺脊授尸
尸受振祭嚌之左手執之祝命佐食邇敦佐食舉黍
錯于席上尸祭鉶嘗鉶泰羹湆自門入設于鉶南胾
四豆設于左尸飯播餘于篚三飯佐食舉幹尸受振
祭嚌之實于篚又三飯舉胳祭如初佐食舉魚腊實
于篚又三飯舉肩祭如初舉魚腊俎俎釋三个尸卒

食佐食受肺脊實于篚反黍如初設主人洗廢爵酌
酒醑尸尸拜受爵主人北面答拜尸祭酒嘗之賓長
以肝從實于俎縮右鹽尸左執爵右取肝擩鹽振祭
嚌之加于俎賓降反俎于西塾復位尸卒爵祝受不
相爵主人拜尸答拜祝酌授尸尸以醑主人主人拜
受爵尸答拜主人坐祭卒爵拜尸答拜筵祝南面主
人獻祝祝拜坐受爵主人答拜薦菹醢設俎祝左執
爵祭薦奠爵興取肺坐祭嚌之興加于俎祭酒嘗之
肝從祝取肝擩鹽振祭嚌之加于俎卒爵拜主人答
拜祝坐授主人主人酌獻佐食佐食北面拜坐受爵

主人答拜佐食祭酒卒爵拜主人答拜受爵出實于
篚升堂復位主婦洗足爵于房中酌亞獻尸如主人
儀自反兩籩棗栗設于會南棗在西尸祭籩祭酒如
初賓以燔從如初尸祭燔卒爵如初酌獻祝籩燔從
獻佐食皆如初以虛爵入于房賓長洗繶爵三獻燔
從如初儀婦人復位祝出戶西面告利成主人哭皆
哭祝入尸謖從者奉篚哭如初祝前尸出戶踊如初
降堂踊如初出門亦如之祝反入徹設于西北隅如
其設也几在南厞用席祝薦席徹入于房祝自執其
俎出贊闔牖戶主人降賓出主人出門哭止皆復位

宗人告事畢賓出主人送拜稽顙記虞沐浴不櫛陳
牲于廟門外北首西上寢右日中而行事殺于廟門
西主人不視豚解羹飪升左肩臂臑肫胳脊脅離肺
膚祭三取諸左膉上肺祭一實于上鼎升魚鱄鮒九
實于中鼎升腊左胖髀不升實于下鼎魚腊爨亞之北上設扃鼏陳
之載猶進柢魚進鬐祝俎髀脰脊脅離肺陳于階間
敦東淳尸盥執槃西面執匜東面執巾在其北東面
宗人授巾南面主人在室則宗人升戶外北面佐食
無事則出戶負依南面鉶芼用苦若薇有滑夏用葵
冬用荁有柶豆實葵菹菹以西蠃醢籩棗烝栗擇尸

入祝從尸尸坐不說履尸謖祝前鄉尸還出尸又鄉
尸還過主人又鄉尸還降階又鄉尸降階還及門如
出戶尸出祝反入門左北面復位然後宗人詔降尸
服卒者之上服男男尸女女尸必使異姓不使賤者
無尸則禮及薦饌皆如初既饗祭于苴祝祝卒不綏
祭無黍羹設饌主人哭出復位祝闔牖戶降復
位于門西男女拾踊三如食間祝升止哭聲三啓戶
主人入祝從啓牖鄉如初主人哭出復位卒徹祝佐
食降復位宗人詔降如初始虞用柔日曰哀子某哀
顯相夙興夜處不寧敢用絜牲剛鬣香合嘉薦普淖

明齊溲酒哀薦祫事適爾皇祖某甫饗再虞皆如初
曰哀薦虞事三虞卒哭他用剛日亦如初曰哀薦成
事獻畢未徹乃餞尊兩甒于廟門外之右少南水尊
在酒西勺北枋洗在尊東南水在洗東篚在西饌籩
豆脯四脡有乾肉折俎二尹縮祭半尹在西塾尸出
執几從席從尸出門右南面席設于尊西北東面几
在南賓出復位主人出即位于門東少南婦人出即
位于主人之北皆西面哭不止尸即席坐唯主人不
哭洗廢爵酌獻尸尸拜受主人拜送哭復位薦脯醢
設俎于薦東朐在南尸左執爵取脯擩醢祭之佐食

授嚌尸受振祭嚌之祭酒卒爵奠于南方主人及
兄弟踊婦人亦如之主婦洗足爵亞獻如主人儀無
從踊如初賓長洗繶爵三獻如亞獻踊如初佐食取
俎實于篚尸謖從者奉篚哭從之祝前哭者皆從及
大門內踊如初尸出門哭者止賓出主人送拜稽顙
主婦亦拜賓丈夫說絰帶于廟門外入徹主人不與
婦人說首絰不說帶無尸則不餞猶出几席設如初
拾踊三哭止告事畢賓出死三日而殯三月而葬遂
卒哭將旦而祔則薦卒辭曰哀子某來日某隮祔爾
于爾皇祖某甫尚饗女子曰皇祖妣某氏婦曰孫婦

于皇祖某甫以某氏其他辭一也饗辭曰哀子某圭爲而哀
薦之饗明日以其班祔沐浴櫛搔翦用專膚爲折
俎取諸脰膉其他如饋食用嗣尸曰孝子某孝顯相
夙興夜處小心畏忌不惰其身不寧用尹祭嘉薦普
淖普薦溲酒適爾皇祖某甫以隮祔爾孫某甫尚饗
期而小祥曰薦此常事又期而大祥曰薦此祥事中
月而禫是月也吉祭猶未配

儀礼卷第十四

儀禮卷第十五

特牲饋食禮第十五

特牲饋食之禮不諏日及筮日主人冠端玄即位于門外西面子姓兄弟如主人之服立于主人之南西面北上有司羣執事如兄弟服東面北上席于門中闑西閾外筮人取筮于西塾執之東面受命于主人宰自主人之左贊命命曰孝孫某筮來日某諏此某事適其皇祖某子尚饗筮者許諾還即席西面坐卦者在左卒筮寫卦筮者執以示主人主人受視反之筮者還東面長占卒告于主人占曰吉若不吉則筮

遠日如初儀宗人告事畢前期三日之朝筮尸如求日之儀命筮曰孝孫某諏此某事適其皇祖某子筮某之某為尸尚饗乃宿尸主人立于尸外門外子姓兄弟立于主人之後北面東上尸如主人服出門左西面主人辟皆東面北上主人再■尸答拜宗人擯辭如初卒曰筮子為某尸占曰吉敢宿祝許諾致命尸許諾主人再拜稽首尸入主人退宿賓賓如主人服出門左西面再拜主人東面答再拜宗人擯曰某薦歲事吾子將涖之敢宿賓曰某敢不敬從主人再拜賓答拜主人退賓拜送厥明夕陳鼎于門外北面

北上有鼏棜在其南南順實獸于其上東首牲在其西北首東足設洗于阼階東南壺禁在東序豆籩鉶在東房南上几席兩敦在西堂主人及子姓兄弟即位于門東如初賓及衆賓即位于門西東面北上宗人視立于賓西北東面南上主人再拜賓荅再拜三拜衆賓衆賓荅再拜主人揖入兄弟從賓及衆賓從即位于堂下如外位宗人升自西階視壺濯及豆籩反降東北面告濯具賓出主人出皆復外位宗人視牲告充雍正作豕宗人舉獸尾告備舉鼎鼏告絜請期曰羹飪告事畢賓出主人拜送夙興主人服如初

立于門外東方南面視側殺主婦視饎爨于西堂下
亨于門外東方西面北上羹飪實鼎陳于門外如初
尊于戶東玄酒在西實豆籩鉶陳于房中如初執事
之俎陳于階間二列北上盛兩敦陳于西堂藉用萑
几席陳于西堂如初尸盥匜水實于槃中簞巾在門
內之右祝筵几于室中東面主婦纚笄宵衣立于房
中南面主人及賓兄弟羣執事即位于門外如初宗
人告有司具主人拜賓如初揖入即位如初佐食北
面立于中庭主人及祝升祝先入主人從西面于戶
內主婦盥于房中薦兩豆葵菹蝸醢醢在北宗人遣

佐食及執事盥出主人降及賓盥出主人在右及佐食舉牲鼎賓長在右及執事舉魚腊鼎除冪宗人執畢先入當阼階南面鼎西面錯右人抽扃委于鼎北贊者錯俎加匕乃朼佐食升肵俎鼏之設于阼階西卒載加匕于鼎主人升入復位俎入設于豆東魚次腊特于俎北主婦設兩敦黍稷于俎南西上及兩鉶芼設于豆南南陳祝洗酌奠奠于鉶南遂命佐食啓會佐食啓會卻于敦南出立于户西南面主人再拜稽首祝在左卒祝主人再拜稽首祝迎尸于門外主人降立于阼階東尸入門左北面盥宗人授巾尸至

于階祝延尸尸升入祝先主人從尸即席坐主人拜妥尸尸荅拜執奠祝饗主人拜如初祝命接祭尸左執觶右取菹揳于醢祭于豆間佐食取黍稷肺祭授尸尸祭之祭酒啐酒告旨主人拜尸奠觶荅拜祭鉶嘗之告旨主人拜尸荅拜祝命爾敦佐食爾黍稷于席上設大羹湆于醢北舉肺脊以授尸尸受振祭嚌之左執之乃食食舉主人羞肵俎于腊北尸三飯告飽祝侑主人拜佐食舉幹尸受振祭嚌之佐食受加于肵俎舉獸幹魚一亦如之尸實舉于菹豆佐食羞庶羞四豆設于左南上有醢尸又三飯告飽祝侑之

舉骼及獸魚如初尸又三飯告飽祝侑之如初舉
骼及獸魚如初佐食盛所俎俎釋三个舉肺脊加
于所俎反黍稷于其所主人洗角升酌酳尸尸拜受
主人拜送尸祭酒啐酒賓長以肝從尸左執角右取
肝擩于鹽振祭嚌之加于菹豆卒角祝受尸角曰送
爵皇尸卒爵主人拜尸答拜祝酌授尸尸以醋主人
主人拜受角尸拜送主人退佐食授挼祭主人坐左
執角受祭祭之祭酒啐酒進聽嘏佐食摶黍授祝祝
授尸尸受以菹豆執以親嘏主人主人左執角再拜
稽首受復位詩懷之實于左袂挂于季指卒角拜尸

荅拜主人出寫嗇于房祝以籩受筵祝南面主人酌獻祝祝拜受角主人拜送設菹醢俎祝左執角祭豆興取肺坐祭嚌之興加于俎坐祭酒啐酒以肝從祝左執角右取肝擩于鹽振祭嚌之加于俎卒角拜主人荅拜受角酌獻佐食佐食北面拜受角主人拜送佐食坐祭卒角拜主人荅拜受角降反于篚升入復位主婦洗爵于房酌亞獻尸尸拜受主婦北面拜送宗婦執兩籩戶外坐主婦受設于敦南祝贊籩祭尸受祭之祭酒啐酒兄弟長以燔從尸受振祭嚌之反之羞燔者受加于肵出尸卒爵祝受爵命送如初酢如

主人儀主婦適房南面佐食挼祭主婦左執爵右撫
祭祭酒啐酒入卒爵如主人儀獻祝籩燔從如初儀
及佐食如初卒以爵入于房賓三獻如初燔從如初爵
爵止席于戶內主婦洗爵酌致爵于主人主人拜受
爵主婦拜送爵宗婦贊豆如初主婦受設兩豆兩籩
俎入設主人左執爵祭薦宗人贊祭奠爵興取肺坐
絕祭嚌之興加于俎坐挩手祭酒啐酒肝從左執爵
取肝擩于鹽坐振祭嚌之宗人受加于俎燔亦如之
興席末坐卒爵拜主婦答拜受爵酌醋左執爵拜主
人答拜坐祭立飲卒爵拜主人答拜主婦出反于房

主人降洗酌致爵于主婦席于房中南面主婦拜受
爵主人西面答拜宗婦薦豆俎從獻皆如主人主人
更爵酌醋卒爵降實爵于篚入復位三獻作止爵尸
卒爵酢酌獻祝及佐食洗爵酌致于主人主婦燔從
皆如初更爵酢于主人卒復位主人降阼階西面拜
賓如初洗賓辭洗卒洗揖讓升酌西階上獻賓賓北
面拜受爵主人在右答拜薦脯醢設折俎賓左執爵
祭豆奠爵興取肺坐絕祭嚌之興加于俎坐挩手祭
酒卒爵拜主人答拜受爵酌酢奠爵拜賓答拜主人
坐祭卒爵拜賓答拜揖執祭以降西面奠于其位位

如初薦俎從設衆賓升拜受爵坐祭立飲薦俎設于
其位辯主人備荅拜焉降實爵于篚尊兩壺于阼階
東加勺南枋西方亦如之主人洗觶酌于西方之尊
西階前北面酬賓賓在左主人奠觶拜賓荅拜主人
坐祭卒觶拜賓荅拜主人洗觶賓辭主人對卒洗酌
西面賓北面拜主人奠觶于薦北賓坐取觶還東面
拜主人荅拜賓奠觶于薦南揖復位主人洗爵獻長
兄弟于阼階上如賓儀洗獻衆兄弟如衆賓儀洗獻
內兄弟于房中如獻衆兄弟之儀主人西面荅拜更
爵酢卒爵降實爵于篚入復位長兄弟洗觚爲加爵

如初儀不及佐食洗致如初無從衆賓長為加爵如
初爵止嗣舉奠盥入北面再拜稽首尸執奠進受復
位祭酒啐酒尸舉肝舉奠左執觶再拜稽首進受肝
復位坐食肝卒觶拜尸備荅拜焉舉奠洗酌入尸拜
受舉奠荅拜尸祭酒啐酒奠之舉奠出復位兄弟弟
子洗酌于東方之尊阼階前北面舉觶于長兄弟如
主人酬賓儀宗人告祭脀乃羞賓坐取觶阼階前北
面酬長兄弟長兄弟在右賓奠觶拜長兄弟荅拜賓立
卒觶酌于其尊東面立長兄弟拜受觶賓北面荅拜
揖復位長兄弟西階前北面衆賓長自左受旅如初

長兄弟卒觶酌于其尊西面立受旅者拜受長兄弟
北面答拜揖復位衆賓及衆兄弟交錯以辯皆如初
儀爲加爵者作止爵如長兄弟之儀長兄弟酬賓如
賓酬兄弟之儀以辯卒受者實觶于篚賓弟子及兄
弟弟子洗各酌于其尊中庭北面西上舉觶於其長
奠觶拜長皆答拜舉觶者祭卒觶拜長皆答拜舉觶
者洗各酌于其尊復初位長皆拜舉觶者皆奠觶于
薦右長皆執以興舉觶者皆復位答拜長皆奠觶于
其所皆揖其弟子弟子皆復其位爵皆無筭利洗散
獻于尸酢及祝如初儀降實散于篚主人出立于戶

外西南祝東面告利成尸謖祝前主人降祝反及主人入復位命佐食徹尸俎俎出于廟門徹庶羞設于西序下筵對席佐食分簋鉶宗人遣舉奠及長兄弟盥立于西階下東面北上祝命嘗食餕者舉奠許諾升入東面長兄弟對之皆坐佐食授舉各一膚主人西面再拜祝曰餕有以也兩餕奠舉于俎許諾皆答拜若是者三皆取舉祭食祭舉乃食祭鉶食舉卒食主人降洗爵宰贊一爵主人升酌酳上餕上餕拜受爵主人答拜酳下餕亦如之主人拜祝曰酳有與也如初儀兩餕執爵拜祭酒卒爵拜主人答拜兩餕皆

降實爵于篚上賓洗爵升酌酢主人主人拜受爵主
賓即位坐荅拜主人坐祭卒爵拜上賓荅拜受爵降
實于篚主人出立于戶外西面祝命徹阼俎豆籩設
于東序下祝執其俎以出東面于戶西宗婦徹祝豆
籩入于房徹主婦薦俎佐食徹尸薦俎敦設于西北隅
几在南厞用筵納一尊佐食闔牖戶降祝告利成降
出主人降即位宗人告事畢賓出主人送于門外再
拜佐食徹阼俎堂下俎畢出記特牲饋食其服皆朝
服玄冠緇帶緇韠唯尸祝佐食玄端玄裳黃裳雜裳
可也皆爵韠設洗南北以堂深東西當東榮水在洗

東篚在洗西南順實二爵二觚四觶一角一散壺棜
禁饌于東序南順覆兩壺焉蓋在南明日卒奠冪用
綌即位而徹之加勺籩巾以綌也纁裏棗烝栗擇鉶
芼用苦若薇皆有滑夏葵冬荁棘心匕刻牲爨在廟
門外東南魚腊爨在其南皆西面饎爨在西壁肵俎
心舌皆去本末午割之實于牲鼎載心立舌縮俎賓
與長兄弟之薦自東房其餘在東堂沃尸盥者一人奉
槃者東面執匜者西面淳沃執巾者在匜北宗人東
面取巾振之三南面授尸卒執巾者受尸入主人及
賓皆辟位出亦如之嗣舉奠佐食設豆鹽佐食當事

則戶外南面無事則中庭北面凡祝呼佐食許諾宗人獻與旅齒於衆賓佐食於旅齒於兄弟尊兩壺于房中西墉下南上內賓立于其北東面南上宗婦北堂東面北上主婦及內賓宗婦亦旅西面宗婦贊薦者執以坐于戶外授主婦尸卒食而祭饎爨雍爨賓從尸俎出廟門乃反位尸俎右肩臂臑肫胳正脊二骨横脊長脅二骨短脅膚三離肺一刌肺三魚十有五腊如牲骨祝俎髀脡脊二骨脅二骨膚一離肺一阼俎臂正脊二骨横脊長脅二骨短脅膚一離肺一主婦俎觳折其餘如阼俎佐食俎觳折脊脅膚一離

肺一賓骼長兄弟及宗人折其餘如佐食俎衆賓及
衆兄弟內賓宗婦若有公有司私臣皆殽脀膚一離
肺一公有司門西北面東上獻次衆賓私臣門東北
面西上獻次兄弟升受降飲

儀禮卷第十五

儀禮卷第十六

少牢饋食禮第十六

少牢饋食之禮日用丁巳筮旬有一日筮於廟門之外主人朝服西面于門東史朝服左執筮右抽上韇兼與筮執之東面受命于主人主人曰孝孫某來日丁亥用薦歲事于皇祖伯某以某妃配某氏尚饗史曰諾西面于門西抽下韇左執筮右兼執韇以擊筮遂述命曰假爾大筮有常孝孫某來日丁亥用薦歲事于皇祖伯某以某妃配某氏尚饗乃釋韇立筮卦者在左坐卦以木卒筮乃書卦于木示主人乃退占

吉則史韇筮史兼執筮與卦以告于主人占曰從乃
官戒宗人命滌宰命為酒乃退若不吉則及遠日又
筮日如初宿前宿一日宿戒尸明日朝筮尸如筮日
之禮命曰孝孫某來日丁亥用薦歲事于皇祖伯某
以某妃配某氏以某之某為尸尚饗筮卦占如初吉
則乃遂宿尸祝擯主人再拜稽首祝告曰孝孫某來
日丁亥用薦歲事于皇祖伯某以某妃配某氏敢宿
尸拜許諾主人又再拜稽首主人退尸送揖不拜若
不吉則遂改筮尸既宿尸反為期于廟門之外主人
門東南面宗人朝服北面曰請祭期主人曰比於子

宗人曰旦明行事主人曰諾乃退明日主人朝服即
位于廟門之外東方南面宰宗人西面北上牲北首
東上司馬刲羊司士擊豕宗人告備乃退雍人摡鼎
匕俎于雍爨雍爨在門東南北上廩人摡甑甗匕與
敦于廩爨廩爨在雍爨之北司宮摡豆籩勺爵觚觶
几洗篚于東堂下勺爵觚觶實于篚卒摡饌豆籩與
篚于房中放于西方設洗于阼階東南當東榮羹定
雍人陳鼎五三鼎在羊鑊之西二鼎在豕鑊之西司
馬升羊右胖髀不升肩臂臑膊胳正脊一脡脊一橫
脊一短脅一正脅一代脅一皆二骨以並腸三胃三

舉肺一祭肺三實于一鼎司士升豕右胖髀不升肩臂
臑膊骼正脊一脡脊一橫脊一短脅一正脅一代脅
一皆二骨以並舉肺一祭肺三實于一鼎雍人倫膚
九實于一鼎司士又升魚腊魚十有五而鼎腊一純
而鼎腊用麋卒脀皆設扃鼏乃舉陳鼎于廟門之外
東方北面北上司宮尊兩甒于房戶之間同棜皆有
冪甒有玄酒司宮設罍水于洗東有枓設篚于洗西
南肆改饌豆籩于房中南面如饋之設實豆籩之實
小祝設槃匜與簞巾于西階東主人朝服即位于阼
階東西面司宮筵于奧祝設几于筵上右之主人出

迎鼎除鼏士盥舉鼎主人先入司宮取二勺于篚洗
之兼執以升乃啓二尊之蓋冪奠于棜上加二勺于
二尊覆之南柄鼎序入雍正執一匕以從雍府執四
匕以從司士合執二俎以從司士贊者二人皆合執
二俎以相從入陳鼎于東方當序南于洗西皆西面
北上膚為下匕皆加于鼎東枋俎皆設于鼎西西肆
肵俎在羊俎之北亦西肆宗人遣賓就主人皆盥于
洗長朼佐食上利升牢心舌載于肵俎心皆安下切
上午割勿沒其載于肵俎末在上舌皆切本末亦午
割勿沒其載于肵橫之皆如初為之于爨也佐食遷

肵俎于阼階西西縮乃反佐食二人上利升羊載右
胖髀不升肩臂臑膊骼正脊一脡脊一橫脊一短脅
一正脅一代脅一皆二骨以並腸三胃三長皆及俎
拒舉肺一長終肺祭肺三皆切肩臂臑膊骼在兩端
脊脅肺肩在上下利升豕其載如羊無腸胃體其載
于俎皆進下司士三人升魚腊膚魚用鮒十有五而
俎縮載右首進腴腊一純而俎亦進下肩在上　九
而俎亦橫載革順卒脀祝盥于洗升自西階主人
升自阼階祝先入南面主人從戶內西面主婦被
衣移袂薦自東房韭菹醓醢坐奠于筵前主婦贊

一人亦被錫衣移袂執葵菹蠃醢以授主婦主婦不
興遂受陪設于東韭菹在南葵菹在北主婦興入于
房佐食上利執羊俎下利執豕俎司士三人執魚腊
膚俎序升自西階相從入設俎羊在豆東豕亞其北
魚在羊東腊在豕東特膚當俎北端主婦自東房執
一金敦黍有蓋坐設于羊俎之南婦贊者執敦稷以
授主婦主婦興受坐設于魚俎南又興受贊者敦黍
坐設于稷南又興受贊者敦稷坐設于黍南敦皆南
首主婦興入于房祝酌奠遂命佐食啓會佐食啓會
蓋二以重設于敦南主人西面祝在左主人再拜稽

首祝祝曰孝孫某敢用柔毛剛鬣嘉薦普淖用薦歲
事于皇祖伯某以某妃配某氏尚饗主人又再拜稽
首祝出迎尸于廟門之外主人降立于阼階東西面
祝先入門右尸入門左宗人奉槃東面于庭南一宗
人奉匜水西面于槃東一宗人奉簞巾南面于槃北
乃沃尸盥于槃上卒盥坐奠簞取巾興振之三以授
尸坐取簞興以受尸巾祝延尸尸升自西階入祝從
主人升自阼階祝先入主人從尸升筵祝主人西面
立于戶內祝在左祝主人皆拜妥尸尸不言尸答拜
遂坐祝反南面尸取韭菹辯擩于三豆祭于豆間上

佐食取黍稷于四敦下佐食取牢一切肺于俎以授
上佐食上佐食兼與黍以授尸尸受同祭于豆祭上
佐食舉尸牢肺正脊以授尸上佐食爾上敦黍于筵
上右之主人羞肵俎升自阼階置于膚北上佐食羞
兩鉶取一羊鉶于房中坐設于韭菹之南下佐食又
取一豕鉶于房中以從上佐食受坐設于羊鉶之南
皆芼皆有柶尸扱以柶祭羊鉶遂以祭豕鉶嘗羊鉶
食舉三飯上佐食舉尸牢幹尸受振祭嚌之佐食受
加于肵上佐食羞胾兩瓦豆有醢亦用瓦豆設于薦
豆之北尸又食食胾上佐食舉尸一魚尸受振祭嚌之

佐食受加于肵橫之又食上佐食舉尸腊肩尸受振祭嚌之上佐食受加于肵又食上佐食舉尸牢骼如初又食尸告飽祝西面于主人之南獨侑不拜侑曰皇尸未實侑尸又食上佐食舉尸牢肩尸受振祭嚌之佐食受加于肵尸不飯告飽祝西面于主人之南主人不言拜侑尸又三飯上佐食受尸牢肺正脊加于肵主人降洗爵升北面酌酒乃酳尸尸拜受主人拜送尸祭酒啐酒賓長羞牢肝用俎縮執俎肝亦縮進末鹽在右尸左執爵右兼取肝揳于俎鹽振祭嚌之加于菹豆卒爵主人拜祝受尸爵尸答拜祝酌授

六尸醋主人主人拜受爵尸荅拜主人西面奠爵又
拜上佐食取四敦黍稷下佐食取牢一切肺以授上
佐食上佐食以綏祭主人左執爵右受佐食坐祭之
又祭酒不興遂啐酒祝與二佐食皆出盥于洗入二
佐食各取黍于一敦上佐食兼受摶之以授尸尸執
以命祝卒命祝祝受以東北面于戶西以嘏于主人
曰皇尸命工祝承致多福無疆于女孝孫來女孝孫
使女受祿于天宜稼于田眉壽萬年勿替引之主人
坐奠爵興再拜稽首興受黍坐振祭嚌之詩懷之實
于左袂挂于季指執爵以興坐卒爵執爵以興坐奠

爵拜尸答拜執爵以興出宰夫以籩受嗇黍主人嘗
之納諸內主人獻祝設席南面祝拜于席上坐受主
人西面答拜薦兩豆菹醢佐食設俎牢髀橫脊一短
脅一腸一胃一膚三魚一橫之腊兩髀屬于尻祝取
菹擩于醢祭于豆間祝祭俎祭酒啐酒肝牢從祝取
肝擩于鹽振祭嚌之不興加于俎卒爵興主人酌獻
上佐食上佐食戶內牖東北面拜坐受爵主人西面
答拜佐食祭酒卒爵拜坐授爵興俎設于兩階之間
其俎折一膚主人又獻下佐食亦如之其脀亦設于
階間西上亦折一膚有司贊者取爵于篚以升授主

婦贊者于房戶婦贊者受以授主婦主婦洗于房中
出酌入戶西面拜獻尸尸拜受主婦主人之北西面
拜送爵尸祭酒卒爵主婦拜尸答拜易爵
洗酌授尸主婦拜受爵尸答拜上佐食綏祭主婦西
面于主人之北受祭祭之其綏祭如主人之禮不嘏
卒爵拜尸答拜主婦以爵出贊者受易爵于篚以授
主婦于房中主婦洗酌獻祝祝拜坐受爵主婦答拜
于主人之北卒爵不興坐授主婦主婦受酌獻上佐
食于戶內佐食北面拜坐受爵主婦西面答拜祭酒
卒爵坐授主婦主婦獻下佐食亦如之主婦受爵以

入于房賓長洗繶爵三獻于尸尸拜受爵賓戶西北面拜送爵尸祭酒卒爵賓拜祝受尸爵尸答拜祝酌授尸賓拜受爵尸拜送爵賓坐奠爵遂拜執爵以興坐祭遂飲卒爵執爵以興坐奠爵拜尸答拜賓酌獻祝祝拜坐受爵賓北面答拜祝祭酒啐酒奠爵于其筵前主人出立于阼階上西面祝出立于西階上東面祝告曰利成祝入尸謖主人降立于阼階東西面祝先尸從遂出于廟門祝反復位于室中主人亦入于室復位祝命佐食徹肵俎降設于堂下阼階南司宮設對席乃四人餕上佐食盥升下佐食對之賓長二人

備司士進一敦黍于上佐食又進一敦黍于下佐食皆右之于席上資黍于羊俎兩端兩下是餕司士乃辯舉餕者皆祭黍祭舉主人西面三拜餕者餕者奠舉于俎皆答拜皆反取舉司士進一鉶于上餕又進一鉶于次餕又進二豆湆于兩下乃皆食食舉卒食主人洗一爵升酌以授上餕贊者洗三爵酌主人受于户內以授次餕若是以辯皆不拜受爵主人西面三拜餕者餕者奠爵皆答拜皆祭酒卒爵奠爵皆拜主人答壹拜餕者三人興出上餕止主人受上餕爵酌以醋于户內西面坐奠爵拜上餕答拜坐祭酒啐酒

酳上養親嘏曰主人受祭之福胡壽保建家室主人興坐奠爵拜執爵以興坐卒爵拜上養荅拜上養興出主人送乃退

儀禮卷第十六

儀禮卷第十七

有司徹十七

有司徹埽堂司宮攝酒乃燅尸俎卒燅乃升羊豕魚三鼎無腊與膚乃設扃鼏陳鼎于門外如初乃議侑于賓以異姓宗人戒侑侑出俟于廟門之外司宮筵于戶西南面又筵于西序東面尸與侑北面于廟門之外西上主人出迎尸宗人擯主人拜尸荅拜主人又拜侑侑荅拜主人揖先入門右尸入門左侑從亦左揖乃讓主人先升自阼階尸侑升自西階西楹西北面東上主人東楹東北面拜至尸荅拜主人又拜

侑侑荅拜乃舉司馬舉羊鼎司士舉豕鼎舉魚鼎以
入陳鼎如初雍正執一匕以從雍府執二匕以從司
士合執二俎以從司士贊者亦合執二俎以從匕皆
加于鼎東枋二俎設于羊鼎西西縮二俎皆設于二
鼎西亦西縮雍人合執二俎陳于羊俎西並皆西縮
覆二疏匕于其上皆縮俎西枋主人降受宰几尸侑
降主人辭尸對宰授几主人受二手橫執几揖尸主
人升尸侑升復位主人西面左手執几縮之以右袂
推拂几三二手橫執几進授尸于筵前尸進二手受
于手間主人退尸還几縮之右手執外廉北面奠于

筵下左之南縮不坐主人東楹東北面拜尸復位尸
與侑皆北面答拜主人降洗尸侑降尸辭洗主人對
卒洗揖主人升尸侑升尸西楹西北面拜洗主人東
楹東北面奠爵答拜降盥尸侑降主人辭尸對卒盥
主人揖升尸侑升主人坐取爵酌獻尸尸北面拜受
爵主人東楹東北面拜送爵主婦自東房薦韭菹醢
坐奠于筵前菹在西方婦贊者執昌菹醢以授主婦
主婦不興受陪設于南昌在東方興取籩于房麷蕡
坐設于豆西當外列麷在東方婦贊者執白黑以授
主婦主婦不興受設于初籩之南白在西方興退乃

升司馬朼羊亦司馬載載右體肩臂肫骼臑正脊一脡脊一橫脊一短脅一正脅一代脅一腸一胃一祭肺一載于一俎羊肉湆臑折正脊一正脅一腸一胃一嚌肺一載于南俎司士朼豕亦司士載亦右體肩臂肫骼臑正脊一脡脊一橫脊一短脅一正脅一代脅一膚五嚌肺一載于一俎侑俎羊左肩左肫正脊一脅一腸一胃一切肺一載于一俎侑俎豕左肩折正脊一脅一膚一切肺一載于一俎阼俎羊肺一祭肺一載于一俎羊肉湆臂一脊一脅一腸一胃一嚌肺一載于一俎豕脀臂一脊一脅一膚三嚌肺一載

于一俎主婦俎羊左臑脊一脅一腸一胃一膚一嚌
羊肺一載于一俎司士朼魚亦司士載尸俎五魚橫
載之侑主人皆一魚亦橫載之皆加膴祭于其上卒
升賓長設羊俎于豆西賓降尸升筵自西方坐左執
爵右取韭菹擩于三豆祭于豆間尸取麷蕡宰夫贊
者取白黑以授尸尸受兼祭于豆祭雍人授次賓疏
匕與俎受于鼎西左手執俎左廉縮之郤右手執匕
枋縮于俎上以東面受于羊鼎之西司馬在羊鼎之
東二手執挑匕枋以挹湆注于疏匕若是者三尸興
左執爵右取肺坐祭之祭酒興左執爵次賓縮執匕

俎以升若是以授尸尸卻手受匕枋坐祭嚌之興覆
手以授賓賓亦覆手以受縮匕于俎上以降尸席末
坐啐酒興坐奠爵拜告旨執爵以興主人北面于東
楹東荅拜司馬羞羊肉湆縮執俎尸坐奠爵興取肺
坐絕祭嚌之興反加于俎司馬縮奠俎于羊湆俎南
乃載于羊俎卒載俎縮執俎以降尸坐執爵以興次
賓羞羊燔縮執俎縮一燔于俎上鹽在右尸左執爵
受燔揳于鹽坐振祭嚌之興加于羊俎賓縮執俎以
降尸降筵北面于西楹西坐卒爵執爵以興坐奠爵
拜執爵以興主人北面于東楹東荅拜主人受爵尸

升筵立于筵末主人酬獻侑侑西楹西北面拜受爵主人在其右北面荅拜主婦薦韭菹醢坐奠于筵前醢在南方婦贊者執二籩麷蕡以授主婦主婦不興受之奠麷于醢西蕡在麷東主婦入于房侑升筵自北方司馬羞羊俎以升設于豆東侑坐左執爵右取菹擩于醢祭于豆間又取麷蕡同祭于豆祭興左執爵右取肺坐祭之祭酒興左執爵次賓羞羊燔如尸禮侑降筵自北方北面于西楹西坐卒爵執爵以興坐奠爵拜主人荅拜尸受侑爵降洗侑降立于西階西東面主人降自阼階辭洗尸坐奠爵于篚興對

卒洗主人升尸升自西階主人拜洗尸北面于西楹
西坐奠爵荅拜降盥主人降尸辭主人對卒盥主人
升尸升坐取爵酌司宮設席于東序西面主人東楹
東北面拜受爵尸西楹西北面荅拜主婦薦韭菹醢
坐奠于筵前菹在北方婦贊者執二籩麷蕡主婦不
興受設麷于菹西北蕡在麷西主人升筵自北方主
婦入于房長賓設羊俎于豆西主人坐左執爵祭豆
籩如侑之祭興左執爵右取肺坐祭之祭酒興次賓
羞匕湆如尸禮席末坐啐酒執爵以興司馬羞羊肉
湆縮執俎主人坐奠爵于左興受肺坐絕祭嚌之興

反加于湆俎司馬縮奠湆俎于羊俎西乃載之卒載
縮執虛俎以降主人坐取爵以興次賓羞燔主人受
如尸禮主人降筵自北方北面于阼階上坐卒爵執
爵以興坐奠爵拜執爵以興尸西楹西荅拜主人坐
奠爵于東序南侑升尸侑皆北面于西楹西主人北
面于東楹東再拜崇酒尸侑皆荅再拜主人及尸侑
皆升就筵司宮取爵于篚以授婦贊者于房東以授
主婦主婦洗爵于房中出實爵尊南西面拜獻尸尸拜
于筵上受主婦西面于主人之席北拜送爵入于房
取一羊鉶坐奠于韭菹西主婦贊者執豕鉶以從主

婦不興坐設于羊鉶之西興入于房取糗與腶脩執
以出坐設之糗在蕡西脩在白西興立于主人席北
西面尸坐左執爵祭糗脩同祭于豆祭以羊鉶之柶
挹羊鉶遂以挹豕鉶祭于豆祭祭酒次賓羞豕匕湆
如羊匕湆之禮尸坐啐酒左執爵嘗上鉶執爵以興
坐奠爵拜主婦答拜執爵以興司士羞豕脀尸坐奠
爵興受如羊肉湆之禮坐取爵興次賓羞豕燔尸左
執爵受燔如羊燔之禮坐卒爵拜主婦答拜受爵酌
獻侑侑拜受爵主婦主人之北西面答拜主婦羞糗
脩坐奠糗于麷南脩在蕡南侑坐左執爵取糗脩兼

祭于豆祭司士縮執豕脀以升侑興取肺坐祭之司
士縮奠豕脀于羊俎之東載于羊俎卒乃縮執俎以
降侑興次賓羞豕燔侑受如尸禮坐卒爵拜主婦荅
拜受爵酌以致于主人主人筵上拜受爵主婦北面
于阼階上荅拜主婦設二鉶與糗脩如尸禮主人其
祭糗脩祭鉶祭酒受豕匕湆拜啐酒皆如尸禮嘗鉶
不拜其受豕脀受豕燔亦如尸禮坐卒爵拜主婦北
面荅拜受爵尸降筵受主婦爵以降主人降侑降主
婦入于房主人立于洗東北西面侑東面于西階西
南尸易爵于篚盥洗爵主人揖尸侑主人升尸升自

西階侑從主人北面立于東楹東侑西楹西北面立
尸酢主婦出于房西面拜受爵尸北面于侑東答拜
主婦入于房司宮設席于房中南面主婦立于席西
婦贊者薦韭菹醢坐奠于筵前菹在西方婦人贊者
執麷蕡以授婦贊者婦贊者不興受設麷于菹西蕡
在麷南主婦升筵司馬設羊俎于豆南主婦坐左執
爵右取菹㨎于醢祭于豆間又取麷蕡兼祭于豆祭
主婦奠爵興取肺坐絕祭嚌之興加于俎坐挩手祭
酒啐酒次賓羞羊燔主婦興受燔如主人之禮主婦
執爵以出于房西面于主人席北立卒爵執爵拜尸

西楹西北面荅拜主婦入立于房尸主人及侑皆就
筵上賓洗爵以升酌獻尸尸拜受爵賓西楹西北面
拜送爵尸奠爵于薦左賓降主人降洗觶尸侑降主
人奠爵于篚辭尸對卒洗揖尸升侑不升主人實觶
酬尸東楹東北面坐奠爵拜尸西楹西北面荅拜坐
祭遂飲卒爵拜尸荅拜降洗尸降辭主人奠爵于篚
對卒洗主人升尸升主人實觶尸拜受爵主人反位
荅拜尸北面坐奠爵于薦左尸侑主人皆升筵乃羞
宰夫羞房中之羞于尸侑主人主婦皆右之司士羞
庶羞于尸侑主人主婦皆左之主人降南面拜衆賓

于門東三拜衆賓門東北面皆荅一拜主人洗爵長
賓辭主人奠爵于篚興對卒洗升酌獻賓于西階上
長賓升拜受爵主人在其右北面荅拜宰夫自東房
薦脯醢醢在西司士設俎于豆北羊骼一腸一胃一
切肺一膚一賓坐左執爵右取脯擩于醢祭之執爵
興取肺坐祭之祭酒遂飲卒爵執爵以興坐奠爵拜執
爵以興主人荅拜受爵賓坐取祭以降西面坐委于
西階西南宰夫執薦以從設于祭東司士執俎以從
設于薦東衆賓長升拜受爵主人荅拜坐祭立飲卒
爵不拜既爵宰夫贊主人酌若是以辯辯受爵其薦

脯醢與脀設于其位其位繼上賓而南皆東面其脀
體儀也乃升長賓主人酌酢于長賓西階上北面賓
在左主人坐奠爵拜執爵以興賓荅拜坐祭遂飲卒
爵執爵以興坐奠爵拜賓荅拜賓降宰夫洗觶以升
主人受酌降酬長賓于西階南北面賓在左主人坐
奠爵拜賓荅拜坐祭遂飲卒爵拜賓荅拜主人洗賓
辭主人坐奠爵于篚對卒洗升酌降復位賓拜受爵
主人拜送爵賓西面坐奠爵于薦左主人洗升酌獻
兄弟于阼階上兄弟之長升拜受爵主人在其右荅
拜坐祭立飲不拜既爵皆若是以辯辯受爵其位在

洗東西面北上升受爵其薦脀設于其位其先生之
脀折脅一膚一其衆儀也主人洗獻内賓于房中南
面拜受爵主人南面于其右荅拜坐祭立飲不拜既
爵若是以辯亦有薦脀主人降洗升獻私人于阼階
上拜于下升受主人荅其長拜乃降坐祭立飲不拜
既爵若是以辯宰夫贊主人酌主人於其羣私人不
荅拜其位繼兄弟之南亦北上亦有薦脀主人就筵
尸作三獻之爵司士羞湆魚縮執俎以升尸取膴祭
祭之祭酒卒爵司士縮奠俎于羊俎南橫載于羊俎
卒乃縮執俎以降尸奠爵拜三獻北面荅拜受爵酌

獻侑侑拜受三獻北面荅拜司馬羞湆魚一如尸禮
卒爵拜三獻荅拜受爵酌致主人主人拜受爵三獻
東楹東北面荅拜司士羞湆魚如尸禮卒爵拜三
獻荅拜受爵尸降筵受三獻爵酌以酢之三獻西楹
西北面拜受爵尸在其右以授之尸升筵南面荅拜
坐祭遂飲卒爵拜尸荅拜執爵以降實于篚二人洗
觶升實爵西楹西北面東上坐奠爵拜執爵以興尸
侑荅拜坐祭遂飲卒爵執爵以興坐奠爵拜尸侑荅
拜皆降洗升酌反位尸侑皆拜受爵舉觶者皆拜送
侑奠觶于右尸遂執觶以興北面于阼階上酬主人

主人在右坐奠爵拜主人答拜不祭立飲卒爵不拜
既爵酌就于阼階上酬主人主人拜受爵尸拜送尸
就筵主人以酬侑于西楹西侑在左坐奠爵拜執爵
興侑答拜不祭立飲卒爵不拜既爵酌復位侑拜受
主人拜送主人復筵乃升長賓侑酬之如主人之禮
至于衆賓遂及兄弟亦如之皆飲于上遂及私人拜
受者升受下飲卒爵升酌以之其位相酬辯卒飲者
實爵于篚乃羞庶羞于賓兄弟內賓及私人兄弟之
後生者舉觶于其長洗升酌降北面立于阼階南長
在左坐奠爵拜執爵以興長答拜坐祭遂飲卒爵執

爵以興坐奠爵拜執爵以興長賓答拜洗升酌降長拜
受于其位舉爵者東面答拜爵止賓長獻于尸如初
無湆爵不止賓一人舉爵于尸如初亦遂之於下賓
及兄弟交錯其酬皆遂及私人爵無筭尸出侑從主
人送于廟門之外拜尸不顧拜侑與長賓亦如之衆
賓從司士歸尸侑之俎主人退有司徹若不賓尸則
祝侑亦如之尸食乃盛俎臑臂肫脡脊橫脊短脅代
脅皆牢魚七腊辯無髀牢盛乃舉牢肩尸受振祭嚌
之佐食受加于肵佐食取一俎于堂下以入奠于羊
俎東乃摭于魚腊俎俎釋三个其餘皆取之實于一

俎以出祝主人之魚腊取于是尸不飯告飽主人拜
侑不言尸又三飯佐食受牢舉如儐主人洗酌酳尸
賓羞肝皆如儐禮卒爵主人拜祝受尸爵尸答拜祝
酌授尸尸以醋主人亦如儐其綏祭其嘏亦如儐其
獻祝與二佐食其位其薦脀皆如儐主婦其洗獻于
尸亦如儐主婦反取籩于房中執棗糗坐設之棗在
稷南糗在棗南婦贊者執栗脯主婦不興受設之栗
在糗東脯在棗東主婦興反位尸左執爵取棗糗祝
取栗脯以授尸尸兼祭于豆祭祭酒啐酒次賓羞燔
燔用俎鹽在右尸兼取燔擩于鹽振祭嚌之祝受加

于脈卒爵主婦拜□受尸爵尸荅拜祝易爵洗酌授
尸尸以醋主婦主□之北拜受爵尸荅拜主婦及位
又拜上佐食綏祭□儐卒爵尸荅拜主婦獻祝其酌
如儐拜坐受爵主婦□主人之北荅拜宰夫薦棗糗坐
設棗于菹西糗在棗□南祝左執爵取棗糗祭于豆祭
祭酒啐酒次賓羞燔□婦如尸禮卒爵主人受爵酌獻二
佐食亦如儐主婦受爵以入于房賓長洗爵獻于尸
尸拜受賓尸西北面荅拜爵止主婦洗于房中酌致
于主人拜受主婦户西北面拜送爵司宫設席主婦
薦韭菹醓坐設于席前菹在北方婦贊者執棗糗以

從主婦不興受設棗于菹北糗在棗西佐食設俎臂
脊脅肺皆牢膚三魚一腊臂主人左執爵右取菹擩于
醢祭于豆間遂祭籩奠爵興取牢肺坐絕祭嚌之興
加于俎坐捝手 祭酒執爵以興坐卒爵拜主婦荅拜
受爵酌以醋戶內北面拜主人荅拜卒爵拜主人荅
拜主婦以爵入于房尸作止爵祭酒卒爵賓拜祝受
爵尸荅拜祝酌授尸賓拜受爵尸拜送坐祭遂飲卒
爵拜尸荅拜獻祝及二佐食洗致爵于主人主人席
上拜受爵賓北面荅拜坐祭遂飲卒爵拜賓荅拜受
爵酌致爵于主婦主婦北堂司宮設席東面主婦席

北東面拜受爵賓西面荅拜婦贊者薦韭菹醢菹在
南方婦人贊者執棗糗授婦贊者婦贊者不興受設
棗于菹南糗在棗東佐食設俎于豆東羊臑豕折羊
脊脅祭肺一膚一魚一腊臑主婦升筵坐左執爵右
取菹擩于醢祭之祭籩奠爵興取肺坐絕祭嚌之興
加于俎坐挩手祭酒執爵興筵北東面立卒爵拜賓
荅拜賓受爵易爵于篚洗酌醋于主人戶西北面拜
主人荅拜卒爵拜主人荅拜賓以爵降奠于篚乃羞
宰夫羞房中之羞司士羞庶羞于尸祝主人主婦內
羞在右庶羞在左主人降拜衆賓洗獻衆賓其薦脀

其位其酬醋皆如儐禮主人洗獻兄弟與內賓與私人皆如儐禮其位其薦脀皆如儐禮卒乃羞于賓兄弟內賓及私人辯賓長獻于尸尸醋獻祝致醋賓以爵降實于篚賓兄弟交錯其酬無筭爵利洗爵獻于尸尸醋獻祝祝受祭酒啐酒奠之主人出立于阼階上西面祝出立于西階上東面祝告于主人曰利成祝入主人降立于阼階東西面尸謖祝前尸從遂出于廟門祝反復位于室中祝命佐食徹尸俎佐食乃出尸俎于廟門外有司受歸之徹阼薦俎乃䈰如儐卒䈰有司官徹饋饌于室中西北隅南面如饋之設

右几厞用席納一尊于室中司宮埽祭主人出立于阼階上西面祝執其俎以出立于西階上東面司宮闔牖戶祝告利成乃執俎以出于廟門外有司受歸之衆賓出主人拜送于廟門外乃反婦人乃徹徹室中之饌

儀禮卷第十七

寢廟辨名圖

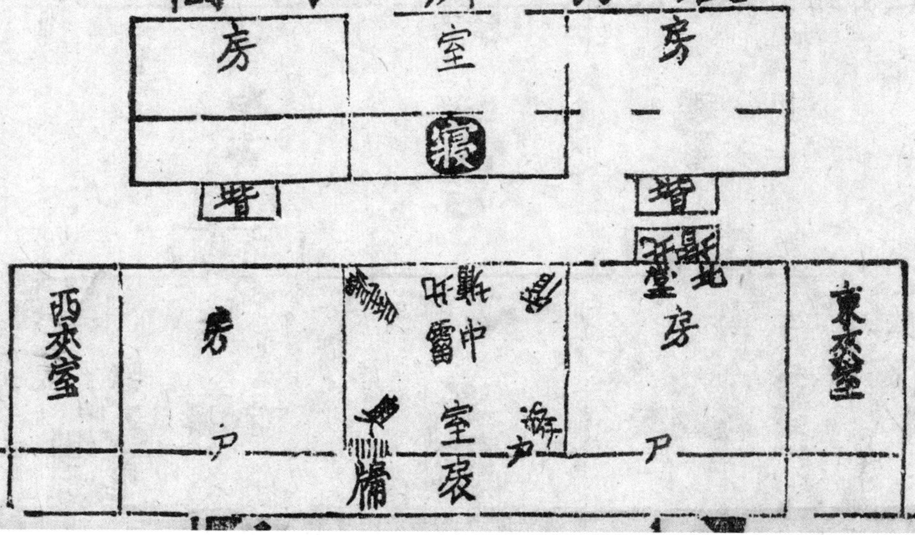

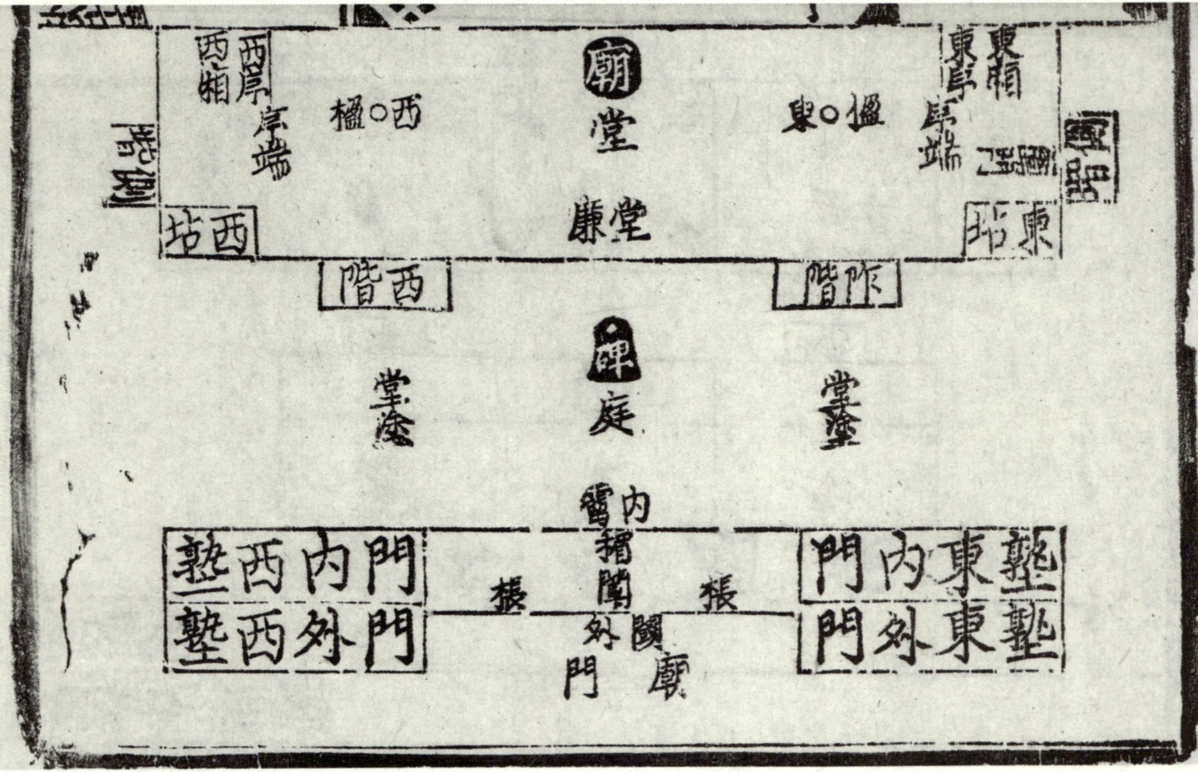
廟
堂
堂廉
西楹
東楹
西序
西廂
序端
東序
東廂
序端
側階
西坫
東坫
西階
阼階
碑
庭
堂塗
堂塗
內霤
闑
棖
棖
門內西塾
門外西塾
門內東塾
門外東塾
廟門

爾雅曰室有東西廂曰廟無東西廂有室曰寢西南隅謂之奧西北隅謂之屋漏東北隅謂之宧（盈之反）東南隅謂之窔（一弔反）東西牆謂之序牖户之間謂之扆宮中之門謂之闈門側之堂謂之塾廟中路謂之唐堂途謂之陳（唐與陳皆堂下至門之徑）特廟堂異其名耳又曰柣（千結反）謂之閾棖謂之楔（革八反又先結反）橛謂之闑（魚列反）蓋界于門者柣也亦謂之國旁于門者棖也亦謂之楔中于門者橛（巨月反）也亦謂之闑士喪禮疏云分户之外由半以南謂之堂士昏禮疏云其内由半以北亦謂之堂（堂堂中

北牆謂之墉士昏尊于室中北墉下是也堂下
之牆曰壁士虞饎爨在東壁是也坫有東坫西
坫士喪䟽云堂隅有坫以土爲之是也塾有內
外士冠注云西塾門外西堂是也月令曰其祀
中霤古者復穴以居是以名室爲中霤又有東
霤燕禮設篚當東霤此言諸侯四注屋之東霤
又有門內霤燕禮賓執脯以賜鍾人于門內霤
是也

聘禮賈䟽曰門有東西兩闑又玉藻公事
自闑西私事自闑東䟽云闑謂門之中央
所竪短木則門只有一闑未知孰是今按
爾雅云橛謂之闑注云門中之橛名闑又

兩下五架圖

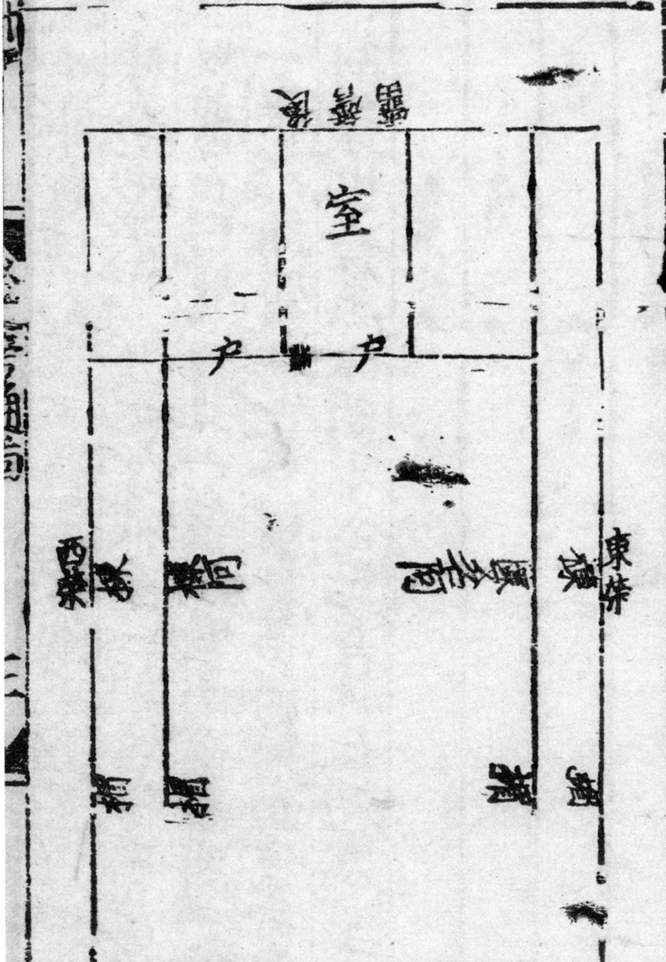

曰在北者謂之臬注云在北及門中者名臬當以玉藻疏及爾雅爲正

少牢疏云大夫士廟室皆兩下五架正中曰棟
棟南兩架北亦兩架棟南一架名曰楣前承簷
以前名曰庪棟北一架爲室南壁而開戶即是
一架之開廣爲室士昏禮賓當阿東面致命鄭云
阿棟也入堂深明不入室是棟北乃爲室也

鄭注大夫士東房西室之圖

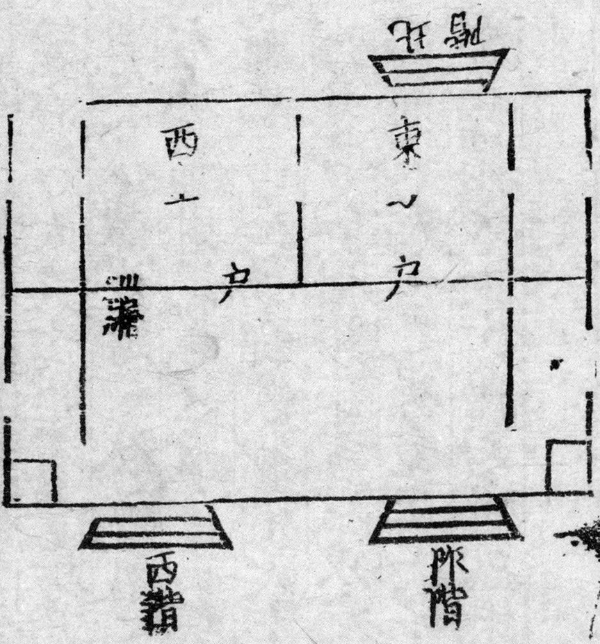

餘並同前

寢廟然則名已見前圖鄭注謂天子諸侯有
左右房大夫士惟有東房西室故別圖以
見之○按陳祥道云鄉飲酒薦脯五脡出自
左房鄉射記籩豆出自東房大射宰胥薦
脯醢由左房鄉飲鄉射大夫禮大射諸侯
禮其言皆相類蓋言左以有右言東以有
西則大夫士之房室與天子諸侯同可知
鄭氏謂大夫士無西房恐未然也

諸侯五廟圖

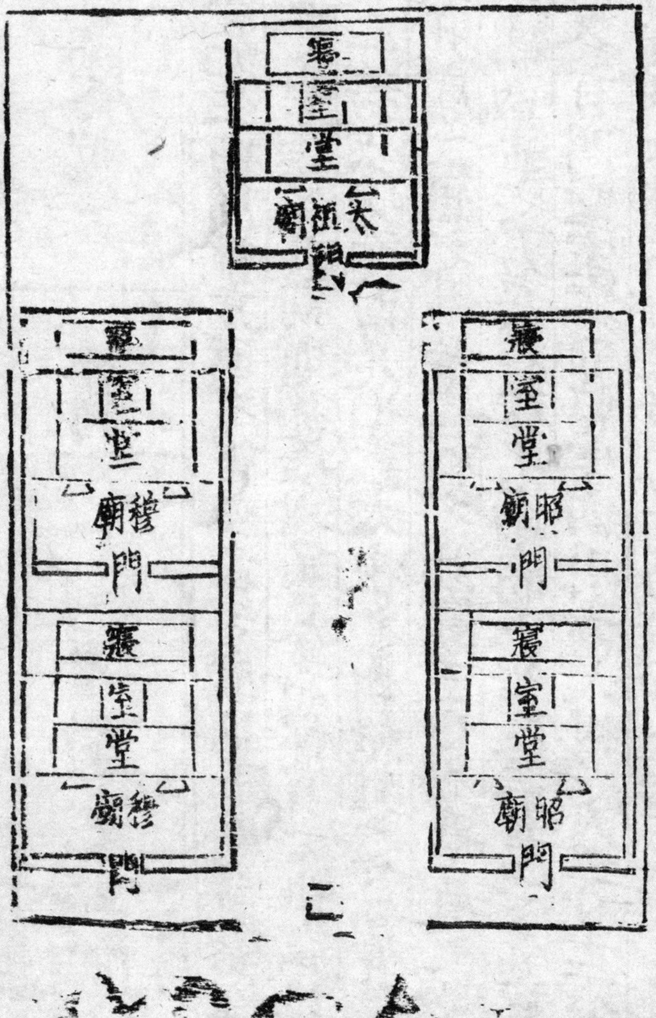

寢
室
堂
太祖廟
門
寢
室
堂
穆廟
門
寢
室
堂
穆廟
門
寢
室
堂
昭廟
門
寢
室
堂
昭廟
門

朱先生曰周禮建國之神位在宗廟則五廟皆當在公宮之東南矣其制則孫毓以爲外爲都宮太祖在北二昭二穆以次而南是也蓋太祖之廟始封之君居之昭之北廟二世之君居之穆之北廟三世之君居之昭之南廟四世之君居之穆之南廟五世之君居之廟皆南向各有門堂室寢而牆宇四周焉太祖之廟百世不遷自餘四廟則六世之後每一易世而一遷

賈疏諸侯五廟

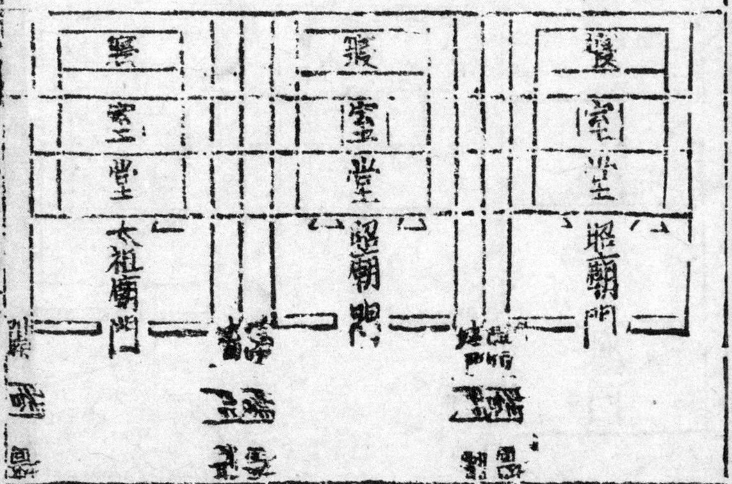

聘禮公皮弁迎賓于大門內公揖入每門每曲揖疏曰諸侯三門皐應路則應門爲中門左宗廟右社稷入大門東行即至廟門其間得有每門者諸侯有五廟太祖之廟居中二昭居東二穆居西皆别門門外兩邊皆有南北隔牆

廟之圖

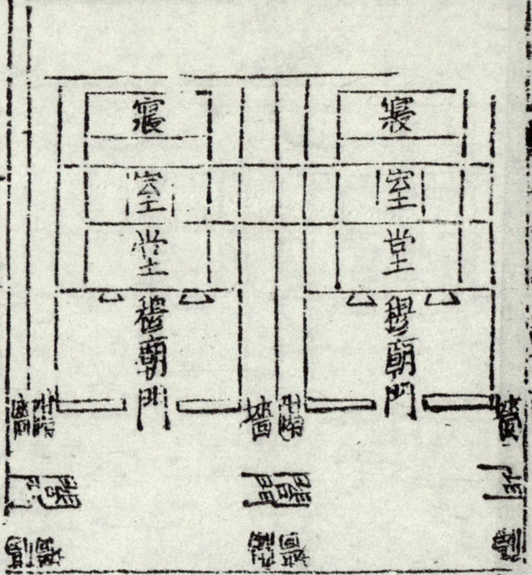

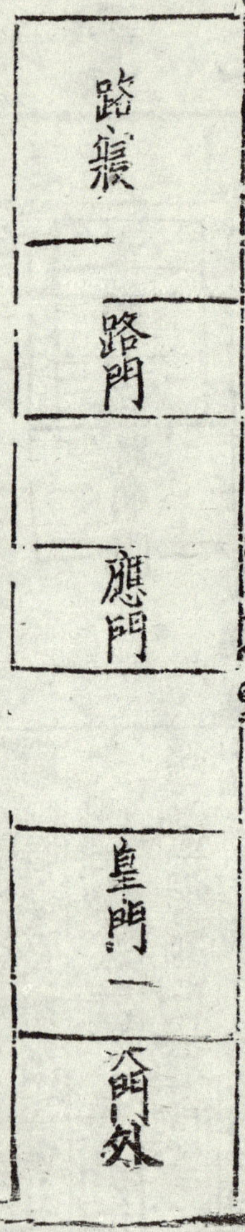

隅墻中夾通門若祭
祖廟已西隅墻有三
則闇門亦有三東行
經三門乃至太祖廟
門中則相逼入門則
相遠是以每門皆有
曲郎相揖故每曲揖

大夫三廟圖

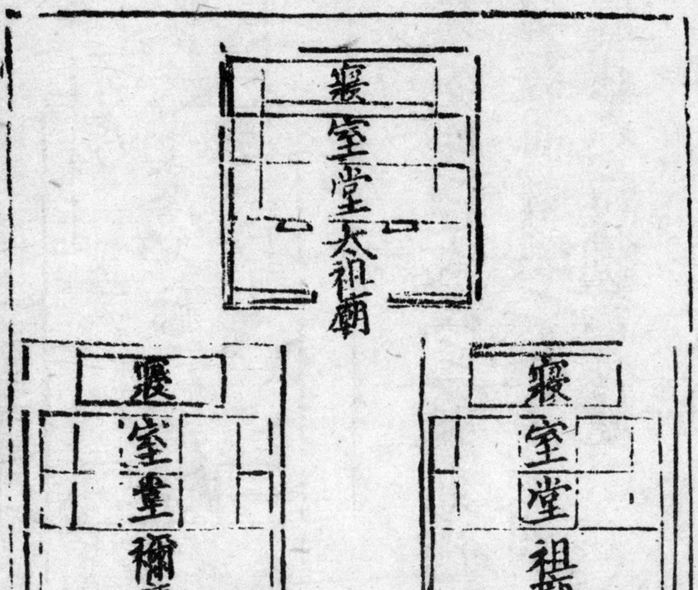

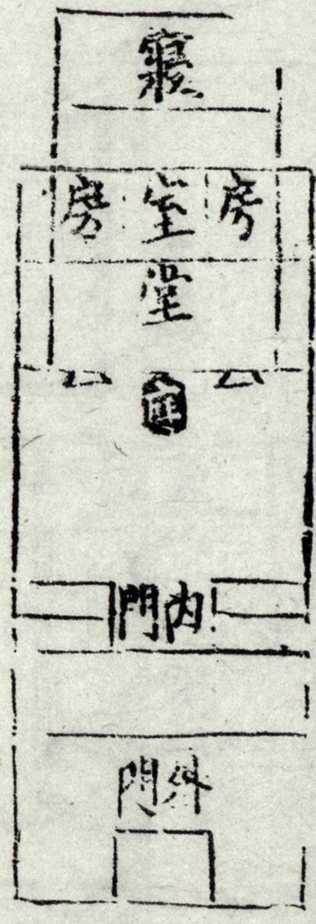

朱先生曰大夫三廟則視諸侯而殺其二然其太祖昭穆之位猶諸侯也

賈疏大夫三

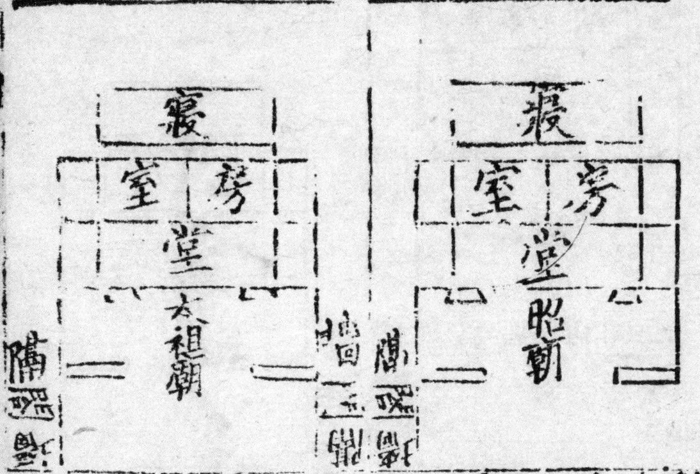

聘禮賓朝服問卿卿受于祖廟大夫朝服迎于外門外大夫先入每門每曲揖及廟門大夫揖入疏曰大夫三門入大門東行即至廟門未及廟門

廟圖

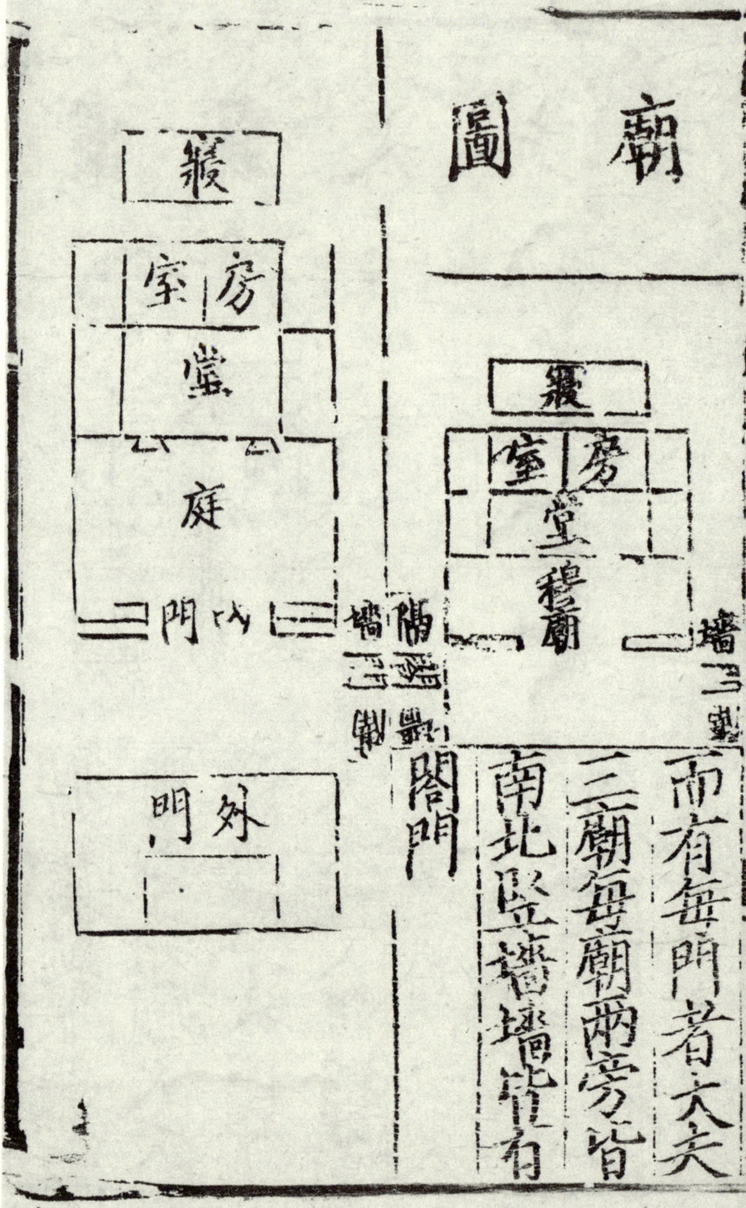

而有每門者六矣
三廟每廟兩旁皆
南北竪墻墻皆有

冕弁門冕弁制度等降見於儀禮周禮禮記者互詳略鄭注賈疏又各有得失今悉圖以見之

冕圖

凡冕上玄下纁前後有旒低前一寸二分故取其俛而謂之冕冕制同而服異曰衮冕曰鷩冕曰毳冕曰絺冕曰玄冕皆因服之異而名之耳冕之制雖同而旒有多少等降亦不同也

〇王冕

冕	用	用	用	用
大裘而冕	王祀昊	天上帝	祀五帝	亦如之
衮冕	王享先王	王〇覲	饗天子	[illegible]
鷩冕	王享先公	饗射		
毳冕	王祀四	望山川		
絺冕	王祭社	稷五祀		
玄冕	王祭羣	小祀		

[illegible]

[illegible]體掌王之五冕今衮冕而上又有大裘而冕凡六冕吳陸佃道曰司服

七祀冕天上帝則
服大裘而冕祀五
帝亦如之享先王
則袞冕禮記曰郊
之祭王被袞以象
天戴冕璪十有二
旒則天數也鄭云
裘曰大裘黑羔裘
服以祀天示質鄭
合周官禮記而言
之王之祀天大裘[illegible]
之裘外[illegible]
袞裘既[illegible]
蓋亮玉[illegible]
至之自[illegible]
又服之[illegible]
大裘[illegible]
言之[illegible]
禮義[illegible]
之[illegible]

[illegible]

[illegible]服[illegible]

之宜[illegible]

天子[illegible]

服大裘[illegible]

冕也

旒

[illegible]一

周禮云大裘之冕

蓋無旒[illegible]

以[illegible]

玄服亦

冕[illegible]

前

冕十二旒 九旒 七旒 五旒 三旒

旒十二玉 [illegible]五繅玉 [illegible]繅五 [illegible]繅玉 [illegible]繅二五

繅三采 五采 五采 五采 二采

冕[illegible]玉[illegible]一寸[illegible]一上玄為一

[illegible]弁[illegible]五五冕皆玄冕朱

[illegible]皆[illegible]十有二[illegible]

[illegible]不皆[illegible]冕十二旒[illegible]

冕[illegible]七旒[illegible]五旒玄冕三旒也延冕之

[illegible]所[illegible]文之名也

合玉朱[illegible]於延之前後朱紘以朱組為

紘[illegible]一條屬兩端於武[illegible]上玄為延下朱為裏

紒之以武設之以組貫之以笄固之以紘

玉笄	朱紘	玉瑱 注塞耳者	玄衣纁裳
			同上
			七章 同上
			五章 同上
			三章 同上

服

九章：龍 山 華蟲 火 宗彝 五章衣之繪藻 藻 粉米

華蟲 火 宗彝 衣 藻 粉米 黼 黻 裳

宗彝 藻 粉米 衣 黼 黻 裳

粉米 黼刺四畫 黼黻 裳 陳二六衣亦畫也

衣無文裳刺黻而已是以冕謂之玄焉

黼

黻

劉氏云為繡
被繡之衣注
九章天子
百八龍衮
降龍之公八
衮衣無升龍

古天子冕服十二章周以星辰日月畫於旌旗所謂三辰旂旗昭其明也而冕服九章登龍於山登火於宗彝尊其神明也華蟲雉也亦曰鷩雉獸細毛也宗彝有虎蜼之飾而毳衣有宗彝之章故書謂之宗彝周禮謂之鷩冕毳冕取其義蜼取其智〇鄭注〇今按周天子九章乃鄭氏一家之說二云亦司服上公自衮冕而下侯伯自鷩冕而下夫衮冕九章鷩冕七章上公既自衮冕而下則上而天子當有十二章備日月星辰之象不言可知鄭説恐未可以為據也

執鎮圭搢大圭朝諸侯則執瑁圭

素帶朱裏終辟

朱韍 韍同韠也

佩白玉而玄組綬

赤舄 配冕服黑絇繶純

右王之五冕祭服朝覲會同大會皆用之此乃於事之重者亦用之如王養老則冕而總干耕耤則冕而秉耒是也若天子以日視朝則弁而不冕

（四）公侯伯子男冕服

上公 袞冕	侯伯 鷩冕	子男 毳冕
繅九就 前後九	繅七就 前後七	繅五就 前後各

旒旒九
玉繅三
采朱白
蒼貫號
云公繅
玉同文
皆衡有
一冕以
冠五服

旒旒七
五繅三
采

五旒旒
五玉繅
三采

上公自衮冕而下其服五侯伯自鷩冕而下其服
四子男自毳冕而下其服三若助祭則隨事用之
如王祭羣小祀玄冕則助祭者亦玄冕是也若朝
王則各服其服如上公衮冕侯伯鷩冕是也○又
覲禮侯氏裨冕釋幣于祢注裨冕者衣裨衣而冕
也裨之爲言埤也天子六服大裘爲上其餘爲裨
○按注云天子大裘爲上其餘爲裨以此例推之
上公衮冕爲上其餘爲裨侯伯鷩冕爲上其餘爲
裨所謂侯氏裨冕釋幣于祢者謂用裨冕釋幣也
○又諸侯非二王後其餘皆玄冕而祭於己五冕

雜附

公諸侯玄冕以祭註云冕服當爲冕字之誤也章甫玄冕非用玄冕也○事之重者亦用之如諸侯冕而親迎是也若諸侯以日視朝則皮弁而不冕

公執桓圭　侯執信圭　伯執躬圭

子執穀璧　男執蒲璧

諸侯素帶終辟　又朱裏

朱韍　鄭氏釋韍干詩曰芾天子純朱諸侯黄朱又詩曰赤芾在股赤芾金舄是也芾與韍同

佩山玄玉而朱組綬

赤舄　詩曰赤舄几几玄袞赤舄赤芾金舄周公及諸侯冕服之舄也赤舄謂之金舄鄭氏謂金舄黄朱色也諸侯之芾亦黄朱則舄用黄朱宜也

○王之三公卿大夫及諸侯孤卿大夫冕服 此下經與子直皆先儒舊說

王之三公

鷩冕

繅八就

前後各八旒

八玉

王之三公

蓋執信圭

王之孤卿

毳冕

繅六就

前後各六旒

六玉

孤執皮帛

卿執羔

王之大夫

絺冕

絺四就

前後各四旒

四玉

大夫執鴈

公之孤

繅玉如王之大夫

大國之卿

玄冕

繅三就

前後各

再命之大夫 三旒
夫 繅再就
一命之大夫
夫 繅一就

帶 素帶辟垂
韍 再命赤韍三命赤韍 公侯伯之卿三命 大夫再命 而諸侯 子男之卿再命 士一命 以命

是玄冕纁
裳蔽赤黻

佩水蒼玉而純組綬

公之孤黻皮帛

大國之卿毳冕

一命再命之士爵弁

鴈

典命王之三公八命其卿六命其大夫四命及其出封皆加一等蓋八命加一等則是三公一命袞而衣服以九爲節也其未出封則八命與侯伯同七章之服矣公與侯伯同七章之服則卿六命與子男同五章之服矣旣司服孤之服自絺冕而下如子男之服卿大夫自玄冕而下

刺孤之服公之孤四命而服三章之絺冕夫(?)
之卿三命大夫再命而服一章之玄冕則王之
公卿大夫玄服各降命數一等司服〇自公之
衮冕至大夫之玄冕皆其朝聘天子及助祭之
服諸侯非二王後其餘皆玄冕而祭於己雜記
曰大夫冕而祭於公弁而祭於己士弁而祭於
公冠而祭於己大夫爵弁自祭家廟惟孤爾其
餘皆玄冠與士同

弁圖

周禮弁師掌王之五冕三弁則冕弁同宮也五
冕已見前圖三弁別圖以見之但冕弁之制上
得以兼下下不得以兼上故三弁之服為上下
之通用而其用有不同今具其制于左

爵弁
賈疏曰冕上玄下纁前後有旒低前一

韋弁
兵事韋弁服
注韋弁以韎韋

皮弁
眡朝皮弁服
注皮弁以白鹿

冠弁
甸冠弁服
注甸田獵也冠弁委

寸二分故取其俛而謂之冕其爵弁制大同唯爲爵色而無旒又前後平故不得爲冕用布升數取冠倍之義朝服十五升故其冕爲三十升也

爲弁○周禮司服

皮爲冠○司服

弁師王之皮弁會五采玉璂象邸玉笄○注會縫中也縫中每貫結五采玉十二以爲飾謂之璂詩云會弁如星

貌也亦白玄冠○司服

陳祥道曰周禮有韋弁無爵弁書曰二人雀弁儀禮禮記有爵弁無韋弁上之服止於爵弁而荀

鄭曰上章弁孔安國曰雀韋弁也則爵弁即韋弁弁耳又曰古文弁象形則其制上鋭如合手然非如冕也是其首也爵其色也士冠禮再加皮弁三加爵弁而以爵弁爲典聘禮主卿贊禮服皮弁及歸饔餼服韋弁而以韋弁爲韎韐色赤爵色亦赤即一物耳○按司服兵事韋弁服原注賈道云韋弁即爵弁豈軍國並用之與

服

爵弁冕之次餘衣皆用布惟冕與爵弁服用絲爲衣纁裳

司服韋弁以韎韋爲弁又以爲衣裳春秋傳曰晉郤至衣韎韋

用布亦十五升其色白與冠同素積○注素積者以素爲裳辟

特牲冠端玄疏云下言玄者玄冠有不玄端者不玄端則朝服玄冠一冠冠兩服也朝服十五升緇布衣而素裳但六入爲玄七入爲緇大判言之緇衣亦名玄故云周人玄

之附注是
出
司服注以
鞠衣為衣
裳釋禮釋
謂鞠布以
為衣而素
裳既曰鞠
衣為衣又
曰鞠布為
衣既曰鞠
衣為裳又
曰素裳或
若韋國之
容不同故
也

積其數中

衣而養老玄衣指朝服言之
鄭康成釋儀禮謂玄端即朝
服之衣易其裳耳此說不然
儀禮大夫筮日以朝服士筮
門以玄端冠禮主人朝服既
冠著服玄端雜記遂禮自
西階受朝服自堂受玄端則
朝服與玄端異矣

朝服
素裳已見上文

玄端
玄端玄裳黄裳雜裳

爵弁緇帶	玉藻士練帶率下辟士冠主人朝服緇帶冠者爵弁皮弁緇布冠皆緇帶則士帶皆練一而[illegible]以緇	爵弁韎韐	韎同裳色○士冠禮爵弁韎韐緼韍也爵弁
皮弁緇帶		皮弁素韠	皮弁素積韍素韠
朝服緇帶		朝服素韠	朝服緇布衣而素裳韍亦素韠
玄端緇帶		玄端朱韠	素[illegible]韠 玉藻[illegible]一云君[illegible]朱[illegible]大夫素[illegible]

可也[illegible]一云上士玄裳中士黃裳下士雜裳○玄端服君大夫士皆服之而裳則不同

纁裳故緇韍緼韍士赤黃之間色

士[illegible]玄[illegible]
天子諸侯[illegible]
玄[illegible]
[illegible]大夫
[illegible]素裳
上士玄[illegible]
中士黃裳
下士[illegible]黃
[illegible]
也故[illegible]

士佩瓀玟
同上
同上
同上
同上

玉而緼組

綬

白舄 配皮弁服 青絇繶純
黑舄 配冠弁服 赤絇繶純

爵弁纁屨
素積白屨
朝服白屨
玄端白屨

用爵弁

士弁而祭於公冠而祭於己士以爵弁爲上又故用以助祭大夫爵弁而祭於己惟孤爾士冠三加爵

韋弁

聘禮君使卿韋弁歸饔餼夫人使下大夫韋弁歸禮王及諸侯卿大夫之兵服韋弁服兕胄容君

皮弁

天子以視朝同服視朝則皮弁服○士冠禮鄭注云天子與其臣玄冕以視朝皮弁以日視朝背君臣同服以宴詩曰側弁之俄以聽郊報郊報牲祭之日王皮弁以

朝服

天子以田司服凡甸冠弁服以燕羣臣以養老王制云周人玄服而養老注云天子燕服爲諸侯朝服又云凡養老之服皆其時與羣臣燕之服

玄端

天子卒食玄端以居玉藻注云天子服玄端燕居諸侯孤卿大夫士之齊服司服其齊服有玄端素端○玄冠丹組纓諸侯之齊冠也

弁服
士昏主人爵弁纁裳緇袘
士喪復者一人以爵弁服
又士喪陳衣有爵弁服
天子與諸侯

臣同服

聽祭報示民嚴上也

以食 玉藻皮弁以日視朝遂以食

以啓金縢之書 書曰王與大夫盡弁

以舞大夏 明堂位曾祀周公以天子之禮樂皮弁素積裼而舞大夏

天子之卿服以從祀諸侯

諸侯以日視朝 王制注三公天子燕服爲諸侯朝服玉藻云朝服以日視朝於內朝

朝服以食 注朝服以食所以敬養身

玄冠綦組纓士之齊冠也

士祭以筮日 特牲筮日主人冠端玄有司羣執事如主人服筮尸如求日之儀

大夫士以爲私朝之服 玉藻朝玄端

檀弓曰天子之哭諸侯也爵弁絰紂衣

以勞 覲禮王使人皮弁用璧勞侯氏

諸侯以聽朔 玉藻諸侯皮弁以聽朔於大廟○士冠禮注云諸侯與其臣皮弁以視朝朝服以日視朝

以士夫人世婦使入于

也

諸侯不限識

內識則外視

朝于遺皆

服之

諸侯之孤卿

大夫服以

朝君一

諸侯之臣與

其君日視

以事親 內則曰子事父母端韠紳搢笏

以擯相 端章甫願爲小相焉○士冠禮者玄端

士冠 既冠易服服玄冠玄端以見卿大夫鄉先生

玄端齊服也

天子以爲燕

贊冕[illegible]若黄
弁素積[illegible]一
二[illegible]之夫
人[illegible]
[illegible]

以迎王之郊勞
覲禮王使人皮弁用璧勞侯氏侯氏亦皮弁迎于帷門之外

卿大夫以聘也於鄰國
聘禮 儀

朝之服
大夫士以爲
祭服
少牢祀筮日主人朝服○主人朝服迎鼎獻祭迎尸以祭○特牲饋食士人朝服

士冠以筮日
主冠筮日主人朝服
尊蓍龜之道也

服士以爲祭
服大夫士以
爲私朝之服
或以上親或
以稽祖或既
冠則服之以
見鄉大夫鄉
先生見書傳
所謂委貌著
即此玄端委

賓皮弁冲也

以待聘賓遂

王聘礼君使卿皮弁還玉于館

以卜宅大夫卜宅與葬日占者皮弁

大學以繹菜學記大學始教皮弁祭菜示敬道也

士冠再加皮弁

親也如晉侯端委以入武宮劉定公曰吾端委以治民臨諸侯晏平仲端委以立于虎門之外是也則玄端之所用爲尤多矣

韠 爵乘東載 皮弁服

弔 素服小記 諸侯弔必 皮弁 錫衰

大蜡 郊特牲 大蜡皮 弁素服葛 帶榛杖以 送終

此外又有二條

玄端而冕 天子之上齊服玄端而冕武王齊三日端冕以奉冊書荀子曰端衣玄裳冕而乘輅者志不在於食葷以齊之時故不茹葷也自諸侯以下具齊則玄冠玄

端而以組纓殊色爲尊卑之别所謂玄冠用組纓玄冠綦組纓是也天子諸侯大夫齋祭異冠士齋祭同冠

玄端而緇布

冠士冠始加緇布冠服玄端○玉藻云玄冠朱組纓天子之冠也

緇布冠繢緌諸侯之冠也鄭氏曰皆始冠之冠禮始冠緇布冠自諸侯下達則諸侯所以異於大夫士者繢緌耳天子始冠不以緇布而以玄冠○詳見士冠禮

爵弁重於皮弁

士冠禮再加皮弁三加爵弁而以爵弁爲尊

韋弁重於皮弁

聘禮主卿贊禮服皮弁及歸饔餼服韋弁而以韋弁爲敬

皮弁重於朝服

天子皮弁以日視朝諸侯朝服以日視朝

朝服重於玄端

特牲士祭禮筮日服玄端及祭而朝服少牢大夫祭禮筮日及祭皆朝服

朱先生曰不學雜服不能安禮鄭注謂服是皮弁冕服之類古人服各有等降若理會得雜服則於禮亦思過半矣且如冕服是天子祭服皮弁是天子朝服諸侯助祭於天子則服冕服自祭於其廟則服玄冕

大夫助祭於諸侯則服玄冕自祭於其廟則服皮弁又如天子常朝則服皮弁朔旦則服玄冕諸侯常朝則用玄端朔旦則服皮弁大夫常朝亦用玄端夕深衣士則玄端以祭上士玄裳中士黃裳下士雜裳前玄後黃也庶人深衣今按所引禮服惟諸侯常朝則服玄端一節可疑玉藻云諸侯朝服以日視朝非用玄端也玄端天子燕服諸侯以爲齊服大夫士以爲私朝之服非諸侯視朝之服恐語錄傳寫之誤

內司服圖

王吉服九后吉服六王之服九而祭服六后之服六而祭服三以婦人不預天地山川社稷之

祭故也王之服衣裳之色異后之服連衣裳其色同以婦人之德本末純一故也士之服袗而無裏后之服裏而不禅以陽成於奇陰成於偶故也

褘衣

從王祭先王則服褘衣

褘音暉即翬也爾雅曰伊雒而南素質五色皆備成章曰翬

揄狄

從王祭先公則服揄狄

揄音遙即鷂也江淮而南青質五色皆備成章曰搖狄當為翟

闕狄

從王祭羣小祀則服闕翟

闕狄禮記謂之屈狄闕與屈声相近陳祥道云其制屈於

鞠衣

蠶則服鞠衣

鞠居六反鞠衣黄桑服也色如鞠塵象桑葉始生月令三月薦鞠衣于上帝告桑事

展衣

以禮見王及賓客服展衣

展張彥反展當為襢襢之為言亶誠也襢声與展相近詩云

緣衣

燕居及御于王服緣衣

爾雅曰赤緣謂之緣內司服言緣衣士蕭言緣喪服襲言緣衣

詩云玼兮玼兮其之翟也翟雉名

褘揄而已

内司服鄭注褘揄二翟刻繒爲之形而采畫之綴於衣以爲文章褘衣畫翬者揄翟畫搖者闕翟刻而不畫陳祥道云三翟蓋皆畫之於衣如王冕服

瑳兮瑳兮其之展也

褖言稅衣則緣褖稅同實而異名也子羔之襲稅衣纁袡曾子譏之曰不襲婦服蓋丈夫褖衣緣以黑婦人褖衣緣以纁

色玄

色青

色赤

色黃

色白

色黑

裏素沙 注今之白縳也六服皆袍制以白縳爲裏使之張顯今世有紗縠者名出于此

裳連衣裳 注婦人尚專一德無所兼連衣裳不異其色

首服

副 以副配褘礼六人副褘立於東房是也

副 以副配翟詩副笄六加其之翟也是也

副 三翟首服副副之言覆所以覆首爲之飾

編 鞠衣展衣首服編編編列髮爲之其遺像若今之假紒

次 褖衣首服次次第髮長短爲之所謂髲髢也

衡 周礼追師追衡笄注追猶治也詩云追琢其章王后之衡笄皆以玉爲之唯祭服有衡垂于副之两旁當耳其下以

唯王后祭服有衡若編次則無衡

	統縣瑱統所以縣瑱當耳者也詩云玉之瑱
笄	以玉爲之笄今之簪王后燕居亦纚笄總而已
舃	玄舃黃絇繶純　青舃白絇繶純　赤舃黑絇繶純　黃屨白絇繶純　白屨黑絇繶純　黑屨青絇繶純
	複下曰舃襌下曰屨禕衣玄故玄舃配禕衣青舃以下以此推之〇玄與黃青與白赤與黑對方爲繢次青赤赤白白黑黑青比方爲繡次而冠禮黑屨青絇繶純白屨緇絇繶純皆比方之色特爵弁纁屨黑絇繶純黃與尊祭服之屨故飾從對方之色則凡舃之飾如繢次屨之飾如繡次可也絇謂之絇著舃屨之頭以爲行戒繶縫中紃純緣也后之吉服六而舃屨各三古者衣象裘名韠象裳色上冠三屨皆象其裳之色則王及后之舃屨各象裳之色可知也
內命婦	
三夫人	玉藻夫人揄狄鄭注夫人三夫人又內司服辨外內命婦之服鄭注云三
九嬪	自鞠衣而下
世婦	自展衣而下
女御	

外命婦

夫人及公之妻其闕狄以下並二說不同

舄

命屨黃　其夫孤也則服鞠衣

功屨白　其夫大夫也則服展衣

功屨黑　其夫士也則服褖衣

公之妻

鄭注公之妻其闕狄以下乎陳祥道云王制言三公一命袞則三公在朝一命鷩冕其妻揄狄可知

舄青

命屨黃

功屨白

功屨黑

二王後夫人用褘衣

侯伯之夫人揄狄

子男之夫人闕狄

諸侯之臣之妻其服經無明文玉藻云君命屈狄再命褘衣一命襢衣士褖衣注云此子男之夫人及其卿大夫士

禮記夫人副褘立於東房明堂位言魯侯得用衮冕則夫人副褘可知也

舄玄

舄青

舄赤

之妻命服也褘當爲鞠字之誤也君文君也謂子男之夫人闕狄也子男之卿再命而妻鞠衣一命之大夫之妻襢衣士之妻褖衣又曰諸侯之臣皆分爲三等其妻以次受此服也公之臣孤爲上卿大夫次之士次之侯伯子男之臣卿爲上大夫次之士次之

展衣

褖衣

被錫衣侈袂

少牢禮主婦被錫衣侈袂

主婦纚笄

主婦贊者

宵衣立于房中

特牲禮○

一人亦被
錫衣侈袂
鄭注被錫
讀爲髲鬄
此周禮所
謂次也特
牲禮主婦
纚笄宵衣
此不纚笄
者大夫妻
尊故也亦
衣綃衣而
侈其袂耳
士妻之袂
二尺二寸
袪尺二寸
三分益者
蓋半士妻
之袂以益
之三分益

宵繒
此衣染之
黑其繒本
名曰宵鄭
注內司服
云男子之
褖衣黑則
宵衣亦黑
也○今按
注以宵衣
爲褖衣不
知然否

女次純衣
纁袡士昏禮女
次純衣纁
袡立于房
中南面注
純衣絲衣

一故二尺
三寸社今尺
八寸也〇
今按大夫
妻服展衣
首服編少
牢乃大夫
禮主婦不
服編展衣
乃被錫衣
侈袂者義
氏謂外命
婦惟王祭
祀賓客以
禮佐后得
服此上服
自於其家
則降焉未
知然否今
去古益遠

也曾子識
子蓋髮紒
衣纁袡者
則緣衣也
纚笄宵
衣士宜若
云昏禮女
次純衣纁
纚笄宵衣
特牲禮主
婦纚笄宵
衣則亦編
次之下纚
笄其即也
纚韜髮若
笄今云時簪
也士姆纚
笄亦攝盛

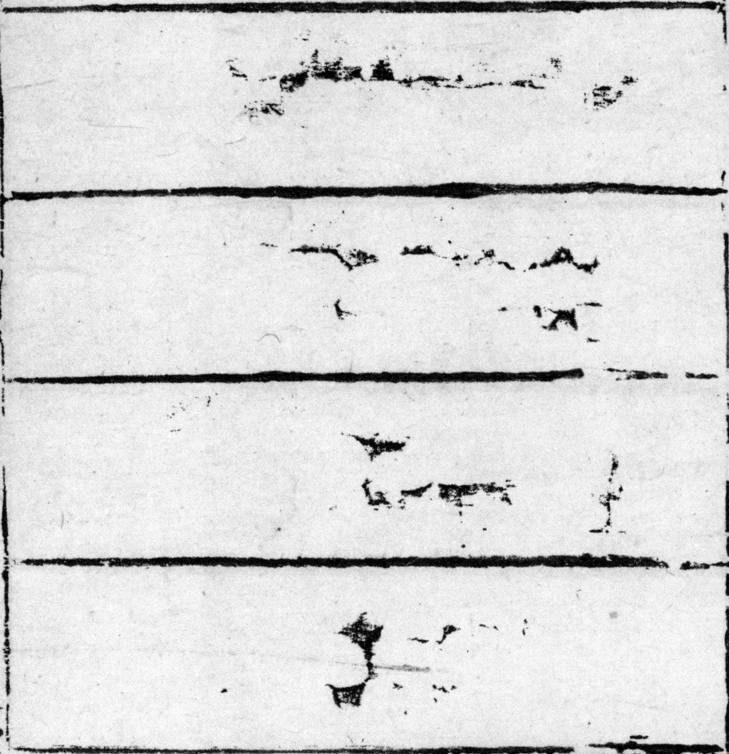

剛編文之也綃亦玄
綱不復得衣以綃為
國其詳鄭領也詩云
注以少牢素衣朱綃
衣謂繡當闕又二云素衣
引詩云繡次朱綃爾雅
未前成篇釋器云黼
以為說領謂之襮
孫炎既為領
明朱綃亦
領可知○
今按特牲
禮云主婦纚
纚笄宵衣
鄭注以宵
為衣此纚
笄宵衣鄭
注以綃為綺
領二說雖
異

二文從音畢
衿玄文從音卑謂
衿曰衿也論
衿也論
語曰被髮左衽
曰衿衿髻
衿曰被
衿衣衿衿
衿衣音曰衿衿
衿曰設鄉
[illegible]也○
今[illegible]文
上文[illegible]衣下注
二云[illegible]衣
文[illegible]弁
[illegible]注云
[illegible]亦玄衣
出交從者
畢衿玄[illegible]

疏家析椽也脊也玄也皆爲異邑

牲體圖

賈氏有司徹不賓尸乃盛俎疏云凡骨體之數左右合
爲二十一體案少牢注云肩臂臑肱骨也膊胳股骨鄉
飲酒注前脛骨三肩臂臑也後脛骨二膊胳也又後有
髀觳折特牲記云主婦俎觳折注云觳後足也骨礼不
數者凡體前貴於後後觳賤於臑故數臑不數觳是以不
升於鼎又以髀在肫上以竅賤正俎不用又脊有三分
分以爲正脊次中爲脡脊後分爲橫脊脅亦爲三分
前分爲代脅次中爲長脅後分爲短脅是其二十一體
○士虞用專膚爲折俎取諸脰膉注云專猶厚也折俎
謂主婦以下俎也體盡人多折骨以爲之蓋正脊之前
有膉亦謂之脰但不升於吉祭之俎○今按髀雖尸俎
不升亦有用髀者如士虞祝俎有髀特牲祝俎有髀少
牢祝俎牢髀又腊有兩髀屬于尻是也尸俎不用二觳
尸以下有用觳者特牲主婦俎觳折佐食俎觳折是也

二十一體 體十九幷合兩髀為二 骨廿一骿○羊豕同

士冠禮三醮有乾肉折俎疏曰或為豚解而士體以

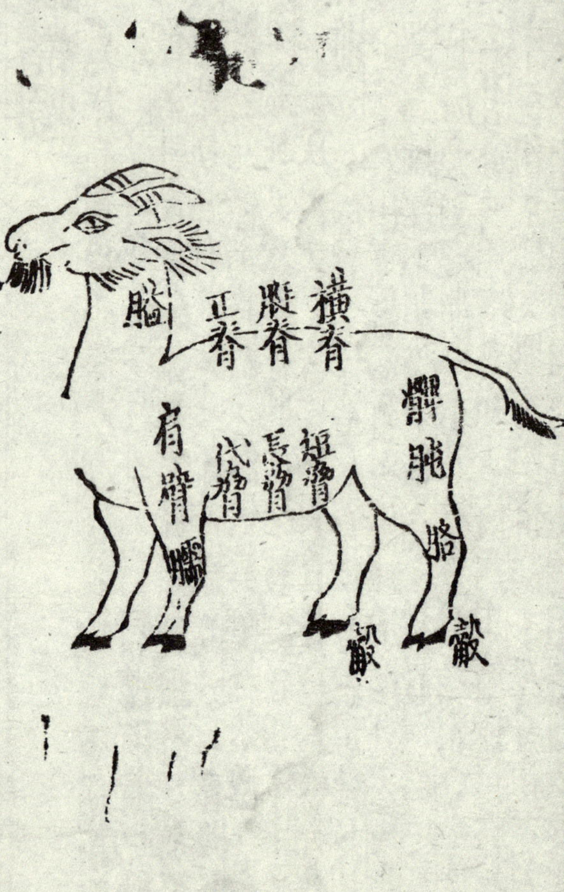

乾之謂之乾肉將升于俎則節折爲二十一體
陳祥道曰國語曰禘郊之事則有全脀王公立飫
有房脀親戚燕飲有殽脀則全脀豚解也房脀體
解也殽脀骨折也士喪禮特豚四鬄去蹄兩胉脊
旣夕鼎實羊左胖亦如之然則四鬄者殊左右肩
髀而爲四又兩胉一脊而爲七此所謂豚解也若
夫正祭則天子諸侯有豚解體解禮運曰腥其俎
孰其殽體其犬豕牛羊腥其俎謂豚解而腥之爲
七體孰其殽謂解之爛之爲二十一體是也大夫
士有體解無豚解以其無朝踐獻腥之禮故也○

朱先生曰豚解之義陳說得之體解則析脊爲三
兩胉兩肱兩股各三通爲二十一體凡牲與腊方
解割時皆是如此但牲則兩髀以賤而不升於正
俎耳故少牢禮具列自髀以下凡二十一體但髀
不升耳而鄭注云凡牲體之數備於此初不及他
體也況此言腊則又不殊賤也而周禮內饔及此
經昏禮兩疏皆言一十一體乃不數兩髀而不計
其數之不足蓋其疏略至少牢疏及陳祥道乃去
髀而以兩觳足之蓋見此經後篇猶有脰及兩觳
可以充數然欲盡取之則又衍其一故獨取兩觳

而謂脰非正體若果如此則觳亦非正體又何爲

而取之耶此其爲說雖巧而近於穿鑿不可承用

十九體上兩髀不升合左右兩相爲十九體○羊豕同

肩臂臑三合左右兩相爲六 肫胳二合左右兩相爲四

正脊脡脊橫脊三脊在上無左右兩相之數

短脅長脅代脅合左右兩相爲六

左右體兩相合爲十九神俎不用左體故少牢禮只用右體十一其左體則脩以下用之如脩俎羊左肩左肫豕左肩折是也主人俎臂一亦左臂也賓羊骼一亦左骼也若右骼神俎用之矣

十一體不合左右兩相故十一體○羊豕同

前脛骨三肩臂臑也亦曰肱骨

後脛骨二膊胳也膊亦作肫胳亦作骼亦曰股骨

脊有三分前分爲正脊次中爲脡脊後分爲横脊

脅亦作三分前分爲代脅次中爲長脅後分爲短脅

長脅亦曰正脅按上眞特牲少牢皆云舉幹幹即長脅也

少牢十一體羊豕同左胖髀不升

肩臂臑膊胳正脊一脡脊一横脊一短脅一正脅一

代脅一皆二骨以並

並併也脊脅骨多六體各取二骨併之以多爲貴

少牢賓尸十一體（羊豕體同）

肩臂肫胳臑正脊一脡脊一横脊一短脅一正脅一代脅一

前少牢禮脊脅皆二骨以並今賓尸禮脊脅一骨在正俎一骨在湆俎此復序之亦欲見脊脅皆一骨與前二骨以並不同也

特牲九體（十一體之中不用脡脊代脅故九體〇豕右胖）

肩臂臑膊胳正脊二骨（無脡脊）横脊長脅二骨（無代脅）短脅

九牲體四肢爲貴故先序肩臂臑膊胳爲上然後

序脊脅於下注脊無中脅無前貶於尊者注家之
意謂士祭禮九體脊無中謂無脡骨也脅無前謂
無代脅在前也貶於尊者謂少牢大夫禮十一體
今士禮九體貶於大夫大夫尊也不貶正脊者不
奪正也

豚解七體

士喪禮小斂陳一鼎于門外其實特豚四鬄兩胉脊
然則四鬄者殊左右肩髀而爲四又兩胉一脊而爲
七此所謂豚解也士喪禮豚解而已大斂朔月奠遣
奠禮雖浸盛豚解合升如初至虞然後豚解體解兼

有焉小斂總有七體士虞升左胖十體則解左胖而為七比之特牲少牢吉祭為略比之小斂以後為詳矣

士虞左胖七體豕左胖

左肩臂臑肫骼脊脅

吉禮牲尚右今虞禮反吉故升左胖喪祭略七體

耳脊脅正脊正脅也喪祭禮數雖略亦不奪正也

接神及尸者三體

凡接於神及尸者俎不過牲三體所謂接神及尸者

祝佐食賓長長兄弟宗人之等是也俎不過牲三體

如佐食俎觳折脊脅是也其餘如佐食俎皆不過三

體也惟特牲主人俎左臂正脊二骨橫脊長脅二骨
短脅凡五體者注云主人尊也

鼎數圖

一鼎 特豚無配

一 特豚

士冠醮子 特豚載合升煑於鑊曰亨在鼎曰升在俎曰載載合升者明亨與載皆合左右胖

士昏婦盥饋舅姑 特豚合升側載右胖載之舅俎左胖載之婦俎

小斂之奠 特豚四鬄去蹄兩胉脊肺

朝禰之奠既夕朝廟其二廟則纍于禰廟如小斂奠乃啓

三鼎特豚而以魚腊配之

豚魚腊

特牲有上中下三鼎牲上鼎魚中鼎腊中鼎

昏禮共牢陳三鼎于寢門外

大斂之奠豚合升魚鱄鮒九腊左胖

朔月奠朔月用特豚魚腊陳三鼎如初

遷祖奠陳鼎如殯

五鼎羊豕曰少牢九五鼎皆用羊豕而以魚腊配之

羊豕魚腊膚

少牢雍人陳鼎五魚鼎從羊二鼎在羊鑊之西膚從豕二鼎在豕鑊之西倫膚九魚用鮒十有五腊一純

聘禮致飧衆介皆少牢五鼎

玉藻諸侯朔月少牢

少牢五鼎大夫之常事又有殺禮而用三鼎者如有司徹乃升羊豕魚三鼎腊爲庶羞膚從豕去腊膚二鼎陳于門外如初以其繹祭殺於正祭故用少牢而鼎三也又士禮特牲三鼎有以盛葬奠加一等用少牢者如旣夕遣奠陳鼎五于門外是也

七鼎

牛羊豕魚腊腸胃膚

公食大夫（甸人陳鼎七下大夫之禮）

九鼎

牛羊豕魚腊腸胃膚鮮魚鮮腊

公食大夫上大夫九俎九俎即九鼎也魚腊皆二俎明加鮮魚鮮腊

牛羊豕曰大牢九七鼎九鼎皆大牢而以魚腊腸胃膚配之者爲七又加鮮魚鮮腊者爲九

十鼎

正鼎七 牛羊豕魚腊腸胃膚

陪鼎三 膷臐膮○陪鼎又曰羞鼎所謂陪鼎羞鼎陪鼎鉶鼎也鉶鼎所以實羹者也亨人祭祀賓客要鉶鼎鉶羹所以具五味也謂芼則藿牛苦其具則膷牛臐羊膮豕亦羹言之曰鉶羹以其[illegible]之曰鉶鼎以其陪正鼎曰陪[illegible]鉶羹爲庶羞曰羞鼎其實一也

聘饔餼 饔上介飪一牢鼎七 鼎三羞鼎則陪鼎也

十二鼎

正鼎九 牛羊豕魚腊腸胃膚鮮魚鮮腊

陪鼎三 膷臐膮

聘禮宰夫朝服設飧飪一牢在西鼎九羞鼎三

饔餼一牢鼎九設于西階前陪鼎當內廉

周禮膳夫王日一舉鼎十有二物皆有俎后與王同庖

凡十鼎十二鼎皆合正鼎陪鼎或十或十二

也郊特牲云鼎俎奇而籩豆偶以象陰陽鼎

有十有十二者以其正鼎與陪鼎別數則為

奇數也

禮器圖

今按儀禮器用有即一篇而可見者如鄉射大射

所用弓矢決遂中籌豐楅之類不待他篇參考今

更不贅述惟爵觚觶角散籩豆敦簠簋之類器有

同異禮有隆殺必待諸篇互考參照而後可知者皆

今注于后

籩豆

士冠脯醢脯用籩醢用豆　士昏醓醢賓脯醢　鄉飲脯醢衆賓辯有脯醢　鄉射薦用籩脯五膱醢以豆　聘禮醴賓脯醢　又筵几于室薦脯醢　燕禮大射禮獻賓獻公獻卿薦脯醢　士喪禮始死奠脯醢　小歛脯醢　朝夕奠脯醢　特牲主人獻賓薦脯醢以上皆一豆一籩

士冠再醮兩豆葵菹蠃醢兩籩栗脯　大歛毼豆兩籩無縢　士虞兩豆兩籩獻祝兩豆兩籩　特

牲兩豆兩籩　主婦致爵于主人兩豆兩籩以上皆兩豆兩籩

既夕遣奠四豆四籩　少牢賓尸四豆四籩以上皆四豆四籩

今按儀禮吉凶所用或一豆一籩或二豆二籩或四豆四籩此士大夫之禮然也周禮醢人掌四豆之實朝事之豆八饋食之豆八加豆之實八羞豆之實二籩人掌四籩之實朝事之籩饋食之籩加籩之實羞籩之實此天子之祭禮也禮器云天子之豆二十有六諸侯十有六此天子諸侯所用之數也又按聘禮歸饔餼二十豆公食大夫下大夫六豆上大夫八豆此皆諸侯待聘賓之禮也周官掌客上公豆四十侯伯豆三十有二子男豆二十有四此天子待諸侯之禮也掌客之豆較之於禮器之豆掌客之數又多焉何耶或曰禮器之數用數也掌客之數陳

數也

有豆無籩

士昏禮夫婦席醯醬二豆菹醢四豆無籩　婦饋舅姑有菹醢無籩婦見舅姑有笲東棗栗　聘禮歸饔餼八豆西夾六豆東夾亦如之無籩　公食大夫下大夫六豆無籩上大夫八豆無籩　士喪禮朔月奠無籩有黍稷當籩位　又禮器天子之豆二十六以下言豆不言籩周官掌客上公豆四十以下不言籩及夫人致禮方有豆有籩蓋豆重而籩輕觀特牲禮獻祭時薦兩豆葵菹蝸醢及迎尸饋食之時

尸取菹擩于醢祭于豆間又佐食羞庶羞四豆設

未用籩也及主婦亞獻尸始設籩[illegible]籩祭　少牢

賓祭設[illegible]籩尸　饋食之時尸

取韭菹擩于三豆祭于豆間及主婦[illegible]尸亦未用

籩也[illegible]尸於是主[illegible]豆[illegible]爲[illegible]醓取

選于房[illegible]四[illegible]之序則

一豆[illegible]可見矣

敦簠簋

明堂位有虞氏之兩敦夏后氏之四璉殷之六瑚

周之八簋注云皆黍稷器也有虞氏之敦周用之

於士大夫故[illegible]禮[illegible]大夫士之祭有羔[illegible]特牲

佐食[illegible]同[illegible]之士得從[illegible]剔是也

士喪[illegible]于敦南對

敦于北[illegible]皆南

首敦有[illegible]首之禮[illegible]士喪禮[illegible]

敦重[illegible]南皆[illegible]用黍稷用

無敦有[illegible]南足 面足執之 [illegible]足間向

敦[illegible]形如今之[illegible]

于祖[illegible]特牲士[illegible]兩敦黍稷于祖南此皆士大

夫之禮也聘禮[illegible]及公食大夫皆主國君待

聘賓之禮則用饗饔有司入陳堂上八簋兩簠豆
夾右簋兩簠東方之饌亦如之公食大夫上大夫
八簋下大夫六簋此則待聘賓之禮也以周官考
之掌客凡諸侯之禮簠十有二侯伯簠八
豆簋十有二子男簋六鼎簋十有二然詩言天子
之[illegible]以八簋[illegible]言諸侯[illegible]四簋天子諸侯
[illegible]之簋[illegible]食[illegible]貢之簋[illegible]王之簋十二
[illegible]自[illegible]王大夫之[illegible]王[illegible]之簋十二
[illegible]天子[illegible]食之簋

爵[illegible]義

廢爵足爵繶爵　儀禮士虞主人洗廢爵酌酳尸主婦

洗足爵賓長以繶爵鄭氏曰廢爵無足爵口足之間有

篆則彌飾之繶猶屨之繶也主人受酢酌酢主

婦足爵而未有繶爵賓長則繶爵是也以吉祭未純

吉故也然則吉祭之爵蓋其飾矣而儀禮舊說云

爵一升觚三升獻以爵而酬以觚異義韓詩說一升曰

爵二升曰觚三升曰觶四升曰角五升曰散其容量

與梓人同觚量與梓人異者儀禮少牢有司徹皆

獻以爵酬以觶鄉飲酒鄉射亦獻以爵酬以觶鄭氏

釋梓人謂觚當爲觶古書觶從角從氏角氏與觚
相涉故亂之爾其說是也凡獻皆以爵而燕禮大
射主人獻賓獻公以觚特牲主人獻以角者禮器
曰宗廟之器有以小爲貴者貴者獻以爵賤者獻
以散尊者舉觶卑者舉角特牲主婦獻以爵賤者
獻以散祭統尸飲五君洗玉爵獻卿尸飲九以散
爵獻士大射主人以觚獻賓及公而司馬以散獻
服不是貴者以小賤者以大或獻尸或受獻一也
士祭初獻以角下大夫也禮大射主人獻以觚
下饗禮也鄉飲酒禮唯一不入饌觚皆如祭祀則用爵

以獻可知也明堂位加以璧散璧二角加加爵也散角皆以璧飾
其他口則天子自觶而上用玉可知也燕禮大射以
象觚獻公則諸侯之爵用象觚可知也燕禮司正飲
角觶而士喪禮士飲亦有爵觶蓋觶以象為貴角
飲之凡皆言觶者以木為之也鄉飲酒鄉射記曰
其他皆用爵觚士冠禮父醮子士昏主人醴賓婦
見舅姑醴皆以觶聘禮禮賓宰士虞賓吉祭與大夫
吉祭陰厭之奠皆以觶公食大夫無尊亦以觶則
觶之為用非適於一也
簠簋敦豆鐙皆有蓋敦蓋有首

公食大夫禮曰盖執豆（右執豆左執盖）又曰右執鐙以鐙盖（降右執鐙左執盖以盖降）又曰啓簋會又曰簠有盖幂（盖二以會幂）

少牢饋食禮曰執敦黍有盖又曰設四敦皆南首則簠簋敦豆鐙皆有盖而然數之盖有首先儒以爲簠簋之盖皆象龜形義或以然也管仲鏤簋禮以爲僭則大夫士之簋刻龜於盖而已非若人君全鏤之也

簠簋籩豆鐙鉶之制

簠内圓外方其實稻粱簋外圓内方其實黍稷周官掌客五等諸侯簠簋數有差上公簋皆十二用簠則

簠從用簋則簠盖或不預簠簋尊而簋卑也爾雅云竹豆謂之籩其實乾實木豆謂之豆其實菹醢瓦豆謂之鐙其實大羹之湆鐙實大羹之湆鉶菜和羹之湆二者之用不同又曰瓬人簠簋豆皆崇尺則簠簋敦豆之崇可知簋實一瓬人云簋實一㲄豆實三而㲄成㲄豆四升三豆斗二升則敦盖之量可知士喪禮敦有足則簠簋有口八可知士虞特牲敦有籍則簠簋登簋籩豆有藉可知士喪兩籩布巾特牲籩巾以綌纁裏公食大夫簠有蓋冪則簋敦豆之有巾可知魯用雕簋簋卷籩也下喪禮籩無縢則士大夫吉祭之籩有縢無雕可一

旁通圖終

（宋）楊復 撰

元本儀禮圖

第六册

國家圖書館出版社

第六册目録

儀禮十七卷

儀禮篇目

篇目終

儀禮卷第一

士冠禮第一

士冠禮筮于廟門主人玄冠朝服緇帶素韠即位于門東西面有司如主人服即位于西方東面北上筮與席所卦者具饌于西塾布席于門中闑西閾外西面筮人執筴抽上韇兼執之進受命於主人宰自右少退贊命筮人許諾右還即席坐西面卦者在左卒筮書卦執以示主人主人受眂反之筮人還東面旅占卒進告吉若不吉則筮遠日如初儀徹筮席宗人告事畢主人戒賓賓禮辭許主人再拜賓荅拜主人

退賓拜送前期三日筮賓如求日之儀乃宿賓賓如
主人服出門左西面再拜主人東面荅拜乃宿賓賓
許主人再拜賓荅拜主人退賓拜送宿贊冠者一人
亦如之厥明夕爲期于廟門之外主人立于門東兄
弟在其南少退西面北上有司皆如宿服立于西方
東面北上擯者請期宰告曰質明行事告兄弟及有
司告事畢擯者告期于賓之家夙興設洗直于東榮
南北以堂深水在洗東陳服于房中西墉下東領北
上爵弁服纁裳純衣緇帶韎韐皮弁服素積緇帶素
韠玄端玄裳黃裳雜裳可也緇帶爵韠緇布冠缺項

青組纓屬于缺緇纚廣終幅長六尺皮弁笄爵弁笄緇組紘纁邊同篋櫛實于簞蒲筵二在南側尊一甒醴在服北有篚實勺觶角柶脯醢南上爵弁皮弁緇布冠各一匴執以待于西坫南南面東上賓升則東面主人玄端爵韠立于阼階下直東序西面兄弟畢袗玄立于洗東西面北上擯者玄端負東塾將冠者采衣紒在房中南面賓如主人服贊者玄端從之立于外門之外擯者告主人迎出門左西面再拜賓答拜主人揖贊者與賓揖先入每曲揖至于廟門揖入三揖至于階三讓主人升立于序端西面賓西序東

面贊者盥于洗西升立于房中西面南上主人之贊
者筵于東序少北西面將冠者出房南面贊者奠纚
笄櫛于筵南端賓揖將冠者將冠者即筵坐贊者坐
櫛設纚賓降主人降賓辭主人對賓盥卒壹揖壹讓
升主人升復初位賓筵前坐正纚興降西階一等執
冠者升一等東面授賓賓右手執項左手執前進容
乃祝坐如初乃冠興復位贊者卒冠者興賓揖之適
房服玄端爵韠出房南面賓揖之即筵坐櫛設笄賓
盥正纚如初降二等受皮弁右執項左執前進祝加
之如初復位贊者卒紘興賓揖之適房服素積素韠

容出房南面賓降三等受爵弁加之服纁裳韎韐其
他如加皮弁之儀徹皮弁冠櫛筵入于房筵于戶西
南面贊者洗于房中側酌醴加柶覆之面葉賓揖冠
者就筵筵西南面賓受醴于戶東加柶面枋筵前北
面冠者筵西拜受觶賓東面答拜薦脯醢冠者即筵
坐左執觶右祭脯醢以柶祭醴三興筵末坐啐醴建
柶興降筵坐奠觶拜執觶興賓答拜冠者奠觶于薦
東降筵北面坐取脯降自西階適東壁北面見于母
母拜受子拜送母又拜賓降直西序東面主人降復
初位冠者立于西階東南面賓字之冠者對賓出主

人送于廟門外請醴賓賓禮辭許賓就次冠者見於
兄弟兄弟再拜冠者答拜見贊者西面拜亦如之入
見姑姊如見母乃易服服玄冠玄端爵鞸奠摯見于
君遂以摯見於鄉大夫鄉先生乃醴賓以壹獻之禮
主人酬賓束帛儷皮贊者皆與贊冠者為介賓出主
人送于外門外再拜歸賓俎若不醴則醮用酒尊于
房戶之間兩甒有禁玄酒在西加勺南枋洗有篚在
西南順始加醮用脯醢賓降取爵于篚辭降如初卒
洗升酌冠者拜受賓答拜如初冠者升筵坐左執爵
右祭脯醢祭酒興筵末坐啐酒降筵拜賓答拜冠者

奠爵于薦東立于筵西徹薦爵筵尊不徹加皮弁如初儀再醮攝酒其他皆如初加爵弁如初儀三醮有乾肉折俎嚌之其他如初北面取脯見于母若殺則特豚載合升離肺實于鼎設扃鼏始醮如初再醮兩豆葵菹蠃醢兩籩栗脯三醮攝酒如再醮加俎嚌之皆如初嚌肺卒醮取籩脯以降如初若孤子則父兄戒宿冠之日主人紒而迎賓拜揖讓立于序端皆如冠主禮於阼凡拜北面于阼階上賓亦北面于西階上答拜若殺則舉鼎陳于門外直東塾北面若庶子則冠于房外南面遂醮焉冠者母不在則使人受脯

于西階下戒賓曰某有子某將加布於其首願吾子之教之也賓對曰某不敏恐不能共事以病吾子敢辭主人曰某猶願吾子之終教之也賓對曰吾子重有命某敢不從宿曰某將加布於某之首吾子將莅之敢宿賓對曰某敢不夙興始加祝曰令月吉日始加元服棄爾幼志順爾成德壽考惟祺介爾景福再加曰吉月令辰乃申爾服敬爾威儀淑慎爾德眉壽萬年永受胡福三加曰以歲之正以月之令咸加爾服兄弟具在以成厥德黃耇無疆受天之慶醴辭曰甘醴惟厚嘉薦令芳拜受祭之以定爾祥承天之休

壽考不忘醮辭曰旨酒既清嘉薦亶時始加元服兄弟具來孝友時格永乃保之再醮曰旨酒既湑嘉薦伊脯乃申爾服禮儀有序祭此嘉爵承天之祜三醮曰旨酒令芳籩豆有楚咸加爾服肴升折俎承天之慶受福無疆字辭曰禮儀既備令月吉日昭告爾字爰字孔嘉髦士攸宜宜之于假永受保之曰伯某甫仲叔季唯其所當屨夏用葛玄端黑屨青絇繶純純博寸素積白屨以魁柎之緇絇繶純純博寸爵弁纁屨黑絇繶純純博寸冬皮屨可也不屨繐屨記冠義始冠緇布之冠也大古冠布齊則緇之其緌也孔子

曰吾未之聞也冠而敝之可也適子冠於阼以著代
也醮於客位加有成也三加彌尊諭其志也冠而字
之敬其名也委貌周道也章甫殷道也毋追夏后氏
之道也周弁殷冔夏收三王共皮弁素積無大夫冠
禮而有其昏禮古者五十而后爵何大夫冠禮之有
公侯之有冠禮也夏之末造也天子之元子猶士也
天下無生而貴者也繼世以立諸侯象賢也以官爵
人德之殺也死而謚今也古者生無爵死無謚

儀禮卷第一

儀禮卷第二

士昏禮第二

昏禮下達納采用鴈主人筵于戶西西上右几使者玄端至擯者出請事入告主人如賓服迎於門外再拜賓不答拜揖入至于廟門揖入三揖至于階三讓主人以賓升西面賓升西階當阿東面致命主人阼階上北面再拜授于楹閒南面賓降出主人降授老鴈擯者出請賓執鴈請問名主人許賓入授如初禮擯者出請賓告事畢入告出請醴賓賓禮辭許主人徹几改筵東上側尊甒醴于房中主人迎賓于廟門

外揖讓如初升主人北面再拜賓西階上北面荅拜
主人拂几授校拜送賓以几辟北面設于坐左之西
階上荅拜贊者酌醴加角柶面葉出于房主人受醴
面枋筵前西北面賓拜受醴復位主人阼階上拜送
贊者薦脯醢賓即筵坐左執觶祭脯醢以柶祭醴三
西階上北面坐啐醴建柶興坐奠觶遂拜主人荅拜
賓即筵奠于薦左降筵北面坐取脯主人辭賓降授
人脯出主人送于門外再拜納吉用鴈如納采禮納
徵玄纁束帛儷皮如納吉禮請期用鴈主人辭賓許
告期如納徵禮期初昏陳三鼎于寢門外東方北面

北上其實特豚合升去蹄舉肺脊二祭肺二魚十有
四腊一純髀不升皆飪設扃鼏設洗於阼階東南饌
于房中醯醬二豆菹醢四豆兼巾之黍稷四敦皆蓋
大羹湆在爨尊于室中北墉下有禁玄酒在西綌冪
加勺皆南枋尊于房户之東無玄酒篚在南實四爵
合巹主人爵弁纁裳緇袘從者畢玄端乘墨車從車
二乘執燭前馬婦車亦如之有裧至于門外主人筵
于户西西上右几女次純衣纁袡立于房中南面姆
纚笄宵衣在其右女從者畢袗玄纚笄被潁黼在其
後主人玄端迎于門外西面再拜賓東面答拜主人

揖入賓執鴈從至于廟門揖入三揖至于階三讓主
人升西面賓升北面奠鴈再拜稽首降出婦從降自
西階主人不降送壻御婦車授綏姆辭不受婦乘以
几姆加景乃驅御者代壻乘其車先俟于門外婦至
主人揖婦以入及寢門揖入升自西階媵布席于奥
夫入于室即席婦尊西南面媵御沃盥交贊者徹尊
冪舉者盥出除冪舉鼎入陳于阼階南西面北上匕
俎從設北面載執而俟匕者逆退復位于門東北面
西上贊者設醬于席前菹醢在其北俎入設于豆東
魚次腊特于俎北贊設黍于醬東稷在其東設湆于

醬南設對醬于東菹醢在其南北上設黍于腊北其
西稷設湆于醬北御布對席贊啓會卻于敦南對敦
于北贊告具揖婦即對筵皆坐皆祭祭薦黍稷肺贊
爾黍授肺脊皆食以湆醬皆祭舉食舉也三飯卒食
贊洗爵酌酳主人主人拜受贊户內北面答拜酳婦
亦如之皆祭贊以肝從皆振祭嚌肝皆實于菹豆卒
爵皆拜贊答拜受爵再酳如初無從三酳用巹亦如
之贊洗爵酌于户外尊入户西北面奠爵拜皆答拜
坐祭卒爵拜皆答拜興主人出婦復位乃徹于房中
如設于室尊否主人說服于房媵受婦說服于室御

受姆授巾御衽于奧媵衽良席在東皆有枕北止主
人入親說婦之纓燭出媵餕主人之餘御餕婦餘贊
酌外尊酳之媵侍于戶外呼則聞夙興婦沐浴纚笄
宵衣以俟見質明贊見婦于舅姑席于阼舅即席席
于房外南面姑即席婦執笲棗栗自門入升自西階
進拜奠于席舅坐撫之興荅拜婦還又拜降階受笲
腶脩升進北面拜奠于席姑坐舉以興拜授人贊醴
婦席于戶牖閒側尊甒醴于房中婦疑立于席西贊
者酌醴加柶面枋出房席前北面婦東面拜受贊西
階上北面拜送婦又拜薦脯醢婦升席左執觶右祭

脯醢以柶祭醴三降席東面坐啐醴建柶興拜賛荅
拜婦又拜奠于薦東北面坐取脯降出授人于門外
舅姑入于室婦盥饋特豚合升側載無魚腊無稷竝
南上其他如取女禮婦賛成祭卒食一酳無從席于
北墉下婦徹設席前如初西上婦餕舅辭易醬婦餕
姑之饌御賛祭豆黍肺舉肺脊乃食卒姑酳之婦拜
受姑拜送坐祭卒爵姑受奠之婦徹于房中媵御餕
姑酳之雖無娣媵先於是與始飯之錯舅姑共饗婦
以一獻之禮舅洗于南洗姑洗于北洗奠酬舅姑先
降自西階婦降自阼階歸婦俎于婦氏人舅饗送者

以一獻之禮酬以束錦姑饗婦人送者酬以束錦若
異邦則贈丈夫送者以束錦若舅姑旣沒則婦入三
月乃奠菜席于廟奧東面右几席于北方南面祝盥
婦盥于門外婦執笲菜祝帥婦以入祝告稱婦之姓
曰某氏來婦敢奠嘉菜于皇舅某子婦拜扱地坐奠
菜于几東席上還又拜如初婦降堂取笲菜入祝曰
某氏來婦敢告于皇姑某氏奠菜于席如初禮婦出
祝闔牖户老醴婦于房中南面如舅姑醴婦之禮壻
饗婦送者丈夫婦人如舅姑饗禮記士昏禮凡行事
必用昏昕受諸禰廟辭無不腆無辱摯不用死皮帛

必可制腊必用鮮魚用鮒必殽全女子許嫁笄而醴之稱字祖廟未毀敎于公宮三月若祖廟已毀則敎于宗室問名主人受鴈還西面對賓受命乃降祭醴始扱壹祭又扱再祭賓右取脯左奉之乃歸執以反命納徵執皮攝之内文兼執足左首隨入西上參分庭一在南賓致命釋外足見文主人受幣士受皮者自東出于後自左受遂坐攝皮逆退適東壁父醴女而俟迎者母南面于房外女出于母左父西面戒之必有正焉若衣若笄母戒諸西階上不降婦乘以几從者二人坐持几相對婦入寢門贊者徹尊冪酌玄

酒三屬于尊棄餘水于堂下階間加勺笄緇被纁裏加于橋舅答拜宰徹笄婦席薦饌于房饗婦姑薦焉婦洗在北堂直室東隅篚在東北面盥婦酢舅更爵自薦不敢辭洗舅降則辟于房不敢拜洗凡婦人相饗無降婦入三月然後祭行庶婦則使人醮之婦不饋昏辭曰吾子有惠貺室某也某有先人之禮使某也請納采對曰某之子惷愚又弗能教吾子命之某不敢辭致命曰敢納采問名曰某既受命將加諸卜敢請女爲誰氏對曰吾子有命且以備數而擇之某不敢辭醴曰子爲事故至於某之室某有先人之禮

請醴從者對曰某既得將事矣敢辭先人之禮敢固以請某辭不得命敢不從也納吉曰吾子有貺命某加諸卜占曰吉使某也敢告對曰某之子不教唯恐弗堪子有吉我與在某不敢辭納徵曰吾子有嘉命貺室某也某有先人之禮儷皮束帛使某也請納徵致命曰某敢納徵對曰吾子順先典貺某重禮某不敢辭敢不承命請期曰吾子有賜命某既申受命矣惟是三族之不虞使某也請吉日對曰某既前受命矣唯命是聽曰某命某聽命于吾子對曰某固惟命是聽使者曰某使某受命吾子不許某敢不告期曰

某日對曰某敢不敬須凡使者歸反命曰某既得將
事矣敢以禮告主人曰聞命矣父醮子命之曰往迎
爾相承我宗事勗帥以敬先妣之嗣若則有常子曰
諾唯恐弗堪不敢忘命賓至擯者請對曰吾子命某
以茲初昏使某將請承命對曰某固敬具以須父送
女命之曰戒之敬之夙夜毋違命母施衿結帨曰勉
之敬之夙夜無違宮事庶母及門內施鞶申之以父
母之命命之曰敬恭聽宗爾父母之言夙夜無愆視
諸衿鞶壻授綏姆辭曰未教不足與爲禮也宗子無
父母命之親皆没己躬命之支子則稱其宗弟稱其

兄若不親迎則婦入三月然後壻見曰某以得爲外昏姻請覿主人對曰某以得爲外昏姻之數某之子未得濯溉於祭祀是以未敢見今吾子辱請吾子之就宮某將走見對曰某以非他故不足以辱命請終賜見對曰某得以爲昏姻之故不敢固辭敢不從主人出門左西面壻入門東面奠贄再拜出擯者以贄出請受壻禮辭許受贄入主人再拜受壻再拜送出見主婦主婦闔扉立于其内壻立于門外東面主婦一拜壻荅再拜主婦又拜壻出主人請醴及揖讓入醴以一獻之禮主婦薦奠酬無幣壻出主人送再拜

儀禮卷第一

儀禮卷第三

士相見禮第三

士相見之禮摯冬用雉夏用腒左頭奉之曰某也願見無由達某子以命命某見主人對曰某子命某見吾子有辱請吾子之就家也某將走見賓對曰某不足以辱命請終賜見主人對曰某不敢為儀固請吾子之就家也某將走見賓對曰某不敢為儀固以請主人對曰某也固辭不得命將走見聞吾子稱摯敢辭摯賓對曰某不以摯不敢見主人對曰某不足以習禮敢固辭賓對曰某也不依於摯不敢見固以請

主人對曰某也固辭不得命敢不敬從出迎于門外
再拜賓荅再拜主人揖入門右賓奉贄入門左主人
再拜受賓再拜送贄出主人請見賓反見退主人送
于門外再拜主人復見之以其贄曰嚮者吾子辱使
某見請還贄於將命者主人對曰某也既得見矣敢
辭賓對曰某也非敢求見請還贄于將命者主人對
曰某也既得見矣敢固辭賓對曰某不敢以聞固以
請於將命者主人對曰某也固辭不得命敢不從賓
奉贄入主人再拜受賓再拜送贄出主人送于門外
再拜士見於大夫終辭其贄於其入也一拜其辱也

賓退送再拜若嘗爲臣者則禮辭其摯曰某也辭不
得命不敢固辭賓入奠摯再拜主人答壹拜賓出使
擯者還其摯于門外曰某也使某還摯賓對曰某也
旣得見矣敢辭擯者對曰某也命某某非敢爲儀也
敢以請賓對曰某也夫子之賤私不足以踐禮敢固
辭擯者對曰某也使某不敢爲儀也固以請賓對曰
某固辭不得命敢不從再拜受下大夫相見以鴈飾
之以布維之以索如執雉上大夫相見以羔飾之以
布四維之結于面左頭如麛執之如士相見之禮始
見于君執摯至下容彌蹙庶人見於君不爲容進退

走士大夫則奠摯再拜稽首君答壹拜若他邦之人
則使擯者還其摯曰寡君使某還摯賓對曰君不有
其外臣臣不敢辭再拜稽首受凡燕見於君必辯君
之南面若不得則正方不疑君君在堂升見無方階
辯君所在凡言非對也妥而後傳言與君言言使臣
與大人言言事君與老者言言使弟子與幼者言言
孝弟于父兄與衆言言忠信慈祥與居官者言言忠
信凡與大人言始視面中視抱卒視面毋改衆皆若
是若父則遊目毋上於面毋下於帶若不言立則視
足坐則視膝凡侍坐於君子君子欠伸問日之早晏

以食具告改居則請退可也夜侍坐問夜膳葷請退可也若君賜之食則君祭先飯徧嘗膳飲而俟君命之食然後食若有將食者則俟君之食然後食若君賜之爵則下席再拜稽首受爵升席祭卒爵而俟君卒爵然後授虛爵退坐取屨隱辟而后屨君為之興則曰君無為興臣不敢辭君若降送之則不敢顧辭遂出大夫則辭退下比及門三辭若先生異爵者請見之則辭辭不得命則曰某無以見辭不得命將走見先見之非以君命使則不稱寡大夫則曰寡君之老凡執幣者不趨容彌蹙以為儀執玉者則唯舒

武塞前息壇凡自稱於君士大夫則曰下臣宅者在
邦則曰市井之臣在野則曰草茅之臣庶人則曰刺
草之臣他國之人則曰外臣

儀禮卷第三

儀禮卷第四

鄉飲酒禮第四

鄉飲酒之禮主人就先生而謀賓介主人戒賓賓拜辱主人荅拜乃請賓賓禮辭許主人再拜賓荅拜主人退賓拜辱介亦如之乃席賓主人介衆賓之席皆不屬焉尊兩壺于房戶間斯禁有玄酒在西設篚于禁南東肆加二勺于兩壺設洗于阼階東南南北以堂深東西當東榮水在洗東篚在洗西南肆羹定主人速賓賓拜辱主人荅拜還賓拜辱介亦如之賓及衆賓皆從之主人一相迎于門外再拜賓賓荅拜拜

介介荅拜揖衆賓主人揖先入賓厭介入門左介厭衆賓入衆賓皆入門左北上主人與賓三揖至于階三讓主人升賓升主人阼階上當楣北面再拜賓西階上當楣北面荅拜主人坐取爵于篚降洗賓降主人坐奠爵于階前辭賓對主人坐取爵興適洗南面坐奠爵于篚下盥洗賓進東北面辭洗主人坐奠爵于篚興對賓復位當西序東面主人坐取爵沃洗者西北面卒洗主人壹揖壹讓升賓拜洗主人坐奠爵遂拜降盥賓降主人辭賓對復位當西序卒盥揖讓升賓西階上疑立主人坐取爵實之賓之席前西北

面獻賓賓西階上拜主人少退賓進受爵以復位主
人阼階上拜送爵賓少退薦脯醢賓升席自西方乃
設折俎主人阼階東疑立賓坐左執爵祭脯醢奠爵
于薦西興右手取肺卻左手執本坐弗繚右絕末以
祭尚左手嚌之興加于俎坐捝手遂祭酒興席末坐
啐酒降席坐奠爵拜告旨執爵興主人阼階上荅拜
賓西階上北面坐卒爵興坐奠爵遂拜執爵興主人
阼階上荅拜賓降洗主人降賓坐奠爵興辭主人對
賓坐取爵適洗南北面主人阼階東南面辭洗賓坐
奠爵于篚興對主人復阼階東西面賓東北面盥坐

取爵卒洗揖讓如初升主人拜洗賓答拜興降盥如
主人禮賓實爵主人之席前東南面酢主人主人阼
階上拜賓少退主人進受爵復位賓西階上拜送爵
薦脯醢主人升席自北方設折俎祭如賓禮不告旨
自席前適阼階上北面坐卒爵興坐奠爵遂拜執爵
興賓西階上答拜主人坐奠爵于序端阼階上北面
再拜崇酒賓西階上答拜主人坐取觶于篚降洗賓
降主人辭降賓不辭洗立當西序東面卒洗揖讓升
賓西階上疑立主人實觶酬賓阼階上北面坐奠觶
遂拜執觶興賓西階上答拜坐祭遂飲卒觶興坐奠

觶遂拜執觶興賓西階上荅拜主人降洗賓降辭如
獻禮升不拜洗賓西階上立主人實觶賓之席前北
面賓西階上拜主人少退卒拜進坐奠觶于薦西賓
辭坐取觶復位主人阼階上拜送賓北面坐奠觶于
薦東復位主人揖降賓降立于階西當序東面主人
以介揖讓升拜如賓禮主人坐取爵于東序端降洗
介降主人辭降介辭洗如賓禮升不拜洗介西階上
立主人實爵介之席前西南面獻介介西階上北面
拜主人少退介進北面受爵復位主人介右北面拜
送爵介少退主人立于西階東薦脯醢介升席自北

方設折俎祭如賓禮不嚌肺不啐酒不告旨自南方
降席北面坐卒爵興坐奠爵遂拜執爵興主人介右
荅拜介降洗主人復阼階降辭如初卒洗主人盥介
揖讓升授主人爵于兩楹之閒介西階上立主人實
爵酢于西階上介右坐奠爵遂拜執爵興介荅拜主
人坐祭遂飲卒爵興坐奠爵遂拜執爵興介荅拜主
人坐奠爵于西楹南介右再拜崇酒介荅拜主人復
阼階揖降介降立于賓南主人西南面三拜衆賓衆
賓皆荅壹拜主人揖升坐取爵于西楹下降洗升實
爵于西階上獻衆賓衆賓之長升拜受者三人主人

拜送坐祭立飲不拜既爵授主人爵降復位衆賓獻
則不拜受爵坐祭立飲每一人獻則薦諸其席衆賓
辯有脯醢主人以爵降奠于篚揖讓升賓厭介升介
厭衆賓升衆賓序升即席一人洗升舉觶于賓實觶
西階上坐奠觶遂拜執觶興賓席末答拜坐祭遂飲
卒觶興坐奠觶遂拜執觶興賓答拜降洗升實觶立
于西階上賓拜進坐奠觶于薦西賓辭坐取以興舉
觶者西階上拜送賓坐奠觶于其所舉觶者降設席
于堂廉東上工四人二瑟瑟先相者二人皆左何瑟
後首挎越內弦右手相樂正先升立于西階東工入

升自西階北面坐相者東面坐遂授瑟乃降工歌鹿
鳴四牡皇皇者華卒歌主人獻工工左瑟一人拜
不興受爵主人阼階上拜送爵薦脯醢使人相祭工
飲不拜既爵授主人爵眾工則不拜受爵祭飲辯有
脯醢不祭大師則為之洗賓介降主人辭降工不辭洗
笙入堂下磬南北面立樂南陔白華華黍主人獻之
于西階上一人拜盡階不升堂受爵主人拜送爵階
前坐祭立飲不拜既爵升授主人爵眾笙則不拜受
爵坐祭立飲辯有脯醢不祭乃間歌魚麗笙由庚歌
南有嘉魚笙崇丘歌南山有臺笙由儀乃合樂周南

關雎葛覃卷耳召南鵲巢采蘩采蘋工告于樂正曰
正歌備樂正告于賓乃降主人降席自南方側降作
相爲司正司正禮辭許諾主人拜司正荅拜主人升
復席司正洗觶升自西階阼階上北面受命于主人
主人曰請安于賓司正告于賓賓禮辭許司正告于
主人主人阼階上再拜賓西階上荅拜司正立于楹
間以相拜皆揖復席司正實觶降自西階階間北面
坐奠觶退共少立坐取觶不祭遂飲卒觶興坐奠觶
遂拜執觶興盥洗北面坐奠觶于其所退立于觶南
賓北面坐取俎西之觶阼階上北面酬主人主人降

席立于賓東賓坐奠觶遂拜執觶興主人荅拜不祭
立飲不拜卒觶不洗實觶東南面授主人主人阼階
上拜賓少退主人受觶賓拜送于主人之西賓揖復
席主人西階上酬介介降席自南方立于主人之西
如賓酬主人之禮主人揖復席司正升相旅曰某子
受酬受酬者降席司正退立于序端東面受酬者自
介右衆受酬者受自左拜興飲皆如賓酬主人之禮
辯卒受者以觶降坐奠于篚司正降復位使二人舉
觶于賓介洗升實觶于西階上皆坐奠觶遂拜執觶
興賓介席末荅拜皆坐祭遂飲卒觶興坐奠觶遂拜

執觶興賓介席末荅拜逆降洗升實觶皆立于西階
上賓介皆拜皆進薦西奠之賓辭坐取觶以興介則
薦南奠之介坐受以興退皆拜送降賓介奠于其所
司正升自西階受命于主人主人曰請坐于賓賓辭
以俎主人請徹俎賓許司正降階前命弟子俟徹俎
司正升立于席端賓降席北面主人降席阼階上北
面介降席西階上北面遵者降席席東南面賓取俎
還授司正司正以降賓從之主人取俎還授弟子弟
子以降自西階主人降自阼階介取俎還授弟子弟
子以降介從之若有諸公大夫則使人受俎如賓禮

衆賓皆降說屨揖讓如初升坐乃羞無筭爵無筭樂
賓出奏陔主人送于門外再拜賓若有遵者諸公大
夫則既一人舉觶乃入席于賓東公三重大夫再重
公如大夫入主人降賓介降衆賓皆降復初位主人
迎揖讓升公升如賓禮辭一席使一人去之大夫則
如介禮有諸公則辭加席委于席端主人不徹無諸
公則大夫辭加席主人對不去加席明日賓服鄉服
以拜賜主人如賓服以拜辱主人釋服乃息司正無
介不殺薦脯醢羞唯所有徵唯所欲以告于先生君
子可也賓介不與鄉樂唯欲記鄉朝服而謀賓介皆

便能不宿戒蒲筵緇布純尊綌冪賓至徹之其牲狗
也亨于堂東北獻用爵其他用觶薦脯五挺橫祭于
其上出自左房俎由東壁自西階升賓俎脊脅肩肺
主人俎脊脅臂肺介俎脊脅肫胳肺肺皆離皆右體
進腠以爵拜者不徒作坐卒爵者拜既爵立卒爵者
不拜既爵凡奠者於左將舉於右衆賓之長一人辭
洗如賓禮立者東面北上若有北面者則東上樂正
與立者皆薦以齒凡舉爵三作而不徒爵樂作大夫
不入獻工與笙取爵于上篚既獻奠于下篚其笙則
獻諸西階上磬階閒縮霤北面鼓之主人介凡升席

自北方降自南方司正既舉觶而薦諸其位凡旅不洗不洗者不祭既旅士不入徹俎賓介遵者之俎受者以降遂出授從者主人之俎以東樂正命奏陔賓出至于階陔作若有諸公則大夫於主人之北西面主人之贊者西面北上不與無筭爵然後與

儀禮卷第四

儀禮卷第五

鄉射禮第五

鄉射之禮主人戒賓賓出迎再拜主人荅再拜乃請賓禮辭許主人再拜賓荅再拜主人退賓送再拜無介乃席賓南面東上衆賓之席繼而西席主人於阼階上西面尊于賓席之東兩壺斯禁左玄酒皆加勺篚在其南東肆設洗于阼階東南南北以堂深東西當東榮水在洗東篚在洗西南肆縣于洗東北西面乃張侯下綱不及地武不繫左下綱中掩束之乏參侯道居侯黨之一西五步羹定主人朝服乃速賓賓

朝服出迎再拜主人荅再拜退賓送再拜賓及衆賓
遂從之及門主人一相出迎于門外再拜賓荅再拜
揖衆賓主人以賓揖先入賓厭衆賓衆賓皆入門左
東面北上賓少進主人以賓三揖皆行及階三讓主
人升一等賓升主人阼階上當楣北面再拜賓西階
上當楣北面荅再拜主人坐取爵于上篚以降賓降
主人阼階前西面坐奠爵興辭降賓對主人坐取爵
興適洗南面坐奠爵于篚下盥洗賓進東北面辭洗
主人坐奠爵于篚興對賓反位主人卒洗壹揖壹讓
以賓升賓西階上北面拜洗主人阼階上北面奠爵

遂荅拜乃降賓降主人辭降賓對主人卒盥壹揖壹
讓升賓升西階上疑立主人坐取爵實之賓席之前
西北面獻賓賓西階上北面拜主人少退賓進受爵
于席前復位主人阼階上拜送爵賓少退薦脯醢賓
升席自西方乃設折俎主人阼階東疑立賓坐左執
爵右祭脯醢奠爵于薦西興取肺坐絕祭尚左手嚌
之興加于俎坐捝手執爵遂祭酒興席末坐啐酒降
席坐奠爵拜告旨執爵興主人阼階上荅拜賓西階
上北面坐卒爵興坐奠爵遂拜執爵興主人阼階上
荅拜賓以虛爵降主人降賓西階前東面坐奠爵興

辭降主人對賓坐取爵適洗北面坐奠爵于篚下興
盥洗主人阼階之東南面辭洗賓坐奠爵于篚興對
主人反位賓卒洗揖讓如初升主人拜洗賓答拜興
降盥如主人之禮賓實爵主人之席前東南面酢
主人主人阼階上拜賓少退主人進受爵復位賓西
階上拜送爵薦脯醢主人升席自北方乃設折俎祭
如賓禮不告旨自席前適阼階上北面坐卒爵興坐
奠爵遂拜執爵興賓西階上北面答拜主人坐奠爵
于序端阼階上再拜崇酒賓西階上答再拜主人坐
取觶于篚以降賓降主人奠觶辭降賓對東面立主

人坐取觶洗賓不辭洗卒洗揖讓升賓西階上疑立主人實觶酬之阼階上北面坐奠觶遂拜執觶興賓西階上北面答拜主人坐祭遂飲卒觶興坐奠觶遂拜執觶興賓西階上北面答拜主人降洗賓降辭如獻禮升不拜洗賓西階上立主人實觶賓之席前北面賓西階上拜主人坐奠觶于薦西賓辭坐取觶以興反位主人阼階上拜送賓北面坐奠觶于薦東反位主人揖降賓降東面立于西階西當西序主人西南面三拜衆賓衆賓皆答壹拜主人揖升坐取爵于序端降洗升實爵西階上獻衆賓衆賓之長升拜受

者三人主人拜送坐祭立飲不拜既爵授主人爵降
復位眾賓皆不拜受爵坐祭立飲每一人獻則薦諸
其席眾賓辯有脯醢主人以虛爵降奠于篚揖讓升
賓厭眾賓升眾賓皆升就席一人洗舉觶于賓升實
觶西階上坐奠觶拜執觶興賓席末答拜舉觶者坐
祭遂飲卒觶興坐奠觶拜執觶興賓答拜降洗升實
之西階上北面賓拜舉觶者進坐奠觶于薦西賓辭
坐取以興舉觶者西階上拜送賓反奠于其所舉觶
者降大夫若有遵者則入門左主人降賓及眾賓皆
降復初位主人揖讓以大夫升拜至大夫答拜主人

以爵降大夫降主人辭降大夫辭洗如賓禮席于尊
東升不拜洗主人實爵席前獻于大夫大夫西階上
拜進受爵反位主人大夫之右拜送大夫辭加席主
人對不去加席乃薦脯醢大夫升席設折俎祭如賓
禮不嚌肺不啐酒不告旨西階上卒爵拜主人答拜
大夫降洗主人復阼階降辭如初卒洗主人盥揖讓
升大夫授主人爵于兩楹間復位主人實爵以酢于
西階上坐奠爵拜大夫答拜坐祭卒爵拜大夫答拜
主人坐奠爵于西楹南再拜崇酒大夫答拜主人復
阼階揖降大夫降立于賓南主人揖讓以賓升大夫

及衆賓皆升就席席定于西階上少東樂正先升北
面立于其西工四人二瑟瑟先相者皆左何瑟面鼓
執越內弦右手相入升自西階北面東上工坐相者
坐授瑟乃降笙入立于縣中北面乃合樂周南關雎
葛覃卷耳召南鵲巢采蘩采蘋工不興告于樂正曰
正歌備樂正告于賓乃降主人取爵于上篚獻工大
師則爲之洗賓降主人辭降工不辭洗卒洗升實爵
工不興左瑟一人拜受爵主人阼階上拜送爵薦脯
醢使人相祭工飲不拜既爵授主人爵衆工不拜受
爵祭飲辯有脯醢不祭不洗遂獻笙于西階上笙一

人拜于下盡階不升堂受爵主人拜送爵階前坐奠爵
立飲不拜既爵升受主人爵衆笙不拜受爵坐祭立
飲辯有脯醢不祭主人以爵降奠于篚反升就席主
人降席自南方側降作相爲司正司正禮辭許諾主
人再拜司正答拜主人升就席司正洗觶升自西階
由楹內適阼階上北面受命于主人西階上北面請
安于賓賓禮辭許司正告于主人遂立于楹閒以相
拜主人阼階上再拜賓西階上答再拜皆揖就席司
正實觶降自西階中庭北面坐奠觶興退少立進坐
取觶興反坐不祭遂卒觶興坐奠觶拜執觶興洗北

面坐奠于其所興少退北面立于觶南未旅三耦俟
于堂西南面東上司射適堂西袒決遂取弓于階西
兼挾乘矢升自西階階上北面告于賓曰弓矢既具
有司請射賓對曰某不能爲二三子許諾司射適阼階
上東北面告于主人曰請射于賓賓許司射降自西
階階前西面命弟子納射器乃納射器皆在堂西賓
與大夫之弓倚于西序矢在弓下北括衆弓倚于堂
西矢在其上主人之弓矢在東序東司射不釋弓矢
遂以比三耦於堂西三耦之南北面上射曰某御於
子命下射曰子與某子射司正爲司馬司馬命張侯

弟子說束遂繫左下綱司馬又命獲者倚旌于侯中
獲者由西方坐取旌倚于侯中乃退樂正適西方命
弟子贊工遷樂于下弟子相工如初入降自西階下
之東南堂前三笴西面北上坐樂正北面立于其南
司射猶挾乘矢以命三耦各與其耦讓取弓矢拾三
耦皆袒決遂有司左執弣右執弦而授弓遂授矢三
耦皆執弓搢三而挾一个司射先立于所設中之西
南東面立于三耦之北搢三而挾一个揖進當階北
面揖及階揖升堂揖豫則鉤楹內堂則由楹外當左
物北面揖及物揖左足履物不方足還視侯中俯正

足不去旌誘射將乘矢執弓不挾右執弦南面揖
如升射降出于其位南適堂西改取一个挾之遂適
階西取扑搢之以反位司馬命獲者執旌以負侯而
俟司射還當上耦西面作上耦射司射反位上耦揖
進上射在左並行當階北面揖及階上射先升三等
下射從之中等上射升堂少左下射升上射揖並行
皆當其物北面揖及物揖皆左足履物還視侯中合
足而俟司馬適堂西不決遂袒執弓出于司射之南
升自西階鉤楹由上射之後西南面立于物間右執
簫南揚弓命去侯獲者執旌許諾聲不絕以至于乏

坐東面偃旌興而俟司馬出于下射之南還其後降自西階反由司射之南適堂西釋弓襲反位立于司射之南司射進與司馬交于階前相左由堂下西階之東北面視上射命曰無射獲無獵獲上射揖司射退反位乃射上射既發挾弓矢而后下射射拾發以將乘矢獲者坐而獲舉旌以宫偃旌以商獲而未釋獲卒射皆執弓不挾南面揖揖如升射上射降三等下射少右從之中等並行上射於左與升射者相左交于階前相揖由司馬之南適堂西釋弓說決拾襲而俟于堂西南面東上三耦卒射亦如之司射去扑

倚于西階之西升堂北面告于賓曰三耦卒射賓揖
司射降搢扑反位司馬適堂西袒執弓由其位南進
與司射交于階前相左升自西階鉤楹自右物之後
立于物間西南面揖弓命取矢獲者執旌許諾聲不
絕以旌負侯而俟司馬出于左物之南還其後降自
西階遂適堂前北面立于所設楅之南命弟子設楅
乃設楅于中庭南當洗東肆司馬由司射之南退釋
弓于堂西襲反位弟子取矢北面坐委于楅北括乃
退司馬襲進當楅南北面坐左右撫矢而乘之若矢
不備則司馬又袒執弓如初升命曰取矢不索弟子

曰西方應曰諾乃復求矢加于楅司射倚扑于階西
升請射于賓如初賓許諾賓主人大夫若皆與射則
遂告于賓適阼階上告于主人主人與賓爲耦遂告
于大夫大夫雖衆皆與士爲耦以耦告于大夫曰某
御於子西階上北面作衆賓射司射降搢扑由司馬
之南適堂西立比衆耦衆賓將與射者皆降由司馬
之南適堂西繼三耦而立東上大夫之耦爲上若有
東面者則北上賓主人與大夫皆未降司射乃比衆
耦辯遂命三耦拾取矢司射反位三耦拾取矢皆袒
決遂執弓進立于司馬之西南司射作上耦取矢司

射反位上耦揖進當楅北面揖及楅揖上射東面下射西面上射揖進坐橫弓郤手自弓下取一个兼諸弣順羽且興執弦而左還退反位東面揖下射進坐橫弓覆手自弓上取一个興其他如上射既拾取乘矢揖皆左還南面揖皆少進當楅南皆左還北面搢三挾一个揖皆左還上射於右與進者相左相揖反位三耦拾取矢亦如之後者遂取誘射之矢兼乘矢而取之以授有司于西方而后反位衆賓未拾取矢皆袒決遂執弓搢二挾一个由堂西進繼三耦之南而立東南北上大夫之耦爲上司射作射如初一耦揖

升如初司馬命去侯獲者許諾司馬降釋弓反位司射猶
挾一个去扑與司馬交于階前升請釋獲于賓賓許
降搢扑西面立于所設中之東北面命釋獲者設中
遂視之釋獲者執鹿中一人執筭以從之釋獲者坐
設中南當楅西當西序東面興受筭坐實八筭于中
横委其餘于中西南末興共而俟司射遂進由堂下
北面命曰不貫不釋上射揖司射退反位釋獲者坐
取中之八筭改實八筭于中興執以俟乃射若中則
釋獲者坐而釋獲每一个釋一筭上射於右下射於
左若有餘筭則反委之又取中之八筭改實八筭于

中襲執而俟三耦卒射賓主人大夫揖皆由其階降
揖主人堂東袒決遂執弓搢三挾一个賓於堂西亦
如之皆由其階階下揖升堂揖主人為下射皆當其
物北面揖及物揖乃射卒南面揖皆由其階階上揖
降階揖賓序西主人序東皆釋弓說決拾襲反位升
及階揖升堂揖皆就席大夫袒決遂執弓搢三挾一
个由堂西出于司射之西就其耦大夫為下射揖進
耦少退揖如三耦及階耦先升卒射揖如升射耦先
降降階耦少退皆釋弓于堂西襲耦遂止于堂西大
夫升就席衆賓繼射釋獲皆如初司射所作唯上耦

卒射釋獲者遂以所執餘獲升自西階盡階不升堂
告于賓曰左右卒射降反位坐委餘獲于中西興共
而俟司馬袒決執弓升命取矢如初獲者許諾以旌
負侯如初司馬降釋弓反位弟子委矢如初大夫之
矢則兼束之以茅上握焉司馬乘矢如初司射遂適
西階西釋弓去扑襲進由中東立于中南北面視筭
釋獲者東面于中西坐先數右獲二筭爲純一純以
取實于左手十純則縮而委之每委異之有餘純則
橫於下一筭爲奇奇則又縮諸純下興自前適左東
面坐兼斂筭實于左手一純以委十則異之其餘如

右獲司射復位不升堂告于賓若右勝則釋獲者遂進取賢獲執以升自西階盡階曰右賢於左若左勝則曰左賢於右以純數告若有奇者亦曰奇若左右鈞則左右皆執一算以告曰左右鈞降復位坐兼斂算實八算于中委其餘于中西興共而俟司射適堂西命弟子設豐弟子奉豐升設于西楹之西乃降勝者之弟子洗觶升酌南面坐奠于豐上降袒執弓反位司射遂袒執弓挾一个搢扑北面于三耦之南命三耦及衆賓勝者皆袒決遂執張弓不勝者皆襲說決拾卻左手右加弛弓于其上遂以執弣司射先反

位三耦及衆射者皆與其耦進立于射位北上司射
作升飲者如作射一耦進揖如升射及階勝者先升
升堂少右不勝者進北面坐取豐上之觶興少退立
卒觶進坐奠于豐下興揖不勝者先降與升飲者相左
交于階前相揖出於司馬之南遂適堂西釋弓襲而
俟有執爵者執爵者坐取觶實之反奠于豐上升飲
者如初三耦卒飲賓主人大夫不勝則不執弓執爵
者取觶降洗升實之以授于席前受觶以適西階上
北面立飲卒觶授執爵者反就席大夫飲則耦不升
若大夫之耦不勝則不執弓特升飲衆賓繼飲射

爵者辯乃徹豐與觶司馬洗爵升實之以降獻獲者
于侯薦脯醢設折俎俎與薦皆三祭獲者負侯北面
拜受爵司馬西面拜送爵獲者執爵使人執其薦與
俎從之適右个設薦俎獲者南面坐左執爵祭脯醢
執爵興取肺坐祭遂祭酒興適左个中皆如之左个
之西北三步東面設薦俎獲者薦右東面立飲不拜
既爵司馬受爵奠于篚復位獲者執其薦使人執俎
從之辟設于乏南獲者負侯而俟司射適階西釋弓
矢去扑說決拾襲適洗洗爵升實之以降獻釋獲者
于其位少南薦脯醢折俎有祭釋獲者薦右東面拜

受爵司射北面拜送爵釋獲者就其薦坐左執爵祭脯醢興取肺坐祭遂祭酒興司射之西北面立飲不拜既爵司射受爵奠于篚釋獲者少西辟薦反位司射適堂西袒決遂取弓于階西挾一个搢扑以反位司射去扑倚于階西升請射于賓如初賓許司射降搢扑由司馬之南適堂西命三耦及衆賓皆袒決遂執弓就位司射先反位三耦及衆賓皆袒決遂執弓各以其耦進反于射位司射作拾取矢三耦拾取矢如初反位賓主人大夫降揖如初主人堂東賓堂西皆袒決遂執弓皆進階前揖及楅揖拾取矢如三耦

卒北面搢三挾一个揖退賓堂西主人堂東皆釋弓
矢襲及階揖升堂揖就席大夫袒決遂執弓就其耦
揖皆進如三耦耦東面大夫西面大夫進坐說矢束
興反位而后耦揖進坐兼取乘矢順羽而興反位揖
大夫進坐亦兼取乘矢如其耦北面搢三挾一个揖
退耦反位大夫遂適序西釋弓矢襲升即席衆賓繼
拾取矢皆如三耦以反位司射猶挾一个以進作上
射如初一耦揖升如初司馬升命去侯獲者許諾司
馬降釋弓反位司射與司馬交于階前去扑襲升請
以樂樂于賓賓許諾司射降搢扑東面命樂正曰請

以樂樂于賓賓許司射遂適階間堂下北面命曰不
鼓不釋上射揖司射退反位樂正東面命大師曰奏
騶虞間若一大師不興許諾樂正退反位乃奏騶虞
以射三耦卒射賓主人大夫衆賓繼射釋獲如初卒
射降釋獲者執餘獲升告左右卒射如初司馬升命
取矢獲者許諾司馬降釋弓反位弟子委矢司馬乘
之皆如初司射釋弓視筭如初釋獲者以賢獲與鈞
告如初降復位司射命設豐設豐實觶如初遂命勝
者執張弓不勝者執弛弓升飲如初司射猶袒決遂
左執弓右執一个兼諸弦面鏃適堂西以命拾取矢

如初司射反位三耦及衆主人大夫衆賓皆袒決遂
拾取矢如初矢不挾兼諸弦弣以退不反位遂授有
司于堂西辯拾取矢揖皆升就席司射乃適堂西釋
弓去扑說決拾襲反位司馬命弟子說侯之左下綱
而釋之命獲者以旌退命弟子退福司射命獲者退
中與筭而俟司馬反爲司正退復觶南而立樂正命
弟子贊工即位弟子相工如其降也升自西階反坐
賓北面坐取俎西之觶興阼階上北面酬主人主人
降席立于賓東賓坐奠觶拜執觶興主人答拜賓不
祭卒觶不拜不洗實之進東南面主人阼階上北面

拜賓少退主人進受觶賓主人之西北面拜送賓揖
就席主人以觶適西階上酬大夫大夫降席立于主
人之西如賓酬主人之禮主人揖就席若無大夫則
長受酬亦如之司正升自西階相旅作受酬者曰某
酬某子受酬者降席司正退立于西序端東面衆受
酬者拜興飲皆如賓酬主人之禮辯遂酬在下者皆
升受酬于西階上卒受者以觶降奠于篚司正降復
位使二人舉觶于賓與大夫舉觶者皆洗觶升實之
西階上北面皆坐奠觶拜執觶興賓與大夫皆席末
荅拜舉觶者皆坐祭遂飲卒觶興坐奠觶拜執觶興

賓與大夫皆答拜舉觶若逆降洗升實觶皆立于西
階上北面東上賓與大夫拜舉觶者皆進坐奠于薦
右賓與大夫辭坐受觶以興舉觶者退反位皆拜送
乃降賓與大夫坐反奠于其所興若無大夫則唯賓
司正升自西階阼階上受命于主人適西階上北面
請坐于賓賓辭以俎反命于主人主人曰請徹俎賓
許司正降自西階階前命弟子俟徹俎司正升立于
序端賓降席北面主人降席自南方阼階上北面大
夫降席席東南面賓取俎還授司正司正以降自西
階賓從之降遂立于階西東面司正以俎出授從者

主人取俎還授弟子弟子受俎降自西階以東主人
降自阼階西面立大夫取俎還授弟子弟子以降自
西階遂出授從者大夫從之降立于賓南衆賓皆降
立于大夫之南少退北上主人以賓揖讓說屨乃升
大夫及衆賓皆說屨升坐乃羞無筭爵使二人舉觶
賓與大夫不興取奠觶飲卒觶不拜執觶者受觶遂
實之賓觶以之主人大夫之觶長受而錯皆不拜辯
卒受者興以旅在下者于西階上長受酬酬者不拜
乃飲卒觶以實之受酬者不拜受辯旅皆不拜執觶
者皆與旅卒受者以虛觶降奠于篚執觶者洗升實

觶反奠于賓與大夫無筭樂賓興樂正命奏陔賓降及階陔作賓出眾賓皆出主人送于門外再拜明日賓朝服以拜賜于門外主人不見如賓服遂從之拜辱于門外乃退主人釋服乃息司正無介不殺使人速迎于門外不拜入升不拜至不拜洗薦脯醢無俎賓酢主人主人不崇酒不拜眾賓既獻眾賓一人舉觶遂無筭爵無司正賓不與徵唯所欲以告於先生君子可也羞唯所有鄉樂唯欲記大夫與則公士為賓使能不宿戒其牲狗也亨於堂東北尊綌冪賓至徹之蒲筵緇布純西序之席北上獻用爵其他用觶

以爵拜者不徒作薦脯用籩五膱祭半膱橫于上醢
以豆出自東房膱長尺二寸俎由東壁自西階升賓
俎脊脅肩肺主人俎脊脅臂肺肺皆離皆右體也進
腠凡舉爵三作而不徒爵凡奠者於左將舉者於右
衆賓之長一人辭洗如賓禮若有諸公則如賓禮大
夫如介禮無諸公則大夫如賓禮樂作大夫不入樂
正與立者齒三笙一和而成聲獻工與笙取爵于上
篚既獻奠于下篚其笙則獻諸西階上立者東面北
上司正既舉觶而薦諸其位三耦者使弟子司射前
戒之司射之弓矢與扑倚于西階之西司射既袒決

遂而升司馬階前命張侯遂命倚旌凡侯天子熊侯
白質諸侯麋侯赤質大夫布侯畫以虎豹士布侯畫
以鹿豕凡畫者丹質射自楹間物長如笴其間容弓距
隨長武序則物當棟堂則物當楣命負侯者由其位
凡適堂西皆出入于司馬之南唯賓與大夫降階遂
西取弓矢旌各以其物無物則以白羽與朱羽糅杠
長三仞以鴻脰韜上二尋凡挾矢於二指之間橫之
司射在司馬之北司馬無事不執弓始射獲而未釋
獲復釋獲復用樂行之上射於右楅長如笴博三寸
厚寸有半龍首其中蛇交韋當楅髤橫而奉之南面

坐而奠之南北當洗射者有過則撻之衆賓不與射
者不降取誘射之矢者既拾取矢而后兼誘射之乘
矢而取之賓主人射則司射擯升降卒射即席而反
位卒事鹿中髤前足跪鑿背容八筭釋獲者奉之先
首大夫降立于堂西以俟射大夫與士射袒纁襦
少退于物司射釋弓矢視筭與獻釋獲者釋弓矢禮
射不主皮主皮之射者勝者又射不勝者降主人亦
飲于西階上獲者之俎折脊脅肺臑東方謂之右个
釋獲者之俎折脊脅肺皆有祭大夫說矢束坐說之
歌騶虞若采蘋皆五終射無筭古者於旅也語凡旅

不洗不洗者不祭既旅士不入大夫後出主人送于
門外再拜鄉侯上个五尋中十尺侯道五十弓弓二
寸以為侯中倍中以為躬倍躬以為左右舌下舌半
上舌箭籌八十長尺有握握素楚扑長如笴刋本尺
君射則為下射上射退于物一笴既發則答君而俟
君樂作而后就物君袒朱襦以射小臣以巾執矢以
授若飲君如燕則夾爵君國中射則皮樹中以翿旌獲
白羽與朱羽糅於郊則閭中以旌獲於竟則虎中龍
旜大夫兕中各以其物獲士鹿中翿旌以獲唯君有
射于國中其餘否君在大夫射則肉袒 儀禮卷第五

儀禮卷第六

〇燕禮第六

燕禮小臣戒與者膳宰具官饌于寢東樂人縣設洗篚于阼階東南當東霤罍水在東篚在洗西南肆設篚在其北西面司宮尊于東楹之西兩方壺左玄酒南上公尊瓦大兩有豐冪用綌若錫在尊南南上尊士旅食于門西兩圜壺司宮筵賓于戶西東上無加席也射人告具小臣設公席于阼階上西鄉設加席公升即位于席西鄉小臣納卿大夫卿大夫皆入門右北面東上士立于西方東面北上祝史立于門東

北面東上小臣師一人在東堂下南面士旅食者立
于門西東上公降立于阼階之東南南鄉爾卿卿西
面北上爾大夫大夫少進射人請賓公曰命某爲賓
射人命賓賓少進禮辭反命又命之賓再拜稽首許
諾射人反命賓出立于門外東面公揖卿大夫乃升
就席小臣自阼階下北面請執冪者與羞膳者乃命執
冪者執冪者升自西階立于尊南北面東上膳宰請
羞于諸公卿者射人納賓賓入及庭公降一等揖之
公升就席賓升自西階主人亦升自西階賓右北面
至再拜賓答再拜主人降洗洗南西北面賓降階西

東面主人辭降賓對主人北面盥坐取觚洗賓少進
辭洗主人坐奠觚于篚興對賓反位主人卒洗賓揖
乃升主人升賓拜洗主人賓右奠觚荅拜降盥賓降
主人辭賓對卒盥賓揖升主人升坐取觚執冪者舉
冪主人酌膳執冪者反冪主人筵前獻賓賓西階上
拜筵前受爵反位主人賓右拜送爵膳宰薦脯醢賓
升筵膳宰設折俎賓坐左執爵右祭脯醢奠爵于薦
右興取肺坐絕祭嚌之興加于俎坐捝手執爵遂祭
酒興席末坐啐酒降席坐奠爵拜告旨執爵興主人
荅拜賓西階上北面坐卒爵興坐奠爵遂拜主人荅

拜賓以虛爵降主人降賓洗南坐奠觚少進辭降主人東面對賓坐取觚奠于篚下盥洗主人辭洗賓坐奠觚于篚興對卒洗及階揖升主人升拜洗如賓禮賓降盥主人降賓辭降卒盥揖升酌膳執冪如初以酢主人于西階上主人北面拜受爵賓主人之左拜送爵主人坐祭不啐酒不拜酒不告旨遂卒爵興坐奠爵拜執爵興賓答拜主人不崇酒以虛爵降奠于篚賓降立于西階西射人升賓賓升立于序內東面主人盥洗象觚升實之東北面獻于公公拜受爵主人降自西階阼階下北面拜送爵士薦脯醢膳宰設

折俎升自西階公祭如賓禮膳宰贊授肺不拜酒立
卒爵坐奠爵拜執爵興主人荅拜升受爵以降奠于
膳篚更爵洗升酌膳以降酢于阼階下北面坐奠
爵再拜稽首公荅再拜主人坐祭遂卒爵再拜稽首
公荅再拜主人奠爵于篚主人盥洗升媵觚于賓酌
散西階上坐奠爵拜賓賓降筵北面荅拜主人坐祭
遂飲賓辭卒爵拜賓荅拜主人降洗賓降主人辭降
賓辭洗卒洗揖升不拜洗主人酌膳賓西階上拜受
爵于筵前反位主人拜送爵賓升席坐祭酒遂奠于
薦東主人降復位賓降筵西東南面立小臣自阼階

下請媵爵者公命長小臣作下大夫二人媵爵媵爵
者阼階下皆北面再拜稽首公荅再拜媵爵者立于
洗南西面北上序進盥洗角觶升自西階序進酌散
交于楹北降阼階下皆奠觶再拜稽首執觶興公荅
再拜媵爵者皆坐祭遂卒觶興坐奠觶再拜稽首執
觶興公荅再拜媵爵者執觶待于洗南小臣請致者
若君命皆致則序進奠觶于篚阼階下皆再拜稽首
公荅再拜媵爵者洗象觶升實之序進坐奠于薦南
北上降阼階下皆再拜稽首送觶公荅再拜公坐取
大夫所媵觶興以酬賓賓降西階下再拜稽首公命

小臣辯賓升成拜公坐奠觶答再拜執觶興立卒觶賓下拜小臣辭賓升再拜稽首公坐奠觶答再拜執觶興賓進受虛爵降奠于篚易觶洗公有命則不易不洗反升酌膳觶下拜小臣辭賓升再拜稽首公答再拜賓以旅酬於西階上射人作大夫長升受旅賓大夫之右坐奠觶拜執觶興大夫答拜賓坐祭立飲卒觶不拜若膳觶也則降更觶洗升實散大夫拜受賓拜送大夫辯受酬如受賓酬之禮不祭卒受者以虛觶降奠于篚主人洗升實散獻卿于西階上司宮兼卷重席設于賓左東上卿升拜受觚主人拜送觚

卿辭重席司宮徹之乃薦脯醢卿升席坐左執爵右
祭脯醢遂祭酒不啐酒降席西階上北面坐卒爵興
坐奠爵拜執爵興主人荅拜受爵卿降復位辯獻卿
主人以虛爵降奠于篚射人乃升卿卿皆升就席若
有諸公則先卿獻之如獻卿之禮席于阼階西北面
東上無加席小臣又請媵爵者二大夫媵爵如初請
致者若命長致則媵爵者奠觶于篚一人待于洗南
長致致者阼階下再拜稽首公荅再拜洗象觶升實
之坐奠于薦南降與立于洗南者二人皆再拜稽首
送觶公荅再拜公又行一爵若賓若長唯公所酬以

旅于西階上如初大夫卒受者以虛觶降奠于篚主人洗升獻大夫于西階上大夫升拜受觚主人拜送觚大夫坐祭立卒爵不拜既爵主人受爵大夫降復位胥薦主人于洗北西面脯醢無脀辯獻大夫遂薦之繼賓以西東上卒射人乃升大夫大夫皆升就席席工于西階上少東樂正先升北面立于其西小臣納工工四人二瑟小臣左何瑟面鼓執越內弦右手相入升自西階北面東上坐小臣坐授瑟乃降工歌鹿鳴四牡皇皇者華卒歌主人洗升獻工工不興左瑟一人拜受爵主人西階上拜送爵薦脯醢使人相

祭卒爵不拜主人受爵衆工不拜受爵坐祭遂卒爵
辯有脯醢不祭主人受爵降奠于篚公又舉奠觶唯
公所賜以旅于西階上如初卒笙人立于縣中奏南
陔白華華黍主人洗升獻笙于西階上一人拜盡階
不升堂受爵降主人拜送爵階前坐祭立卒爵不拜
既爵升授主人衆笙不拜受爵降坐祭立卒爵辯有
脯醢不祭乃間歌魚麗笙由庚歌南有嘉魚笙崇丘
歌南山有臺笙由儀遂歌鄉樂周南關雎葛覃卷耳
召南鵲巢采蘩采蘋大師告于樂正曰正歌備樂正
由楹内東楹之東告于公乃降復位射人自阼階下

請立司正公許射人遂爲司正司正洗角觶南面坐
奠于中庭升東楹之東受命西階上北面命卿大夫
君曰以我安卿大夫皆對曰諾敢不安司正降自西
階南面坐取觶升酌散降南面坐奠觶右還北面少
立坐取觶興坐不祭卒觶奠之興再拜稽首左還南
面坐取觶洗南面反奠于其所升自西階東楹之東
請徹俎降公許告于賓賓北面取俎以出膳宰徹公
俎降自阼階以東卿大夫皆降東面北上賓反入及
卿大夫皆說屨升就席公以賓及卿大夫皆坐乃安
羞庶羞大夫祭薦司正升受命皆命君曰無不醉賓

及卿大夫皆興對曰諾敢不醉皆反坐主人洗升獻
士于西階上士長升拜受觶主人拜送觶士坐祭立
飲不拜既爵其他不拜坐祭立飲乃薦司正與射人
一人司士一人執冪二人立于觶南東上辯獻士士
既獻者立于東方西面北上乃薦士祝史小臣師亦
就其位而薦之主人就旅食之尊而獻之旅食不拜
受爵坐祭立飲若射則大射正為司射如鄉射之禮
賓降洗升媵觚于公酌散下拜公降一等小臣辭賓
升再拜稽首公荅再拜賓坐祭卒爵再拜稽首公荅
再拜賓降洗象觶升酌膳坐奠于薦南降拜小臣辭

賓升成拜公答再拜賓反位公坐取賓所媵觶興唯
公所賜受者如初受酬之禮降更爵洗升酌膳下拜
小臣辭升成拜公答再拜乃就席坐行之有執爵者唯
受于公者拜司正命執爵者爵辯卒受者興以酬士
大夫卒受者以爵興西階上酬士士升大夫奠爵拜
士答拜大夫立卒爵不拜實之士拜受大夫拜送士
旅于西階上辯士旅酌卒主人洗升自西階獻庶子
于阼階上如獻士之禮辯降洗遂獻左右正與內小
臣皆於阼階上如獻庶子之禮無筭爵士也有執膳
爵者有執散爵者執膳爵者酌以進公公不拜受執

散爵者酌以之公命所賜所賜者興受爵降席下奠
爵再拜稽首公答拜受賜爵者以爵就席坐公卒爵
然後飲執膳爵者受公爵酌反奠之受賜爵者興授
執散爵執散爵者乃酌行之唯受爵於公者拜卒受
爵者興以酬士于西階上士升大夫不拜乃飲實爵
士不拜受爵大夫就席士旅酌亦如之公有命徹冪
則卿大夫皆降西階下北面東上再拜稽首公命小
臣辭公答再拜大夫皆辟遂升反坐士終旅於上如
初無算樂宵則庶子執燭於阼階上司宮執燭於西
階上甸人執大燭於庭閽人為大燭於門外賓醉北

面坐取其薦脯以降奏陔賓所執脯以賜鍾人於門
內霤遂出卿大夫皆出公不送公與客燕曰寡君有
不腆之酒以請吾子之與寡君須臾焉使某也以請
對曰寡君君之私也君無所辱賜于使臣臣敢辭寡
君固曰不腆使某固以請寡君君之私也君無所辱
賜于使臣臣敢固辭寡君固曰不腆使某固以請寡
固辭不得命敢不從致命曰寡君使某有不腆之酒
以請吾子之與寡君須臾焉君貺寡君多矣又辱賜
于使臣臣敢拜賜命記燕朝服於寢其牲狗也亨于
門外東方若與四方之賓燕則公迎之于大門內揖

讓升賓爲苟敬席于阼階之西北面有脀不嚌肺不
啐酒其介爲賓無膳尊無膳爵與卿燕則大夫爲賓
與大夫燕亦大夫爲賓羞膳者與執冪者皆士也羞
卿者小膳宰也若以樂納賓則賓及庭奏肆夏賓拜
酒主人答拜而樂闋公拜受爵而奏肆夏公卒爵主
人升受爵以下而樂闋升歌鹿鳴下管新宮笙入一
成遂合鄉樂若舞則勺唯公與賓有俎獻公曰臣敢
奏爵以聽命凡公所辭皆栗階凡栗階不過二等凡
公所酬既拜請旅侍臣凡薦與羞者小膳宰也有內
羞君與射則爲下射袒朱襦樂作而后就物小臣以

而投矢稍屬不以樂志既發則小臣受弓以授弓人上射退于物一笴既發則答君而俟若飲君燕則夾爵君在大夫射則肉袒若與四方之賓燕媵爵曰臣受賜矣臣請贊執爵者相者對曰吾子無自辱焉有房中之樂

儀禮卷第六

儀禮卷第七

大射儀第七

大射之儀君有命戒射宰戒百官有事於射者射人戒諸公卿大夫射司士戒士射與贊者前射三日宰夫戒宰及司馬射人宿視滌司馬命量人量侯道與所設乏以貍步大侯九十參七十干五十設乏各去其侯西十北十遂命量人巾車張三侯大侯之崇見鵠於參參見鵠於干干不及地武不繫左下綱設乏西十北十凡乏用革樂人宿縣于阼階東笙磬西面其南笙鐘其南鑮皆南陳建鼓在阼階西南鼓應鼙

在其東南鼓西階之西頌磬東面其南鍾其南鑮皆
南陳一建鼓在其南東鼓朔鼙在其北一建鼓在西
階之東南面簜在建鼓之間鼗倚于頌磬西紘厥明
司宮尊于東楹之西兩方壺膳尊兩甒在南有豐冪
用錫若絺綴諸箭蓋冪加勺又反之皆玄尊酒在北
尊士旅食于西鑮之南北面兩圜壺又尊于大侯之
乏東北兩壺獻酒設洗于阼階東南罍水在東篚在
洗西南陳設膳篚在其北西面又設洗于獲者之尊
西北水在洗北篚在南東陳小臣設公席于阼階上
西鄉司宮設賓席于戶西南面有加席卿席賓東東

下小卿賓西東上小卿次上大夫繼而東上若有東面者則北
上席工于西階之東東上諸公阼階西北面東上官
饌羹定射人告具于公公升即位于席西鄉小臣師
納諸公卿大夫諸公卿大夫皆入門右北面東上士
西方東面北上大史在干侯之東北北面東上士旅
食者在士南北面東上小臣師從者在東堂下南面
西上公降立于阼階之東南南鄉小臣師詔揖諸公
卿大夫諸公卿大夫西面北上揖大夫大夫皆少進
大射正擯擯者請賓公曰命某為賓擯者命賓賓少
進禮辭反命又命之賓再拜稽首受命擯者反命賓

出立于門外北面公揖卿大夫升就席小臣自阼階下北面請執冪者與羞膳者乃命執冪者執冪者升自西階立于尊南北面東上膳宰請羞于諸公卿者擯者納賓賓及庭公降一等揖賓賓辟公升即席奏肆夏賓升自西階主人從之賓右北面至再拜賓答再拜主人降洗洗南西北面賓降階西東面主人辭降賓對主人北面盥坐取觚洗賓少進辭洗主人坐奠觚于篚興對賓反位主人卒洗賓揖乃升主人升賓拜洗主人賓右奠觚答拜降盥賓降主人辭降賓對卒盥賓揖升主人升坐取觚執冪者舉冪主人酌

膳執冪者蓋冪酌者加勺又反之筵前獻賓賓西階
上拜受爵于筵前反位主人賓右拜送爵宰胥薦脯
醢賓升筵庶子設折俎賓坐左執觚右祭脯醢奠爵
于薦右興取肺坐絶祭嚌之興加于俎坐挩手執爵
遂祭酒興席末坐啐酒降席坐奠爵拜告旨執爵興
主人荅拜樂闋賓西階上北面坐卒爵興坐奠爵拜
執爵興主人荅拜賓以虛爵降主人降賓洗南西北
面坐奠觚少進辭降主人西階西東面少進對賓坐
取觚奠于篚下盥洗主人辭洗賓坐奠觚于篚興對
卒洗及階揖升主人升拜洗如賓禮賓降盥主人降

賓辭降卒盥揖升酌膳執冪如初以酢主人于西階
上主人北面拜受爵賓主人之左拜送爵主人坐祭
不啐酒不拜酒遂卒爵興坐奠爵拜執爵興賓答拜
主人不崇酒以虛爵降奠于篚賓降立于西階西東
面擯者以命升賓賓升立于西序東面主人盥洗象
觚升酌膳東北面獻于公公拜受爵乃奏肆夏主人
降自西階阼階下北面拜送爵宰胥薦脯醢由左房
庶子設折俎升自西階公祭如賓禮庶子贊授肺不
拜酒立卒爵坐奠爵拜執爵興主人答拜樂闋升受
爵降奠于篚更爵洗升酌散以降酢于阼階下北面

坐奠爵再拜稽首公荅拜主人坐祭遂卒爵興坐奠
爵再拜稽首公荅拜主人奠爵于篚主人盥洗升媵
觚于賓酌散西階上坐奠爵拜賓西階上北面荅拜
主人坐祭遂飲賓辭卒爵興坐奠爵拜執爵興賓荅
拜主人降洗賓降主人辭降賓辭洗卒洗賓揖升不
拜洗主人酌膳賓西階上拜受爵于筵前反位主人
拜送爵賓升席坐祭酒遂奠于薦東主人降復位賓降
筵西東南面立小臣自阼階下請媵爵者公命長小
臣作下大夫二人媵爵媵爵者阼階下皆北面再拜
稽首公荅拜媵爵者立于洗南西面北上序進盥洗

角觶升自西階序進酌散交于楹北降適阼階下皆奠觶再拜稽首執觶興公答拜媵爵者皆坐祭遂卒觶興坐奠觶再拜稽首執觶興公答再拜媵爵者執觶待于洗南小臣請致者若命皆致則序進奠觶于篚阼階下皆北面再拜稽首公答拜媵爵者洗象觶升實之序進坐奠于薦南北上降適阼階下皆再拜稽首送觶公答拜媵爵者皆退反位公坐取大夫所媵觶興以酬賓賓降西階下再拜稽首小臣正辭賓升成拜公坐奠觶答拜執觶興公卒觶賓下拜小臣正辭賓升再拜稽首公坐奠觶答拜執觶興賓進受

虛爵降奠于篚易爵興洗公有命則不易不洗反升酌膳下拜小臣正辭賓升再拜稽首公答拜賓告于擯者請旅諸臣擯者告于公公許賓以旅大夫于西階上擯者作大夫長升受旅賓大夫之右坐奠爵拜執爵興大夫答拜賓坐祭立卒爵不拜若膳爵也則降更爵洗升實散大夫拜受賓拜送遂就席大夫辯受酬如受賓酬之禮不祭酒卒受者以虛爵降奠于篚復位主人洗觚升實散獻卿于西階上司宮兼卷重席設于賓左東上卿升拜受觚主人拜送觚卿辭重席司宮徹之乃薦脯醢卿升席庶子設折俎卿坐

左執爵右祭脯醢奠爵于薦右興取肺坐絕祭不嚌
肺興加于俎坐挩手取爵遂祭酒執爵興降席西階
上北面坐卒爵興坐奠爵拜執爵興主人答拜受爵
卿降復位辯獻卿主人以虛爵降奠于篚擯者升卿
卿皆升就席若有諸公則先卿獻之如獻卿之禮席
于阼階西北面東上無加席小臣又請媵爵者二大
夫媵爵如初請致者若命長致則媵爵者奠觶于篚
一人待于洗南長致者阼階下再拜稽首公答拜洗
象觶升實之坐奠于薦南降與立于洗南者二人皆
再拜稽首送觶公答拜公又行一爵若賓若長唯公

所賜以旅于西階上如初大夫卒受者以虛觶降奠
于篚主人洗觚升獻大夫于西階上大夫升拜受觚
主人拜送觚大夫坐祭立卒爵不拜既爵主人受爵
大夫降復位胥薦主人于洗北西面脯醢無脀辯獻
大夫遂薦之繼賓以西東上若有東面者則北上卒
擯者升大夫大夫皆升就席乃席工于西階上少東
小臣納工工六人四瑟僕人正徒相太師僕人師相
少師僕人士相上工相者皆左何瑟後首內弦挎越
右手相後者徒相入小樂正從之升自西階北面東
上坐授瑟乃降小樂正立于西階東乃歌鹿鳴三終

主人洗升實爵獻工工不興左瑟一人拜受爵主人
西階上拜送爵薦脯醢使人相祭卒爵不拜主人受
虛爵衆工不拜受爵坐祭遂卒爵辯有脯醢不祭主
人受爵降奠于篚復位太師及少師上工皆降立于
鼓北羣工陪于後乃管新宮三終卒管太師及少師
上工皆東坫之東南西面北上坐擯者自阼階下請
立司正公許擯者遂為司正司正適洗洗角觶南面
坐奠于中庭升東楹之東受命于公西階上北面命
賔諸公卿大夫公曰以我安賔諸公卿大夫皆對曰
諾敢不安司正降自西階南面坐取觶升酌散降南

面坐奠觶興右還北面少立坐取觶興坐不祭卒觶
奠之興再拜稽首左還南面坐取觶洗南面反奠于
其所北面立司射適次袒決遂執弓挾乘矢於弓外
見鏃於弣右巨指鉤弦自阼階前曰為政請射遂告
曰大夫與大夫士御於大夫遂適西階前東面右顧
命有司納射器射器皆入君之弓矢適東堂賓之弓
矢與中籌豐皆止于西堂下衆弓矢不挾總衆弓矢
楅皆適次而俟工人士與梓人升自北階兩楹之間
疏數容弓若丹若墨度尺而午射正涖之卒畫自北
階下司宮埽所畫物自北階下太史俟于所設中之

西東面以聽政司射西面誓之曰公射大侯大夫射
參士射干射者非其侯中之不獲卑者與尊者爲耦
不異侯大史許諾遂比三耦三耦俟于次北西面北
上司射命上射曰某御於子命下射曰子與某子射
卒遂命三耦取弓矢于次司射入于次搢三挾一个
出于次西面揖當階北面揖及階揖升堂揖當物北
面揖及物揖由下物少退誘射射三侯將乘矢始射
干又射參大侯再發卒射北面揖及階揖降如升射
之儀遂適堂西改取一个挾之遂取扑搢之以立于
所設中之西南東面司馬師命負侯者執旌以負侯

獲者皆適侯執旌負侯而俟司射適次作上耦射司射反位上耦出次西面揖進上射在左並行當階北面揖及階揖上射先升三等下射從之中等上射升堂少左下射升上射揖並行皆當其物北面揖及物揖皆左足履物還視侯中合足而俟司馬正適次袒決遂執弓右挾之出升自西階適下物立于物間左執弣右執簫南揚弓命去侯獲者許諾以宮趨直西及乏南又諾以商至乏聲止授獲者退立于西方獲者興共而俟司馬正出于下射之南還其後降自西階遂適次釋弓說決拾襲反位司射進與司馬

正交于階前相左由堂下西階之東北面視上射命曰毋射獲毋獵獲上射揖司射退反位乃射上射既發挾矢而后下射射拾發以將乘矢獲者坐而獲舉旌以宮偃旌以商獲而未釋獲卒射右挾之北面揖揖如升射上射降三等下射少右從之中等並行上射於左與升射者相左交于階前相揖適次釋弓說決拾襲反位三耦卒射亦如之司射去扑倚于階西適阼階下北面告于公曰三耦卒射反搢扑反位司馬正袒決遂執弓右挾之出與司射交于階前相左升自西階自右物之後立于物間西南面揖弓命取

矢負侯許諾如初去侯皆執旌以負其侯而俟司馬
正降自西階北面命設楅小臣師設楅司馬正東面
以弓爲畢既設楅司馬正適次釋弓說決拾襲反位
小臣坐委矢于楅北括司馬師坐乘之卒若矢不備
則司馬正又袒執弓升命取矢如初曰取矢不索乃
復求矢加于楅卒司馬正進坐左右撫之興反位司
射適西階西倚扑升自西階東面請射于公公許遂
適西階上命賓御于公諸公卿則以耦告于上大夫
則降即位而后告司射自西階上北面告于大夫曰
請降司射先降搢扑反位大夫從之降適次立于三

耦之南西面北上司射東面于大夫之西比耦大夫與大夫命上射曰某御於子命下射曰子與某子射卒遂比衆耦衆耦立于大夫之南西面北上若有士與大夫爲耦則以大夫之耦爲上命大夫之耦曰子與其子射告於大夫曰某御於子命衆耦如命三耦之辭諸公卿皆未降遂命三耦各與其耦拾取矢皆袒決遂執弓右挾之一耦出西面揖當楅北面揖及楅揖上射東面下射西面上射揖進坐橫弓卻手自弓下取一个兼諸弣興順羽且左還毋周反面揖下射進坐橫弓覆手自弓上取一个兼諸弣興順羽且

左還毋周反面揖既拾取矢梱之兼挾乘矢皆內還
南面揖適福南皆左還北面揖搢三挾一个揖以耦
左還上射於左退者與進者相左相揖退釋弓矢于
次說決拾襲反位二耦拾取矢亦如之後者遂取誘
射之矢兼乘矢而取之以授有司于次中皆襲反位
司射作射如初一耦揖升如初司馬命去侯負侯許
諾如初司馬降釋弓反位司射猶挾一个去扑與司
馬交于階前適阼階下北面請釋獲于公公許反搢
扑遂命釋獲者設中以弓爲畢北面大史釋獲小臣
師執中先首坐設之東面退大史實八筭于中橫委

其餘于中西興共而俟司射西面命曰中離維綱揚
觸梱復公則釋獲衆則不與唯公所中中三侯皆獲
釋獲者命小史小史命獲者司射遂進由堂下北面
視上射命曰不貫不釋上射揖司射退反位釋獲者
坐取中之八筭改實八筭興執而俟乃射若中則釋
獲者每一个釋一筭上射於右下射於左若有餘筭
則反委之又取中之八筭改實八筭于中興執而俟
三耦卒射賓降取弓矢于堂西諸公卿則適次繼三
耦以南公將射則司馬師命負侯皆執其旌以負其
侯而俟司馬師反位隸僕人埽侯道司射去扑適阼

階下告射于公公許適西階東告于賓遂搢扑反位
小射正一人取公之決拾于東坫上一小射正授弓
拂弓皆以俟于東堂公將射則賓降適堂西袒決遂
執弓搢三挾一个升自西階先待于物北一笴東
面立司馬升命去侯如初還右乃降釋弓反位公就
物小射正奉決拾以笥大射正執弓皆以從於物小
射正坐奠笥于物南遂拂以巾取決興贊設決朱極
三小臣正贊袒公袒朱襦卒袒小臣正退俟于東堂
小射正又坐取拾興贊設拾以笥退奠于坫上復位
大射正執弓以袂順左右隈上再下壹左執弣右執

簫以授公公親揉之小臣師以巾內拂矢而授矢于
公稍屬大射正立于公後以矢行告于公下曰留上
曰揚左右曰方公既發大射正受弓而俟拾發以將
乘矢公卒射小臣師以巾退反位大射正受弓小射
正以笥受決拾退奠于坫上復位大射正退反司正
之位小臣正贊襲公還而后賓降釋弓于堂西反位
于階西東面公即席司正以命升賓賓升復筵而后
卿大夫繼射諸公卿取弓矢于次中袒決遂執弓搢
三挾一个出西面揖揖如三耦升射卒射降如三耦
適次釋弓說決拾襲反位眾皆繼射釋獲皆如初卒

射釋獲者遂以所執餘獲適阼階下北面告于公曰
左右卒射反位坐委餘獲于中西興共而俟司馬袒
執弓升命取矢如初負侯許諾以旌負侯如初司馬
降釋弓如初小臣委矢于楅如初賓諸公卿大夫之
矢皆異束之以茅卒正坐左右撫之進束反位賓之
矢則以授矢人于西堂下司馬釋弓反位而后卿大
夫升就席司射適階西釋弓去扑襲進由中東立于
中南北面視筭釋獲者東面于中西坐先數右獲二
筭爲純一純以取實于左手十純則縮而委之每委
異之有餘純則橫諸下一筭爲奇奇則又縮諸純下

興自前適左東面坐坐兼斂筭實于左手一純以委十則異之其餘如右獲司射復位釋獲者遂進取賢獲執之由阼階下北面告于公若右勝則曰右賢於左若左勝則曰左賢於右以純數告若有奇者亦曰奇若左右鈞則左右各執一筭以告曰左右鈞還復位坐兼斂筭實八筭于中委其餘于中西興共而俟司射命設豐司宮士奉豐由西階升北面坐設于西楹西降復位勝者之弟子洗觶升酌散南面坐奠于豐上降反位司射遂袒執弓挾一个搢扑東面于三耦之西命三耦及衆射者勝者皆袒決遂執張弓不

勝者皆襲說決拾卻左手右加弛弓于其上遂以執
弣司射先反位三耦及衆射者皆升飲射爵于西階
上小射正作升飲射爵者如作射一耦出揖如升射
及階勝者先升升堂少右不勝者進北面坐取豐上
之觶興少退立卒觶進坐奠于豐下興揖不勝者先
降與升飲者相左交于階前相揖適次釋弓襲反位
僕人師繼酌射爵取觶實之反奠于豐上退俟于序
端升飲者如初三耦卒飲若賓諸公卿大夫不勝則
不降不執弓耦不升僕人師洗升實觶以授賓諸公
卿大夫受觶于席以降適西階上北面立飲卒觶授

執爵者反就席若飲公則侍射者降洗角觶升酌散降拜公降一等小臣正辭賓升再拜稽首公答再拜賓坐祭卒爵再拜稽首公答再拜賓降洗象觶升酌膳以致下拜小臣正辭升再拜稽首公答再拜公卒觶賓進受觶降洗散觶升實散下拜小臣正辭升再拜稽首公答再拜賓坐不祭卒觶降奠于篚階西東面立擯者以命升賓賓升就席若諸公卿大夫之耦不勝則亦執弛弓特升飲衆皆繼飲射爵如三耦射爵辯乃徹豐與觶司宮尊侯于服不之東北兩獻酒東面南上皆加勺設洗于尊西北篚在南東肆實一

于篚司馬正洗散遂實爵獻服不服不侯西北三步北面拜受爵司馬正西面拜送爵反位宰夫有司薦庶子設折俎卒錯獲者適右个薦俎從之獲者左執爵右祭薦俎二手祭酒適左个祭如右个中亦如之卒祭左个之西北三步東面設薦俎立卒爵司馬師受虛爵洗獻隸僕人與巾車獲者皆如大侯之禮卒司馬師受虛爵奠于篚獲者皆執其薦庶子執俎從之設于乏少南服不復負侯而俟司射適階西去扑適堂西釋弓說決拾襲適洗洗觚升實之降獻釋獲者于其位少南薦脯醢折俎皆有祭釋獲者薦右東

面拜受爵司射北面拜送爵釋獲者就其薦坐左執
爵右祭脯醢興取肺坐祭遂祭酒興司射之西北面
立卒爵不拜既爵司射受虛爵奠于篚釋獲者少西辟
薦反位司射適堂西袒決遂取弓挾一个適階西搢
扑以反位司射倚扑于階西適阼階下北面請射于
公如初反搢扑適次命三耦皆袒決遂執弓序出取
矢司射先反位三耦拾取矢如初小射正作取矢如
初三耦既拾取矢諸公卿大夫皆降如初位與耦入
於次皆袒決遂執弓皆進當楅進坐說矢束上射東
面下射西面拾取矢如三耦若士與大夫爲耦士東

面大夫西面大夫進坐說矢束退反位耦揖進坐兼
取乘矢興順羽且左還毋周反面揖大夫進坐亦兼
取乘矢如其耦北面搢三挾一个揖進大夫與其耦
皆適次釋弓說決拾襲反位諸公卿升就席衆射者
繼拾取矢皆如三耦遂入于次釋弓矢說決拾襲反
位司射猶挾一个以作射如初一耦揖升如初司馬
升命去侯負侯許諾司馬降釋弓反位司射與司馬
交于階前倚扑于階西適阼階下北面請以樂于公
公許司射反搢扑東面命樂正曰命用樂樂正曰諾
司射遂適堂下北面視上射命曰不鼓不釋上射揖

司射退反位樂正命大師曰奏貍首間若一大師不
興許諾樂正反位奏貍首以射三耦卒射賓待于物
如初公樂作而后就物稍屬不以樂志其他如初儀
卒射如初賓就席諸公卿大夫衆射者皆繼射釋獲
如初卒射降反位釋獲者執餘獲進告左右卒射如
初司馬升命取矢負侯許諾司馬降釋弓反位小臣
委矢司馬師乘之皆如初司射釋弓視筭如初釋獲
者以賢獲與鈞告如初復位司射命設豐實觶如初
遂命勝者執張弓不勝者執弛弓升飲如初卒退豐
與觶如初司射猶袒決遂左執弓右執一个兼諸弦

面鏃適次命拾取矢如初司射反位三耦及諸公卿大夫衆射者皆袒決遂以拾取矢如初矢不挾兼諸弦面鏃退適次皆授有司弓矢襲反位卿大夫升就席司射適次釋弓說決拾去扑襲反位司馬正命退楅解綱小臣師退楅巾車量人解左下綱司馬師命獲者以旌與薦俎退司射命釋獲者退中與筭而俟公又舉奠觶唯公所賜若賓若長以旅于西階上如初大夫卒受者以虛觶降奠于篚反位司馬正升自西階東楹之東北面告于公請徹俎公許遂適西階上北面告于賓賓北面取俎以出諸公卿取俎如賓

禮遂出授從者于門外大夫降復位庶子正徹公俎
降自阼階以東賓諸公卿皆入門東面北上司正升
賓賓諸公卿大夫皆說屨升就席公以賓及卿大夫
皆坐乃安羞庶羞大夫祭薦司正升受命皆命公曰
衆無不醉賓及諸公卿大夫皆興對曰諾敢不醉皆
反位坐主人洗酌獻士于西階上士長升拜受觶主
人拜送士坐祭立飲不拜既爵其他不拜坐祭立飲
乃薦司正與射人于觶南北面東上司正爲上辯獻
士士既獻者立于東方西面北上乃薦士祝史小臣
師亦就其位而薦之主人就士旅食之尊而獻之旅

食不拜受爵坐祭立飲主人執虛爵[illegible]復位賓
降洗升媵觶于公酌散下拜公降一等小臣正辭賓
升再拜稽首公荅再拜賓坐祭卒觶再拜稽首公荅
再拜賓降洗象觚升酌膳坐奠于薦南降拜小臣正
辭賓升成拜公荅拜賓反位公坐取賓所媵觶興唯
公所賜受者如初受酬之禮降更爵洗升酌膳下再
拜稽首小臣正辭升成拜公荅拜乃就席坐行之有
執爵者唯受于公者拜司正命執爵者爵辯卒受者
興以酬士大夫卒受者以爵興西階上酬士士升
大夫奠爵拜士荅拜大夫立卒爵不拜實之士拜受

大夫拜送士旅于西階上辯士旅酬若命曰復射則不獻庶子司射命射唯欲卿大夫皆降再拜稽首公答拜壹發中三侯皆獲主人洗升自西階獻庶子于阼階上如獻士之禮辯獻降洗遂獻左右正與內小臣皆於阼階上如獻庶子之禮無算爵士也有執膳爵者有執散爵者執膳爵者酌以進公公不拜受執散爵者酌以之公命所賜所賜者興受爵降席下奠爵再拜稽首公答再拜受賜爵者以爵就席坐公卒爵然後飲執膳爵者受公爵酌反奠之受賜者興授執散爵者執散爵者乃酌行之唯受於公者拜卒爵

長以酬士于西階上士升大夫不拜乃飲實爵士
不拜受爵大夫就席士旅酌亦如之公有命徹冪則
賓及諸公卿大夫皆降西階下北面東上再拜稽首
公命小臣正辭公答拜大夫皆辟升反位士終旅於
上如初無筭樂宵則庶子執燭於阼階上司宮執燭
於西階上甸人執大燭於庭閽人爲燭於門外賓醉
北面坐取其薦脯以降奏陔賓所執脯以賜鐘人于
門內霤遂出卿大夫皆出公不送公入驁

儀禮卷第七

儀禮卷第八

○聘禮第八

聘禮君與卿圖事遂命使者使者再拜稽首辭君不許乃退既圖事戒上介亦如之宰命司馬戒衆介衆介皆逆命不辭宰書幣命宰夫官具及期夕幣使者朝服帥衆介夕管人布幕于寢門外官陳幣皮北首西上加其奉於左皮上馬則北面奠幣于其前使者北面衆介立于其左東上卿大夫在幕東西面北上宰入告具于君君朝服出門左南鄉史讀書展幣宰執書告備具于君授使者使者受書授上介公揖入

官載其幣舍于朝上介視載者所受書以行厥明賓
朝服釋幣于禰有司筵几于室中祝先入主人從入
主人在右再拜祝告又再拜釋幣制玄纁束奠于几
下出主人立于戶東祝立于牖西又入取幣降卷幣
實于笲埋于西階東又釋幣于行遂受命上介釋幣
亦如之上介及衆介俟于使者之門外使者載旜帥
以受命于朝君朝服南鄉卿大夫西面北上君使卿
進使者使者入及衆介隨入北面東上君揖使者進
之上介立于其左接聞命賈人西面坐啓櫝取圭垂
繅不起而授宰宰執圭屈繅自公左授使者使者受

圭同面垂繅以受命既述命同面授上介上介受圭
屈繅出授賈人衆介不從受享束帛加璧受夫人之
聘璋享玄纁束帛加琮皆如初遂行舍于郊斂旜若
過邦至于竟使次介假道束帛將命于朝曰請帥奠
幣下大夫取以入告出許遂受幣餼之以其禮上賓大
牢積唯芻禾介皆有餼士帥沒其竟誓于其竟賓南
面上介西面衆介北面東上史讀書司馬執策立于
其後未入竟一肄為壝壇畫階帷其北無宮朝服無
主無執也介皆與北面西上習享士執庭實習夫人
之聘享亦如之習公事不習私事及竟張旜誓乃謁

關人關人問從者幾人以介對君使士請事遂以入
竟入竟斂旜乃展布幕賓朝服立于幕東西面介皆
北面東上賈人北面坐拭圭遂執展之上介北面視
之退復位退圭陳皮北首西上又拭璧展之會諸其
幣加于左皮上上介視之退馬則幕南北面奠幣于
其前展夫人之聘享亦如之賈人告于上介上介告
于賓有司展羣幣以告及郊又展如初及館展幣於
賈人之館如初賓至于近郊張旜君使下大夫請行
反君使卿朝服用束帛勞上介出請入告賓禮辭迎
于舍門之外再拜勞者不答拜賓揖先入受于舍門

內勞者奉幣入東面致命賓北面聽命還少退再拜
稽首受幣勞者出授老幣出迎勞者勞者禮辭賓揖
先入勞者從之乘皮設賓用束錦儐勞者勞者再拜
稽首受賓再拜稽首送幣勞者揖皮出乃退賓送再
拜夫人使下大夫勞以二竹簋方玄被纁裏有蓋其
實棗蒸栗擇兼執之以進賓受棗大夫二手授栗賓
之受如初禮儐之如初下大夫勞者遂以賓入至于
朝主人曰不腆先君之祧既拚以俟矣賓曰俟閒大
夫帥至于館卿致館賓迎再拜卿致命賓再拜稽首
卿退賓送再拜宰夫朝服設飧飪一牢在西鼎九羞

鼎三腥一牢在東鼎七堂上之饌八西夾六門外米
禾皆二十車薪芻倍禾上介餁一牢在西鼎七羞鼎
三堂上之饌六門外米禾皆十車薪芻倍禾衆介皆
少牢厥明訝賓于館賓皮弁聘至于朝賓入于次乃
陳幣卿爲上擯大夫爲承擯士爲紹擯擯者出請事
公皮弁迎賓于大門內大夫納賓賓入門左公再拜
賓辟不答拜公揖入每門每曲揖及廟門公揖入立
于中庭賓立接西塾几筵既設擯者出請命賈人東
面坐啓櫝取圭垂繅不起而授上介上介不襲執圭
屈繅授賓賓襲執圭擯者入告出辭玉納賓賓入門

介皆入門左北面西上三揖至于階三讓公升二
等賓升西楹西東面擯者退中庭賓致命公左還北
鄉擯者進公當楣再拜賓三退負序公側襲受玉于
中堂與東楹之間擯者退負東塾而立賓降介逆出賓
出公側授宰玉裼降立擯者出請賓裼奉束帛加璧
享擯者入告出許庭實皮則攝之毛在内内攝之入
設也賓入門左揖讓如初升致命張皮公再拜受幣
士受皮者自後右客賓出當之坐攝之公側授宰幣
皮如入右首而東聘于夫人用璋享用琮如初禮若
有言則以束帛如享禮擯者出請事賓告事畢賓奉

束錦以請覿擯者入告出辭請禮賓賓禮辭聽命擯
者入告宰夫徹几改筵公出迎賓以入揖讓如初公
升側受几于序端宰夫內拂几三奉兩端以進公東
南鄉外拂几三卒振袂中攝之進西鄉擯者告賓進
訝受几于筵前東面俟公壹拜送賓以几辟北面設
几不降階上答再拜稽首宰夫實觶以醴加柶于觶
面枋公側受醴賓不降壹拜進筵前受醴復位公拜
送醴宰夫薦籩豆脯醢賓升筵擯者退負東塾賓祭
脯醢以柶祭醴三庭實設降筵北面以柶兼諸觶尚
擸坐啐醴公用束帛建柶北面奠于薦東擯者進相

幣賓降辭幣公降一等辭栗階升聽命降拜公辭升
再拜稽首受幣當東楹北面退東面俟公壹拜賓降
也公再拜賓執左馬以出上介受賓幣從者訝受馬
賓覿奉束錦總乘馬二人贊入門右北面奠幣再拜
稽首擯者辭賓出擯者坐取幣出有司二人牽馬以
從出門西面于東塾南擯者請受賓禮辭聽命牽馬右
之入設賓奉幣入門左介皆入門左西上公揖讓如
初升公北面再拜賓三退反還負序振幣進授當東
楹北面士受馬者自前還牽者後適其右受牽馬者
自前西乃出賓降階東拜送君辭拜也君降一等辭

擯者曰寡君從子雖將拜起也栗階升公西鄉賓階
上再拜稽首公少退賓降出公側授宰幣馬出公降
立擯者出請上介奉束錦士介四人皆奉玉錦束請
覿擯者入告出許上介奉幣儷皮二人贊皆入門右
東上奠幣皆再拜稽首擯者辭介逆出擯者執上幣
士執衆幣有司二人舉皮從其幣出請受委皮南面
執幣者西面北上擯者請受介禮辭聽命皆進訝受
其幣上介奉幣皮先入門左奠皮公再拜介振幣自
皮西進北面授幣退復位再拜稽首送幣介出宰自
公左受幣有司二人坐舉皮以東擯者又納士介士

介入門右奠幣再拜稽首擯者辭介逆出擯者執上
幣以出禮請受賓固辭公答再拜擯者出立于門中
以相拜士介皆辟士三人東上坐取幣立擯者進宰
夫受幣于中庭以東執幣者序從之擯者出請賓告
事畢擯者入告公出送賓及大門內公問君賓對公
再拜公問大夫賓對公勞賓賓再拜稽首公答拜公
勞介介皆再拜稽首公答拜賓出公再拜送賓不顧
賓請有事於大夫公禮辭許賓即館卿大夫勞賓賓
不見大夫奠鴈再拜上介受勞上介亦如之君使卿
韋弁歸饔餼五牢上介請事賓朝服禮辭有司入陳

饗飪一牢鼎九設于西階前陪鼎當內廉東面北上
上當碑南陳牛羊豕魚腊腸胃同鼎膚鮮魚鮮腊設
扃鼏膷臐膮蓋陪牛羊豕腥二牢鼎二七無鮮魚鮮
腊設于阼階前西面南陳如飪鼎二列堂上八豆設
于戶西西陳皆二以並東上韭菹其南醓醢屈八簋
繼之黍其南稷錯六鉶繼之牛以西羊豕豕南牛以
東羊豕兩簠繼之粱在北八壺設于西序北上二以
並南陳西夾六豆設于西墉下北上韭菹其東醓醢
屈六簋繼之黍其東稷錯四鉶繼之牛以南羊羊東
豕豕以北牛兩簠繼之粱在西皆二以並南陳六壺

西上二以竝東陳饌于東方亦如之西北上壺東上
西陳醯醢百甕夾碑十以爲列醯在東餼二牢陳于
門西北面東上牛以西羊豕豕西牛羊豕米百筥筥
半斛設于中庭十以爲列北上黍粱稻皆二行稷四
行門外米三十車車秉有五籔設于門東爲三列東
陳禾三十車車三秅設于門西西陳薪芻倍禾賓皮
弁迎大夫于外門外再拜大夫不答拜揖入及廟門
賓揖入大夫奉束帛入三揖皆行至于階讓大夫先
升一等賓從升堂北面聽命大夫東面致命賓降階
西再拜稽首拜餼亦如之大夫辭升成拜受幣堂中

西面大夫降出賓降授老幣出迎大夫大夫禮辭
許入揖讓如初賓升一等大夫從升堂庭實設馬乘賓
降堂受老束錦大夫止賓奉幣西面大夫東面賓致
命大夫對北面當楣再拜稽首受幣于楹間南面退
東面俟賓再拜稽首送幣大夫降執左馬以出賓送
于外門外再拜明日賓拜于朝拜饔與餼皆再拜稽
首上介饔餼三牢飪一牢在西鼎七羞鼎三腥一牢
在東鼎七堂上之饌六西夾亦如之筥及甕如上賓
餼一牢門外米禾視死牢牢十車薪芻倍禾凡其實
與陳如上賓下大夫韋弁用束錦致之上介韋弁以

夫人賓禮儐之兩馬束錦士介四人皆餼大牢米百
筥設于門外宰夫朝服牽牛以致之士介朝服北面
再拜稽首受無擯賓朝服問卿卿受于祖廟下大夫
擯擯者出請事大夫朝服迎于外門外再拜賓不答
拜揖大夫先入每門每曲揖及廟門大夫揖入擯者
請命庭實設四皮賓奉束帛入三揖皆行至于階讓賓
升一等大夫從升堂北面聽命賓東面致命大夫降
階西再拜稽首賓辭升成拜受幣堂中西北面賓降
出大夫降授老幣無擯擯者出請事賓面如覿幣賓
奉幣庭實從入門右大夫辭賓遂左庭實設揖讓如

初大夫升一等賓從之大夫西面賓稱面大夫對北面當楣再拜受幣于楹間南面退西面立賓當楣再拜送幣降出大夫降授老幣擯者出請事上介特面幣如覿介奉幣皮二人贊入門右奠幣再拜大夫辭擯者反幣庭實設介奉幣入大夫揖讓如初介升大夫再拜受介降拜大夫降辭介升再拜送幣擯者出請衆介面如覿幣入門右奠幣皆再拜大夫辭介逆出擯者執上幣出禮請受賓辭大夫答再拜擯者執上幣立于門中以相拜士介皆辟老受擯者幣于中庭士三人坐取羣幣以從之擯者出請事賓出大夫

送于外門外再拜賓不顧擯者退大夫拜辱下大夫
嘗使至者幣及之上介朝服三介問下大夫下大夫
如卿受幣之禮其面如賓面于卿之禮大夫若不見
君使大夫各以其爵爲之受如主人受幣禮不拜夕
夫人使下大夫韋弁歸禮堂上籩豆六設于戶東西
上二以竝東陳壺設于東序北上二以竝南陳醙黍清
皆兩壺大夫以束帛致之賓如受饔之禮儐之乘馬
束錦上介四豆四籩四壺受之如賓禮儐之兩馬束
錦明日賓拜禮於朝大夫餼賓大牢米八筐賓迎再
拜老牽牛以致之賓再拜稽首受老退賓再拜送上

介亦如之衆介皆少牢米六筐皆士牽羊以致之公
於賓壹食再饗燕與羞俶獻無常數賓介皆明日拜
于朝上介壹食一饗若不親食使大夫各以其爵朝
服致之以侑幣如致饔無儐致饗以酬幣亦如之大
夫於賓一饗一食上介若食若饗若不親饗則公作
大夫致之以酬幣致食以侑幣君使卿韋弁還玉于
館賓皮弁襲迎于外門外不拜帥大夫以入大夫升
自西階鉤楹賓自碑內聽命升自西階自左南面受
圭退負右房而立大夫降中庭賓降自碑內東面授
上介于阼階東上介出請賓迎大夫還璋如初入賓

裼迎大夫賄用束紡禮玉束帛乘皮皆如還玉禮大
夫出賓送不拜公館賓賓辟上介聽命聘享夫人之
聘享問大夫送賓公皆再拜公退賓從請命于朝公
辭賓退賓三拜乘禽於朝訝聽之遂行舍于郊公使
卿贈如覿幣受于舍門外如受勞禮無儐使下大夫
贈上介亦如之使士贈衆介如其覿幣大夫親贈如
其面幣無儐贈上介亦如之使人贈衆介如其面幣
士送至于竟使者歸及郊請反命朝服載旜禳乃入
乃入陳幣于朝西上上賓之公幣私幣皆陳上介公
幣陳他介皆否束帛各加其庭實皮左公南鄉卿進

使者使者執圭垂繅北面上介執璋屈繅立于其左
反命曰以君命聘于某君某君受幣于某宮某君再
拜以享某君某君再拜宰自公左受玉受上介璋致
命亦如之執賄幣以告曰某君使某子賄授宰禮玉
亦如之執禮幣以盡言賜禮公曰然而不善乎授上
介幣再拜稽首公答再拜私幣不告君勞之再拜稽
首君答再拜若有獻則曰某君之賜也君其以賜乎
上介徒以公賜告如上賓之禮君勞之再拜稽首君
答拜勞士介亦如之君使宰賜使者幣使者再拜稽
首賜介介皆再拜稽首乃退介皆送至于使者之門

乃退揖使者拜其辱釋幣于門乃至于禰筵几于室
薦脯醢觴酒陳席于阼薦脯醢三獻一人舉爵獻從
者行酬乃出上介至亦如之聘遭喪入竟則遂也不
郊勞不筵几不禮賓主人畢歸禮賓唯饔餼之受不
賄不禮玉不贈遭夫人世子之喪君不受使大夫受
于廟其他如遭君喪遭喪將命于大夫主人長衣練
冠以受聘君若薨于後入竟則遂赴者未至則哭于
巷衰于館受禮不受饗食赴者至則衰而出唯稍受
之歸執圭復命于殯升自西階不升堂子即位不哭
辯復命如聘子臣皆哭與介入北鄉哭出袒括髮入

門右即位踊若有私喪則哭于館衰而居不饗食歸
使衆介先衰而從之賓入竟而死遂也主人爲之具
而殯介攝其命君弔介爲主人主人歸禮幣必以用
介受賓禮無辭也不饗食歸介復命柩止于門外介
卒復命出奉柩送之君弔卒殯若大夫介卒亦如之
士介死爲之棺斂之君不弔焉若賓死未將命則既
斂于棺造于朝介將命若介死歸復命唯上介造于
朝若介死雖士介賓既復命往卒殯乃歸小聘曰
問不享有獻不及夫人主人不筵几不禮面不升不
郊勞其禮如爲介三介記久無事則聘焉若有故則卒

卒聘束帛加書將命百名以上書於策不及百名書於方主人使人與客讀諸門外客將歸使大夫以其束帛反命于館明日君館之既受行出遂見宰問幾月之資使者既受行日朝同位出祖釋軷祭酒脯乃飲酒于其側所以朝天子圭與繅皆九寸剡上寸半厚半寸博三寸繅三采六等朱白蒼問諸侯朱綠繅八寸皆玄纁繫長尺絇組問大夫之幣俟于郊爲肆又齎皮馬辭無常孫而説辭多則史少則不達辭苟足以達義之至也辭曰非禮也敢對曰非禮也敢辭卿館於大夫大夫館於士士館於工商管人爲客三

日其沐五日其浴飧不致賓不拜沐浴而食之卿大
夫訝大夫士訝士皆有訝賓即館訝將公命又見之
以其摯賓既將公事復見之以其摯凡四器者唯其
所寶以聘可也宗人授次次以帷少退于君之次上
介執圭如重授賓賓入門皇升堂讓將授志趨授如
爭承下如送君還而后退下階發氣怡焉再三舉足
又趨及門正焉執圭入門鞠躬焉如恐失之及享發
氣焉盈容衆介北面蹌焉私覿愉愉焉出如舒鴈皇
且行入門主敬升堂主慎凡庭實隨入左先皮馬相
間可也賓之幣唯馬出其餘皆東多貨則傷于德幣

美則沒其禮賄在聘于賄凡執玉無藉者襲禮不拜
至醴尊于東箱瓦大一有豐薦脯五膱祭半膱横之
祭醴再扱始扱一祭卒再祭主人之庭實則主人遂
以出賓之士訝受之既覿賓若私獻奉獻將命擯者
入告出禮辭賓東面坐奠獻再拜稽首擯者東面坐
取獻舉以入告出禮請受賓固辭公答再拜擯者立
于閾外以相拜賓辟擯者授宰夫于中庭若兄弟之
國則問夫人若君不見使大夫受自下聽命自西階
升受負右房而立賓降亦降不禮幣之所及皆勞不
釋服賜饔唯羹飪筮一尸若昭若穆僕爲祝祝曰孝孫

某孝子某薦嘉禮于皇祖某甫皇考某子如饋食之禮假器於大夫朌肉及廋車聘日致饔明日問大夫夕夫人歸禮既致饔旬而稍宰夫始歸乘禽日如其饔餼之數士中日則二雙凡獻執一雙委其餘于面禽羞俶獻比歸大禮之日既受饔餼請觀訝帥之自下門入各以其爵朝服士無饔無饔者無擯大夫不敢辭君初為之辭矣凡致禮皆用其饗之加籩豆無饔者無饗禮凡餼大夫黍粱稷筐五斛既將公事賓請歸凡賓拜于朝訝聽之燕則上介為賓賓為苟敬宰夫獻無行則重賄反幣曰子以君命在寡君寡君

拜君命之辱君以社稷故在寡小君拜君貺寡君延
及二三老拜又拜送賓於館堂楹間釋四皮束帛賓
不致主人不拜大夫來使無罪饗之過則餼之其介
爲介有大客後至則先客不饗食致之唯大聘有几
筵十斗曰斛十六斗曰籔十籔曰秉二百四十斗四
秉曰筥十筥曰稯十稯曰秅四百秉爲一秅

儀禮卷第八

儀禮卷第九

公食大夫禮第九

公食大夫之禮使大夫戒各以其爵上介出請入告三辭賓出拜辱大夫不荅拜將命賓再拜稽首大夫還賓不拜送遂從之賓朝服即位于大門外如聘即位具羹定甸人陳鼎七當門南面西上設扃鼏鼏若束若編設洗如饗小臣具槃匜在東堂下宰夫設筵加席几無尊飲酒漿飲俟于東房凡宰夫之具饌于東房公如賓服迎賓于大門內大夫納賓賓入門左公再拜賓辟再拜稽首公揖入賓從及廟門公揖入

賓入三揖至于階三讓公升二等賓升大夫立于東
夾南西面北上士立于門東北面西上小臣東堂下
南面西上宰東夾北西面南上內官之士在宰東北
西面南上介門西北面西上公當楣北鄉至再拜賓
降也公再拜賓西階東北面答拜擯者辭拜也公降
一等辭曰寡君從子雖將拜興也賓栗階升不拜命
之成拜階上北面再拜稽首士舉鼎去冪於外次入
陳鼎于碑南南面西上右人抽扃坐奠于鼎西南順
出自鼎西左人待載雍人以俎入陳于鼎南旅人南
面加匕于鼎退大夫長盥洗東南西面北上序進盥

退者與進者交于前卒盥序進南面匕載者西面魚
腊飪載體進奏魚七縮俎寢右腸胃七同俎倫膚七
腸胃膚皆橫諸俎垂之大夫既匕匕奠于鼎逆退復
位公降盥賓降公辭卒盥公壹揖壹讓公升賓升宰
夫自東房授醯醬公設之賓辭北面坐遷而東遷所
公立于序內西鄉賓立于階西疑立宰夫自東房薦
豆六設于醬東西上韭菹以東醓醢昌本南麋臡以
西菁菹鹿臡士設俎于豆南西上牛羊豕魚在牛南
腊腸胃亞之膚以為特旅人取匕甸人舉鼎順出奠
于其所宰夫設黍稷六簋于俎西二以並東北上黍

當牛俎其西稷錯以終南陳大羹湆不和實于鐙宰
右執鐙左執蓋由門入升自阼階盡階不升堂授公
以蓋降出入反位公設之于醬西賓辭坐遷之宰夫
設鉶四于豆西東上牛以西羊羊南豕豕以東牛飲
酒實于觶加于豐宰夫右執觶左執豐進設于豆東
宰夫東面坐啓簋會各卻于其西贊者負東房南面
告具于公公再拜揖食賓降拜公辭賓升再拜稽首
賓升席坐取韭菹以辯擩于醢上豆之閒祭贊者東
面坐取黍實于左手辯又取稷辯反于右手興以授
賓賓祭之三牲之肺不離贊者辯取之壹以授賓賓

興受坐祭捝手扱上鉶以柶辯擩之上鉶之間祭祭飲
酒於上豆之間魚腊醬湆不祭宰夫授公飯粱公設之
于湆西賓北面辭坐遷之公與賓皆復初位宰夫膳
稻于粱西士羞庶羞皆有大蓋執豆如宰先者反之
由門入升自西階先者一人升設于稻南簋西間容
人旁四列西北上膷以東臐膮牛炙炙南醢以西牛
胾醢牛鮨鮨南羊炙以東羊胾醢豕炙炙南醢以西
豕胾芥醬魚膾眾人騰羞者盡階不升堂授以蓋降
出贊者負東房告備于公贊升賓賓坐席末取粱即
稻祭于醬湆間贊者北面坐辯取庶羞之大興一以

授賓賓受兼壹祭之賓降拜公辭賓升再拜稽首公
荅再拜賓北面自閒坐左擁簠粱右執湆以降公辭
賓西面坐奠于階西東面對西面坐取之栗階升北
面反奠于其所降辭公公許賓升公揖退于箱擯者
退負東塾而立賓坐遂卷加席公不辭賓三飯以湆
醬宰夫執觶漿飲與其豐以進賓捝手興受宰夫設
其豐于稻西庭實設賓坐祭遂飲奠于豐上公受宰
夫束帛以侑西鄉立賓降筵北面擯者進相幣賓降
辭幣升聽命降拜公辭賓升再拜稽首受幣當東楹
北面退西楹西東面立公壹拜賓降也公再拜介逆

出賓北面揖執庭實以出公降立上介受賓幣從者
訝受皮賓入門左沒霤北面再拜稽首公辭揖讓如
初升賓再拜稽首公荅再拜賓降辭公如初賓升公
揖退于箱賓卒食會飯三飲不以醬湆捝手興北面
坐取粱與醬以降西面坐奠于階西東面再拜稽首
公降再拜介逆出賓出公送于大門內再拜賓不顧
有司卷三牲之俎歸于賓館魚腊不與明日賓朝服
拜賜于朝拜食與侑幣皆再拜稽首訝聽之上大夫
八豆八簋六鉶九俎魚腊皆二俎魚腸胃倫膚若九
若十有一下大夫則若七若九庶羞西東毋過四列

上大夫庶羞二十加於下大夫以雉兔鶉鴽若不親
食使大夫各以其爵朝服以侑幣致之豆實實于罋
陳于楹外二以竝北陳簋實實于筐陳于楹內兩楹
間二以竝南陳庶羞陪于碑內庭實陳于碑外牛羊
豕陳于門內西方東上賓朝服以受如受饔禮無擯
明日賓朝服以拜賜于朝訝聽命大夫相食親戒速
迎賓于門外拜至皆如饗拜降盥受醬湆侑幣束錦
也皆自阼階降堂受授者升一等賓止也賓執梁與
湆之西序端主人辭賓反之卷加席主人辭賓反之
辭幣降一等主人從受侑幣再拜稽首主人送幣亦

然辭於主人降一等主人從辭卒食徹于西序端東面
再拜降出其他皆如公食大夫之禮若不親食則公
作大夫朝服以侑幣致之賓受于堂無擯記不宿戒
戒不速不授几無阼席亨于門外東方司宫具几與
蒲筵常緇布純加萑席尋玄帛純皆卷自末宰夫筵
出自東房賓之乘車在大門外西方北面立鉶芼牛
藿羊苦豕薇皆有滑贊者盥從俎升簠有蓋冪凡炙
無醬上大夫蒲筵加萑席其純皆如下大夫純卿擯
由下上贊下大夫也上大夫庶羞酒飲漿飲庶羞可
也拜食與侑幣皆再拜稽首

儀禮卷第九

儀禮卷第十

覲禮第十

覲禮至于郊王使人皮弁用璧勞侯氏亦皮弁迎于帷門之外再拜使者不荅拜遂執玉三揖至于階使者不讓先升侯氏升聽命降再拜稽首遂升受玉使者左還而立侯氏還璧使者受侯氏降再拜稽首使者乃出侯氏乃止使者使者乃入侯氏與之讓升侯氏先升授几侯氏拜送几使者設几荅拜侯氏用束帛乘馬儐使者使者再拜受侯氏再拜送幣使者降以左驂出侯氏送于門外再拜侯氏遂從之天子賜

舍曰伯父女順命于王所賜伯父舍侯氏再拜稽首
儐之束帛乘馬天子使大史戒曰某日伯父帥乃初
事侯氏再拜稽首諸侯前朝皆受舍于朝同姓西面
北上異姓東面北上〻侯氏裨冕釋幣于禰乘墨車載
龍旂弧韣乃朝以瑞玉有繅天子設斧依於戶牖之
閒左右几天子衮冕負斧依嗇夫承命告于天子天
子曰非他伯父實來予一人嘉之伯父其入子一人
將受之侯氏入門右坐奠圭再拜稽首擯者謁侯氏
坐取圭升致命王受之玉侯氏降階東北面再拜稽
首擯者延之曰升升成拜乃出四享皆束帛加璧庭

實唯國所有奉束帛匹馬卓上九馬隨之中庭西上
奠幣再拜稽首擯者曰予一人將受之侯氏升致命
王撫玉侯氏降自西階東面授宰幣西階前再拜稽
首以馬出授人九馬隨之事畢乃右肉袒于廟門之
東乃入門右北面立告聽事擯者謁諸天子天子辭
於侯氏曰伯父無事歸寧乃邦侯氏再拜稽首出自
屏南適門西遂入門左北面立王勞之再拜稽首擯
者延之曰升升成拜降出天子賜侯氏以車服迎于
外門外再拜路先設西上路下四亞之重賜無數在
車南諸公奉篋服加命書于其上升自西階東面大

史是右侯氏升西面立大史述命侯氏降兩階之間
北面再拜稽首升成拜大史加書于服上侯氏受使
者出侯氏送再拜儐使者諸公賜服者束帛四馬儐
大史亦如之同姓大國則曰伯父其異姓則曰伯舅
同姓小邦則曰叔父其異姓小邦則曰叔舅饗禮乃
歸諸侯覲于天子爲宮方三百步四門壇十有二尋
深四尺加方明于其上方明者木也方四尺設六色
東方青南方赤西方白北方黑上玄下黃設六玉上
圭下璧南方璋西方琥北方璜東方圭上介皆奉其
君之旂置于宮尚左公侯伯子男皆就其旂而立四

傳擯天子乘龍載大旂象日月升龍降龍出拜日於東門之外反祀方明禮日於南門外禮月與四瀆於北門外禮山川丘陵於西門外祭天燔柴祭山丘陵升祭川沉祭地瘞記几俟于東箱偏駕不入王門奠圭于繅上

儀禮卷第十

儀禮卷第十一

喪服第十一　子夏傳

喪服斬衰裳苴絰杖絞帶冠繩纓菅屨者傳曰斬者何不緝也苴絰者麻之有蕡者也苴絰大搹左本在下去五分一以為帶齊衰之絰斬衰之帶也去五分一以為帶大功之絰齊衰之帶也去五分一以為帶小功之絰大功之帶也去五分一以為帶緦麻之絰小功之帶也去五分一以為帶苴杖竹也削杖桐也杖各齊其心皆下本杖者何爵也無爵而杖者何擔主也非主而杖者何輔病也童子何以不杖不能病

也婦人何以不杖亦不能病也絞帶者繩帶也冠繩
纓條屬右縫冠六升外畢鍛而勿灰衰三升菅屨者
菅菲也外納居倚廬寢苫枕塊哭晝夜無時歠粥朝
一溢米夕一溢米寢不說絰帶既虞翦屏柱楣寢有
席食疏食水飲朝一哭夕一哭而已既練舍外寢始
菜菓飯素食哭無時父傳曰爲父何以斬衰也父至
尊也諸侯爲天子傳曰天子至尊也君傳曰君至尊
也父爲長子傳曰何以三年也正體於上又乃將所
傳重也庶子不得爲長子三年不繼祖也爲人後者
傳曰何以三年也受重者必以尊服服之何如而可

爲之後同宗則可爲之後何如而可以爲人後支子
可也爲所後者之祖父母妻妻之父母昆弟昆弟之
子若子妻爲夫傳曰夫至尊也妾爲君傳曰君至尊
也女子子在室爲父布總箭笄髽衰三年傳曰總六
升長六寸箭笄長尺吉笄尺二寸子嫁反在父之室
爲父三年公士大夫之衆臣爲其君布帶繩屨傳曰
公卿大夫室老士貴臣其餘皆衆臣也君謂有地者
也衆臣杖不以即位近臣君服斯服矣繩屨者繩菲
也疏衰裳齊牡麻絰冠布纓削杖布帶疏屨三年者
傳曰齊者何緝也牡麻者枲麻也牡麻絰右本在上

冠若沽功也䟽屨者藨蒯之菲也父卒則爲母繼母
如母傳曰繼母何以如母繼母之配父與因母同故
孝子不敢殊也慈母如母傳曰慈母者何也傳曰妾
之無子者妾子之無母者父命妾曰女以爲子命子
曰女以爲母若是則生養之終其身如母死則喪之
三年如母貴父之命也母爲長子傳曰何以三年也
父之所不降母亦不敢降也䟽衰裳齊牡麻絰冠布
纓削杖布帶䟽屨期者傳曰問者曰何冠也曰齊衰
大功冠其受也緦麻小功冠其衰也帶緣各視其冠
父在爲母傳曰何以期也屈也至尊在不敢伸其私

尊也父必三年然後娶達子之志也妻傳曰為妻何
以期也妻至親也出妻之子為母傳曰出妻之子為
母期則為外祖父母無服傳曰絕族無施服親者屬
出妻之子為父後者則為出母無服傳曰與尊者為
一體不敢服其私親也父卒繼母嫁從為之服報傳
曰何以期也貴終也不杖麻屨者祖父母傳曰何以
期也至尊也世父母叔父母傳曰世父叔父何以期
也與尊者一體也然則昆弟之子何以亦期也旁尊
也不足以加尊焉故報之也父子一體也夫妻一體
也昆弟一體也故父子首足也夫妻牉合也昆弟四

體也故昆弟之義無分然而有分者則辟子之私也
子不私其父則不成爲子故有東宫有西宫有南宫
有北宫異居而同財有餘則歸之宗不足則資之宗
世母叔母何以亦期也以名服也大夫之適子爲妻
傳曰何以期也父之所不降子亦不敢降也何以不
杖也父在則爲妻不杖昆弟爲衆子昆弟之子傳曰
何以期也報之也大夫之庶子爲適昆弟傳曰何以
期也父之所不降子亦不敢降也適孫傳曰何以期
也不敢降其適也有適子者無適孫孫婦亦如之爲
人後者爲其父母報傳曰何以期也不貳斬也何以

不貳斬也持重於大宗者降其小宗也為人後者孰
後後大宗也曷為後大宗大宗者尊之統也禽獸知母
而不知父野人曰父母何算焉都邑之士則知尊禰矣
大夫及學士則知尊祖矣諸侯及其大祖天子及其
始祖之所自出尊者尊統上卑者尊統下大宗者尊
之統也大宗者收族者也不可以絕故族人以支子
後大宗也適子不得後大宗女子子適人者為其父
母昆弟之為父後者傳曰為父何以期也婦人不貳
斬也婦人不貳斬者何也婦人有三從之義無專用
之道故未嫁從父既嫁從夫夫死從子故父者子之

天也夫者妻之天也婦人不貳斬者猶曰不貳天也
婦人不能貳尊也爲昆弟之爲父後者何以亦期也
婦人雖在外必有歸宗曰小宗故服期也繼父同居
者傳曰何以期也傳曰夫死妻穉子幼子無大功之
親與之適人而所適者亦無大功之親所適者以其
貨財爲之築宮廟歲時使之祀焉妻不敢與焉若是
則繼父之道也同居則服齊衰期異居則服齊衰三
月必嘗同居然後爲異居未嘗同居則不爲異居爲
夫之君傳曰何以從服也姑姊妹女子子適人
無主者姑姊妹報傳曰無主者謂其無祭主者也何

以期也爲其無祭主故也爲君之父母妻長子祖父
母傳曰何以期也從服也父母長子君服斬妻則小
君也父卒然後爲祖後者服斬妾爲女君傳曰何以期
也妾之事女君與婦之事舅姑等婦爲舅姑傳曰何
以期也從服也夫之昆弟之子傳曰何以期也報之
也公妾大夫之妾爲其子傳曰何以期也妾不得體
君爲其子得遂也女子子爲祖父母傳曰何以期也
不敢降其祖也大夫之子爲世父母叔父母子昆弟
昆弟之子姑姊妹女子子無主者爲大夫命婦者唯
子不報傳曰大夫者其男子之爲大夫者也命婦者

其婦人之為大夫妻者也無主者命婦之無祭主者
也何以言唯子不報也女子子適人者為其父母期
故言不報也言其餘皆報也何以期也父之所不降
子亦不敢降也大夫曷為不降命婦也夫尊於朝妻
貴於室矣大夫為祖父母適孫為士者傳曰何以期
也大夫不敢降其祖與適也公妾以及士妾為其父
母傳曰何以期也妾不得體君得為其父母遂也疏
衰裳齊牡麻絰無受者寄公為所寓傳曰寄公者何
也失地之君也何以為所寓服齊衰三月也言與民
同也丈夫婦人為宗子宗子之母妻傳曰何以服齊

衰三月也尊祖也尊祖故敬宗敬宗者尊祖之義也宗子之母在則不爲宗子之妻服也爲舊君君之母妻傳曰爲舊君者孰謂也仕焉而已者也何以服齊衰三月也言與民同也君之母妻則小君也庶人爲國君大夫在外其妻長子爲舊國君傳曰何以服齊衰三月也妻言與民同也長子言未去也繼父不同居者曾祖父母傳曰何以齊衰三月也小功者兄弟之服也不敢以兄弟之服服至尊也大夫爲宗子傳曰何以服齊衰三月也大夫不敢降其宗也舊君傳曰大夫爲舊君何以服齊衰三月也大夫去君埽其

宗廟故服齊衰三月也言與民同也何大夫之謂乎
言其以道去君而猶未絕也曾祖父母爲士者如衆
人傳曰何以齊衰三月也大夫不敢降其祖也女子
子嫁者未嫁者爲曾祖父母傳曰嫁者其嫁於大夫
者也未嫁者其成人而未嫁者也何以服齊衰三月
不敢降其祖也大功布衰裳牡麻絰無受者子女子
子之長殤中殤傳曰何以大功也未成人也何以無
受也喪成人者其文縟喪未成人者其文不縟故殤
之絰不樛垂蓋未成人也年十九至十六爲長殤十
五至十二爲中殤十一至八歲爲下殤不滿八歲以

下皆為無服之殤無服之殤以日易月以日易月之
殤殤而無服故子生三月則父名之死則哭之未名
則不哭也叔父之長殤中殤姑姊妹之長殤中殤昆
弟之長殤中殤夫之昆弟之子女子子之長殤中殤
適孫之長殤中殤大夫之庶子為適昆弟之長殤中
殤公為適子之長殤中殤大夫為適子之長殤中殤
其長殤皆九月纓絰其中殤皆七月不纓絰大功布
衰裳牡麻絰纓布帶三月受以小功衰即葛九月者
傳曰大功布九升小功布十一升姑姊妹女子子適
人者傳曰何以大功也出也從父昆弟為人後者為

其昆弟傳曰何以大功也爲人後者降其昆弟也庶
孫適婦傳曰何以大功也不降其適也女子子適人
者爲衆昆弟姪丈夫婦人報傳曰姪者何也謂吾姑
者吾謂之姪夫之祖父母世父母叔父母傳曰何以
大功也從服也夫之昆弟何以無服也其夫屬乎父
道者妻皆母道也其夫屬乎子道者妻皆婦道也謂
弟之妻婦者是嫂亦可謂之母乎故名者人治之大
者也可無慎乎大夫爲世父母叔父母子昆弟昆弟
之子爲士者傳曰何以大功也尊不同也尊同則得
服其親服公之庶昆弟大夫之庶子爲母妻昆弟傳

曰何以大功也先君餘尊之所厭不得過大功也大夫之庶子則從乎大夫而降也父之所不降子亦不敢降也皆爲其從父昆弟之爲大夫者爲夫之昆弟之婦人子適人者大夫之妾爲君之庶子女子子嫁者未嫁者爲世父母叔父母姑姊妹傳曰嫁者其嫁於大夫者也未嫁者成人而未嫁者也何以大功也妾爲君之黨服得與女君同下言爲世父母叔父母姑姊妹者謂妾自服其私親也大夫大夫之妻大夫之子公之昆弟爲姑姊妹女子子嫁於大夫者君爲姑姊妹女子子嫁於國君者傳曰何以大功也尊同也

尊同則得服其親服諸侯之子稱公子公子不得禰
先君公子之子稱公孫公孫不得祖諸侯此自卑別
於尊者也若公子之子孫有封爲國君者則世世祖
是人也不祖公子此自尊別於卑者也是故始封之
君不臣諸父昆弟封君之子不臣諸父而臣昆弟封
君之孫盡臣諸父昆弟故君之所爲服子亦不敢不
服也君之所不服子亦不敢服也繐衰裳牡麻絰既
葬除之者傳曰繐衰者何以小功之繐也諸侯之大
夫爲天子傳曰何以繐衰也諸侯之大夫以時接見
乎天子小功布衰裳澡麻帶絰五月者叔父之下殤

適孫之下殤昆弟之下殤大夫庶子爲適昆弟之下
殤爲姑姊妹女子子之下殤爲人後者爲其昆弟從
父昆弟之長殤傳曰問者曰中殤何以不見也大功
之殤中從上小功之殤中從下爲夫之叔父之長殤
昆弟之子女子子夫之昆弟之子女子子之下殤爲
姪庶孫丈夫婦人之長殤大夫公之昆弟大夫之子
爲其昆弟庶子姑姊妹女子子之長殤大夫之妾爲
庶子之長殤小功布衰裳牡麻絰即葛五月者從祖
祖父母從祖父母報從祖昆弟從父姊妹孫適人者
爲人後者爲其姊妹適人者爲外祖父母傳曰何以

小功也以尊加也從母丈夫婦人報傳曰何以小功
也以名加也外親之服皆緦也夫之姑姊妹娣姒婦
報傳曰娣姒婦者弟長也何以小功也以爲相與居
室中則生小功之親焉大夫大夫之子公之昆弟爲
從父昆弟庶孫姑姊妹女子子適士者大夫之妾爲
庶子適人者庶婦君母之父母從母傳曰何以小功
也君母在則不敢不從服君母不在則不服君子子
爲庶母慈己者傳曰君子子者貴人之子也爲庶母
何以小功也以慈加己也緦麻三月者傳曰緦者十
五升抽其半有事其縷無事其布曰緦族曾祖父母

族祖父母族父母族昆弟庶孫之婦庶孫之中殤從
祖姑姊妹適人者報從祖父從祖昆弟之長殤外孫從
父昆弟姪之下殤夫之叔父之中殤下殤從母之長殤
報庶子爲父後者爲其母傳曰何以緦也傳曰與尊者
爲一體不敢服其私親也然則何以服緦也有死於
宮中者則爲之三月不舉祭因是以服緦也士爲庶
母傳曰何以緦也以名服也大夫以上爲庶母無服
貴臣貴妾傳曰何以緦也以其貴也乳母傳曰何以
緦也以名服也從祖昆弟之子曾孫父之姑從母昆
弟傳曰何以緦也以名服也甥傳曰甥者何也謂吾

舅者吾謂之甥何以緦也報之也壻傳曰何以緦報
之也妻之父母傳曰何以緦從服也姑之子傳曰何
以緦報之也舅傳曰何以緦從服也舅之子傳曰何
以緦從服也夫之姑姊妹之長殤夫之諸祖父母報
君母之昆弟傳曰何以緦從服也從父昆弟之子之
長殤昆弟之孫之長殤爲夫之從父昆弟之妻傳曰
何以緦也以爲相與同室則生緦之親焉長殤中殤
降一等下殤降二等齊衰之殤中從上大功之殤中
從下記公子爲其母練冠麻麻衣縓緣爲其妻縓冠
葛絰帶麻衣縓緣皆既葬除之傳曰何以不在五服

之中也君之所不服子亦不敢服也君之所爲服子
亦不敢不服也大夫公之昆弟大夫之子於兄弟降
一等爲人後者於兄弟降一等報於所爲後之兄弟
之子若子兄弟皆在他邦加一等不及知父母與兄
弟居加一等傳曰何如則可謂之兄弟傳曰小功以
下爲兄弟朋友皆在他邦袒免歸則已朋友麻君之
所爲兄弟服室老降一等夫之所爲兄弟服妻降一
等庶子爲後者爲其外祖父母從母舅無服不爲後
如邦人宗子孤爲殤大功衰小功衰皆三月親則月
筭如邦人改葬緦童子唯當室緦傳曰不當室則無

總服也凡妾爲私兄弟如邦人大夫弔於命婦錫衰命婦弔於大夫亦錫衰傳曰錫者何也麻之有錫者也錫者十五升抽其半無事其縷有事其布曰錫女子子適人者爲其父母婦爲舅姑惡笄有首以髽卒哭子折笄首以笄布總傳曰笄有首者惡笄之有首也惡笄者櫛笄也折笄首者折吉笄之首也吉笄者象笄也何以言子折笄首而不言婦終之也妾爲女君君之長子惡笄有首布總凡衰外削幅裳內削幅幅三袧若齊裳內衰外負廣出於適寸適博四寸出於衰衰長六寸博四寸衣帶下尺衽二尺有五寸袂

屬幅衣二尺有二寸袪尺二寸衰三升三升有半其
冠六升以其冠爲受受冠七升齊衰四升其冠七升
以其冠爲受受冠八升繐衰四升有半其冠八升大
功八升若九升小功十升若十一升

儀禮卷第十一

元本儀禮圖

第五册

（宋）楊復 撰

國家圖書館出版社

第五册目録

儀禮圖第十五

特牲饋食禮第十五

鄭目録云諸侯之士祭祖禰非天子之士○疏曰曲礼曰大夫以索牛士以羊豕故天子大夫士此儀礼特牲少牢諸侯大夫士也

特牲饋食之禮○不諏日諏子須反○祭祀自孰始曰饋食饋食者食道也諏謀也士賤職褻特至事暇可以祭則筮其日矣不如少牢大夫先諏有司於廟門諏丁巳之日○疏曰云自孰始者天子諸侯饋孰已前仍有灌鬯朝踐饋獻之事也饋孰見牲体而言及筮日主人冠端玄即位于門外西面冠端玄玄冠玄端下言玄者玄冠有不玄端者門謂[illegible]門○[illegible]曰不玄端則服一冠兩服也子姓兄弟如主人之服立于主人之南西面北上所祭者之子孫言子姓者子之所生小宗祭而兄弟皆來与焉宗子祭則族人皆侍○疏曰姓之言生也小宗謂計禰者五世則遷宗子謂計別爲大宗者若據小宗有

服者若據大宗兼有絕服者也有司羣執事如兄弟服東面北上士之屬吏也席于門中闑西閾外為筮人設之也筮人取筮于西塾執之東面受命于主人筮人官名也筮問也取其所用問神明者謂蓍也宰自主人之左贊命命曰孝孫某筮來日某諏此某事適其皇祖某子尚饗宰羣吏之長自由也贊佐也卒也贊命由左者為神求變也士祭曰歲事此言某事又不言也若容大祥之後禫月之吉祭皇[illegible]也言君祖者尊之也某子者祖字也伯子仲子也尚庶幾也筮者許諾還即席西面坐卦者在左卒筮寫卦筮者執以示主人主之然者坐著知由便卦者主畫地識爻爻備以方寫之○疏曰少牢禮亦筮三正託云天子蓍長九尺諸侯七大夫五士三主人受視反之反還筮者還東面長占卒告于主人占曰吉長占以其[illegible]之長幼[illegible]占

之若不吉則筮遠日如初儀遠日旬之外日○疏曰曲礼云旬之内曰近某日旬之外曰遠某日吉礼先近日假令孟月先於孟月上旬内筮不吉乃用中旬之内更筮不吉更於下旬内筮不吉即止大夫以上先於前月下旬筮來月之上旬不吉又於上旬筮中旬不吉又於中旬筮下旬又不吉即止今云旬之外日者謂上旬不吉更於上旬外筮中旬非妄矣夫以上旬前爲旬外也○張子曰祭之筮日若再不言則止諏日而祭更不筮據儀礼唯有筮遠日之文不云三筮筮日之礼只是三筮先筮近日從筮遠日不從則直諏用下旬遠日蓋亦從以致叶於鬼神之意矣宗人告事畢

右筮日

筮日圖

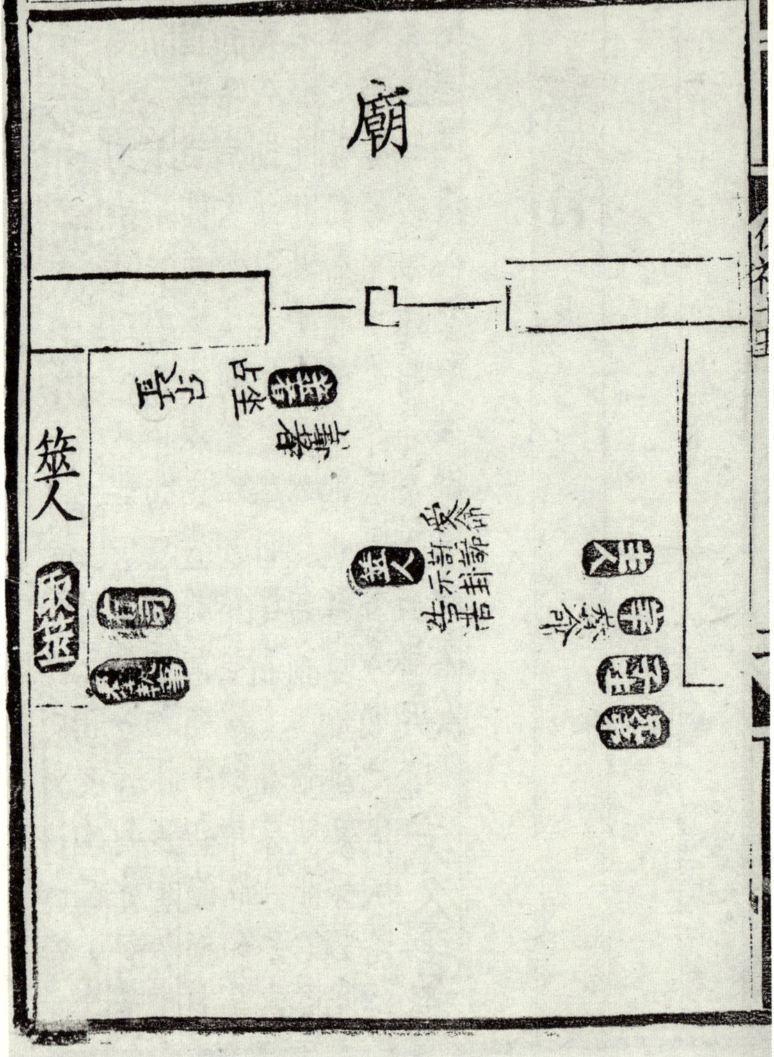

前期三日之朝筮尸如求日之儀命筮曰孝孫某諏此某事適其皇祖某子筮某之某爲尸尚饗三日者容宿賓視濯也某之某者字尸父而名尸連言其親庶幾其馮依之也大夫士以孫之倫爲尸○疏曰云字尸父者曲禮爲人子者祭祀不爲尸注尸卜筮無父者然則卒不諱名故知是字尸父故爲名大夫士以孫之倫爲尸皆取孫行者無問成人與幼皆得爲之曾子問曰祭成喪者必有尸尸必以孫孫幼則使人抱之是也若天子諸侯雖用孫之倫取卿大夫有爵者爲之故鳧鷖詩祭尸之等皆言公尸

右筮日

乃宿尸宿讀爲肅肅進也進之者使知祭日當來○疏曰乃繼辭則與筮尸別日矣主人立于尸外門外子姓兄弟立于主人之後北面東上不東面者來不爲賓客子姓立于主人之後上當其後○疏曰尸者祭象也主人有子避故北面子姓兄

弟重行尸如主人服出門左西面不敢南面面嚮尊主人辟皆東面北上順尸主人再拜尸答拜主人先拜尊尸宗人擯辭如初卒曰筮子為某尸占曰吉敢宿宗人擯者釋主人之辭如初者如宰贊命筮尸之辭卒曰者著其辭所易也祝許諾致命受宗人辭許之傳命於尸始宗人祝北面至於傳命皆西面受命東面釋之尸許諾主人再拜稽首其許亦宗人受於祝而告主人尸入主人退相揖而去尸不拜送尸尊○釋曰知有相揖者案少牢云尸送揖不拜也但彼有送之大夫尊也

右宿尸

宿尸圖

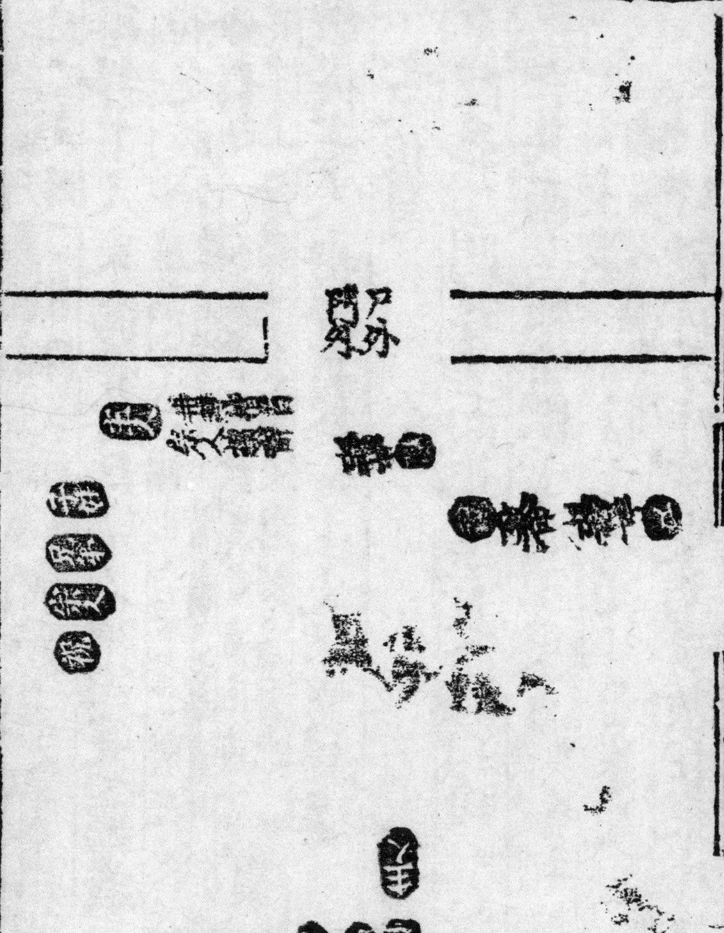

宿賓疏曰宿尸與宿賓中無別日之文則二者同日明矣賓如主人服出門左
西面再拜主人東面荅再拜宗人擯曰某薦歲事吾
子將涖之敢宿肅進也涖臨也言吾子將臨之賓在司中今特肅之尊賓耳○疏曰
此宿爲更西一人爲儐三獻賓之事也前遂尸在其中上無戒文今宿之將使爲賓也●賓曰某
敢不敬從主人再拜賓荅拜主人退賓拜送

右宿賓

厥明夕陳鼎于門外北面北上有鼏厥其也宿賓之明日夕門外北
面當門也棜在其南南順實獸于其上東首棜於慮反○順猶從也棜
之制如今大木轝矣上有四周下無足獸腊也牲在其西北首東足其西棜西也東
足者尚右也牲不用棜以其生設洗于阼階東南壺禁在東序豆籩

鉶在東房南上几席兩敦在西堂東房房中之東當夾北西堂西夾之前近南耳○疏曰云當夾北者夾室半以南爲之○以壁外相望則當夾北也夾室在房近東南也

主人及子姓兄弟即位于門東如初初筮位也賓及衆賓即位于門西東面北上不蒙如初者以宰在而宗人既不在○疏曰宰前筮時在門東贊主人辭今在門西同行宗人祝立于賓西北東面南上事彌至位彌異宗人祝於祭宜近廟主人再拜賓答再拜三拜衆賓衆賓答再拜衆賓再拜者士賤旅之得備禮也○疏曰有司徹主人三拜衆賓衆賓皆答一拜卿大夫尊賓賤純臣不再拜者避國公此士賤得備禮主人揖入兄弟從賓及衆賓從即位于堂下如外位爲視濯也宗人升自西階視壺濯及豆籩反降東北面告濯具濯溉也不言敦鉶者省文也東北面告緣賓意欲聞也言

濯具不言絜以有几筵○啖曰几席不洗者告其下而已○賓出主人出皆復外位爲視牲也宗人視牲告充雍正作豕充猶肥也雍正官名也北面以策動作豕視聲氣○疏曰聲氣不和即是疾病不堪祭祀宗人舉獸尾告備舉鼎鼏告絜備具○請期曰羹飪肉謂之羹飪孰也謂明日質明時而曰肉孰重豫勞賓宗人既得期西北面告賓有司告事畢賓出主人拜送○記設洗南北以堂深東西當東榮榮屋翼也水在洗東祖天地之左海篚在洗西南順實二爵二觚四觶一角一散順從也言南從統於堂也二爵者爲賓獻爵止主婦當致也二觚長兄弟酬衆賓長爲加爵二人班同宜接並也四觶一酌奠其二長兄弟酬賓卒受者與賓弟子兄弟弟子舉觶於其長禮殺事相接禮器曰貴者獻以爵賤者獻以散尊者舉觶卑者舉角舊說云爵一升觚二升觶三升角四升散五升壺棜禁饌于東序

南順覆兩壺焉蓋在南明日卒奠冪用綌即位而徹之加勺覆壺者盈漑水且爲其不宜塵冪用綌以其堅絜禁言棜者祭尚厭飫得與大夫同器不爲神戒也○疏曰大夫用棜士用禁大夫尊以厭飫爲名士卑以禁戒爲稱又無足曰棜有足曰禁鄉飲酒鄉射非祭禮旅大夫去足猶存禁名至祭則去足名爲棜禁不爲神戒也○今按卒奠謂奠于篚南時即位尸即席坐時

右視濯視牲

視濯視牲圖

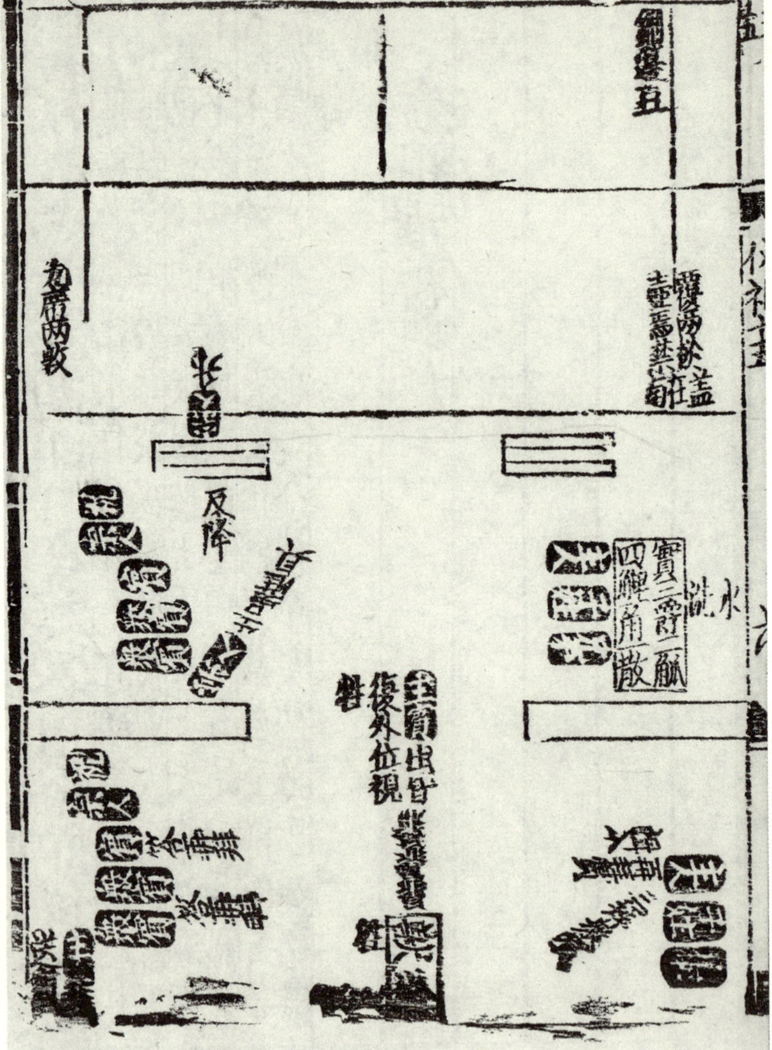

夙興主人服如初立于門外東方南面視側殺夙早也興起也主人服如初則其餘有不玄端者側殺殺一牲也○毓同有同服者有著切朝服者側猶特也主婦視饎爨于西堂下饎尺志切有○炊黍稷曰饎宗婦為之爨竈也西堂下者堂之西下也近西壁南齊坫亨于門外東方西面北上亨煑也煑豕魚腊以鑊各一爨詩云誰能亨魚溉之釜鬵羹飪實鼎陳于門外如初初視濯也尊于戶東玄酒在西戶東室戶東玄酒在西尚之凡尊酌者在左實豆籩鉶陳于房中如初如初者取而實之既而反之執事之俎陳于階間二列北上執事謂有司及兄弟二列者因其位在東西祝主人主婦之俎亦存焉不升鼎者異於神盛兩敦陳于西堂藉用萑几席陳于西堂如初敦音對萑胡官切○盛黍稷者宗婦也萑細葦尸盥匜水實于槃中簞巾在門內之

右設盥水及巾尸尊不就洗又不揮門內之右象洗
右東統于門東西上亢鄉內以入爲左右鄉外以
出爲左右○疏曰揮振去水使
手就門右據鄉內以入爲右者○記牲爨在廟門外
東南魚腊爨在其南皆西面饎爨在西壁饎炊也西
壁者堂之
西墻下舊說云南北直屋梠稷
在南○梠乃語反承檐行材也○肵俎心舌皆去本
末午割之實于牲鼎肵渠衣反○午割從橫割之亦
勿沒○疏曰亦者亦少牢文謂
四面皆鄉中央割之不
絕中央少許謂之勿沒○籩巾以綌也纁裏棗烝栗
擇籩有巾者果實之物多皮核優尊者可烝
裹之也烝擇互文舊說云纁裏者皆玄被○鉶芼
用苦若薇皆有滑夏葵冬荁苦苦荼也荁菫屬乾之
冬滑於葵詩云周原膴
膴菫荼如飴○荁音桓○疏曰一云
冬滑於葵明冬不用葵而用荁

右亨爨

視殺視饗實器陳饌圖

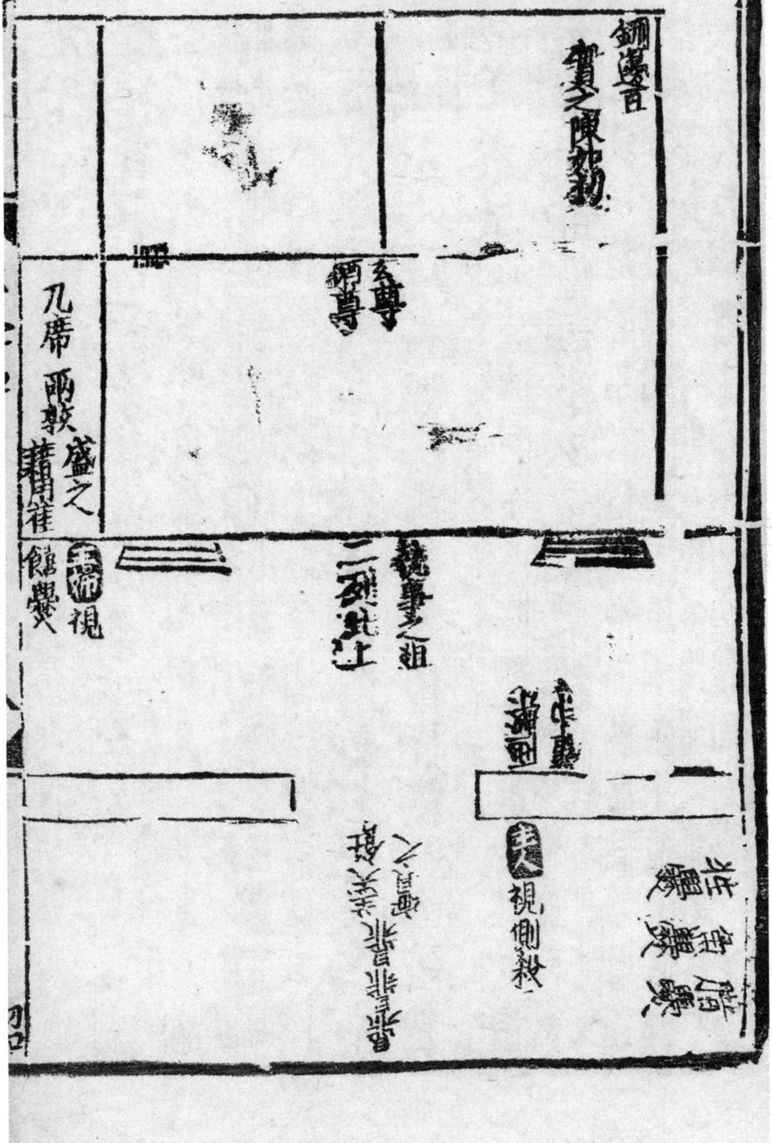

祝筵几于室中東面○為神敷席也至此使祝接神○疏曰前來有使祝之文

主婦纚笄宵衣立于房中南面纚山綺反○主婦主人之妻雖姑存猶使之主祭祀纚笄首服宵綺屬也此衣染之以黑其繒本名曰宵詩有素衣朱宵記有玄宵衣凡婦人助祭者同服也內則曰舅沒則姑老冢婦所祭祀賓客每事必請於姑○疏曰引詩者證字引玉藻者證玄

主人及賓兄弟羣執事即位于門外如初宗人告有司具具猶辦也主人拜賓如初揖入即位如初初視濯也佐食北面立于中庭西佐食賓佐尸食者立于宗人之西○疏曰宗人在阼階南也○記

特牲饋食其服皆朝服玄冠緇帶緇韠於祭服此也皆者謂賓及兄弟筮日筮尸視濯亦玄端至祭而朝服朝服者諸侯之臣與其君日視朝之服大夫以祭今賓兄弟緣孝子欲得嘉賓尊客以事其祖禰故服之緇韠者下大夫之臣夙興主人服如初則固玄端唯尸

祝佐食玄端玄裳黃裳雜裳可也皆爵韠與主人同服玄裳上士也黃裳中士雜裳下士

右遂几即位

主人及祝升祝先入主人從西面于戶內祝先入接神宜在前也少牢饋食禮曰祝盥于洗升自西階主人盥升自阼階祝先入南面主婦盥于房中薦兩豆葵菹蝸醢醢在北主婦盥盥於內洗昏禮婦洗在北堂直室東隅宗人遣佐食及執事盥出命之盥出當助主人及賓舉鼎主人降及賓盥出主人在右及佐食舉牲鼎賓長在右及執事舉魚腊鼎除鼏及與也主人在右統於東主人與佐食者賓尊不載少牢饋食禮魚用鮒腊用麋士腊用兔○疏曰東爲右人西爲左人入時左人在鼎後及盡載牲體於俎及設俎于神坐前賓主當

相對爲左右以賓尊不載牲體故使佐食對主人執事對賓也宗人執畢先入當阼
階南面畢狀如叉蓋爲其似畢星取名焉主人親舉宗人則執畢道之既錯又以畢臨匕載備失
脫也雜記曰朼用桑長三尺畢用桑三尺刋其本與末朼畢同材明矣今此朼用棘心則畢亦用棘心舊
說云畢似御他神物神物惡桑叉則少牢饋食及虞無叉何哉此無叉者乃主人不親舉耳少牢大夫祭
不親舉虞喪祭也主人未執事祔練祥執事用桑叉自此純吉用棘心叉○朼音匕鼎西面錯
右人抽扃委于鼎北右人謂主人及二賓既錯皆西面俟也贊者錯俎
加匕贊者執俎及匕從鼎又者其錯俎東縮加匕東枋既則退而左人北面也乃朼右人也尊
者於事指使可矣左人載之佐食升肵俎鼏之設于阼階西肵謂心舌
之俎也郊特牲曰肵之爲言敬也言主人之所以敬尸之俎卒載加匕于鼎卒已也已
載畢亦加焉主人升入復位俎入設于豆東魚次腊特于

俎北入設俎載者腊特饌要方也凡饌必方者明食味人之性所以正主婦設兩敦
黍稷于俎南西上及兩鉶芼設于豆南南陳宗婦不贊敦鉶
者以其少可親之芼菜也祝洗酌奠奠于鉶南遂命佐食啓會佐
食啓會卻于敦南出立于戶西南面酌奠奠其爵觶也少牢饋食禮
啓會乃奠之主人再拜稽首祝在左稽首服之甚者祝在左當爲主人釋辭於
神也祝祝曰孝孫某敢用剛鬣嘉薦普淖用薦某事於皇祖某子尚饗卒祝主人再拜
稽首○記尸俎右肩臂臑肫胳正脊二骨横脊長脅
二骨短脅尸俎神俎也士之正祭禮九體貶於大夫有并骨二亦得十一之名合少牢之體數
此所謂放而不致者凡俎實之數奇脊無中脅無前貶於尊者不貶正脊不奪正也正脊二骨長脅二骨
者將舉於尸尸食未飽不欲空神俎○疏曰放而不致禮器注致至也膚三爲養用二厭飫一也

離肺一離猶挳也小而長午割之亦不提心謂之舉肺刌肺三為尸主人主婦祭魚十有五魚水物以頭枚數陰中之物取數於月十有五日而盈少牢饋食禮亦云十有五而俎尊卑同此所謂經而等也腊如牲骨不但言躰以有骨一骨者○肵俎載心立舌縮俎立縮順其性心舌知食味者欲尸之饗此祭○棘心匕刻刻若今龍頭○凡祝呼佐食許諾呼猶命也○佐食當事則戶外南面無事則中庭北面當事將有事而未至

右陰厭

設組豆敦厭祭圖

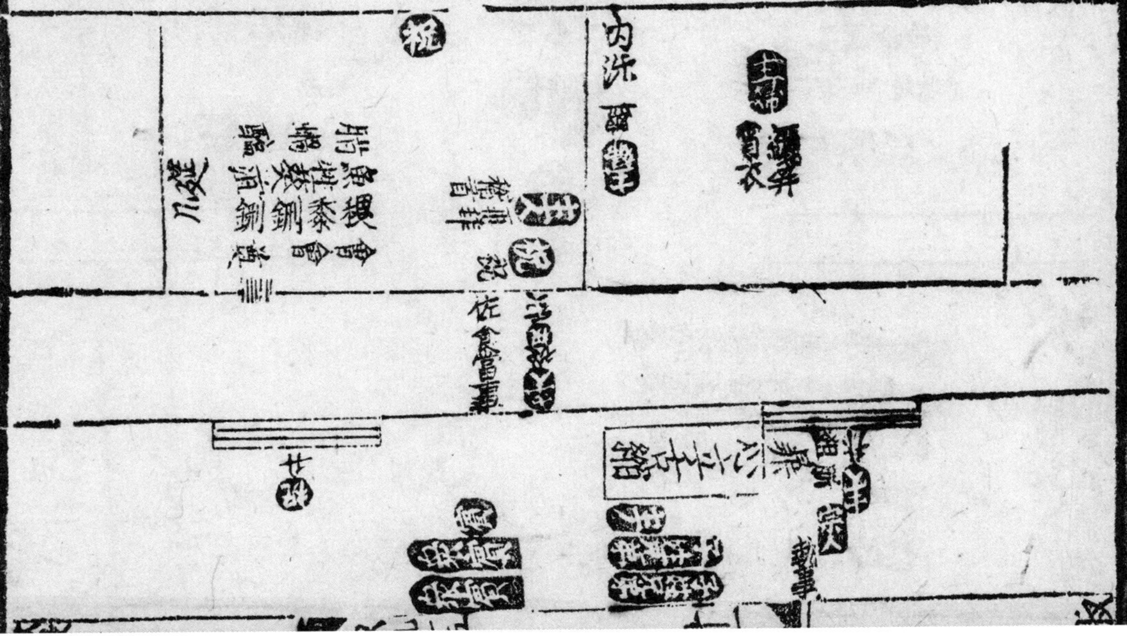

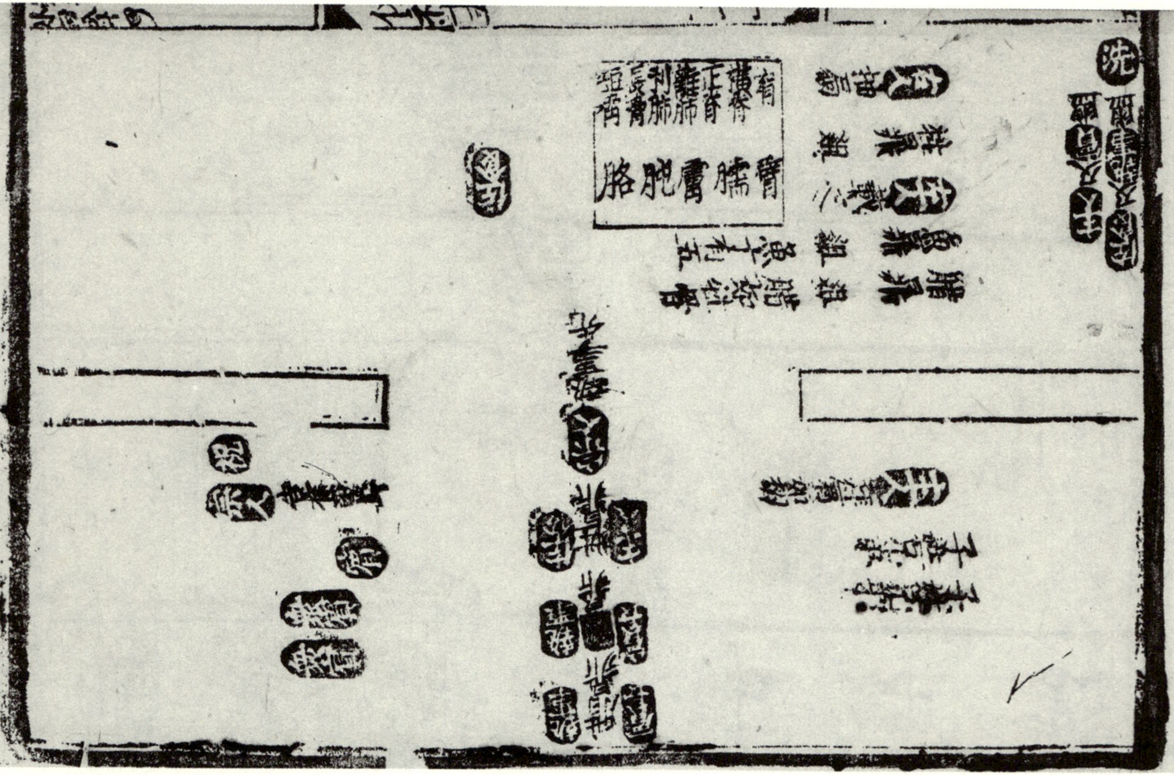
洗
臂 臑 膚 肫 胳
祝

祝迎尸于門外尸自外來代主人接之就其次而請不拜不敢與尊者爲礼周礼掌次凡祭祀張尸次主人降立于阼階東主人不迎尸成尸尊尸所祭者之孫也祖之尸則主人乃宗子禰之尸則主人乃父道事神之禮廟中而已出迎則爲厭○䟽曰祭統云君迎牲而不迎尸別嫌也尸在廟門外則疑於臣在廟中則全於君君在廟門外則疑於君入廟門則全於臣全於子尸入門左北面盥宗人授巾侍盥者執其器就之執簞者不授巾賤也宗人授巾庭長尊少牢饋食禮曰祝先入門右尸入門左尸至于階祝延尸尸升入祝先主人從延進在後詔侑曰延禮器所謂詔侑武方者也少牢饋食禮曰尸升自西階入祝從主人升自阼階祝先入主人從○武音無尸即席坐主人拜妥尸妥安坐也尸答拜執奠祝饗主人拜如初饗勸彊之也其辭取于士虞記則宜云孝孫某圭爲孝薦之饗舊說云明薦之祝命挼祭尸左執觶右取菹擩于醢

祭于豆間挼奴和奴回二切○命詔尸也挼祭祭神食也士虞禮古文曰祝命佐食墮祭周禮
曰隳祭則藏其墮墮與挼讀同耳今文改挼皆為綏古文此皆為挼祭也挼挼醢者染於醢○疏曰祭神食
者向者陰厭厭飫神今尸祭訖當食神餘也佐食取黍稷肺祭授尸尸祭
之祭酒啐酒告旨主人拜尸奠觶答拜肺祭刌肺也旨美也祭酒
穀味之芬芳者齊敬共之唯恐不美告之以美達其心明神享之祭鉶嘗之告旨主
人拜尸答拜鉶肉味之有菜和者曲禮曰客絮羹主人辭不能亨祝命爾敦佐
食爾黍稷于席上爾近也近之便尸之食也設大羹湆于醢北大羹
湆煮肉汁也不和貴其質設之所以敬尸也不祭不嚌大羹不為神非盛者也士虞禮曰大羹湆自門入
○疏曰云不為神者陰厭時未設尸來始設為尸故士虞記云無尸則不綏祭無大羹湆胾從獻舉
肺脊以授尸尸受振祭嚌之左執之肺辭之主也脊正體之貴者先

食陷之所以道食通氣乃食食舉舉言食者明凡解體皆連肉○疏曰乃食謂食胾一云食舉
謂骨體正脊主人羞肵俎于腊北肵俎主於尸主人親羞敬也神俎不親設者貴
得賓客以神事其先○肵音祈尸入乃設之故卻主於尸尸三飯告飽祝侑主人
拜三飯告飽禮一成也侑勸也或曰又勸之使又食少牢饋食禮侑辭曰皇尸未實侑也佐食
舉幹尸受振祭嚌之佐食受加于肵俎舉獸幹魚一
亦如之幹長脅也獸腊其體數與牲同尸實舉于菹豆為將食庶羞舉謂肺脊
佐食羞庶羞四豆設于左南上有醢庶衆也衆羞以豕肉所以為異
味四豆者膮炙胾醢南上者以膮炙為上以有醢不得縿也○疏曰公食大夫禮牛炙南醢牛胾西醢縿
之交也此唯一醢不得縿也尸又三飯告飽祝侑之如初禮再成也舉
骼及獸魚如初尸又三飯告飽祝侑之如初禮三成獸魚衡

初者獸骼魚一也

舉肩及獸魚如初不復飯食三三者士之禮大成也舉先正脊後肩自上而卻下䋣而前終始之次也○疏曰先舉正脊自上也次舉脅即卻也後舉骼即下䋣也終舉肩即前也前者牲體之始後者牲體之終

佐食盛肵俎俎釋三个佐食取牲魚腊之餘盛於肵俎將以歸尸俎釋三个爲改饌於西北隅遺之所釋者牲腊則正脊一骨長脅一骨及臑也魚則三頭而已个猶枚也○今按前已舉四體外今宜盛脅脡横脊短脅故加所釋者唯此耳

舉肺脊加于肵俎反黍稷于其所尸授佐食佐食受而加之反之也肺脊初在菹豆

右迎尸正祭

主人洗角升酌酳尸酳猶衍也是獻尸也謂之酳者尸既卒食又欲頤衍養樂之不用爵者下大夫也因父子之道質而用角角加人事略也○疏曰不用爵次當用觚而用角者因無片勳

祭父子相養之道是貿云人事略得用功少也尸拜受主人拜送尸祭酒啐酒賓長以肝從肝肝炙也○疏曰亦當如少牢用俎鹽在右尸左執角右取肝抎于鹽振祭嚌之加于菹豆卒角祝受尸角曰送爵皇尸卒爵主人拜尸荅拜曰送爵者節主人拜○訝尸入主人及賓皆辟位出亦如之辟位逡遁○沃尸盥者一人奉槃者東面執匜者西面淳沃執巾者在匜北匜北執匜之北亦西面每事各一人淳沃稍注之宗人東面取巾振之三南面授尸卒執巾者受宗人代授巾避長尊

右酳尸

迎尸正祭及酳尸圖

今按俎豆籩鉶敦於前獻祭時已設之矣及迎尸饋食于主人始羞肵俎于腊北佐食始羞庶羞四豆設于西豆之左

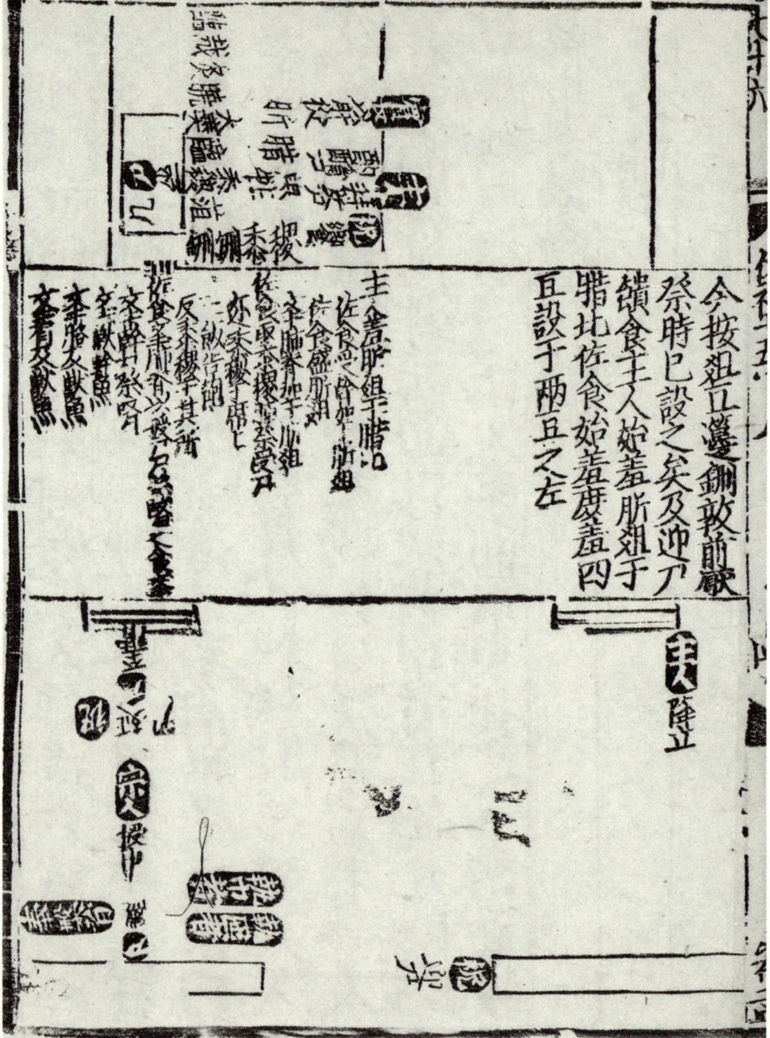

祝酌授尸尸以醋主人醋才各反○醋報也祝酌不洗尸不親酌尸尊也尸親
祖報之義古文醋作酢一主人拜受角尸拜送主人退佐食授挼
祭退者進受爵反位受亦當為授尸將嘏主人佐食授之挼祭亦使祭尸食也其授祭亦取黍稷肺祭
主人坐左執角受祭祭之祭酒啐酒進聽嘏嘏古雅反○叶
猶特也受福曰嘏嘏長也大也待尸授之以長大之福佐食摶黍授祝祝授尸
尸受以菹豆執以親嘏主人摶大官反○獨用黍者食之主其辭則少牢饋
食礼有焉主人左執角再拜稽首受復位詩懷之實于左
袂挂于季指卒角拜尸答拜挂俱賣反○詩猶承也謂奉納之懷中季小也
實于左袂挂以小指者便卒角也少牢饋食禮曰興受黍坐振祭嚌之主人出寫嗇于
房祝以籩受変黍言嗇因事託戒欲其重稼嗇嗇者農力之成功

尸醋主人圖

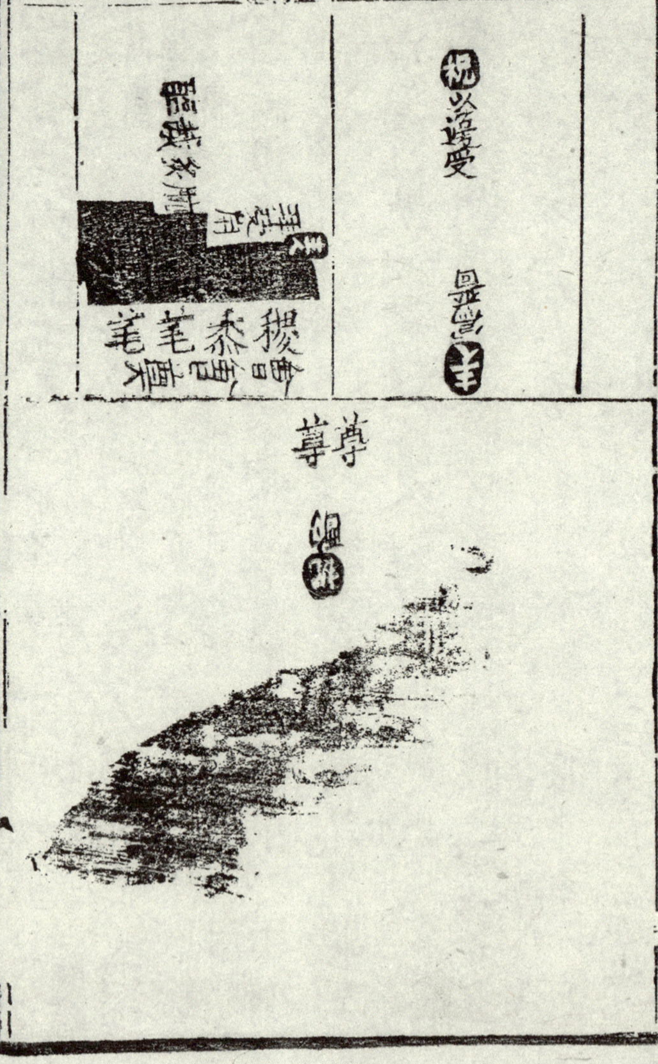

右尸醋主人

筵祝南面主人自房𨷖特主人酌獻祝祝拜受角主人拜送

設菹醢俎行神惠也先獻祝以接神尊之菹醢皆主婦設之佐食設俎疏曰佐食授尸祝接神故先獻

祝左執角祭豆興取肺坐祭嚌之興加于俎坐

祭酒啐酒以肝從祝左執角右取肝擩于鹽振祭嚌之

之加于俎卒角拜主人答拜受角〇酌獻佐食佐食

北面拜受角主人拜送佐食坐祭卒角拜主人答拜

受角降反于篚升入復位曰獻佐食不言爵者執事之俎陳於階間

二劉北上鄭注執事謂有司下記有佐食俎也又下經以佐食亦在有司內者云獻節注云凡獻佐食

皆無從其薦俎兄弟以齒設之〇記祝俎髀脡脊二骨脅二骨九體

於神及尸若豐不過牲三以精粗訴其可併者

一亦得苟名少牢饋食禮疏脅各三體〇疏曰膚代

主人獻祝及佐食圖

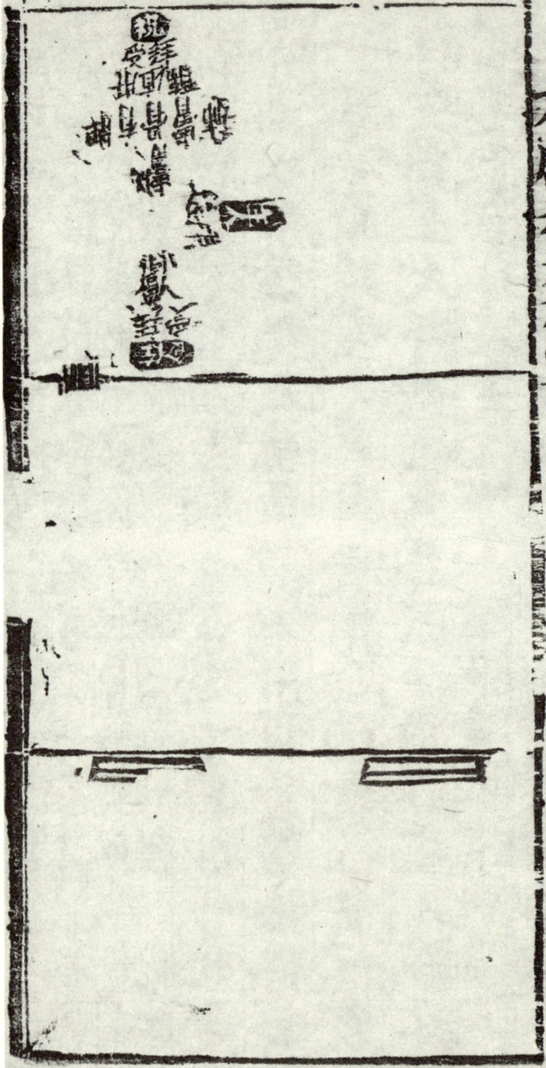

[illegible]
脊祖[illegible]請祝與[illegible]食[illegible]
賓長以長兄弟宗人之等[illegible]
羊無新設下牲一人負匜
以牲二牲從祝[illegible]
膚
右獻祝及佐食
[illegible]
[illegible]卿會[illegible]只請
其何[illegible]尊祝[illegible]下

主婦洗爵于房酌亞獻尸亞次也次猶二主婦二獻不俠拜者士妻儀簡耳尸拜受主婦北面拜送北面拜者辟內子也大夫之妻拜於主人北西面○疏曰少牢西面拜注不北面辟人君夫人然則士妻儀不嫌得與人君夫人同也宗婦執兩籩戶外坐主婦受設于敦南兩籩棗栗棗在西祝贊籩祭尸受祭之祭酒啐酒籩祭棗栗之祭也其祭之亦於豆祭兄弟長以燔從尸受振祭嚌之反之燔炙肉也羞燔者受加于肵出出者俟後事也○疏曰後事謂獻祝尸卒爵祝受爵命送如初送者送卒爵○酢如主人儀尸酢主婦如主人儀者自祝酌至尸拜送如酢主人也不易爵辟內子主婦適房南面佐食挼祭主婦左執爵右撫祭祭酒啐酒入卒爵如主人儀撫挼祭示親祭佐食不挼而祭於地亦儀簡也入室卒爵於尊者前成礼

明受惠○獻祝籩燔從如初儀○及佐食如初卒以爵

入于房及佐食如初如其獻佐食則拜主人之北西面也○疏曰佐食北面拜受主婦不宜同面拜送故與內子同

右主婦亞獻尸尸酢主婦主婦獻祝佐食

主婦亞獻尸尸酢主婦圖

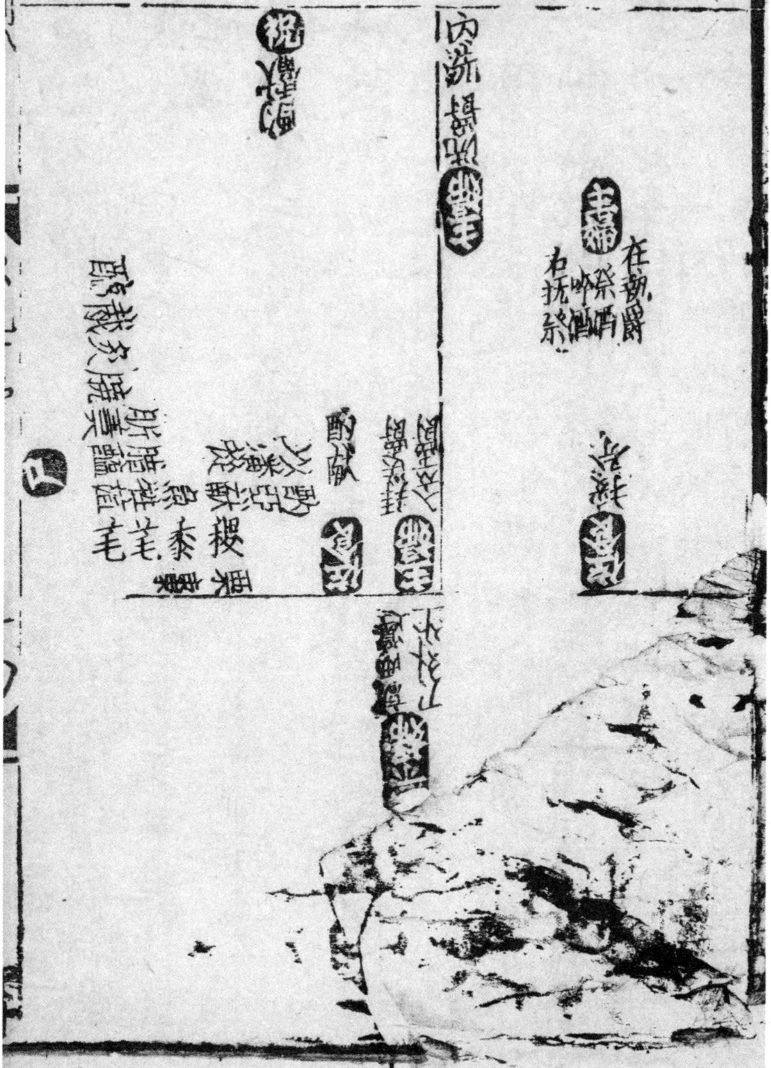

賓三獻如初燔從如初爵止初亞獻也尸止爵者三獻禮成欲神惠之均於室中是以奠而待之○疏曰待均者謂尸得二獻祝與佐食亦得三獻主人主婦各得一酢而已待主人主婦致爵乃動也

右賓三獻尸爵止

主婦洗爵酌致爵于主人席于戶内為主人鋪之西面席自房來主人拜受爵主婦拜送爵主婦拜拜於北面也宗婦贊豆如初主婦受設兩豆兩籩初贊亞獻也主婦薦兩豆籩東面也俎入設佐食設之主人左執爵祭薦宗人贊祭奠爵興取肺坐絶祭嚌之興加于俎坐挩手祭酒啐酒絶肺祭之者以離肺長也少儀曰牛羊之肺離而不提心豕亦然挩拭也挩手者為絶肺染汚也刌肺不挩手肝從左執爵取肝

揳于醢坐振祭嚌之宗人受加于俎燔亦如之興席末坐卒爵拜於席末坐卒爵敬也一酌而備再從而次之亦均主婦答拜受爵酌醋左執爵拜主人答拜坐祭立飲卒爵拜主人答拜主婦出反于房○主人降洗酌致爵于主婦席于房中南面主婦拜受爵主人西面答拜宗婦薦豆俎從獻皆如主人主人更爵酌醋卒爵降實爵于篚入復位主人更爵自酢男子不承婦人爵也祭統曰夫婦相授受不相襲處酢必易爵明夫婦之別○疏曰篚實二爵一尸奠之未舉一致于主婦此更者房內之爵也○記阼俎臂正脊二骨橫脊長脅二骨短脅主人尊欲其體得祼之加數五體又加其可并者二亦得奇名臂左體臂臑一離肺一○主婦俎觳折觳後足折分後右足

以爲佐食俎不分左臑折辟大夫妻其餘如阼俎餘謂

○疏曰不用後左足者左足太卑

脊脅
膚肺

右主人主婦致爵醋

主人主婦致爵醋圖

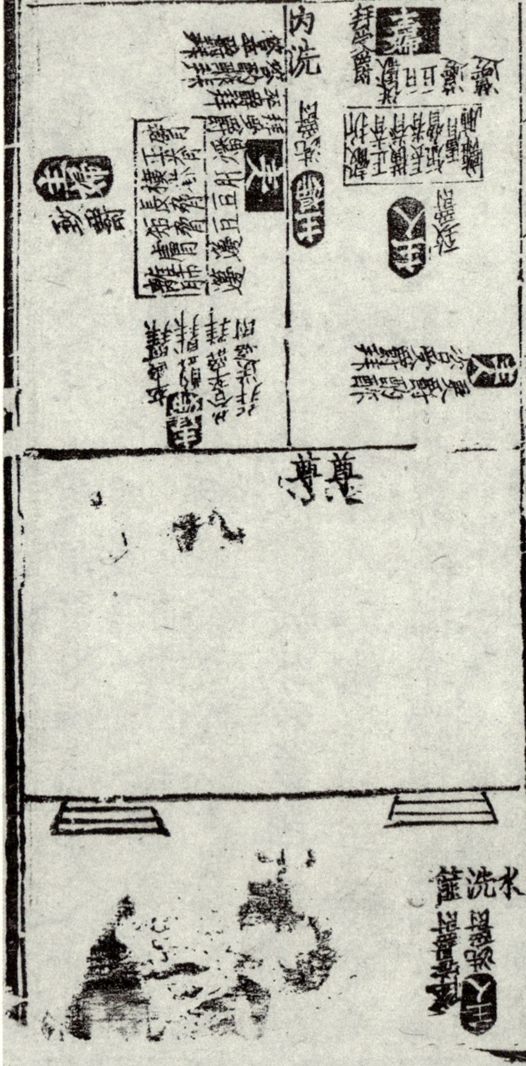

三獻作止爵賓也謂三獻者以事命之作起也舊說云賓入戶北面曰皇尸請卒爵尸卒爵酢酌獻祝及佐食今按上文賓三獻尸止爵不卒啟未得獻祝與佐食待主人主婦致爵與酳神惠已均賓乃作止爵尸卒爵酢賓賓遂獻祝及佐食事之序也洗爵酌致于主人主婦燔從皆如初更爵酢于主人卒復位洗乃致爵爲異事新之燔從亦如初者如亞獻及主人主婦致爵也凡獻佐食皆無從其薦俎獻兄弟以齒設之賓更爵自酢亦不承婦人爵○疏曰燔從如初則無肝從肴者謂主人主婦獻佐食亦然故云凡獻佐食皆無從下記云佐食於旅齒於兄弟故薦俎亦與兄弟同時設之○今按上文主人主婦獻皆至祝佐食而止今賓獻祝佐食畢又致爵于主人主婦故洗爵酌致爲異事新之也

右尸卒爵酢賓賓獻祝佐食致爵主人主婦酢于主人

賓作止爵至酢于主人凡六爵圖

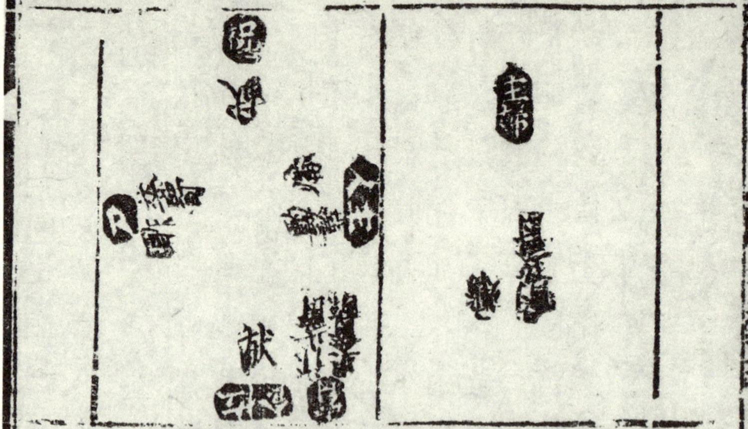

疏曰賓三獻一科之內乃有十一爵賓獻尸一也主婦致爵于主人二也主人酢主婦三也主人致爵于主婦四也主婦酢主人五也尸舉奠爵酢賓長六也賓長獻祝七也又獻佐食八也賓又致爵于主人九也又致爵于主婦十也賓獻主人酢十一也

主人降阼階西面拜賓如初洗（拜賓而洗爵為將獻之如初如視濯時主人再拜賓荅拜三拜衆賓衆賓荅再拜者）賓辭洗卒洗揖讓升酌西階上獻賓賓北面拜受爵主人在右荅拜（就賓拜者此禮不主於尊也賓卑則不專階主人在右統於其位○疏曰所尊者謂尸也又[illegible]異士家有司）薦脯醢設折俎（凡節解者皆曰折俎不言其体略云折俎非貴体也上賓骼衆賓儀公有司設之○疏曰有司儀注儀者尊体盡儀度餘骨可用而用之）賓左執爵祭豆奠爵興取肺坐絕祭嚌之興加于俎坐捝手祭酒卒爵拜主人荅拜受爵酌酢奠爵拜賓荅拜主人（主人酌自酢者賓不敢敵主人主人達其意）主人坐祭卒爵拜賓荅拜揖執祭以降西面奠于其位位如初薦俎從設（位如初復其位東面少牢饋食礼宰夫執薦以從設于祭東司士執俎以）

從設于薦東是則○衆賓升拜受爵坐祭立飲薦俎
皆公有司爲之與
設于其位辯主人備答拜焉降實爵于篚衆賓立飲賤不備禮
備盡盡人之答拜○記賓骼宗人折其餘如佐食俎骼左骼也賓俎
全体尊賓不用尊体爲其已甚卑而全之其宜可也衆賓及公有司私臣殽脀又略
此所折骨直破折餘体可殽者升之俎一而已不備
三者賤祭禮接神者貴凡骨有肉曰殽公有司亦士
之屬命於君者也○疏曰接神謂長兄弟及宗人次
上類皆三皆有脀脀衆賓以下不接神尸賤無獻也
宗人雖不接神執巾以授尸亦接尸也膚一離肺一○宗人獻與旅齒
於衆賓尊庶長齒從其長幼之序○公有司門西北面東上獻次
衆賓升受降飲獻在後者賤也祭祀有上事者貴之亦皆與旅○疏曰釋取公有司可執
事皆門外有司羣執事中入門列在東面爲衆賓
儐者在門西位不執事者賤於執事者故曰有上事

者賓之宗人獻與旅齒於衆賓則公有司爲之[illegible][illegible]
於旅齒於兄弟則私臣之中擇爲之但賓俎公有司
設之兄弟脀私人爲之然則公有
司私臣薦俎皆使徒隷爲之矣

右主人獻賓及衆賓宗人公有司

獻賓及衆賓宗人公有司圖

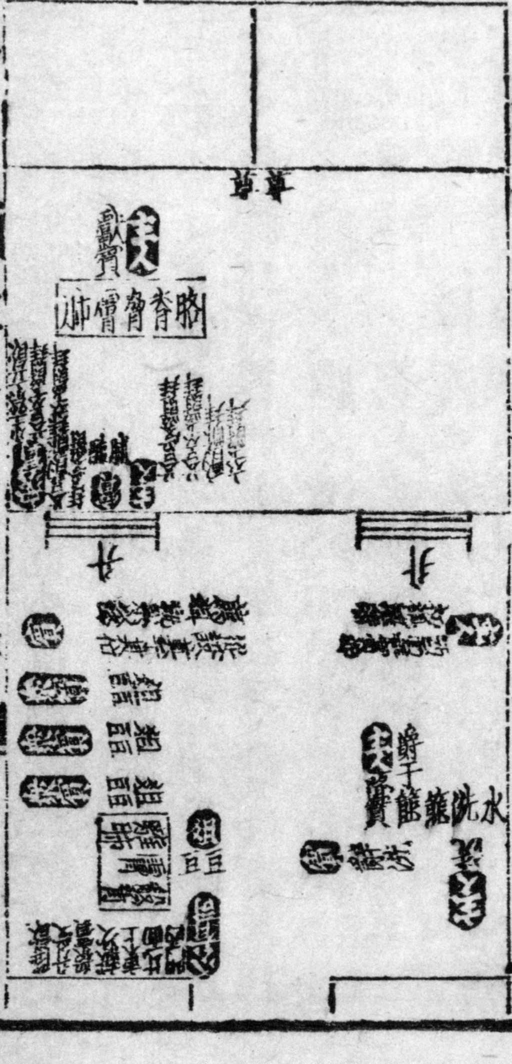

尊兩壺于阼階東加勺南柄西方亦如之為酬賓及兄弟行神惠不酌上尊卑異之就其位尊之兩壺皆酒優之先尊東方示惠由近禮運曰澄酒在下主人洗觶酌于西方之尊西階前北面酬賓賓在左先酌西方者尊賓之義主人奠觶拜賓答拜主人坐祭卒觶拜賓答拜主人洗觶賓辭主人對卒洗酌西面賓北面拜西面者鄉賓位立於西階之前賓所答拜之東北主人奠觶于薦北奠酬於薦左非為其不舉行神惠不可同於飲酒○疏曰神惠右不舉主人左不舉下文賓取于薦南便其復舉賓坐取觶還東面拜主人答拜賓奠觶于薦南揖復位還東面就其位薦西奠觶薦南明將舉

右主人酬賓

主人酬賓圖

卅二百○五
主人洗爵獻長兄弟于阼階上如賓儀酬賓乃獻長兄弟者獻之
禮成於酬先成賓禮此主人之意亦有薦脀設于位
私人為之與○設如西階獻賓之儀亦執祭以降奠于洗
其血薦俎從設○洗獻衆兄弟如衆賓儀獻卑而必為之洗者顯神惠此言如
衆賓儀則如獻衆賓洗明矣○受酢西階
獻衆賓衆賓坐祭立飲薦俎設于其位辯○記佐食
俎觳折脊脅三體卑者從正膚一離肺一○長兄弟折其餘
如佐食俎長兄弟及宗人也不言所分略之○衆兄弟私臣皆殽脀
膚一離肺一私臣自己所辟除者○私臣門東北面西上獻次
兄弟升受降飲注散見三獻公有司
右獻長兄弟衆兄弟及私臣

主人獻長兄弟衆兄弟及私臣之圖

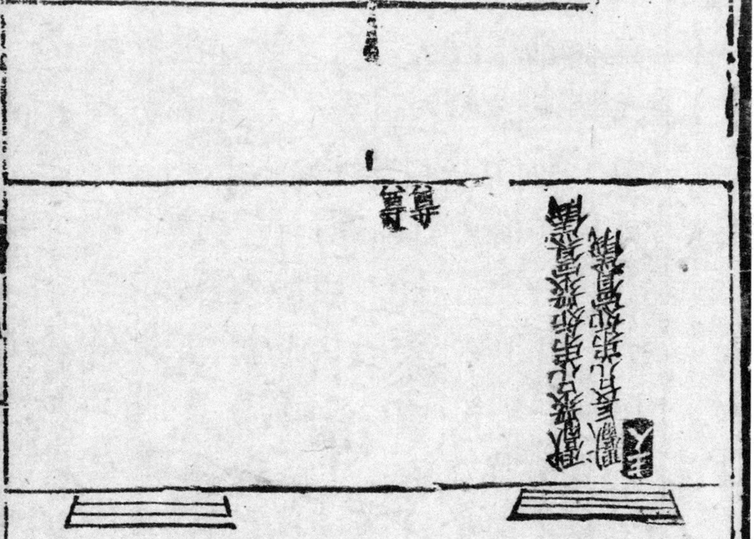

主人獻祝及佐食之時惟
祝言設俎不言設佐食俎
者按上獻作止爵鄭注云
凡獻佐食皆無從其為俎
獻兄弟以齒設之疏引記
云佐食於旅齒於兄弟故
佐食為俎亦與獻兄弟同
時設此主人於初獻佐食
之時不言設俎至此獻兄
弟時乃設之也

洗獻內兄弟于房中如獻衆兄弟之儀內兄弟內賓宗婦也如衆
兄弟如其拜受坐祭立飲設薦俎於其位而立內賓其位在房中之尊北不殊其長略婦人也有司徹曰
主人洗獻內賓於房中南面拜受爵主人西面荅拜更爵酢卒爵降實
爵于篚入復位爵辯乃自酢以初不殊其長也內賓之長亦南面答拜○記尊
兩壺于房中西墉下南上爲婦人旅也其尊之節亞西方○疏曰設尊亞次西
方內賓立于其北東面南上宗婦北堂東面北上二者
所謂內兄弟內賓姑姊妹也宗婦族人之婦其夫屬于所祭爲子孫或南上或北上宗婦宜統於主婦主
婦南面北堂中房而北○內賓宗婦皆殽脀膚一離肺一

右主人獻內兄弟

主人獻內兄弟圖

內賓立其北東面南上

內賓[illegible]北上者曲禮云席

東鄉西鄉以南方爲上

主婦[illegible]

[illegible]堂中[illegible]西面北

宗婦[illegible]東面北上

宗婦[illegible]於主婦[illegible]北上

長兄弟洗觚爲加爵如初儀不及佐食洗致如初無從大夫士三獻而禮成多之爲加也不以佐食無從殺以致致於主人主婦○衆賓長爲加爵如初爵止尸爵止者欲神惠之均於在庭○[illegible]曰尸已得三獻又別受加爵故停之[illegible]

奠行旅酬
右長兄弟眾賓長為加爵爵止
嗣舉奠盥入北面再拜稽首嗣主人將為後者舉猶飲也使嗣子飲奠者將
傳重累之者大夫之嗣子不舉[illegible]○疏曰奠者即上文鉶南奠[illegible]尸執奠
進受復位祭酒啐酒尸舉肝舉奠左執觶再拜稽首
進受肝復位坐食肝卒觶拜尸備答拜焉食肝受尊者賜不敢
餘也備猶盡也每拜答之以尊者與卑者為禮略其文耳○疏曰食若不盡直云嚌之而已此云食肝明
不敢餘也舉奠洗酌入戶拜受舉奠答拜尸祭酒啐酒奠
之舉奠出復位啐之者答其欲酢已也奠之者復神之奠觶嗣齒於子姓凡非主人升降
自西階○記嗣舉奠佐食設豆鹽肝宜鹽也

嗣舉奠圖

右嗣舉奠

[illegible]

[illegible]

尊

[illegible]

水洗篚

[illegible]

兄弟弟子洗酌于東方之尊阼階前北面舉觶于長兄弟如主人酬賓儀弟子後生也宗人告祭脀脀俎也所告者衆賓衆兄弟內賓也獻時設薦俎于其位至此禮又殺告之祭使成禮也其祭皆離肺不言祭豆可知乃羞羞庶羞也下尸胾醢豆而已此所羞者自祝主人至于內賓無內羞○疏曰尸羞四豆膮炙胾醢此祝以下降于尸故云胾醢豆而已尸尊尚無內羞祝以下無內羞可知

右弟子舉觶于長兄弟

賓坐取觶觶鄉所奠觶○按此即主人酬賓之觶阼階前北面酬長兄弟長兄弟在右賓奠觶拜長兄弟答拜賓立卒觶酌于其尊東面立長兄弟拜受觶賓北面答拜揖復位其尊長兄弟之尊比觶者亦北面受長兄弟西階前北面衆賓長自左

受旅如初（旅，行也。受行酬也。初，賓酬長兄弟）長兄弟卒觶酌于其尊西面立受旅者拜受長兄弟北面答拜揖復位衆賓及衆兄弟交錯以辯皆如初儀（交錯猶言東西）○爲加爵者作止爵如長兄弟之儀（於旅酬之閒言作止爵明禮殺並作○疏曰此決上文三獻爵止待堂中致爵訖乃作止爵此旅酬未訖作止爵故云並作）○長兄弟酬賓如賓酬兄弟之儀以辯卒受者實觶于篚（長兄弟酬賓亦坐取其奠觶此不言交錯以辯賓之酬不言卒受者實觶于篚明其相報禮終於此其文省○疏曰奠觶即上弟子所舉觶於其長是也賓卒奠觶於長兄弟行旅酬盡皆徧長兄弟舉觶於賓行旅酬亦皆徧交錯者交○）賓弟子及兄弟弟子洗（疏曰自此盡二觶並行無筭爵之事）各酌于其尊中庭北面西上舉觶於其長奠觶拜長皆答拜舉觶者祭卒觶拜長皆答拜舉觶者洗各酌于其尊復初位長皆拜舉觶者皆奠觶于薦右奠觶進奠之于薦右非神惠也○鑑曰同於生人飲酒卒者奠於之鴨右也中庸旅酬下為上所以逮賤長皆執以興舉觶者皆復位答拜長皆奠觶于其所皆揖其弟子弟子皆復其位復其位者東西面位弟子舉觶於其長所以序長幼教孝弟凡堂下拜亦皆北面爵皆無算算數也賓取觶酬兄弟之黨長兄弟取觶酬賓之黨唯己所欲亦交錯以辯無次第之數因今接會使之交恩定好優勸之○記宗人獻與旅齒於衆賓佐食於旅齒於兄弟○主婦及內賓宗婦亦旅西面西面者異於獻也男子獻於堂上旅於堂下婦人獻於南面旅於西面內賓象衆賓宗婦象兄弟其節與其儀依男子也主婦酬內賓之長酬奠于薦左內賓之長坐取奠于右宗婦之娣婦舉觶於其姒婦亦如

內賓之長坐取奠觶酬宗婦之族交錯以辯宗婦
之族亦取奠觶酬內賓之長交錯以辯內賓之少者
宗婦之娣婦各舉奠於其長並行交錯
無算爵其拜及飲者皆西面主婦之東南

右旅酬及無算爵

旅酬及弟子舉觶于其長圖

賓酬長兄弟
在阼階前位

兄弟弟子舉
觶於其長皆
在階前中庭

賓弟子舉觶
於其長皆在
階前中庭位

長兄弟酬衆
賓長及旅酬
交錯以辯皆
在西階前位

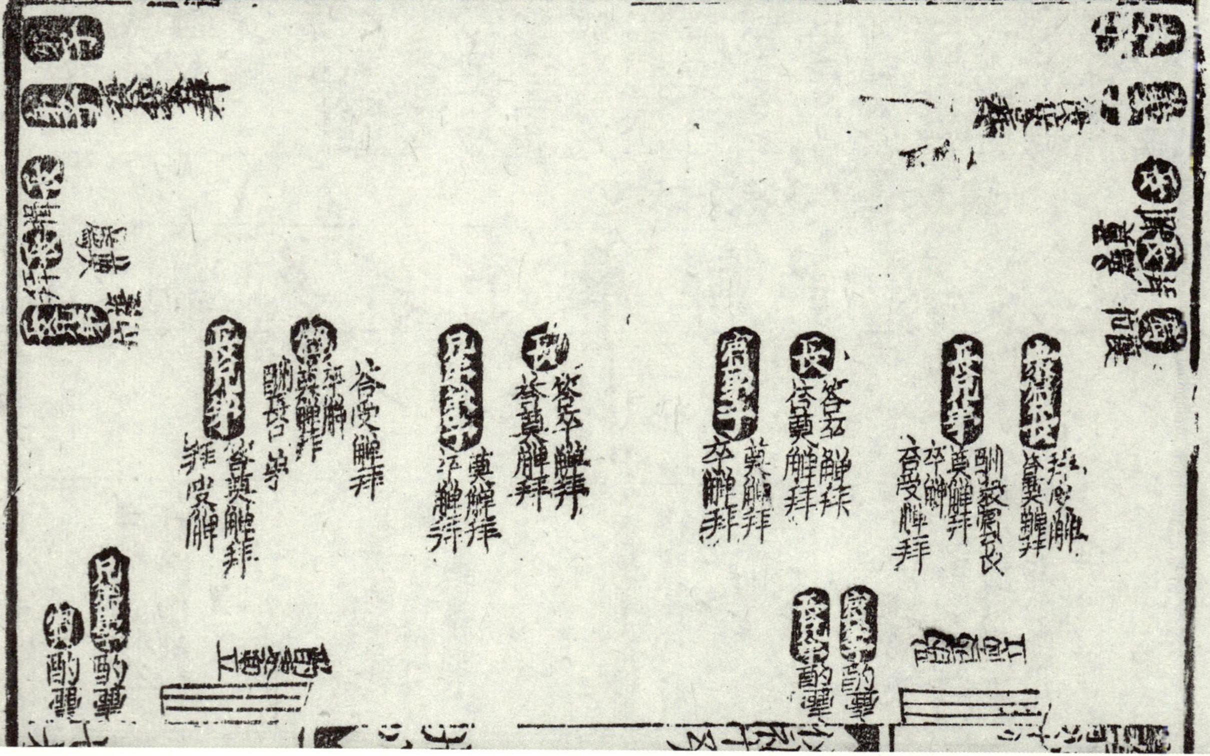
答受觶拜
莫觶拜
卒觶拜
答莫觶拜
答卒觶拜

利洗散獻于尸酢及祝如初儀降實散于篚利佐食也言利以今進酒也更言獻者以利待尸禮將終宜一進酒嫌於加酒亦當三也不致爵禮又殺也主人出立于户外西南事尸禮畢祝東面告利成利猶養也供養之禮成不言禮畢於尸之間嫌尸謖祝前主人降謖起也前猶導也少牢饋食禮曰祝入尸謖主人降立下阼階東西面祝先尸從遂出于廟門前尸之儀士虞禮備矣祝反及主人入復位命佐食徹尸俎俎出于廟門俎所以載肵俎少牢禮曰有司受歸之徹庶羞設于西序下為將餕去之庶羞主為尸非神饌也尚書傳曰宗室有事族人皆侍終日大宗已侍於賓奠然後燕私燕私者何也已而與族人飲也此徹庶羞置西序下者為將以燕飲與然則自尸祝至於兄弟之庶羞宗子以與族人燕飲於堂內賓宗婦之庶羞主婦以燕飲于房○疏曰楚茨鍾鼓送尸下云備言燕私鄭注祭祀畢歸賓客之俎同姓則留與之燕所以尊賓客親骨肉

也○記賓從尸俎出廟門乃反位賓從尸送尸也上之助祭終其事也俎尸俎也賓既送尸復入反位者宜與主人爲禮乃去之○尸卒食而祭饎爨雍爨雍孰肉以尸享祭竈有功也舊說云宗婦祭饎爨亨者祭雍爨用黍肉而已無籩豆俎禮器曰燔燎於爨夫爨者老婦之祭盛於盆尊於瓶○疏曰老婦先炊者也盆瓶炊器也

右利獻尸尸出

筵對席佐食分簋鉶爲將餕分之也分簋者分敦黍於會爲有對也敦有虞氏之器也周制士用之變敦言簋容同姓之士得從周制耳祭統曰餕者祭之末也不可不知也是故古之人有言曰善終者如始餕其是已是故古之君子曰尸亦餕鬼神之餘也惠術也可以觀政矣宗人遣舉奠及長兄弟盥立于西階下東面北上祝命嘗食餕者舉奠許諾升入東面長兄弟對之皆坐佐食授

舉各一膚餕子峻反與餕同○命告也士使嗣子及兄弟餕其惠不過族親也古文餕皆作餕○䟽曰此決少牢餕及異姓主人西面再拜祝曰餕有以也兩餕奠舉于俎許諾皆答拜以讀如何其久也必有以也之以祝告餕釋辭以戒之言女餕于此當有所以也以先祖有德而享于此祭其坐餕其餘亦當以之也少牢饋食不戒者非親昵也舊說曰主人拜下餕席南○䟽曰少牢有二賓長是非親昵若是者三丁亭戒之皆取舉祭食祭舉乃食祭鉶食舉食乃祭鉶禮殺○䟽曰正祭時尸祭鉶乃爾黍卒食主人降洗爵宰贊一爵主人升酌酳上餕上餕拜受爵主人答拜酳下餕亦如之少牢饋食禮曰贊者洗三爵酌主人受于戶內以授次餕舊說云主人北面授下餕爵主人拜祝曰酳有與也如初儀主人復拜為戒也與讀如諸侯以禮相與之與言女酳此當有所與也與者與兄弟也既知似

先祖之德亦當與以兄弟謂教化之兩餕執爵拜答主人也祭酒卒爵拜主人答拜兩餕皆降實爵于篚上餕洗爵升酌酢主人主人拜受爵下餕復兄弟位不復升也上餕即位坐答拜既授爵戶內乃就坐主人坐祭卒爵拜上餕答拜受爵降實于篚主人出立于戶外西面事餕者禮畢

右餕

二人

卒爵拜
執爵拜
又答主人祝拜
拜受爵
答主人祝拜

尸

主婦
酌醴主人
即位答主人受爵拜
答主人奠爵拜

主人
再拜祝曰云云
答上嘏受爵拜
答下嘏受爵拜
拜祝曰云云
答兩嘏拜
拜受上嘏受爵
卒爵拜

長兄弟

答主人祝拜
拜受爵
又答主人祝拜
執爵拜
卒爵拜

養北土
此段抖

籠洗一次

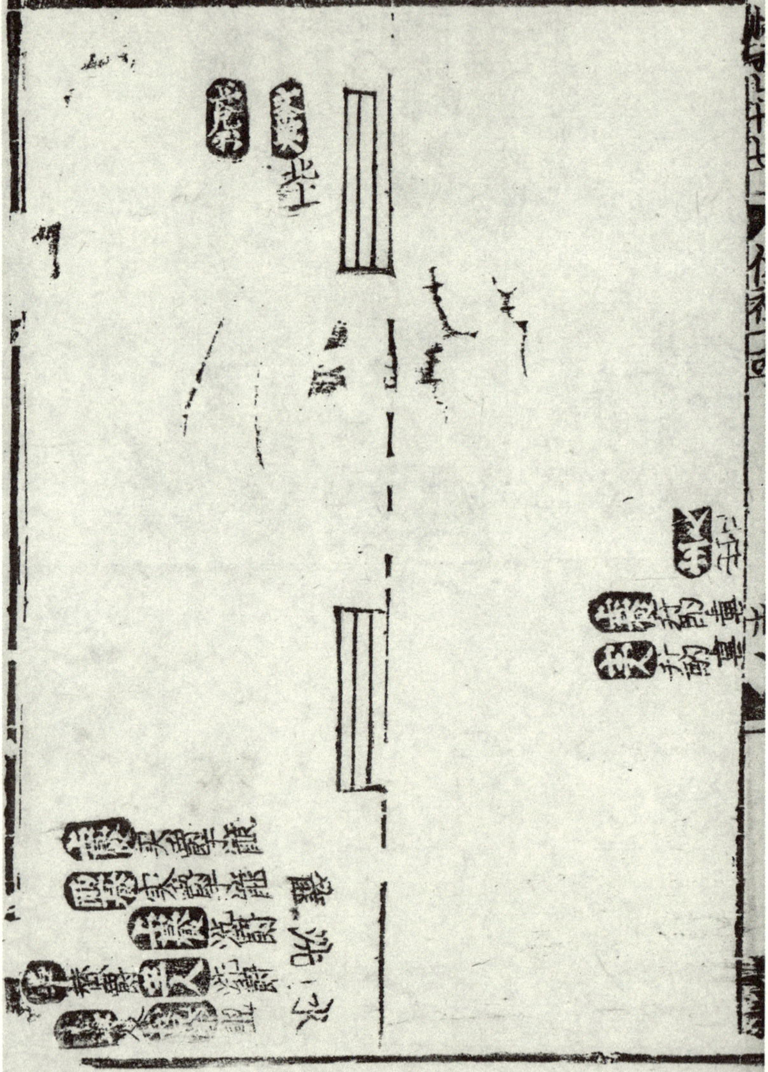

祝命徹阼俎豆籩設于東序下命命佐食阼俎主人之俎宗婦不徹豆籩
徹禮略各有爲而已設于東序下亦將燕也○祝執其俎以出東面于戶
西俟告利成少牢下篇曰祝告利成乃執俎以出○宗婦徹祝豆籩入于房
○徹主婦薦俎宗婦既並徹徹其卑者士虞禮曰祝薦席徹入于房○疏曰宗婦不徹主
入豆籩而徹祝豆籩入房者爲主婦將用之爲燕祝接神尸之類宜行神惠故主人以薦羞并祝庶羞燕
宗人於堂主婦以祝籩豆燕內賓於房

右徹俎

佐食徹尸薦俎敦設于西北隅几在南厞用筵納一
尊佐食闔牖戶降厞扶未反○厞隱也不知神之所在或諸遠人乎尸謖而改饌爲幽
闇庶其饗之所以爲厭飫少牢饋食禮曰南面如饋之設也所謂當室之白陽厭也則尸未入之前爲陰

厭矣曾子問曰殤不備祭何謂陰厭陽厭也○厭一鹽反○疏曰當室之白謂西北隅得户之明者也奧中不得户明故名陰厭○按釋宮云西南隅謂之奧西北隅謂之屋漏注奧者隱奧屋漏者當室之白日光所漏入也

祝告利成降出主人降即位宗人告事畢賓出主人送于門外再拜拜送賓也凡去者不答拜佐食徹阼俎堂下俎畢出記俎出節兄弟及衆賓自徹而出唯賓俎有司徹歸之尊賓也○疏曰賓俎則主人送明賓不自徹若助君祭必自徹其俎

右陽厭賓出

徹俎及陽厭圖

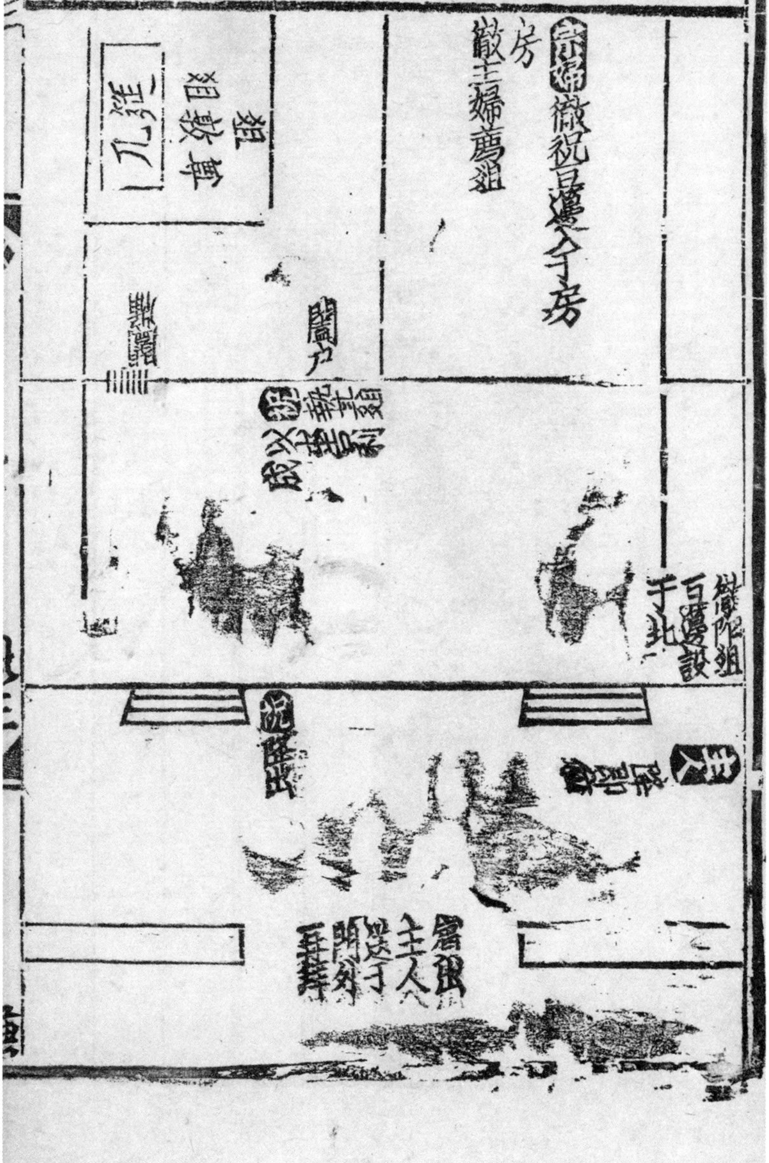

禮圖卷第十五

儀禮圖第十六

少牢饋食禮第十六鄭目録云諸侯之卿大夫祭其祖禰於廟之禮

少牢饋食之禮少詩召反○禮將祭祀必先擇牲繫于牢而芻之羊豕曰少牢諸侯之卿

大夫祭宗廟之牲○芻初俱反○豚曰特牲○不言牢化非一牲即得牢稱三牲具爲太牢日用

丁巳巳音紀注皆同○內事用柔日必丁巳者取其令名自丁寧自變改皆爲謹敬必先諏此日明

日乃筮○諏子須反筮旬有一日旬十日也以先月下旬之巳筮來月上旬之巳筮於

廟門之外主人朝服西面于門東史朝服左執筮右

抽上韇兼與筮執之東面受命于主人朝立遥反○韇徒木反○史

家臣主筮事者主人曰孝孫某來日丁亥用薦歲事于皇祖

伯某以某妃配某氏尚饗丁未必亥也直舉一日以言之耳禘于太廟禮曰日

用丁亥不得丁亥則己亥辛亥亦用之無則苟有亥焉可也薦進也進歲時之祭事也皇君也伯某且字也大夫或因字爲謚春秋傳曰魯無駭卒請謚與族公命之以字爲展氏是也某仲叔季亦曰仲某叔某季某某妃某妻也合食曰配某氏若言姜氏子氏也以尚饗歆也○刘敞曰丁巳丁亥皆取於丁所以取丁者以先與三日後甲三日也郊卜辛社卜甲宗廟卜丁無取於亥○按上文日用丁巳注云取其令名自丁寧自變改謂十干丁日巳日也如丁亥巳亥之類是也下文來日丁亥亦舉一端以明之耳注家乃云不得丁亥則己亥辛亥無則苟有亥焉可也此則不論十干之丁巳而專取十二支之亥以爲辭其失經文之意遠矣

史曰諾西面于門西抽下韇左執筮右兼執韇以擊筮將問吉凶焉故擊之以動其神易曰蓍之德圓而神遂述命曰假爾大筮有常孝孫某來日丁亥用薦歲事于皇祖伯某以某妃配某氏尚饗述循也重以主人辭告筮也假借也言因蓍之靈以問之

常吉凶之占繇乃釋韇立筮卿大夫之蓍長五尺立筮由便卦者在左坐卦
以木卒筮乃書卦于木示主人乃退占卦者史之屬也卦以木者
每一爻畫地以識之六爻備書於版史受以示主人退占東面旅占之吉則史韇筮史
兼執筮與卦以告于主人占曰從從者求吉得吉之言○乃官
戒宗人命滌宰命為酒乃退滌大歷反○官戒戒諸官也當共祭祀事者使
之具其物且齊也滌溉濯也器埽除宗廟○共音恭○疏曰筮曰即齊故云乃不云厥明也若不
吉則及遠日又筮日如初及至也遠日後丁若後己

右筮日

宿宿讀為肅肅進也大夫尊儀亦多筮日既戒諸官以齊戒矣至前祭一日又戒以進之使知祭日當
來前宿一日宿戒尸皆肅諸官之日又先肅尸者重所用為尸者又為將筮明

日朝服筮尸如筮尸之儀命曰孝孫某來日丁亥用薦歲事于皇祖伯某以某妃配某氏以某之某爲尸尚饗筮卦占如初某之某者字尸父而名尸也字尸父尊鬼神也不前期三日筮尸者大夫下人君祭之朝乃視濯與士異○疏曰天子諸侯前期十日卜得吉日則戒諸官散齊至前祭三日卜尸得吉又戒宿諸官使之致齊士卑不嫌故得與人君同三日筮尸但下人君不得散齊七日耳大夫尊不敢與人君同直散齊九日前祭一日筮尸并宿諸官致齊吉則乃遂宿尸祝擯筮吉又遂肅尸重尸也既肅尸乃肅諸官及執事者祝爲擯者尸神象主人再拜稽首祝告曰孝孫某來日丁亥用薦歲事于皇祖伯某以某妃配某氏敢宿告尸以主人爲此事來肅尸拜許諾主人又再拜稽首主人退尸送揖不拜尸不拜首尸尊若不吉則遂改

筮尸（即既筮之不及遠日）

右筮尸宿尸

既宿尸反爲期于廟門之外（爲期肅諸官而皆至定祭早晏之期爲期亦夕時也言既肅尸反爲期明大夫尊肅尸而已其爲賓及執事者使人肅之）主人門東南面宗人朝服北面曰請祭期主人曰比於子（比次早晏在於子也主人不西面者大夫尊於諸官有君道也爲期亦唯尸不來也）宗人曰旦明行事主人曰諾乃退（旦明旦日質明）

右爲期

少牢礼與特牲礼輕重詳略不同

少牢礼日用丁巳者注云取其令名丁自丁寧巳自變改皆爲敬謹之意特牲不諏日者士卑時

至事暇可以祭則筮其日矣不必諏丁巳之日
如大夫之礼
玄冠一冠冠兩服其一玄端其一朝服朝服重於
玄端特牲士礼故筮則玄端至祭而後朝服少
牢大夫礼筮與祭皆朝服也
特牲筮人筮人者官名周礼春官有簭人是也
少牢礼史筮史者家臣主筮事者所謂府史是
也特牲坐筮少牢立筮不同者注云士著短故
坐筮卿大夫者長五尺故立筮各由其便也
特牲少牢皆筮尸但特牲無宿戒尸之文少牢宿
戒尸而後筮者重所用爲尸者亦大夫尊儀益
多也
特牲有宿賓之礼少牢不宿賓者大夫尊肅之而
已其爲賓職事者使人肅之
特牲無爲期之礼少牢爲期者重其事也爲期之
日主人門東南面不西面大夫 尊於諸官有
君道
也
明日主人朝服即位于廟門之外東方南面宰宗人

西面北上牲北首東上司馬刲羊司士擊豕宗人告
備乃退刲擊皆謂殺之此實既省告備乃殺之文互者省也尚書傳曰羊屬火豕屬水雍人
概鼎匕俎于雍爨雍爨在門東南北上概古愛反○雍人掌割亨
之事者爨竈也在門東南統於主人北上羊豕魚腊皆有竈竈西有鑊凡概者皆陳之而後告絜○亨普
庚反廩人概甑甗匕與敦于廩爨廩爨在雍爨之北甑子
孕反甗魚展反敦音對○廩人掌米入之藏者甗如甑一孔匕所以匕黍稷也司宮概豆籩
勺爵觚觶几洗篚于東堂下勺爵觚觶實于篚卒概
饌豆籩與篚于房中放于西方設洗于阼階東南當
東榮放方往反○放猶依也大夫攝官司宮兼掌祭器也
右視殺視濯

羞定雍人陳鼎五三鼎在羊鑊之西二鼎在豕鑊之

西無腊從羊膚從豕統於牲司馬升羊右胖髀不升肩臂臑膊骼

正脊一脡脊一橫脊一短脅一正脅一代脅一皆二

骨以並腸三胃三舉肺一祭肺三實于一鼎胖音判髀步禮

反臑奴到反膊音純骼音格脡他頂反○升猶上也

上右胖周所貴也髀不升近竅賤也肩臂臑肱骨也

膊骼股骨脊從前為正脅旁中為正脊先前脅先後

屈而反猶器之綪也並併也脊脅骨多六體各取二

骨併之以多為貴舉肺一尸食所先舉也祭

肺三為尸主人主婦○綪側耕反併步頂反司士升

豕右胖髀不升肩臂臑膊骼正脊一脡脊一橫脊一

短脅一正脅一代脅一皆二骨以並舉肺一祭肺一

實于一鼎豕無腸胃君子不食溷腴○溷音患腴羊朱反雍人倫膚九實于

一鼎〔倫擇也膚脅革肉擇之取美者〕司士又升魚腊魚十有五而鼎腊一純而鼎腊用麋〔同士又升副倅者合升左右胖曰純純猶全也○疏曰司士三人此明是副倅非升豕者〕卒脀皆設扃鼏〔脀之承反〕乃舉陳鼎于廟門之外東方北面北上〔北面取上鄉內相隨〕司宮尊兩甒于房户之間同棜皆有冪甒有玄酒〔甒亡甫反棜於據反○房户之間房西室户東也棜無足禁者酒戒也大夫去足改名優尊者若不爲之戒然〕司宮設罍水于洗東有枓設篚于洗西南肆〔枓音主○枓斞水器也凡設水用罍沃盥用枓礼在此也○斞九于反〕改饌豆籩于房中南面如饋之設實豆籩之實〔改更也爲實之更之威儀多也如饋之設如其陳之左右也饋設東面〕小祝設槃匜與簞巾于西階東〔匜以支反簞音丹○爲尸將盥〕

右寶鼎饌器

殺牲概器寶鼎圖

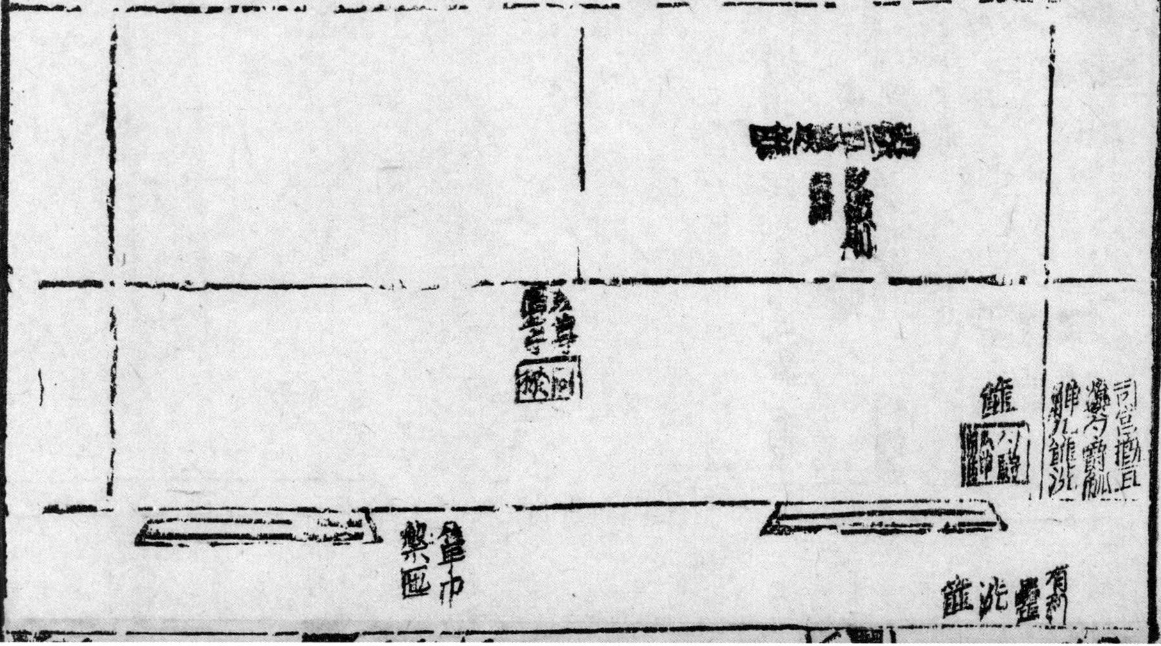

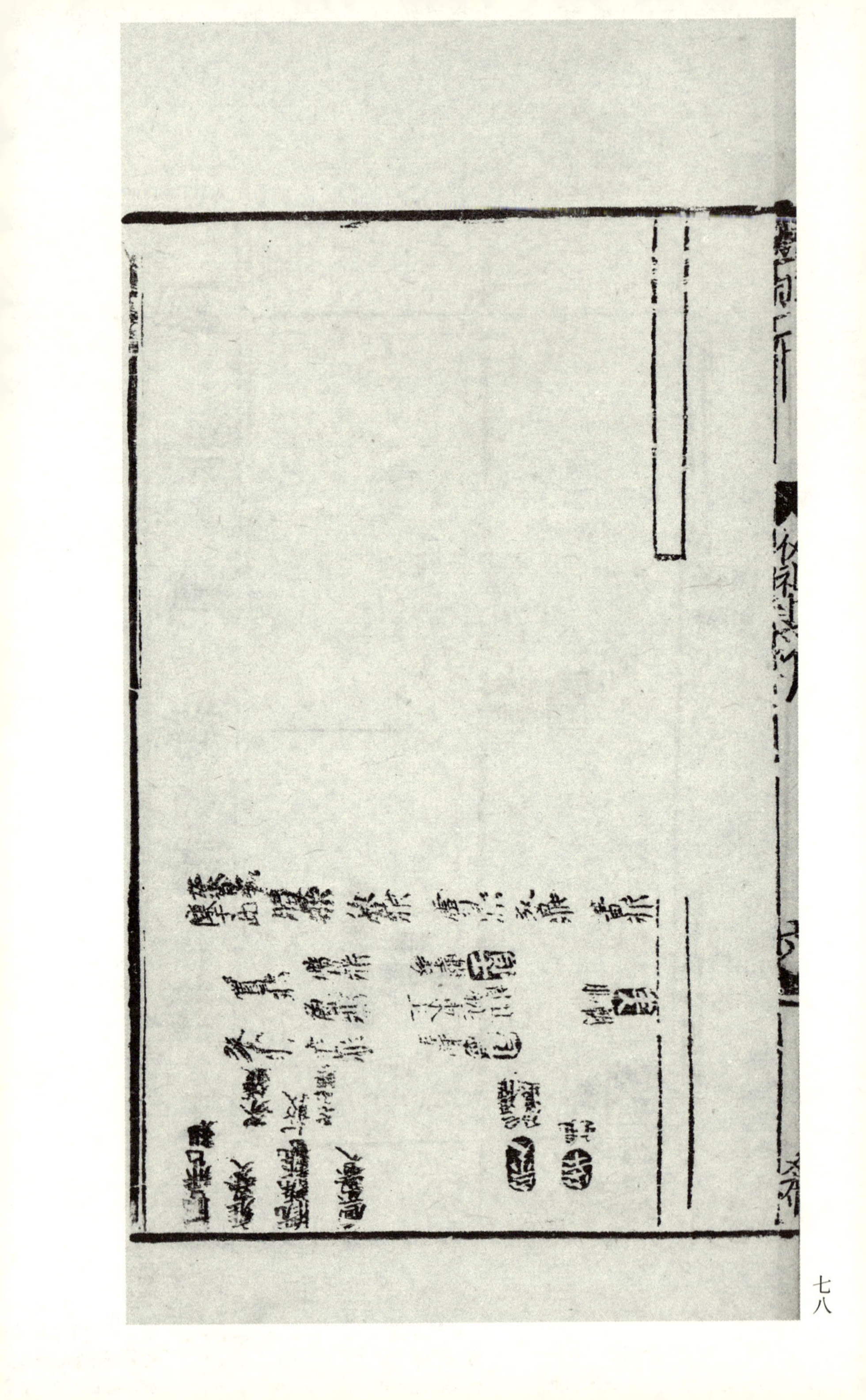

主人朝服即位于阼階東西面將為祭也司宮筵于奧祝

設几于筵上右之奧烏報反○布陳神坐也室中西南隅謂之奧席東面近南為右

○主人出迎鼎除鼏士盥舉鼎主人先入冪之記主人不盥不

宰司宮取二勺于篚洗之兼執以升乃啓二尊之蓋

冪奠于棜上加二勺于二尊覆之南柄二冪覆[illegible]記鼎序

入雍正執一匕以從雍府執四匕以從司士合執二

俎以從司士贊者二人皆合執二俎以相從入相息亮反

○相助○陳鼎于東方當序南于洗西皆西面北上膚

為下匕皆加于鼎東枋枋徒命反○膚為下以其加北南于洗西陳於洗西南

俎皆設于鼎西西肆肵俎在羊俎之北亦西肆肵音祈○

肵俎在北將先載也異其設文不當鼎宗人遣賓就主人皆盥于洗長朼長丁丈反〇長朼者長賓先次賓後也主人不朼言就主人者明親臨之佐食上利升牢心舌載于肵俎心立安下切上午割勿沒其載于肵俎末在上舌皆切本末亦午割勿沒其載于肵橫之皆如初為之于爨也牢羊豕也安平也平割其下於載便也凡割本末食必正也午割使可絕也勿沒為其分散也肵之為言敬也所以敬尸也周禮祭尚肺事尸尚心舌心舌知滋味佐食遷肵俎于阼階西西縮乃反佐食二人上利升羊載右胖髀不升肩臂臑膊骼正脊一脡脊一橫脊一短脅一正脅一代脅一皆二骨以並腸三胃三長皆及俎拒舉肺一長終肺祭肺三皆切肩臂臑膊骼

在兩端脊脅肺肩在上升之以尊卑載之以軆次各有首也脰讀爲介距之距俎距脛中當從節也凡牲軆之數及載備於此○距音巨○疏曰在鼎足曰距在俎兩端則中央觜者也

下利升豕其載如羊無腸胃體其載于俎皆進下進下變於食生也所以交於神明不敢以食道敬之至也鄉飲酒禮進腠羊次其體豕言進下互相見○腠七豆反○疏曰腠是本此進末謂骨之終

司士三人升魚腊膚魚用鮒十有五而俎縮載右首進腴鮒音附○右首進腴亦變於食生也有司載魚橫之少儀曰羞濡魚者進尾○疏曰生人死人皆右首鬼神進腴者是氣之所聚生人進鰭鰭是脊生人尚味也乾魚進首是上大夫繹祭賓尸之禮濡魚進尾是天子諸侯繹祭可知

腊一純而俎亦進下肩在上如羊豕凡牲之體載禮在此

膚九而俎亦橫載革順列載於俎令其皮相順亦者亦其骨軆

右即位筵几擧鼎匕載

即位筵几舉鼎匕載圖

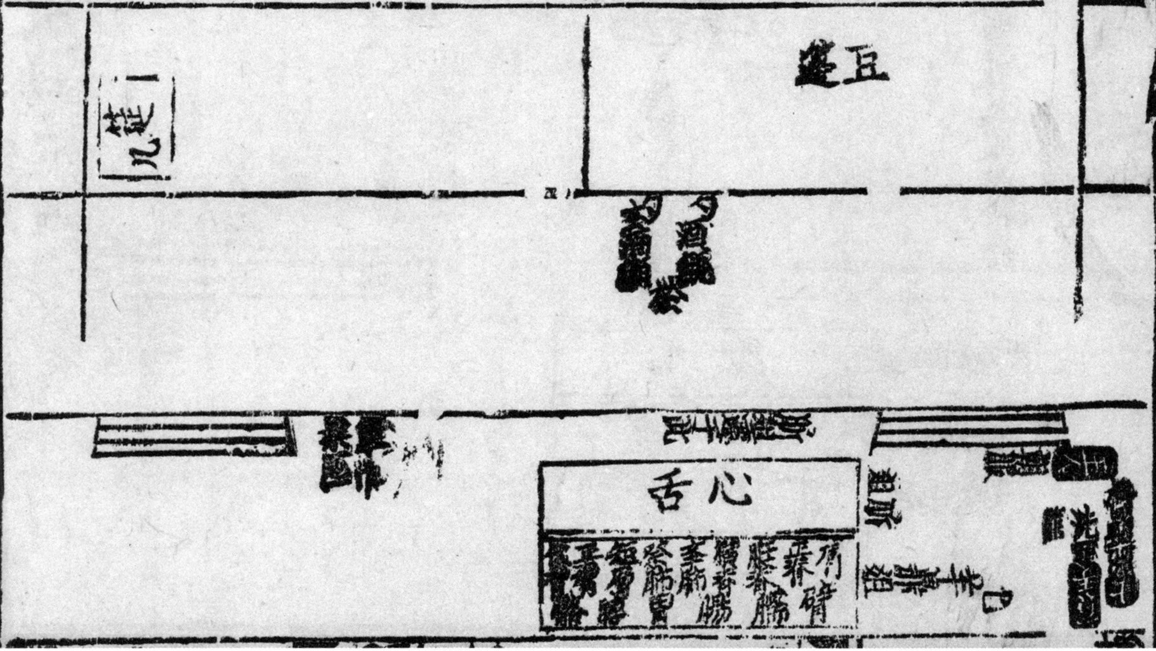

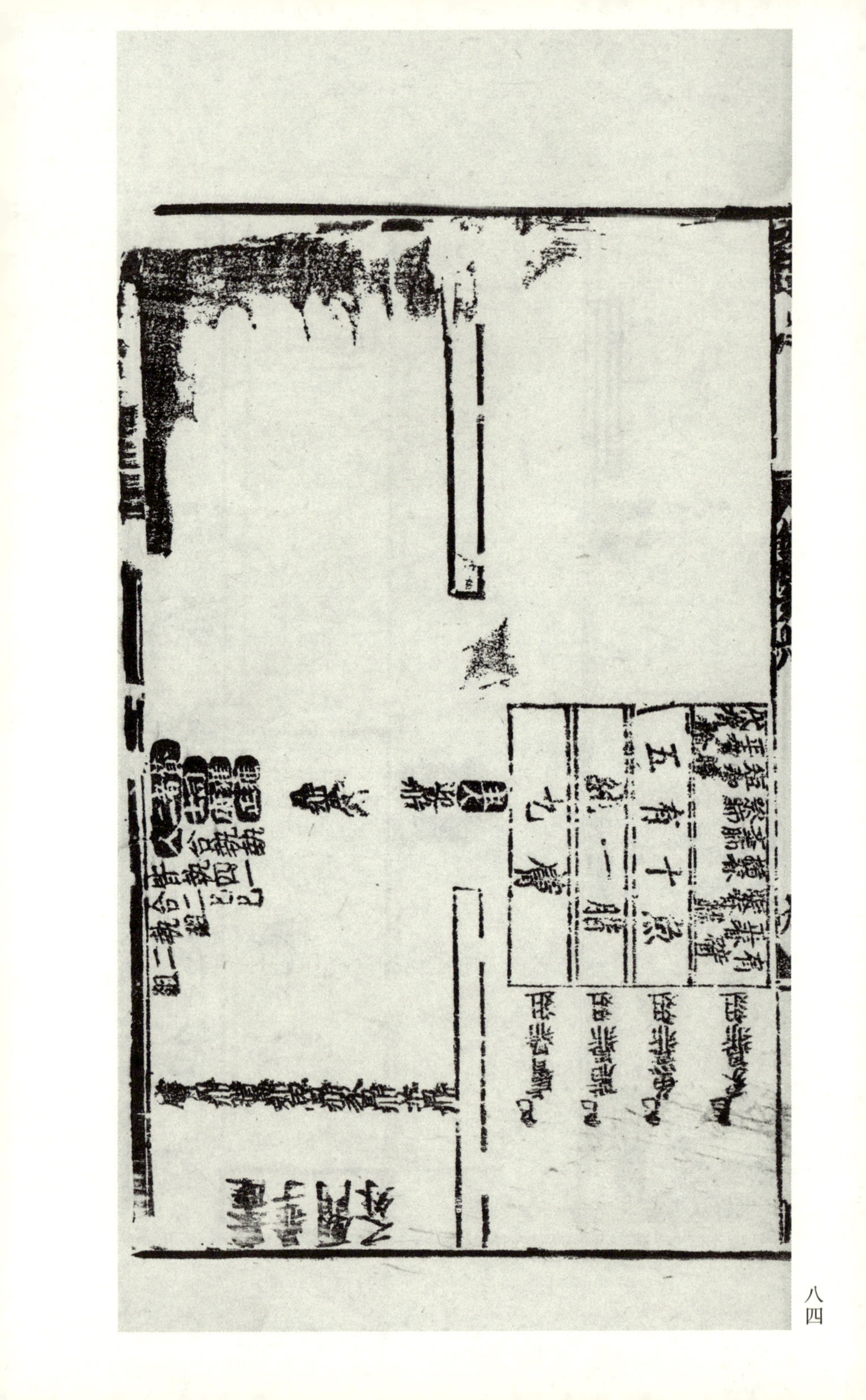

五有十魚

絲一腈

乞膺

卒脀祝盥于洗升自西階主人盥升自阼階祝先入南面主人從戶內西面將納祭也主婦被錫衣移袂薦自東房韭菹醓醢坐奠于筵前主婦贊者一人亦被錫衣移袂執葵菹蠃醢以授主婦主婦不興遂受陪設于東韭菹在南葵菹在北主婦興入于房被錫依註讀爲髲鬄上步義反下大計反移音後本又作侈醢他感反蠃力禾反○被錫讀爲髲鬄古者或剃賤者刑者之髮以被婦人之紒爲飾因名髲鬄焉此周禮所謂次也不纚笄者大夫妻尊亦衣綃衣而侈其袂耳侈者蓋半士妻之袂以益之衣三尺三寸袪尺八寸韭菹醓醢朝事之豆也而饋食用之豐大夫禮葵菹在綪○疏曰追師注次次第髮長短爲之云贊一人亦被錫則其餘當與士妻同纚笄綃衣士妻與婦人助祭皆綃衣服窮則同也云半士妻之袂以益之若士妻之袂三尺二寸袪尺二寸三分益一故袂三尺三寸袪

尺八寸也醢人職朝事之豆彼天子八尺今取二豆饋食豊大夫也若葵菹蠃醢亦天子饋食之豆以薦其鄭故不須言之韭菹在南醓醢在北欲東葵菹在北蠃醢在南是其綪六佐食上利執羊俎下利執豕俎司士三人執魚腊膚俎序升自西階相從入設俎羊在豆東豕亞其北魚在羊東腊在豕東特膚當俎北端相助也主婦自東房執一金敦黍有蓋坐設于羊俎之南婦贊者執敦稷以授主婦主婦興受坐設于魚俎南又興受贊者敦黍坐設于稷南又興受贊者敦稷坐設于黍南敦皆南首主婦興入于房敦有首者尊者器飾也飾蓋象龜周之禮飾器各以其類龜有上下甲祝酌奠遂命佐食啓會佐食啓會蓋二以重設于敦南酌奠酌酒

爲神奠之後酌者酒尊要成也特牲饋
食禮曰祝洗酌奠奠于鉶南重此之
主人西面祝
在左主人再拜稽首祝祝曰孝孫某敢用柔毛剛鬣
嘉薦普淖用薦歲事于皇祖伯某[illegible]以某妃配某氏尚
饗主人又再拜稽首
淖之[illegible]羊曰柔毛豕曰剛
鬣嘉薦[illegible]黍稷也普
大也淖和也德能大和乃有[illegible]曰奉盛
以告曰絜粢豐盛謂其三時[illegible]年豐也

右陰厭

陰厭圖

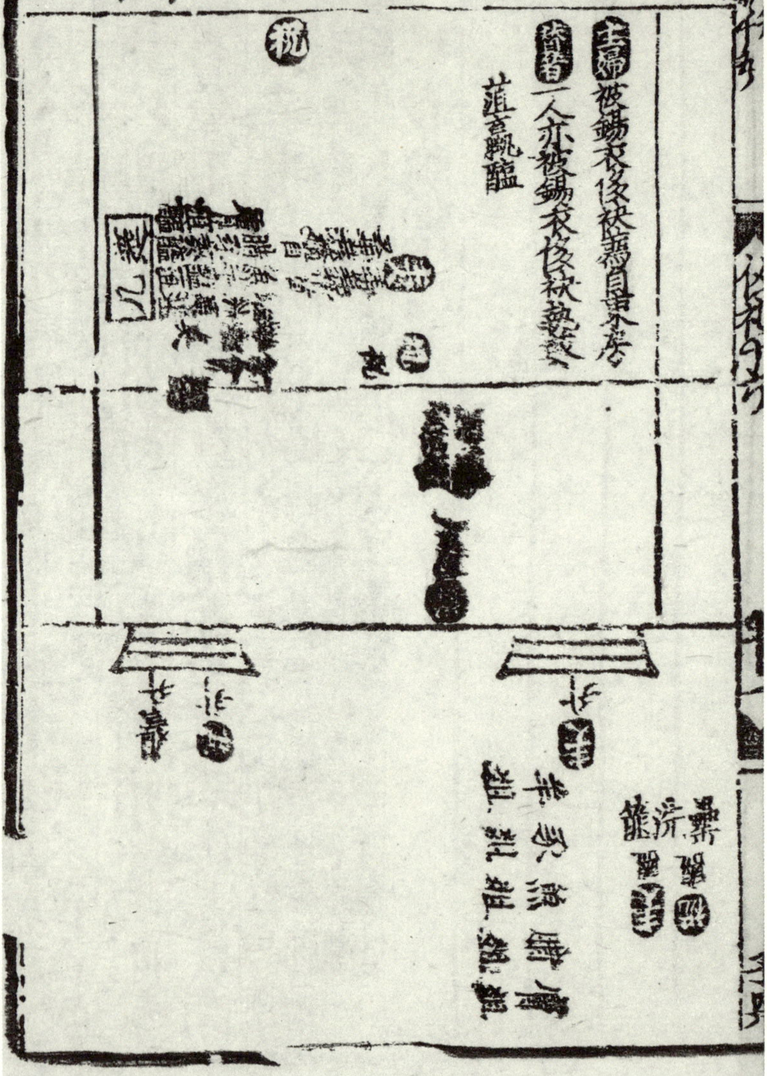

祝出迎尸于廟門之外主人降立于阼階東西面祝

先入門右尸入門左主人不出迎尸伸尊也特牲饋食禮曰尸入主人及賓皆辟位

出亦如之祝入門右者辟尸盥也既則後尸宗人奉槃東面于庭南一宗

人奉匜水西面于槃東一宗人奉簞巾南面于槃北

乃沃尸盥于槃上卒盥坐奠簞取巾興振之三以授

尸坐取簞興以受尸巾奉芳勇反○庭南没霤○疏曰庭南者於庭近南是設盥

門外霤近門而盥也祝延尸尸升自西階入祝從由後詔相之曰延延進也

周礼曰大祝相尸禮祝從從尸升自西階主人升自阼階祝先入主人從

祝接神先入宜也尸升筵祝主人西面立于戶內祝在左主人

由祝後而居右尊也祝從尸尸即席乃卻居主人左祝主人皆拜妥尸尸不言

尸答拜遂坐拜妥尸拜之使安坐也尸自此答拜遂坐而卒食其間有不啐奠不嘗鉶不告旨大夫之禮尸彌尊也不告旨者爲初亦不饗所謂曲而殺○疏曰不嘗鉶謂不嘗豕鉶饗者主爲孝薦之饗大夫尊嫌與人君同士賤不嫌也祝反南面未有事也墮祭爾敦官各肅其職不命尸取韭菹辯擩于三豆祭于豆間上佐食取黍稷于四敦下佐食取牢一切肺于俎以授上佐食上佐食兼與黍以授尸尸受同祭于豆祭牢羊豕也同合也合祭於俎豆之祭也黍稷之祭爲墮祭將食神餘尊之而祭之今墮坊肺祭肺也三取貝一也菹豆當祚菹豆○上佐食舉尸牢肺正脊以授尸上佐食爾上敦黍于筵上右之爾近也或曰移也右之便尸食也重言上佐食明更起不相因○今按賈疏授尸下有尸受祭肺四主人羞肵俎升自阼階置於膚北羞進也肵敬也親進之主人

人敬尸之加上佐食羞兩鉶取一羊鉶于房中坐設于韭
菹之南下佐食又取一豕鉶于房中以從上佐食受
坐設于羊鉶之南皆芼皆有柶尸扱以柶祭羊鉶遂
以祭豕鉶嘗羊鉶芼菜也羊用苦豕用薇皆有滑食舉舉牢肺正脊也先食啗之
以為道也三飯食以黍上佐食舉尸牢幹尸受振祭嚌之佐
食受加于肵幹正脅也上佐食羞胾兩瓦豆有醢亦用瓦
豆設于薦豆之北設於薦豆之北以其加也四豆亦綪羊胾在南豕胾在北無臐膮者
尚牲不尚味尸又食食胾上佐食舉尸一魚尸受振祭嚌
之佐食受加于肵橫之又復也或言食或言飯食大名小數曰飯魚橫之者異於
肉又食上佐食舉尸腊肩尸受振祭嚌之上佐食受

加于肵腊魚皆舉者少牢二牲略之腊必舉肩以肩爲終也別舉魚腊崇威儀○疏曰特牲獸魚常一時同舉又食上佐食舉尸牢骼如初亦舉幹也又食不舉者緣大夫之禮不過五舉須侑尸尸告飽祝西面于主人之南獨侑不拜侑曰皇尸未實侑侑勸也祝獨勸者更則尸飽實猶飽也祝既侑復反南面尸又食上佐食舉尸牢肩尸受振祭嚌之佐食受加于肵四舉牢體始於正脊終於肩尊於終始尸不飯告飽祝西面于主人之南祝當贊主人辭主人不言拜侑祝言而不拜主人不言而拜親疏之宜尸又三飯爲祝一飯爲主人三飯尊卑之差凡十一飯下人君也上佐食受尸牢肺正脊加于肵言受者尸授之也尸受牢幹而實舉于菹豆食畢操以授佐食焉

右尸入正祭

主人降洗爵升北面酌酒乃醑尸尸拜受主人拜送醑猶羨也既食之而又飲之所以樂之尸祭酒啐酒賓長羞牢肝用俎縮執俎肝亦縮進末鹽在右羞進也縮從也鹽在肵右便尸擩之○疏曰賓長右尸之左尸左執爵右兼取肝擩于俎鹽振祭嚌之加于菹豆卒爵主人拜祝受尸爵尸答拜兼兼羊豕

右主人醑尸

迎尸正祭及餕尸圖

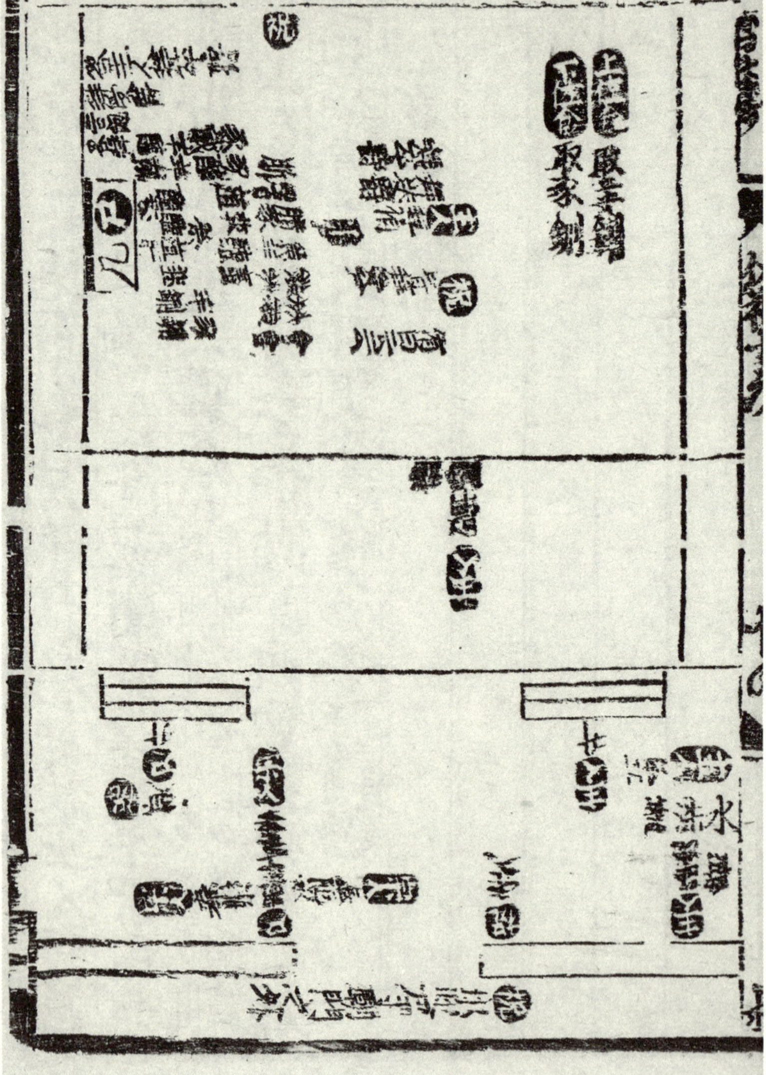

祝酌授尸尸醋主人主人拜受爵尸答拜主人西面奠爵又拜（主人受酢酒俠爵拜彌尊尸）上佐食取四敦黍稷下佐食取牢一切肺以授上佐食上佐食以綏祭（綏或作挼挼讀為墮將受嘏亦尊尸餘而祭之）主人左執爵右受佐食坐祭之又祭酒不興遂啐酒（右受佐食右手受墮於佐食也至此言坐祭之者明尸與主人為礼也尸恒坐有事則起主人恒立有事則坐○疏曰礼器周坐尸曲礼坐如尸立如齊注齊謂祭祀時）祝與二佐食皆出盥于洗入二佐食各取黍于一敦上佐食兼受摶之以授尸尸執以命祝（命祝以嘏辭）卒命祝祝受以東北面于戶西以嘏于主人曰皇尸命工祝承致多福無疆于女孝孫來女孝孫使女受祿于天宜

稼于田眉壽萬年勿替引之嘏大也予主人以大福工官也承猶傳也來讀曰釐釐賜也耕種曰稼勿猶無也替廢也引長也言無廢止時長如是也主人坐奠爵興
再拜稽首興受黍坐振祭嚌之詩懷之實于左袂挂
于季指執爵以興坐卒爵執爵以興坐奠爵拜尸答
拜執爵以興出宰夫以籩受嗇黍主人嘗之納諸內詩猶承也實於左袂便右手也季猶小也出出戶也宰夫掌飲食之事者收斂曰嗇明豐年乃有黍稷也復嘗之者重之至也納猶入也

右尸酢主人

尸酢主人圖

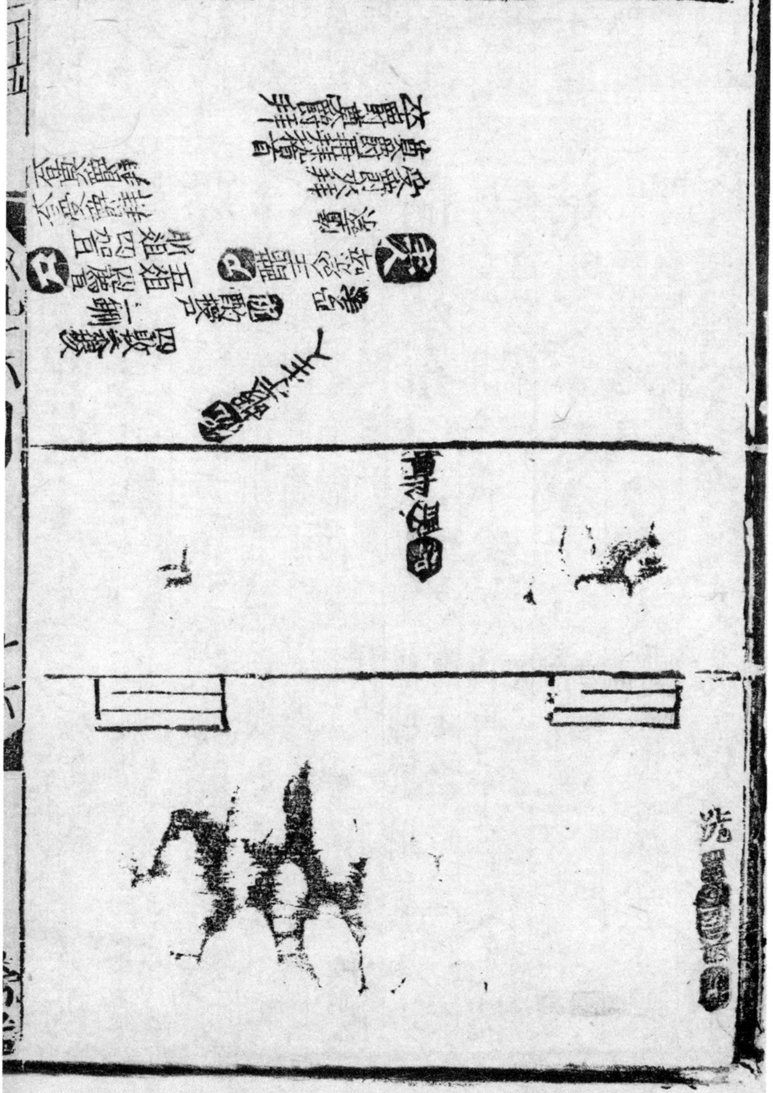

主人獻祝設席南面祝拜于席上坐受（室中迫狹）主人西面答拜（不言拜送下尸）薦兩豆菹醢（葵菹蠃醢）佐食設俎牢髀橫脊一短脅一腸一胃一膚三魚一橫之腊兩髀屬于尻（屬音燭尻苦刀反○皆升下體祝賤也魚橫者四物共俎殊之也腊兩髀屬于尻尤賤不殊○疏曰髀短脅橫脊皆羊豕之下體兩物者羊豕魚腊也腊用左右胖故有兩髀尻在中）祝取菹擩于醢祭于豆閒祝祭俎（大夫祝俎無肺祭用膚遠下尸不嚌之膚不盛○疏曰特牲祝俎有離肺無祭肺今俱無是遠下尸無肺故不嚌）祭酒啐酒肝牢從祝取肝擩于鹽振祭嚌之不興加于俎卒爵興（亦如佐食授爵乃興不拜既爵大夫祝賤也○疏曰特牲士卑故祝不賤）○主人酌獻上佐食上佐食戶內牖東北面拜坐受爵主人西面答拜佐食祭

酒卒爵拜坐授爵興不啐而卒爵者大夫之佐食賤禮略俎設于兩階之間其俎折一膚佐食不得成礼於室中折者擇取牲正體餘骨折分用之有脀而無薦亦遠下尸○主人又獻下佐食亦如之其脀亦設于階間西上亦折一膚上佐食既獻則出就其脀特牲記曰佐食無事則中庭北面謂此時

右獻祝二佐食

主人獻祝及二佐食圖

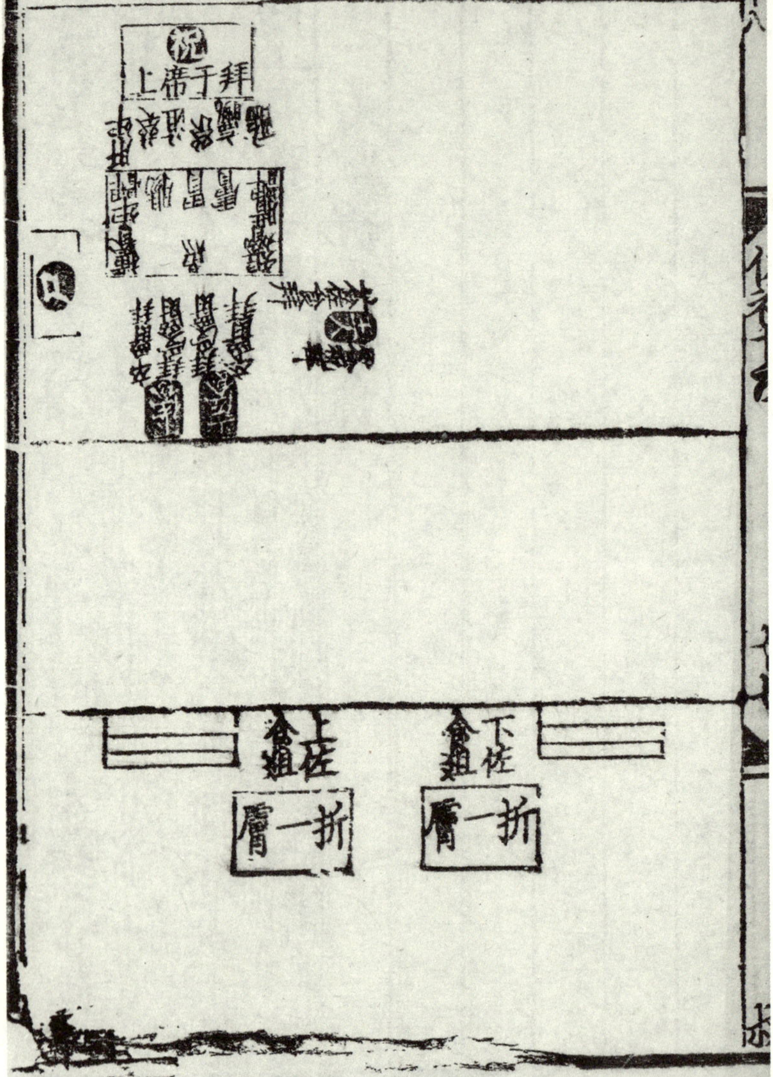

有司贊者取爵于篚以升授主婦贊者于房户男女不相因特牲饋食禮曰佐食卒角主人受角降反于篚○疏曰内則非祭非喪不相授器其相授則女受以篚其無篚則皆坐奠之而后取之婦贊者受以授主婦主婦洗于房中出酌入户西面拜獻尸入户西面拜由便也不北面者辟人君夫人也拜而後獻者當俠拜也昏禮曰婦洗在北堂直室東隅尸拜受主婦主人之北西面拜送爵拜於主人之北西面婦人位在内此拜於北則上拜於南矣由便也尸祭酒卒爵主婦拜祝受尸爵尸答拜○易爵洗酌授尸祝出易爵男女不同爵主婦拜受爵尸答拜上佐食綏祭主婦西面于主人之北受祭祭之其綏祭如主人之禮不嘏卒爵拜尸答拜不嘏夫婦一體綏亦當作挼主婦以爵出贊者受贊者

有司贊者也○易爵于篚以授主婦于房中易爵亦以授婦贊者婦贊者受房户外入授主婦主婦洗酌獻祝祝拜坐受爵主婦答拜于主人之北卒爵不興坐授主婦不俠拜下尸也○主婦受酌獻上佐食于户內佐食北面拜坐受爵主婦西面答拜祭酒卒爵坐授主婦○主婦獻下佐食亦如之主婦受爵以入于房不言拜於主人之北可知也爵奠於內篚

右主婦亞獻尸及祝二佐食

主婦獻尸及二祝佐食圖

洗爵獻尸尸拜受爵

沈祭酒拜受爵

祝
佐
食

主婦戌獻尸

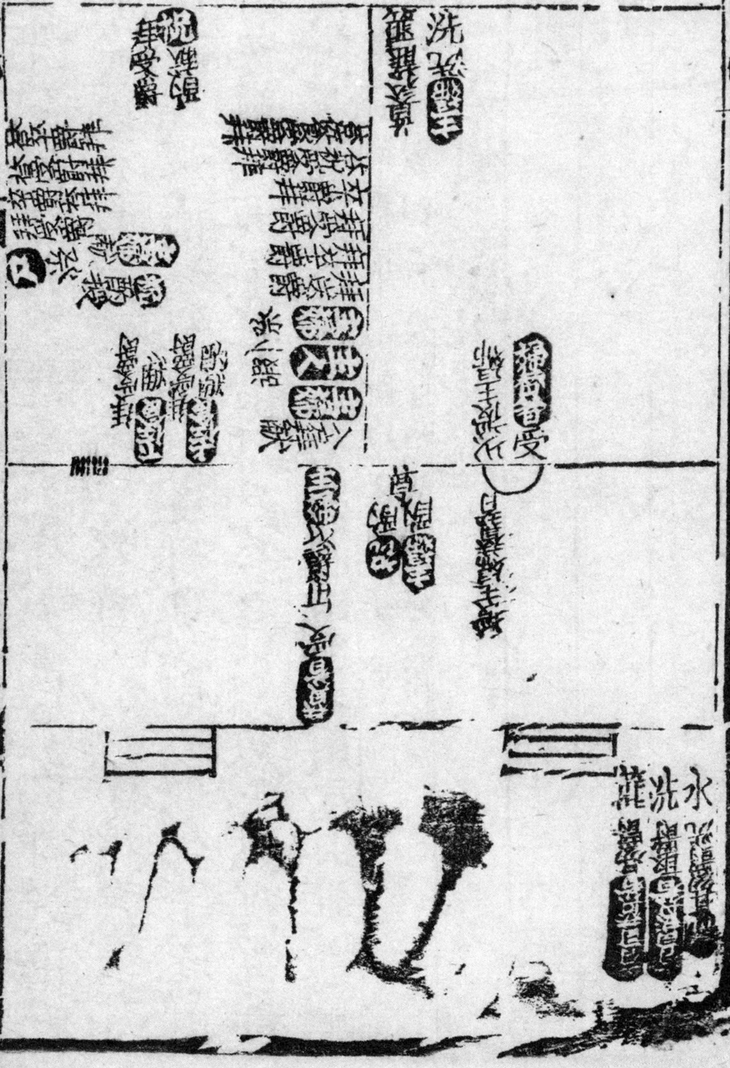

賓長洗爵獻于尸尸拜受爵賓戶西北面拜送爵尸祭酒卒爵賓拜祝受尸爵尸荅拜○祝酌授尸賓拜受爵尸拜送爵賓坐奠爵遂拜執爵以興坐祭遂飲卒爵執爵以興坐奠爵拜尸荅拜○賓酌獻祝祝拜坐受爵賓北面荅拜祝祭酒啐酒奠爵于其筵前啐酒而不啐爵祭事畢示醉也不獻佐食將儐尸禮殺○今按啐爵當作卒爵

右賓長獻尸及祝

賓長獻尸及祝圖

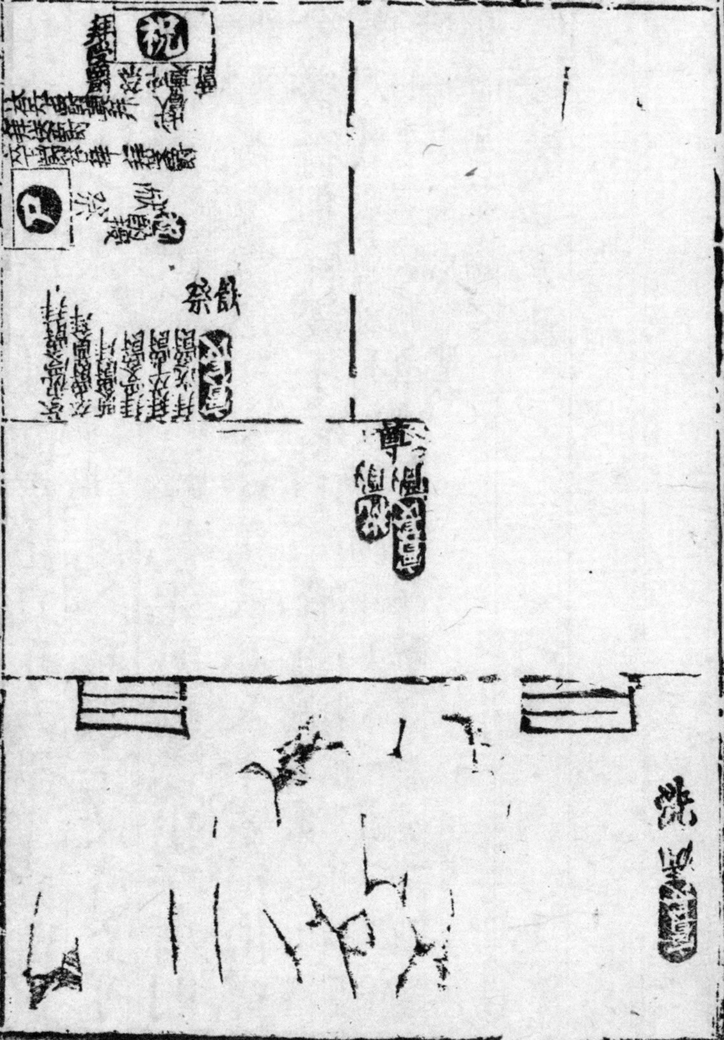

主人出立于阼階上西面祝出立于西階上東面祝告曰利成利猶養也成畢也孝子之養禮畢祝入尸謖主人降立于阼階東西面謖所六反○謖起也謖或作休祝先尸從遂出于廟門事尸之禮訖於門外祝反復位于室中主人亦入于室復位祝命佐食徹肵俎降設于堂下阼階南徹肵俎不出門將儐尸也肵俎而以儐尸者其本為不反魚肉耳不云尸俎未歸尸○疏曰曲禮謂食時魚肉不反俎故尸食亦加肵俎今儐尸將更食魚肉儐尸嘏併後加者歸之

右祭畢尸出

祭畢尸出圖

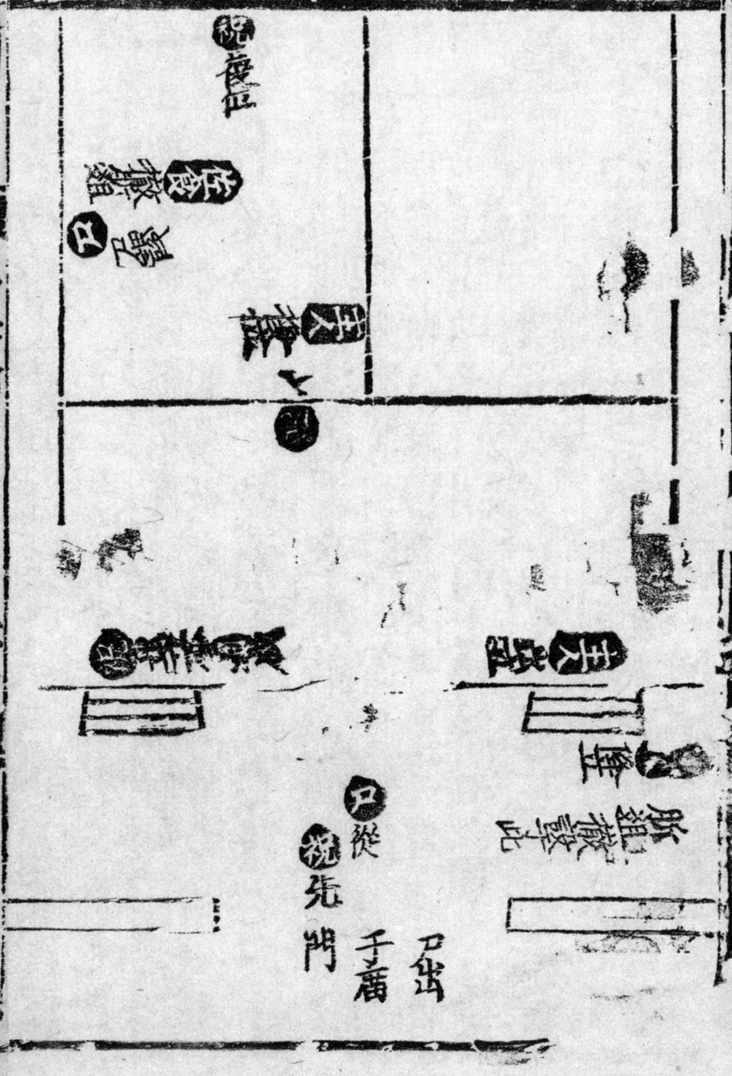

司宮設對席乃四人餕餕音餕○大夫禮四人餕明惠大也上佐食盥升下佐食對之賓長二人備備四人餕也三餕亦盥升○疏曰對者不謂東西相當直取東面西面為對下佐食西面近北也賓長二人亦不別當故不備不言對也司士進一敦黍于上佐食又進一敦黍于下佐食皆右之于席上右之者東面在南西面在北資黍于羊俎兩端兩下是餕資猶減也減置於羊俎兩端則一賓長在上佐食之北一賓長在下佐食之南○疏曰兩下者據二賓長也道尊右設二佐食皆在右上佐食言尸坐處欲知位次如此司士乃辯舉餕者皆祭黍祭舉舉舉膚○疏曰以尸舉肺下尸當舉膚主人西面三拜餕者餕者奠舉于俎皆答拜皆反取舉三拜旅之示徧也言反者拜時或去其席在東面席者東面拜在西面席者皆南面拜司士進一鉶于上餕又進一

鉶于次養又進二豆湆于兩下乃皆食食舉湆肉汁也○疏曰神坐止有羊豕一鉶故更益二豆湆從門外鑊中來卒食主人洗一爵升酌以授上養贊者洗三爵酌主人受于戶內以授次養若是以辯皆不拜受爵主人西面三拜養者養者奠爵皆答拜皆祭酒卒爵奠爵皆拜主人答壹拜不拜受爵者大夫餕於賤也答一拜略也養者三人興出降實爵于篚反賓位上養止主人受上養爵酢以醋于戶內西面坐奠爵拜上養答拜坐祭酒啐酒主人自酢者上養獨止當尸位尊不酌也○疏曰不約者將嘏主人在尸位不可親酌上養親嘏曰主人受祭之福胡壽保建家室親嘏不使祝授之亦以黍主人興坐奠爵拜執爵以興坐卒爵

四人餕圖

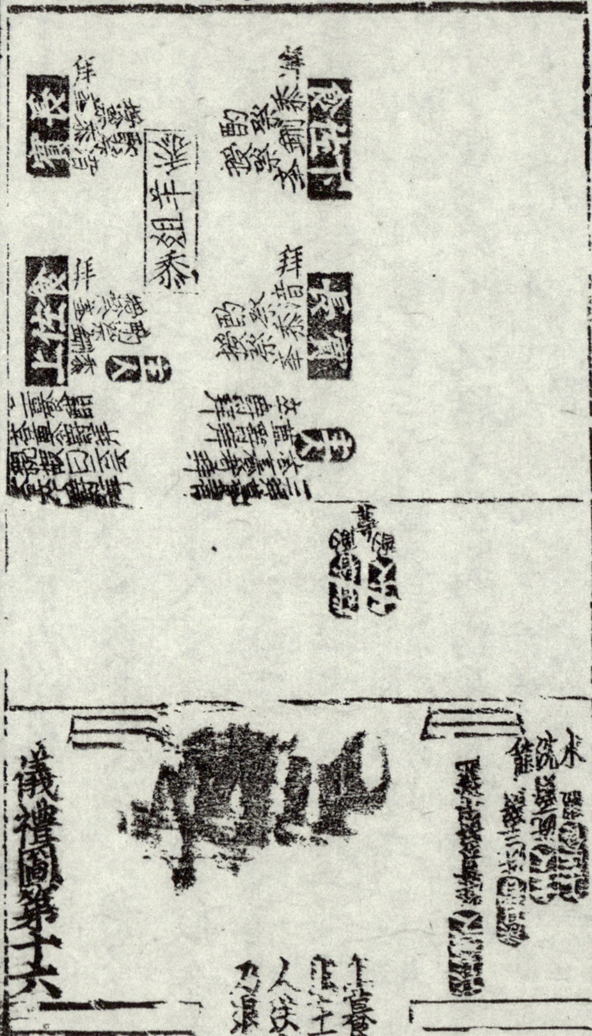

拜上餕答拜上餕興出主人送乃退送佐食不拜賤

右四人餕

儀禮圖第十七

有司徹第十七

鄭目録云少牢之下篇也大夫既祭儐尸於堂之禮祭畢禮尸於室中天子諸侯之祭明日而繹○疏曰上大夫於堂下大夫於室

有司徹徹直列反○徹室中之饋及祝佐食之俎卿大夫既祭而賓尸禮崇也賓尸則不設饌西北隅以此薦俎之陳有祭象而亦足以厭飫神天子諸侯明日祭於祊而繹春秋傳曰辛巳有事于太廟仲遂卒于垂壬午猶繹是也尒雅曰繹又祭也○祊百庚反

埽堂爲賓尸新之少儀曰汎埽曰埽埽席前曰拚○汎芳劒反拚方問反埽索到反

司宮攝酒更洗益整頓之○疏曰洗當作鐃見士冠禮

乃爇尸俎爇音尋○爇溫也溫尸俎於爨斯亦溫焉獨言溫尸俎則祝與佐食不與賓尸之禮古文爇皆作尋記或作燖春秋傳曰若可燖也亦可寒也

卒爇乃升羊豕魚三鼎無腊與膚乃設扃鼏陳鼎于門外如初腊爲庶羞膚從

家去貢鼎者賓尸之礼殺於初如初者如廟門之外東方北面北上

右燅尸俎

乃議侑于賓以異姓議猶擇也擇賓之賢者可以侑尸必用異姓廣敬也是時主人及賓有司已復內位宗人戒侑戒猶告也南面告於其位戒曰請子為侑○疏曰賓位在門東北面侑出俟于廟門之外俟待也待於次當與尸更入主人興禮事尸極敬心也

右戒侑

司宮筵于戶西南面為尸席也又筵于西序東面為侑席也尸與侑北面于廟門之外西上言與殊尊卑北面者賓尸而尸益卑西上統於賓客○疏曰北面執臣道主人出迎尸宗人擯賓客尸而迎之主人益尊擯贊○疏曰侑尸祝擯此宗人擯正祭主人不迎尸以申尸之尊此迎之主人拜尸答拜主人

又拜侑侑荅拜主人揖先入門右（道尸）尸入門左侑從
亦左揖乃讓（沒爵相揖至階又讓○爵力反）主人先升自阼階尸
侑升自西階西楹西北面東上（東上統於其席）主人東楹東
北面拜至尸荅拜主人又拜侑侑荅拜（拜至喜之）
右迎尸侑

迎尸侑圖

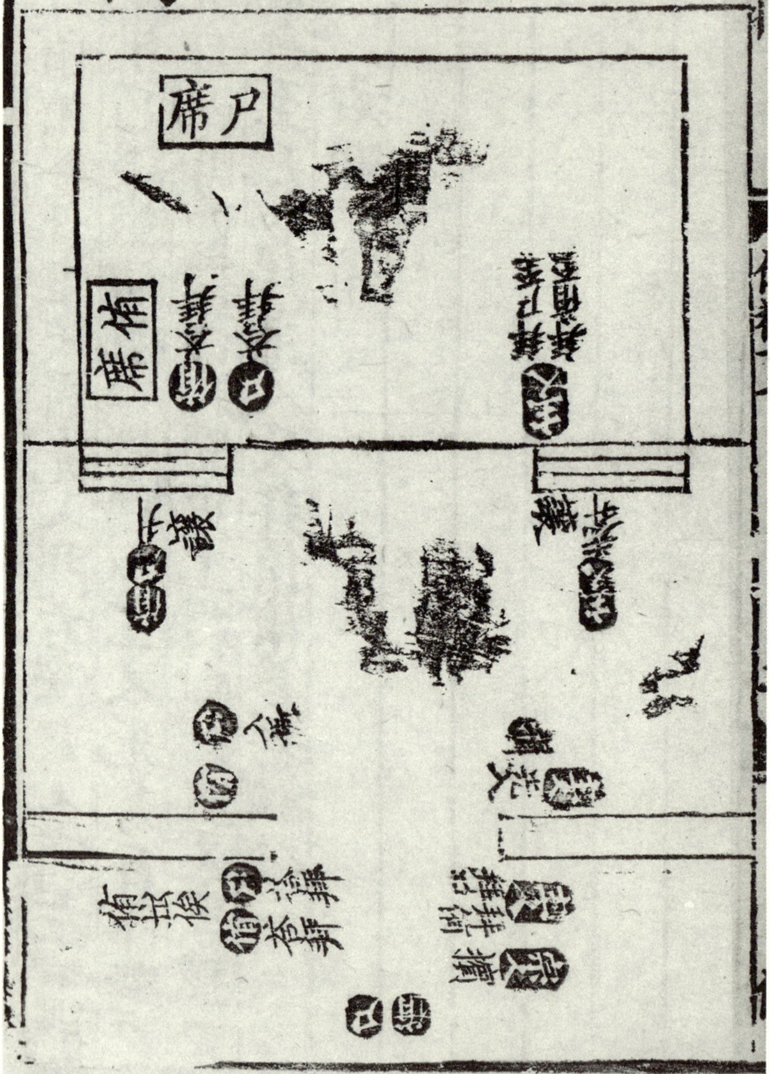

乃舉舉舉鼎也舉者不盥殺也司馬舉羊鼎司士舉豕鼎舉魚鼎以入陳鼎如初如初如阼階下西面北上雍正執一匕以從雍府執二匕以從司士合執二俎以從司士贊者亦合執二俎以從匕皆加于鼎東枋二俎設于羊鼎西西縮二俎皆設于二鼎西亦西縮雍正羣吏掌辨體名肉物者府其屬也三匕鼎一匕四俎爲尸侑主人主婦其二俎設于豕鼎魚鼎之西陳之宜具也雍人合執二俎陳于羊俎西並皆西縮覆二疏匕于其上皆縮俎西枋並併也其南俎司馬以羞羊匕湆羊肉湆其北俎司士以羞豕匕湆豕肉湆豕脀湆魚疏匕匕柄有刻飾者○疏曰匕湆謂無肉直汁以其注匕湆也肉湆者直是肉從湆中來賓無汁此二俎爲益送之俎

右舉鼎設俎

舉鼎設俎圖

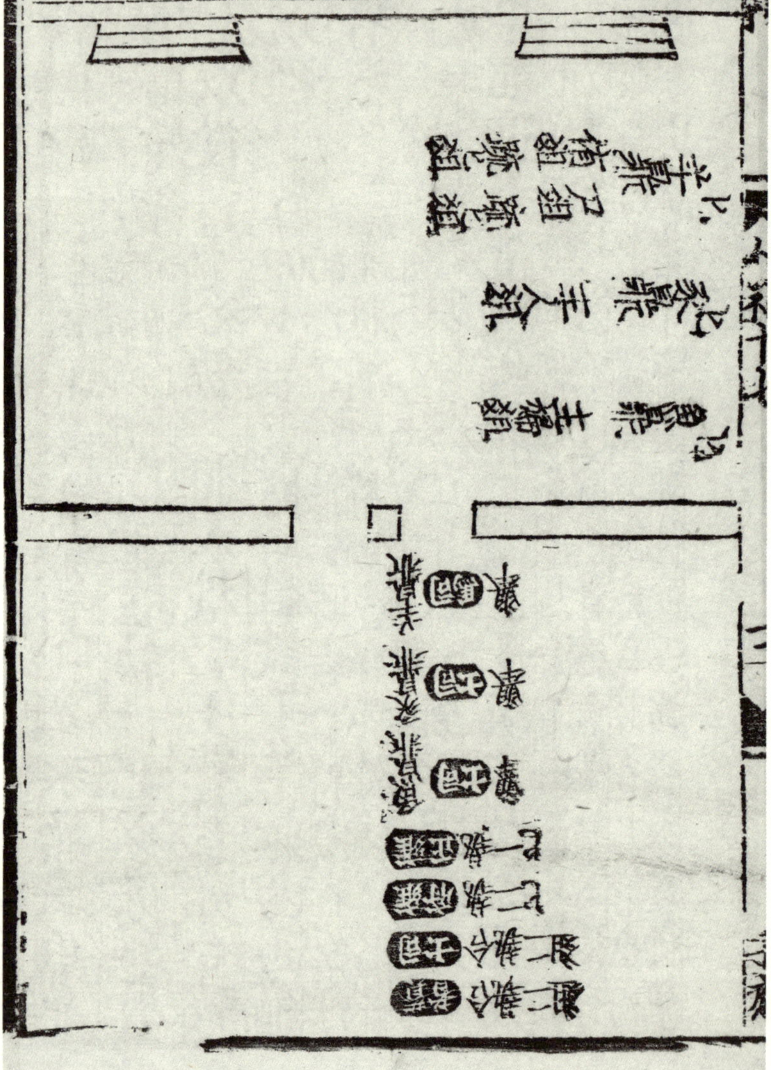

主人降受宰几尸侑降主人辭尸對几所以坐安體周禮太宰掌贊玉几玉爵宰授几主人受二手橫執几揖尸獨揖尸禮主於尸主人升尸侑升復位位阼階賓階上位主人西面左手執几縮之以右袂推拂几三二手橫執几進授尸于筵前衣袖謂之袂推拂去塵示新尸進二手受于手間受從手間謙也主人退尸還几縮之右手執外廉北面奠于筵上左之南縮不坐左之者異於鬼神生人陽長左鬼神陰長右不坐奠之者几輕○疏曰尸橫受之將欲縱設於席端還之使縮主人東楹東北面拜拜送几也尸復位尸與侑皆北面答拜侑拜者從於尸

右授尸几

授尸几圖

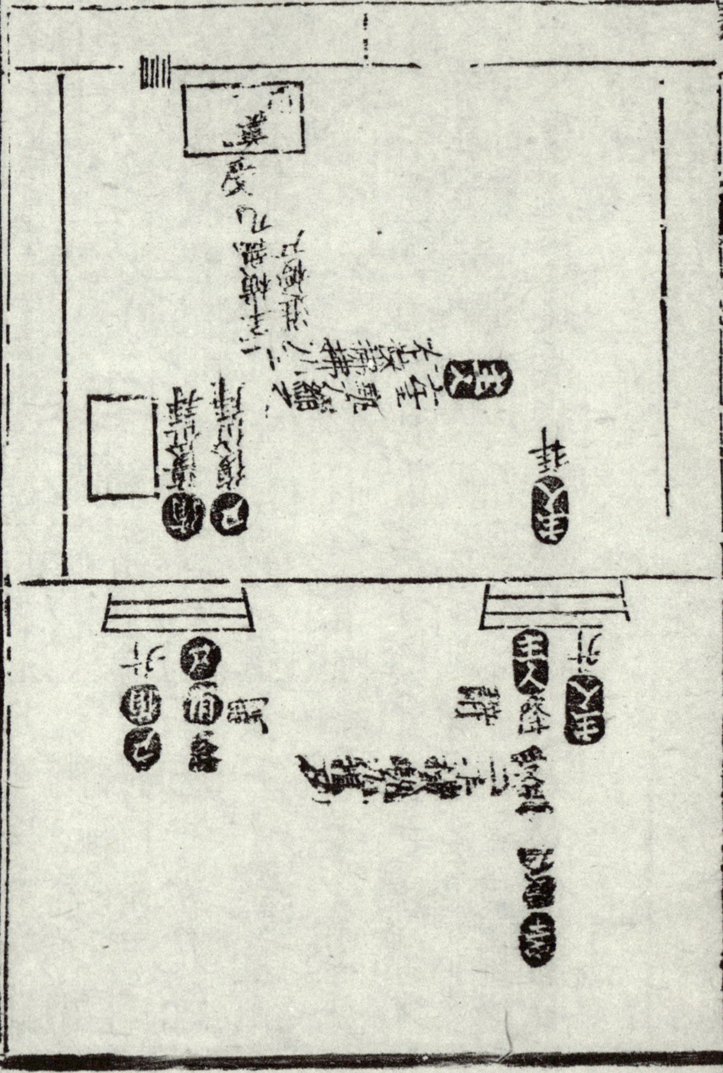

主人降洗尸侑降尸辭洗主人對卒洗揖主人升尸
侑升尸西楹西北面拜洗主人東楹東北面奠爵答
拜降盥尸侑降主人辭尸對卒盥主人揖升尸侑升
主人坐取爵酌獻尸尸北面拜受爵主人東楹東北
面拜送爵降盥者爲土汚手不可酌主婦自東房薦韭菹醢坐奠
于筵前菹在西方婦贊者執昌菹醓醢以授主婦主婦
不興受陪設于南昌在東方興取籩于房麷蕡坐設
于豆西當外列麷在東方婦贊者執白黑以授主婦
主婦不興受設于初籩之南白在西方興退[illegible]
云又○昌昌本也韭菹醓醢昌本麋臡[illegible]
熬枲實也白熬稻黑熬黍此皆朝事之豆籩[illegible]大夫無

朝事而用之賓尸亦豐大夫之禮主婦[?][?][?]其者以
饌異親之當外列辟餬也退退入房也○[?][?]反
贊乃亏反○疏曰先獻後薦與繹祭同[?]入朝事之
籩蕡白黑臨人朝事之豆韭葅醓醢[?][?][?][?]菁葅有
骨為臡無
骨為醢
○乃升升牲體於俎也司馬朼羊亦司馬載載右
體肩臂肫骼臑正脊一脡脊一橫脊一短脅一正脅
一代脅一腸一胃一祭肺一載于一俎[?][?][?]尸[?]俎後[?][?][?]明所
舉肩骼右體焉亦著脊脅皆一骨也臑在下[?][?]分之
以為肉湆也一俎謂司士所設羊鼎西第一俎○
疏曰[?]脅骨載一骨在正俎一骨在湆俎[?]一俎者在
循[?]之脂故下文注循俎云此俎也設[?]肉湆俎在
豕俎
之前
羊肉湆臑折正脊一正脅一腸一胃一嚌肺一
載于南俎肉湆肉在汁中者以增俎實為尸加也次
為臑折上所折分者嚌肺離肺也南俎雍
人所設在南者凡以下一一俎俟將而載於此歷說
之爾○疏曰凡牲體皆出汁此特得湆名者正祭升

體皆無乜湆此乜湆亦升[illegible]爲鼓下注云寧湆是也
言脅互文也言湆魚明魚亦有湆耳隨十三俎其四
尸侑主人主婦載羊體俎肯爲正俎其餘入俎司
所饌二俎益送往還有八貴實止二俎也
士朼豕亦司士載亦右體肩臂肫骼臑正脊一脡脊
一橫脊一短脅一正脅一代脅一膚五嚌肺一載于
一俎膚在下者順八十也組謂犧人所設在北者○膚
曰豕膚下新[illegible]在下[illegible]上文豕無正俎
侑俎羊左肩左肫正脊一脅一腸一胃一切肺一載
于一俎侑俎豕左肩折正脊一脅一膚三切肺一載
于一俎侑俎用[illegible]
[illegible]分爲[illegible]
[illegible]互言之爾無羊湆下尸也[illegible]
清禮俎同士所設羊鼎西之此[illegible]
號曰鼎俎[illegible]阼俎羊肺一祭肺一載于一俎羊肉
公有四[illegible]云[illegible]

[illegible]一賓以孔子之

湆臂一脊一脅一腸一胃一嚌肺一載于一俎豕脀

臂一脊一脅一膚三嚌肺一載于一俎[illegible]主人俎[illegible]遠下尸[illegible]亦尊

此以肩代之臑擊也加羊肉湆[illegible]有[illegible]下之[illegible]

主人齊左臂也[illegible]尸肩主人[illegible]臂肩下之[illegible]不言左臂

者大夫尊營其文說齊[illegible]一[illegible]三有

所異者卑於爵亦所謂顯[illegible]也[illegible]豕鼎

西面[illegible]者滑也與[illegible]主婦俎羊

俎司○釋文[illegible]

左臑脊一脅一腸一胃一膚一嚌羊肺一載于一俎

無豕體而有膚以主人無豕體[illegible]備[illegible]豕膚[illegible]祭肺有

內事宗亦下臂也祭肺尊言嚌[illegible]下嬖也

亂吾羊膞也則羊豕之體名同[illegible]

亞也其俎司士所執在魚俎西者司士朼魚亦司士

載尸俎五魚橫載之侑主人皆一魚亦橫載之皆加

膴祭于其上橫載之皆異於牲體彌變於神膴讀如殷冔之冔刳魚時割其腹以為大臠也

可用祭也其俎又與尸豕俎同○疏曰牲躰皆橫載
鬼進下生人進腠今進腠從生人禮魚皆縮載右首
於俎爲縮於尸爲橫祭進腠生人進鰭今橫載於人
爲縮不與正祭同又與生人異○今按橫載則進尾
也祭膴濡魚
此所謂魚湆
○卒升
卒已也已
載尸羊俎
賓長設羊俎于豆南
賓降尸升筵自西方坐左執爵右取韭菹擩于三豆
祭于豆間尸取麷蕡宰夫贊者取白黑以授尸尸受
兼祭于豆祭
賓長
賓已
雍人授次賓疏匕與俎受于鼎西
左手執俎左廉縮之卻右手執匕枋縮于俎上以東
面受于羊鼎之西司馬在羊鼎之東二手執桃匕枋
以挹湆注于疏匕若是者三
桃謂之歃讀如或舂或
抭之抭字或作挑者秦
人語也此二匕者皆有淺升狀如飯橾挑長枋可以
抒物於器中者注猶寫也○橾七刀反抒食汝反○

疏曰義升鉶當匕升階也尸興左執爵右取肺坐祭之祭酒興左

執爵嚌羊祭肺次賓縮執匕俎以升若是以授尸尸卻手

受匕枋坐祭嚌之興覆手以授賓賓亦覆手以受縮

匕于俎上以降嚌湆者明湆肉加耳嘗之以其汁尚味○疏曰此匕湆也在鼎亦在俎

無汁故以匕進也尸席末坐啐酒興坐奠爵拜告旨執爵以

興主人北面于東楹東答拜旨美也拜告旨酒美答主人意司馬羞

羊肉湆縮執俎尸坐奠爵興取肺坐絕祭嚌之興反

加于俎司馬縮奠俎于羊湆俎南乃載于羊俎卒載

俎縮執俎以降絕祭絕肺末以祭周禮曰絕祭湆使次賓肉使司馬大夫禮多崇敬也○

今按上經皆曰縮執縮奠加俎此縮執縮奠于羊湆俎湆字衍尸坐執爵以興次賓羞

宾燔縮執俎縮一燔于俎上鹽在右尸左執爵受燔
㨎于鹽坐振祭嚌之興加于羊俎賓縮執俎以降燔炙
尸降筵北面于西楹西坐卒爵執爵以興坐奠爵拜
執爵以興主人北面于東楹東荅拜主人受爵尸升
筵立于筵末疏曰獻尸有五節主人獻酒并主婦設籩豆一也賓長設俎二也次賓羞羊匕湆三也司馬羞羊肉湆四也次賓羞羊燔五也

右主人獻尸

今按主人獻尸羞羊俎及主婦獻尸始羞豕脀及賓作三獻之爵始設鹽俎今並述主人獻尸之時者以載俎事同一類故以類相從庶使易見也不儐尸此也主人獻湆羞羊俎主婦獻有羞豕脀又尸酢主人羞阼羊俎主婦致爵于主人始羞豕脀又主婦羊俎亦尸酢主婦始用之今並述於主

主人獻尸圖

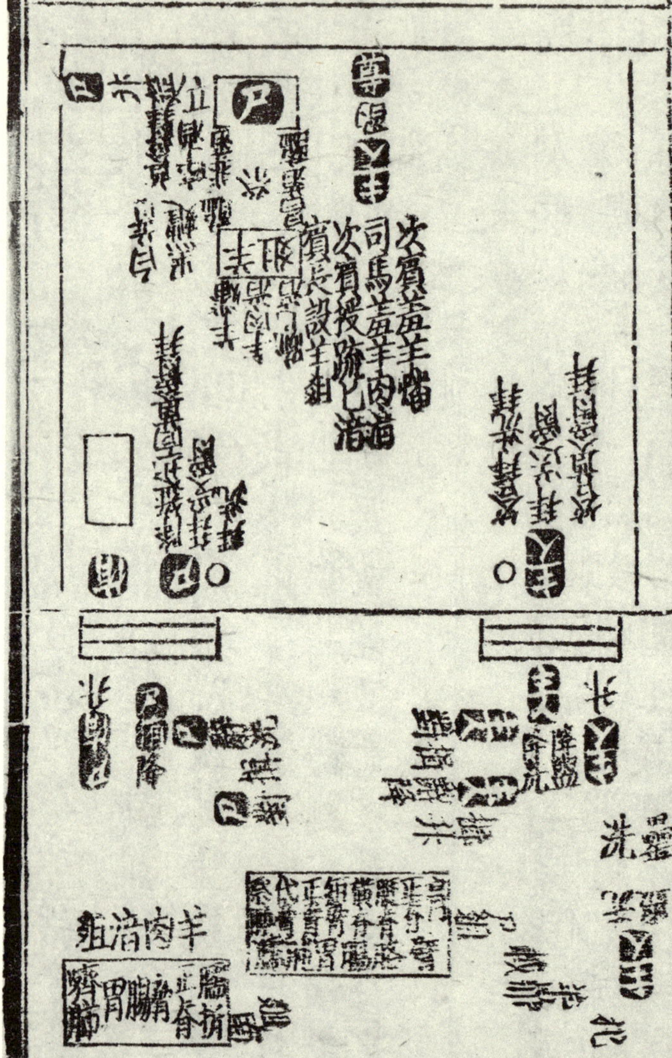

人獻尸之下皆亦發以類相從也鄭注云此次

下上一豆俟時而載於此歷說之爾蓋器盡也

主人酌獻侑侑西楹西北面拜受爵主人在其右北面答拜不洗者俱獻間無事也主人就右者賤不專階○疏曰爵從甲洛來向尊陽無事亦洗主婦薦韭菹醢坐奠于筵前醢在南方婦贊者執二籩麷蕡以授主婦主婦不興受之奠麷于醢南蕡在麷東主婦入于房醢在南方者立侑為尸使正饌統焉侑升筵自北方司馬橫執羊俎以升設于豆東侑坐左執爵右取菹擩于醢祭于豆間又取麷蕡同祭于豆祭興左執爵右取肺坐祭之祭酒興左執爵次賓羞羊燔如尸禮侑降筵自北方北面于西楹西坐卒爵執爵以興坐奠爵拜主人答拜答拜拜於侑之右○疏曰此節有三事主婦薦籩豆一也司馬羞羊

俎一也次賓羞燔三也侑降
祭卩二等無羊匕湆又無肉湆

右主人獻侑

主人獻侑圖

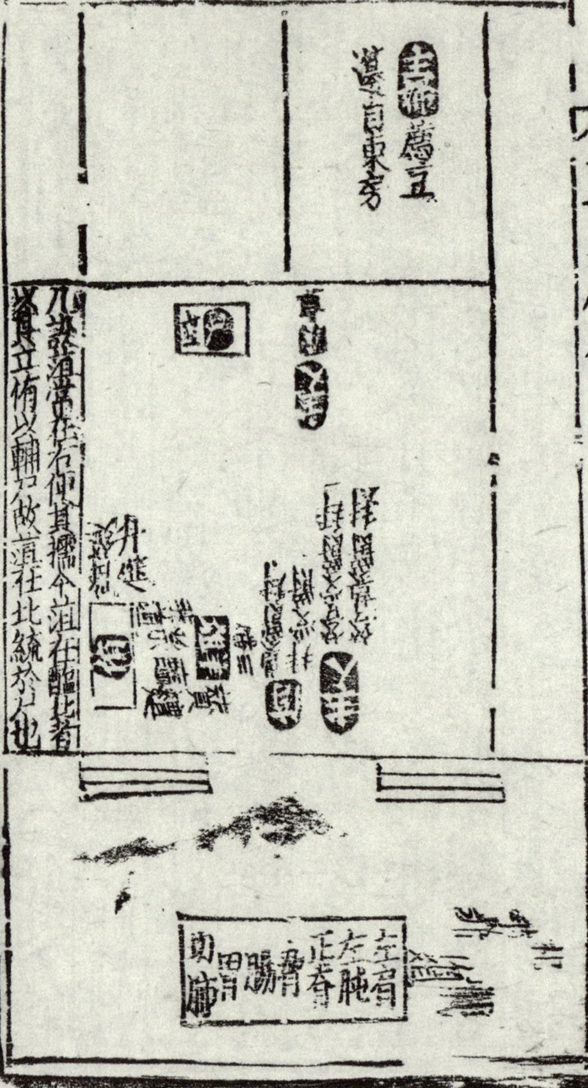

尸受侑爵降洗侑降立于西階西東面主人降自阼
階辭洗尸坐奠爵于篚興對卒洗主人升尸升自西
階主人拜洗尸北面于西楹西坐奠爵答拜降盥主
人降一等辭主人對卒盥主人升尸升坐取爵酌酌者將獻
主人〇疏曰特牲少牢主人獻尸卽酢主人此特獻侑乃酢尸畢達主人之意也司宮設席
于東序西面疏曰特牲少牢皆致爵乃設席此儐尸受酢卽設者主人益尊主人東
楹東北面拜受爵尸西楹西北面答拜主婦薦韭菹
醓坐奠于筵前菹在北方婦贊者執二籩麷蕡主婦
不興受設麷于菹西北蕡在麷西主人升筵自北方
主婦入于房設籩于菹西北亦辟鉶長賓設羊俎于豆西主人

坐左執爵祭豆籩如侑之祭興左執爵右取肺坐祭之祭酒興次賓羞匕湆如尸禮席末坐啐酒執爵以興司馬羞羊肉湆縮執俎主人坐奠爵于左興受肺坐絶祭嚌之興反加于湆俎司馬縮奠湆俎于羊俎西乃載之卒載縮執虛俎以降奠爵于左者神惠變於常也言受肺者明有授言虛俎者羊湆俎訖於此虛不復用○疏曰此雍人所陳羊俎西在南者不復用此俎見下次賓羞羊燔於主人則北之豕俎用豕烝羞羊燔禮殺也主人坐取爵以興次賓羞燔疏曰燔即羊燔主人與尸侑皆用羊體上婦獻尸以後悉用豕體賓長獻尸後遂用魚從是以知之主人受如尸禮主人降筵自北方北面于阼階上坐卒爵執爵以興坐奠爵拜執爵以興尸西楹西答拜

三人坐奠爵于東序南下降奠爵於篚爲祟酒侑升尸侑皆北面于西楹西見主人不反位知將與已爲禮主人北面于東楹東再拜祟酒祟充也拜謝尸侑以酒薄充滿尸侑皆答再拜主人及尸侑皆升就筵疏曰此亦有五節尊主人故與尸同

右尸酢主人

尸酢主人圖

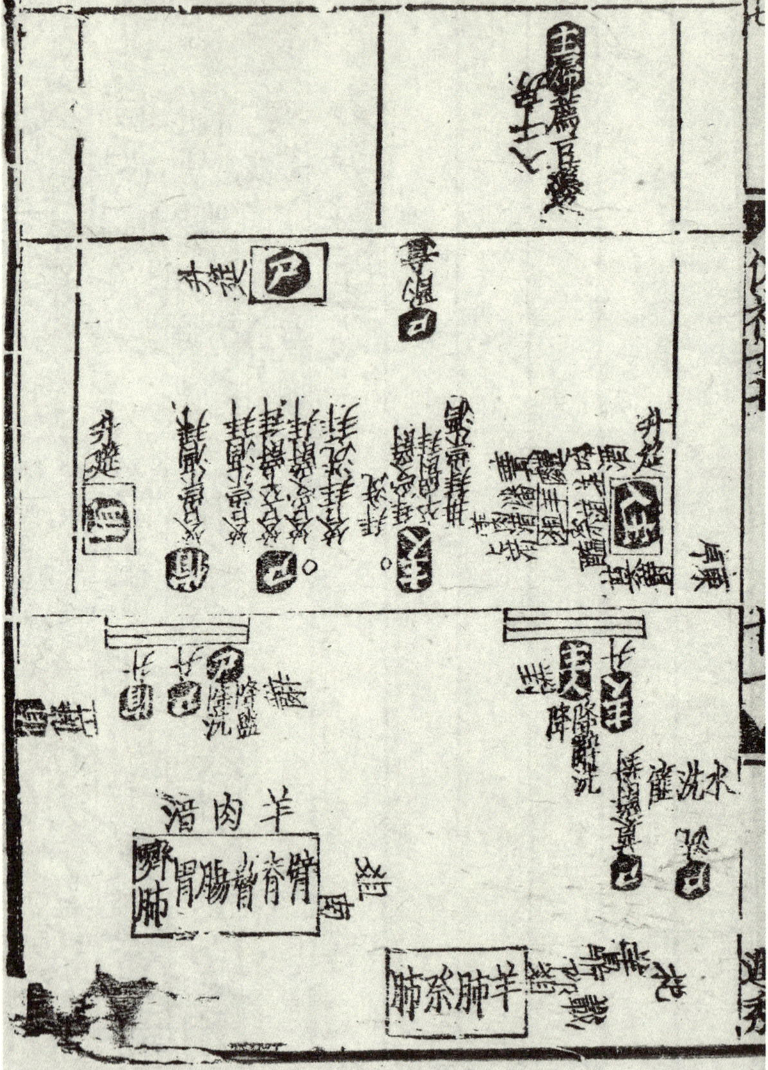

司宮取爵于篚以授婦贊者于房東以授主婦房東房戶外之東主婦洗爵于房中出實爵尊南西面拜獻尸尸拜于筵上受尊東西面拜內使也○疏曰筵上受者以婦人所獻不得各就其階主婦西面于主人之席北拜送爵入于房取一羊鉶坐奠于韭菹西主婦贊者執豕鉶以從主婦不興受設于羊鉶之西興入于房取糗與腶脩執以出坐設之糗在蕢西脩在白西興立于主人席北西面飲酒而有鉶者祭之餘鉶無祭糗糗穀也糗餌也腶脩擣肉之脯糗尸坐左執爵祭糗脩同祭于豆祭以羊鉶之柶挹羊鉶遂以挹豕鉶祭于豆祭祭酒次賓羞豕匕湆如羊匕湆之禮尸坐啐酒左執爵

嘗上鉶執爵以興坐奠爵拜主婦答拜執爵以興司士羞豕脀尸坐奠爵興受如羊肉湆之禮坐取爵興次賓羞豕燔尸左執爵受燔如羊燔之禮坐卒爵拜主婦答拜受爵疏曰亞獻凡五節設兩鉶一也設羞羊湆二也次賓羞豕匕湆三也司士羞豕脀四也次賓羞豕燔五也

右主婦亞獻尸

主婦亞獻尸圖

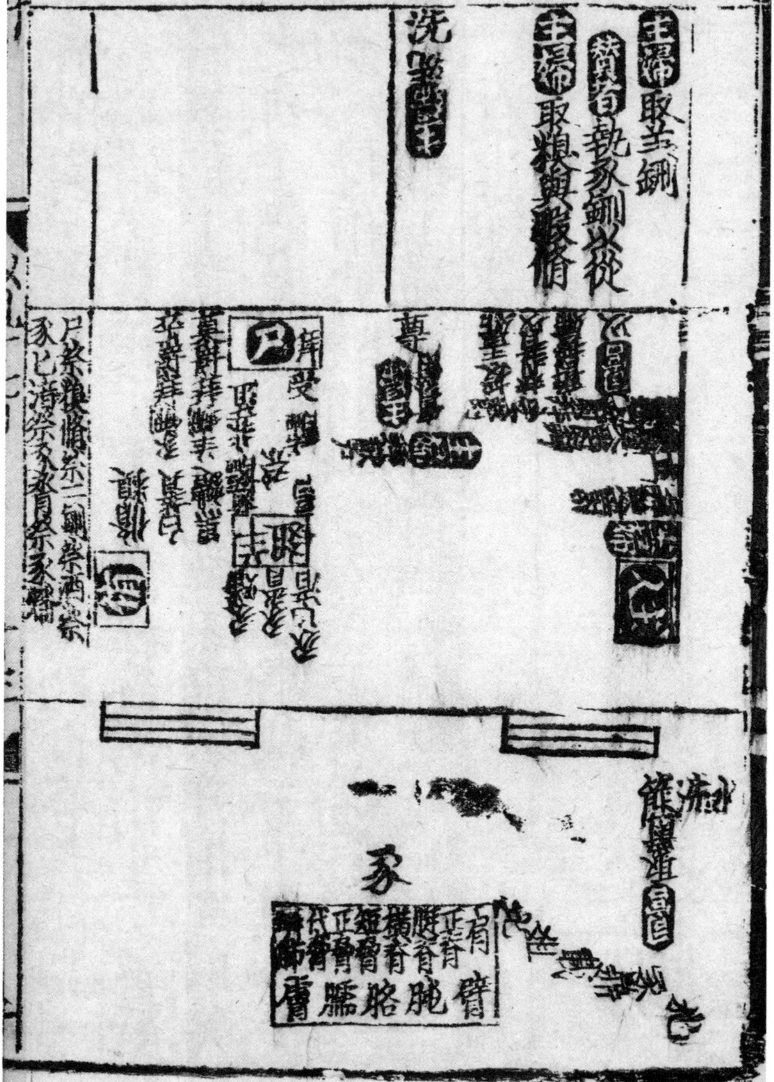

酌獻侑侑拜受爵主婦主人之北西面荅拜酌獻者主婦
主婦羞糗脩坐奠糗于籩南脩在蕡南侑坐左執爵
取糗脩兼祭于豆祭司士縮執豕脀以升侑興取肺
坐祭之司士縮奠豕脀于羊俎之東載于羊俎卒乃
縮執俎以降侑興豕脀無湆於侑禮殺次賓羞豕燔侑受如尸
禮坐卒爵拜主婦荅拜受爵蹴冂降於尸二等無鉶羹與豕匕湆

右主婦獻侑

主婦獻侑圖

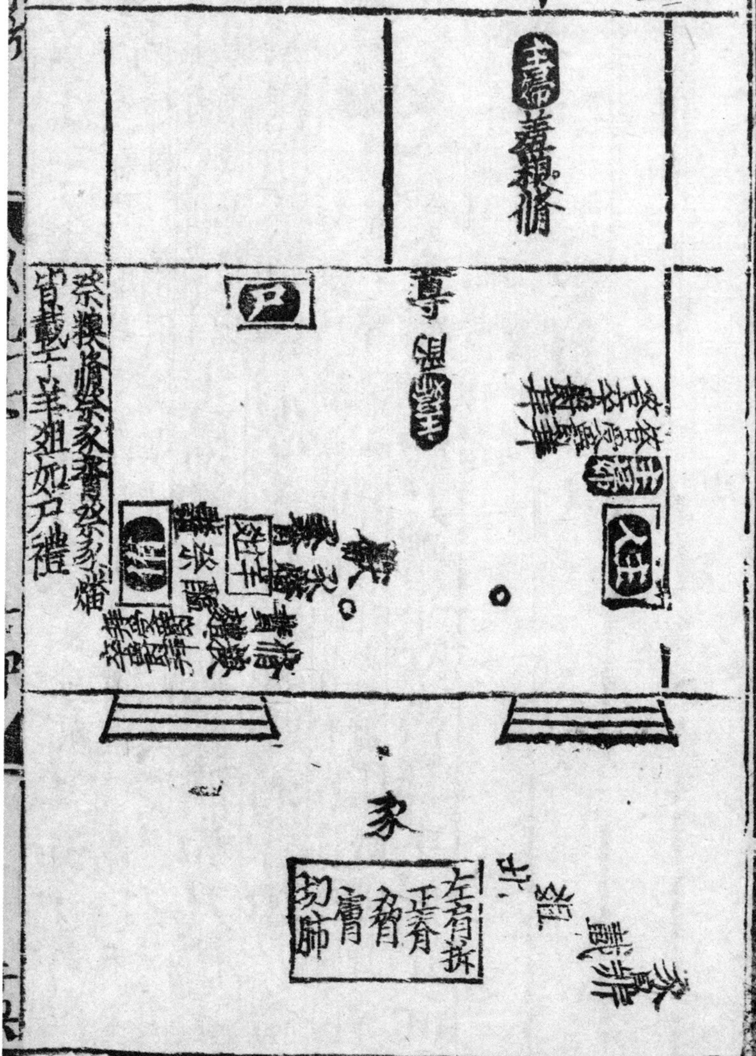

酌以致于主人主人筵上拜受爵主婦北面于阼階上答拜主婦易位拜于阼階上辟併敬○疏曰前主婦獻尸侑拜送於主人北今致爵於主人拜於階上者辟併敬主人與尸侑故易位也主婦設二鉶與糗脩如尸禮主人其祭糗脩祭鉶祭酒受豕匕湆拜啐酒皆如尸禮嘗鉶不拜主人如尸禮尊也其異者不告旨○疏曰前獻尸啐酒不拜拜在嘗鉶下或此拜字衍其受豕脀受豕燔亦如尸禮坐卒爵拜主婦北面答受爵拜疏曰此決有尸鄭行事與尸同

右主婦致爵于主人

主婦致爵于主人圖

按特牲三獻爵止乃致爵此未三獻而致爵者以上篇已有獻於尸故此不待三獻又見儐尸禮殺故也

祭糗脩祭豕鉶羊鉶祭豕匕脩祭豕脀祭豕燔皆如尸禮

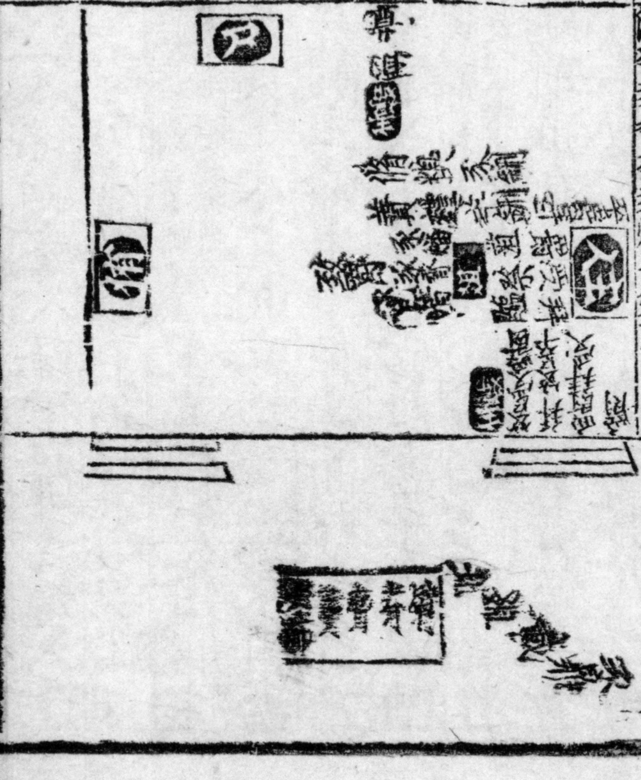

尸降筵受主婦爵以降將酢主婦主人降侑降主婦入于
房主人立于洗東北西面侑東面于西階西南俟尸洗
尸易爵于篚盥洗爵易爵者男女不相襲爵主人揖尸侑揖升主
人升尸升自西階侑從主人北面立于東楹東侑西
楹西北面立俟尸酌尸酌主婦出于房西面拜受爵尸
北面于侑東答拜主婦入于房司宮設席于房中南
面主婦立于席西設席者主婦尊○疏曰賓長以下皆無設席之文婦贊者
薦韭菹醓醢坐奠于筵前菹在西方婦人贊者執麷蕡
以授婦贊者婦贊者不興受設麷于菹西蕡在麷南
婦人贊者宗婦之少者○疏曰大夫贊者一人贊主婦及長婦故云宗婦少者主婦升筵司

馬設羊俎于豆南主婦坐左執爵右取菹擩于醢祭
于豆間又取麷蕡兼祭于豆祭主婦奠爵興取肺坐
絕祭嚌之興加于俎坐捝手祭酒啐酒捝手者于帨帨佩巾內則
曰婦人亦左佩紛帨次賓羞羊燔主婦興受燔如主人之禮主
婦執爵以出于房西面于主人席北立卒爵執爵拜
尸西楹西北面答拜主婦入立于房尸主人及侑皆
就筵出房立卒爵宜鄉尊不坐者變於主人也執爵拜變於男子也○疏曰此篇內從酢有三婦賛
者設豆籩一也司馬設羊俎二也次賓羞羊燔三也主婦與侑同主人與尸同

右尸酢主婦

尸酢主婦圖

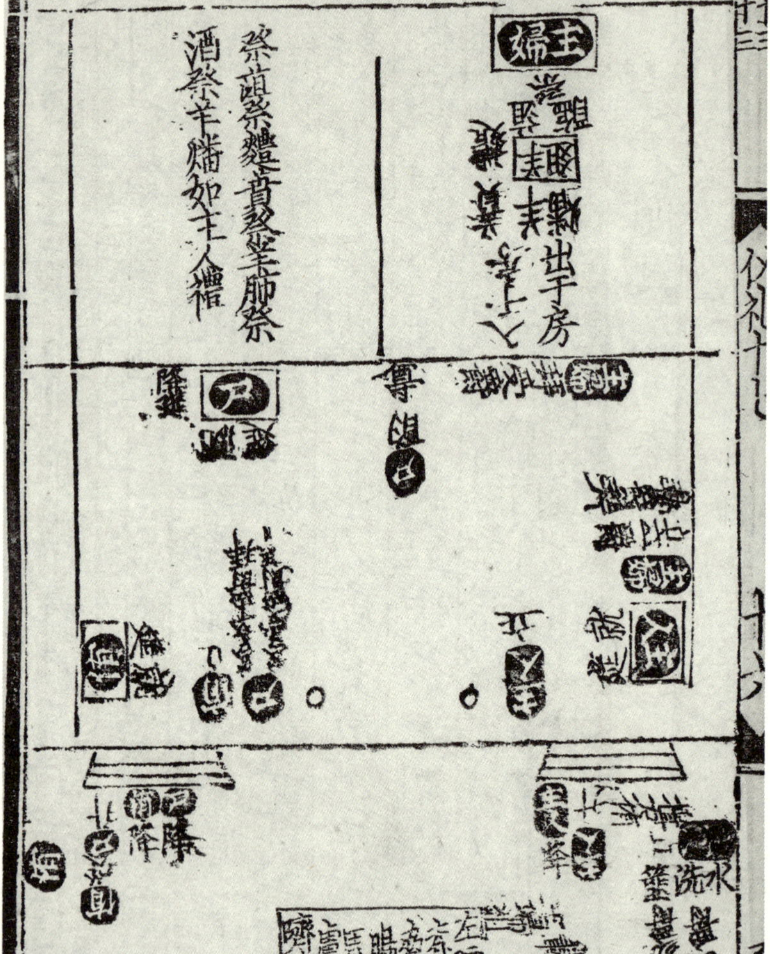

上賓洗爵以升酌獻尸尸拜受爵賓西楹西北面拜送爵尸奠爵于薦左賓降上賓賓長也謂之上賓以將獻異之或謂之長賓奠爵爵止也

右上賓三獻尸

上賓三獻尸圖

按特牲及下大夫尸在室内始行三獻未行致爵尸奠爵欲神惠均於室此賓尸之禮三獻訖夫婦又已行致爵說致爵止欲得神惠均於庭

尸奠爵於薦左未舉者以三獻在禮終欲使神惠均於庭徧得獻乃舉之故下文主人獻及衆賓以下訖乃作止爵

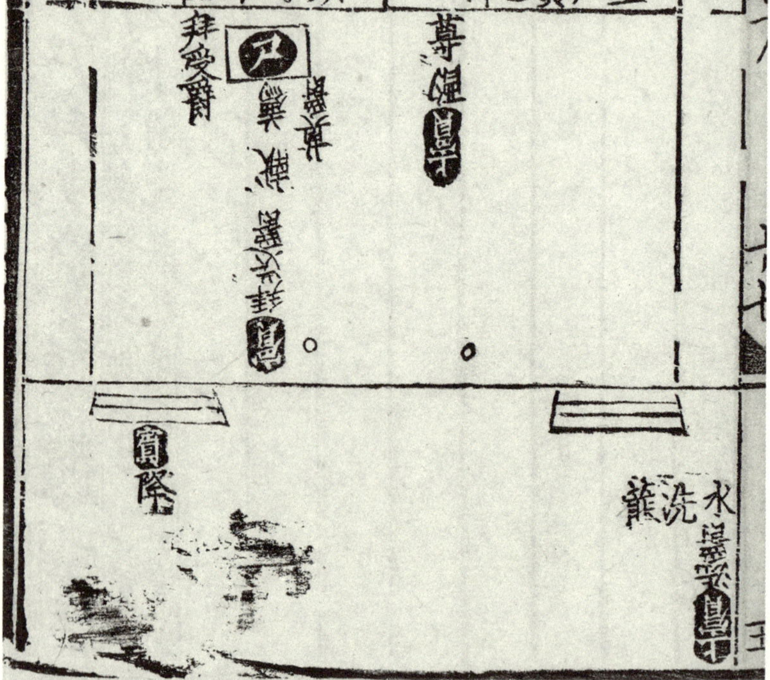

主人降洗爵尸侑降主人奠爵于篚辭尸對卒洗揖
尸升侑不升侑不升尸礼益殺不從○主人實爵酬尸東楹東北
面坐奠爵拜尸西楹西北面答拜坐祭遂飲卒爵拜
尸答拜降洗尸降辭主人奠爵于篚對卒洗主人升
尸升主人實爵尸拜受爵主人反位答拜尸北面坐
奠爵于薦左降洗者主人尸侑主人皆升筵

右主人酬尸

主人酬尸圖

下經二人舉觶于尸侑侑奠觶于右注云奠于右者神惠右不舉變於飲酒此賓尸如與賓客飲酒然故有酬異於神惠是以奠於左

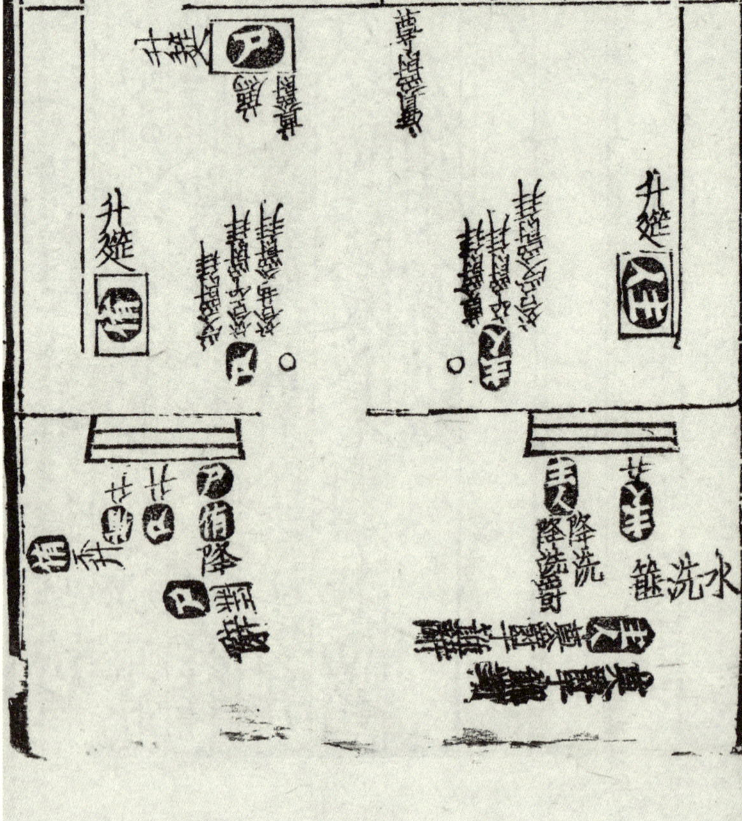

乃羞宰夫羞房中之羞于尸侑主人主婦皆右之司

士羞庶羞于尸侑主人主婦皆左之二羞所以盡歡心房中之羞其籩則糗餌粉餈其豆則酏食糝食庶羞羊臐豕膮皆有胾醢房中之羞內羞也內羞在右陰也庶羞在左陽也○糝素感反臐許云反膮呼彫反胾側吏反○䟽曰房中之羞其籩者周禮籩人職云羞籩之實其豆則醢人職云羞豆之實公食大夫牲皆臛及炙胾此直云臐膮胾醢不言炙者彼是食禮故庶羞並陳此飲酒之禮備炙前已從獻故止有臐胾而已內羞是穀物故云陰庶羞是牲物故云陽

右羞于尸侑主人主婦

乃羞于尸侑主人主婦圖

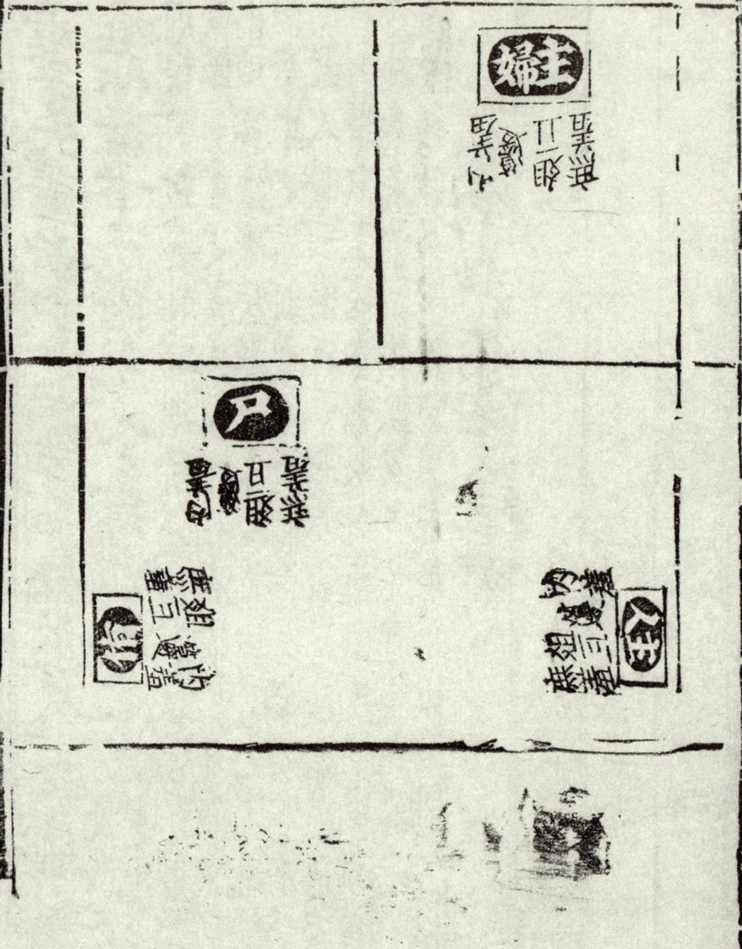

主人降南面拜衆賓于門東三拜衆賓門東北面皆荅壹拜拜于門東明少南就之也言三拜者衆賓賤旅之也衆賓一拜賤也卿大夫尊賓賤純臣也位在門東主人洗爵長賓辭主人奠爵于篚興對卒洗升酌獻賓于西階上長賓升拜受爵主人在其右北面荅拜宰夫自東房薦脯醢醢在西司士設俎于豆北羊骼一腸一胃一切肺一膚一羊骼羊左骼上賓一體賤也薦與設俎者既則俟于西序端賓坐左執爵右取脯擩于醢祭之執爵興取肺坐祭之祭酒遂飲卒爵執以興坐奠爵拜執爵以興主人荅拜受爵賓坐取祭以降西面坐委于西階西南成祭於上尊賓也取祭以降反下位也反下位而在西階西南已獻尊之祭脯肺○

疏曰與主人相對尊之也宰夫執薦以從設于祭東司士執俎以
從設于薦東○衆賓長升拜受爵主人答拜坐祭立
飲卒爵不拜既爵既盡也長賓升者以次第升受獻言衆賓長拜則其餘不拜宰
夫贊主人酌若是以辯辯主人每獻一人奠空爵于篚宰夫酌授於尊南辯受
爵其薦脯醢與脀設于其位其位繼上賓而南皆東
面其脀體儀也徧獻乃薦略之亦宰夫薦司士脀用儀者尊體盡儀度餘骨可用而用之
尊者用尊體卑者用卑體而已亦有切肺膚乃升長賓主人酌酢于長賓
西階上北面賓在左主人酌自酢序賓意賓卑不敢酢○疏曰特牲獻長賓訖即酢
此主人益尊先自達其意主人坐奠爵拜執爵以興賓答拜坐祭
遂飲卒爵執爵以興坐奠爵拜賓答拜拜賓降降反位

主人獻賓圖

右主人獻賓

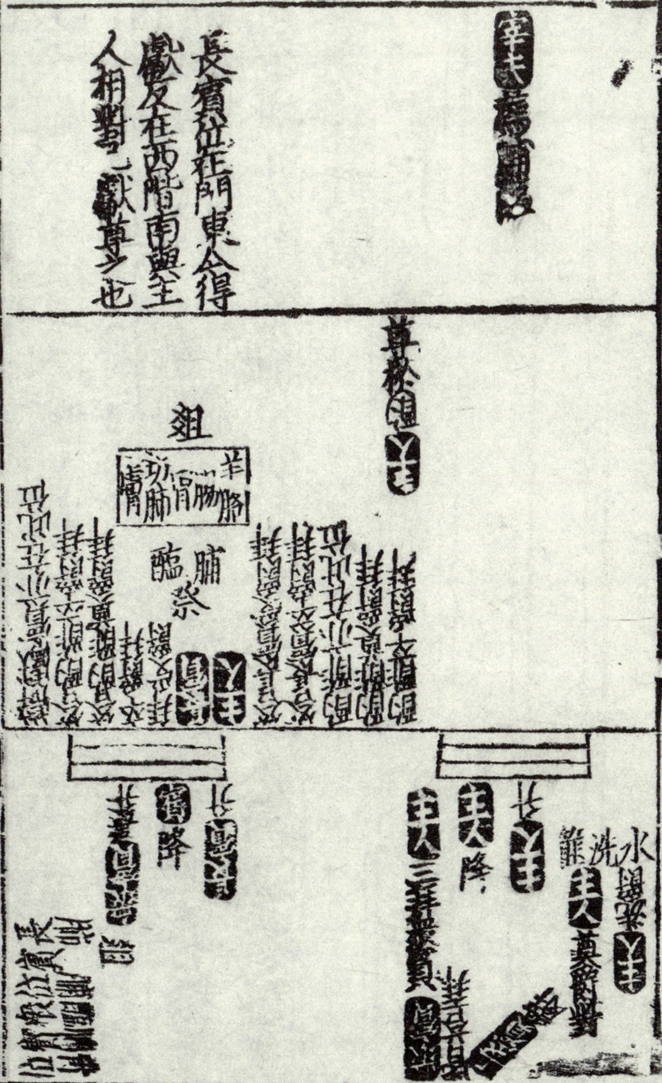

宰夫洗觶以升主人受酌降酬長賓于西階南北面
賓在左主人坐奠爵拜賓答拜坐祭遂飲卒爵拜賓
答拜宰夫授主人觶則受其虛爵奠于篚主人洗賓辭主人坐奠爵于
篚對卒洗升酌降復位賓拜受爵主人拜送爵賓西
面坐奠爵于薦左

右主人酬賓

主人酬賓圖

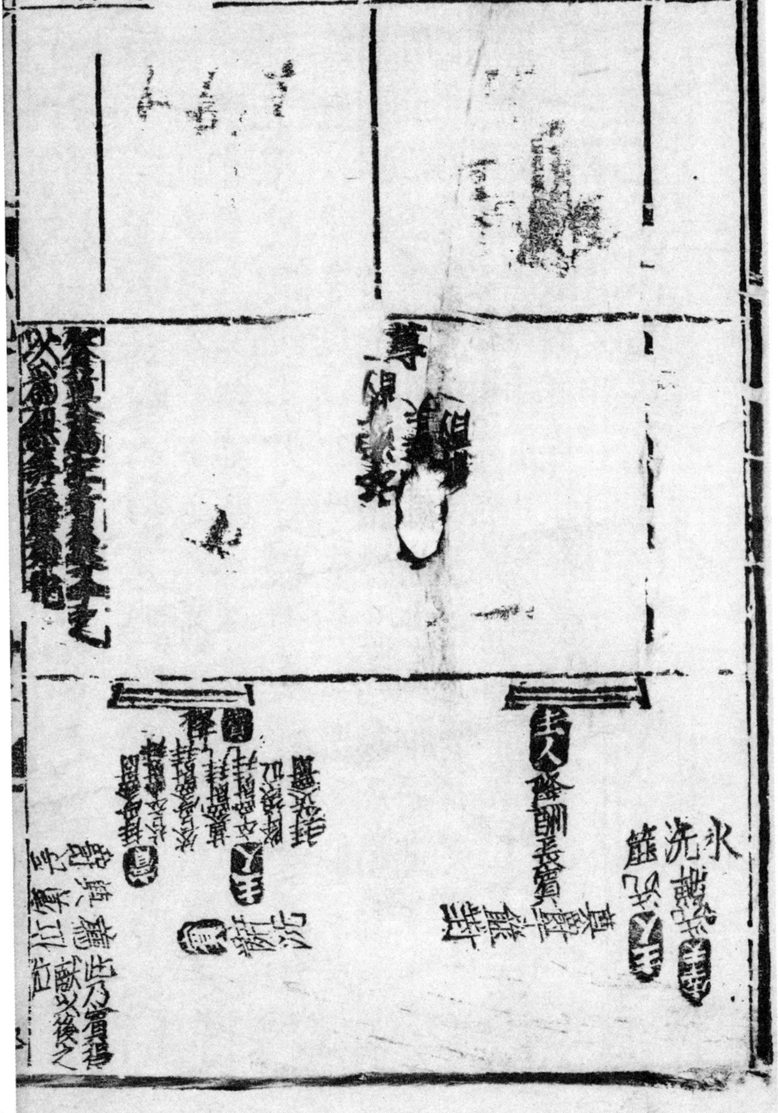

主人洗升酌獻兄弟于阼階上兄弟之長升拜受爵主人在其右答拜坐祭立飲不拜既爵皆若是以辯兄弟長幼立飲賤不別大夫之賓尊於兄弟宰夫不贊酌者兄弟以親暱來不以官待之辯受爵其位在洗東西面北上升受爵其薦脀設于其位亦辯獻乃薦既云辯矣復言升受爵者為衆兄弟言也衆兄弟升不拜受爵先著其位於上乃後云薦脀設於其位明位初在是也位不繼於主人而云洗東卑不統於尊此薦脀皆使私人○疏曰上賓拜受爵又拜既爵衆賓及長兄弟拜受爵不拜既爵衆兄弟又不拜受爵是其差也其先生之脀折脅一膚一先生長兄弟折豕左肩之折其衆儀也

右主人獻兄弟

主人獻兄弟圖

[illegible]

主人流獻內賓于房中南面拜受爵主人南面于其右答拜內賓姑姊妹及宗婦獻于主婦之席東主人不西面尊不與爲禮也南面於其右主人之位恒左之坐祭立飲不拜既爵若是以辯亦有薦脀脀之承反○亦設薦脀於其位特牲饋食禮記曰內賓立于房中西墉下東面南上宗婦北堂東面北上○主人降洗升獻私人于阼階上拜于下升受主人答其長拜乃降坐祭立飲不拜既爵若是以辯宰夫贊主人酌主人於其羣私人不答拜其位繼兄弟之南亦北上亦有薦脀私人家臣已所自謁除也大夫言私人明不純臣也士言私臣明有君之道北上不敢專其位亦有薦脀初亦北面在衆賓之後爾言繼者以爵既獻爲文凡獻位定○疏曰謁除者謁請於君除其課役以補任爲之大夫尊近於君故屈名私人士卑不嫌也云凡獻位定是獻以

前兆定位也未獻時在衆賓後特牲記云門東北面是也主人就筵

右主人獻內賓及私人

主人獻內賓及私人圖

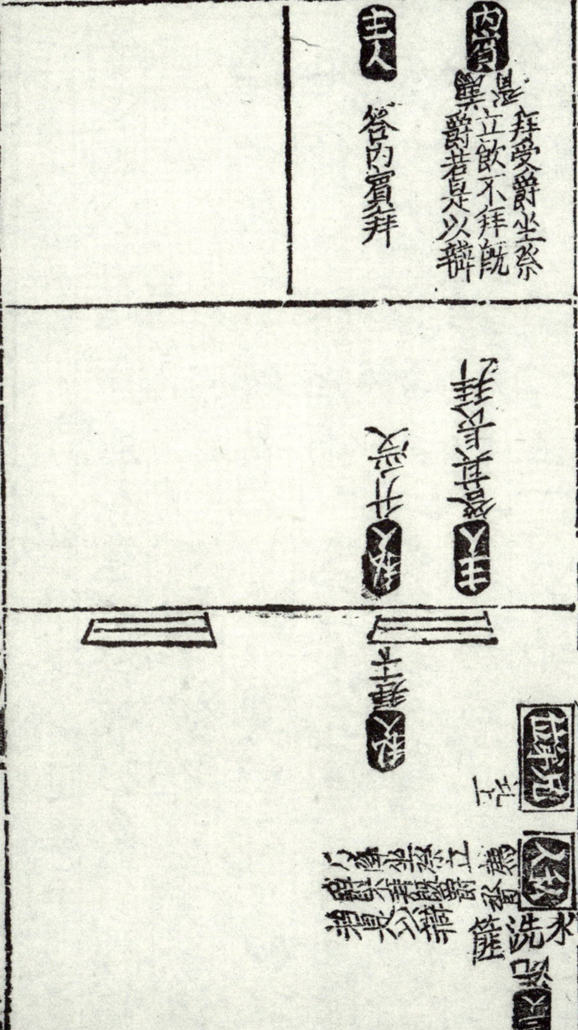

尸作三獻之爵士賓所獻爵不言三獻作之者賓尸而尸益卑可以自舉司士羞湆魚縮執俎以升尸取膴祭祭之祭酒卒爵不羞魚匕湆略小味也羊有正俎羞匕湆肉湆豕無正俎魚無匕湆隆汚之殺司士縮奠俎于羊俎南橫載于羊俎卒乃縮執俎以降尸奠爵拜三獻北面答拜受爵○酌獻侑侑拜受三獻北面答拜司馬羞湆魚一如尸禮卒爵拜三獻答拜受爵司馬羞湆魚亦變於尸○酌致主人主人拜受爵三獻東楹東北面答拜賓拜於東楹東以主人拜受於席就之司士羞一湆魚如尸禮卒爵拜三獻答拜受爵○尸降筵受三獻爵酌以酢之既致主人尸乃酢之緣賓意三獻西楹西北面拜受爵尸在其右以授之

尸升筵南面荅拜坐祭遂卒爵拜尸荅拜執爵以降實于篚

右尸作三獻尊爵及三獻獻侑致主人尸酌

酢

尸作賓爵及賓獻侑致主人尸酌酢圖

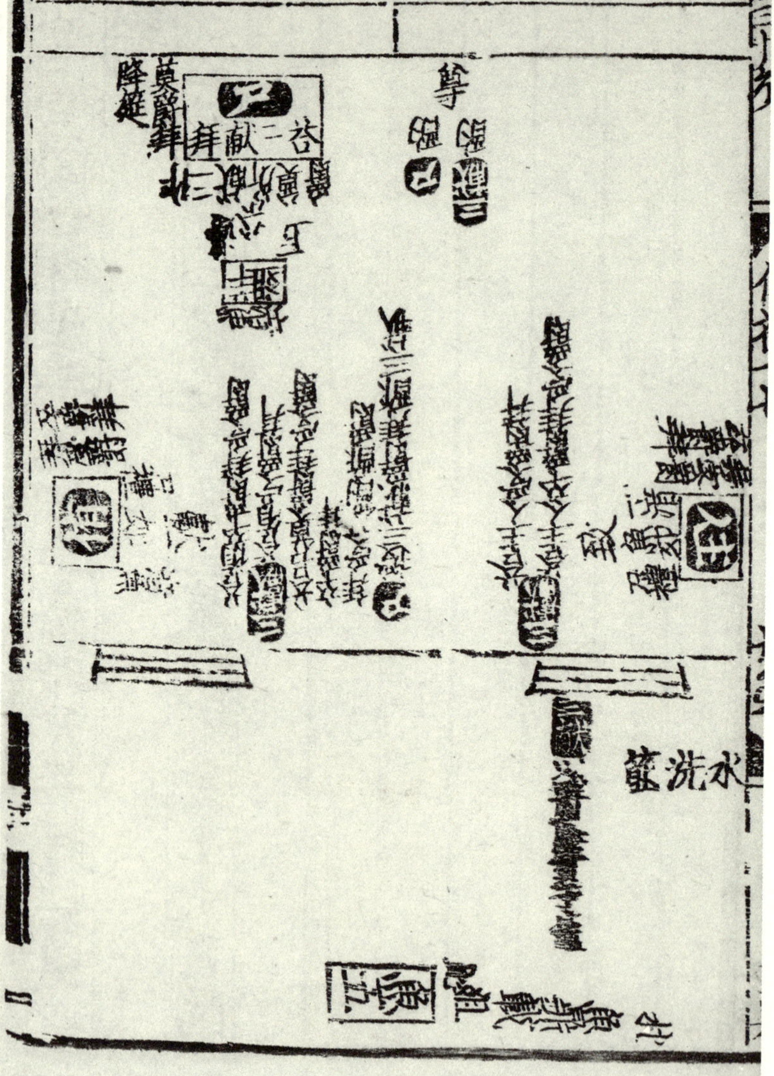

二人洗觶升實爵西楹西北面東上坐奠爵拜執爵以興尸侑答拜坐祭遂飲卒爵執爵以興坐奠爵拜尸侑答拜皆降三獻而禮小成使二人舉爵序殷勤於尸侑洗升酌反位尸侑皆拜受爵舉觶者皆拜送侑奠觶于右奠于右者不舉也神惠右不舉變於飲酒尸遂執觶以興北面于阼階上酬主人主人在右尸拜於阼階上酬禮殺坐奠爵拜主人答拜不祭立飲卒爵不拜既爵酌就于阼階上酬主人言就者主人立待之主人拜受爵尸拜送酬不奠者急酬侑也尸就筵○主人以酬侑于西楹西侑在左坐奠爵拜執爵興侑答拜不祭立飲卒爵不拜既爵酌復位侑拜受主人拜送言酌復位

明發於西階上主人復筵○乃升長賓侑酬之如主人之禮

遂旅也言升長賓則有贊呼之至于衆賓遂及兄弟亦如之皆飲于

上上西階上遂及私人拜受者升受下飲私人之長拜於下升受兄弟之

爵下飲之卒爵升酌以之其位相酬辯其位兄弟南位亦卒受拜送升酌由

西階卒飲者實爵于篚末受酬者雖無所旅猶飲○乃羞庶羞于賓

兄弟內賓及私人無房中之羞賤也此羞同時羞則酌房中亦旅其始主婦舉觶於內

賓遂及宗婦○疏曰內賓羞在私人之上私人得旅酬則房中內賓亦旅可知

右二人舉觶旅酬

三人舉觶旅酬圖

鄉飲酒特牲一人舉觶⋯⋯旅酬如一人舉觶⋯⋯

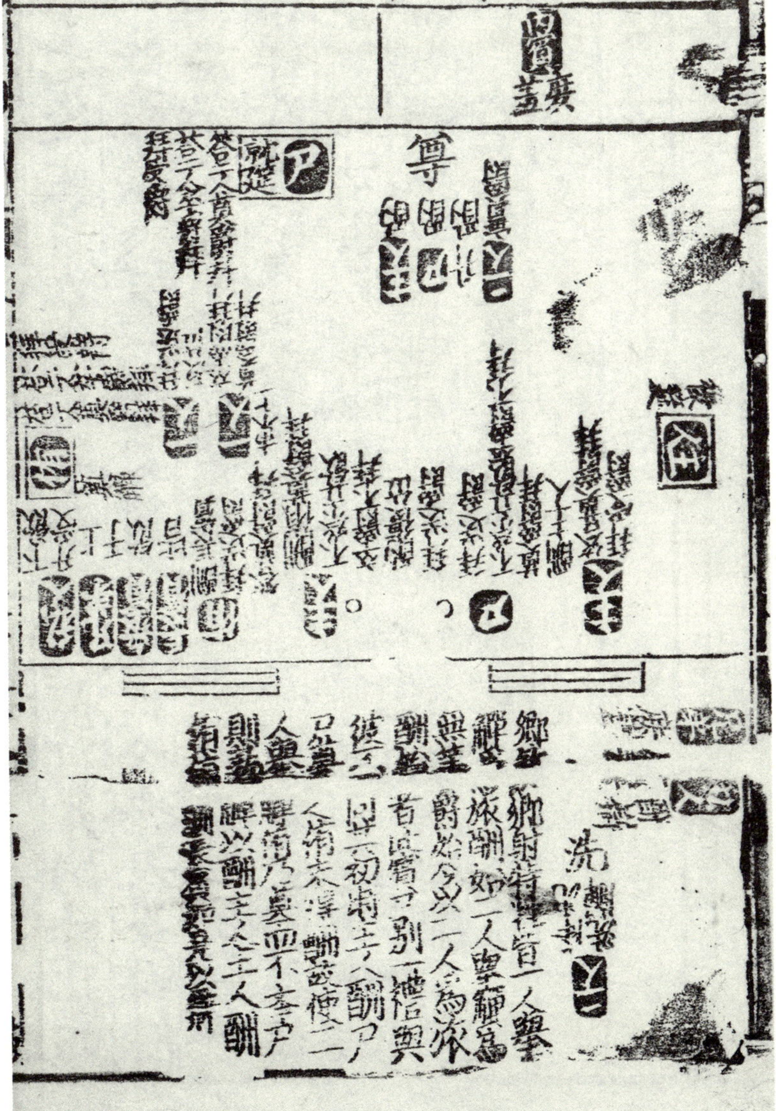

兄弟之後生者舉觶于其長後生年少也洗升酌降北面

立于阼階南長在左坐奠爵拜執爵以興長荅拜在長

左觶主人坐祭遂飲卒爵執爵以興坐奠爵拜執爵以興

長荅拜洗升酌降阼長拜受于其位舉爵者東面荅拜

爵止拜受荅拜不北面者賓尸禮殺言止互相發明相待也○䟽曰上長負言奠兄弟又主人酬賓

賓奠爵于薦左與此爵止相待俱將舉交錯其酬爵無筭爵是也依次第不交䟽行下文鄉飲酬

右兄弟之後生舉觶于其長

兄弟之後生舉觶于其長圖

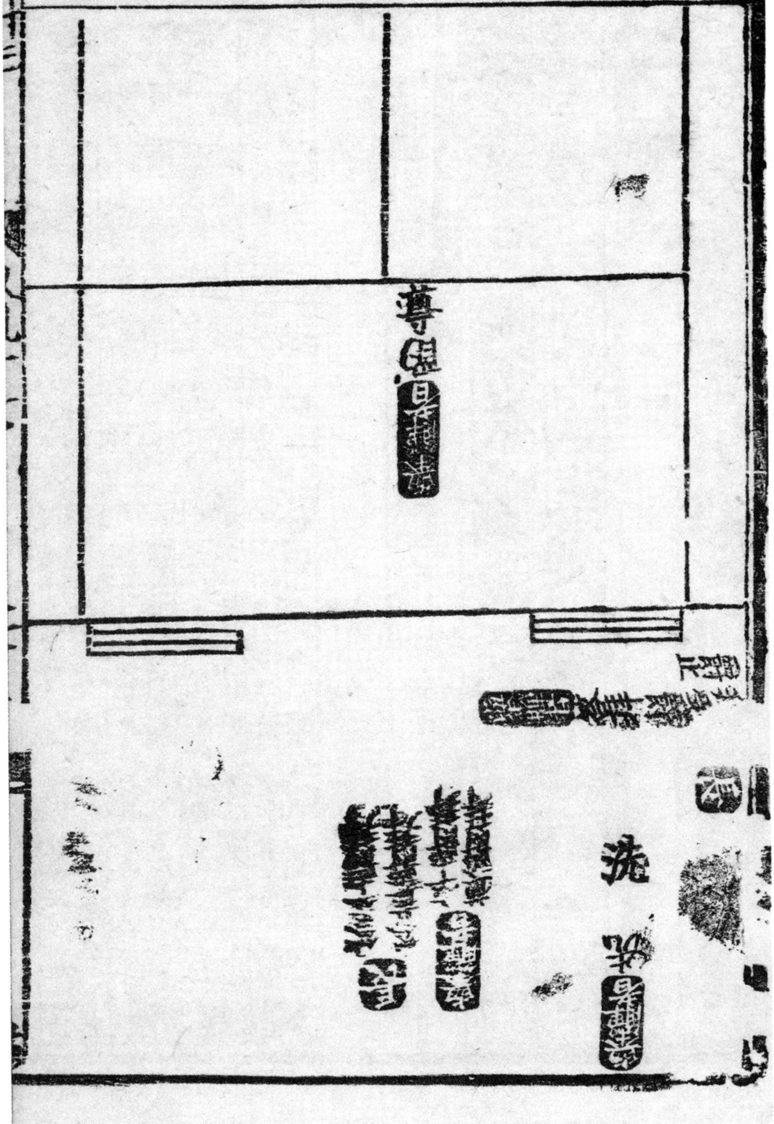

賓長獻于尸如初無湆爵不止鄭[illegible]其獻[illegible]酳[illegible]主人[illegible]尸酢[illegible]無湆爵不止別不如初者不使兄弟不[illegible]爵大夫尊也不用觚夫使尊者也○疏曰賓長者[illegible]之長使上賓者非即上賓也前上賓獻有湆魚從公無前于賓獻尸亦止爵待堂下獻衆賓畢乃作止爵給尸一下止爵即飲特牲長兄弟洗觚爲加爵又衆賓長爲加爵[illegible]尊大夫言獻者若三獻之外更容有獻也用爵爵尊於觚

右賓長獻尸

賓一人舉爵于尸如初亦遂之於下[illegible]一人次賓長者[illegible]初如二人洗觶之爲也遂之於下者遂及賓兄弟下至于[illegible]私人是言亦遂之于下上言無湆爵不止互[illegible]相發明○疏曰此更爲旅酬如上旅酬之事

右一人舉爵于尸遂於下

賓及兄弟交錯其酬皆遂及私人爵無筭筭數也長賓取觶酬兄弟之黨長兄弟取觶酬賓之黨唯己所欲無有次第之數也○疏曰長賓取觶者是注人酬賓觶長兄弟取觶者是後生舉于其長之觶

右賓及兄弟交酬爵無筭

尸出侑從主人送于廟門之外拜尸不顧拜送之拜侑與長賓亦如之衆賓從從者不拜送也司士歸尸侑之俎尸侑尊送其家主人退反於寢也有司徹徹堂上下之薦俎也外賓尸[illegible]堂上婦人不徹○疏曰公有司升無婦人也

右尸出徹

若不賓尸不賓尸謂下大夫也其牲物則同不得備與禮異舊說云[illegible]其[illegible]有[illegible]尊卑[illegible]祭

曾子問曰攝主不厭祭不旅不
于賓賓奠而不舉而此備有殺
禮謂儐尸之禮厭祭則祝侑亦
陽厭也綏讀爲墮
七飲告飽祝獨侑不拜曰皇尸
也此以前皆與上大夫同以後
盛俎臑臂肫脡脊橫脊短脅代
也此七體羊豕其脊脅皆取一骨
體爲十一矣有未舉既舉而俎猶
牲尸食訖乃盛今八飯即盛大
羃從下與不言有有未舉不言
俎有司徹不盛俎俎者更無所用
三脅皆取一骨盛於肵各有一
猶有魚七盛半也魚十有五而
六體者魚無足翼於牲象
脊脅亦臘辯無髀亦盛半也所
盛半言無髀者云
疏曰下經乃撫于魚腊俎俎釋
魚下明盛半與魚同牲則右亦

假不綏祭不配布奠
民之矣○疏曰不備
如之謂尸七飯時○
疏曰上篇尸食
不實侑是尸食八飯乃
以飯續之
脅皆牢盛音成○盛
者盛於肵俎
羽也與所舉正脊幹
用六體焉○疏曰特
八禮與士相變先言
並脊長脅臑已舉在
主以歸尸故也三脊
俱在俎以備陽厭故
鈞其一已舉必盛半
有脅而已○疏曰雖
盛者右體也脊脅焉
絕而俎爍有之○
三个明不盡盛腊在
此亦盛右體腊脊不

折左右三脅并脊為七通肩臂□十為十七身肩節 牢俎惟有十六在言盛半明脊內焉兩髀在祝俎明

無髀○今按髀者盡髀盛右髀盛 半脊骨則左脛五髀并三脅八耳 卒盛乃舉牢肩

尸受振祭嚌之佐食受加于肵佐食取一俎于堂

下以入奠于羊俎東 不言魚俎東主于尊○疏曰少 牢魚在羊今按魚腊宜在魚

俎 東 乃摭于魚腊俎俎釋三个其餘皆取之實于一俎

以出 个猶枚也魚摭四枚腊摭五枚其所釋 者腊則短脅正脅代脅魚也枚而已 祝主人

之魚腊取于是 祝主人主婦俎魚腊取於此者头 大夫之禮文待神也三者各取一魚

其腊主人臂主婦臑祝則胳也此皆於鼎側更載 焉不言主婦未聞○臑音余○曰特牲祝主人主

婦皆無腊上大夫儐尸腊為庶不載於俎明此待 神餕下經祝無文故云頭以疑云更載者攝時共

在一俎設時各異俎故知更載鼎 側杯不復升鼎也不言主婦轉寫脫耳 尸不飯告飽主

人舞侑不言尸又三飯九十一飯其餘

疏曰士大夫既不分命數則諸侯同十三飯天子十五飯可知

春

亨不賓尸

飯士九飯大夫十一皆十三飯十五飯〇

佐食受牢舉如賓牢肺

盛尸俎圖

羊豕右胖 脊脅各二骨
肩未舉 臂盛 臑盛 肫盛 骼舉 正脊一骨舉
脡脊一骨盛 橫脊一骨盛 短脅一骨盛
正脅一骨舉 代脅一骨盛 餘脊脅各一骨 六體釋

腊一純 脊脅各一骨
右肩舉 臂盛 臑盛 肫盛 骼盛 脊不折盛
短脅盛 正脅盛 代脅盛
左肩撫 臂撫 臑撫 肫撫 骼撫 短脅釋 正脅釋 代脅釋

魚十有五
一舉 七盛 四撫 三釋

以上舉者先尸舉在俎盛者方盛于
俎未舉者卒盛乃舉撫者取爲祝主
人主婦之俎釋者備陽厭于西北隅

主人洗酌酳尸賓羞肝皆如儐禮卒爵主人拜祝受尸爵尸答拜○祝酌授尸尸以醋主人亦如儐其綏祭其嘏亦如儐肝羊肝也綏皆當作挼挼讀爲藏其隋之隋○其獻祝與二佐食其位其薦脀皆如儐疏曰凡有五節主人獻一也酢主人二也獻祝三也獻上佐食四也獻下佐食五也

右主人獻

主婦其洗獻于尸亦如儐自尸侑不飯告飽至此與儐同者在上篇主婦反取籩于房中執棗糗坐設之棗在稷南糗在棗南婦贊者執栗脯主婦不興受設之疏曰此設籩繼在少牢陰厭神饌也栗在糗東脯在棗東主婦興反位棗饋食之籩糗羞籩之實雜用之下

賓尸也栗脯加籩之實也反位反主人之北拜送爵
位○疏曰籩人饋食之籩棗㮚桃乾𣑭榛實羞籩之
實糗餌粉餈加籩之實蔆芡㮚脯上儐尸朝事之籩
羞籩之實不雜也又賓尸主婦直有脯脩二籩此有
西籩者彼主人獻尸主婦設𩞄蕡白黑故室主婦亶
設二籩通六籩此主人初獻無籩則主婦四籩猶少
兩籩尸左執爵取棗糗祝取栗脯以授尸尸兼祭于豆
祭祭酒啐酒次賓羞牢燔用俎鹽在右尸兼取燔揳
于鹽振祭嚌之祝受加于肵卒爵主婦拜祝受尸爵
尸答拜自主婦反籩至祝受加于肵此異于賓○疏曰上篇無籩燔從之事○祝易爵
洗酌授尸尸以醋主婦主婦主人之北拜受爵尸答
拜主婦反位又拜上佐食綏祭如儐卒爵拜尸答拜
主婦夾爵拜為不賓尸降崇敬○疏曰特牲主婦不
夾爵拜上篇主婦夾爵拜此下大夫宜與士妻同為

杕詩旨之不賓尸降崇敬故夾爵拜〇主婦獻祝其酌如儐拜坐受爵主婦
主人之北答拜自尸卒爵至此亦與儐同者亦在上篇宰夫薦棗糗坐
設棗于菹西糗在棗南祝左執爵取棗糗祭于豆祭
祭酒啐酒次賓羞燔如尸禮卒爵內子不薦籩祝賤使官可也自宰夫
薦至賓羞燔亦畀于賓〇疏曰特牲主婦設籩少牢無籩燔從〇主婦受爵酌獻二
佐食亦如儐主婦受爵以入于房疏曰獻數與主人同惟不受嘏為異

右主婦亞獻

賓長洗爵獻于尸尸拜受賓戶西北面答拜爵止疏曰
少牢賓獻與此篇首賓長獻皆云拜送此言答拜者下大夫也拜送重答拜輕〇主婦洗于
房中酌致于主人主人拜受主婦戶西北面拜送爵

[illegible]已設席拜受乃設席變於士也○疏曰上大夫受致不酢下大夫受致又酢不致士受致自[illegible]是上大夫尊降君下大夫與臣[illegible]不嫌與君同主婦薦韭菹醢坐設于席前菹在北方婦贊者執棗糗以從主婦不與受設棗于菹北糗在棗西佐食設俎臂脊脅肺皆牢膚三魚一腊臂臂左臂也特牲五體此三者以其牢與腊臂而七牢腊俱臂亦所謂腊如牲體主人左執爵右取菹挳于醢祭于豆間遂祭籩奠爵興取牢肺坐絕祭嚌之興加于俎坐挩手祭酒執爵以興坐卒爵拜無從者變於士也亦所謂順而摭也主婦答拜受爵○酌以醋左人北面拜自酢不更爵殺主人答拜卒爵拜主人答拜主婦以爵入于房今按自主人醻尸以後其節率與特牲禮同但主人不致爵于主婦

爲○尸作止爵祭酒卒爵賓拜祝受爵尸答拜作止爵乃

異祭酒亦變於士自爵止至作止爵亦異於賓○

疏曰賓尸止爵作致爵後其餘之在獻私人後○祝

酌授尸賓拜受爵尸拜送坐祭遂飲卒爵拜尸答拜

○獻祝及二佐食○洗致爵于主人洗致爵者以承佐食賤新之

主人席上拜受爵賓北面答拜坐祭遂飲卒爵拜賓

答拜受爵○酌致爵于主婦主婦北堂司宮設席東

面北堂中房以北東面者變於士妻賓尸不變者賓尸禮異矣內子東面則宗婦南面西上內賓自北

東面南上○疏曰特牲主婦南面宗婦東面北上主婦席北東面拜受爵賓

西面答拜席北東面者北為下○疏曰曲禮東鄉西鄉以南方為上婦贊者薦韭

菹醢菹在南方婦人贊者執棗糗授婦贊者婦贊者

不興受設棗于菹南糗在棗東婦〻贊者宗婦之弟婦也○弟音悌佐

食設俎于豆東羊臑豕折羊脊脅祭肺一膚一魚一

腊臑豕折豕折骨也不言所折略之特牲主婦觳折豕無脊脅下主人也羊豕四體與腊臑而五○疏曰主人七體

主婦升筵坐左執爵右取菹擩于醢祭之祭

籩奠爵興取肺坐絕祭嚌之興加于俎坐挩手祭酒

執爵興筵北東面立卒爵拜立飲拜既爵者變於大夫賓答拜賓

受爵○易爵于篚洗酌獻主人戶西北面拜主人

答拜卒爵拜主人答拜賓以爵奠于篚自賓及二佐食至此亦異於賓○疏曰少牢及祝而止○乃羞宰夫羞房中之羞司士羞

庶羞于尸祝主人主婦內羞在右庶羞在左疏曰此節此有

十爵獻尸一也主婦致爵[illegible]主人二也主人酢主婦三也尸作止爵[illegible]賓長[illegible][illegible]五也獻上佐食六也獻下佐食七也致爵主人八也致爵主婦九也受主人[illegible][illegible]

右賓三獻

主人降拜衆賓洗獻衆賓其薦脀其位其酬醋皆如賓禮○主人洗獻兄弟與內賓與私人皆如賓禮其位其薦脀皆如賓禮○卒乃羞于賓兄弟內賓及私人辯自乃羞至私人之薦脀此所與賓同者在此篇不賓尸則祝猶侑耳卒已也所羞者羞庶羞

右主人獻外內賓兄弟及私人辯

賓長獻于尸尸醋獻祝致醋賓以爵降實于篚致謂致爵下主人主婦不言如初者闕不備又不及佐食○疏曰上賓長已獻訖此是次賓長爲加爵也

右賓長獻尸酳獻祝致爵

賓兄弟交錯其酬無筭爵[illegible]

右賓兄弟交醻無筭爵

利洗爵獻于尸尸酢獻祝祝受祭酒啐酒奠之[illegible]

[illegible]

[illegible]

[illegible]于西階上東面[illegible]

[illegible]于阼階東西面尸

[illegible]

吉[illegible]

祝反復位于室中主人亦入于室[illegible]佐食乃出尸俎

于廟門外有司受歸之○徹阼薦俎[illegible]

[illegible]于東序下○[illegible]

右歸俎徹阼俎

乃養如儐謂上篇自司宮設對席至上餕興出此

右養

卒養有司官徹饋饌于室中西北隅南面如饋之設

右几厞用席官徹饋者司馬司士舉俎宰夫取敦及豆此於尸謖之後當室之白孝子不知

神之所在庶其饗之於此所以爲厭飫不令婦人徹饌敦豆變於始也尚使宮也佐食不舉羊豕俎與饌尊也厞隱也〇疏曰案上文參士主婦之事敦豆內本主婦設之今上言徹明宰夫爲之故云亦變於始

一尊于室中陽厭殺無玄酒司宮埽祭埽豆間之祭舊說云埋之西階東〇疏曰神位在西故近西階曾子問云幣帛皮圭爲主命埋之階間

右陽厭

主人出立于阼階上西面祝執其俎以出立于西階上東面司宮闔牖戶闔牖與戶爲鬼神或者欲幽闇祝告利成乃執俎以出于廟門外有司受歸之衆賓出主人拜送于廟門外乃反拜送賓者亦拜送其長不言尸[illegible]下大夫無尊賓也〇疏曰賓尸[illegible]賓長賓即此云拜送者拜送其長可知婦人乃徹徹祝之薦及房中薦俎不使有司[illegible]

大夫士之禮徹室中之饌有司饌之婦人徹之外內相續禮殺

右俎出送賓徹饌

圖第十七

元本儀禮圖

（宋）楊復　撰

第四册

國家圖書館出版社

第四册目録

卷十二

卷十三

儀禮圖第十二

士喪禮第十二

鄭目録云士喪其父母自始死至於既殯之禮○疏曰直云父母不言妻與長子按下記云赴曰君之臣某死赴母妻長子則曰君之臣某之某死是禮同於君之臣不云父者經主於父死

士喪禮○死于適室幠用斂衾適丁狄反幠火吳反○適室正寢之室也疾者齊故于正寢焉疾時處北牖下死而遷之當牖下有牀衽幠覆也斂衾大斂所并用之衾衾被也小斂之衾當陳喪大記曰始死遷尸于牀幠用斂衾去死衣○疏曰覆尸以去死衣後沐浴也○記

士處適寢寢東首于北墉下將有疾乃寢於適室○疏曰東首者鄉生氣之所有疾疾者齊正情性也適寢者不齊不居其室養者皆齊憂也徹琴瑟去樂疾病外内皆埽為有賓客來問也疾甚曰病徹褻衣加新衣

故衣垢汚為來入穢惡之御者四人皆坐持體為不能自轉側御者今時侍從之人

○疏曰喪大記曰躰一人男女改服為賓客來問病亦朝服主人深衣屬纊以俟

絕氣為其氣微難節也纊新絮○疏曰案喪大記注云纊今之新綿易揺動置口鼻之上以為候二

注相兼乃具禹貢豫州貢纖纊男子不絕於婦人之手婦人不絕於

男子之手備褻乃行禱于五祀盡孝子之情五祀博言之士二祀曰門曰行

乃卒卒終也主人啼兄弟哭哀有甚有否於是始去冠而笄纚服深衣檀弓曰始

死羔裘玄冠者易之○疏曰啼即泣也檀弓皐柴泣血三年注泣無聲如血出則啼是哀之甚發聲則氣

竭而息之聲不委曲若往而不反斷齊衰以下直哭無啼設牀笫當牖衽下莞上

簟設枕笫壯矣反○病卒之間廢牀至是設之事相變衽臥席遷尸徙於牖下也於是幠

用斂衾○喪大記疾病外內皆埽寢東首於北牖下廢

牀廢去也人始生在地去牀庶其生氣反今疾乃
大記有疾病廢牀之文儀禮則無然本出喪大記
主人啼兄弟哭設床第當牖夫既設床第
乃卒之後則知疾病時廢牀與喪大記合

疾者齊處適室圖

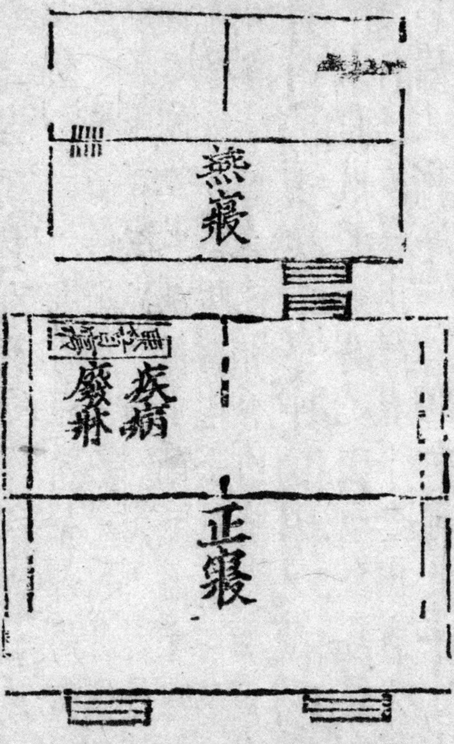

右死于適室

疏曰云天子諸侯曰路寢卿大夫士曰適室亦謂之適寢總而言之皆謂之正寢對燕寢側室則皆為正寢死者必於正處故春秋譏僖公薨于小寢也

復者一人以爵弁服簪裳于衣左何之扱領于帶何户我反扱初洽反○復者有司招魂復魄也天子則夏采祭僕之屬諸侯則小臣爲之爵弁服純衣纁裳也礼以冠名服簪連也○疏曰出入之氣謂之魂耳目聰明謂之魄死者魂神去離於魄今欲招取魂來復歸於魄故云招魂復魄也云礼以冠名服者欲見復時唯用緇衣纁裳不用爵弁而經言爵弁服是礼以冠名服也升自前東榮中屋北面招以衣曰臯某復三降衣于前北面招求諸幽之義也臯長聲也某死者之名也復反也降衣下之也喪大記曰凡復男子稱名婦人稱字○疏曰復聲必三者礼成於三受用篋升自阼階以衣尸受者受之於庭也復者其一人招則受衣亦一人也人君則司服受之衣尸者覆之若得魂反之復者降自後西榮不由前降不以虛反也降因徹西北厞若云此室凶不可居然也自是行死事○疏曰喪大記將沐甸人取所徹廟之西北厞薪而爨之故知復者降時徹之非[illegible][illegible]西北厞爲[illegible]

○記復者朝服左執領右執要招而左衣朝服服未可以變○疏曰云招而左者以左手執領還以左手以領招之招魂所以求生左陽陽主生故用左

右復

楔齒用角柶楔息結反○爲將含恐其口閉急也○疏曰此角柶其形與扱醴角柶制別故屈之如軛中央入口兩末向上取事便也綴足用燕几綴猶拘也爲將屨恐其辟戾也○記楔貌如軛上兩末事便也○疏曰以屈入口出場綴足用燕几校在南御者坐持之校脛也尸南首几脛在南以拘足則不得辟戾矣○疏曰几兩頭皆有兩足今竪用之一頭以夾兩足几脚鄉南恐几傾倒故使人持之

右楔齒綴足

奠脯醢醴酒升自阼階奠于尸東鬼神無象設奠以馮依之○記

即牀而奠當腢用吉器若醴若酒無巾柶○腢五口反腢肩頭也用吉器器未變也或卒無醴用新酒○疏曰就尸牀設之尸南首則在牀東當尸肩頭

右始死奠

帷堂事小訖也○疏曰云事小訖也者以其未襲斂必帷之者鬼神尚幽闇故也

右帷堂

乃赴于君主人西階東南面命赴者拜送赴告也臣君之股肱耳目死當有恩有賓則拜之賓僚友羣士也其位猶朝夕哭矣○記赴曰君之臣某死赴母妻長子則曰君之臣某之某死赴走告也

右命赴拜賓

入坐于牀東衆主人在其後西面婦人俠牀東面衆主

人衆兄弟也婦人謂妻䓁子姓也亦適妻在前親者在室謂大功以上父兄姑姊妹子姓在此

者衆婦人戶外北面衆兄弟堂下北面衆婦人衆兄弟小功以下

○記室中唯主人主婦坐兄弟有命夫命婦在焉亦

坐別尊卑也

右哭位

今按始死哭位牀室中户外堂下之位喪大記

人君禮子坐于東方卿大夫父兄子姓在其後

夫人坐于西方内命婦姑姊妹子姓立于其後

外命婦率外宗哭于堂上北面有同庶士哭于

堂下北面亦必辨室中堂上堂下之位盖非特

男女内外親疎上下之位不可以不正此亦治

喪馭繁處變

之大法也

始卒禮圖

今按從楔齒綴足始死奠帷堂命赴哭位數
事文有先後其實數事並作 檀弓曰復楔齒

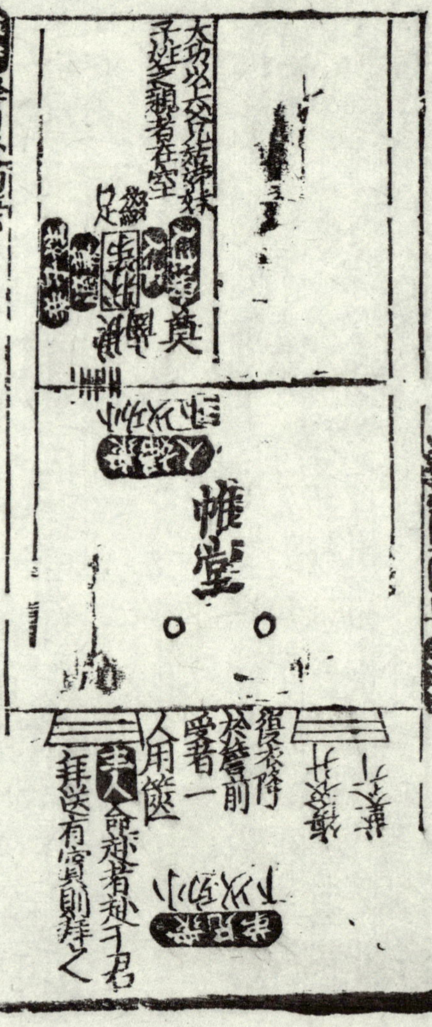

(注經者)降自後西榮
綴足飯設飾帷堂並作注云作起也為也自復
以下諸事並起故云並作故今總見於一圖

君使人弔徹帷主人迎于寢門外見賓不哭先入門

右北面使人士也禮使人必以其爵使者至使人入將命乃出迎之寢門內門也徹帷褰之事畢

則下之○褰劉音據反闈也○號曰徹帷屋之者謂褰帷而上非喪事也今文徹去○今衰大記云凡主人之

出也徒跣扱衽拊心降自西階弔者入升自西階東面主人進中庭

弔者致命主人不升賤也致命曰君聞子之喪使某如何不淑主人哭拜稽顙

成踊稽顙頭觸地成踊三者三賓出主人拜送于外門外○記

在室有君命衆主人不出不一主

右君使人弔

君使人襚徹帷主人如初襚者左執領右執要入升

致命襚之言遺也衣被曰襚致命曰君使某襚主人拜如初襚者入衣尸

出主人拜送如初唯君命出乃降自西階遂拜賓有大夫則特拜之即位于西階下東面不踊大夫雖不辭入也

唯君命出以明大夫[illegible]下時來弔襚不出也始喪之日哀戚甚在[illegible]故不出拜賓也大夫則特拜別於士旅拜即位西階下未忍在主人位也不踊但[illegible]拜而已不辭而[illegible]人升入明其今不為賓而不成禮也○釋曰[illegible]拜賓[illegible]聞事因喪因行君命故拜賓與大夫無君命則不[illegible]戶外[illegible]襚賓辭[illegible]而不踊乃復位[illegible]令小[illegible][illegible]不為之[illegible]及辭[illegible]辭

[illegible]使人[illegible]

君使人爲餼圖

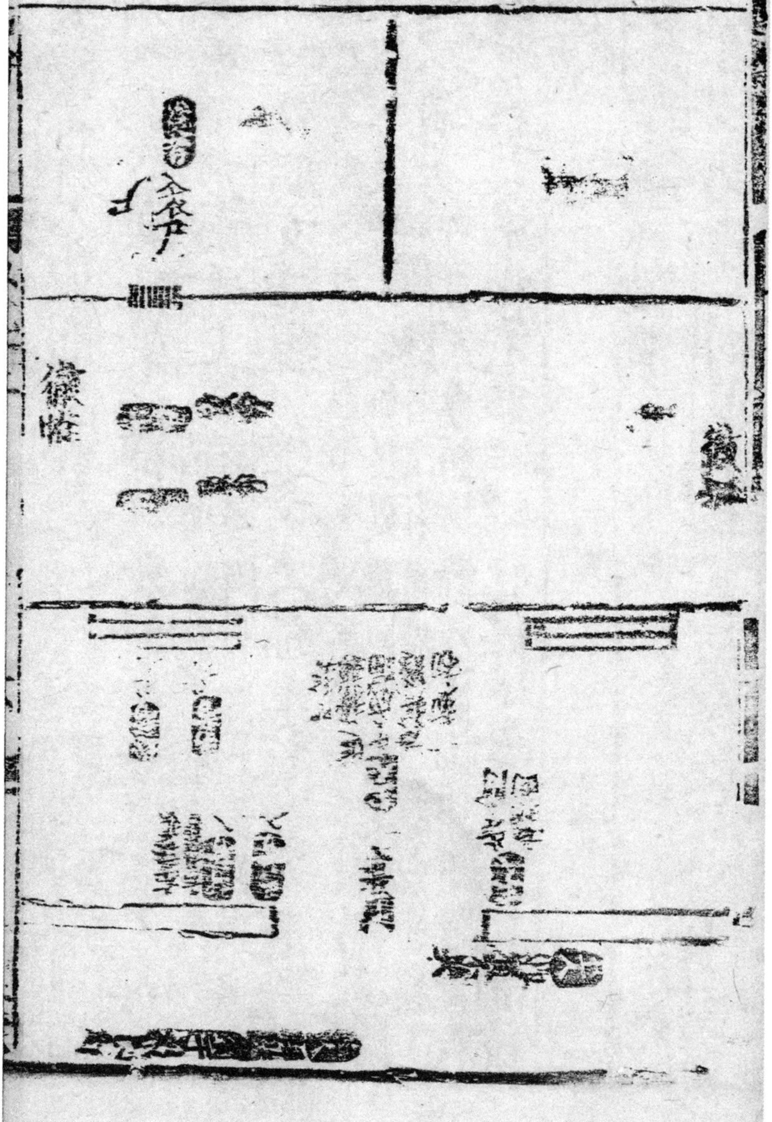

親者襚不將命以即陳大功以上有同財之義也不將命不使人將之致於主人也

也即陳陳在房中○庶兄弟襚使人以將命于室主人拜于

位委衣于尸東牀上庶兄弟即衆兄弟也變衆言庶容同姓耳將命曰某使某襚

下位室中下位也○朋友襚親以進主人拜委衣如初退哭不

踊親以進親之恩也退下堂反賓位也○徹衣者執衣

如襚以適房凡於襚者出有司徹衣○號曰如襚○若執衣左執領右執要也適房著陳之

記襚者委衣于牀不坐牀高由便其襚于室户西北面致

命始死時也

右襚　小斂襚

為銘各以其物亡則以緇長半幅經末長終幅銘明旌

寸書銘于末曰某氏某之柩銘明旌也雜帛爲物大夫之所建也以死者爲不可別故以其旗識識之愛之斯錄之矣亡無也無旌不命之士也半幅一尺終幅二尺在棺爲柩竹杠長三尺置于宇西階上杠銘橦也宇梠也○杠音江橦丈江反梠音呂○疏曰此始造銘訖且置於宇下西階上待爲重訖以此銘置於重以下卒塗始置於殯若然此時未用權置於此也梠謂之檐下

右爲銘

甸人掘坎于階閒少西爲垼于西牆下東鄉垼音役○甸人有司主田野者垼塊竈西牆中庭之西○疏曰以掘爲竈用之以煑沐浴之潘水○記掘坎南順廣尺輪二尺深三尺南其壤南順統於堂輪從也垼用塊塊堛也

右抵坎為垼

新盆槃瓶廢敦重鬲皆濯造于西階下敦音對鬲音歷○新此已上五種者重死事盆以盛水槃承渜濯瓶以汲水也廢敦敦無足者所以盛米也重鬲鬲將縣於重者也濯滌溉也造至也猶饌也以造言之喪事遽○渜奴亂反濯直孝反○陳襲事于房中西領南上不綪襲事謂衣服也綪讀為錚錚屈也襲事少上陳而下不屈江沔之閒謂縈收繩索為錚○縈於營反○明衣裳用布所以親身為圭絜也○鬠笄用桑長四寸纋中鬠音膾纋音憂○桑之為言喪也用為笄取其名也長四寸不冠故也纋笄之中央以安髮○疏曰以髻為鬠義取以髮會聚之意笄長四寸纔取入髻而已纋中者兩頭闊中央狹也○布巾環幅不鑿環幅廣袤等也不鑿者士之子親含發其巾而已大夫以上賓為之含當口鑿之嫌有所惡○掩練帛廣終幅長五尺析其末掩裹首也析其

末爲將結於頤下又還結於項中○瑱用白纊瑱他見反○瑱充耳纊新綿○幎
目用緇方尺二寸䞓裏著組繫幎亡自桼䞓丑貞反○幎目覆面者也幎讀
若詩云葛藟縈之之縈䞓赤也著充之以絮也組繫爲可結也○疏曰四角有繫於後結之○握
手用玄纁裏長尺二寸廣五寸牢中旁寸著組繫牢讀
爲樓樓謂削約握之中央以安手也○疏曰名此衣爲握以其在手故言握手不謂以手握之云廣五寸
牢中旁寸者則中央廣二寸廣三寸中央又容四指而比四指指一寸則四寸四寸之外更有八寸皆廣
五寸也云削約者謂削之使約少也○決用正王棘若檡棘組繫纊極
二決猶闓也挾弓以橫執弦詩云決拾既佽正善也王棘與檡棘善理堅忍者皆可以爲決極猶放弦
也以沓指於弦令不挈指也生者以朱韋爲之而三死用纊又二明不用也○冒緇質長
與手齊䞓殺掩足殺所界反○冒韜尸者制如直囊上曰質下曰殺質正也其用之先

以殺韜足而上後以質韜首而下齊手上玄下纁象
天地也喪大記曰君錦冒黼殺綴旁七大夫玄冒黼
殺綴旁五士緇冒赬殺綴旁三凡冒質長與手齊〇
殺三尺〇疏曰旁綴質頭殺相接之處使相連
爵弁服純衣謂生時爵弁所衣之服也純衣者纁裳古者以冠名服死者不冠**皮弁**
服皮弁所衣之服也其服白布衣素裳也**褖衣**褖他亂反〇黑衣裳赤緣之謂之褖褖之言緣
也所以表袍者也喪大記曰衣必有裳袍必有表不禪謂之一稱〇禪音丹〇疏曰知此褖衣是黑衣裳
者以其士冠禮陳三服玄端皮弁爵弁有玄端無褖衣此士喪禮陳三服與彼同此無玄端有褖衣故
知此褖衣則玄端者也玄端有二等裳此喪禮質略同玄裳而已但此玄端連衣裳與婦人褖衣同故变
名褖也**纁帶**黑繒之帶〇疏曰襲時三服俱帶然其一稱**韎韐**韎音妹韐古恰反〇一命
緼韍〇緼音温紱音弗〇疏曰韎者據色而言以韎草染之取其赤韐者合韋爲之故名韎韐也云一命
緼韍者玉藻文但祭服謂之韍他服謂之韠上一命名爲韎韐亦名緼韍不得直名韍也但士冠禮玄端

爵韠皮弁素韠爵弁服韎韐今亦三服共設韎韐若以其重服亦如帶矣

○竹笏 笏所以書思對命者玉藻曰笏天子以球玉諸侯以象大夫以魚須文竹士以竹本象可也又曰笏度二尺有六寸其中博三寸其殺六分而去一又曰天子搢珽方正於天下也諸侯荼前詘後直讓於天子也大夫前詘後詘無所不讓○疏曰珽之言珽然無所屈也或謂之大圭長三尺荼讀爲舒遲之舒舒懦者所畏在前也詘謂圓殺其首不爲椎頭諸侯唯天子詘焉是以謂爲荼大夫奉君命出入者也上有天子下有已君又殺其下而圓前後皆詘故云無所不讓彼雖不言士士與大夫同

○夏葛屨冬白屨皆繶緇絇純組綦繫于踵 繶於力反純諸允反綦音其踵諸勇反○冬皮屨變言白者明夏時用葛亦白也此皮弁之屨士冠礼曰素積白屨以魁柎之緇絇繶純純博寸綦屨係也所以拘止屨也綦讀如馬絆綦之綦○疏曰士冠礼云爵弁纁屨素積白屨玄端黑屨三服各自用屨屨從裳色其色自明今死者重用其服屨惟一故須見色三服相參帶用玄端屨用爵弁韎韐用爵弁各用其

一庶襚繼陳不用庶衆也不用不用襲也多陳之爲榮少納之爲貴○具三
實于笲笲音煩○具水物古文以爲貧江水出焉笲竹器名稻米一豆實於筐
豆四升沐巾一浴巾二皆用綌於笲巾所以拭污垢浴巾二者上躰下躰
異也綌麤葛櫛於簞簞葦笥浴衣於篋浴衣已浴所衣之衣以布爲之其制如今
通裁皆饌于西序下南上皆者皆具以下東西牆謂之序中以南謂之堂○記
明衣裳用幕布袂屬幅長下膝幕布帷幕之布升數未聞也屬幅不削幅
也長下膝又有裳於蔽下躰深也○疏曰布幅二尺二寸凡用布皆削去邊幅旁一寸爲二寸計之非不
削幅謂繚使相著還以袂二尺二寸有前後裳不辟長及轂辟必亦反轂苦角反
○不辟質也轂足跗也凡他服短無見膚長無被土○疏曰乃男子裳不連衣者皆前三幅後四幅辟積
其要間示之今此亦前三後四不辟積皆以其一服不動不假上狹下寬也縓綼緆縓七絹反

綼婢支反緆他計反○一染謂之縓今紅也飾裳在幅曰綼在下曰緆緇純七入為緇緇黑色也飾衣曰純謂領與袂衣以緇裳以纁象天地也

右陳沐浴襲飯含之具

管人汲不說繘屈之繘均必反○管人有司主館舍者不說繘將以就祝濯米屈縈也

祝淅米于堂南面用盆淅西歷反○祝夏祝也淅汏也

管人盡階不升堂受潘煮于垼用重鬲盡階三等之上喪大記曰管人受沐乃煮之甸人取所徹廟之西北厞薪用爨之

祝盛米于敦奠于貝北復於筐處

士有冰用夷槃可也謂夏月而君加賜冰也夷槃承尸之槃喪大記曰君設大槃造冰焉大夫設夷槃造冰焉士併瓦槃無冰設牀襢第有枕○襢之善反

外御受沐入外御小臣侍從者沐管人所煑潘也

主人皆出戶外北面象平生沐浴倮裎子孫不在旁主人出而禮處

乃沐櫛挋用巾挋之慎居吝二反○挋晞也清也浴用巾挋用浴衣用巾用拭之也喪大記曰御者二人浴浴水用盆沃水用枓○枓音主渜濯棄于坎沐浴餘潘水巾櫛浴衣亦并棄之蚤揃如他日蚤讀為爪斷爪揃鬚也人君則小臣為之他日平生時鬠用組乃笄設明衣裳用組組束髮也○記夏祝淅米

差盛之差擇之御者四人抗衾而浴襢笫抗衾為其裸裎蔽之也襢袒也袒簀去席盝水便其母之喪則內御者浴鬠無笄內御女御也無笄猶丈夫之不冠也○設明衣婦人則設中帶中帶若今之襌襂○襂音衫

右沐浴設明衣裳

圖

浴沐具襲

幞頭緇冠不用
袍衣帶 鞾 竹笏 履
衣并服
裳并服
冒
握手 決 纊
鬟并布巾 掩 瑱 幎目
覆衣衾

[illegible]

[illegible]

三

盆 浴巾
罩 櫛
笄 沐巾二
盥 稻米
笄 具三

[illegible]

淅米取潘以沐

祝淅米者淅猶汏也汏米以取
潘管人受潘煑之於堂徹外御受
沐入乃沐大記云君沐粱大
夫沐稷士沐粱士喪禮云士
沐稻不同當是米有三用
祝淅米取潘以沐一也祝受
宰米于貝以含二也祝以飯
米之餘[illegible]為三[illegible]
三也

[illegible]人[illegible][illegible]于坎

盆

槃

瓶

廢敦

重鬲

主人入即位已設明衣可以入也商祝襲祭服褖衣次商祝祝習商禮者商人教之以敬於接神宜襲布衣牀上祭服爵弁服皮弁服皆從君助祭之服大蜡有皮弁素服而祭送終之禮也襲衣於牀牀次含牀之東衽如初也衽大記曰含一牀襲一牀遷尸於堂又一牀○疏曰案表記云殷人尊神率民以事神故云於接神宜云襲布衣牀上者此雖布衣牀上未襲待飯含訖乃襲爵弁從君助祭之服皮弁從君聽朔之服引郊特牲大蜡之禮證皮弁之服有二種一者皮弁白布衣素積爲裳是天子朝服亦是諸侯及臣聽朔之服二者皮弁時衣裳皆素鹿帶榛杖大蜡時送終之禮凶服也非此襲時所用者也○主人出南面左袒扱諸面之右盥于盆上洗貝執以入宰洗柶建于米執以從俱入戶西鄉也○疏曰面前也謂袒左袖扱於右掖之下帶之內取便也洗貝柶箸還貝于簞建柶於米執以入鄭知俱入戶西鄉者以下經始云主人與宰牀西東面故知此時西鄉也商祝執巾從入當牖北

面徹枕設巾徹楔受貝奠于尸西當牖北面直尸南也設巾覆面爲飯
之遺落米也如商祝之事位則尸南首明矣○疏曰未葬以前不異於生皆南首禮記云葬于北方北首
者從鬼神尚幽闇鬼道事之故也唯有褻朝廟時北首順死者之孝心故北首也主人由足
西牀上坐東面不敢從首前也祝受貝米奠之口實不由足也○疏曰前文祝入當牖北
面且由尸首以其口實不可由足祝又受米奠于貝北宰從立于牀
西在右米在貝北便扱者也宰立牀西在主人之右當佐飯事主人左扱米實
于右三實一貝左中亦如之又實米唯盈于右尸口之右唯盈
取滿而已○疏曰九扱米不止滿是以更云實米○記卒洗貝反于筓實貝柱
右䫆左䫆䫆丁千反○象齒堅○疏曰謂牙兩畔最長者象生時齒堅也夏祝徹餘
飯徹去鬻

右飯含

主人襲反位位在口東。○疏曰：鄉袒，今襲是復著衣。○商祝掩，瑱，設幎目，乃屨綦結于跗，連絇。跗，方于反。絇，其于反。○掩者，先結頤下，既瑱幎目，乃還結項也。跗，足上也。絇，屨飾，如刀衣鼻，在屨頭上，以餘組連之，止足坼也。○疏曰：掩有四脚，後二脚先結頤下，無所施，故先結之。若印以前二脚何後結于項，則掩若既以面兩邊瑱幎目無所施，故先結頤下，待設瑱塞耳并施幎目，乃結項後也。云以餘組連之者，以其屨綦繫於跗結，有餘組穿連兩屨之絇，使兩足不相離，故云止足坼也。○乃襲三稱。稱，尺證反。杜預云：衣禪複具曰稱。○遷尸於襲上而衣之。凡衣死者左衽，不紐。襲不言設牀，又不言遷尸於襲上，以其俱當牖，無大異。○疏曰：喪大記注：衽鄉左，反生時也。明衣不在筭。筭，數也。不在數，明衣襌衣不成稱也。○設韐、帶，搢笏。韐帶，韎韐、緇帶。不言韎、緇者，省文，亦欲見韐自有帶。韐帶用革。搢，插也，插於帶之右旁。○設決，麗

于掔自飯持之設握乃連掔掔烏亂反○麗施也掔手後節中也飯大擘指
本也決以韋爲之藉有彄彄內端爲紐外端有橫帶設之以紐擐大擘本也因沓其彄以橫帶貫紐結於
掔之表也設握者以綦繫鉤中指由手表與決帶之餘連結之此謂右手也○擘補革反彄苦侯反擐音
患○疏曰大擘指本鄉掌爲內端屬紐子鄉手表爲外端屬橫帶先以紐擐大擘本因沓其彄於指乃以
橫帶繞手一帀貫紐反向手表結之○設冒櫜之幠用衾櫜韜盛物者取事名焉衾
者始死時斂衾○巾柶鬠蚤埋于坎鬠音舜蚤音爪○坎至此築之也將襲辟奠既
則反之○重木刊鑿之甸人置重于中庭參分庭一在
南木也懸物焉曰重刊斲治鑿之爲懸簪孔也士重木長二尺夏祝鬻餘飯用二
鬲于西牆下夏祝祝習夏禮者也夏人教以忠其於養宜鬻餘飯以飯尸餘米爲鬻也重主
道也士二鬲則大夫四諸侯六天子八與簋同差冪用疏布久之繫用靲縣

于重。冪用葦席，北面左衽，帶用靲，賀之，結于後。軒麥
〇久讀爲炙謂以蓋塞鬲口也靲竹𥫗也以席覆辟屈而反兩端交於後左衽西端在上賀加也〇
音義辟音璧〇疏曰𥫗謂竹之青可以爲繫者〇祝取銘置于重。祝習周[illegible]者也〇
曰重木待殯訖乃置於肂今具置於重以且〇者于重者以重與主皆是錄神之物故也■記
握裏親膚，繫鉤中指，結于掔。掔掌後節中也手無者以握繫一端繞掔
從上自貫反與其一端結之〇疏曰經已云設握麗于掔與決連結據右手有決者不言左手無決者故
記之案上文握手用玄纁裏長尺二寸今覆親膚據從手內置之長尺二寸中掩之手是相對也兩端各
有繫先以一端繞掔一匝凡從上自貫又以一端鄉■鉤中指反與繞掔者結於掌後節也〇甸
人築坅坎。築實土其中堅之穿坎之名一曰坅〇疏曰甸人掘凡使甸人築之也隸人
涅廁。隸人罪人也今之徒役作者也涅塞也爲人復往褻之又亦鬼神不用〇疏曰若然古者非直

不共湢浴亦不共厠以得云死者不用也○既襲宵爲燎于中庭宵夜

右襲

飯含襲圖

今扱簀沐浴設明衣裳乃遷于牀徹褻衣斂枕而設
諸含此含之所以一牀也又布襲衣于牀待含畢
設𥿋設瑱設幎目乃屨遂是遷尸於襲上而衣之
旣襲乃設韎韐緇帶搢笏設決設握手設冒櫜之
幠用衾此襲之牀以一牀也其將襲也則辟奠襲
襲則反其初奠而奠于尸東焉大記曰君設大槃
造冰焉大夫設夷槃造冰焉士併瓦盤無冰設牀
襢第有枕含一牀襲一牀遷尸于堂又一牀皆有
枕席君大夫一也注云襢第袒簀也謂去席如浴
時禮自中春之後尸旣襲旣小斂先內冰盤中乃
設牀於其上不施席而遷尸焉
秋涼而止士有賜冰亦用夷盤

厥明陳衣于房南領西上綪絞橫三縮一廣終幅析其末綪屈也絞所以收束衣服為堅急者也以布為之縮從也橫者三幅縮者一幅析其末者令可結也喪大記曰絞一幅為三○疏曰云厥明者對昨日始死之日為厥明喪大記云凡陳衣者實之篋取衣者亦以篋

緇衾赬裏無紞紞丁敢反○紞被識也斂衣或倒被無別於前後可也凡

衾劉同皆亦褖也祭服次爵弁服皮弁服散衣次散息但反○褖衣以下袍繭之屬

凡十有九稱祭服與散衣○疏曰喪大記注十九法天地之終數則天子以下皆同也陳

衣繼之庶襚繼之不必盡用盡津忍反○取斷而已不務多○記嚴明凝燎

陳衣記節○疏曰記小斂陳衣當襲之明旦祓燎之時○凡絞紟用布倫如

朝服戶乃鄭凡小斂大斂也倫比也○疏曰言類朝服者雜記云朝服十五升是也

右陳小斂衣

饌于東堂下脯醢醴酒冪奠用功布實于簞在饌東

饌劉音轉反○功布鍛濯灰治之布也凡在東西堂下者南齊坫設盆盥于饌東有

巾為奠設盥也喪事略故無洗也○疏曰喪事略故無洗直以盆為盥器也○記設棜于

東堂下南順齊于坫饌于其上兩甒醴酒酒在南篚

在東南順實角觶四木柶二素勺二豆在甒北二以並籩亦如之[illegible]今之番也角觶四木柶二為夕進醴酒兼饌之也勺二醴酒各一也豆籩二以併則是大斂饌也記於此者明其他與小斂同陳○疏曰鄭意以籩豆之外皆與小斂同不謂大斂饌陳之亦在小斂節內也

凡籩豆實具設皆巾之籩豆偶而為具其則於饌巾之巾之加飾也明小斂一豆一籩不巾○疏曰實具設謂東堂實之於奠設之二處皆巾觶俟時而酌柶覆加之面枋及錯建之時朝夕也檀弓曰朝奠日出夕奠逮日

右陳小斂奠

苴絰大鬲下本在左要絰小焉散帶垂長三尺牡麻絰右本在上亦散帶垂皆饌于東方苴七如反鬲音革絰大結反○苴絰斬衰之絰也苴麻者其貌苴以為絰服重者尚麤惡絰之言實也鬲搤也中人之手搤圍九寸絰帶

之差自此出焉牡麻者齊衰以下之絰也牡麻者其貌易服輕者宜差次也饌于東方東坫之南苴絰爲上○搤音乞○疏曰此小斂訖當服未成服之麻也

婦人之帶牡麻結本在房婦人亦有苴絰但言帶者記其異此齊衰婦人斬衰婦人亦苴絰也○疏曰記其異謂男子帶有散麻婦人則結本是其異者

右陳小斂服

牀第夷衾饌于西坫南第簀也夷衾覆尸之衾喪大記曰自小斂以往用夷衾夷衾質殺之裁猶冒也○疏曰言小斂以往用此衾覆尸覆柩不入棺矣猶冒者上質下殺形制同雖不連則異。○

西方盥如東方爲舉者設盥也如東方者亦用盆布巾饌於西堂下

右饌床第夷衾設盥

陳一鼎于寢門外當東塾少南西面其實特豚四鬄

去蹄兩胉脊肺設扃鼏鼏西末素俎在鼎西西順覆匕東柄鬄託歷反胉音博○鬄解也四解之殊肩髀而已喪事略去蹄去其甲為不絜清也胉脅也素俎喪尚質既饌將小斂則辟襲奠○疏曰鼎冪用茅為編言西末則茅本在東云喪事略者謂豚解不體解也四鬄并兩胉骨與脊總為七體

右陳鼎俎

士盥二人以並東面立于西階下立俟舉尸也○布席于戶內下莞上簟有司布斂席也商祝布絞衾散衣祭服祭服不倒美者在中斂者趨方或顛倒衣裳祭服尊不倒之也美善也善衣後布於斂則在中也既後布祭服而又言善衣在中明每服非一稱也

右布席布衣

陳小斂衣物圖

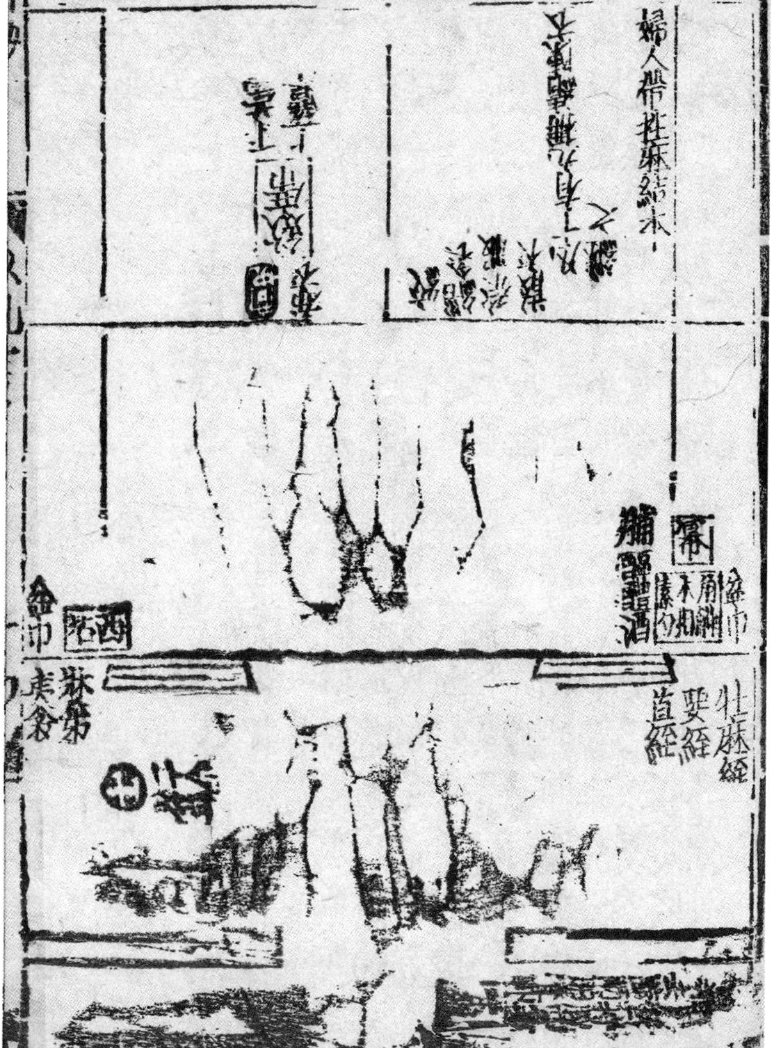

士舉遷尸反位遷尸於服上○設牀第于兩楹之間衽如初

有枕衽寢臥之席也亦下莞上簟○卒斂徹帷尸已飾○主人西面馮

尸踊無筭主婦東面馮亦如之馮服膺之主人髺髮袒衆

主人免于房髺音括○始死將斬衰者雞斯將齊衰者素冠今至小斂變又將初喪服也髺

髮者去笄纚而紒衆主人免者齊衰將袒以免代冠冠服之尤尊不以袒也免之制未聞舊說以為如冠

狀廣一寸喪服小記曰斬衰髺髮以麻免而以布此用麻布為之狀如今之著幓頭矣自項中而前交於

額上郤繞紒也于房于室釋髺髮宜於隱者○疏曰問喪雞斯鄭云當為笄纚婦人髽于室

髽側瓜反○始死婦人將斬衰者去笄而纚將齊衰者骨笄而纚今言髽者亦去笄纚而紒也齊衰以上

至笄猶髽髽之異於髺髮者既去纚而以髮為大紒如今婦人露紒其象也檀弓曰南宮縚之妻之姑之

喪夫子誨之髽曰爾毋縱縱爾爾毋扈扈爾其用麻布亦如著幓頭然○紒音計幓七消反○士

舉男女奉尸侇于堂幠用夷衾男女如室位踊無算侇音夷○侇之言尸也夷衾覆尸服之衾也堂謂楹閒牀第上也主人出于足降自西階衆主人東即位婦人阼階上西面主人拜賓大夫特拜士旅之即位踊襲絰于序東復位拜賓鄉賓位拜之也即位踊東方位襲絰于序東東夾前○疏主人降階就拜賓之時衆主人遂東即位襲絰于序東謂鄉堂東東西當序牆之東又當東夾之前非謂就堂上東夾之前也○訂無踊節其哀未可節也

既馮尸主人袒髺髮絞帶衆主人布帶衆主人齊衰以下

右小斂

小斂圖

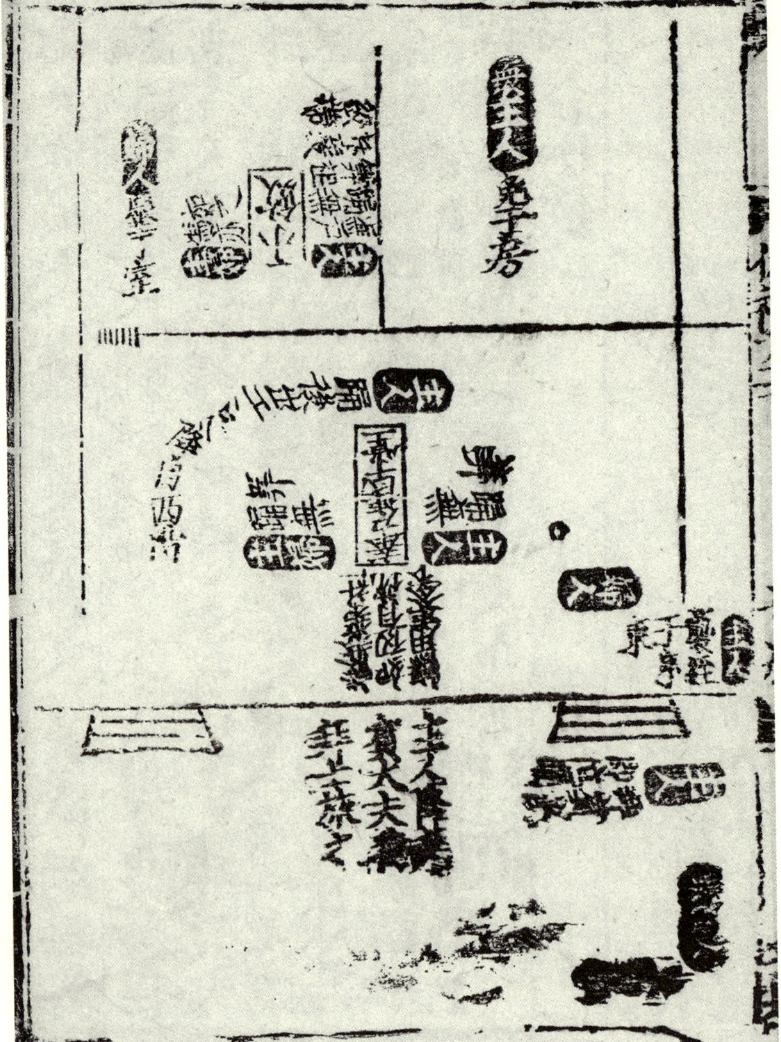

小斂變服有二節

小斂于户内主人主婦馮尸而後主人髻髮袒斂帶婦人髽于室丈夫免于房布帶

奉尸侇于堂主人踊無算降拜賓還即阼階下[illegible]

入位踊而後襲絰于序東[illegible]至此乃襲而絰

為父母有小異

小記曰斬衰括髮以麻為母括髮以麻免而以布[illegible]

又記曰奉尸侇于堂降拜賓主人即位襲帶絰踊[illegible]

母之喪即位而免踊云為父小斂訖括髮自袒襲以[illegible]

前交於額上卻繞紒如著幓頭焉為母小斂後以[illegible]

髮與父禮同自小斂後至尸出堂子拜賓之時皆[illegible]

與父不異至拜賓後子袒即堂下位時則異之逆[illegible]

為父此時猶括髮而踊襲絰帶于序東以至[illegible]

而成服若母喪於此時則不復括髮乃著布免[illegible]

而襲絰帶以至成服

喪大記拜賓之節

君拜寄公國賓大夫士拜卿大夫於位於士旁三拜夫人亦拜寄公夫人於堂上大夫内子士妻特拜命婦氾拜衆賓於堂上

哭尸于堂上出外來奔喪之位

主人在東方由外來者在西方諸婦南鄉[illegible]

練

乃奠祝與執事爲之舉者盥右執匕卻之左執俎橫攝之入阼階前西面錯錯俎北面舉者盥出門舉鼎者右人以右手執匕左人以左執俎因其便也攝持也西面錯錯鼎於此宜西面錯俎北面俎宜西順之○疏曰各以內手舉鼎外手[illegible]匕俎故云便也右人左執匕抽扃予左手兼執之取鼏委于鼎北加扃不坐抽扃取鼏加扃於鼏上皆右手乃朼載載兩髀于兩端兩肩亞兩胉亞脊肺在於中皆覆進柢執而俟柢丁計反○乃朼以朼次出牲體右人也載受而載於俎左人也亞次也凡七體皆覆爲塵柢本也進本者未異於生也骨有本末夏祝及執事盥執醴先酒脯醢俎從升自阼階丈夫踊甸人徹鼎巾待于阼階下執事者諸執奠事者巾功

帶也執者不升已不設祝旣錯醴將受之○疏曰執者不升唯據執巾者祝將受之以覆酒醴奠于
尸東執醴酒北面西上執醴酒者先升尊也立而俟後錯要成也豆錯俎
錯于豆東立于俎北西上醴酒錯于豆南祝受巾巾
之由足降自西階婦人踊奠者由重南東丈夫踊巾之爲塵也東反其位○疏曰主人位在阼階下婦人位在上故奠者升丈夫踊奠者降婦人踊各以所見先後爲踊之節也云奠者由重東南丈夫踊者奠訖主人見之更與主人爲踊之節也賓出主人
拜送于門外廟門外也○疏曰以鬼神所在即曰廟故名適寢爲廟也乃代哭不
以官代更也孝子始有親喪悲哀憔悴禮防其以死傷生使之更哭不絕聲而已人君以官尊卑士賤以親疏爲之三日之後哭無時○周禮挈壺氏縣壺以代哭記小斂辟奠不
出室未忍神遠之也辟襲奠以辟斂既斂則不出於室設於序西南畢事而去之

小斂奠圖

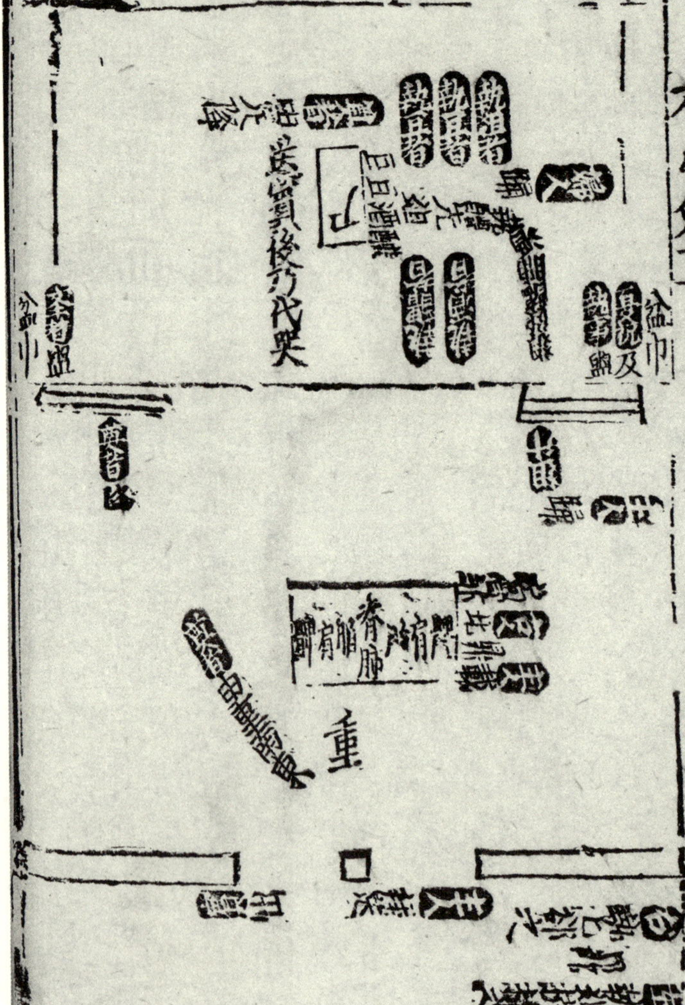

右小斂奠

有襚者則將命擯者出請入告主人待于位喪礼略於威儀
既小斂擯者乃用辭出請之辭曰孤某使某請事擯者出告須以賓入須亦待也
出告之辭曰孤某須矣賓入中庭北面致命主人拜稽顙賓升
自西階出于足西面委衣如於室禮降出主人出拜
送朋友親襚如初儀西階東北面哭踊三降主人不
踊朋友既委衣又還哭於西階上不背主人襚者以褶則必有裳執衣如
初徹衣者亦如之升降自西階以東帛為褶無絮雖複與禪同有裳
乃成稱不用表也以東藏以待事也右襚者大斂襚
宵為燎于中庭宵夜也燎火燋

右設燎

厥明滅燎陳衣于房南領西上綪絞紟衾二君襚祭服散衣庶襚凡三十稱紟不在筭不必盡用紟單被也衾二者始死斂衾今又復制也小斂衣數自天子達大斂則異矣喪大記曰大斂布絞縮者三橫者五○

東方之饌兩瓦甒其實醴酒角觶木柶毼豆兩其實葵菹芋蠃醢兩籩無縢布巾其實栗不擇脯四脡甒亡甫反毼苦曷反蠃力禾反縢大登反脡大頂反○此饌但言東方則亦在東堂下也毼白也齊人或名全菹爲芋縢緣也詩云竹柲緄縢布巾籩巾也籩豆具而有巾盛之也特牲饋食禮有籩巾○疏曰菹法短四寸者全之若長於四寸則切之喪中之菹葵雖長而不切故取齊人全菹爲芋之解不言豆巾者菹醢二物不嫌無巾

奠席在饌北斂席在其東大斂奠而有席彌神且饌有巾矣

之○疏曰有巾又○掘肂見衽掘其勿反肂以二反○
肂埋尾彌衲之衽又音四見賢遍反○
肂埋棺之坎者也掘之於西階上衽小要也喪大記曰
君殯用輴欑至于上畢塗屋大夫殯以幬欑置于
西序塗不暨于棺士殯見衽塗上帷之又曰君蓋用
漆三衽三束大夫蓋用漆二衽二束士蓋不用漆二衽二
束○要一遙反幬徒刀反欑才官反○疏曰肂
謂為陳謂陳尸於坎檀弓云周人殯於西階之上引喪
大記者見君四面及上盡塗之如屋然大夫入不得
西面但迫西序以木覆棺不暨棺者謂中央小縫
取容棺柩木不及棺而已上見其小要於上塗之
云衽之者君大夫士皆用衽每縫首合棺縫處中央也
君衽蓋每縫為一道小要每道為一條京之大夫
士衽于君也○今被右者帷不釘繫袗等之衣以謹
棺之貫者兩端大而中小所謂小要也衽見衽音貫見於平也肂深淺之節也棺入主人不
哭升棺用軸蓋在下軸輁軸也輁狀如牀軸其輪輓而行○疏曰詳見既夕遷于祖
用盝熬黍稷各二筐有魚腊饌于西坫南○熬五刀反坫丁念反

或[?]蚍蜉令不至棺旁也爲舉者設盆盥於西○[?]曰[?]大斂[?]熬者煎穀也將塗設於棺旁此上二[?]在首足各一筐其餘設於左右

陳三鼎于門外北上豚合升魚鱄鮒九腊左胖髀不升其他皆如初鱄市轉反○合升合左右胖升於鼎其他皆如初謂豚躰及匕俎之陳如小斂時合升四鬄亦相互耳

燭俟于饌東燭燋也饌東方之饌有燭者堂雖明室猶闇火在地曰燎執之曰燭○燋哉約反

右陳大斂衣奠及殯具

陳大斂圖

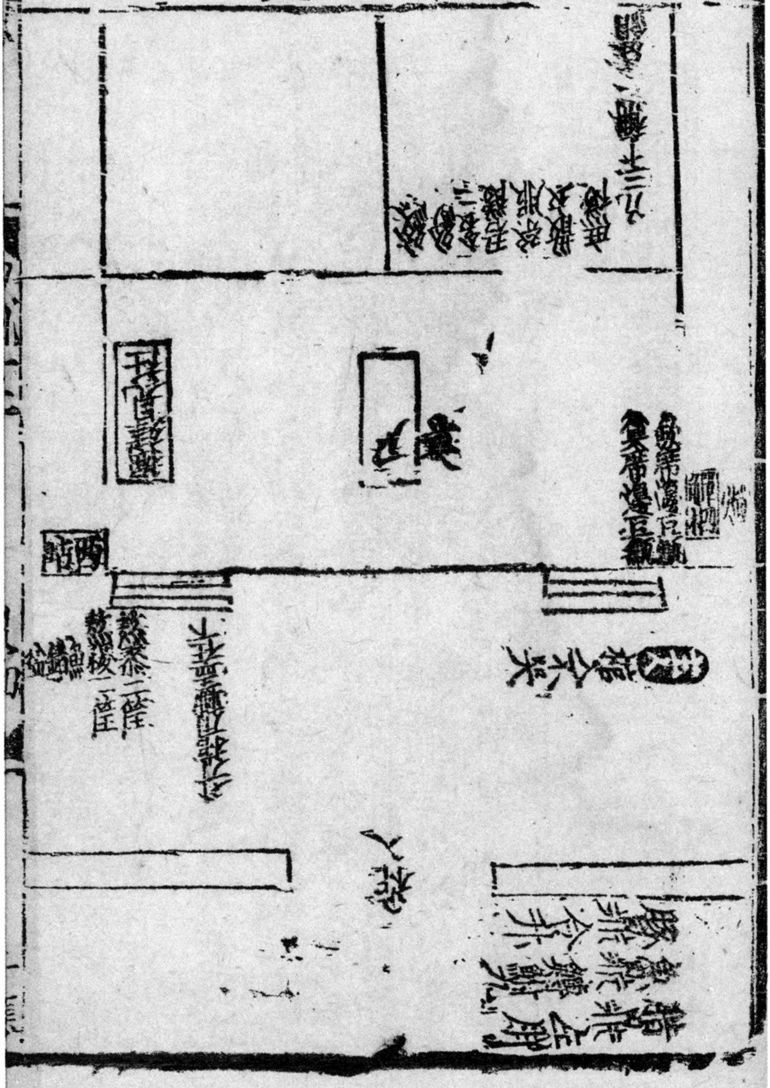

祝徹盥于門外入升自阼階丈夫踊祝徹徹初奠有司當徹小斂之奠者小斂設盥于饌東有巾大斂設盥于門外彌有威儀祝徹巾授執事者以待授執巾者於尸東使先待於阼階下爲大斂奠又將巾之祝還徹醴也徹饌先取醴酒北面北面立相待俱降其餘取先設者出于足降自西階婦人踊設于序西南當西榮如設于堂爲求神於庭孝子不忍使其親須臾無所馮依也堂謂尸東也奠設于序西南者畢事而去之凡醴酒位如初執事豆北南面東上如初者如其醴酒北面西上也執醴尊不爲便事變位乃適饌東方之新饌帷堂徹事畢

右徹小斂奠帷堂

徹小斂奠圖

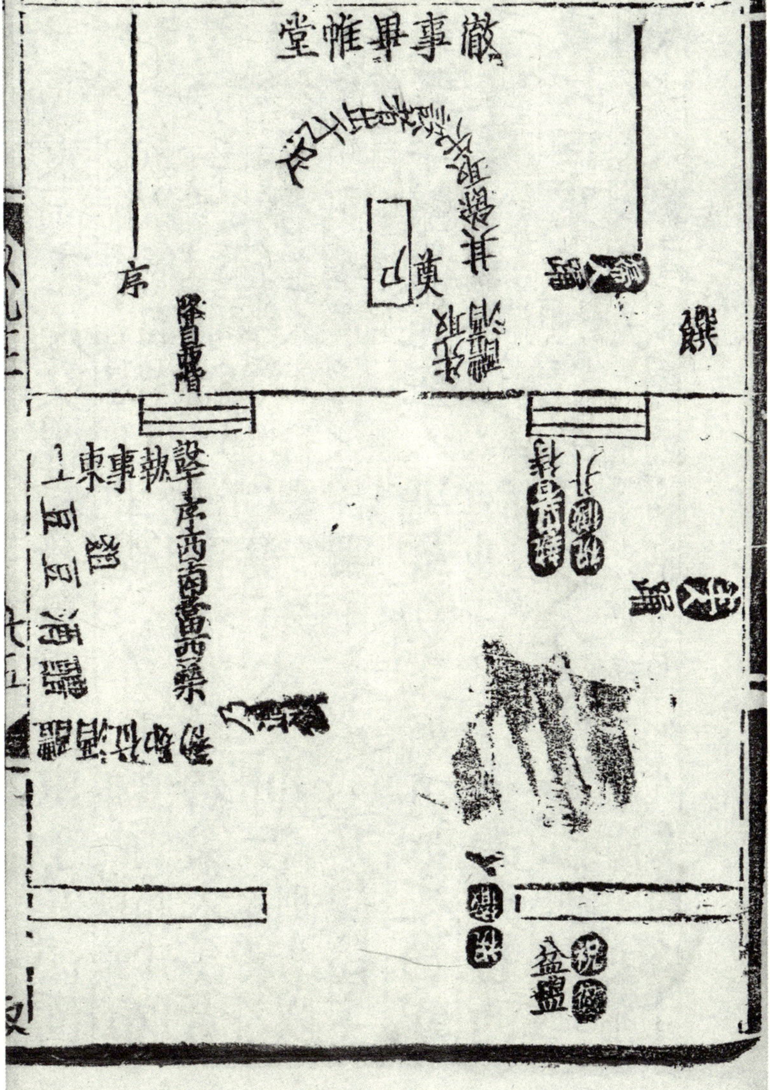

少二百三十四

婦人尸西東面主人及親者升自西階出于足西面袒袒大斂變也不言髽免髽髮小斂以來自若矣士盥位如初亦既盥並立西階下布席如初亦下莞上簟鋪於阼階上於楹間為少南商祝布絞紟衾衣美者在外君襚不倒至此乃用君襚主人先自盡有大夫則告後來之則告以方斂非斂時則當降拜之○疏曰檀弓大夫弔當事而至則辭焉士舉遷尸復位主人踊無筭卒斂徹帷主人馮如初主婦亦如之○記大斂于阼未忍便離主人位也主人奉尸斂于棺則西階上賓之大夫升自西階階東北面東上視斂既馮尸大夫逆降復位中庭西面位○疏曰朝夕哭云主人入堂下直東序西面卿大夫在其南卿大夫與主人同西面向殯故卿大夫位在中庭西面也

右大斂

主人奉尸斂于棺踊如初乃蓋棺在肂中斂尸焉所謂殯也檀弓曰殯於客位主人降拜大夫之後至者北面視肂北面於西階東衆主人復位婦人東復位阼階上下之位設熬旁一筐乃塗踊無筭以木覆棺上而塗之為火備卒塗祝取銘置于肂主人復位踊襲為銘設柎樹之肂東○記既殯主人說髦○說土活反髦音毛兒生三月鬋髮為鬌男角女羈否則男左女右長大猶為飾存之謂之髦所以順父母幼小之心○至此尸柩不見喪無飾可以去之髦之形象未聞○疏曰內則注夾囟曰角午達曰羈毛詩箋曰髦者髮至眉子事父母之飾

右殯

大歛殯圖

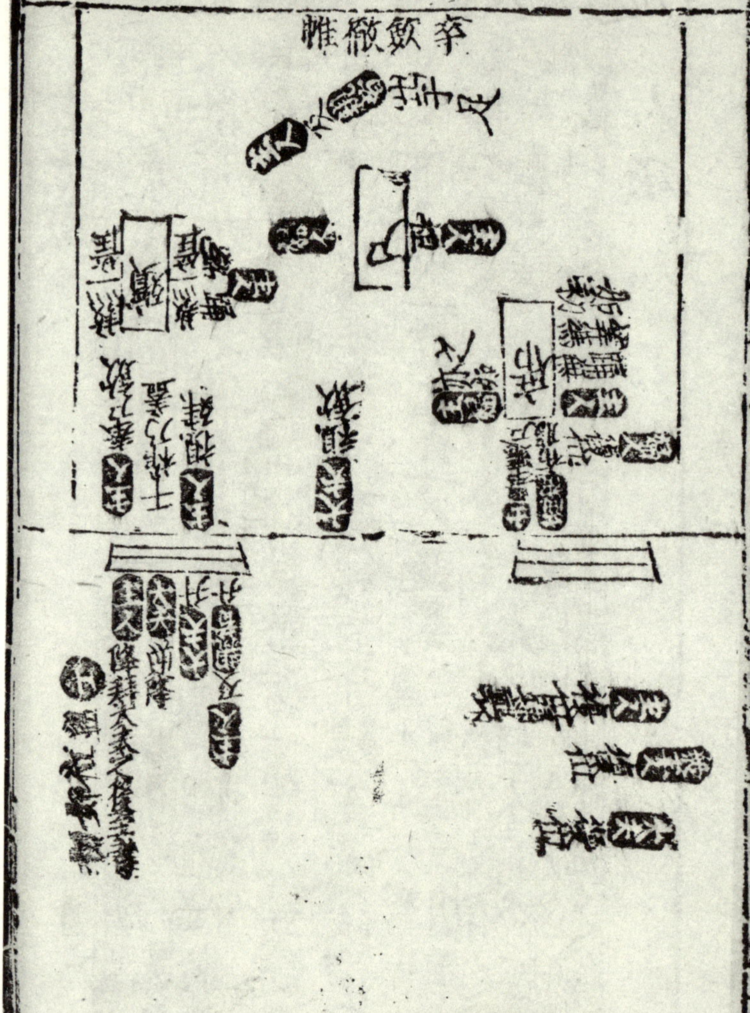

乃奠燭升自阼階祝執巾席從設于奧東面執燭者先升當

照室自是不復奠於尸祝執巾與執席者從入爲安神位室中西南隅謂之奧執燭南面巾委於席右

祝反降及執事執饌東方之饌士盥舉鼎入西面北上如

初載魚左首進鬐三列腊進柢如初如小斂舉鼎執匕俎扃鼏朼載之儀

魚左首設而在南鬐脊也左首進鬐亦未異於生也凡未異於生者不致死祝執醴如初

酒豆籩俎從升自阼階丈夫踊甸人徹鼎如初祝不升奠

由楹內入于室醴酒北面亦如初設豆右菹菹南栗栗

東脯豚當豆魚次腊特于俎北醴酒在籩南巾如初

右菹菹在醢南也此左右異於魚者載者統於執設者統於席醴當栗南酒當脯南既錯者出

立于戶西西上祝後闔戶先由楹西降自西階婦人

踊奠者由重南東丈夫踊（爲神馮依之也）賓出婦人踊主人
拜送于門外入及兄弟北面哭殯兄弟出主人拜送
于門外（小功以下至此可以歸異門大功亦存焉）衆主人出門哭止皆西
面于東方闔門○記巾奠執燭者滅燭出降自阼階
由重主人之北東（巾奠而室事已）

右大斂奠

主人揖就次（次謂斬衰倚廬齊衰堊室也大功有帷帳小功緦麻有牀笫可也）○記
居倚廬（倚木爲廬在中門外東方北戶）寢苫枕塊（苫編藁塊堛也）不說絰帶
（哀戚不在於安）哭晝夜無時（哀至則哭非必朝夕）非喪事不言（不忘所以爲親）
歠粥朝一溢米夕一溢米不食菜果（不在於飽與滋味粥糜也）

大斂奠圖

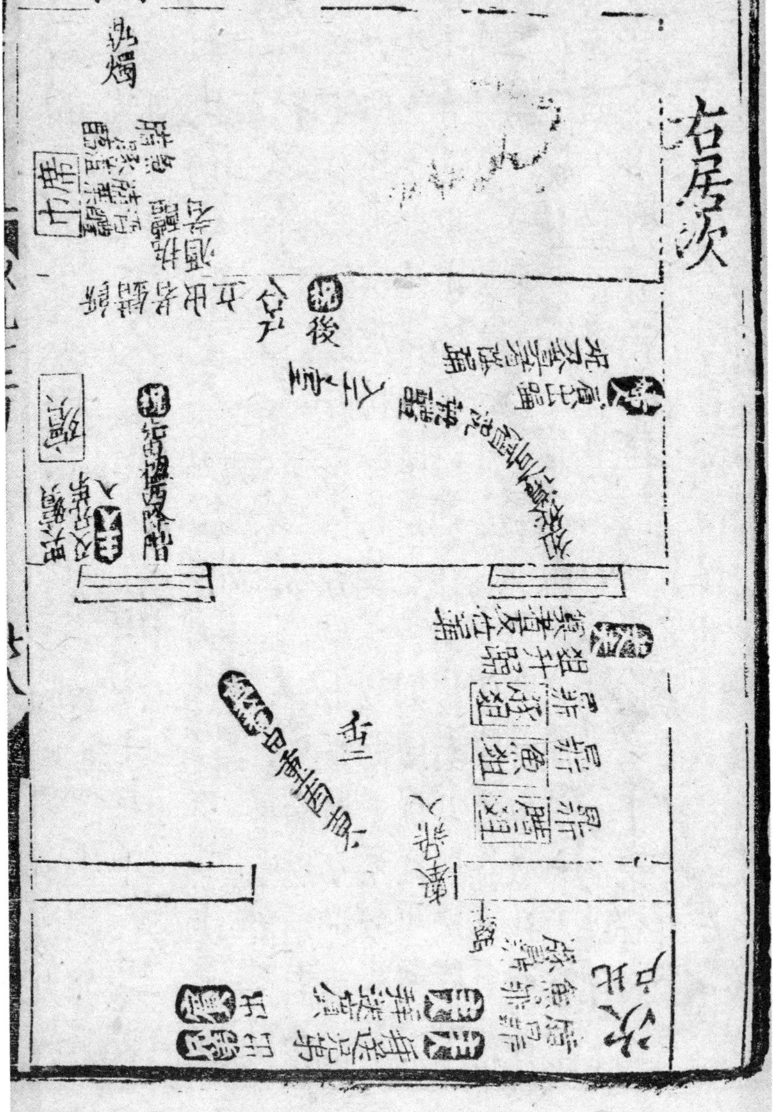

君若有賜焉則視斂既布衣君至賜恩惠也斂大斂君視大斂皮弁服襲裘主人成服之後往則錫衰主人出迎于外門外見馬首不哭還入門右北面及衆主人袒不哭厭於君不敢伸其私恩巫止于廟門外祝代之小臣二人執戈先二人後巫掌招彌以除疾病周禮小臣掌正君之法儀者周禮男巫王弔則與祝前檀弓曰君臨臣喪以巫祝桃茢執戈以惡之所以異於生也皆天子之禮諸侯臨臣之喪則使祝代巫執茢居前下天子也小臣君行則在前後君升則俠阼階北面凡宮有鬼神曰廟君釋采入門主人辟釋采者祝為君禮門神也必禮門神者明君無故不來也禮運曰諸侯非問疾弔喪而入諸臣之家是謂君臣為謔君升自阼階西鄉祝負墉南面主人中庭祝南面房中東鄉君牆謂之墉主人中庭進益北面君哭主人哭拜稽顙成踊出出不敢必君之■斂事君命反

行事主人復位大斂畢君升主人主人西楹東北面命主
人使之升升公卿大夫繼主人東上乃斂公大國之孤四命也春秋傳曰
吾公在壑谷卒公卿大夫逆降復位主人降出逆降者後升者先降
位如朝夕哭弔之位君反主人主人中庭君坐撫當心主人拜
稽顙成踊出撫手案之凡馮尸興必踊○疏曰君與主人拾踊也喪大記君於臣撫之父母
於子執之子於父母馮之婦於舅姑奉之舅姑於婦撫之又云凡馮尸興必踊是馮爲撫名君撫之亦得踊
也君反之復初位眾主人辟于東壁南面以君將降也南面則
當坫之東君降西鄉命主人馮尸主人升自西階由足西
面馮尸不當君所踊主婦東面馮亦如之君必降者欲孝子盡
其情奉尸斂于棺乃蓋主人降出君反之入門左視塗

肆在西階上入門左由便邇疾不敢久留君 君升即位衆主人復位卒塗
主人出君命之反奠入門右亦復中庭位 乃奠升自西階
以君在阼 君要節而踊主人從踊節謂既奠始升階既奠由重南東辟也 卒
奠主人出哭者止以君將出不敢讙囂聒尊者也 君出門廟中哭主
人不哭辟君式之辟後遁辟位也古者立乘式謂小俛以禮主人也曲禮曰立視五巂
式視馬尾○疏曰曲禮君出就車左右攘辟又五巂
注巂猶規也車輪轉之一帀為一規以冬官輪崇計
之凡視前十六步半 貳車畢乘主人哭拜送貳車副車也其數各視其命之等君
出使異姓之士乘之在後君弔蓋乘象路曲禮曰乘
君之乘車不敢曠左左必式○疏曰大行人上公貳
車九乘侯伯七〻子男五故知視命數坊記君不與同
姓同車與異姓同車彼謂同車為御右者此貳車可
知引曲禮者乘車即貳車也以人君皆左 襲入即位
乘懸空其位則乘之亦居左常為式耳

衆主人襲拜大夫之後至者成踊後至布衣而後來者皆○疏曰其未布衣特來則入前踊大夫從君之內賓出主人拜送自賓出以下節君不在之儀○

記君視斂若不待奠加蓋而出不視斂則加蓋而至卒事爲有他故及辟忌也○今按尸斂尸撫尸視殯視塗視奠凡六節每一節主人降出主人不敢必君之卒事也君命反主人行事所以盡哀敬之情始終之義也

右君視大斂

君視士大斂圖

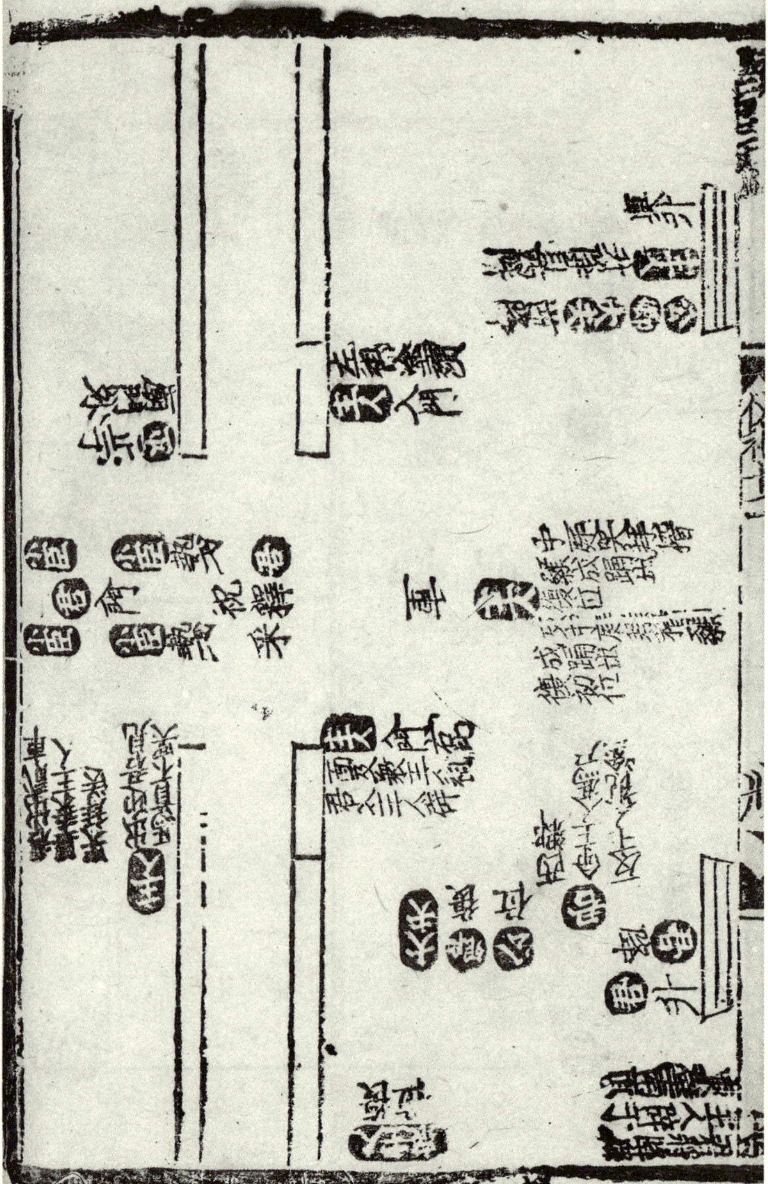

三日成服杖拜君命及衆賓不拜棺中之賜既殯之明日全三日始歠粥矣禮尊者加惠明日必往拜謝之棺中之賜不施已也曲禮曰生與來日○疏曰是四日矣言三日除死日數之也曲禮注與數也生數來日謂成服杖以死明日數也死數往日謂殯斂以死日數也大夫以上皆以來日數○

記三日絞垂成服日絞要經之散垂者冠六升外縪纓條屬厭縪音必屬音燭厭、涉反○縪謂縫著於武也外之者外其餘也纓條屬者通屈一條繩為武垂下為纓屬之冠厭伏也○疏曰冠在武下故云厭衰三升衣與裳也屨外納納收餘也○疏曰收餘末向外為之取醜惡不事飾也杖下本竹桐一也順其性也○主人乘惡車拜君命拜衆賓及有故行所乘也雜記曰端衰喪車皆無等然則此惡車王喪之木車也齊衰以下其乘素車繅車駹車漆車○疏曰此即周禮巾車王之喪車五乘白狗幦未成豪狗幦覆笭也以狗皮為之取其臑也白於喪飾宜蒲蔽蔽藩○疏曰藩謂車兩邊

御風塵爲藩蔽御以蒲菆菆側留反○不在於驅馳蒲菆牡蒲莖○疏曰御車者用蒲菆以策
馬宣十二年注蒲楊柳可以爲箭犬服笭間兵服以犬皮爲之取其堅也亦白○疏曰凡兵器建於
笭間自衛以白犬皮爲服木館錧音管○取少聲今文錧爲鎋○疏曰常用金喪用木錧亦然約
綏約轡約繩綏所以引升車○疏曰吉時綏轡用索木鑣鑣彼苗反○亦取少聲馬
不齊髦齊翦也主婦之車亦如之疏布裧裧尺占反○裧者車裳幃○
於蓋弓垂之○疏曰巾車云皆有容蓋容蓋相將具蓋有弓貳車白狗攝服貳副也攝
猶緣也狗皮緣服差飾○疏曰大夫以上有貳車士卑無貳以在喪可有之非常法則有兵服云差飾對
主人服無緣其他皆如乘車如所乘惡車

右成服

朝夕哭不辟子卯既殯之後朝夕及哀至則哭不代哭也子卯桀紂亡日凶事不辟吉事闕焉婦人即位于堂南上哭丈夫即位于門外西面北上外兄弟在其南南上賓繼之北上門東北面西上門西北面東上西方東面北上主人即位辟門辟婢亦反○外兄弟異姓有服者也辟開也凡廟門有事則開無事則閉婦人拊心不哭拊芳甫反○方有事止讙囂主人拜賓旁三右還入門哭婦人踊先西面拜乃南面拜東面拜也主人堂下直東序西面兄弟皆即位如外位卿大夫在主人之南諸公門東少進他國之異爵者門西少進敵則先拜他國之賓凡異爵者拜諸其位賓皆即此位乃哭盡哀止主人乃右還拜之如外位矣兄弟齊衰大功者主人哭則哭小功緦

所亦即位乃哭上言賓此言卿大夫明其亦賓亦少進前於列異爵卿大夫也他國卿大夫亦前於列尊之拜諸其位就其位特拜

右朝夕哭

朝夕哭位圖

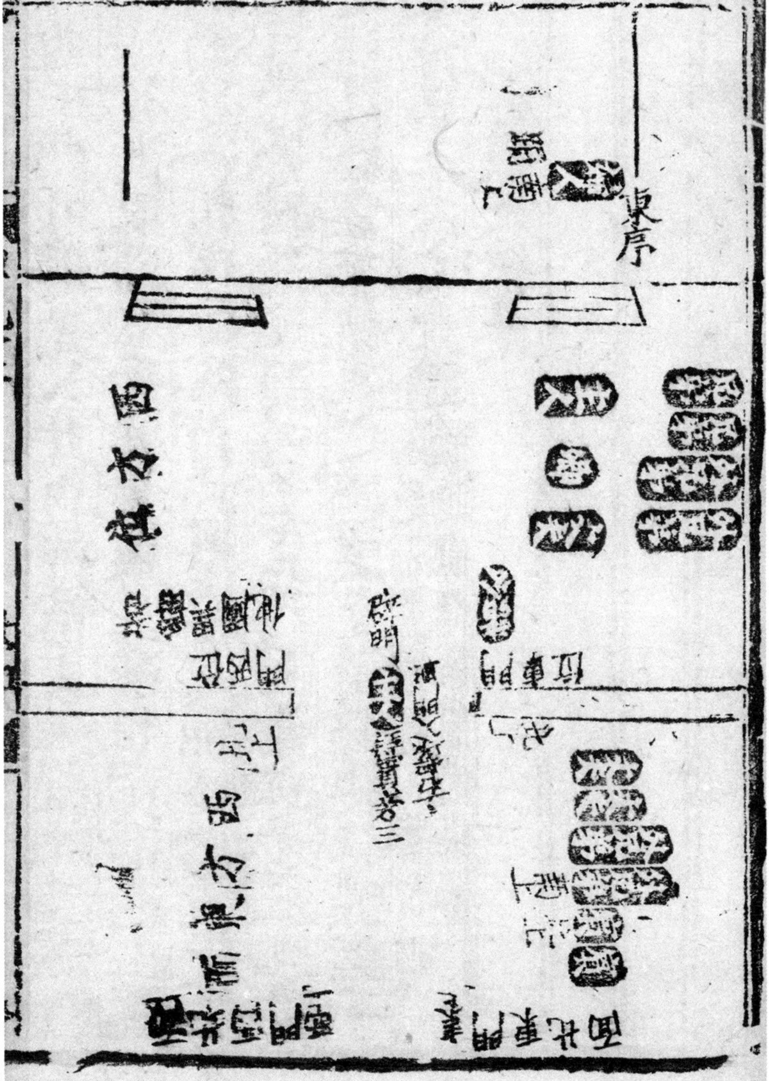

徹者盥于門外燭先入升自阼階丈夫踊（徹者徹大斂之宿奠）祝取醴北面取酒立于其東取豆籩俎南面西上祝先出酒豆籩俎序從降自西階婦人踊（此序次）設于序西南直西榮醴酒北面西上豆西面錯立于豆北南面籩俎既錯立于執豆之西東上酒錯復位醴錯于西遂先由主人之北適饌（遂先者明祝不復位也適饌適新饌將復奠）

右徹大斂奠

徽大斂奠圖

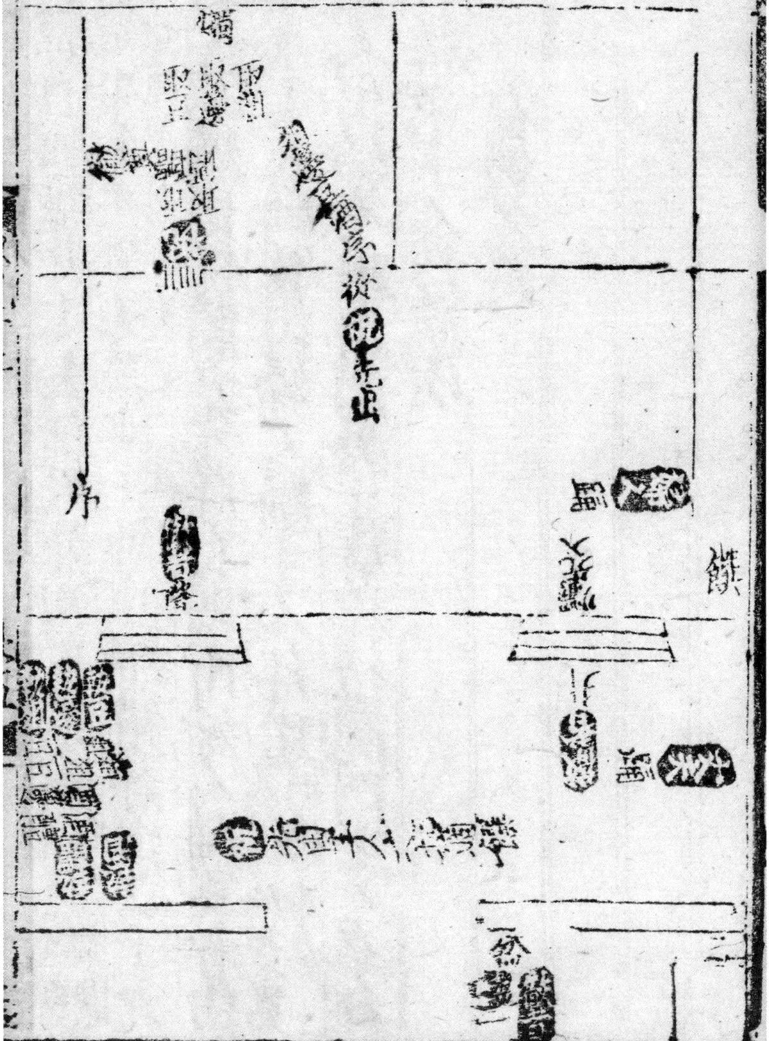

乃奠醴酒脯醢升丈夫踊入如初設不巾入入於室也如初設

者豆先次籩次酒次醴也不巾無菹無栗也菹栗具則有俎有俎乃巾之錯者出立于戶

西西上滅燭出祝闔戶先降自西階婦人踊奠者由

重南東丈夫踊賓出婦人踊主人拜送哭止乃奠奠則禮畢矣

衆主人出婦人踊出門哭止皆復位闔門主人卒拜

送賓揖衆主人乃就次

右朝夕奠

朝夕奠圖

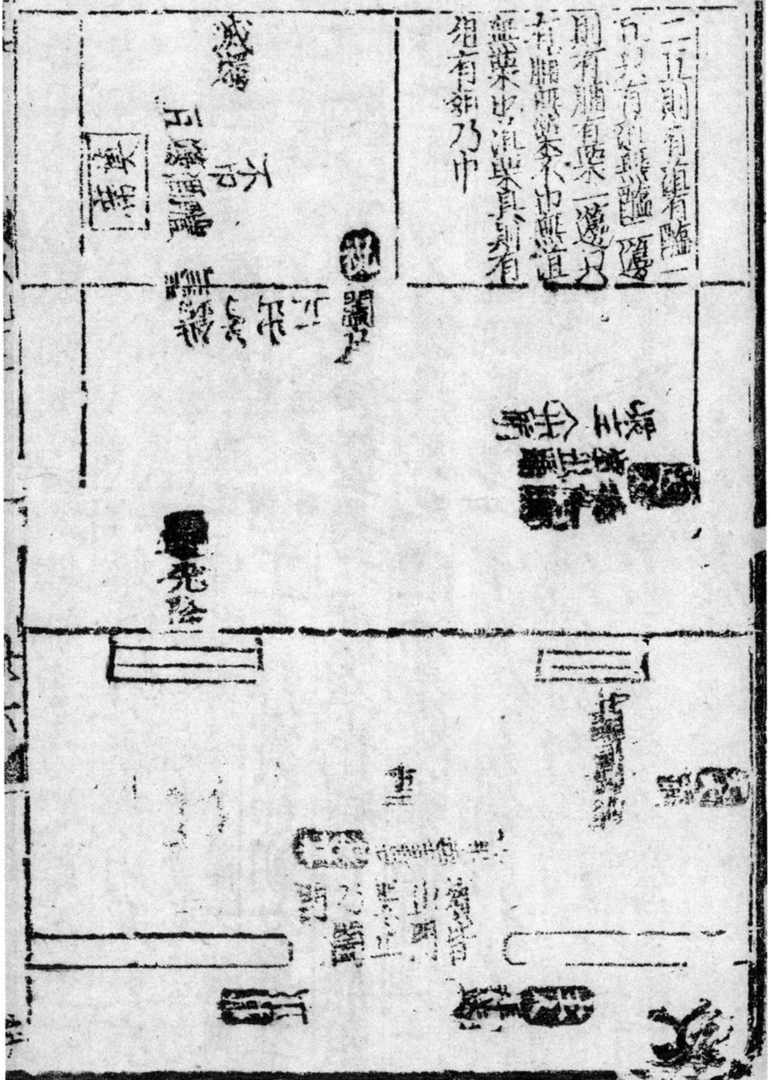

朔月奠用特豚魚腊陳三鼎如初東方之饌亦如之

朔月月朔日也自大夫以上月半又奠如初者謂大斂時

無籩有黍稷用瓦敦有蓋當籩位

黍稷併於甒北也於是始有黍稷死者之於朔月月半猶平常之朝夕大祥之後則四時祭焉○疏曰平常之饌以謂猶生時朝以之常食也

主人拜賓如朝夕哭卒徹

徹宿奠也

舉鼎入升皆如初奠之儀卒朼釋匕于鼎俎行朼者逆出甸人徹鼎其序醴酒菹醢黍稷俎

俎行者俎後執執俎者行鼎可以出其序升入之次

其設于室豆錯俎錯腊特黍稷當籩位敦啓會卻諸其南醴酒位如初

會古外反○當籩位俎南黍黍東稷會蓋也

祝與執豆者巾乃出

共為之也

主人要節而踊皆如朝夕哭之儀○月半不殷奠

殷盛也士月半不復如朔盛奠下尊

者○有薦新如朔奠薦五穀若時果物新出者○徹朔奠先取醴酒其餘取先設者敦啓會面足序出如入啓會徹時不復蓋也面足執之令足間鄉前也敦有足則敦之形如今酒敦其設于外如於室外序西南

○記朔月童子執帚卻之左手奉之童子隸子弟若內豎寺人之屬執用左手卻之示未用從徹者而入童子不專禮事比奠舉席埽室聚諸㝔布席如初卒奠埽者執帚垂末內鬣從執燭者而東㝔一弔反鬣音獵○隱猶說室東南隅謂之㝔

燕養饋羞湯沐之饌如他日燕養平常所用供養也饋朝夕食也羞四時之珍異湯沐所以洗去汙垢內則曰三日具沐五日具浴孝子不忍一日廢其事親之禮於下室日設之如生存也進徹之時如其頃○疏曰下室燕寢之室也如其頃家生寢一食之頃朔月若薦新則不饋于下室以其殷奠

有黍稷也下室如今之內堂正寢聽朝事

右朔月奠

朔月奠圖

黍稷醴
櫻臨酒

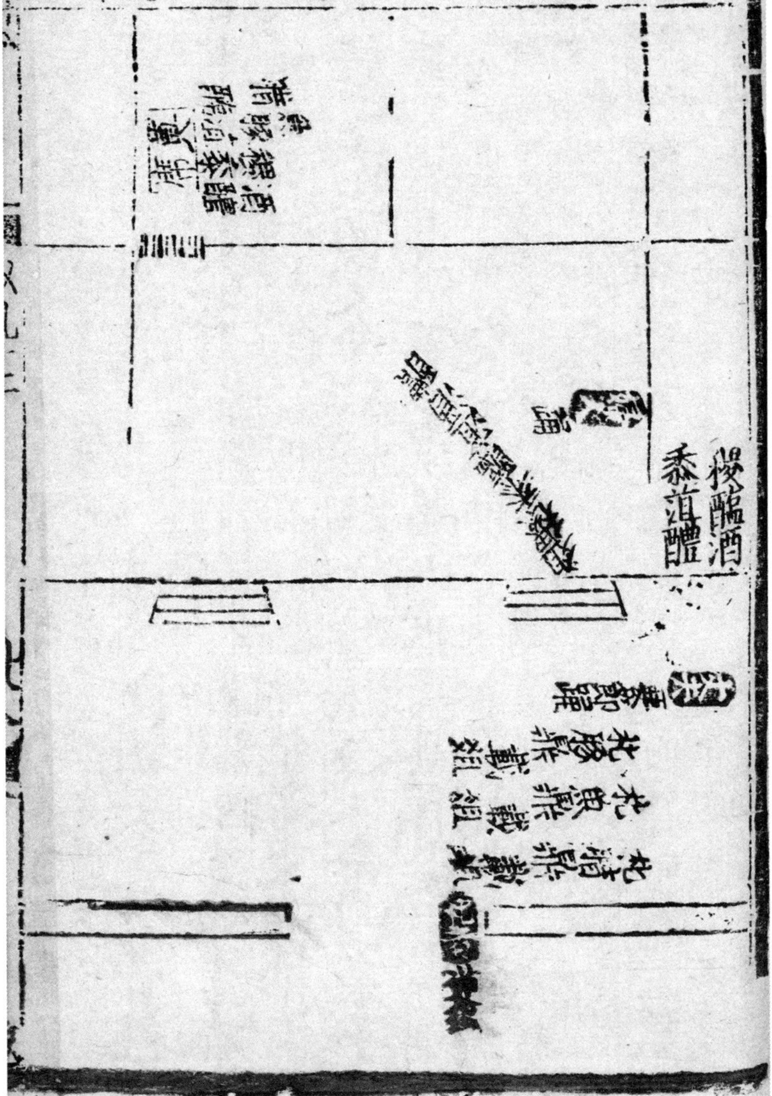

筮宅冢人營之宅葬居也冢人有司掌墓地兆域者營猶度也詩云經之營之掘四
隅外其壤掘中南其壤為葬將北首故也既朝哭主人皆往
兆南北面免絰兆域也所營之處免絰者求吉不敢純凶命筮者在
主人之右命尊者宜由右出也少儀曰贊幣自左詔辭自右筮者東面抽上
韇兼執之南面受命韇音獨○韇藏筴之器也兼與筮執之命曰哀子
某為其父某甫筮宅度茲幽宅兆基無有後艱某甫且字
也若言山甫孔甫矣宅居也度謀也茲此也基始也言為其父筮葬居今謀此以為幽冥居兆域之始得
無後將有艱難乎艱難謂有非常若崩壞也孝經曰卜其宅兆而安厝之○疏曰上大夫以上卜下不筮
下大夫以下士則筮宅筮人許諾不述命右還北面指中封而筮
卦者在左還戶串反○述循也既受命而申言之曰述不述者士禮略凡筮因會命筮為述命

中封（中央壤也卦者識爻卦畫地者）卒筮執卦以示命筮者命筮者受視反之東面旅占卒進告于命筮者與主人占之曰從（卒筮卦者寫卦示主人乃受而執之旅衆也反與其屬共占之謂掌連山歸藏周易者從猶吉也）主人絰哭不踊若不從筮擇如初儀（更擇地而筮之○小記祔葬者不筮宅）歸殯前北面哭不踊（易位而哭明非常）○記筮宅冢人物土（物猶相也相其地可葬者乃營之）卜日吉告從于主婦主婦哭婦人皆哭主婦升堂哭者皆止（事畢）

右筮宅

既井椁主人西面拜工左還椁反位哭不踊婦人哭于堂（既已也匠人爲椁刊治其材以井構於殯門外也反位拜位也既哭之則往施之竁中矣主）

器奠亦以旣朝哭矣○竁昌絹反○疏曰禮云旣殯日而布材與明器注木工宜乾腊則此布之已久故云旣已也此時將用主人○朝看視故云往施竁中也

獻材于殯門外西面北上綪主人徧視之如哭椁獻素獻成亦如之材明器之材視之亦猶工左還形法定爲素飾治畢爲成

右哭椁哭器

卜日旣朝哭皆復外位卜人先奠龜于西塾上南首有席楚焞置于燋在龜東焞存悶反○楚荊也荊焞所以鑽灼龜者燋炬也所以然火者也周禮菙氏掌共燋契以待卜事凡卜以明火爇燋遂龡其焌契以授卜師遂役之○焌音俊○疏曰周禮注明火以陽燧取火於日者焌讀如戈鐏之鐏謂以契柱燋火而吹之也契旣然以授卜師作龜役之使助之是楚焞與契爲一皆謂鑽龜之荊鑽取其鋭也

族長涖卜及宗人

吉服立于門西東面南上占者三人在其南北上卜

人及執燋席者在塾西(族長有司掌族人親疏者也涖臨也吉服服玄端也占者三人掌玉兆瓦兆原兆者也在塾西者南面東上○疏已周禮大卜此兆者灼龜發於火其形可占者其象似玉瓦原之舋罅是用名之原原田也)闔東扉主婦立于其內(扉門扇也)席

于闑西閾外(為卜者也)宗人告事具主人北面免絰左擁

之涖卜即位于門東西面(涖卜族長也更西面當代主人命卜)卜人抱

龜燋先奠龜西首燋在北(既奠燋又執龜以待之)宗人受卜人

龜示高(以龜腹甲高起所當灼示涖卜也)涖卜受視反之宗人還少

退受命(受涖卜命授龜宜近受命宜卻也)命曰哀子某來日某卜葬

其父某甫考降無有近悔(考登也降下也言卜此日葬魂神上下得無近於咎)

許諾不述命還即席西面坐命龜興授卜人龜
負東扉宗人不述命亦士禮略凡卜述命命龜異龜重威儀多也負東扉俟龜之兆也○疏曰大夫以上皆有述命述命與命龜異云龜重對筮時述命命筮同筮輕也卜人坐作龜興
作猶灼也周禮卜人凡卜事示高揚火以作龜致其墨興起也宗人受龜示涖卜涖
卜受視反之宗人退東面乃旅占卒不釋龜告于涖
卜與主人占曰某日從不釋龜復執之也授卜人龜告于主
婦主婦哭不執龜者下主人也告于異爵者使人告于衆賓衆賓
僚友不來者也卜人徹龜宗人告事畢主人絰入哭如筮宅
賓出拜送若不從卜擇如初儀
右卜日

主
婦
哭立

閣東
寨

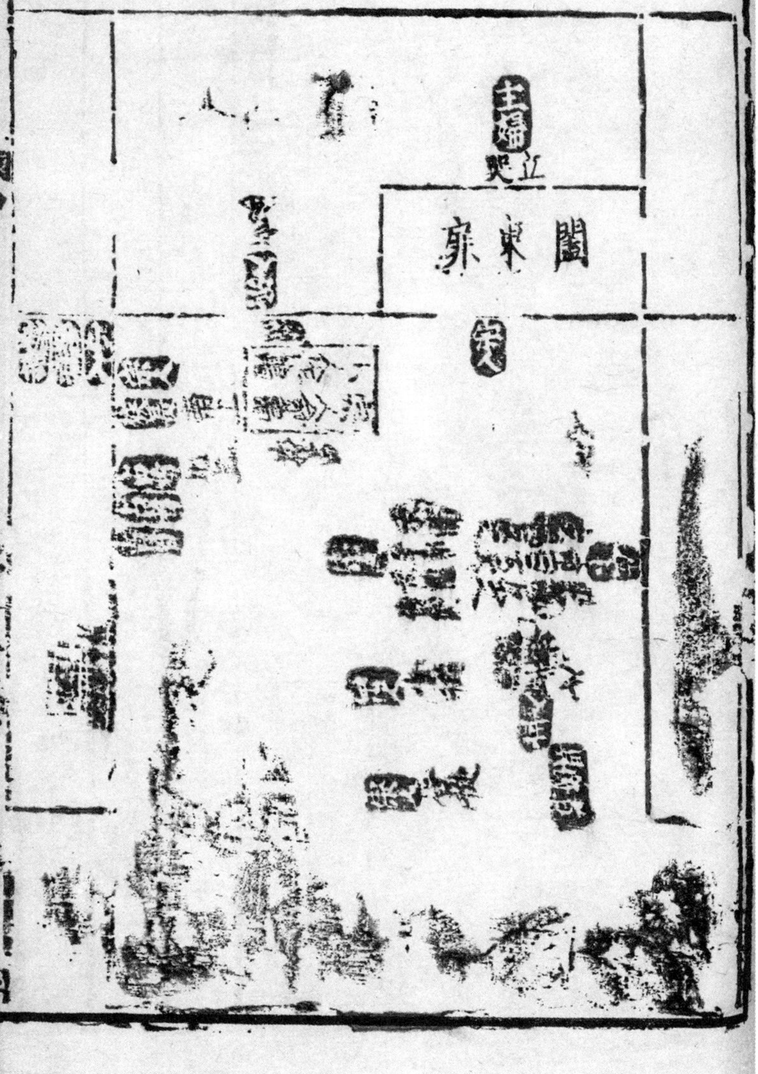

[illegible]禮第十二

儀禮圖第十三

既夕禮第十三 鄭目錄云士喪禮之下篇也先葬二日已夕哭時與葬間一日凡朝廟日請啟期必容焉此諸侯之下士一廟其上士二廟則既夕哭先葬三日○下賤曰也然大夫三廟者其葬前四日諸侯六日天子八日差次可知

既夕哭 既已也謂出門哭止復外位時 請啟期告于賓 將葬當遷柩于祖有司於是乃請啟肂之期於主人以告賓賓宜知其時也

右請啟期

夙興設盥于祖廟門外 祖王父也下士祖禰共廟 陳鼎皆如殯東方之饌亦如之 皆三鼎也如殯如大斂既殯之奠 夷牀饌于階間 夷之言尸也朝正柩用此牀○饌雛院反 （）記夷牀輁軸饌于西階東 明階 輁軸者

位逝西也夷牀饌於祖廟輁軸饌於殯宮其二廟者於禰亦饌輁軸焉○疏曰二廟則先朝禰明日乃出殯遷于輁軸以朝祖故亦饌焉其二廟則饌于禰廟如小斂奠乃啓祖尊禰卑也士事祖禰上士異廟下士共廟○疏曰朝祖時亦大斂奠此如小斂奠故云祖尊禰卑也祭法曰適士二廟官師一廟注官師中下之士

右陳朝祖奠

二燭俟于殯門外早闇以為明也燭用蒸○疏曰大曰薪小曰蒸丈夫髽散帶垂即位如初髽側瓜反散悉但反○為將啓變也此互文以相見耳髽婦人之變喪服小記曰男子免而婦人髽男子冠而婦人笄如初朝夕哭門外位○免音問○疏曰未成服以前免髺髮成服以後纚笄斬衰男子括髮不言者齊衰之後斬衰亦免而無括髮婦人不哭主人拜賓入即位袒此不蒙如初者以男子入門不哭也不哭者將有事止讙囂商祝

免袒執功布入升自西階盡階不升堂聲三啓三命

哭一息暫反○功布灰治之布也執之以接神為有所拂拭也聲三三有聲存神也啓三三言啓告神

也舊說以為聲噫興也燭入照徹與啓肂者○疏曰一燭於堂一燭於肂祝降與夏

祝交于階下取銘置于重祝降者祝徹宿奠降也與夏祝交事相接也夏祝取

銘置于重為啓肂遷之吉事交相左凶事交相右○疏曰不言商夏則周祝也以所徹宿奠則下云奠

有奠從者是也踊無筭主人商祝拂柩用功布幠用夷衾蓋哉

一言是○拂去塵也幠覆之為其形露○疏曰此一者義於後朝以入贊無襍文當道樞將入贊衾○

聲之入斯外內不哭將有事為其讙譁聲既啓命哭

右啓

遷于祖用軸遷徙也徙於祖朝祖廟也檀弓曰殷朝[illegible]而殯於祖周朝而遂葬蓋象平生將出[illegible]

[illegible]尊者輁軸也軸狀如轉轔刻兩頭為軹[illegible]○[illegible]
[illegible]長牀穿桯前後著金而關軸焉大夫諸侯以上有四周[illegible]
[illegible]周謂之輴天子畫之以龍○輁九勇反[illegible]
[illegible]
[illegible]
[illegible]以其厚大可以容軸也 重先奠從燭從柩從燭從
從主人從 行之序也主人從者丈夫由右婦人由左以服之親疏為先後各從其昭穆[illegible]
[illegible] 升自西階 猶用子道不由阼也 奠俟于下東面北上
[illegible]俟正 主人從升婦人升東面眾主人東即位 東方之位○疏曰[illegible]
[illegible]西面主人[illegible]西面位[illegible] 正柩于兩楹間用夷牀
[illegible]兩楹間象鄉戶牖也是時柩北首[illegible]兩楹間近西[illegible] 主人柩東西面置重
如初 如殯宮時也 席升設于柩西奠設如初巾之升降自西階

自西階席設于柩之西直柩之西當西階也從奠設如初東面也不統於柩神不西面也不設柩東東非神位也巾之者爲御當風塵○疏曰奠設云如初謂如朝夕奠于室中據神位東面設之於席前云不統於柩不設柩東神位在奥也不設于室者室中神所在非奠死者之處奠有牲肉則巾之此脯醢巾之者若爲在堂風塵故也主人踊無筭降拜賓即位踊襲主婦及親者由足西面設奠時婦人皆室戶西南面奠畢乃得東面親者西面堂上迫疏者可以居房中○疏曰奠畢乃得東面不即鄉柩東西面者以主人在柩東待主人降拜賓婦人乃得東也薦車直東榮北輈薦進也進車者象生時將行陳駕也今時謂之魂車輈轅也車當東榮東陳西上於中庭○疏曰薦車者以明旦將行故豫陳車云西上者先陳乘車次道車次槀車也既當東榮而云中庭者據南北之中庭不據東西面爲中庭也質明滅燭質正也徹者升自阼階降自西階徹者辟新奠不設序西南已再設爲褻乃奠如初升降自

西階乘覆躍地也奠升不由阼階柩北首若由阼階其足○註曰降是者以其來往不可由首又飲食之事不可褻之處主人要節而踊節升降薦馬纓三就入門北面交轡圉人夾牽之駕車之馬每車二疋纓今馬鞅也就成也諸侯之臣飾纓以三色而三成此三色者蓋絛絲也其著之如罽然天子之臣如其命數王之革路絛纓圉人養馬者在左右曰夾既奠乃薦馬者為其踐汙廟中也凡入門參分庭一在南○疏曰云三色朱白蒼也巾車注云王路之樊及纓皆以五采罽飾之此則三采絲為絛飾之但著之則同故云如罽然也玉輅不用罽而用絛為纓與此有異故引之既奠乃薦馬對薦車在奠上言凡在庭三分一在北北闔繼堂而言一分在南則繼門而言御者執策立于馬後哭成踊右還出主人於是乃哭踊者為薦車之禮哉於薦馬○疏曰馬右還而出取便也賓出主人送于門外○記朝于禰廟重止于門外之西東面柩入升自西階正柩于

兩楹間奠止于西階之下東面北上主人升柩東西面衆主人東即位婦人從升東面奠設于柩西升降自西階主人要節而踊重不入者主於朝祖而行若過之矣門西東面待之便也○疏曰此是上士二廟先朝禰之事祖廟在東明旦出門東鄉故東面待之便也燭先入者升堂東楹之南西面後入者西階東北面在下炤正柩者先先柩者後後柩者適祖時燭亦然互記於此主人降即位徹乃奠升降自西階主人踊如初如其降拜賓至於要節而踊不薦車不從此行祝及執事舉奠巾席從而降柩從序從如初適祖此謂朝禰明日舉奠適祖之序也此祝執醴先酒脯醢俎從之巾席為後既正柩席升設設奠如初祝受巾巾之凡喪自卒至殯自啓至葬主人之禮其變同即此日數亦同然序從主人以下○疏曰云其變同者啓殯日朝禰明日

朝祖又明日乃葬與始死日襲明日小斂又明
日大斂而殯此日數亦同主人主婦變服亦同○既

正柩賓出遂匠納車于階間遂匠遂人匠人也遂人主引徒役匠人主載柩
窆職相左右也車載柩車周禮謂之蜃車其車之轝
狀如牀中央有轅前後出設前後輅轝上有四周下
則前後有軸以輇為輪許叔重說有輻曰輪無輻曰
輇○蜃市軫反輇市專反○疏曰正經不云納柩車
時節故記人明之遂師注云蜃車柩路四輪迫地而
行有似於蜃因此注轝狀與輴車同但輴車無輪有轉
轔此有輇輪為異耳

右朝祖

今按喪奠之禮有十三變始死奠于尸東小斂奠亦
如之既殯奠于奥祔席東面大斂奠朝夕奠朔月
奠亦如之啓殯之後席升設于柩西奠設如初祖如
初云者如前日室中神席東面也自是朝祖奠降
奠遷柩奠遣奠
奠皆如之

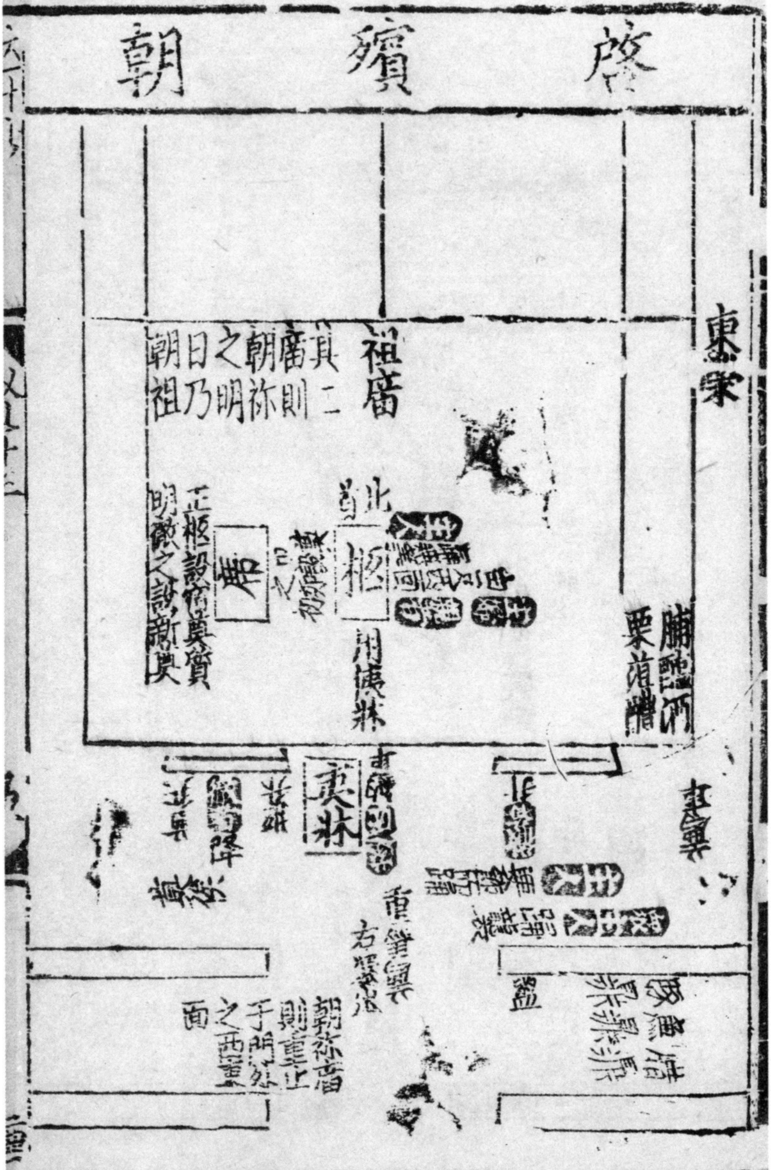

啓殯朝
祖廟
亦二廟則朝祢之明日乃朝祖
東
北首
柩
用夷牀
夷牀
正柩設奠

祖之圖

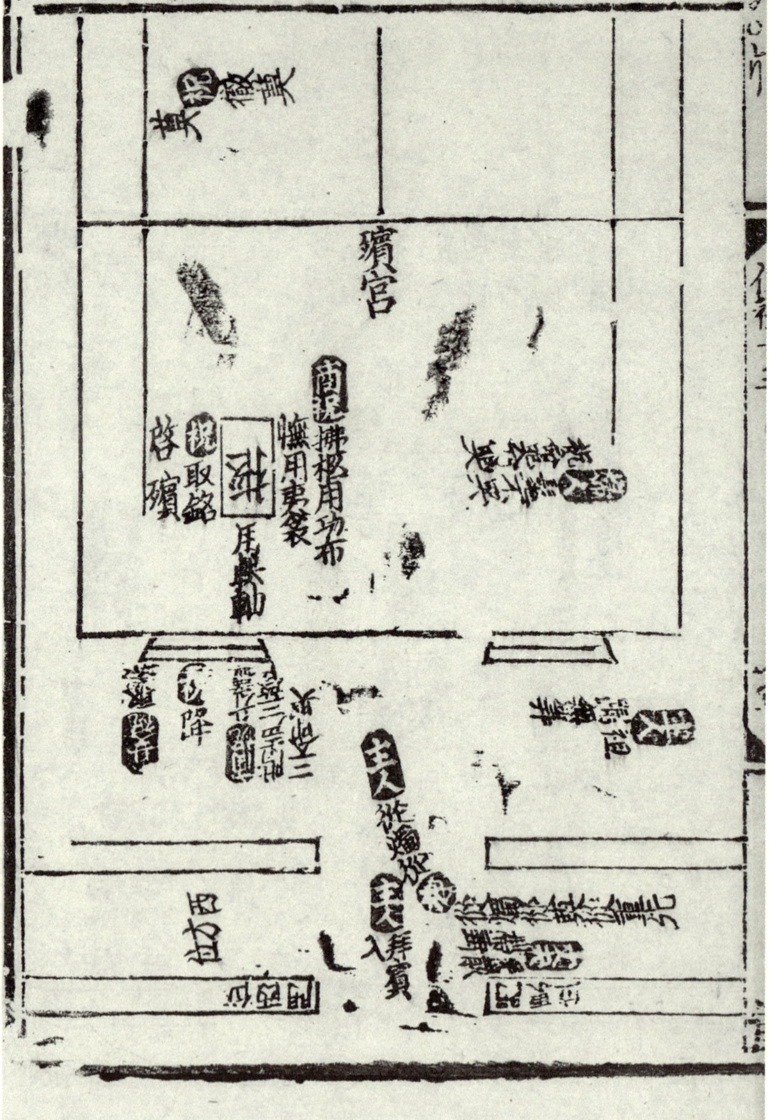

有司請祖期亦因在外位請之當以告賓每事畢輒出將行而飲酒曰祖祖始也曰日

側側昳也謂將過中之時主人入袒乃載踊無筭卒束襲袒為載變也

也乃舉柩卻下而載之束束棺於柩車賓出遂匠納

車于階間謂此車○隧[illegible]

降奠當前束下遷祖之奠也當前束猶當尸腢也亦在柩車西束有前後也商祝飾

柩一池紐前經後緇齊三采無貝經丑貞反齊[illegible]反○飾柩

為設牆柳也巾奠乃牆謂此也牆有布帷柳有布荒

池者象宮室之承霤以竹為之狀如小車笭衣以青

布一池縣於柳前士不揄絞紐所以聯帷荒前赤後

黑因以為飾左右面各有前後齊居柳之中央若今小車蓋上蕤矣以三采繒為之

車蓋上蕤矣以三采繒為之上朱中白下蒼著以絮

元士以上有貝○笭力丁反揄音遙[illegible]

誰反○疏曰此並論鄭專之事兩解上[illegible]

上以義一[illegible]於柳面荒之爪端[illegible]

也在旁曰帷在上曰荒皆所以衣柳也牆[illegible]

有翣[illegible]柳之言聚諸飾之所聚總[illegible]

又[illegible]曰[illegible]首貴是牘中兼攝
是飾[illegible]兼[illegible]士一號用竹而稱之
設籤[illegible]黃色人君於介黃色總上
飾下一名禮春大夫士無之左右
之[illegible]吾身之中央謂之采繪為
形[illegible]分然[illegible]其落其上及旁語
[illegible]之[illegible]爵○跋乾柳[illegible]上貫
[illegible]之[illegible]爵○喪大記曰上戴
[illegible]分[illegible]崇○簴曰戴兩頭
[illegible]上[illegible]然後貫穿戴之連
[illegible]於外設之 詩 屬引屬
[illegible]有一[illegible]被 屬引縣
[illegible]引禮春[illegible]傳曰笙引而哭之
二○鐘日在[illegible]行道曰引
明器[illegible]器[illegible]曰其曰明器
[illegible]有[illegible]器竹[illegible]成用瓦不
[illegible]而不[illegible]竽笙備而不和有鐘磬
[illegible]之則[illegible]之此也○跡曰自
[illegible]成備善也 正 折擿覆之 折猶㡉
[illegible]蘸也 蓋如休

[illegible]

[illegible]賈黃參覆淖[illegible]之飾上以承抗席帶幾陳之著[illegible]苞筲

以下飾於其北便也覆之見善面也○[illegible]麥反○

[illegible]加於纊時折向上有之為面故善者向下令

[illegible]向下者之故反覆善面向上也[illegible]加於纊

[illegible]覆纊物云云縮三橫五亦約[illegible]抗木但[illegible]抗

[illegible]大於纊[illegible]抗席也橫[illegible]以[illegible]故與[illegible]

不橫三縮二抗禦也所以禦止土者其[illegible]○疏曰明器[illegible]入[illegible]曰[illegible]

下[illegible]大小容[illegible]而已今賈木亦足掩壙曰也加抗席三[illegible]所以[illegible]不[illegible]

[illegible]者先用也[illegible]木不[illegible]上[illegible]云加茵用[illegible]

[illegible]十疏[illegible]在下[illegible]抗木故[illegible]

[illegible]亦縮二橫三亦者所以[illegible]及其用之[illegible]

西上[illegible]二在下象天三合地二人[illegible]其中[illegible]○

[illegible]縮之[illegible]之[illegible]合[illegible]

[illegible]故[illegible]有[illegible]以物[illegible]之[illegible]因[illegible]

[illegible]之時[illegible]入[illegible]三[illegible]

二[illegible]亦[illegible]西南上[illegible]以西[illegible]

[illegible]
[illegible]一[illegible]則[illegible]筲（筲[illegible]）[illegible]也二[illegible]以[illegible]之[illegible]筲三[illegible]
[illegible]云[illegible]文[illegible]
[illegible]云又有[illegible]類也其[illegible]一[illegible]
[illegible]以六[illegible]
成[illegible]甕三醯醢屑冪用疏布[illegible]之[illegible]曰一[illegible]
[illegible]甒二醴酒冪用功布[illegible]皆木桁久之[illegible]
[illegible]也[illegible]
以[illegible]也久當[illegible]其[illegible]
[illegible]具新○[illegible]曰云[illegible]則自[illegible]下[illegible]之[illegible]
物非直塞口用器弓矢耒耜兩敦兩杅槃匜匜實于[illegible]
又如[illegible]覆之敦音對杅音于槃[illegible]○此皆常[illegible]之
槃中南流[illegible]也杅盛[illegible]匜[illegible]匜口也
無祭器士禮略也大夫以上兼用鬼器人器也○[illegible]
曰明器鬼器也祭器人器也[illegible]人[illegible]也[illegible]
不[illegible]器士[illegible]有燕樂器可也[illegible]
有明器而實之[illegible]也○[illegible]曰[illegible]其用樂[illegible]
門故云可也[illegible]役器甲胄干笮[illegible]此皆[illegible]役之器
竹縣縣磬之類[illegible]胄[illegible]几[illegible]干[illegible]

疏六踊曰上下袒衆主人襲杖笠蓑燕居安不器也
反以皆辭灑之荐杖笠竹篷蓋也蓑
踊曰踊徹奠巾席俟于西方主人要節而踊猶節徹次辟
方徙奠將用為遣奠節孝象升丈夫踊主去家降婦
羅徹者由明器北西而亂○饋由重南東不設於序
西南者亦宿奠也宿奠以○記
著為神馮依之久也○薦乘車鹿淺幦干笮
革靾載旜載皮弁服纓轡貝勒縣于衡
絃反縣音玄○士乘棧車鹿淺幦覆笭毛也
幦曰士齊車鹿淺幦干盾也笮矢箙也革靾轡也
之一軾遂弁為韜之所韜也亦韜之皮弁服者
旗之屬貝勒貝飾勒有干無盾有弓矢兵不
○旜音亶○疏曰此弁下車三乘謂之稾車
幦謂蒙前所貳服子以鹿夏皮為者以
式引王藻君羔幦云牛緣道車載朝服道車朝夕
疏此處云亦以皮為緣燕出入
之車朝服者視朝之服也玄衣素裳○疏曰三乘戈
則車云乘以道云鄭云異也同云道

禾言載簦注云王以朝夕燕亶稾車載蓑笠稾猶散也散車以田以鄙
出入亦以象路名道也
之車蓑笠備雨服凡道車稾車之纓轡及勒亦縣于
衡也疏曰司常云斿車載旌注云斿車木路也王
以田以鄙飾謂王行小田獵從行勝飾此載車與彼
斿車同是路故乘士從王以田以鄙者也云纓轡
及勒亦縣於衡者以車三乘
皆有馬有馬則有此三者將載祝及執事舉奠戶
西南面東上卒束前而降奠席于柩西將於柩西當前束設之
巾奠乃牆墻柩飾也○執披者旁四人前後左右各二人○抗木
刊剝削之○疏曰有皮者剝乃削之茵著用荼實綏澤焉荼茅秀也綏廉薑也
澤澤蘭也皆取其香且禦濕葦苞長三尺一編用便易也菅筲三其實
皆瀹米麥皆湛之湯未知神之所享不用食道所以為敬弓矢之新沽功設之宜新
沽示不用有弭飾焉弓無緣者謂之弭以骨角為飾疏曰爾雅有緣謂之弓無緣謂之弭○

孫氏云緣繫約而撩之無緣不以繫約骨飾兩頭詩云象弭魚服亦張可也亦使可張有
以柎弓■弛則■之於弓裏備傷損以竹為之詩云竹閉緄■○檠音景設依撻焉依纏
絃也維猶倒矢道也皆以韋為之○疏曰撻所以撻矢令出著生時以骨為之有韣韣音獨○韣弓
衣也以緇布為之猴矢一乘骨鏃短衛猴猶候也候物而射之矢也四矢曰乘骨
鏃短衛亦示不用也生時鏃矢金■凡為矢五分笴長而羽其一○疏曰各羽為衛所以防衛其矢不使
不調志矢一乘軒輖中亦短衛輖音周○志由擬也習射之矢書云若射之有
志輖摯也無鏃短衛亦示不用生時志矢骨鏃凡為矢前重後輕也○摯■至○疏曰周礼司弓矢注云
恒矢之屬軒輖中所謂志則志矢恒矢也八矢■矢居前最重恒矢居後最輕既不尽用取其首尾也亭
摯中前後輕重等也經不云鏃故知無鏃也

右載柩陳器

載柩陳器圖

抌刀　執畢
者峯　真南
　　　問

柩

黃隆

乃載　黃

引柩設披爲引

盤匜

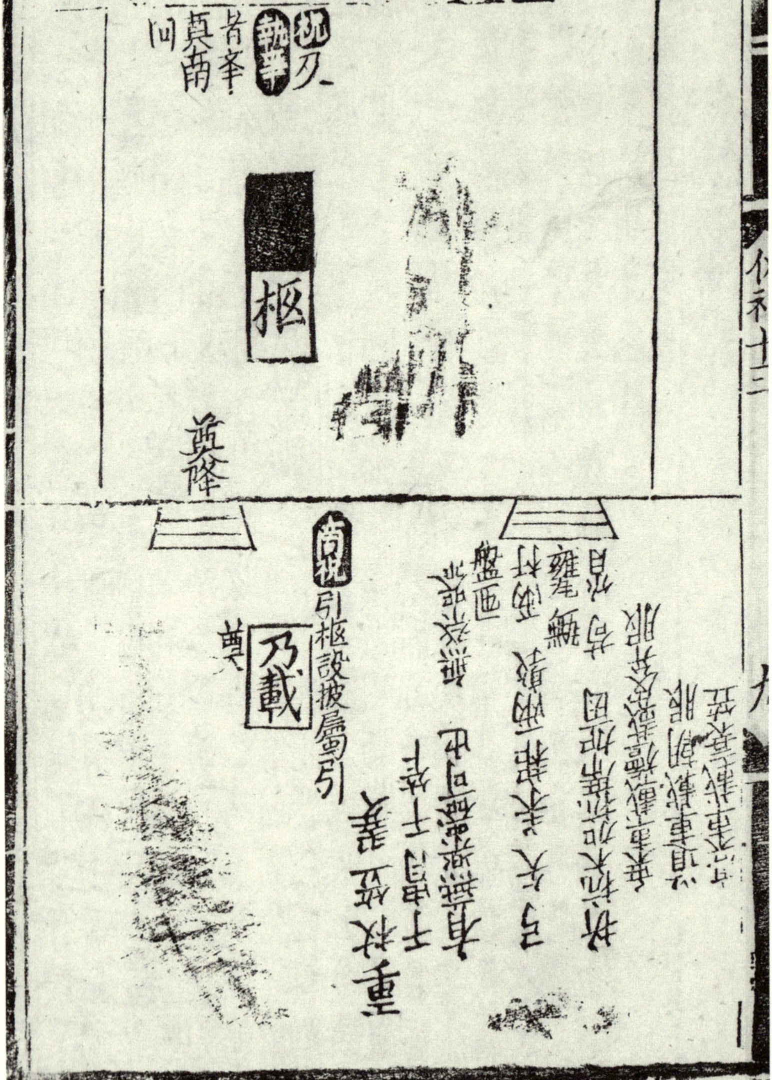

祖為將祖相變商祝御柩亦執功布居前為還柩車為節○疏曰居柩車之前却行詔[redacted]使執披人知其節度乃祖還柩鄉[redacted]為行始○疏曰祖若始也為行始去載處而已踊襲少

南當前東主人也柩還則當前束南○疏曰未凡時當前束近北也婦人降即位

于階間為柩將去有時也位東上○疏曰不向東西者以有祖[redacted]序之在車後祖還車

不還器祖有行漸車亦宜[redacted]也器之宋自巳南[redacted]外祝取銘置于茵重不藏故

於此後路加於因上○疏[redacted]初死為銘置于重啓殯至祖商皆然今將[redacted]重擴[redacted]于[redacted]門左茵是入廣之

物銘亦入壙之物故置于茵也二人還重左還重與車馬凡柩反由便也○疏曰車馬右

還鄉門為便重面北人往其南左還為便是相反由使布席乃奠如初主人要

節而踊車巳祖可以為之奠[redacted]是之謂祖奠○今按要節而踊者來由重[redacted]而西降由重南而東

來象升丈夫踊出象降婦人踊所謂要節也薦馬如初柩動車還宜新之也賓出主

人送有司請葬期亦因在外位時入復位主人也自死至於賓自啓至於葬主人及兄弟恒在內位○疏曰未小斂位在尸東小斂後至啓及祖奠在阼階下○記祖還車不易位爲鄉外耳未行○祝饌祖奠于主人之南當前輅北上巾之言饌於主人之南當前輅則旣祖祝乃饌

右還柩祖奠請葬期

遷柩祖奠圖

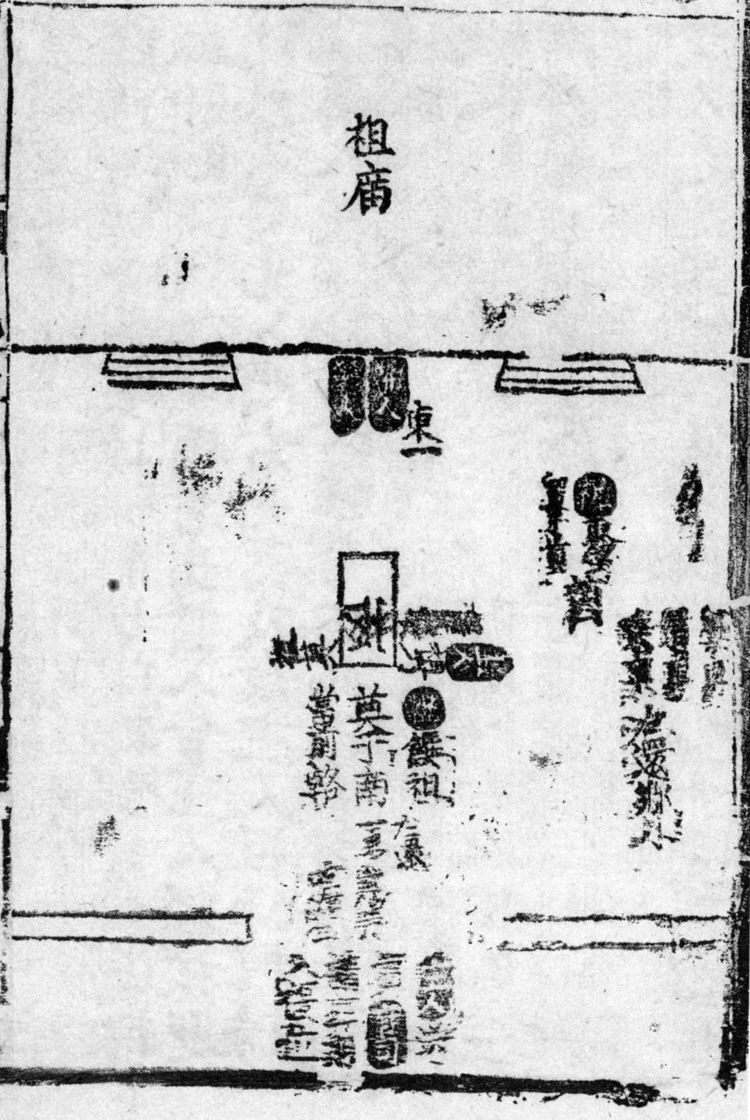

公賵玄纁束馬兩賵芳鳳反○公國君也賵所以助主人送葬也兩馬士制也春秋傳曰宋景曹卒魯季康子使冉求賵之以馬曰其可以稱旌繁乎○疏曰兩馬士制者士在家常乘之法若出使及征伐則乘駟馬景曹事見哀二十三年擯者出請入告主人釋杖迎于廟門外不哭先入門右北面及眾主人袒尊君命也眾主人自若西面馬入設設於庭在重南賓奉幣由馬西當前輅北面致命賓使者幣玄纁也輅轅縛所以屬引由馬西則亦當前輅之西於是北面致命得鄉柩與奠柩車在階間少前參分庭之北輅有前後○疏曰以主木縛於柩車轅上以屬引於上而僞之故名轅縛主人哭拜稽顙成踊賓奠幣于棧左服出棧謂柩車也凡士車制無漆飾左服象授人授其右也服車箱○疏曰無漆飾故言棧也車南鄉以東為左云在車上以東為右宰由主人之北舉幣以東以東主人位以東藏之士受馬以出

士謂胥徒之長也有勇力者受馬騁[illegible][illegible]皮馬相間可也 主人送于外門外拜

襲入復位杖

右公賵

公賵圖

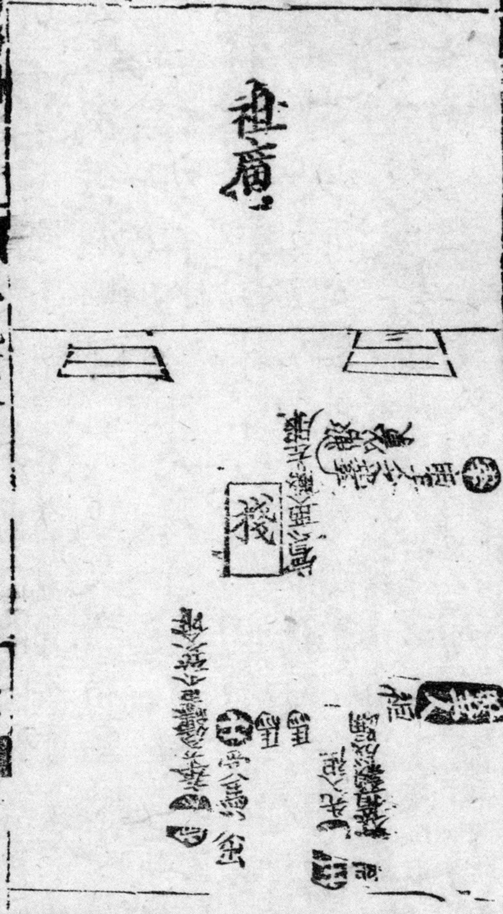

賓賵者將命賓卿大夫士也○疏曰將命者身不來遣使者將命告主人擯者出請入告出告須不迎告曰孤某須馬入設賓奉幣擯者先入賓從致命如初初公使者主人拜于位不踊柩車東位也既啟之後與在宅同賓奠幣如初舉幣受馬如初擯者出請賓出在外請之爲其復有事若奠賓致可以奠也○疏曰所致物可奠爲與也入告出以賓入將命如初士受羊如受馬又請士祖謂賓從之長又復入也若賻賻之言補也助也貨財曰賻入告主人出門左西面賓東面將命去人出者賻主施於主人主人拜賓坐委之宰由主人之北東面舉之反位坐委之明主人哀戚志不在受人物反位反主人之後位○疏曰宰位也若無器則捂受之謂對相受不委地又請賓告事畢拜送入贈者將

命贈設擯者出請納賓如初如其入告出告須賓奠幣如初亦於棧左服若就器則坐奠于陳就猶善也贈無常唯玩好所有陳明器之陳凡將禮必請而后拜送雖知事畢猶請君子不必人意兄弟賵奠可也兄弟有服親者可且賵且奠許其厚也賵奠於死生兩施所知則賵而不奠所知通問相知也降於兄弟奠施於死者為多故不奠○曰奠錯兩施然為死者而行故知於死者為多䟽知死者贈知生者賻各主於所知書賵於方若九若七若五方板也書賵奠賻贈之人名與其物於板每板若九行若七行若五行書遣於策策簡也遣猶送也謂所當藏物茵以下○疏曰少故書於方多故書於策乃代哭如初棺柩有時將去不忍絕聲也初謂既小斂時○宵為燎于門內之右為哭者為明○記

凡贈幣無常賓之贈也玩好曰贈在所有

賓贈奠賻贈圖

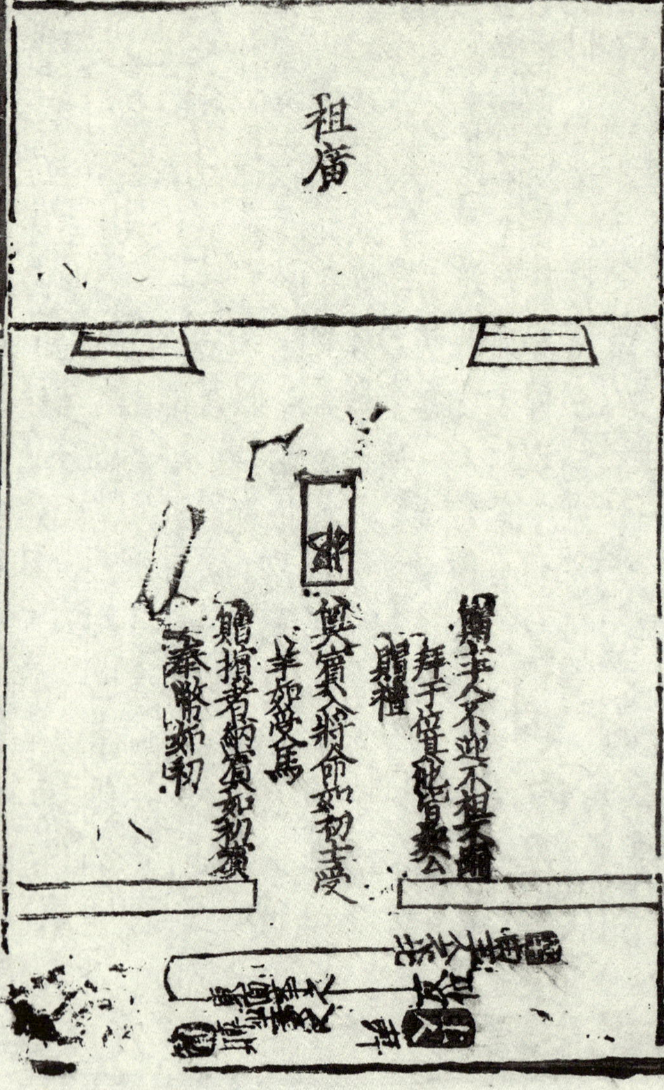

右賓贈奠賻贈

陳鼎五于門外如初鼎五羊豕魚腊鮮獸各□鼎也十礼特牲三鼎卿□
奠加一等用少牢也如初如大斂奠一特○疏曰凡牢
鼎數或多或少不同也若用特□□肴或一鼎或三鼎君
冠禮醮子皆礼盥饋士喪小斂朝禰皆一鼎也□礼
同牢十□大斂朔奠遷祖奠皆三鼎也若用少
牢若或三鼎或五鼎有司徹□器三鼎也聘禮致饔
殺今少牢饋食礼及說葬奠皆五鼎也其用大牢者
或七或九或十或十二公食禮下大夫□鼎□□大夫
鼎九也聘禮致饔餼鼎九羞鼎三是十二鼎也上介餼
鼎七羞鼎三是十也郊特牲曰鼎俎奇而籩豆其實
偶以象陰陽而有十與十二者羞鼎別數也○疏
羊左胖云反古祭也言左胖者射不殊骨□○疏曰下
髀不升則膊胳與上肩脊脊別升為三段
周貴肩賤髀腸五胃五亦少盛之□○疏曰
牢用腸三胃三離肺
離經○疏曰以割離之不絕中央
少者使易絕以祭亦名舉肺豕亦如之豚解無腸
胃亦如之如羊左胖髀不升離肺也豚解解之如解
胃亦前肩後□□□□而已無腸胃若君子不食溷腴

○疏曰少儀注羞謂入於豕之屬 魚腊

食米穀者也腴有[illegible]於人[illegible]儀

上腊用兔加鮮獸而無膚者豕既

解略之○疏曰[illegible]鮮獸[illegible]用[illegible]

脾析蜱醢葵菹蠃醢[illegible]

也○蜱步[illegible]反○注[illegible]

[illegible]肉[illegible]脾析即[illegible]也[illegible]百葉[illegible]

籩棗糗栗脯 糗以豆糗粉餌[illegible]

[illegible]大[illegible]之 醴酒 此[illegible]東方之[illegible]

器 明器也夜斂藏之 滅燎執燭俠輅北面

輅東 照徹與葬奠 賓入者拜之 明自啟至此主人無出禮

于西北婦人踊 猶阼階升時也[illegible]

[illegible]亦[illegible]序西南[illegible] 徹者東

鮮獸皆如初 鮮新殺者

豚 東方之饌四豆

力禾反○脾讀為蜱

脾析百葉也蜱

切為虀全物為 四

蜱即蛤也

曰[illegible]入糗餌法

合蒸曰餌糗者

與祖奠同在主 陳

輅北上奠巾之

[illegible]與葬奠也

疏曰輅西者照徹○

徹者入丈夫踊設

既盥乃入入由重

升也自重北西面

北東[illegible]入[illegible]

之饌 鼎入之[illegible]

之盡於東東北西面北上如初乃奠豆南上綪籩蠃醢南北上綪籩蠃醢南辟醴酒也俎二以成南上不綪特鮮獸成猶併也不綪者魚在羊東腊在豕東醴酒在籩西北上統於豕奠者出主人要節而踊亦以往來為節奠由重北西既奠由重南東〇記凡糗不煎以膏煎之則褻非敬

右遣奠

甸人抗重出自道道左倚之還重不言甸人抗重言之者重既虞將埋之言其官僚守田之職舉重出自道出從門中央也不由闕東西者重不反變於恆出入道左主人位今時有死者鑿木置食其中樹於道側由此〇疏曰道左倚之者重倚於門東北壁既虞埋之者雜記文彼注云就所以為神之處以前以重主其神虞所以安神初虞卒哭神安於寢即埋之也薦馬馬出自道車各從其馬駕于門外西面而俟南上南上便其行也行者

東車□在前道禀序從徹者入踊如初徹巾苞牲取下體苞者象既饗而歸賓俎者也取下體者脛骨象行又俎實之終始也士苞三个前脛折取臂臑後脛折取骼亦得俎釋三个雜記曰父母而賓客之所以爲哀○疏曰在俎上端轉骼在俎下端是爲終始檀弓曰國君七个遣車七乘大夫五自上差之則主苞三个个謂所包遣奠牲體之數也遣車多少各如所包之數大夫以上有遣車士無遣車所包者不載于車直持之而已云亦得俎釋三个者羊俎仍有肩臑兩段在俎豕左胖豚解分析取外仍有四段在俎相通則二俎俎有三段在故爲俎釋三个也不以魚腊非正牲也行器目葬行明器在道之次茵苞器序從如其陳之先後車從次器

徹者出踊如初於是廟中當行者唯柩車

右薦馬苞牲

主人之史請讀賵執筭從柩東當前束西面不命毋

哭者相止也唯主人主婦哭燭在右南面史北面請既而與執筭西面於主人之前讀書釋筭燭在右南面照書便也讀書釋筭則坐必釋筭者榮其多卒命哭滅燭書與筭執之以逆出卒已公史自西方東面命毋哭主人主婦皆不哭讀遣卒命哭滅燭出公史君之典禮書者遣者入壙之物君使主史來讀之成其得禮之正以終也燭從輅

右讀賵遣

遣奠圖

婦人

婦人

徹舊奠設于柩車西北

陳器

主人

羊鼎 豕鼎 魚鼎 腊鼎 鮮鼎

東 載柩

重

丈夫

西

徹奠… 以…

商祝執功布以御柩執披居柩車之前若道有低仰傾虧則以布爲抑揚左右之節使引者執披者御之士執披八人主人袒乃行踊無筭袒爲行變也乃行謂柩車行也凡從柩者先後左右如遷于祖之序出宮踊襲哀次○疏曰大門外有賓客次舍之處父母生時接賓之所故主人至此感而哀出次檀弓云哀次亦如之

右柩行

至于邦門公使宰夫贈玄纁束邦門城門也贈送也主人去杖不哭由左聽命賓由右聽命柩車前輅之左右當時止柩車○疏曰此出國北門柩車向北行則左在前輅之西也主人哭拜稽顙賓升實幣于蓋降主人拜送復位杖乃行升柩車之前實其幣於棺蓋之柳中若親受之然復位反柩車後○記維君命止柩于堩其餘則否○堩古鄧反不藏

神也。堩，道也。曾子問

曰：葬既引，至於堩。

右公贈

至於壙，陳器于道東西，北上。統於壙。茵先入。當藉柩也。元士則葬用輁軸加茵焉。○疏：屬引 於是說載除飾，更屬引於緘耳。○疏：引謂喪大記云君日。元士，謂天子之士。屬引，

窆以衡，大夫士以緘。注：棺束為緘，士二緘二衡二束。東束皆為緘耳，以緘貫結之而下棺，人君又以衡，不貫緘耳。於碑大之也，以屬綍也。

主人袒。眾主人西面，北上；婦人東面，皆不哭。疏：義道為祖以跡曰不哭。擴宜靜，故隨謂入擴之道不哭。下○

記：車至道左，北面立，東上。道左，墓道東。先至者在東。○疏：以不入擴，故東上，不統於擴也。當陳器之南。

至謂柩至于壙，斂服載之。斂乘車、道車、槀車之服，載之不空之，以歸送形而往，迎精而反，禮之宜。

右至壙

乃窆主人哭踊無筭窆下棺也襲贈用制幣玄纁束拜稽顙踊如初丈八尺曰制二制合之束十制五合○疏曰以其君物所重故用之送終也卒袒拜賓主婦亦拜賓即位拾踊三襲主婦拜賓拜女賓也即位反位拾更也○疏曰男賓在衆主人之南女賓在衆婦人之南賓出則拜送相問之賓也疏云弔賓有五去皆拜之此與中焉○疏曰雜記云相趨也出宮而退相揖也哀次而退相問也既窆而退相見也反哭而退朋友虞祔而退注云此以其恩厚薄去遲遠之節也相趨謂相聞姓名來會喪事也相揖嘗會於他也相問嘗相惠遺也相見嘗執摯相見也藏器於旁加見器用器役器也見棺飾也更謂之見者加此則棺柩不復見矣先言藏器乃云加見者器在見內也內之者明君子之於事終不自遂也藏苞筲於旁於旁者在見外也不言甕甒饌相次可知四者兩兩而居喪大記曰棺椁

之閒君容祝大夫容壺士容罋○疏曰後陳者先用罋甒後用苞筲苞筲藏明罋甒先藏可知云兩甒一兩

居者苞筲居一旁罋甒居一旁加折卻之加抗席覆之加抗木宜次也

實土三主人拜鄉人謝其勤勞○疏曰雜記云鄉人五十者從反哭四十者待盈坎

即位踊襲如初哀親之在斯○記卒窆而歸不驅孝子往如慕反如疑為親之在彼○疏曰慕者如嬰兒隨母而啼慕疑者孝子不見其親不知精魂歸否在彼若疑精魂在彼不歸

右窆

乃反哭入升自西階東面衆主人堂下東面北上西階東面反諸其所作也反哭者於其祖廟不於阼階西面西方神位○疏曰檀弓所作注云親所行禮之處其二處者反哭先於祖後於殯遂適殯宮婦人入丈夫踊升自阼階辟主人也

主婦入于室踊出即位及丈夫拾踊三入于室反諸其所養也出即位堂上西面也○踊同階乃然養疾謝所養食之饑

賓弔者升自西階曰如之何主人拜稽顙[illegible]

賓之長也反而亡焉失之矣為甚故弔之弔者北面主人拜於位不北面拜賓東疏曰鄉飲酒鄉射主人北面拜賓者以其亦主人位也○少牢助祭之賓主人皆拜於賓東主人位特牲面故於東面不後以賓亦辛于西階東入位故也

賓降出主人送于門外拜稽顙

右反哭

遂適殯宮皆如啓位拾踊三啓位婦人入升堂丈夫即中庭之位○疏曰中庭之位即位東序西面西面拜

兄弟出主人拜送兄弟小功以下也異門大功亦可以歸○踊曰士虞卒哭祭還遂來預

衆主人出門哭止闔門主人揖衆主人

乃就次次倚廬也○問喪曰成壙而歸不敢入處室居於倚廬哀親之在外也寢苫枕塊哀親之在土也猶朝夕哭不奠是日也以虞易奠

右適殯宮

三虞虞喪祭名虞安也骨肉歸於土精氣無所不之孝子為其彷徨三祭以安之朝葬日中而虞不忍一日離○卒哭卒哭三虞之後祭名始朝夕之間哀○至則哭至此祭止也朝夕哭而已明日以其班祔班次也祔卒哭之明日祭名祔猶屬也祭昭穆之次而屬之○疏曰以孫祔於祖孫與祖昭穆同故以孫連屬於祖而就祖而祭之

右虞卒哭祔

反哭祭[illegible]廟

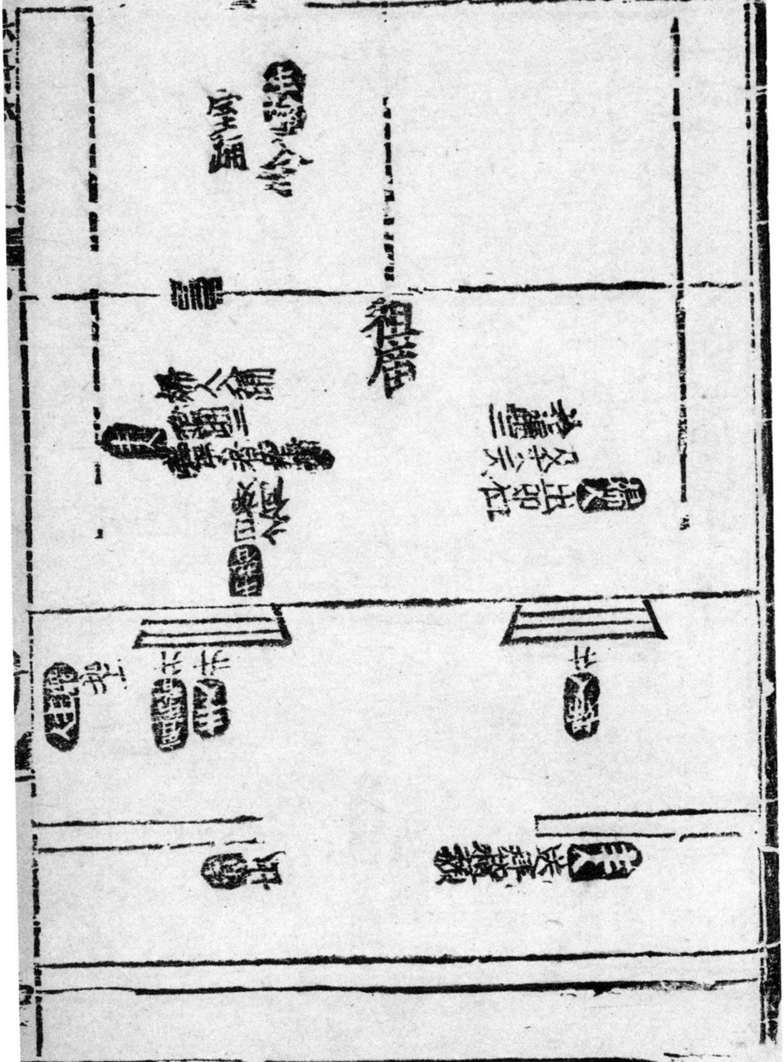

遂適殯宮圖

儀禮圖第十三

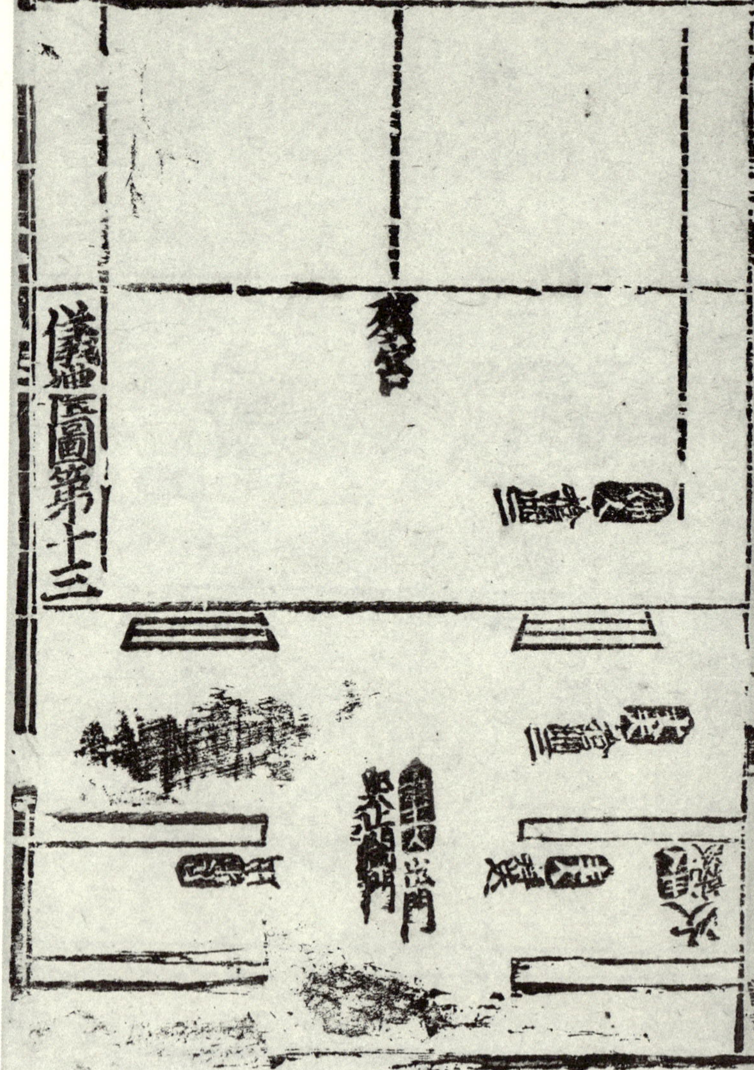

儀禮圖第十四

士虞禮第十四鄭目錄云虞猶安也士既葬其父母迎精而反日中祭之於殯宮以安之

士虞禮○特豕饋食饋猶歸也○疏曰左氏云卜日曰牲此葬日虞無卜牲之禮故指豕體而言側亨于廟門外之右東面側亨亨一胖也亨於[illegible]用鑊不於門東未可以吉也是日也以虞[illegible]以吉祭易喪祭鬼神所在則曰廟尊言之○[illegible]○疏曰吉禮皆全左右胖不云側虞不致[illegible]主婦及賓以下之俎故雖有一[illegible]

魚腊爨亞之北上爨竈饎爨在東壁西[illegible]○炊黍稷曰饎奄於屋宇於虞有亨饎之爨彌吉○疏[illegible]一云視饎爨于西堂下今亦反吉[illegible]屋梁設洗于西階西南水在洗西篚在東反吉之亦當西祭宮[illegible]以堂[illegible]隙○尊于室中北墉下當戶兩甒醴酒酒在東無禁冪用絺布加勺南

枋冪亡狄反○酒在東上體也綌布葛屬○素几葦席在西序下有几始鬼神也

苴刌茅長五寸束之實于篚饌于西坫上刌七本反○苴猶藉也○饌兩豆菹醢于西楹之東醢在西一鉶亞之醢在西南面取之得左取菹右取醢便其設之○疏曰亞之者謂以東也從獻豆兩亞之

四籩亞之北上豆從[illegible]籩從主婦獻尸祝北上籩[illegible]列於正○疏曰云北上是不從鉶東為次[illegible]東北以北為上向南陳之東北菹為首以[illegible]栗北棗棗東棗棗南栗故云北上菹與棗也○饌黍[illegible]階間西上藉用萑席藉猶薦也○今按[illegible]席特牲亦藉用萑注[illegible]○匜水錯于槃中南

流在西階之南簞巾[illegible]音[illegible]長○流吐水口也○陳三鼎

于門外之右北面北上[illegible]門外之右門西也匕俎在西

埶之西不饌於埶上統於鼎也埶有西者是室南鄉羞燔俎在內西埶上南順南順於南面取縮執之便也胏俎在燔東○記虞沐浴不櫛沐浴者將祭自絜清不櫛未在於飾也唯三年之喪不櫛期以下櫛可也陳牲于廟門外北首西上寢右言牲腊在其中西上變吉寢右者當升左胖也腊用棜禮弓曰既反哭主人與有司視虞牲○疏曰唯有一豕而云西上明兼兎腊也少牢禮二牲東上特牲禮牲尚右今皆反吉日中而行事朝葬日中而虞君子舉事必用辰正也再虞三虞皆質明殺于廟門西主人不視豚解主人視牲不視殺之爲喪事略也豚解解前後脛脊脅而已孰乃體解升於鼎也○羹飪升左肩臂臑肫骼脊脅離肺膚祭三取諸左膉上肺祭一實于上鼎臑乃報反肫音純骼音格膉音益○肉謂之羹飪孰也脊脅正脊正脅也喪祭略七體耳離肺舉肺也少牢饋食禮曰舉肺一長終肺祭肺三皆刌膉脰肉也○疏

曰特牲尸俎十一體升魚鱄鮒九實于中鼎鱄市專反鮒音附○差減之○疏曰
特牲魚十有五升腊左胖髀不升實于下鼎髀步禮反○腊亦七體牲之類
○疏曰特牲記云腊如牲骨皆設扃鼏陳之嫌既陳乃設扃鼏也○祝俎髀
膉脊脅離肺陳于階間敦東不升於鼎賤也統於敦明神惠也祭以離肺下
尸○鉶芼用苦若薇有滑夏用葵冬用荁有柶荁音丸○
苦苦荼也荁堇類也乾則滑夏秋用生葵冬春用乾荁○荼音徒堇音謹○疏曰公食記牛藿羊苦豕薇
各用其一一牲者各兼滑其二○豆實葵菹菹以西蠃醢籩棗烝栗
擇棗烝栗擇則菹刌也棗烝栗擇則豆不揭籩有縢也○蠃力禾反不揭苦瞎反本或作毼○疏曰大
斂用毼豆兩其實葵菹芋兩籩無縢栗不擇至遣乃云棗烝栗擇則菹亦刌矣豆籩有飾可知

右陳牲及器

虞祭陳牲及器圖

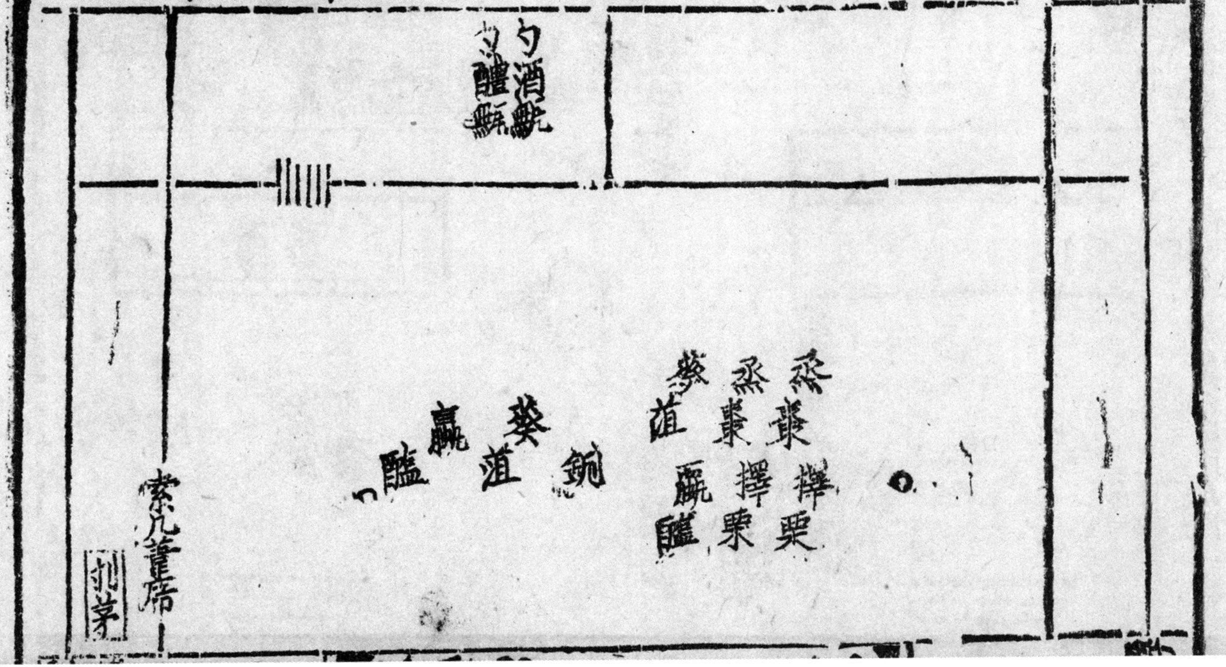

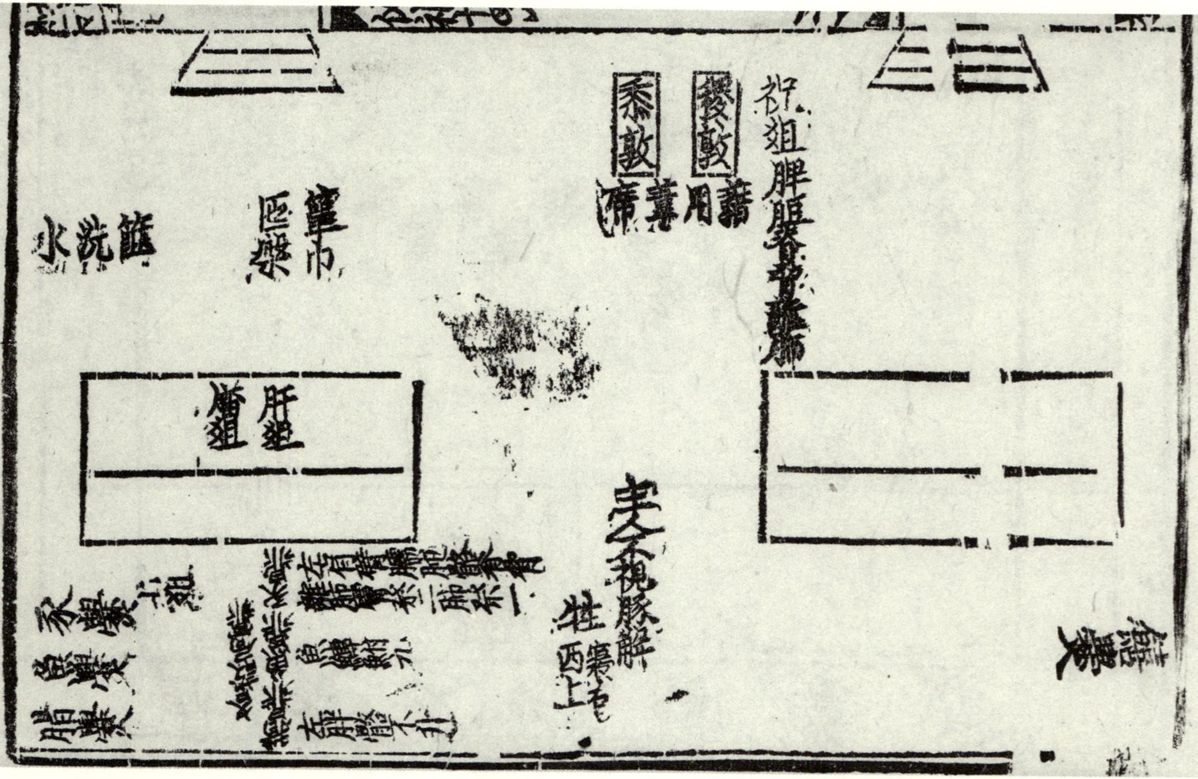

水洗篚
簞巾
匜槃
黍敦
稷敦
肝俎
膚俎
主人視豚解
豕爨
魚爨
腊爨
饎爨

主人及兄弟如葬服賓執事者如弔服皆即位于門外如朝夕臨位婦人及內兄弟服即位于堂亦如之臨力蔭反○葬服者既夕曰丈夫髽散帶垂也賓執事者賓客來執事也祝免澡葛絰帶布席于室中東面右几降出及宗人即位于門西東面南上祝免音問○祝亦執事免者祭祀之禮祝所親也澡治也治葛以為首絰及帶接神宜變也然則士之屬官為其長弔服加麻矣至於既卒哭主人變服則除布几於席近南也宗人告有司具遂請拜賓如臨入門哭婦人哭臨朝夕哭主人即位于堂衆主人及兄弟賓即位于西方如反哭位既夕曰乃反哭入門升自西階東面衆主人堂下東面北上此則異於朝夕祝入門左北面不與執事同位接神尊也○疏曰執事即上兄弟賓宗人西階前北面當詔主人及賓

之事

右即位筵几

門外門內堂上位圖

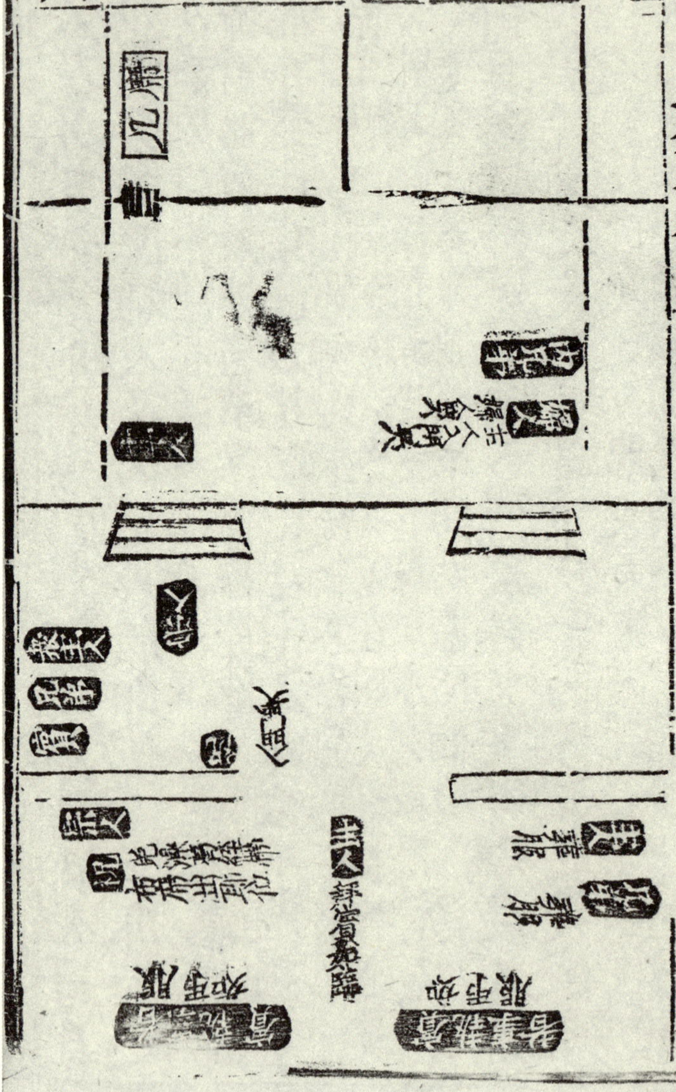

祝盥升取苴降洗之升入設于几東席上東縮降洗觶升止哭縮從也主人倚杖入祝從在左西面主人北旋倚杖西序乃入喪服小記曰虞杖不入於室祔杖不升於堂然則練杖不入於門明矣贊薦菹醢醢在北主婦不薦齊斬之服不執事也曾子問曰士祭不足則取於兄弟大功以下者佐食及執事盥出舉長在左舉舉鼎也長在左西方位也凡事宗人詔之鼎入設于西階前東面北上匕俎從設左人抽扃鼏匕佐食及右人載載載於俎佐食載則亦在右矣卒朼者逆退復位復賓位也俎入設于豆東魚亞之腊特亞次也贊設二敦于俎南黍其東稷簋實尊黍也設一鉶于豆南鉶菜羹也佐食出立于户西饌已也贊者徹鼎反于門外○祝酌醴命佐食啓會佐

食許諾從會于敦南復位會古外反○會合也謂敦蓋也復位出立于戶西祝奠觶于鉶南復位主人再拜稽首復位復主人之左祝饗命佐食祭饗告神饗此祭于苴也饗神辭記所謂哀子某哀顯相夙興夜處不寧下至適爾皇祖某甫尚饗是也○按饗謂陰厭也佐食許諾鉤袒取黍稷祭于苴三取膚祭祭如初祝取奠觶祭亦如之不盡益反奠之主人再拜稽首鉤袒如今擐衣也苴所以藉祭也孝子始將納尸以事其親爲神疑於其位設苴以定之耳或曰苴主道也則特牲少牢當有主象而無何乎○疏曰擐衣以露臂祝祝卒主人拜如初哭出復位祝祝者釋孝子祭辭○祝祝下之又反記載猶進柢魚進鬐猶猶士喪既夕言未可以吉也柢本也鬐脊也○始虞用柔日葬之日日中而虞欲安之柔日陰陰取其靜曰哀子某哀顯相夙興

夜處不寧曰辭也祝祝之辭也喪祭稱哀顯相助祭者也顯明也相助也詩云肅雝顯相不寧悲思不安敢用絜牲剛鬣敢昧冒之辭豕曰剛鬣香合黍也大夫士於黍稷之號合言普淖而已此言香合蓋記者誤耳辭次黍又不得在薦上嘉薦普淖嘉薦菹醢也普淖黍稷也普大也淖和也德能大和乃有黍稷故以為號云明齊溲酒明齊新水也言以新水溲釀此酒也郊特牲曰明水涚齊貴新也哀薦祫事始虞謂之祫事者主欲其祫先祖也以與先祖合為安適爾皇祖某甫爾女也女死者告之以適皇祖所以安之也皇君也某甫皇祖字也若言尼甫饗勸強之也再虞皆如初曰哀薦虞事丁日葬則己日再虞其祝辭異者一言耳三虞卒哭他用剛日亦如初曰哀薦成事當祔於祖廟為神安於此後虞改用剛日剛日陽也陽取其動也士則庚日三虞壬日卒哭其祝辭異者亦一言耳他謂不及時而葬者喪服小記曰報葬者報虞三月而後卒哭然則虞卒哭之間有祭事

者亦用剛日其祭無名謂之他者假設言之文不在
卒哭上者以其非常也今正者自相亞也禮記曰葬
日中而虞弗忍一日離也是日也以虞易奠卒哭曰
成事是日也以吉祭易喪祭明日以祔於祖父如是虞
為喪祭卒哭為吉祭○疏曰小記注云○主人在室
報讀如赴疾之赴謂不及期而葬者
則宗人升戶外北面當詔主以室事佐食無事則出戶負依
南面室中尊不空立戶牖之間謂之依

右設饌饗神

設饌饗神圖

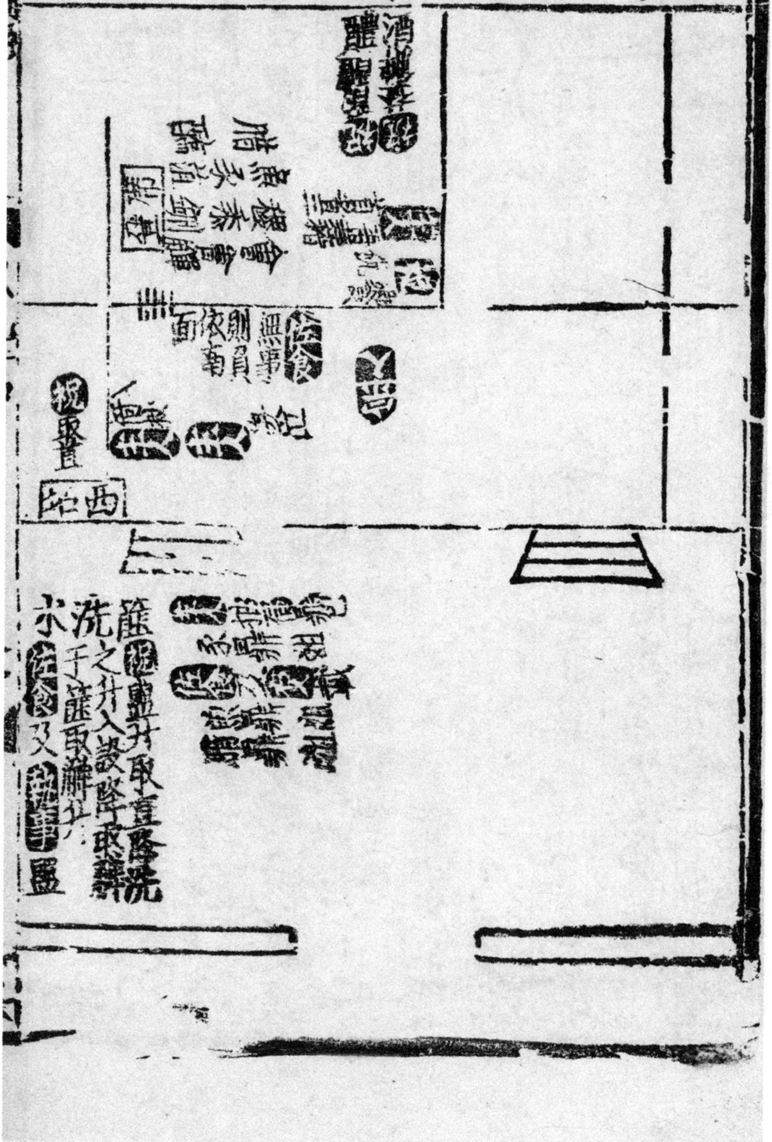

祝迎尸一人衰絰奉篚哭從尸奉芳勇反從才用反○尸主也孝子之祭
不見親之形象心無所繫立尸而主意焉一人主人兄弟檀弓曰既封主人贈而祝宿虞尸○封音窆
尸入門丈夫踊婦人踊踊不同文者有先後也尸入主人不降者喪事主哀不主
敬淳尸盥宗人授巾淳沃也沃尸盥者賓執事者也尸及階祝延尸
延進也告之以升○疏曰特牲注云在後詔侑曰延延然記云尸謖祝前鄉尸鄭注禮器云詔侑無方尸
升宗人詔踊如初言詔踊如初則亦踊宗人詔之尸入戶踊如初哭
止哭止尊尸婦人入于房辟執事者主人及祝拜妥尸尸拜遂
坐妥安坐也從者錯篚于尸左席上立于其北北席北也尸取
奠左執之取菹擩于醢祭于豆間祝命佐食墮祭擩人
悅反墮許恚反○下祭曰墮墮之猶言墮下也周禮曰既祭則藏其墮謂此也齊魯之間謂祭爲墮○猶

言墮陸釋文作言猶墮○疏曰凡祭皆手舉佐食取之向下祭之故云下祭曰墮墮周禮文見守祧黍稷肺祭授尸尸祭之祭奠祝祝主人拜如初尸嘗醴奠之如初亦祝祝卒乃再拜稽首佐食舉肺脊授尸尸受振祭嚌之左手執之右手將有事也尸食之時亦奠肺脊于豆○疏曰特牲舉肺脊在邇敦後古文相變也祝命佐食邇敦佐食舉黍錯于席上邇近也尸祭鉶嘗鉶右手也少牢曰以柶祭羊鉶遂以祭豕鉶嘗羊鉶黍羹湆自門入設于鉶南胾四豆設于左湆去及反胾側吏反○嚌異味也湆肉汁也胾切肉也○疏曰左者正豆之左尸飯播餘于篚不反餘也古者飯用手吉時播餘于會三飯佐食舉幹尸受振祭嚌之實于篚飯間啗肉安食氣又三飯舉胳祭如初佐食舉魚腊實于篚尸不受魚腊以喪不備味又

三飯舉肩祭如初後舉肩者貴要成也○疏曰祭統曰周人貴肩殷云貴者要成也
舉魚腊俎俎釋三个个古賀反○釋猶遺也遺之者君子不盡人之歡不竭人之忠个猶枚也此腊亦七體如其牲也○疏曰上舉幹胳肩脾有肩臑胳三者故云經直舉魚腊而已○股
俎釋三个爲祭畢陽厭設于西北隅尸卒食佐食受肺脊實于篚反黍
如初設九飯而已士禮也篚猶吉祭之有肵俎○肵音祈○疏曰少牢十一飯諸侯十三天子十
五肵俎見特牲少牢○記尸服卒者之上服上服者如特牲士玄端也不以爵弁
服爲上者祭於君之服非所以自配鬼神士之妻則宵衣耳男男尸女女尸必使
異姓不使賤者異姓婦也賤者謂庶孫之妾也尸配尊者必使適也○疏曰尸須得孫列
者女尸必使適孫妻無則適孫妾又無乃使庶孫妻即不得使庶之妾是賤之極者喪祭自禫以前男女
別尸宮異几祭於廟同几精氣合少牢吉祭云某妃配是男女共尸○淳尸盥執槃西

面執匜東面執巾在其北東面宗人授巾南面槃以盛棄水爲淺汚人也執巾不授巾卑也○尸入祝從尸祝在主人前也嫌如初時主人倚杖入祝從之初時主人之心尚若親存宜自親之今既接神祝當詔侑尸也○踈曰尸神象故云接神尸坐不說屨侍神不敢燕惰

右迎尸入九飯

圖飯九入尸迎入主

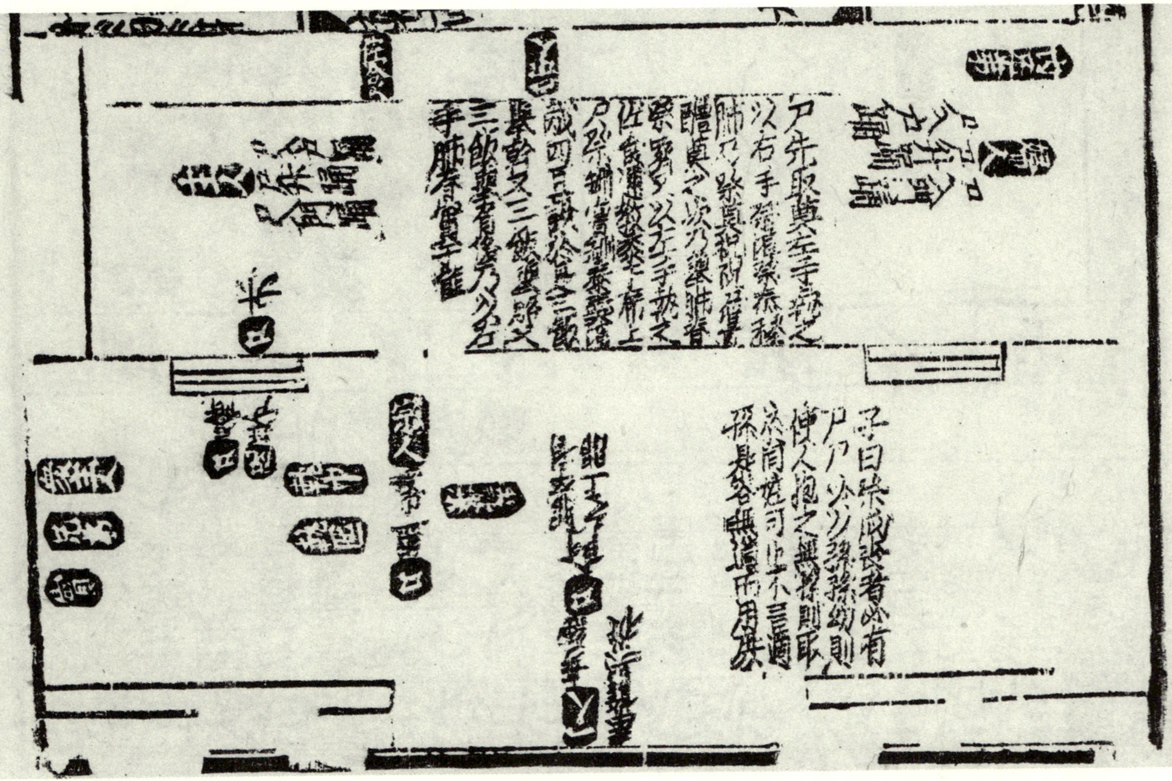
尸先取奠左手執之
以右手祭醢祭黍稷
肺祭奠啐奠之
醴奠之次乃舉肺脊
祭齊之以左手執之
佐食邇黍稷于席上
尸祭鉶嘗鉶泰羹湆
胾四豆告飽三飯
舉幹又三飯舉骼又
三飯舉肩佐食乃以俎
手肺脊實于篚
子曰祭成喪者必有
尸尸必以孫孫幼則
使人抱之無孫則取
於同姓可也不言適
孫是客無適庶所用然

主人洗廢爵酌酒酳尸尸拜受爵主人北面答拜尸祭酒嘗之酳以刃反○爵無足曰廢爵酳安食也主人北面以酳酢變吉也凡異者皆變吉○疏曰特牲少牢尸拜受主人西面拜送與此北面相反變吉也賓長以肝從實于俎縮右鹽縮從也從實肝炙於俎也喪祭進柢右鹽於俎近北便尸取之也縮執俎言右鹽則肝鹽并也○炙之夜反柢丁計反尸左執爵右取肝擩鹽振祭嚌之加于俎賓降反俎于西塾復位取肝右手也加于俎從其牲體也以喪不志於味○疏曰特牲少牢尸嚌肝訖加菹豆以近身者遠加於俎以同牲體尸卒爵祝受不相爵主人拜尸答拜不相爵喪祭於禮略相爵者特牲曰送爵皇尸卒爵祝酌授尸尸以醋主人主人拜受爵尸答拜醋才各反本亦作酢○醋報○疏尸酢主人亦北面拜受坐祭卒爵以主人獻祝之時乃反西面位主人坐祭卒爵

拜尸答拜

右主人酳尸尸酢主人

今按奠之所尚者在於醴前饗神之時祝酌醴奠觶于鉶南及尸既坐取所奠觶左手執之以右手祭菹祭黍稷肺乃祭奠於是祝祝主人再拜稽首而後尸嘗醴而奠之此是第一節牲之所重者在肺脊特牲少牢舉肺脊在前盡歸諸祭之主也脊者体之正也故尸又先舉肺脊祭而嘗之又以左手執之乃以右手祭鉶而嘗之祝命爾黍稷諸于席上爲尸之將飯也黍羹諸胾四豆至是新設之于俎豆之間以博異味也於是三飯舉幹祭而嚌之實于篚又三飯舉胳祭而嚌之實于篚又三飯舉肩祭而嚌之實于篚魚腊與豕爲三鼎今所薦皆豕而魚腊則不食焉惟佐食舉之以實于篚以其不備味也尸卒食佐食乃受尸右手所執肺脊實于篚後乃酌醆爵酒以酳尸賓長以肝從而獻禮成矣於是祝酌授尸尸以酢主人而主人獻尸之禮畢矣、

筵祝南面祝筵神尊也筵用萑席○漱曰祝祝得獻尊也主人獻祝祝拜受

爵主人答拜獻祝因反西面面薦菹醢設俎祝左執爵祭

薦奠爵興取肺坐祭嚌之興加于俎祭酒嘗之肝從

祝取肝擩鹽振祭嚌之加于俎卒爵拜主人答拜祝

坐授主人○主人酌獻佐食佐食北面拜坐受爵主

人答拜佐食祭酒卒爵拜主人答拜受爵出實于篚

升堂復位雖在廟不復入事乃也亦因取杖乃東面立

右獻祝佐食

主人獻祝佐食圖

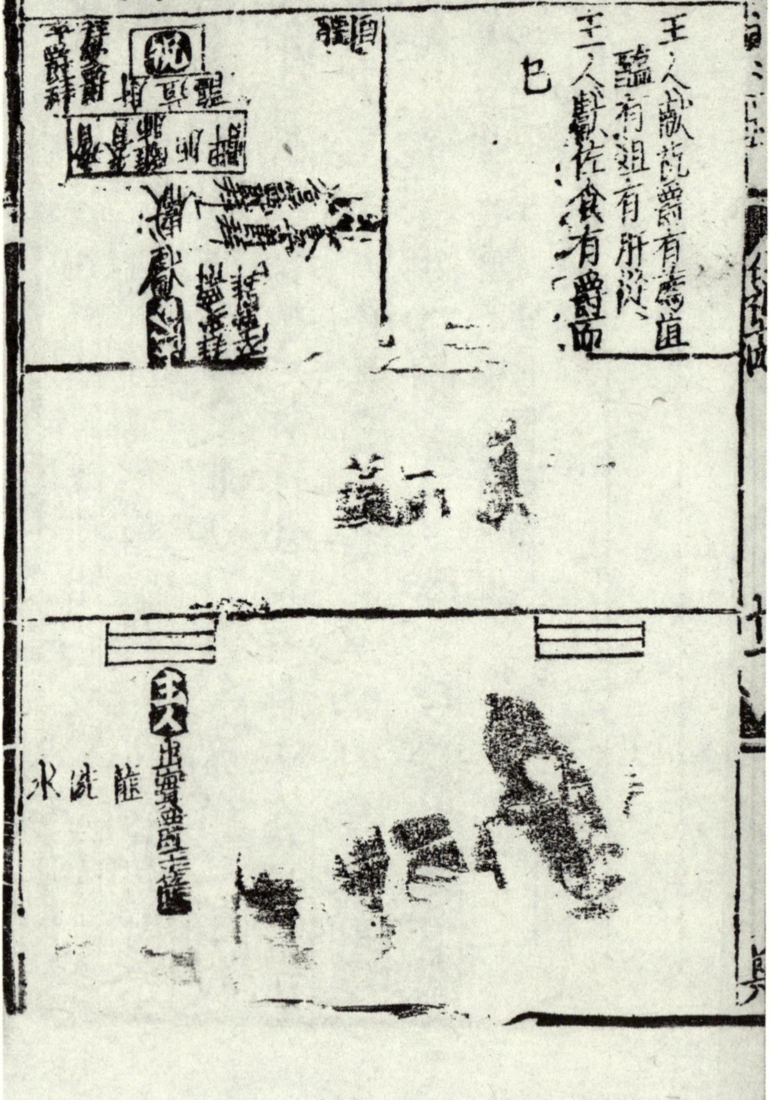

主婦洗足爵于房中酌亞獻尸如主人儀爵有足輕者飾也禮曰內洗在北堂直室東隅

自反兩籩棗糗設于會南棗在西尚棗棗美○疏曰特牲宗婦執兩籩主婦受設此主婦自反者以褻尚纖纖反吉齊斬不執事此亞獻已前有事故自薦

尸祭籩祭酒如初賓以燔從如初尸祭燔卒爵如初酌獻祝籩燔從獻佐食皆如初以虛爵入于房初主人儀

右主婦亞獻尸及祝佐食

主婦亞獻圖

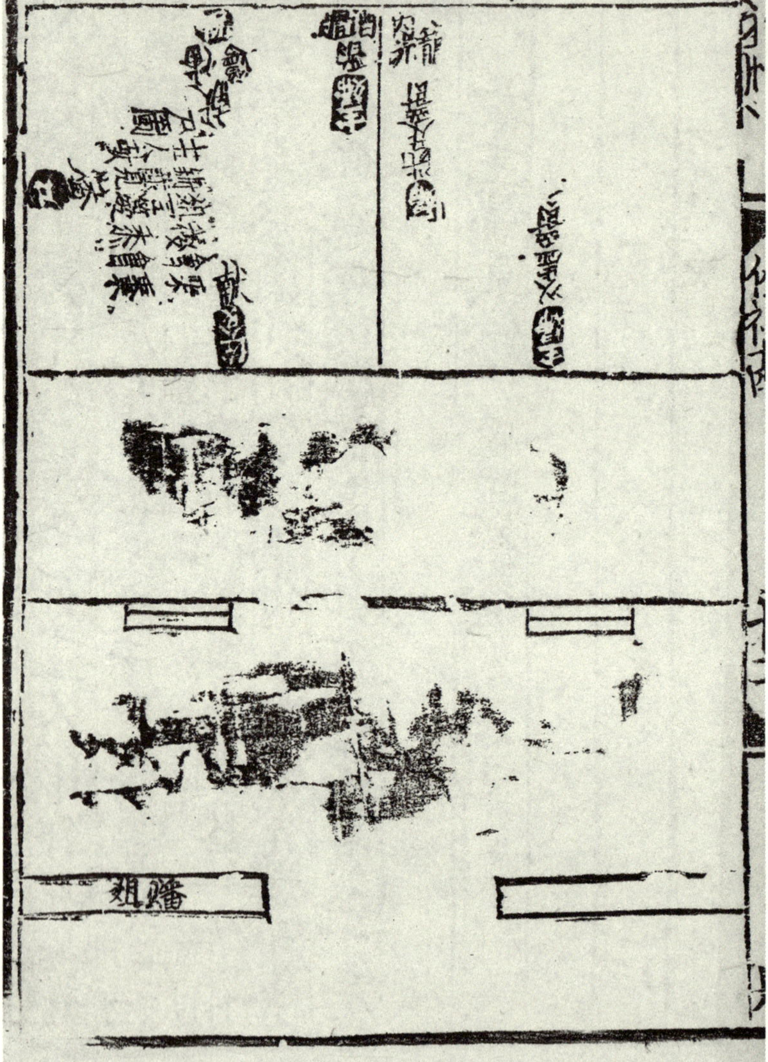

賓長洗繶爵繶於力反○繶爵口足之閒有篆又彌飾○篆丈轉反三獻燔從
如初儀婦人復位復堂上西面位事已尸將出當哭踊祝出戶西面告
利成主人哭西面告告主人也利猶養也成畢也言養禮畢也不言養禮畢於尸閒嫌○讀
曰即於尸中閒有嫌諷法之皆哭丈夫婦人於主人哭斯哭矣祝入尸謖謖所六反
○謖起也祝入而無事尸則知起矣不告尸者無遣尊者之道從者奉篚哭如初初哭
從尸祝前尸出戶踊如初降堂踊如初出門亦如之前道
也如初者出如入降如升三者之節悲哀同記尸謖祝前鄉尸祝道尸必先鄉
之爲之節還出戶又鄉尸還過主人又鄉尸還降階又鄉
尸過主人鄉西階上不言及階明主人見尸有踧踖之敬○踧曰出戶降階及門皆猶踊而言主人在
西階上不言西階而言主人欲見敬降階還及門如出戶及至也言還至門明其閒

尸設圖

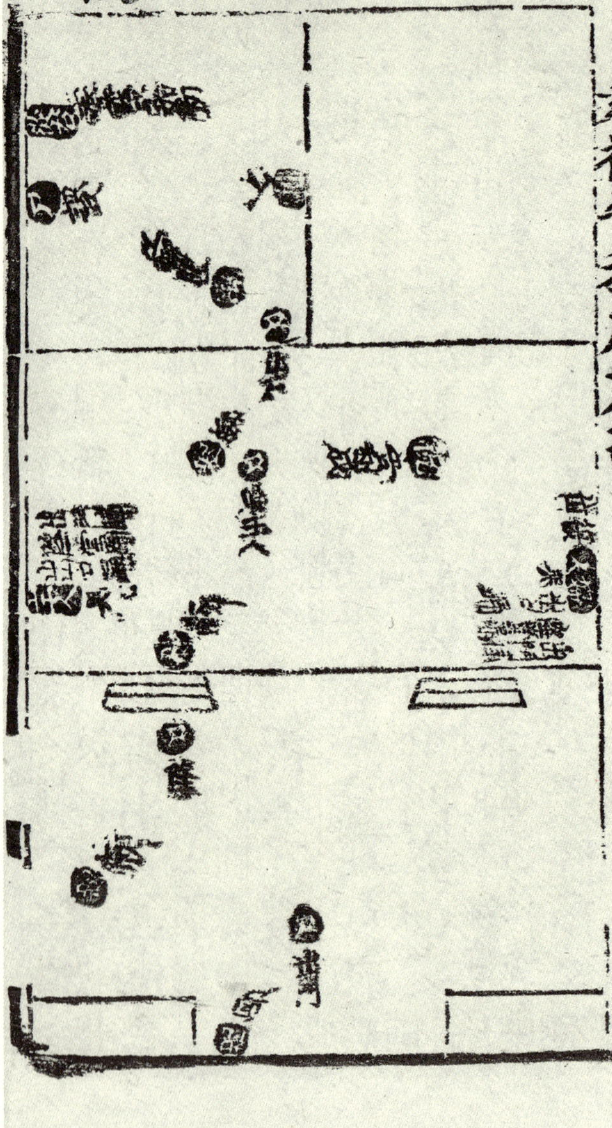

無節出降階如升時將出門如出戶時當還辟尸出

尸每將還必有辟退之容凡前尸之禮儀在此

祝反入徹設于西北隅如其設也几在南厞用席改設
饌者不知鬼神之節改設之庶幾歆饗所以為厭飫也几在南變古文明東面不南面漸也厞隱也于厞
隱之處從其幽闇○疏曰上文陰厭時右几今云几在南明此同變古文者少牢大夫禮陽厭時南面
亦几在右此言右几則嫌與大夫同故云明東面也特牲改饌几在南與此同今亦向吉有漸故與吉祭
同厞用席以席為障使之隱也祝薦席徹入于房祝自執其俎出徹薦
席者執事者祝薦席則初自房來贊闔牖戶鬼神尚居幽闇或者遠人乎贊佐食者主
人降賓出宗人詔主人降賓則出廟門主人出門哭止皆復位門外
未入位宗人告事畢賓出主人送拜稽顙送拜者明于大門外也賓
執事者皆去即徹室中之饌者兄弟也○疏曰上文云賓出是未出大門此云送拜是大門外可知○
記祝反入門左北面復位然後宗人詔降

陽厭圖

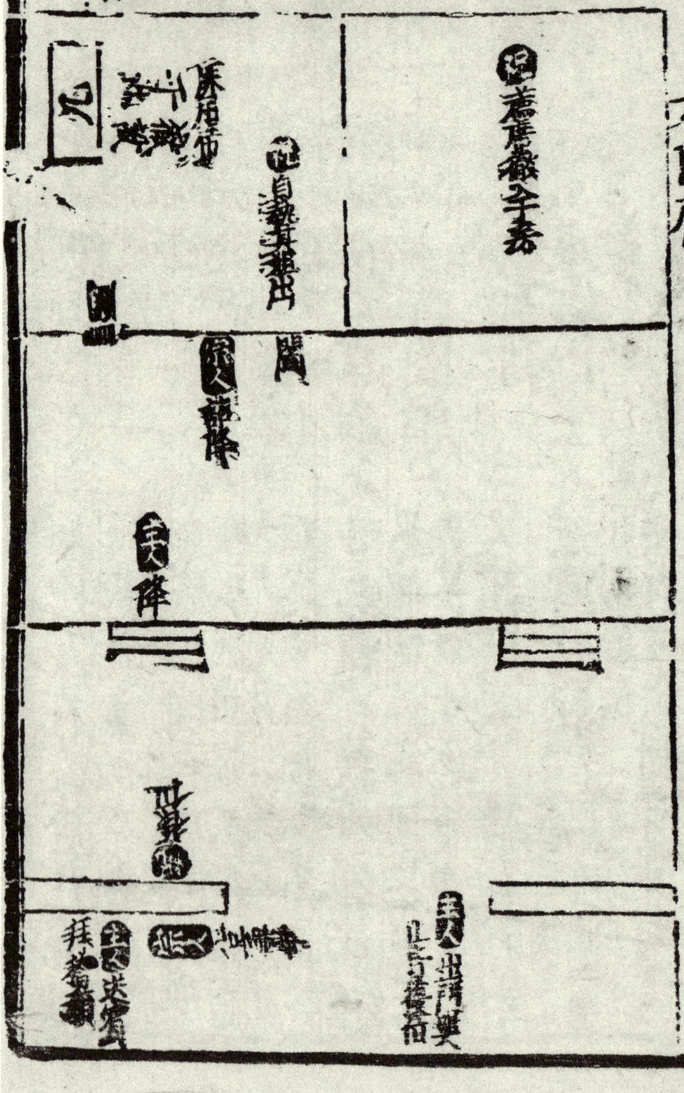

記無尸則禮及薦饌皆如初無尸謂無孫列可使者也殤亦是也禮謂衣服
即位升降○疏曰曾子問曰祭成喪者必有尸明殤死無尸可知既饗祭于苴祝祝
卒記異者之節不綏祭無泰羹湆胾從獻不綏言獻記終始也事尸之禮
始於綏祭終於從獻綏當為墮○疏曰從獻冊墮也無尸闕此四事守祧墮字為正取滅為義主人
哭出復位於祝祝卒祝闔牖戶降復位于門西門西北面位也男
女拾踊三拾其業反○拾更也三更踊○疏曰凡言更踊者主人踊主婦踊賓乃踊三者三為
拾也如食間隱之如尸一食九飯之頃也祝升止哭聲三啓戶聲者噫歆
也將啓戶警覺神也主人入親之祝從啓牖鄉如初牖先闔後啓扇在內也鄉
牖一名也如初者主人入祝從在左○疏曰詩塞鄉墐戶注北出牖也語異義同亦是牖主人哭
出復位堂上位也卒徹祝佐食降復位祝復門西北面位佐食復西方位不

復設西北隅者重闕牖户褻也○宗人詔降如初贊徹
疏曰注食即賓復西方位可知
闔牖户宗人
告主人降

右無尸饗祭之禮

無尸饗祭圖

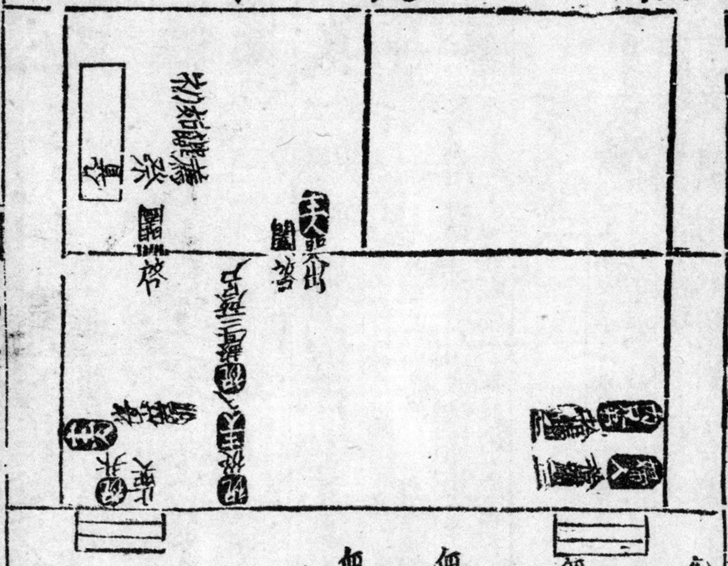

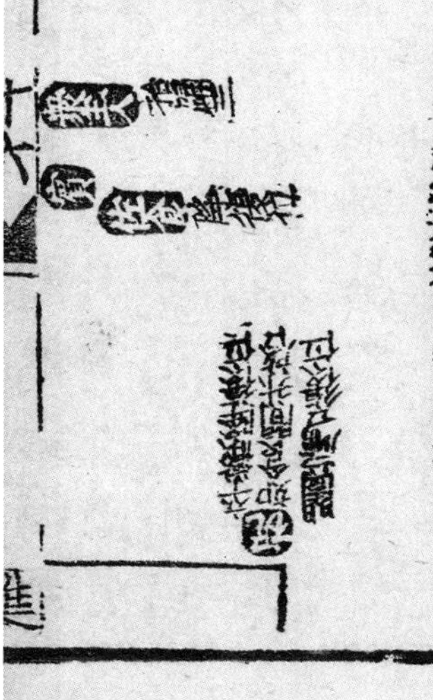

無尸則不綏祭
獻尸祝命佐食綏祭若饗神時佐食無由
取黍稷祭于苴三亦是綏祭之意矣故不
綏祭

無泰羹湆
正祭之鼎有豕牲則無湆惟少牢賓尸尸有
湆此賓祭尸時尸有泰羹湆爲尸加也若無
尸則不用加也

無胾
正祭不用庶羞無尸有胾亦爲尸加也若
無尸則不用加也

無從獻
獻尸有從獻燔從若無尸則無從

記死三日而殯三月而葬遂卒哭謂士也雜記曰大夫三月而葬五月
而卒哭諸侯五月而葬七月而卒哭此記更從死起異人之間其義或殊將旦而祔則薦
薦謂卒哭之祭卒辭曰哀子某來日某隮祔爾于爾皇祖某
甫尚饗卒辭卒哭之祝辭隮升也尚庶幾也不稱饋明主爲告附也女子曰皇祖
妣某氏女孫祔於祖母婦曰孫婦于皇祖姑某氏不言爾曰孫婦差疏
也其他辭一也來日某隮祔尚饗饗辭曰哀子某圭爲而哀
薦之饗饗辭勸強尸之辭也圭絜也詩曰吉圭爲饎凡吉祭饗尸曰[illegible]
右卒哭
記獻畢未徹乃餞卒哭之祭既三[illegible]送行者之酒詩云出宿于[illegible]于禰尸旦
將始祔于皇祖是以餞送之○疏曰[illegible]卒哭同在寢明旦祔則在廟故餞之尊兩甒于廟

門外之右少南水尊在酒西勺北枋少南將有事於北有玄酒即吉也此在西尚凶也言水者喪質無鼏不久陳洗在尊東南水在洗東篚在西在門之左又少南饌籩豆脯四脡脡徒頂反酒宜脯也○有乾肉折俎二尹縮祭半尹在西塾乾肉牲體之脯也如今涼州烏翅矣折以爲俎實優尸也尹正也雖其折之必使正縮從也○翅申豉反尸出執几從席從祝入亦告利成入前尸尸乃出几席素几葦席也以几席從執事也尸出門右南面俟設席也席設于尊西北東面几在南賓出復位將入臨之位士喪禮賓繼兄弟北上門東北面西上門西北面東上西方東面北上主人出即位于門東少南婦人出即位于主人之北皆西面哭不止婦人出者重餞尸○餞曰婦人有事自堂及房而已今出餞門外尸即席坐唯主人不哭洗廢爵

酳獻尸尸拜受主人拜送哭復位薦脯醢設俎于薦東胸在南胸其俱反○胸脯及乾肉之屈也屈者在南變於生○疏曰曲禮曰以脯脩置者左朐右末注屈中曰朐今在南右也尸左執爵取脯擩醢祭之佐食授嚌授乾肉之祭尸受振祭嚌反之祭酒卒爵奠于南方反之反之佐食佐食反之於俎尸奠爵禮有終○疏曰三獻官不酳而備之主人及兄弟踊婦人亦如之主婦洗足爵亞獻如主人儀無從踊如初賓長洗繶爵三獻如亞獻踊如初佐食取俎實于篚尸謖從者奉篚哭從之祝前哭者皆從及大門內踊如初男女從尸男由左女由右及至也從尸不出大門者由廟門外無事尸之禮也○疏曰正祭在廟廟門外無事尸之禮今餞尸在寢門外則入門外無事尸之禮鄭舉正祭況之尸出門

哭者止以餞於外大門猶廟門賓出主人送拜稽顙送賓拜於大門外

主婦亦拜賓女賓也不言出不言送拜之於闈門之內闈門如今東西掖門○闈音韋

丈夫說經帶于廟門外既卒哭當變麻受之以葛也夕日則服葛者爲祔期○說

曰喪服注云大夫以上虞而受服士卒哭而受服士亦約此文而言也明旦爲祔夕期之時變之因爲祔

期使賓知變節也○入徹主人不與入徹者兄弟大功以下言主人不與則知丈夫婦人

在其中婦人說首絰不說帶不說帶齊斬婦人帶不變也婦人少變而重帶帶下

躰之上也大功小功者葛帶時亦不說者未可以輕文變於主婦之質至祔葛帶以即位檀弓曰婦人不

葛帶○疏曰小記云齊衰帶惡笄以終喪舉齊衰則斬衰帶不變可知男子陽多變婦人既葬直變首絰

不變帶故云少變男子陽重首首在上躰婦人陰重要要是下躰故帶不變葛帶見大功小功章云時亦

不說者變是文不變是質夕時同在廟門外主婦不變大功以下亦不變以後入室可以變至祔旦以葛

帶即位也引檀弓者謂齊衰婦人 ○無尸則不餞猶出几席設如初拾踊三以餞尸者本爲送神也丈夫婦人亦從几席而出古文席爲筵哭止告事畢賓出

右餞尸

餞尸于門外圖

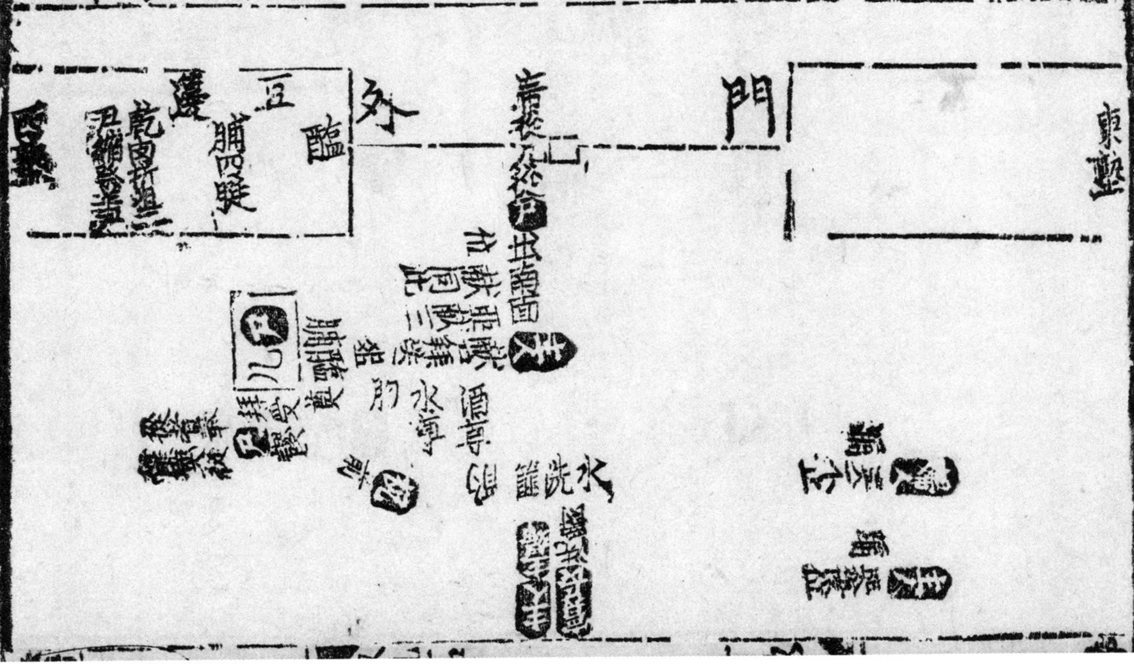

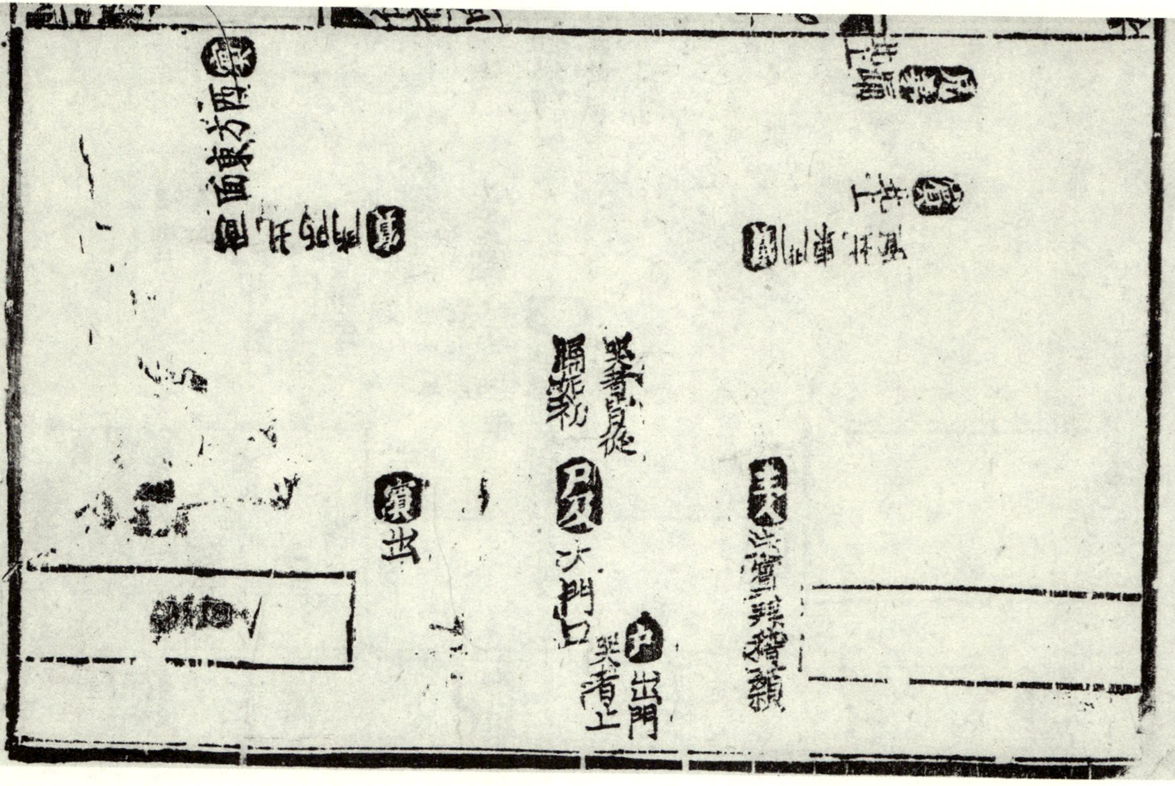
賓西方東面
賓出
出門

記明日以其班祔卒哭之明日也班次也喪服小記曰祔必以其昭穆亡則中一以上凡祔已復于寢如既祫主反其廟練而後遷廟○疏曰小記觧中猶閒也一以上祖又祖孫祔祖爲正若無祖則祔于高祖祔已復于寢如祫祭訖主反廟相似穀梁作僖公主傳云於練焉壞廟易檐可也改塗可也是練而遷廟也左氏云卒哭而祔祔而作主特祀於主蒸嘗禘於廟服注特祀在寢三年喪畢遭蒸嘗乃於廟此不與鄭義同鄭意謂唯祔與練祭在廟祭訖主反於寢其大祥與禫祭其主自然在寢祭之禫月逢四時吉祭即得在廟但未配而已又鄭注玄鳥詩君喪三年畢更有特禘沐浴櫛搔翦搔依注音爪揃子淺反○弥自飾也搔當爲爪用專膚爲折俎取諸脰膉膉音益○専猶厚也折俎謂主婦以下俎也體盡人多折骨以爲之今以脰膉貶於純吉古文脰膉爲頭嗌○疏曰特牲記云主婦俎縠折佐食俎觳折少牢云主婦俎臑折其他如饋食如特牲饋食之事或云以左胖虞右胖祔今此如饋食則尸俎肵俎皆有肩臂豈復用虞臂乎其不然明矣○疏曰

特牲饋食礼尸俎用右胖解之主人俎左臂豈得復取虞時左臂用之乎 用嗣尸 虞祔尚質本服

筮尸○疏曰從虞至祔唯用一尸而已 曰孝子某孝顯相夙興夜處小

心畏忌不惰其身不寧 稱孝者吉祭○疏曰案檀弓虞爲喪祭卒哭以後爲吉祭

用尹祭 尹祭脯也大夫士祭無云脯者今不言牲號而云尹祭亦記者誤矣○疏曰曲礼脯曰尹

祭是天子諸侯礼 嘉薦普淖普薦溲酒 普薦鉶羹不稱牲記其異者 適爾

皇祖某甫以隮祔爾孫某甫尚饗 欲其祔合兩告之曾子問曰天子崩

国君薨則祝取羣廟之主而藏諸祖廟礼也卒哭成事而後主各反其廟然則士之皇祖於卒哭亦反其

廟無主則反廟之礼未聞以其幣告之乎

右祔

記朞而小祥 小祥祭名祥吉也檀弓曰歸祥肉 曰薦此常事 祝辭之異者言

常者春而祭礼也○䟽曰虞祔之祭非常此一期天氣変易孝子思之而祭是其常事

右小祥

記又朞而大祥曰薦此祥事又復也

右大祥

記中月而禫中猶閒也禫祭名也與大祥閒一月自喪至此凡二十七月禫之言澹澹然平安意也是月也吉祭猶未配是月是禫月也當四時之祭月則祭猶未以某妃配某氏哀未忘也少牢饋食礼祝祝曰孝孫某敢用柔毛剛鬣嘉薦普淖用薦歲事于皇祖伯某以某妃配某氏尚饗

右禫

儀禮圖第十四

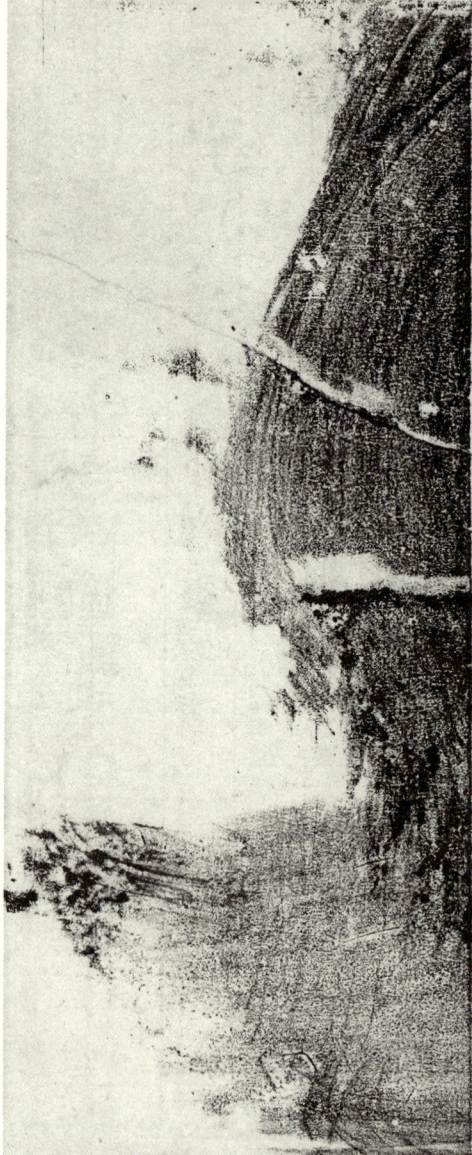

（宋）楊復 撰

元本儀禮圖

第三册

國家圖書館出版社

第三册目録

儀禮圖第八

聘禮第八

鄭云大問曰聘諸侯相於久無事使卿相問之禮也小聘使大夫周禮諸侯邦交歲相問殷相聘世相朝○疏曰大問曰聘小聘曰問

聘禮○君與卿圖事遂命使者聘使卿使者再拜稽首辭以不敏君不許乃退既圖事戒上介亦如之已謀事乃命上介難於使者易於介宰命司馬戒眾介眾介皆逆命不辭宰上卿二君事諸侯謂司徒為宰眾介者士也逆猶受也○疏曰天子有六卿天地四時之官諸侯兼官但有三卿地官司徒兼冢宰夏官司馬兼春官冬官司空兼秋官是以左傳杜注云季孫為司徒叔孫為司馬孟孫為司空○記久無事則聘焉事謂盟會之屬

右命使介

宰書幣書聘所用幣多少也命宰夫官具宰夫宰之屬也命之使衆官具幣及所宜
齎○記多貨則傷于德貨天地所化生謂玉也君子於玉比德焉朝聘之禮以爲
瑞節重禮也多之則是主於貨傷敗其爲德幣美則沒禮幣人所造成以自覆幣謂束帛
也愛之斯欲飾之君子之情也是以享用幣所以副忠信美之則是主於幣而禮之本意不見也○
既受行出遂見宰問幾月之資資行用也君臣謀密未知所之遠近○朱
先生曰言與宰計度資費之多寡也注言未知所之非是

右具幣齎

及期夕幣夕幣先行之日夕陳幣而視之重聘也使者朝服帥衆介夕
視其事也管人布幕于寢門外管猶館也館人謂掌次舍帷幕者也布幕以承幣寢
門外朝也官陳幣皮北首西上加其奉於左皮上馬則北

面奠幣于其前奉所奉以致命謂束帛及玄纁也馬言則者以享主用皮或時用馬馬入則在幕南皮馬皆乘○乘繩證反使者北面衆介立于其左東上既受行同位也位在幕南卿大夫在幕東西面北上大夫西面辟使者宰入告具于君君朝服出門左南鄉入告入路門而告史讀書展幣展猶校錄也史幕東西面讀書賈人坐撫其幣每者曰在必西面者欲君與使者俱見之也○賈音嫁宰執書告備具于君授使者使者受書授上介史展幣畢以書還授宰宰既告備以授使者其受授皆北面入公揖入揖禮羣臣官載其幣舍于朝待旦行也上介視載者監其安處之畢乃出所受書以行爲當復展○記使者既受行日朝同位謂前夕幣之間同位者使者北面介立于左少退別其處臣也

右夕陳幣授使者

今按夕幣之禮夕陳幣以授使者宮陳幣
皮加其奉於左皮上注奉所奉以致命
東帛玄纁也然授幣而未授圭何也圭聘
禮之重者也圭所以聘也東帛所以享也
聘圭不可以預授俟使者釋幣于禰釋幣
于行乃遂載旜帥衆介以受命于朝於是
君朝服南鄉而授之以
圭所以謹之重之也

授使者幣圖

寢門

晉

縣

加皮 皮 皮 皮
庋 帛 莫

馬 馬 馬 馬

五

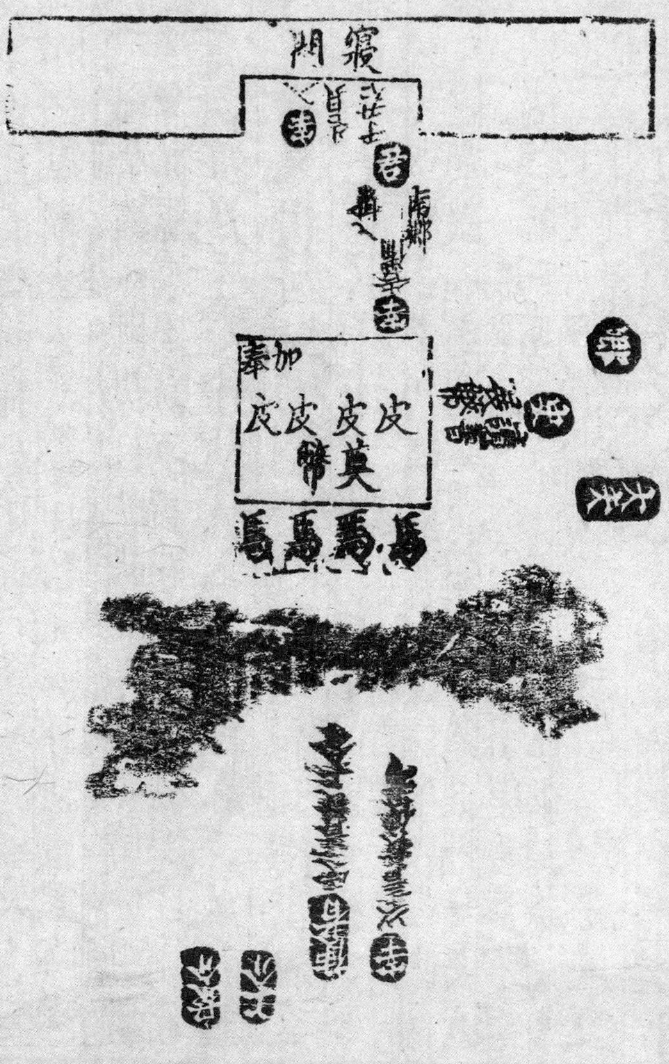

禰。明，賓朝服釋幣于禰。禰乃禮反○告為君使也賓使者謂之賓尊之也天子諸侯將出告羣廟大夫告禰而已凡釋幣設洗盥如祭○䟽曰下記云筵一尸若昭若穆容父在父在則禰祖父卒則祭禰然則初行時若父在則釋幣於祖廟○注但奉幣須潔當有洗以盥手其設洗法見士冠禮盥仕䟽西

有司筵几于室中，祝先入，主人從入。主人在右，再拜，祝告，又再拜。更云主人者廟中之稱也祝告告以主人將行

釋幣，制玄纁束，奠于几下，出。祝釋之也凡物十曰束玄纁之率玄居三纁居二朝貢禮云純四只制丈八尺○率音律○䟽曰玄三纁二率皆如此也純謂幅之廣狹制謂舒之長短周礼趙商問只長八寸四八三十二幅廣二尺八寸大廣非其度鄭玄荅云古積畫誤為四當為三三咫則二尺四寸矣雜記云純幣一束束五兩兩五尋然則每卷二丈若在制幣若每卷丈八尺八為制合卷為匹也

主人立于户東，祝立于牖西。又入，取幣，降，卷幣，實于笲，還于

西階東笄音煩○又入者沉也盛以器若藏然又釋幣于行告將行也行者之先
其古人之名未聞天子諸侯有常祀在冬大夫三祀
曰門曰行曰厲喪禮有毀宗躐行出于大門則行神
之位在廟門外西方○疏曰常祀在冬月令祀行是
也大夫雖有行非常祀因行役始出有告禮而已然
此謂平地道路之神至於山出城又有軷祭祭山川之
神喻無險難也祭山川之神有軷壇出祭行神亦當
有軷壤月令祭行注爲軷壤厚二寸廣五尺輪四尺是也遂受命言遂者自是上出不復入
介釋幣亦如之如其於禰與行

右釋幣于禰及行

上介及衆介俟于使者之門外使者載旜帥以受命
于朝旜之然反○旜旌旗屬也載之者所以表識其事也周禮曰通帛爲旜又曰孤卿建旜至於朝
門使者北面東上○疏曰諸侯三門皋應路路門外
有常朝位下文君使卿進使者乃入至朝即此朝門

者皐門外也通帛謂通綿盡用赤無他物之飾赤為正色孤卿建旜者以不畫異物奉王之政教而已君朝服南鄉卿大夫西面北上君使卿進使者使者入及眾介隨入北面東上君揖使者進之上介立于其左接聞命進之者有命宜相近也接猶續也賈人西面坐啟櫝取圭垂繅不起而授宰櫝大木反函也繅音早○賈人在官知物價者繅所以藉圭也其或拜則奠于其上○疏曰繅有二種一者以木為中幹以韋衣之天子五采公侯伯三采子男二采采為匝行奠玉於上出則無垂繅屈繅之事下記云若組絢為之者所以繫玉於韋版使不失墜此乃有屈垂之文則此經所云者是也宰執圭屈繅自公左授使者屈繅者斂之禮以相變為敬也自公左贊幣之義曲禮曰詔辭自右贊幣自左使者受圭同面垂繅以受命同面者宰就使者北面並授之○授授使者圭時以受命言之者受命宜垂繅於受主故主所成

致君命而通信誠也既述命同面授上介述命者循君之言重誤失上介受圭繅出授賈人眾介不從賈人將行者在門外北面受享束帛加璧受夫人之聘璋享玄纁束帛加琮皆如初享獻也既聘又獻所以厚恩惠也帛今之璧色繒也夫人亦有聘享亦以其與己同體為國小君也其聘用璋取其半圭也君享用璧夫人用琮天地配合之象也圭璋特達瑞也璧琮有加往德也周禮曰瑑圭璋璧琮以覜聘○疏曰前已受聘君圭此受享君束帛加璧又受聘夫人璋又受享夫人琮前陳幣不陳圭璧琮是以至此始言而後連言束帛玄纁以其是相配之物也璧色繒謂帛色放璧色但未知此用何色特達謂不加束帛璧琮有加往致其德也瑑謂不為六瑞制但瑑之耳又皆降其君一等○記所以朝天子圭與繅皆九寸剡上寸半厚半寸博三寸繅三采六等朱白蒼毛所執以為瑞節也剡上象天圓地方也雜采曰繅以韋衣木板飾以三

色。再就所以薦玉重慎也九寸上公之圭也。○疏曰雜記云圭剡上左右各寸半尊卑同之惟長短依命數不同凡言繅者皆象水草之文天子五采公侯伯三采子男二采木版大小如玉。○朱先生曰按雜記疏引舊圖云三采六等朱白蒼朱白蒼重云朱白蒼是一采爲二等相間而爲六等耳今按上記只有朱白蒼二色而已此所引乃重有之不知何時傳寫之誤矣又疏云三字衍文又云諸侯三采則六等覲聘二采則四等天子一九采則十八等是議詳略殊者今且闕

問諸侯朱綠繅八寸二采再就降於天子也

皆玄纁繫長尺絢組采成文曰絢繫無事則以繫玉因以爲飾皆用五采組上以玄下以絳爲地

○凡四器者唯其所寶以聘可也言國獨以此爲寶也四器謂圭璋璧琮

○凡執玉無藉者襲藉謂繅也繅所以縕藉玉○曲禮云執玉其有藉者則裼無藉者則襲文質相變耳有藻爲文裼見美亦文無藻爲質襲充美亦質圭璋特而襲璧琮加束帛而裼亦是也○疏引皇氏云凡執玉必有藻但有繅藉有垂向於下謂之有藉其人則去外

嚴或不使下垂屈而在手謂之無藉其人則掩上昭
著圭璋以享則以馬既不上堂圭璋寳物不可露見
必以物覆襲之璧琮既有帛錦唯用輕細之物蒙覆
以裼之小謂玉之裼襲也皇氏云藻則常有今言無
者據不垂之也聘禮賈人取圭垂繅授上介注云賤
不裼也明貴者垂藻當裼也又云上介不襲屈繅授
賓注云以盛禮不在已明屈繅合襲也又云賓襲執
圭公襲受玉皆然藻時也又云公授宰玉裼降立是
授玉後乃裼也又云賓裼奉束帛加璧享是有藉則
裼也蓋行禮皆屈而襲行享皆裼也凡享時其玉皆
無藻藉故崔靈恩云初享圭璋特有藻其餘則束
帛加璧既有束帛不須藻○陳祥道云玉有以繅爲
之藉有以束帛爲之藉有藉則裼無藉則襲特施於
束帛而已聘則賓襲執圭公襲受玉及享則賓裼奉
束帛加璧蓋聘特用玉而其禮嚴享藉以帛而其禮
殺此襲裼所以不同先儒以垂繅爲有藉屈繅爲無
藉也○陸佃曰無藉若圭璋特是也經言繅又別
言藉則藉非繅著矣藉若帛錦之類所謂公降襲受
玉于中堂此無藉之玉也即束帛加璧裼矣○朱子
任曰鄭疏兩義詞太簡略指不分明皇氏熊氏始以

屈垂言之至於圭璋璧琮之義則皇氏爲失而熊氏爲得但周禮典瑞云璧琮繅皆二采一就而熊氏亦白遍以帛衣版之藉則皆有而又引崔靈恩云璧琮既有束帛則不須藻藉亦抵悟疑璧琮雖有藻而屈之當爲無藉特以加於束帛故從有藉之例而執之者揚耳陳氏陸氏則但取鄭注後說而用熊氏之義以亦有理然今未敢斷其是非故悉著其說以俟知者

右受命于朝

使者受命圖

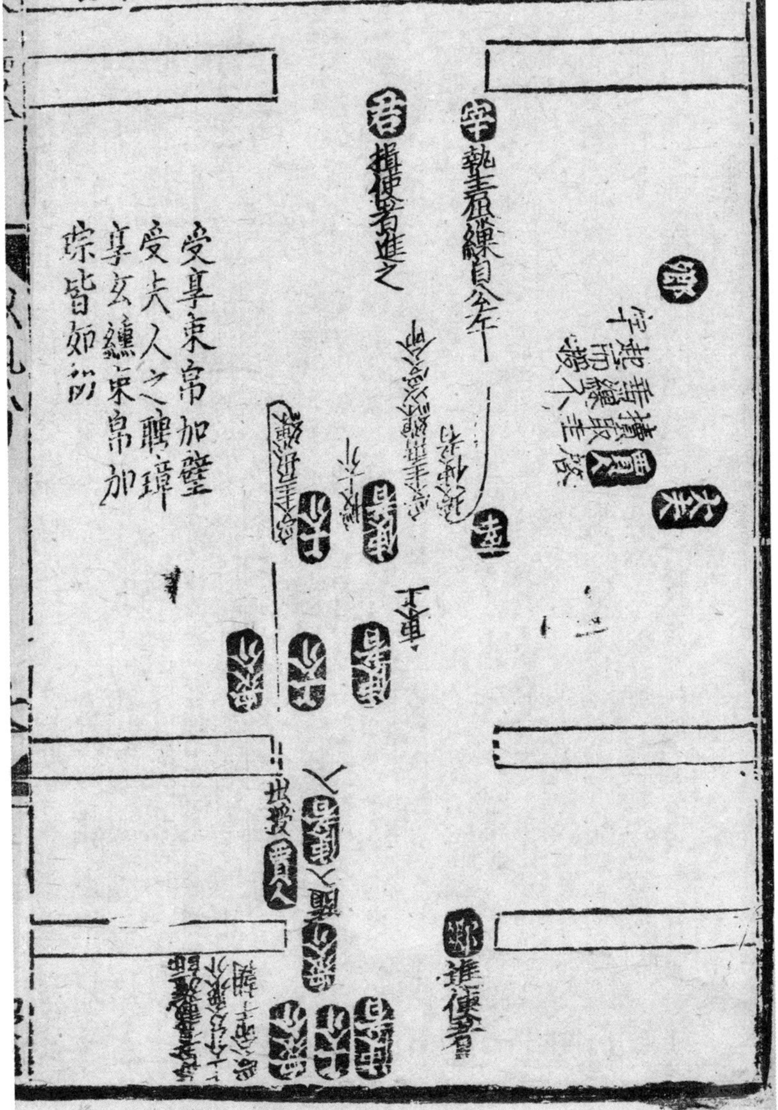

今按繅有二種賈疏已詳然言繅又言藉者承
玉繫玉二種皆得藉玉之義故言藉也但藉字
又有一義曲禮云執玉其有藉者則裼無藉者
則襲所謂無藉謂圭璋特達不加束帛當執圭
璋之時其人則襲也所謂有藉者謂璧琮加於
束帛之上當執璧琮之時其人則裼也曲禮所
云專指圭璋特而襲璧琮加束帛而裼一條言
之先儒乃以執圭而垂繅為有藉執圭而屈繅
為無藉此則不然陳氏陸氏之言足以破先儒
千百載之惑矣然何以知先儒之說為非而陳
氏陸氏之說為是耶竊詳經文裼襲是一事垂
繅屈繅又別是一事不容混合為一說方其始
受君命及賈人啓櫝取圭垂繅以授宰宰執圭
屈繅自公左授使者使者垂繅受命訖以授上
介上介受玉垂繅以授賈人是時授受凡易四
手有屈垂之文而無裼襲之禮也及至主國行
聘禮賓在廟門之外賈人啓櫝取玉垂繅而授
上介上介不襲屈繅以授賓經明言上介不襲
是有垂屈之文而無裼襲之禮也逮夫主賓二
揖三讓登堂賓襲執圭公側襲受玉于中堂與

東楹之閒及公側授宰玉而後裼降立是主爲
授受則襲既授宰玉則裼故鄭注云凡當盛禮
者以充美爲敬非盛禮者以見美爲敬此言是
也當上賓授受之時嘗不見襲裼之文焉聘禮
既聘君使卿皮弁還玉于館賓既歸反命公南鄉
卿進使者使者執圭垂繅北面上介執璋屈繅
立于其左又有裼襲之文而無裼襲之禮蓋主
聘禮之重也上賓授玉于中堂與東楹之閒記
之正也方其授於賈人授於上介皆擬行之禮
及贄禮者之事故辨垂屈以彰其文主賓授玉
于中堂與東楹之閒爲禮之正故辨裼襲以致
其敬及歸反命又於君前以垂屈爲文而不以
裼襲爲禮非玉爲聘禮設反命亦非禮之正
乎兩義不同各有其宜自鄭氏之說始差熊氏
皇氏從而傅會之而經意始泯然經文又槩
然如日星之在天又豈得而終泯之耶

遂行舍於郊於此脫舍衣服乃即道也曲禮曰凡爲
君使者已受命君言不宿於家○疏曰
自朝服告禰至受命衣服未改至此脫朝服服深衣而行欽禮○記出祖釋軷祭

酒脯乃飲酒于其側祖始也既受聘享之禮行出國門止陳車騎釋酒脯之奠於軷為行始也詩傳曰軷道祭也道路以險阻為難是以委土為山或伏牲其上使者為軷祭酒脯祈告也卿大夫處者於是餞之飲酒於其側禮畢乘車轢之而遂行舍於近郊矣其牲犬羊可也○䟽曰凡道路之神有二在國內釋幣於行者謂平適道路之神出國門釋奠於軷者謂山行道路之神云或伏牲其上者周禮犬人掌供犬牲伏瘞亦如之詩云取羝以軷犬羊同其一未必並用人君用牲大夫無牲直用酒脯

○問大夫之幣俟于郊為肆又齎皮馬齎子兮反○肆猶陳列也齎猶付也使者既受命宰夫載問大夫之禮待于郊陳之為行列至則以付之也不敢朝付之若辟君禮也○行户郎反

右遂行

若過邦至于竟使次介假道束帛將命于朝曰請帥

奠幣至竟而假道諸侯以國為家不敢直徑也奠猶奉也帥猶道也請道猶道路所當由下大
夫取以入告出許遂受幣饔餼之以其禮上賓大牢積
唯芻禾介皆有餼凡賜人以牲生曰餼餼猶稟也給也以其禮者尊卑有常差也士
帥沒其竟沒盡○誓于其竟賓南面上介西面眾介北
面東上史讀書司馬執筴立于其後筴音策○此使次介假道止而
誓也賓南面專威信也史於眾介之前北面讀書以敕告士眾為其犯禮暴掠也
右過他國
未入竟壹肄謂於所聘之國竟也肄習也習聘之威儀重失誤為壝壇畫階
帷其北無宮壝土象壇也帷其北宜有所鄉依也無宮不壝土畫外垣也朝服無
主無執也不立主人主人尊也不執玉不敢褻也徒習其威儀而已介皆與北面

西上入門左之位也○疏曰但習入朝聘享揖遜升降布幣授玉之禮是以直云北面西上之位也云入門左之位者下文云賓入門左介皆入門左北面西上是也習享士執庭實士士介也庭實必執之者皮則有攝張之節習夫人之聘享亦如之習公事不習私事公事致命者也○疏曰私事者謂私覿於君私面於卿大夫

右習儀

及竟張旜誓張旜明事在此國也張旜謂使人維之○疏曰按節服氏六人維王之太常鄭云維之以縷太常十二旒人維持二旒此諸侯則四人不依命數大夫無文或一人或二人乃謁關人關人問從者幾人爲有司當共委積之具○疏曰聘行旅從大夫小聘亦當百人少曰委多曰積以介對以所與受命者對謙也上公之使者七介侯伯五介子男三介君使士請事遂以入竟遂以入因道之

右及竟

入竟斂旜乃展復校錄幣重其事布幕賓朝服立于

幕東西面䟽曰西面者由是面道巽於前出言時也介皆北面東上賈人

北面坐拭圭遂執展之持之而立告在上介北面視之退復

位言退復位則視圭進違位退圭圭璋尊不陳之陳皮北首西上又拭璧

展之會諸其幣加于左皮上上介視之退會合也馬則

幕南北面奠幣于其前前當前幕南展夫人之聘享亦如

之賈人告于上介上介告于賓展夫人聘享上介不視貶於君也賈人既

拭璋琮南面告於上介上介於賓東面以告于賓有司展羣幣以告羣幣私覿及大

夫者有司載幣者自展告○及郊又展如初遠郊也天子百里上公五十侯伯三十子

男十近郊各半之〇及館展幣於賈人之館如初館舍也遠郊之内有候館可以小休止沐浴展幣不于賓館者爲主國之人有勞問已者就焉便疾也〇疏曰周禮遺人十里有廬三十里有宿五十里有市市有候館畿内道路皆有候館

右三展幣

賓至于近郊張旜君使下大夫請行反君使卿朝服用束帛勞請行問所之也雖知之謙不必也士請事大夫請行卿勞彌尊賓也其服皆朝服上介出請入告賓禮辭迎于舍門之外再拜出請出門西面請所以來事也入告入北面告賓也每所及至皆有舍其有來者皆出請入告于此言之者賓彌尊事彌錄〇疏曰此時賓當在賓館阼階西面拔上介北面告賓勞者不答拜凡爲人使不當其禮賓揖先入受于舍門内不受于堂此主於侯伯之臣也公之臣受勞於堂〇疏曰

案司儀諸公之臣相爲國客及大夫郊勞三辭拜辱三讓登聽命勞者奉幣入東面致命東面鄉賓賓北面聽命還少退再拜稽首受幣勞者出北面聽命若君南面然少退象降拜授老幣老賓之臣出迎勞者欲儐之勞者禮辭賓揖先入勞者從之乘皮設設於門內也物四曰乘皮麋鹿皮也賓用束錦儐勞者言儐者賓在公館如家之義亦以來者爲賓勞者再拜稽首受稽首尊國賓也賓再拜稽首送幣受送拜皆北面象階上勞者揖皮出乃退賓送再拜揖皮出東面揖執皮者而出○夫人使下大夫勞以二竹簋方玄被纁裏有蓋簋音軌或作簋外圓內方曰簋內圓外方曰簠○竹簋方者器名也以竹爲之狀如簠而方○疏曰簠簋皆用木而圓受斗二升此則用竹而方故云如簋而方其實棗蒸栗擇兼執之以進兼猶兩也右手執棗

左手執栗賓受棗大夫二手授栗受授不游手慎之也賓之受如初禮如卿勞之儀儐之如初下大夫勞者遂以賓入出以束錦授從者因東面釋辭請道之以入然則賓送不拜○記辭曰非禮也敢對曰非禮也敢辭辭不受也對答問也二者皆卒曰敢言之不敢也○疏曰辭謂賓辭主人以答謂賓答主人介則在旁曰非礼也敢○朱先生曰今本下句未有辭字注無複出辭字張淳識誤曰以注疏攷之當有辭經以還注今從之

右郊勞

至于朝主人曰不腆先君之祧既拚以俟矣祧他彫反拚方問反○謂洒掃○賓至外門下大夫入告出釋此辭主人謂公也不言公而言主人主人接賓之辭明至欲受之不敢稽賓也腆猶善也遷主所在曰祧周礼天子七廟文武為祧諸侯五廟則祧始祖也是亦廟也

言祧者祧尊而廟親待賓客者上尊者○疏曰守祧
掌守先王先公之廟祧鄭注云廟謂太祖之廟及三
昭三穆遷主所藏曰祧先公之遷主藏於后稷之廟
先王之遷主藏於文武之廟祧之言超也超上去不
毀也天子有二祧以藏遷主諸侯無二祧遷主藏于
太祖廟故此名太祖廟爲祧也下文迎賓及廟門受
賓聘享皆在廟是於太祖廟受聘享以尊之若享合讀
則於禰廟燕又在寢弥相親也此鄭義若孔君王肅
則以高祖之父及祖
爲二祧非鄭義也
賓曰俟閒賓之意不欲奄卒主人也且以道路悠遠
欲沐浴齋戒俟
閒未敢聞命

右賓至朝

大夫帥至于館卿致館致至也賓至此館主人以上卿禮致之所以安之也賓
迎再拜卿致命賓再拜稽首卿退賓送再拜○記卿
館於大夫大夫館於士士館於工商館者必於廟不館於敵者之廟

為大尊也○疏曰曾子問云公館與公所為曰公館鄭注云公館若今縣官宮也彼是正客館若朝聘使少則皆於正客館若使多則有在大夫廟○朱先生曰按疏引曾子問之文如此而下經還玉賓亦在客而立是不必於廟也明矣鄭注不通當從疏說

管人為客三日具沐五日具浴管人掌客館者也客謂使者下及士介也

右致館朱先生曰此致上謂致館耳注疏皆以為兼致飧非是

宰夫朝服設飧飧音孫○食不備禮曰飧○疏曰饔餼則生腥飪皆具而又多餼物飧則唯腥飪而已

飪一牢在西鼎九羞鼎三腥一牢在東鼎七中庭之饌也飪孰也孰在西腥在東象春秋也鼎西九東七羞鼎則陪鼎也以其實言之則曰羞以其陳言之則曰陪○疏曰中庭之饌對下文是堂上及門之饌也鼎實之目見下歸饔餼注疏皆約歸饔餼言之後做此

堂上之饌八西夾六八六者豆數也凡饌以豆為本堂上八豆八簋六鉶

兩簠八壺西夾六豆六簋四鉶兩簠六壺門外米禾皆二十車禾稾實并刈者也米
陳門東禾陳門西薪芻倍禾各四十車凡上所陳皆如饔餼○上介餼一牢
在西鼎七羞鼎三堂上之饌六門外米禾皆十車薪
芻倍禾西鼎七無鮮魚鮮腊衆介皆少牢亦飪在西鼎五羊豕腸胃魚腊堂上之饌
四豆四簋兩鉶四壺無簋○疏曰飪鼎五者以賓九上介七衆介當五降殺以兩○記饔不
致文不以束帛致命草次饌饔具輕賓不拜以不致命沐浴而食之自潔清尊主國
君賜也記此重者沐浴可知○陸佃曰饔不致者敬之而已

右設飧

致館并設飱圖

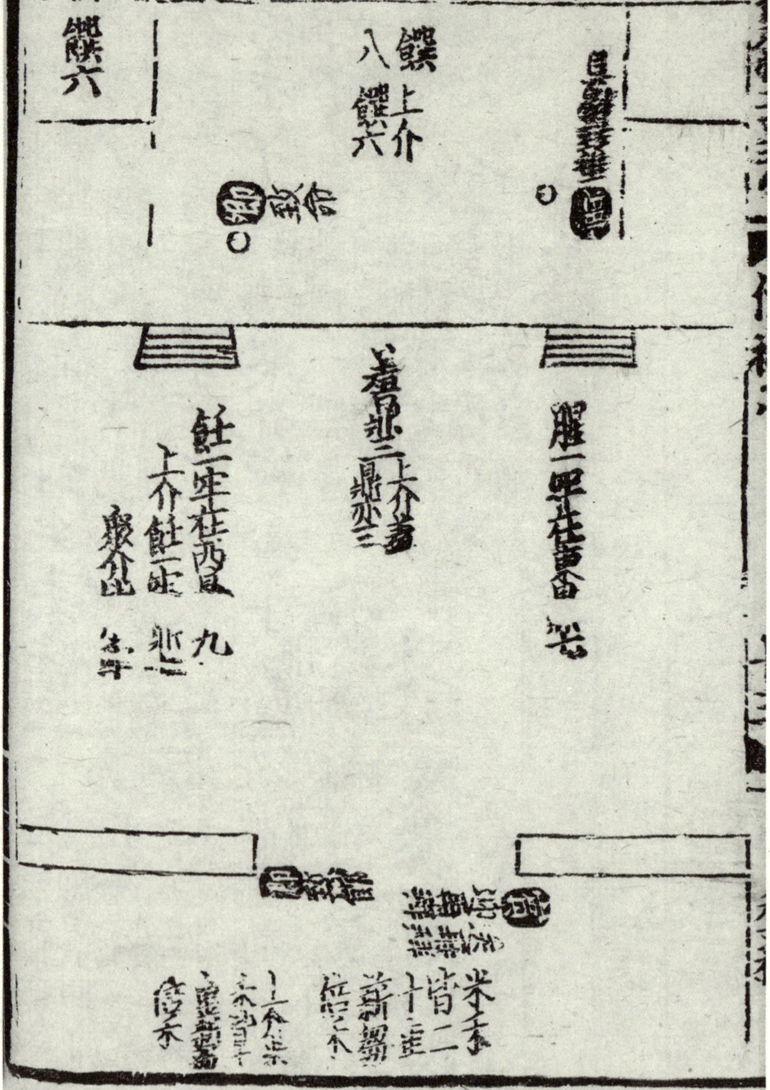

厥明訝賓于館訝五嫁反○此訝下大夫也以君命迎賓謂之訝訝迎也亦皮弁賓皮弁聘至于朝賓入于次服皮弁者朝聘主相尊敬諸侯視朔皮弁服入于次俟辦也次在大門外之西以帷為之乃陳幣有司入于主國廟門外以布幕陳幣如展幣焉圭璋賈人執櫝而俟卿為上擯大夫為承擯士為紹擯擯者出請事擯謂主國之君所使出接賓者也紹繼也其位相承繼而出也主君公也則擯者五人侯伯也則擯者四人子男也則擯者三人聘禮曰介紹而傳命君子於所尊不敢質敬之至也既知其所為來之事復請之者賓來當與主君為禮為其謙不敢斥尊者啓發以進之於是時賓出次直闑西北面上擯在闑東閾外西面其相去也公之使者七十步侯伯之使者五十步子男之使者三十步此旅擯耳不傳命上介在擯西北東面承擯在上擯東南西面各自次序而下末介末擯旁相去三丈六尺上擯之請事進南面揖賓俱前賓至末介上擯至末擯亦相去三丈六尺止揖而請事還入告于公天子諸侯朝覲乃命介紹

傳命耳其儀各鄉本受命反面傳而下及末則鄉受
之反面傳而上又受命傳而下亦如之此三丈六尺
者門容二徹參个旁加各一步也○疏曰上擯西面
者向君也旅擯見司儀云各自次序而下者賔介自
南面北為序上人之擯自北向南為序也進南面揖
賔俱前者謂上擯入向公前北面受命復出南面延
揖賔使前而衛南行賔至末介北東面上擯至末擯一
南西面止揖者俱立定乃稍出各鄉本受命者非一
時之事先上擯入受命出傳與承擯承擯傳與末擯
此是傳而下末介向末擯還受命傳與次介次介傳
與上介上介傳與賔是傳而上云又受命傳而下者
此乃發賔傳向主君一如前發主君傳而向下如此
三迴為交擯三辭二徹三个者徹廣八尺參个三八
二十四門容二丈四傍加客一步步空丈一二為三丈六
尺

公皮弁迎賔于大門內大夫納賔大夫上擯也於是賔主人皆裼○疏曰此未執玉正是文飾之時故皆裼**賔入門左**內賔位也衆介隨入北面西上少退擯者亦入門而右北面東上上擯進相君○疏曰此注亦多約下入廟行聘享交**公再拜**南面拜迎

賓辭不答拜辟位逡遁不敢當其禮不○記卿大夫訝大夫士訝

士皆有訝卿使者大夫上介也士衆介也訝主國卿訝待賓者○疏曰大聘使卿主人使大夫訝

小聘使大夫主人使士訝訝初入聘及饗食燕皆迎之○宗人授次次以帷少

退于君之次主國之門外諸侯及卿大夫之所使者次位皆有常處○疏曰上公九十步侯

伯七十步子男五十步使其臣聘使大聘小聘又各降二等其次皆依其步數就西方而置之未行禮之

時止於其中將行禮乃出○朱先生曰按周礼幕人掌朝會共帷幕幄次掌張幕帟此宗人字恐誤

右擯出迎賓

擡出迎賓圖

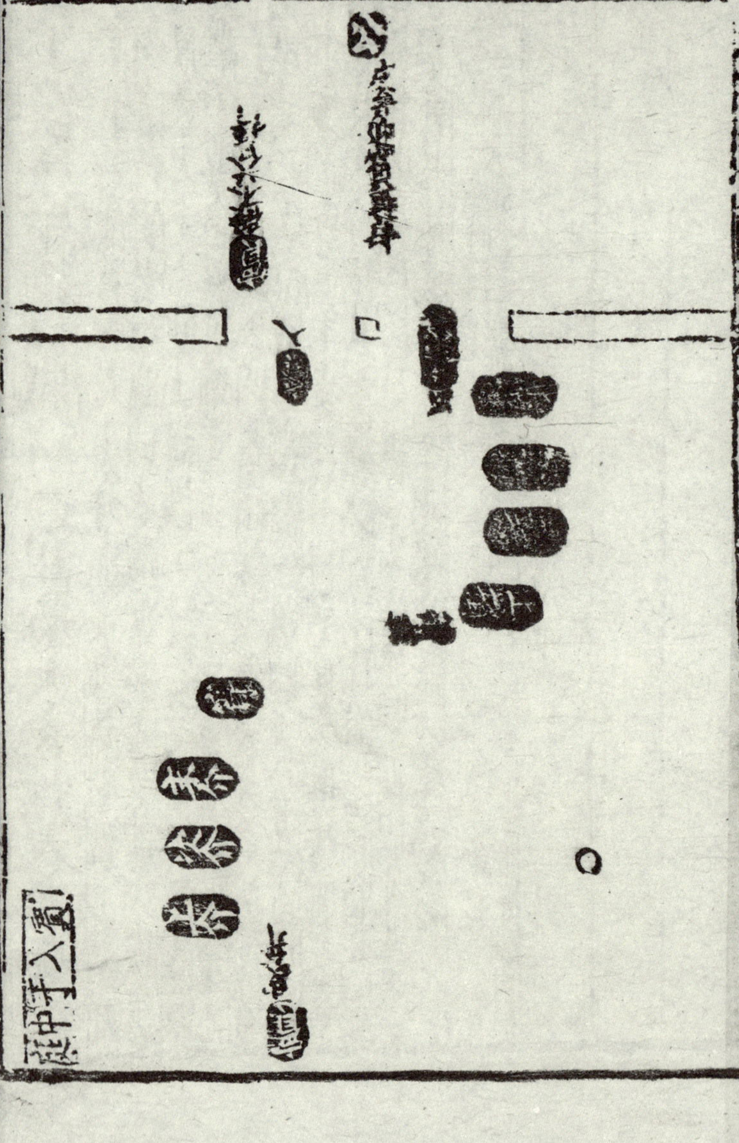

公揖入每門每曲揖君與賓入門賓必後君介及擯者隨之並而鴈行既入則或左或右相去如初玉藻曰君入門介拂闑大夫中棖與闑之間士介拂棖賓入不中門不履閾此賓謂聘卿大夫也門中門之正也不敢與君並由之敬也介與擯者鴈行卑不踰尊者之迹亦敬也賓之介猶主人之擯○疏曰每門、、在宗廟諸侯五廟大祖之廟居中二昭居東二穆居西所引玉藻君入門至拂棖彼鄭注云此謂兩君相見也君若迎聘客擯者亦然下向言賓始是聘客闑居門中棖謂門兩旁長木所謂門楔也故君與賓及上擯上介拂闑末介末擯拂棖而次介次擯由棖闑之間

及廟門公揖入立于中庭公先入省內事也立于中庭以俟賓不復出如此得君行一臣行二於禮可矣公迎賓大門內卿大夫以下入廟門俟之○疏曰省內事謂如昏禮主人請入為席之類初命迎賓于館之時卿大夫士固在朝及君在大門內時不以無事亂有事當於廟中在位矣

賓立接西塾接猶近也近賓主君交禮將有出命俟之於此介在幣南北面西、上擯亦隨公入門東東上少進於士

揖賓入及廟門圖

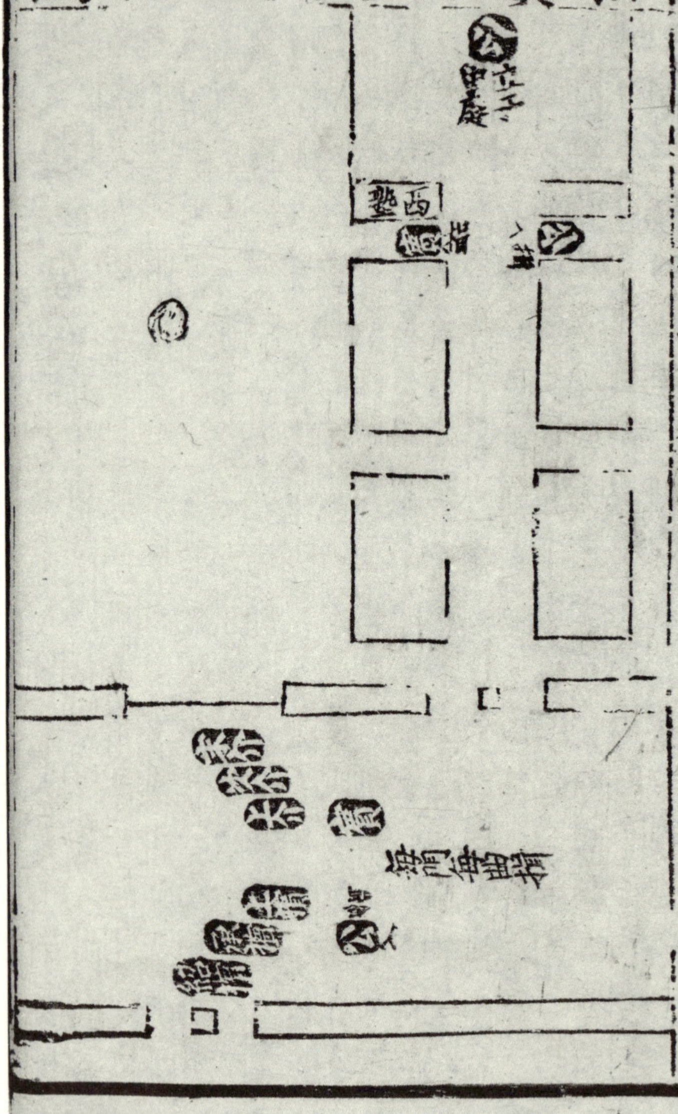

右揖賓入及廟門

几筵既設擯者出請命有几筵者以其廟受宜依神也賓至廟門司宮乃于依前
設之神尊不豫事也至此言命事彌至言彌信也周礼諸侯祭祀席蒲筵繢純右彫几賈人東
面坐啓櫝取圭垂繅不起而授上介賈人鄉入陳幣東面俟於此將
圭不起賤不與為礼也不言裼襲者賤不裼也繅有組繫也上介不襲執圭屈繅
授賓上介北面受圭進西面授賓不襲者以盛礼不在於已也屈繅并持之也曲礼曰執玉其有藉
者則裼無藉者則襲賓襲執圭執圭盛礼而又盡飾為其相蔽敬也玉藻曰服之襲也充美也
是故尸襲執玉龜襲也○疏曰臣於君所合裼以盡飾今既執玉以礼為敬若又盡飾而裼則掩蔽執玉
之敬故不得裼也充猶覆也擯者入告出辭玉擯者上擯也入告公以賓執圭將致
其聘命圭贄之重者辭之亦所以致尊讓也納賓賓入門左公事自闑西介皆
入門左北面西上隨賓入也介無事止於此三揖君與賓也入門將曲揖既曲北

面又當楣當碑揖○疏曰公只入立中庭而云入門皆揖賓入門及北面公揖向賓揖之再揖訖公乃出行當碑乃得賓主相向揖是以得君行一臣行二至于階三讓讓升公升二等先賓升二等亦欲君行一臣行二賓升西楹西東面與主君相鄉擯者退中庭退者以公宜親受賓命不用擯相也賓致命公左還北鄉當拜擯者進進阼階西釋辭於賓相公拜也公當楣再拜賓三退負序三退三逡遁也公側襲受玉于中堂與東楹之間側猶獨也言獨見其尊賓也它日公有事必有贊為之者凡襲于隱者公序坫之間可知也中堂南北之中也入堂深尊賓事也東楹之間亦以君行一臣行二擯者退負東塾而立賓降介逆出賓出公側授宰玉使藏之授於序端裼降立裼者免上衣見裼衣凡當盛礼者以充美為敬非盛禮者以見美為敬降立俟享也亦於中庭○記唯大聘有几筵謂受聘享時也小聘

輕雖受于廟不爲神位○禮不拜至疏曰前者請行禮賓之言後間故今不是始至也○
辭無常孫而說孫音遜說音悅○孫順也大夫使受命不受辭辭必順且說辭多
則史少則不達史謂策祝辭苟足以達義之至也○辭曰
子以君命在寡君寡君拜君命之辱此賛君拜聘享辭也在存也
○上介執圭如重授賓疏曰此在主君廟門外上介屈繅授賓之容賓入
門皇升堂讓將授志趨皇自莊盛也讓謂舉手平衡志猶念也念趨謂審行步
也孔子之執圭鞠躬如也如不勝上如揖下如授勃如戰色足蹜蹜如有循如授如爭承下
如送君還而后退疏曰授玉之時如與人爭接取物恐失隊也聘享每訖君賓不送而
賓之敬如君送然退謂出廟門賓之行後事并出大門出下階發氣怡焉再三舉
足又趨發氣舍息也再三舉足自安定乃復趨也至此云舉足則志趨卷豚而行也孔子以升堂鞠

躬如也屏氣似不息者出降一等逞顏色怡怡如也
沒階趨進翼如也○卷去阮反脉十六本一又○朱先注
曰趨進進字衍叅轉也脉
它言若有循義見曲禮
及門正焉容色復故此皆心變見於威儀
○執圭入門鞠躬焉如恐失之記異說也
皇且行入門主
敬升堂主愼復記執玉異說
右受玉

受玉圖

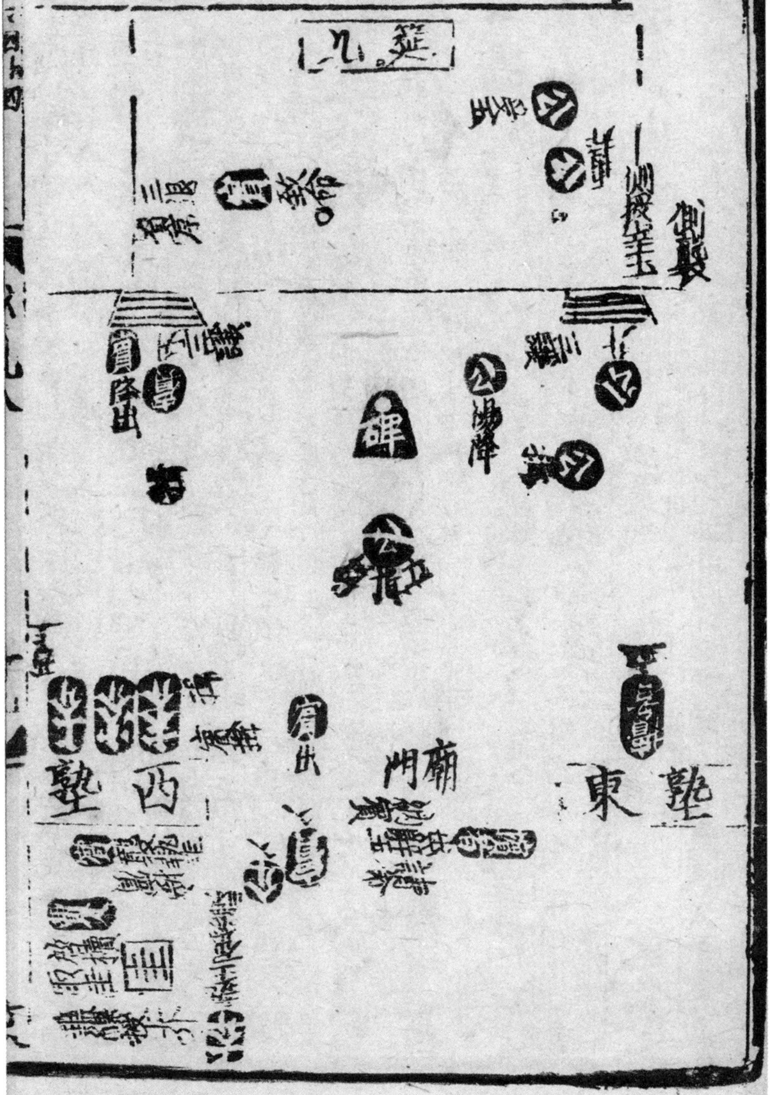

擯者出請不必賓事之有無賓裼奉束帛加璧享擯者入告出許許受之庭實皮則攝之毛在内内攝之入設也皮虎豹之皮攝之者右手并執前足左手并執後足毛在内不欲文之豫見也内攝之者兩手相鄉也入設亦參分庭一在南言則者或以馬也凡君於臣臣於君麋鹿皮可也賓入門左揖讓如初升致命張皮張者釋外足見文也公再拜受幣士受皮者自後右客自由也從東方來由客後西居其左受皮也執皮者既授亦自前西而出賓出當之坐攝之象受于賓入公側授宰幣皮如入右首而東如入左在前皮右首者變于生也記及享發氣焉盈容發氣舍氣也孔子之於享禮有容色衆介北面蹌焉蹌七羊反○容貌舒揚○曲禮曰大夫濟濟士蹌蹌○○凡庭實隨入左先皮馬相閒可也閒廁之閒○隨入不並行也○疏曰云左先者

以皮馬以四爲禮北面以賓之幣唯馬出其餘皆東
西頭爲上故左先入陳出
馬以當從後飾也餘
物皆東藏之內府

右受享幣

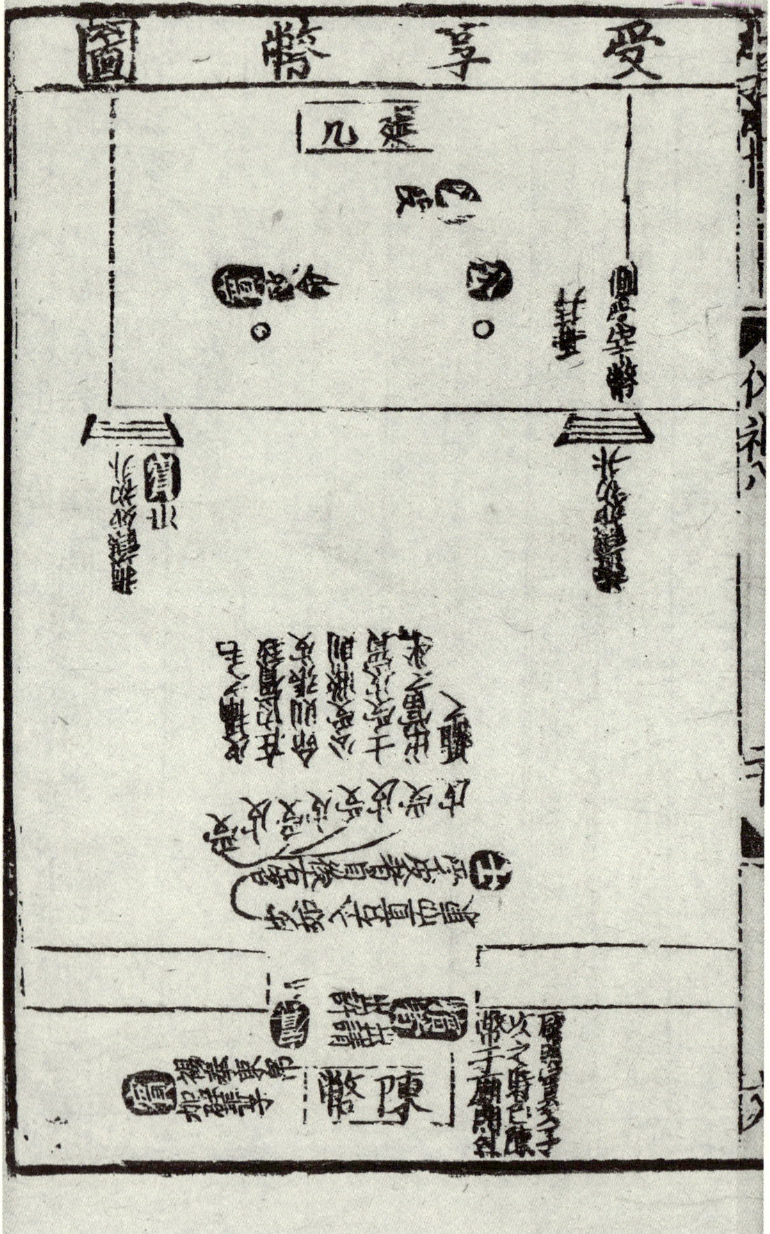
受享鬯圖
延几

記若君不見君有疾若他故不見使者使大夫受受聘享也大夫上卿也自

下聽命自西階升受負右房而立賓降亦降此儀如還圭然

而賓大夫易處耳○疏曰彼賓自大夫左受之此大夫於賓左受之此為易處耳不禮辟正主也

右君不見

聘于夫人用璋享用琮如初禮女公立于中庭以下○記辭君

以社稷故在寡小君拜此贊拜夫人聘享辭也

右聘享夫人

若有言則以束帛如享禮有言有所告請如春秋臧孫辰告糴于齊之類是也

○記若有故則卒聘束帛加書將命百名以上書於

策不及百名書於方故謂災患及時事相告請也名書文也今謂之字策簡也方版

也○疏曰簡牘一片策是衆簡相連主人使人與客讀諸門外（受其意既聘享賓出而讀之讀之不於內者人稠處嚴不得審悉主人國君也人內史也書必璽之）

右有言有故

擯者出請事賓告事畢（入公事畢）○賓奉束錦以請覿（覿見擯）

擯者入告出辭（客有大礼未有以待之○疏曰○謂未礼賓故止客而先礼賓）

請禮賓賓禮辭聽命擯者入告（告賓許也）宰夫徹几改筵（將礼賓徹神几改神席更布也賓席東上閒礼曰筵國賓于牖前）公出迎賓以入揖

讓如初（入公出迎者已之礼更端也○疏曰前聘享俱升公礼故聘訖而享公不出迎此礼賓是亂礼故更端而出迎也）公升側受几于序端宰夫內拂几三奉兩

端以進（內拂几不欲塵坋尊者○坋蒲悶反○疏曰按覲礼几俟于東箱）公東南鄉

外拂几三卒振袂中攝之進西鄉進就賓也○疏曰宰夫奉几兩端故公中攝之擬賓用兩手在公手外取之故也擯者告告賓以公授几賓進訝受几于筵前東面俟未設也公壹拜送公尊也賓以几辟辟位逡遁北面設几不降階上荅再拜稽首不降以主人禮未成也几賓左几○疏曰鄉飲酒義云卒酒成礼也卒酒為礼成此設几主為卒爵今未卒醴故云礼未成也云几賓左几者對神右几○宰夫實觶以醴加柶于觶面枋酌以授君也君不自酌尊也宰夫亦洗升實觶以醴自東箱來不面擸不訝受也○擸以涉反○疏曰授几時從下面升東箱取几進以授君今亦從下升東箱酌醴進以授君故亦之公側受醴將以飲賓○飲於鴆反○疏曰公西面向賓宰夫自東箱來在公傍側並授與公賓不降一拜進筵前受醴復位公拜送醴賓一拜者醴賓以少為貴○疏曰賓上下皆再拜稽首獨此一拜故鄭據

太古二六醴質無玄酒故一拜以少為貴宰夫薦籩豆脯醢賓升筵擯者

退負東塾事未畢擯者不退中庭以有宰夫也○疏曰有宰夫相則已無事若無宰夫則宜中

庭矣賓祭脯醢以柶祭醴三庭實設庭實乘馬降筵北面以

柶兼諸觶尚擸坐啐醴尚上通啐七內反○降筵就擸主○疏曰以右手之柶并

於左兩手捧觶○公用東帛致幣也言用尊于下也亦受之于序端建柶北面

奠于薦東擯者進相幣贊以辭賓降辭幣不敢當公禮也公降

一等辭辭賓降也栗階升聽命栗階趨君命尚疾不連步降拜公辭

不降一等殺也升再拜稽首受幣當東楹北面亦訝受而北面者禮主於

已已臣也○疏曰前行聘享時賓東面主君西面訝授受以奉君命故不北面此以主君禮已已臣也故

北面受異聘享時退東面俟俟君拜也不北面者謙若不敢當階然公壹拜賓

降也。公再拜。[不俟公再拜者，不敢當公之盛也。公再拜者，事畢成禮也。]賓執左馬以出。[受幣者，禮宜親之也。效馬者并左右靮授之。餘三馬主人牽者從出也。]上介受賓幣，從者訝受馬。[從者，士介。]

○記：醴尊于東箱，瓦大一，有豐。[大音泰。○瓦大，瓦尊。豐，承尊器，如豆而卑。]薦脯五膱，祭半膱橫之。[膱，脯如版然者。或謂之脡，皆取直貌焉。○脡，大頂反。]祭醴再扱，始扱一祭，卒再祭。[扱，初洽反。○卒謂後扱。]

○主人之庭實，則主人遂以出，賓之士訝受之。[此謂餘三馬也。左馬賓執以出矣。士，士介從者。]

右禮賓

禮賓圖

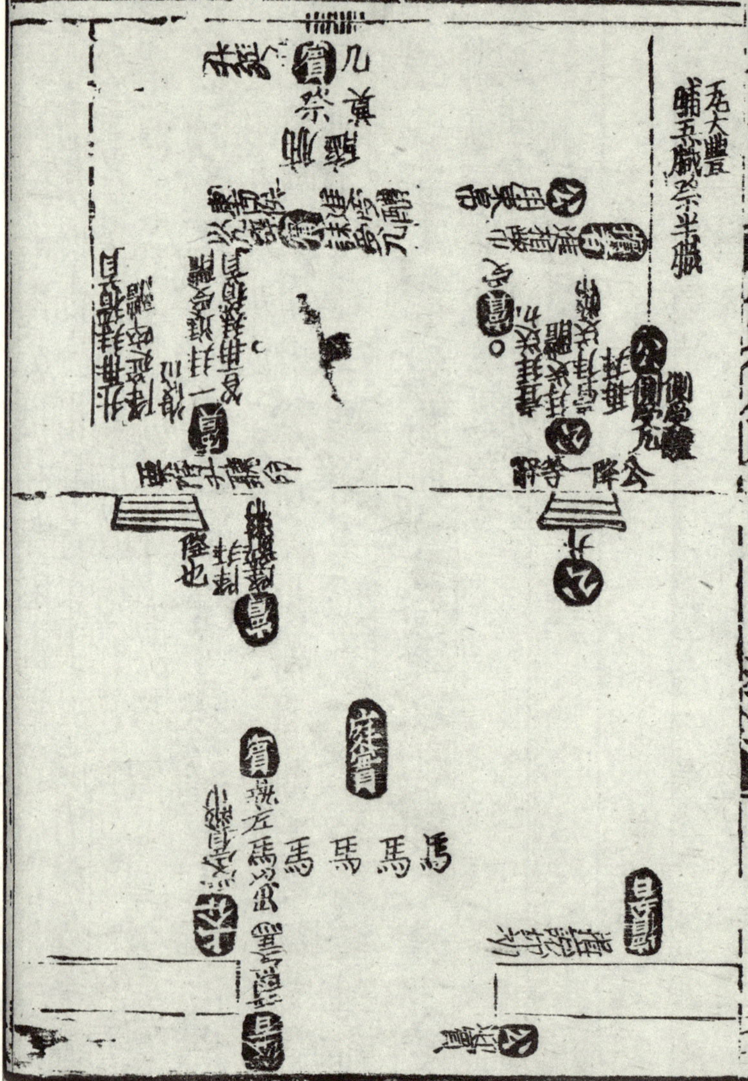

今按聘禮既接玉授享幣則聘使之禮畢矣於
是徹几改筵以禮賓焉前設几筵者為神受聘
禮宜依神也今徹几改筵所以禮賓也神席當
室前之中故注疏以扆前為據賓席在西北故
注以筵國賓于牖前為據賓席在牖前其義何
居乎此猶尚右故牖前西北之位家鄉國皆以
為重士冠禮子筵于戶西士昏禮婦席于戶牖
閒鄉飲席於牖前鄉射賓席在於戶牖之處周
禮筵國賓於牖前亦名不同皆不越乎此位也
但天子諸侯與大夫士室房之制不同故牖前
亦不同義詳見於鄉飲酒禮此禮賓之初有
三節受几也受醴也受幣也三者公親受于序
端而後受賓恭之至也設几主為啐醴故受几
受醴皆於筵前禮莫重於幣故受幣當東楹前
行聘享時賓東面主君西面訝授受以賓奉君
命不北面此以主君禮賓賓臣也故受幣北面

賓覿奉束錦總乘馬二人贊入門右北面奠幣再拜

稽首不請不辭鄉時已請也覿用束錦辟享幣也總者總八轡牽之贊者居右為閒加馬也入門而右

私事自闑右奠幣再拜以臣禮見也賛者賈人之屬
介特覿也○疏曰二人賛者各居兩馬間各用左右
手手扣一匹擯者辭辭其序賓出事畢擯者坐取幣出有司二
人牽馬以從出門西面于東塾南將還之也賛者有司受馬乃出凡取
幣于庭北面○疏曰幣可奠之於塾馬待入受擯者請受請以客禮受之賓禮辭聽
命賓受其幣賈者受馬牽馬右之入設庭實先設客禮也右之欲人居馬左任右手便
也於是牽馬者四人事得申也曲禮曰效馬效羊者右牽之
賓奉幣入門左介皆
入門左西上以客禮入可從介公揖讓如初升公北面再拜
公再拜者以其初以臣禮見新之也賓三退反還負序反還者不敢與授主同振
幣進授當東楹北面不言君受略之也士受馬者自前還牽
者後適其右受還戶患反○自由也適牽者之右而受之也此亦並授者不自前左由

也便其已授而去也受馬自前變於受皮牽馬者自前西乃出自由也○疏曰謂皆自馬前而西而出此次東一一牽者則然其最西頭者便即出門不復由前也賓降階東拜送君辭拜送幣于階東以君在堂鄉之拜也君降一等辭君乃辭之而賓猶拜敬也擯者曰寡君從子雖將拜起也此禮固多有辭矣未有若此者是其志而變乎未敢明說○疏曰謂此猶者其辭撫然但疑事無質故上注云其辭未聞也栗階升公西鄉賓階上再拜稽首成拜公少退為以敬賓降出公側授宰幣馬出廟中宜清公降立○記私覿愉愉焉容貌和敬○疏曰享時盈容於聘時之戰色私覿又上於盈容○疏曰出云舒於愉愉也○出如舒鴈威儀自然而有行列舒鴈鵝也○既覿賓若私獻奉獻將命時有珍異之物或賓奉之所以自序尊敬也猶以君命致之擯者入告出禮辭辭其獻也賓東面

坐奠獻再拜稽首送獻不入者奉物禮輕擯者東面坐取獻舉以入告出禮請受東面坐取獻者以宜並受也其取之由賓南而自後右客也○疏曰擯者從門東適闑內門西行於賓北東面坐取幣入告出君乃出門一請然後賓乃受之贈者與賓讓故云宜並受也賓固辭公答再拜拜受於賓也固亦衍字擯者立于閾外以相拜賓辟相贊也擯者授宰夫于中庭東藏之既乃介覿若兄弟之國則問夫人兄弟謂同姓若昏姻甥舅有親者問猶遺也謂獻也不言獻者變於君也非兄弟獻不及夫人

右賓私覿私面上人[illegible]

賓私覿圖

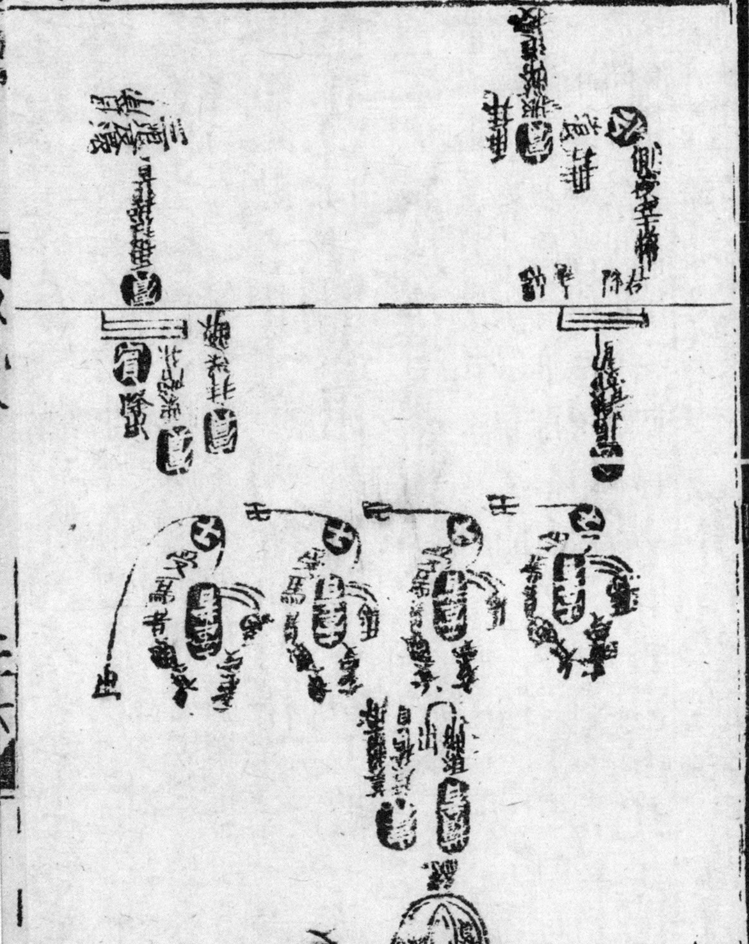

擯者出請上介奉束錦士介四人皆奉玉錦束請覿玉錦錦之文纖縟者也禮有以少文為貴者後言束辭之便也擯者入告出許上介奉幣儷皮二人贊儷猶兩也上介用皮變於賓也皮麋鹿皮○釋曰賓用馬上介用皮故云也變也皆入門右東上奠幣皆再拜稽首[illegible]皆與介[illegible]奠皮以是擯者辭不辭辭其入言介逆出亦事畢也擯者執上幣士執眾幣有司二人舉皮從其幣出請受[illegible]釋辭之時[illegible]門中而後入之隨踰門隨如賓禮[illegible]委皮南面既釋辭執眾幣者退[illegible]復入也委皮當門○疏[illegible]委於門中當門北[illegible]執幣者西面北上擯者請者也面受之而乃入受前于上介也上言其次此言其位互約文也介禮辭聽命皆進訝受其

幣言皆者嫌擯者一一授之上介奉幣皮先入門左奠皮皮入先北面介隨執

皮者而入也入門左介至揖位而立執皮者奠皮以有不敢授之義○疏曰賓覿時入門左公揖讓升賓

至此待揖而後進明此介亦至揖位而立公再拜拜中庭也不受于堂介賤也○疏曰上云降立

別無更進之文知在中庭介振幣自皮西進北面授幣退復位

再拜稽首送幣進者北行參分庭一而東行當君乃後出待也○疏曰介初在揖位君在

中庭西皮近西故介避皮位自皮西進出三分一乃東行北向當君乃北行至君所乃授幣介出

宰自公左受幣不側受介禮輕○疏曰賓自轉授宰此有司二人坐舉

皮以東○擯者又納士介納者出道入也○道音導士介入門右

奠幣再拜稽首終不敢以客禮見擯者辭介逆出擯者執上

幣以出禮請受賓固辭禮請受者一請而聽之也賓爲之辭士介賤不敢以言通

於主君問行字賓如面大夫也公答再拜擯者出立于門中以相拜擯者以賓辭入告還立國中闑外西面公乃遙答拜也相者贊告之士介皆辟逡遁也士三人東上坐取幣立俟擯者執上幣來也擯者進就公所也宰夫受幣于中庭以東使宰夫受于士士七介幣輕受之于公左賓幣入公側授宰上介幣宰受于公左士介幣宰夫受于士敬之差執幣者序從之序從者以宰夫當一一受之

右介私覿

擯者出請賓告事畢擯者入告公出送賓及大門內公問君鄉以公禮將事無由問也賓至始入門之位北面將揖而出衆介亦在其右少退西上於此可以問君居處何如序殷勤也時承擯紹擯亦於門東北面東上上擯往來傳君命南面蘧伯玉使人於孔子孔子問曰夫子何為此公問君之類也○朱先生曰問遂歸謂節非聘事意略相類耳賓對

公再拜拜其無恙公拜賓亦辟公問大夫賓對公勞賓賓再拜
稽首公答拜勞以道路之勤公勞介介皆再拜稽首公答拜
賓出公再拜送賓不顧公既拜客趨辟君命上擯送賓出反告賓不顧於此君可
以反路寢矣論語說孔子之行曰賓退必復命曰賓
不顧矣○又按司儀諸公之臣相為國客出及中門
之外問君客再拜對君拜客辟而對君不問大夫客對
君勞客客再拜稽首君答拜客趨辟注云中門之外即
大門之內也問君曰君不恙乎對曰使臣之來寡君
命臣于庭問大夫曰二三子不恙乎對曰寡君命使臣
于庭二三子皆在勞客曰道路悠遠客甚勞勞介則
曰二三子甚勞客辟而拜對者為敬慎也○疏曰問君
以下未知鄭
所出識何文

右公送賓問君門大夫勞賓介自廟門請賓至此凡七圖只是一日所行之禮

公送賓問君問大夫勞賓介圖

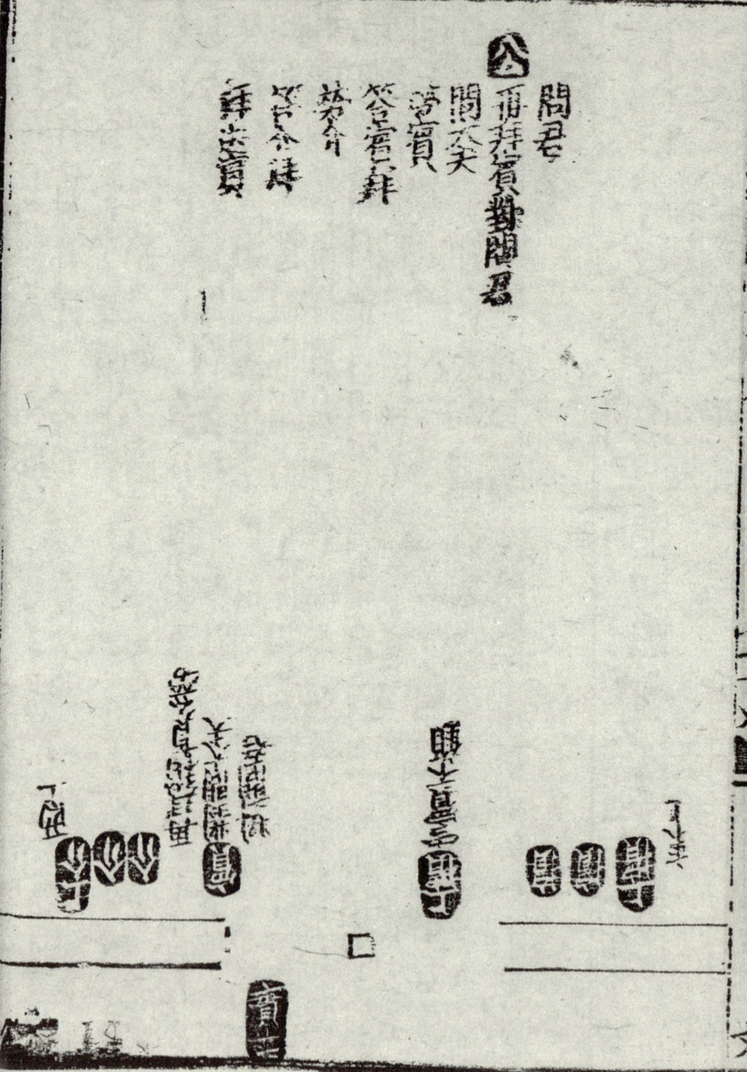

賓請有事於大夫請問問卿也上擯送賓出賓東面而請之擯者反命因告之○疏曰從聘以來行聘享行禮賓之事事已須矣今日即請未而即行故云反命因告之告之使知而已公

禮辭許賓即館○記賓即館訝將公命使已迎待之命○疏曰掌訝職云公賓入館次于舍門外待事于客注云次如今官府門外更衣處待事于客通其所求索將公命者猶事通傳于君

又見之以其摯又復也復以私禮見者訝將命於賓館之外宜相親也大夫訝者執鴈士訝者執雉

右賓即館

卿大夫勞賓賓不見以已公事未行上介以賓辭辭之大夫奠鴈再拜上介受不言卿卿與大夫同執鴈下見于國君周禮凡諸侯之卿見朝君皆執羔勞上介亦如之○記幣之所及皆勞不釋服以與賓接於君所賓又請

有事于已不可以不速也所不及者下大夫未嘗與使者也不勞若以先是賓請有事於已同類既聞彼為禮所及則已往有嫌也所以知及不及者賓請有事固曰某子某子

右卿大夫勞

君使卿韋弁歸饔餼五牢變皮弁服韋弁敬也其服蓋韎布以為衣而素裳與殺曰饔生曰餼上介請事賓朝服禮辭朝服示不受也受之當以尊服有司入陳入賓所館之陳其積○饔謂飪與腥○飪一牢鼎九設于西階前陪鼎當內廉東面北上上當碑南陳牛羊豕魚腊腸胃同鼎膚鮮魚鮮腊設扃鼏膷臐膮蓋陪牛羊豕扃古熒反鼏亡狄反膷許亮反臐許云反膮許堯反○陪鼎三牲臛膷臐膮陪之庶羞加也當內廉辟堂塗也腸胃次腊以其出牛羊也膚豕肉也唯燖者有膚此饌先陳其位後言其次重大禮

詳其事也宮必有碑所以識日景引陰陽也凡碑引
物者宗廟則麗牲焉以取毛血其材宮廟以石窆用
木○脟火各反又以郭反燖音尋一本作爓音潛寥
飪腍及七○脉洗牛七切引陰陽刑字疑當爲別○蹄同
揔公食大夫宜牢漆下饋故存只足後而言加也君
子不食圂腴犬豕曰圂故以牛有腸胃而無膚豕則
有膚而無腸胃也○今文故腸胃同鼎謂以羊腸胃同一鼎不異其牛羊腹腴也○腥二牢鼎
二七無鮮魚鮮腊設于阼階前西面南陳如飪鼎二
列有腥者所以優賓也堂上八豆設于户西西陳皆二以並東
上韭菹其南醓醢屈韭音九菹莊居反醓他感反○户室户也東上亦變于親食賓也
醓醢汁也屈猶錯也○疏曰醓醢西昌本昌本西
臡麋臡西菁菹菁菹北鹿臡鹿臡東葵菹葵菹東蠃
醢蝸醢東非消日見天官醢人案公食大夫公親食
賓云宰夫自東房薦豆六設于醬東西上此云東上
是變於親食賓也八簋繼之黍其南稷錯黍在北○疏曰繼簋以西陳之次第

亦饌豆同亦陳鼎耳 六鉶繼之牛以西羊豕豕南牛以東羊豕

鉶羹器也 兩簠繼之粱在北 簠不次簋者粱稻加也凡饌屈錯要相變 八壺設

于西序北上二以並南陳 壺酒尊也酒蓋稻酒粱酒不錯者酒不以雜錯為味

西夾六豆設于西墉下北上韭菹其東醓醢屈六簋

繼之黍其東稷錯四鉶繼之牛以南羊羊東豕豕以

北牛兩簠繼之粱在西皆二以並南陳六壺西上二

以並東陳 東陳在北墉下統於豆○疏曰六豆者設韭菹其東醓醢又其東昌本昌本南麋臡麋臡西

菁菹又鹿臡 饌于東方亦如之 東方東夾室 西北上 亦韭菹其東醓醢

壺東上西陳 亦在北墉下統於豆 醯醢百罋夾碑十以為列醯

在東 夾碑在鼎之中央也醯在東醯穀陽也醢肉陰也○疏曰罋瓦器其容亦蓋一斛旊人云罋實

一觳又云豆實三而成觳觳四升曰豆則鐙與簋盛同受斗二升也○餼二牢陳于門西
北面東上牛以西羊豕豕西牛羊豕餼生也牛羊右手牽之豕束之
寢右亦居其左○疏曰寢右者西是也當升左辟也米百筥筥半斛設于中庭
十以為列北上黍粱稻皆二行稷四行庭實固當庭中言當中庭
者南北之中也東西為列列當醯醢南亦相變也此言中庭則設碑近如堂深也○疏曰享時庭實三分
庭一在南此更言中庭明南北之中也行列橫陳黍兩行在北次粱次稻次稷不用稻為上者稻粱是加
黍稷是正故為上下端言碑近如堂深者醯醢夾碑南陳今西百筥在南北之中則碑近此可知門外
米三十車車秉有五籔設于門東為三列東陳籔數名也讀殹万
○大夫之禮米禾皆視死牢秉籔數名也秉有五籔二十四斛也籔數若不數之數○疏曰餼腥共二牢故
米禾視之十六斗曰籔十籔曰秉秉一十四斛禾三十車車三秅設于門西

西陳秅丁故反○秅數名也三秅千二百秉薪芻倍禾倍禾以其用多也薪從米芻從
禾四者之車皆陳此輸乃此所以厚重禮也聘義曰古之用財者不能均如此然而用財如此其厚者言盡
之於禮也盡之於禮則內君臣不相陵而外不相侵故天子制之而諸侯務焉爾○疏曰薪可以炊爨故
從米芻可以食馬故從禾○賓皮弁迎大夫于外門外再拜大夫
不荅拜大夫使者卿也揖入及廟門賓揖入賓與使者揖而入使者上執幣
賓先入于門內謙也古者天子適諸侯必舍於大祖廟諸侯行舍於諸公廟大夫行舍於大夫廟○疏曰
門內宁下也下賓問卿入大夫揖入注云入者省內事也賓所俟于宁下是也諸公大國之孤也無孤之國
諸侯舍于卿廟也大夫奉束帛勞其所以將命入三揖皆行皆猶並也使者
尊不後主人○疏曰主人卿賓也至于階讓大夫先升一等讓不言三不成
三也○疏曰賓三讓大夫即升無三辭則不成三也大夫奉君命歸饔餼故先升一等賓從升

堂北面聽命（北面于階上也）大夫東面致命賓降階西再拜稽首拜餼亦如之（大夫以束帛同致饔餼也賓殊拜之敬也重君之禮也）大夫辭升成拜（尊賓）受幣堂中西北面（趨主君命也堂中西中央之西）大夫降出賓降授老幣（老家臣也）○出迎大夫（賓出迎欲償之）大夫禮辭許入揖讓如初賓升一等大夫從升堂（賓先升敵也皆北面）庭實設馬乘（乘四馬也）賓降堂受老束錦大夫止（止不降使之餘尊）賓奉幣西面大夫東面賓致幣（不言致命非君命也）大夫對北面當楣再拜稽首（稽首尊君客也致對有辭也）受幣于楹間南面退東面俟（賓北面授尊君之使○疏曰賓不南面並授而云賓北面授者凡敵體授受之義授由其右受由其左今尊君之使是以大夫南面賓北面）賓再拜稽首送幣大

夫降執左馬以出出廟門從者亦訝受之賓送于外門外再拜

○明日賓拜于朝拜饔與餼皆再拜稽首拜謝主君之恩惠於大門外周禮曰凡賓客之治令訝聽之此拜亦皮弁服○記聘日致饔急歸大禮○

十斗曰斛十六斗曰籔十籔曰秉秉十六斛今江淮之間量名有為籔者二百四十斗謂一車之米秉有五籔四秉曰筥此秉謂刈禾盈手之秉也筥穧名也若今萊易之間刈稻聚把有名為筥者詩云彼有遺秉此有不斂穧○穧曰穧即筥十筥曰稯十稯曰秅四百秉為一秅秅稯音總○一車之禾三秅為千二百秉三百筥三十稯也○凡賓拜于朝訝聽之拜拜賜也

右歸饔餼

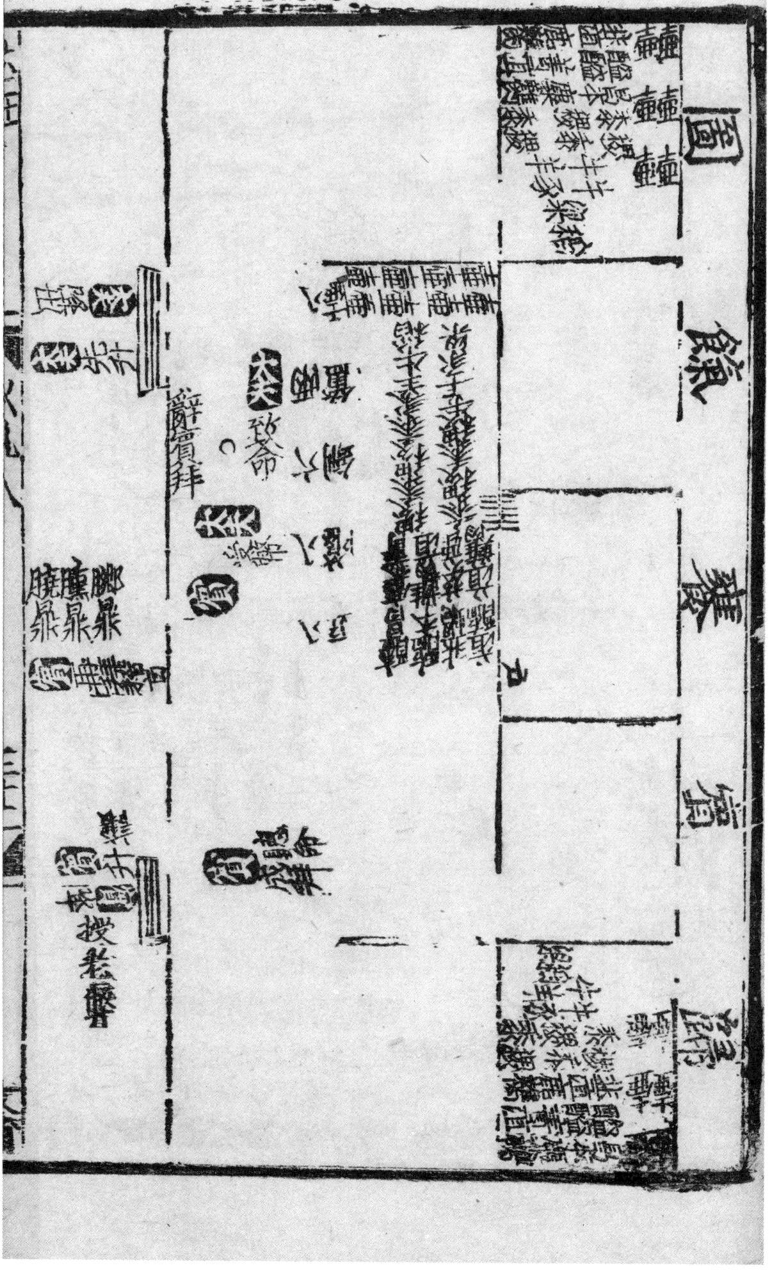

大夫奉君命歸饔餼於賓介上等及賓儐使者故賓
并往館如主人之儀
大夫致君命則賓受幣堂中西且北面賓降受主君命也
及賓儐使者則賓受幣于盥間西面

饔腥二牢鼎二七
牛羊豕魚腊腸胃膚
牛羊豕魚腊腸胃膚

醯醢百甕夾碑十以爲列

黍黍粱粱稻稻稷稷稷稷
十十十十十十十十十十

門

饔飪一牢鼎九
牛羊豕魚腊腸胃膚鮮魚鮮腊

餼二牢
牛羊豕牛羊豕

米三十車車秉有五籔
薪芻倍米

禾三十車
薪芻倍禾

記賜饔唯羹飪筮一尸若昭若穆羹飪謂飪一牢也肉謂之羹唯是祭其先大禮之盛者也筮尸若昭若穆容父在父在則祭祖父卒則祭禰腥饋不祭則士介不祭也○疏曰古者天子諸侯行載遷廟木主大夫雖無木主亦以幣帛主其神是以受主國饔餼故筮尸祭然後食之僕為祝祝曰孝孫某孝子某薦嘉禮于皇祖某甫皇考某子祝祝上之六反下之又反○僕為祝者大夫之臣攝官也○疏曰大夫使僕攝祝則本無祝官如饋食之禮如少牢饋食之禮不言少牢今以大牢也○疏曰少牢禮有尊俎籩豆鼎敦之數陳設之儀陰厭陽厭之禮九飯三獻之法上大夫又有正祭於室儐尸於堂此尊皆宜有之至於致爵加爵及獻兄弟弟子等固當略之矣假器於大夫不敢以君之器為祭器朌肉及廈車朌音班廈所求反○朌猶賦也廈廈人也車巾車也二人掌視車馬之官也賦及之明辯也○疏曰此謂祭訖歸胙所及廈人巾車見周禮

右羞飪筮尸祭

上介饔餼三牢飪一牢在西鼎七羞鼎三無鮮魚鮮腊也賓介皆異館腥一牢在東鼎七堂上之饌六六者賓西夾之數西夾亦如之筥及甕如上賓凡所不貶者尊介也餼一牢門外米禾視死牢牢十車薪芻倍禾凡其實與陳如上賓凡凡餼以下下大夫韋弁用束帛致之上介韋弁以受如賓禮介不皮弁不敢純如賓也儐之兩馬束錦䟽曰此下大夫儐者受上介之儐禮如卿使者受賓儐禮堂庭同

右歸上介饔餼

士介四人皆餼大牢米百筥設于門外米設當門亦十爲列北上

牢在其南西上宰夫朝服牽牛以致之執紖牽之東面致命無束帛士介西面拜迎士介朝服北面再拜稽首受受於牢東拜自牢後適宰夫右受由前東面授從者無擯既受拜送之矣明日眾介亦各如其受之服從賓拜於朝○今按擯當作儐後無擯倣此○記士無饔無饔者無擯○無饔者無饗禮士介無饔禮

右歸眾介餼

記歸大禮之日既受饔餼請觀聘於是國欲見宗廟之好百官之富若尤尊大之焉訝帥之自下門入帥猶道也自下門外入游觀非正也

右聘使請觀

賓朝服問卿不皮弁別於主君卿每國三人卿受于祖廟重賓禮也祖王父也

○疏曰大夫三廟有別子者竝立太祖廟非別子者竝立曾祖廟王父廟祖廟也今不受於太祖及曾祖廟而受於祖廟者以其天子受於文王廟諸侯受於太祖廟大夫下君故受於王父廟下大夫擯無上擯者既接於君所急見之擯者出請事大夫朝服迎于外門外再拜賓不答拜揖大夫先入每門每曲揖及廟門大夫揖入入者省內事也既而俟于宁也○疏曰宁門屋宁也上文君俟于庭此大夫俟于宁者下君也擯者請命亦從入而出請不几從辟君也庭實設四皮麋鹿皮也賓奉束帛入三揖皆行至于階讓皆猶並也賓升一等大夫從升堂北面聽命賓先升使者尊賓東面致命致其君命大夫降階西再拜稽首賓辭升成拜受幣堂中西北面於堂中央之西受幣鄰聘君之命賓降出大夫降授老幣無擯不擯賓辟君也○擯

者出請事賓面如覿幣面亦見也其謂之面威儀質也賓奉幣庭實

從庭實四馬入門右大夫辭大夫於賓入自階下辭迎之賓遂左見私事也

雖敵賓猶謙入門右為若降等然曲礼曰客若降等

則就主人之階主人與辭於客然後客復就西階

庭實設揖讓如初大夫至庭中旋並行○疏曰迴旋與賓揖而並行此出言如初者大

夫不出門唯有庭中一揖至碑又揖再揖而已大夫升一等賓從之大夫先升道賓

大夫西面賓稱面稱舉也舉相見之辭以相接大夫對北面當楣

再拜受幣于楹間南面退西面立受幣楹間敵也賓亦振幣進北面授

○疏曰大夫南面賓北面尊大夫故訝接賓當楣再拜送幣降出大夫降

授老幣○記聘日致饔明日問大夫不以殘日問人崇敬也大

夫不敢辭君初為之辭矣疏曰賓聘享訖出大門請有事於大夫君礼辭許是

君初爲之辭辭故卿不辭辭也○辭君貺寡君延及二三老拜此賓拜問大夫之辭貺賜也大夫曰老

右賓問卿面卿

賓問鄉面鄉圖

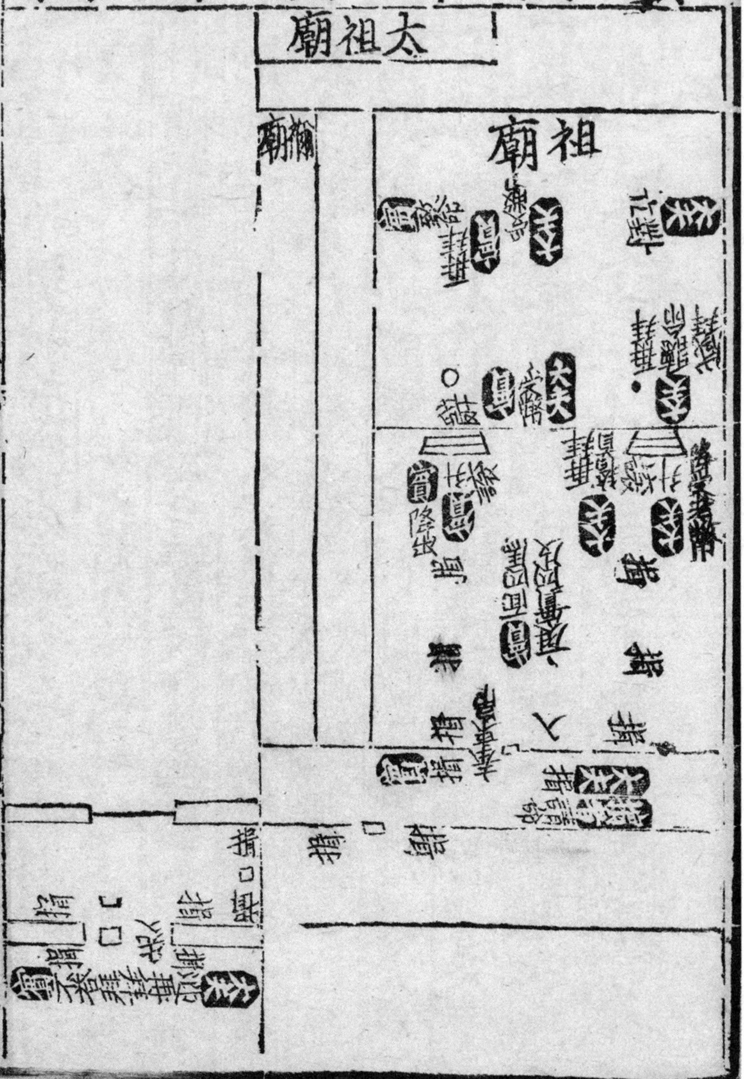

擯者出請事上介特面幣如覿介奉幣特面者異於主君士介不
從而入也皮二人贊亦儷皮也入門右奠幣再拜降等也大夫辭
於辭上介則出擯者反幣出還于上介也庭實設介奉幣入大夫揖
讓如初大夫亦先升一等介升大夫再拜受亦於楹間南面而受介降
拜大夫降辭介升再拜送幣介既送幣降出也大夫亦授老幣○擯
者出請衆介面如覿幣入門右奠幣皆再拜大夫辭
介逆出擯者執上幣出禮請受賓辭賓亦為士介辭大夫答
再拜擯者執上幣立于門中以相拜士介皆辟老受
擯者幣于中庭士三人坐取羣幣以從之擯者出請
事

右介私面於卿

賓出大夫送于外門外再拜賓不顧擯者退大夫拜辱拜送也

右賓出

下大夫嘗使至者幣及之嘗使至己國則以幣問之也君子不忘舊上介朝服三介問下大夫下大夫如卿受幣之禮上介三介下大夫使之禮也○疏曰儗人必於其倫問下大夫還使上介是各於其爵易以相尊敬者也其面如賓面于卿之禮

右問嘗使者

大夫若不見君使大夫各以其爵爲之受如主人受

幣禮不拜各以其爵主人卿也則使卿大夫也則使大夫不拜代受之耳不當王人礼也

右主國大夫有故

記既將公事賔請歸事畢請歸不敢自專謙也○賔既將公事復見許以其摯既已也公事聘享問大夫復報也使者及上介執鴈羣介執雉各以見其許○疏曰許者鄉以贄私見已今還私以贄報見之各以見其爵者謂使者見大夫之許者上介見士之許者士介亦見己爵者

右賔見許者

夕夫人使下大夫韋弁歸禮夕問卿之夕也使下大夫下君也君使之云夫人者以致辭當稱寡小君堂上籩豆六設于戶東西上二以並東陳籩豆六者下君礼也臣設于戶東又辟饌位也其設脯其南醢屈六籩六豆○疏曰辟君饌位自堂

戶東爲首二以並東陳先於北設脯即於脯南設醢又於醢東設脯以次屈而陳之皆如上也壺設

于東序北上二以並南陳醙黍清皆兩壺○醙所九反醙白酒

也凡酒稻爲上黍次之粱次之皆有清白以黍間清[illegible]者互相備明三酒六壺也先言醙白酒尊先設之

大夫以束帛致之致夫人命也賓如受饔餼之禮儐之乘馬

束錦○上介四豆四籩四壺受之如賓禮四壺無稻酒也儐

之兩馬束錦明日賓拜禮於朝於是乃言賓拜明介從拜也○疏曰於上

介受禮後於此言賓拜明介從拜可知也○記聘日致饔明日問大夫夕

夫人歸禮與君異日下之也

右夫人歸禮於賓介

大夫餼賓大牢米八筐其陳於門外黍粱各二筐稷四筐二以並南陳無稻牲陳

於後東上不饌於堂庭辟君也賓迎再拜老牽牛以致之賓再拜稽首受老退賓再拜送老室老上介亦如之眾介皆少牢米六筐皆士牽羊以致之米六筐者又無粱也○疏曰士呂也○記凡餼大夫黍粱稷筐五斛謂大夫餼賓上介也既命宰夫而大夫陳ㄈ疏曰君歸饔餼歸于賓饋之六斛介皆曰米禾而多者是尊者所致以多為兼令大夫致禮於賓介既命宰夫而大是略之於卑也

右大夫餼賓介

公於賓壹食再饗食古曰嗣注及下同○饗謂亨大牢以飲賓也○疏曰食禮無酒饗禮有酒故以飲賓言之此經先言食後言饗則食在饗前則公食言設洗如饗饗食禮則饗在食前燕與羞俶獻無常數俶昌叔反○羞謂禽羞鴈鶩之屬成孰煎和也俶始也獻四時新物賓介皆明日拜于朝上介壹食壹饗饗食賓介爲介從饗食焉不復特饗

饔之也若不親食使大夫各以其爵朝服致之以侑幣

如致饔無儐君不親食謂有疾及他故必致之不廢其禮致之必使同班敵者易以相親敬

致禮於卿使卿致禮於大夫使大夫此以命數也無儐以己本宜往致饗以酬幣亦如

之酬幣饗禮酬賓勸酒之幣也所用未聞禮幣束帛乘馬亦不是過○記其介為介

饗食賓有介若賓尊行敵禮也○疏曰饗食賓於朝之時還以其上介為介上經上介一食一饗饗則別選賓為

介之外復別饗食也○凡致禮皆用其饗之加籩豆其饗賓饌上介也加

籩豆謂其實也亦實於甕筐在饗食禮今亡各以其爵朝服○士無饔無

罪饗食之過則餼之餼之腥致其牢禮也其饗之餼不云君之有故耳聘義曰尊書聘而

誤士丑也不親饗食○有大客後至則先客不饗食致之毋子不敬尊

齊○燕則上介為賓賓為苟敬饗食君親為主尊賓也燕私樂之禮崇恩殺

別

殺敬也賓不欲主君復舉禮事禮已于是辭所以爲己重君
聽之從諸公之席命爲旨敬旨敬者主人所以小敬
也○號曰阼階西近主人爲位諸公坐
位故云小敬對戶牖南面爲大敬 宰夫獻 爲士一人公獻
○既致饔旬而稍宰夫始歸乘禽日如其饔餼之數
稍所教反○稍廩食也乘禽謂乘
行之禽謂鴈鶩之屬其歸以雙爲數 士中日則二雙 中猶間也
凡獻執一雙委其餘于面 執一雙以將命也面前也
其受之也上介受以入告
之上介奉其餘從之賓不辭拜受于庭上介執之以相
拜于門中乃入授人上介受亦如之士介拜受于門
外○禽羞俶獻比 比放也其致之禮如乘禽也公館
羞謂成熟有齊和者俶始也

右食饗燕羞獻

大夫於賓壹饗壹食上介若食若饗○若不親饗則
公作大夫致之以酬幣致食以侑幣 作使也大夫有故君必使其同

饗者爲之致之列國之賓來榮辱之事君臣同之○疏曰此直言饗食不言燕其實亦有也

右大夫饗食賓介

君使卿皮弁還玉于館圭也君子於玉比德焉以之聘重礼也還之者德不可取於人相切厲之義也皮弁者始以此服受之不敢不終也賓皮弁襲迎于外門外不拜帥大夫以入迎之不拜示將去不純爲主也帥道也大夫升自西階鈎楹鈎楹由楹内將南面致命致命不東面以賓在下也必言鈎楹者賓在下嫌楹外也賓自碑内聽命升自西階自左南面受圭退負右房而立聽命於下敬也自左南面右大夫且並受也並受者若鄉君前耳退爲大夫降逡遁○疏曰賓受玉礼時公用束帛賓西階上聽命歸饔餼時賓阼階上聽命此特於下聽命故云敬也大夫士直有東房西室天子諸侯左右房今或不在大夫覲而舍於正客館故有右房也○朱先生曰或舍於大夫廟中

則當退於堂之西北負室牖而立　大夫降中庭賓降自碑內東面授

上介于阼階東大夫降出言中庭者爲賓降節也授於阼階東者欲親見賈人藏之也賓

還阼階下西面立　○上介出請賓迎大夫還璋如初入出請請事

於外以入告出

右還玉及還璋

還玉圖

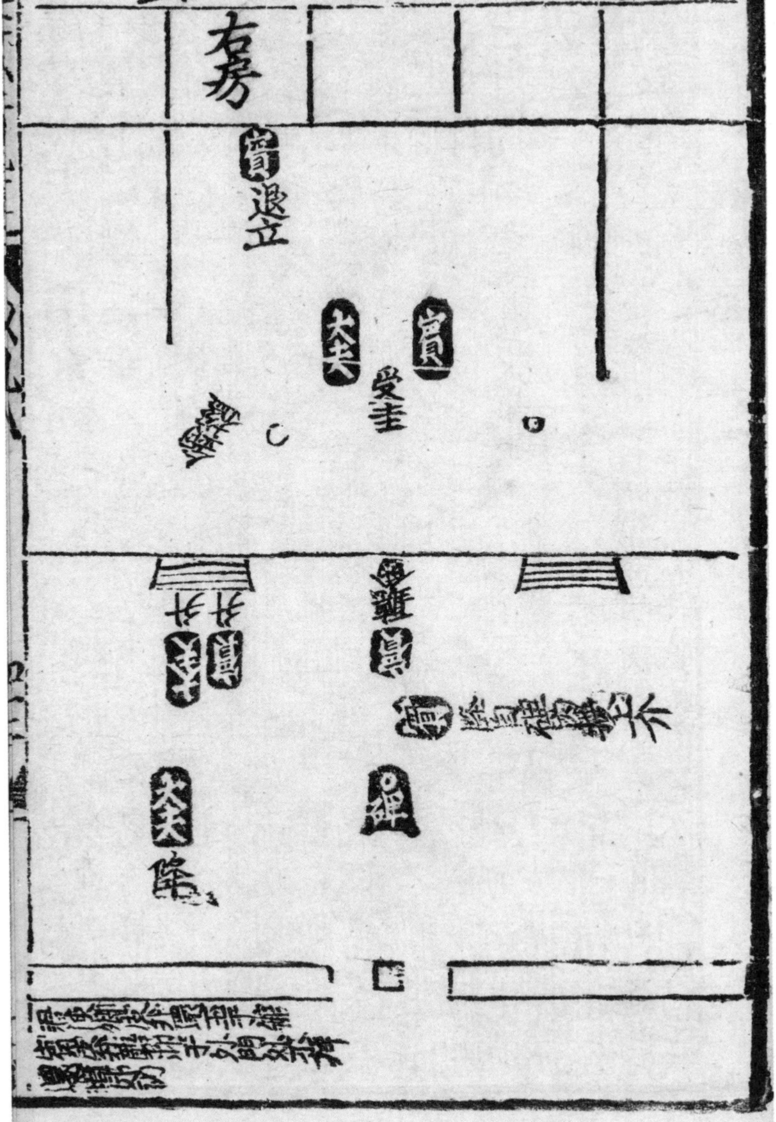

賓裼迎大夫賄用束紡賄予人財之言也紡紡絲爲之今之縳也所以遺聘君相

厚之至也○縳息絹反說文居掾反聲類今正絹字

○疏曰此未知何用之財不應在礼玉之上下有礼

玉束帛報聘君之享物欲厚礼於彼故特加此紡是

以鄭云厚之至也周礼內司服注素紗今之白縳

禮玉束帛乘皮皆如還玉禮礼礼聘君也所以報享也亦言玉璧同於也○

疏曰上文聘賓行享之時束帛加璧束帛加琮今報享亦有璧琮致之大夫出賓送不

拜○記賄在聘于賄于讀曰爲言當視賓之聘礼而爲之財也若尚豐之是又傷財

也○無行則重賄反幣無行謂獨來復無所之也西乞術聘魯魯厚賄之反幣謂礼

玉束帛乘皮○客將歸使大夫以其束帛反命于館爲書報也

明日君館之既報館之書問尚疾○疏曰昨日爲書報之今日始就館送客故云書問尚疾

右報享

公館賓為賓將去親存送之厚殷勤且謝聘君之意也公朝服賓辟不敢受主國君見已於此館也此亦不見言辟者君任朝門敬也○䟽曰如卿大夫勞賓礼故云亦上介聽命聽命於朝門中西面如相拜然也擯者每贊君辭則曰敢不承命告于寡君之老公退賓從請命于朝賓從者賓為拜主君之館已也言請命者以已不見不敢斥尊者之意公辭賓退辭其拜也○記又拜送拜送賓也其辭蓋云子將有行寡君敢拜送

右公館賓

聘享夫人之聘享問大夫送賓公皆再拜拜此四事公東面拜擯者北面

右公拜四事

賓三拜乘禽於朝訝聽之發去乃拜乘禽明已遂行受賜大小無不識

舍于郊〔始發且宿近郊〕○記賓於館堂楹閒釋四皮束帛賓不致主人不拜〔賓將遂去是館留礼以礼主人所以謝之不致不拜不以將別崇新敬也〕

右賓拜賜遂行

公使卿贈如覿幣〔贈送也〕受于舍門外如受勞禮無儐〔如受勞礼以贈勞同節〕使下大夫贈上介亦如之使士贈衆介如其覿幣大夫親贈如其面幣無儐贈上介亦如之使人贈衆介如其面幣○士送至于竟

右贈送

使者歸及郊請反命〔郊近郊也告郊人使請反命於君也〕朝服載旜〔行時既舍于此郊今還至此正其故行服以俟君命敬也〕禳乃入〔禳祭名也為行道累歷不祥禳之以

除災凶乃入陳幣于朝西上上賓之公幣私幣皆陳上介公幣陳他介皆否皆否者公幣私幣皆不陳此幣使者及介所得於彼國君卿大夫之贈賄也其或陳或不陳詳尊而略卑也○疏曰賓之公幣有八郊勞幣一也礼賓幣二也致饔餼三也夫人歸礼幣四也侑食幣五也再饗幣六也又幣七也贈賄幣八也皆用束錦故曰公幣賓之私[illegible]幣略十有九上國三卿五大夫皆一食有侑幣饗有[illegible]幣皆用束錦則是十有六又有三卿郊贈則十有九具上介公幣則有五致饔餼一也夫人致礼幣二也侑食幣三也饗酬幣四也郊贈幣五也降於賓者以其上介無郊贈幣入無礼賓幣又闕一饗食幣故賓八上介五也○朱先生曰公幣中夂字當是饗字之誤束帛各加其庭實皮左不加於其皮上榮其多也公南鄉卿進使者使者執圭垂繅北面上介執璋屈繅立于其左此主於反命上介亦隨入並立東上反命曰以君命聘于某君某君受幣

于其宫其君再拜以享其君其君再拜宰自公左受
玉受上介璋致命亦如之執賄幣以告曰某君使某
子賄授宰禮玉亦如之執禮幣以盡言賜禮礼幣主國君初
礼賓之幣也以盡言賜礼謂自此至於贈公曰然而不善乎善其能使於四方授
上介幣再拜稽首拜公言也公答再拜私幣不告君勞之
勞之以道路勤苦再拜稽首君答再拜若有獻則曰某君之
賜也君其以賜乎上介徒以公賜告徒謂空手不執其幣如上
賓之禮君勞之再拜稽首君答拜勞士介亦如之答賓
再拜答上介一拜士介四人共答拜君使宰賜使者幣使者再拜稽
首以所陳幣賜之也賜介介皆再拜稽首乃退介皆送至于

使者之門乃退揖揖別也使者拜其辱隨謝之也

右歸反命

釋幣于門門大門也出于行入于門告所先見也乃至于禰筵几于室

薦脯醢告反也薦進也觴酒陳主人酌進奠一獻也言陳者將復有次也先薦後酌祭礼也行釋幣反釋奠略出謹入○疏曰不言奠而言陳以其下仍有室老及士獻以備三獻故言陳陳有次第之言也席于阼爲酢主人也酢主人者祝取爵酌不酢於室異於祭○疏曰特牲少牢皆於室內戶東西面受酢此乃於外行來告反故在阼不在室祭時有尸尸獻卒爵以尸爵酢主人此吉祭無尸故別取爵酢斤人亦異也薦脯醢成酢礼也○疏曰特牲少牢主人受酢時皆席于戶內有薦醢此雖無俎亦薦脯醢于主人之前以成酢礼也三獻室老亞獻士三獻也每獻奠輒取爵酌主人自酢也○疏曰正祭有尸三獻皆獻尸訖尸酢主人主歸賓長今此無尸皆自酢獨云主人者主人爲首正

故宰前以包後一人舉爵（三獻禮成更起酒也主人奠之未舉也）獻從者（家臣從行者也主人獻之勞之也）行酬乃出（主人舉奠酬從者下辯室老亦與焉皆升飲酒於西階上○辯音遍）上介至亦如之

右釋幣于門至于禰

聘遭喪入竟則遂也（遭喪主國君薨也入竟則遂國君以國為體士既請事已入竟矣關人未告則反）不郊勞（子未君也）不筵几（致命不於廟就尸柩於殯宮又不神之）不禮賓（喪降事也）主人畢歸禮（賓所飲食不可廢也禮謂饔餼饗食）賓唯饔餼之受（受正不受加也）不賄不禮玉不贈（喪殺禮為之不備）○遭夫人世子之喪君不受使大夫受于廟其他如遭君喪（夫人世子死君為喪主使大夫受聘禮不以凶接吉也其他謂禮所降）遭喪將命于大夫

夫主人長衣練冠以受遭喪謂主國君薨夫人世子死也此三者皆大夫攝主人長衣素純布衣也去衰易冠不以純凶接純吉也吉時在裏為中衣中衣長衣繼皆揜尺表之曰深衣純袂寸半耳君喪不言使大夫受于未君無使臣義也

右遭主國喪

聘君若薨于後入竟則遂既接於主國君也赴者未至則哭于巷衰于館未至謂赴告主國君者也哭于巷者哭於巷門未可為位也衰于館未可以凶服出見人其聘享之事自若吉也受禮受饔餼也不受饗食亦不受加赴者至則衰而出禮為鄰國闕於是可以凶服將事也唯稍受之稍稟食也○疏曰從者多不可闕以其稍稍給之數謂米禀為稍歸執圭復命于殯升自西階不升堂復命于殯者臣子之於君父存亡同子即位不哭將有告請之事宜請淨也不言

出子者君薨也諸臣待之亦皆于朝夕哭位辯復命如聘自陳幣至如上介以公賜告無勞子臣皆哭使者既復命子與羣臣皆哭與介入北鄉哭北鄉哭新至別於朝夕出袒括髮悲哀變於外臣也入門右即位踊從臣位自哭至踊如奔喪禮

右聘君薨

若有私喪則哭于館衰而居不饗食私喪謂其父母也哭于館衰而居不敢以私喪自閒于主國凶服于君之吉使春秋傳曰大夫以君命出聞喪徐行而不反○䟽曰服衰居館行聘亨則吉服歸使衆介先衰而從之已有齊縗之服不忍顯然趨於往來其在道路使介居前歸又請反命已猶徐行隨之君納之乃朝服既反命出公門釋服哭而歸其他如奔喪之禮吉時道路深衣

右私喪

賓入竟而死遂也主人爲之具而殯具謂始死至殯所當用介攝其命爲致聘享之禮也初時上介接聞命君弔介爲主人雖有臣子親姻猶不爲主人以介與賓並命於君尊也主人歸禮幣必以用當中奠贈諸喪具之用不必如賓禮介受賓禮無辭也介受主國賓已之禮無所辭也以其當陳之以反命也有賓喪嫌其辭之不饗食歸介復命柩止于門外門外大門外也必以柩造朝達其忠心介卒復命出奉柩送之君弔卒殯卒殯成節乃去○疏曰卒復命謂復命訖殯喪之大節卒殯而後君弔與介乃去○若大夫介卒亦如之不言上介者小聘上介士也士介死爲之棺斂之不具他衣物也自以時服也君不弔焉主國君使人弔不親往○若賓死未將命則既斂于

棺造于朝介將命未將命謂俟間之後也以柩造朝以已至朝志在達君命○若

介死歸復命唯上介造于朝若介死雖士介賓既復

命往卒殯乃歸往謂送柩

右賓介卒

小聘曰問不享有獻不及夫人主人不筵几不禮面

不升不郊勞記貶於聘所以爲小也獻私獻也面猶覿也○疏曰不享者謂不以束帛加璧

獻國所有不禮者聘訖不以齊酒禮賓面不升者謂私覿庭中受之不升堂其禮如爲介

三介如爲介如爲大聘上介○疏曰其礼如爲介如上文卿聘之時爲介者所得之礼也三介者特

礼唯有三介

右小聘

聘義

聘禮上公七介侯伯五介子男三介所以明貴賤也此皆使卿出聘之介數也介紹而傳命君子於其所尊弗敢質敬之至也三讓而后傳命三讓而后入廟門三揖而后至階三讓而后升所以致尊讓也此揖讓主君謂賓也君使士迎于竟大夫郊勞君親拜迎于大門之內而廟受北面拜貺拜君命之辱所以致敬也賓致命公當楣再拜敬讓者君子之所以相接也故諸侯相接以敬讓則不相侵陵卿為上擯大夫為承擯士為紹擯君親禮賓賓私面覿致饔餼還圭璋賄贈饗食燕所以明賓客君臣

之義也設大礼則賓客之也或不親而使臣則爲君臣故天子制諸侯比年小聘三年大聘相厲以禮使者聘而誤主君弗親饗食也所以愧厲之也諸侯相厲以禮則外不相侵內不相陵此天子之所以養諸侯兵不用而諸侯自爲正之具也此年小聘所以歲相問也三年大聘所以殷相聘也○疏曰行聘之時礼有錯誤則君不親接賓使之愧恥自勉勸厲以圭璋聘重禮也已聘而還圭璋此輕財而重禮之義也諸侯相厲以輕財重禮則民作讓矣主國待客出入三積餼客於舍五牢之具陳於內米三十車禾三十車芻薪倍禾皆陳於外乘禽日五雙群介皆有餼牢壹食再饗燕與時賜無數所

以厚重禮也疏曰三積謂上公之臣聘礼是侯伯之臣則不致積古之用財不能均如此然而用財如此其厚者言盡之於禮也盡之於禮則內君臣不相陵而外不相侵故天子制之而諸侯務焉爾聘射之禮至大禮也質明而始行事日幾中而后禮成非強有力者弗能行也故強有力者將以行禮也酒清人渴而不敢飲也肉乾人飢而不敢食也日莫人倦齊莊正齊而不敢解惰以成禮節以正君臣以親父子以和長幼此衆人之所難而君子行之故謂之有行有行之謂有義有義之謂勇敢故所貴於勇敢者貴其能以立義也所貴於立義

者貴其有行也所貴於有行者貴其行禮也故所貴於勇敢者貴其敢行禮義也故勇敢強有力者天下無事則用之於禮義天下有事則用之於戰勝用之於戰勝則無敵用之於禮義則順治外無敵內順治此之謂盛德故聖王之貴勇敢強有力如此也勇敢強有力而不用之於禮義戰勝而用之於爭鬬則謂之亂人刑罰行於國所誅者亂人也如此則民順治而國安也乾音干莫音暮齊側皆反解佳賣反勝式為陳直覲反

公食大夫禮第九公食大夫禮○鄭目錄曰主國君以禮食小聘大夫之禮○疏曰下文云六豆六簋又設庶羞十六豆此是下大夫小聘之禮下乃別云上大夫八豆八簋庶羞二十豆是食上大夫之法若然聘禮據侯伯之大聘此篇據小聘大夫者周公設經互見為義又此篇兼聘問論屬皆也亦下大夫之礼君上大夫則若九若十一公食大夫五礼為言於禮

公食大夫之禮○使大夫戒各以其爵戒猶告也告之必使同班敵者易以相親敬上介出請入告問所以為來事三辭為既先受賜不敢當賓出拜辱拜使者屈辱來迎己大夫不答拜將命不答拜為人使也將猶致也賓再拜稽首受命大夫還復於君賓不拜送遂從之不拜送者

為從之不終事賓朝服即位于大門外如聘於是朝服則初時玄端如聘亦入于次俟○疏曰在館拜戒即玄端今入次乃著朝服○記不宿戒食禮輕也前期三日為戒前期一日申戒為宿戒不速食賓之朝夙興戒之賓則從戒者而來不復召賓之乘車在大門外西方北面立凡賓即朝將至下行而後車還立于西方賓及位而止卿大夫之位當車前○疏曰大行人上公朝位賓主之間九十步侯伯七十步子男五十步此云凡諸侯之卿其禮各下其君二等以下及大夫士皆如之

右戒賓賓從

即位具主人也擯者俟君於大門外卿大夫士序及宰夫具其饌物皆於廟門之外羹定肉謂之羹定猶孰也著之者下以為節甸人陳鼎七當門南面西上設扃鼏鼏若束若編七鼎一大牢也甸人冢宰之屬兼亨人者南面西上以其為賓統於

外也扃鼎扛所以舉之者也凡鼎鼏蓋以茅為之長則束本短則編其中央○疏曰此亦一大牢而七鼎者食礼無鮮魚鮮腊設洗如饗必如饗者先饗後食如其近者此饗礼亡燕礼則設洗於阼階東南小臣具槃匜在東堂下匜以支反○為公盥也公尊不就洗小臣於小賓客饗食掌正君服位宰夫設筵加席几設筵於戶西南面而左几公不賓至授几者親設湆醬可以略此無尊主於食不獻酬飲酒漿飲俟于東房飲酒清酒也漿飲酨漿也其俟奠於豐上也飲酒先言飲明非獻酬之酒也漿飲先言漿以別於六飲也○疏曰酨之言載以其汁滓相載故云酨飲酒先言飲此擬酳口異於獻酬酒六飲為渴而飲此漿為酳口故異之凡宰夫之具饌于東房凡非一也飲酒漿之具宰夫所掌也酒漿不在凡中者雖無尊猶嫌在堂○記不授几異於聘禮礼賓時公親授几也無阼席公不坐亨于門外東方必於門外者大夫之事也東方者主陽司宮具几與蒲筵

常緇布純加萑席尋玄帛純皆卷自末司宮大宰之屬掌宮廟者也丈六尺曰常半常曰尋純緣也必長筵者以有左右饌也○疏曰賓在戶牖之間南面正饌在左庶羞在右雖不在席上皆陳於席前當席左右其間容人故必長筵也○宰夫筵出自東房筵本在房宰夫敷之也天子諸侯左右房

右陳器饌

公如賓服迎賓于大門內不出大門降於國君大夫納賓大夫謂上擯也納賓以公命賓入門左公再拜賓辟再拜稽首左西方賓位也辟逡遁不敢當君拜也公揖入賓從揖入道之及廟門公揖入廟[illegible]廟[illegible]也賓入三揖每曲揖及當碑揖相人偶至于階三讓讓先升公升二等賓升遠下人君○疏曰亦取君行一臣行二之義也大夫立于東夾南西面

北上東夾南東西節也取節於夾明東於堂○疏曰此主國卿大夫立位序西爲正堂序東有夾室立于夾室之南是東於堂也

士立于門東北面西上統於門者非其正位辟賓在此○疏曰燕禮大射上在西方東面北上不統於門今統於門者以賓在門西辟賓在此非正位故近

小臣東堂下南面西上宰東夾北西面南上宰宰夫之屬也

內宮之士在宰東北西面南上夫人之官內宰之屬自卿大夫至此不先即位從君而入者明助君饗食賓自無■事

介門西北面西上西上自統於賓也然則承擯以下立于士西少進東上○疏曰不言上擯者上擯有事其位不定故不言

右迎賓即位

陳器饌及迎賓即位圖

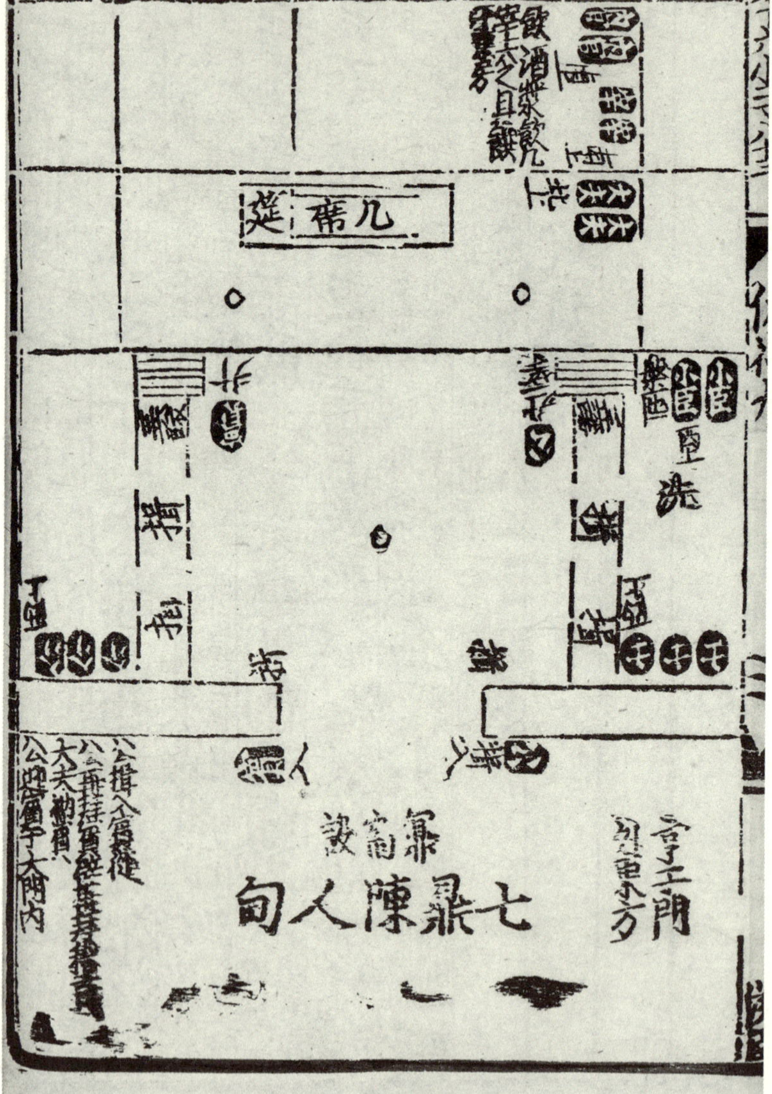

公當楣北鄉至再拜賓降也 公再拜楣謂之梁拜者興禮

言嘉其來也公再拜揖降矣○疏曰至再拜者公言揖賓即降以公再拜者賓降後又拜本當再拜故言以再拜言之 賓西階東北面答拜西階東少就上君敬也 擯者辭拜

於下拜也 公降一等辭曰寡君從子雖將拜興也賓降再拜

公降擯者釋辭矣賓猶降終其再拜稽首興也 賓栗階升不拜自以已拜也栗賓栗

也不拾級連步趨主國君之命不拾級而下曰辵○辵勑略反 命之成拜階上北面

再拜稽首賓降拜主君辭之賓雖終拜於主君之意猶為不成○疏曰賓雖終拜於下盡臣之禮

爲成拜而主君之意猶以爲不成故命已升成拜賓遂從主君之意故升更拜也 ○記卿賓西

不升堂也○疏曰此謂上擯下擯詔賓主升降周旋之事

右拜至

士舉鼎去鼏於外次入陳鼎于碑南南面西上右人抽
扃坐奠于鼎西南順出自鼎西左人待載入由東出由西明爲
賔也○疏曰次入謂序入也雍人以俎入陳于鼎南旅人南面加
匕于鼎退旅人雍人之屬旅食者也雍人言入旅人言退文互相備也出入之由亦如舉鼎者
匕俎每器一人諸侯官多也大夫長盥洗東南西面北上序進盥
退者與進者交于前卒盥序進南面匕長以長幼也序猶更也前
洗南載者西面載者左人亦序自鼎東西面於其前大夫匕則載之○疏曰待載時在鼎東南
面今大夫鼎北西面南匕之左人當機故序自鼎東西面別當鼎南則載者在鼎右稍東魚腊飪
飪孰也食禮宜孰饗有腥者載體進奏體謂牲與腊也奏謂皮膚之理也進其理本在前下
大夫禮七个○疏曰進其理本在前者此謂生人食法故進本本謂近上者若祭祀則進末故少牢云進

末鄭云變矣食生是也魚七縮俎寢右右首也寢右進鬐也乾魚進腴多骨鯁○疏曰縮縱也魚在俎爲縱於人亦橫賓在户牖之間南面俎則東西陳之魚首在右腹腴鄉南鬐脊也進脊在北鄉賓是取脊少骨鯁者以優賓也若祭祀則進腴以鬼神尚氣腴者氣之所聚故少牢進腴是也

腸胃七同俎以其同類也不異其牛羊腴賤也此俎實凡二十八○疏曰牛羊同是畜類又其腹腴淺故略之同俎也牛羊各有腸胃腸胃各七四七二十八也倫膚七倫理也謂精理滑脆者○疏曰倫膚謂豕之皮革爲之腸胃膚皆橫諸俎垂之順其在理之胜也腸胃垂及俎距大夫既匕匕奠于鼎逆退復位事畢宜由便也士匕載者又待設俎

右鼎入載俎

圖俎載入鼎至拜

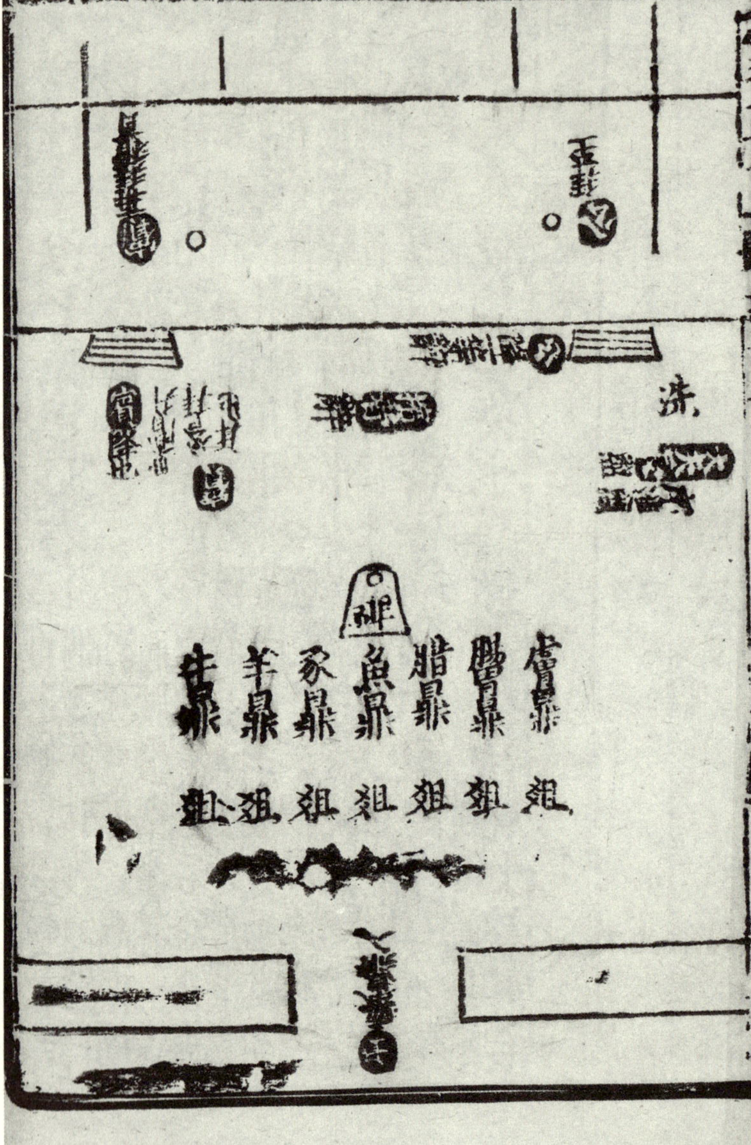

公降盥將酌膳賓降公辭辭其從己卒盥公壹揖壹讓公升
賓升揖讓皆壹殺於初宰夫自東房授醢醬將以授公也醢醬醯以醢和醬公
設之以其為饌本賓辭北面坐遷而東遷所東遷所奠之東側其故處
○疏曰君設當席中故東遷之辟君設處側近也近其故處公立于序內西鄉不立
阼階上示親饌賓立于階西疑立不立階上以主君離阼也疑正立也自定之貌宰
夫自東房薦豆六設于醬東西上韭菹以東醓醢昌
本昌本南麋臡以西菁菹鹿臡臡奴兮反○醓醢醢有醓昌本昌蒲本菹
也醢有骨謂之臡菁蔓菁菹也士設俎于豆南西上牛羊豕魚在牛
南腊腸胃亞之亞次也不言綪錯俎尊膚以為特直豕與腸胃東也特膚者
出下牲賤旅人取匕甸人舉鼎順出奠于其所以其空也其所謂當

門宰夫設黍稷六簋于俎西二以並東北上黍當牢
俎其西稷錯以終南陳並併也○記贊者盥從俎升疏曰
豆亦從下升不言從者贊者不佐祭豆直佐祭鉶也上贊下大夫也上謂堂上擯贊者事
相近以佐上下爲名

右公設醯醬遂薦豆設俎簋

大羹湆不和實于鐙宰右執鐙左執蓋由門入升自
阼階盡階不升堂授公以蓋降出入反位鐙音登○大羹湆煑
肉汁也大古之羹不和無鹽菜瓦豆謂之鐙宰謂大宰宰夫之長也有蓋者饌自外入爲風塵公設
之于醬西賓辭坐遷之亦東遷所宰夫設鉶四于豆西東
上牛以西羊羊南豕豕以東牛鉶音刑○鉶菜和羹之器○疏曰羹在鉶

言之謂之鉶羹據器言之謂之鉶鼎正鼎之後設之謂之陪鼎入庶羞言之謂之膷臐膮其實一也

飲酒實于觶加于豐豐所以承觶者也如豆而卑宰夫右執觶左執豐進設于豆東食有酒者優賓也設于豆東不舉也燕禮記曰凡奠者於左○疏曰按下文宰夫執漿飲賓興受唯用漿酳口不用酒今主人猶設之是優賓也此酒不用故奠于豆東○今按上文飲酒漿飲俟于東房疏云酒漿皆以酳口此又云漿以酳口不用酒今主人猶設之所以優賓兩說乖牾不同又按下文祭飲酒於上豆之間魚腊醬湆不祭夫魚腊醬湆不祭而祭飲酒則知酒以優賓但當不卒爵豈酳口之物哉當以優賓之義為正宰夫東面坐啟簋會各卻于其西會簋蓋也亦一一合卻之各當其簋之西○記鉶芼牛藿羊苦豕薇皆有滑藿豆葉也苦苦荼也滑堇荁之屬

右公設大羹遂設鉶實觶

贊者負東房南面告具于公（負東房負房戶而立也南面者欲得鄉公與賓也）公再拜揖食（再拜拜賓饌具）賓降拜（答公拜）公辭賓升再拜稽首（不言成拜降未拜）賓升席坐取韭菹以辯擩于醢上豆之間祭（擩猶染也）贊者東面坐取黍實于左手辯又取稷辯反于右手興以授賓賓祭之（取授以右手便也賓亦興受坐祭之於豆祭也獨云贊興優賓也少儀曰受立授立不坐疏曰此亦授者皆謂遠賓者近雖不授亦祭之）○三牲之肺不離贊者辯取之壹以授賓（肺不離者刌之也不言刌刌則祭肺也此舉肺不離而刌之便賓祭也祭離肺者絕肺祭也壹猶稍也）賓興受坐祭（於是云賓興受坐祭重牲也賓亦每肺興受祭於豆祭）捝手扱上鉶以柶辯擩之上鉶之間祭（扱以柶扱其鉶菜也捝拭也拭以巾）祭飲酒於上豆之間

魚腊醬湆不祭不祭者非食物之盛者

右賓祭正饌

宰夫授公飯梁公設之于湆西賓北面辭坐遷之既告具矣而又設此殷勤之加也遷之遷而西之以其東上也公與賓皆復初位位序內階西

宰夫膳稻于梁西膳猶進也進稻梁者以簠士羞庶羞皆有大蓋執豆如宰羞進也庶衆也進衆珍味可進者大以肥美者特為臠所以祭也魚或謂之膴膴大也唯醢醬無大如宰如其進大羹湇右執豆左執蓋先者反之由門入升自西階庶羞多羞人不足則相授於階上復出取也先者一人升設于稻南簋西間容人簋西黍稷西也必言稻南者明庶羞加不與正豆并也間容人者賓當從間往來也旁四列西北上不統於正饌者雖加自是一禮是所謂羹胾中別○疏曰曲禮曰左殽右

胾殺此謂之羹一也爲正饌胾謂切肉則烹蓋正饌東西閒容人是中別膷以東臐膮

牛炙膷音香臐許云反膮呼堯反炙章夜反○膷臐膮今時臛也牛曰膷羊曰臐豕曰膮皆香美之名也○臛火各反炙南醢以西牛胾醢牛鮨鮨臣之反○先設醢緹之以次

也內則謂鮨爲膾然則膾用鮨鮨南羊炙以東羊胾醢豕炙炙南醢

以西豕胾芥醬魚膾芥醬芥實醬也內則曰膾春用蔥秋用芥衆人騰羞

者盡階不升堂授以蓋降出騰當作媵媵送也授以出分若一人○記

簋有蓋冪稻粱將食乃設去會於房蓋以冪冪巾也凡炙無醬踰曰言凡者欲解儀

禮一節之內牛羊豕炙皆無醬已有鹹和非北炙今之食炙然

右公設飯粱爲加饌先

贊者負東房告備于公復告庶羞具者以其異饌贊升賓以公命命賓升

賓坐席末取粱即稻祭于醬湆間（即就也祭稻粱不於豆祭祭加宜於加）贊者北面坐辯取庶羞之大與一以授賓賓受兼壹祭之（壹壹受之而兼一祭之庶羞輕也自祭之於醬湆之間以異饌也）賓降拜（拜庶羞）公辭賓升再拜稽首公答再拜

右賓祭加饌

賓北面自間坐左擁簠粱右執湆以降（自間坐由兩饌之間也擁抱也必取粱者公所設也以之降者堂尊處欲食於階下然也）公辭賓西面坐奠于階西東面對西面坐取之栗階升北面反奠于其所降辭公（奠而後對成其意也降辭公敬也必辭公者為其尊而親臨己食侍食贊者之事）公許賓升公揖退于箱（箱東夾之前俟事之處）擯者退負東塾而

立無事賓坐遂卷加席公不辭贊者以告公公聽之重來優賓○疏曰公既在序外賓食在戶西若不告公公何以知之明知贊者以告公也公來則勞賓不來則賓不勞故不來者所以優饒賓也賓三飯以湆醬每飯歠湆以肴擩醬食正饌也三飯而止君子食不求飽不言其肴優賓○疏曰特牲少牢尸食時舉幹皆言次第此不言者在賓取之是優賓也宰夫執觶漿飲與其豐以進此進漱也非為卒食為將有事緣賓意欲自絜清賓捝手興受受觶宰夫設其豐于稻西酒在東醬在西是所謂左酒右醬庭實設乘皮賓坐祭遂飲奠于豐上飲漱

右賓食正饌

公設醯醬大羹飯粱食賓圖

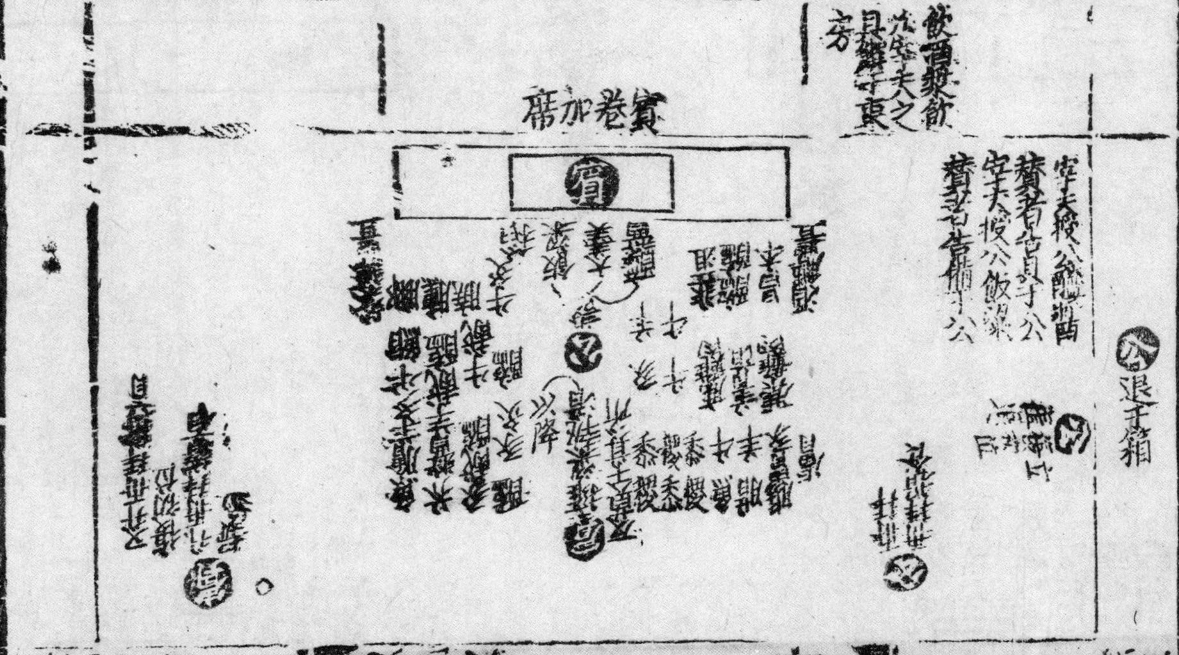

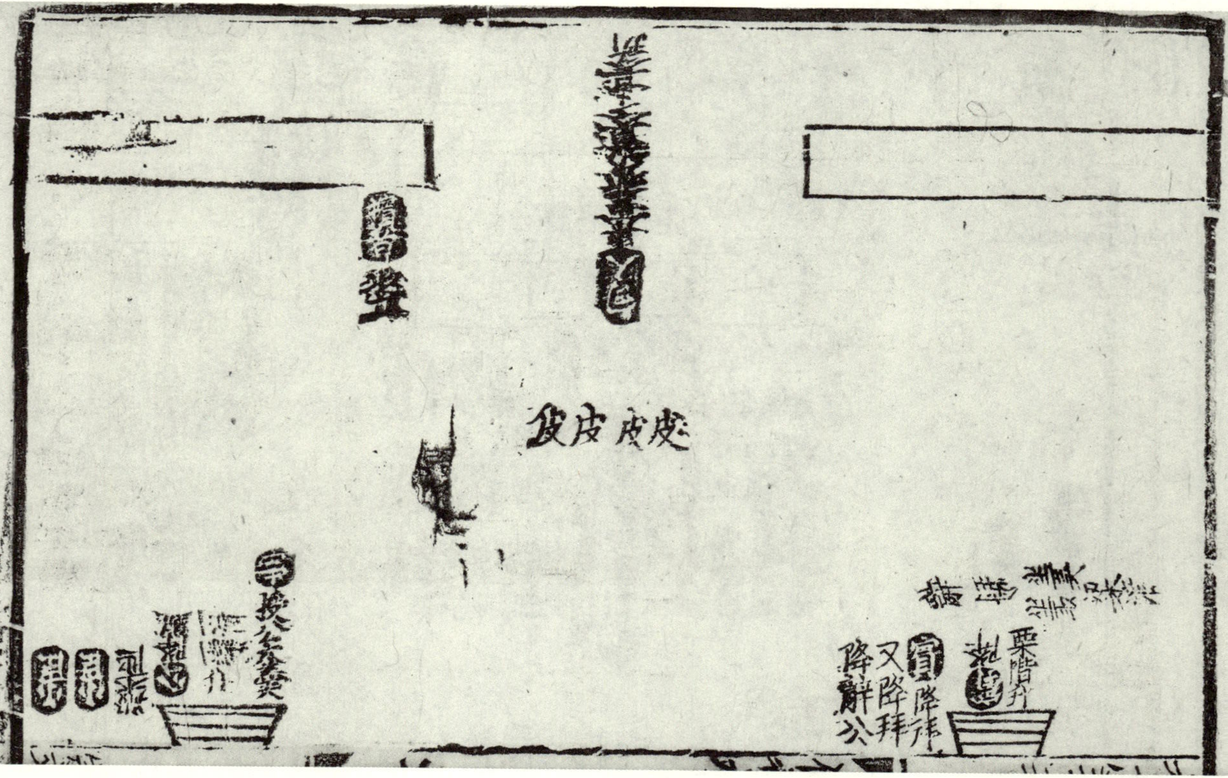
栗階升
降拜
又降拜
降辭公

公受宰夫束帛以侑西鄉立束帛十端帛也侑猶勸也主國君以爲食賓殷勤之意未至復發幣以勸之欲用深安賓也西鄉立序内位也受束帛于序端賓降筵北面以君將有命也北面於西階上擯者進相幣爲君釋幣辭於賓賓降辭幣升聽命降辭幣主國君又命之升聽命釋許辭降拜當拜受幣公辭賓升再拜稽首受幣當東楹北面主國君南面授之當東楹者欲得君行一臣行二也退西楹西東面立俟主國君送幣也退不負序以將降公壹拜賓降也公再拜賓不顧俟成拜介逆出以賓事畢賓北面揖執庭實以出揖執者示親受公降立俟賓反上介受賓幣從者訝受皮從者府史之屬訝迎也

右侑幣

賓入門左沒霤北面再拜稽首便退則食禮未卒不退則嫌更入行拜若欲從此退公辭止其拜使之卒食揖讓如初升賓再拜稽首公答再拜賓拜拜主國君之厚意賓揖介入復位賓降辭公如初將復食賓升公揖退于箱賓卒食會飯三飲卒已也已食會飯三漱漿也會飯謂黍稷也此食黍稷則初將食稻粱○疏曰知會飯是黍稷者上文云宰夫東面坐啓簋會各卻于其西此云會者飯知是黍稷不以醬湆不復用正饌也初時食加飯用正饌此食正飯用庶羞互相成也後言音者湆或時後用○今按注云初時食加飯謂食稻粱用正饌謂以肴擩醬食正饌也此食正飯謂食黍稷也但用庶羞則經無其文若可疑者據下文上大夫庶羞酒飲漿飲庶羞可已注云於食庶羞宰夫又設酒漿以之食庶羞可也以彼證此恐此食會飯有三飲亦食庶羞此注所以有互相成之義也

右卒食

捝手興北面坐取粱與醬以降西面坐奠于階西示親徹也不以出者非所當得又以已得侑幣東面再拜稽首卒食拜也不北面者異於辭

公降再拜荅之也不辭之使升堂明礼有終

右賓降

介逆出賓出公送于大門内再拜賓不顧初來揖讓而退不顧退礼略也示難進易退之義有司卷三牲之俎歸于賓館卷猶收也無遺之辭也歸俎者實于篚魚腊不與不言腸胃膚不與可知明日賓朝服拜賜于朝朝謂大門外拜食與侑幣皆再拜稽首訝聽之受其言入告出報也此下大夫有士訝

右歸賓俎及賓拜賜

公以束帛侑賓及卒食圖

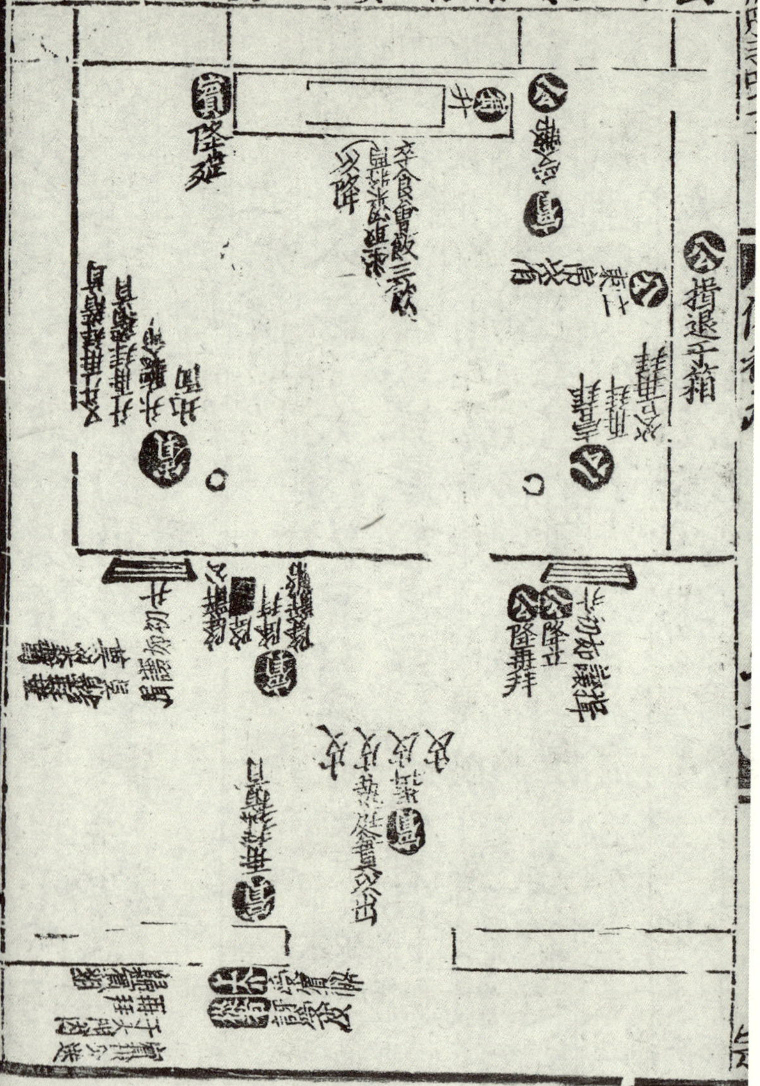

上大夫八豆八簋六鉶九俎魚腊皆二俎記公食上大夫異於
下大夫之數豆加葵菹蝸醢四四爲列俎加鮮魚鮮腊三三爲列無特○疏曰鮮無特膚亦爲下
魚腸胃倫膚若九若十有一下大夫則若七若九此以命數
爲差也九謂再命者也十一謂三命者也七謂一命者也九或上或下者再命謂小國之卿次國之大夫
也卿則十一大夫則九下大國之孤視子男庶羞西東毋過四列謂上下大夫也
○疏曰言西東則上大夫南北五行矣上大夫庶羞二十加於下大夫
以雉兔鶉鴽鶉音淳鴽音如○鴽無母○疏曰亦雉作鴽毋莊子云田鼠化爲鶉月令曰田
鼠化爲鴽然則一物也○記上大夫蒲筵加萑席其純皆如下
大夫純謂三命大夫也孤爲賓則莞筵紛純加繅席畫純也○疏曰周禮司几筵云公筵國賓于牖
前莞筵紛純加繅席畫純與此記三命已下席不同故知此國賓謂孤也公侯伯之卿三命公之孤四命

上大夫庶羞酒飲漿飲庶羞可也於食庶羞宰夫又設酒漿以之食庶羞可也

拜食與侑幣皆再拜稽首嫌上大夫不稽首

右食上大夫禮

若不親食謂主國君有疾病若他故使大夫各以其爵朝服以侑幣致之執幣以將命豆實實于甕陳于楹外二以並北陳簋實實于筐陳于楹內兩楹閒二以並南陳陳甕筐於楹閒者象授受於堂中也南北相當以食饌同列耳甕北陳者變於食甕數如豆醢芥醬從焉筐米四庶羞陳于碑內生魚也魚腊從焉上大夫加鮮魚鮮腊雉兔鶉鴽不陳于堂辟正饌庭實陳于碑外執乘皮者也不參分庭一在南者以言歸宜近內○疏曰庭實正法皆參分庭一在南而陳之故昏禮記云納徵執皮者參分庭一在南今云碑外鄉碑而言近北矣彼參分庭一在南陳之

謂在主人之庭參分庭陳之擬與賓向內故近南此陳於客館擬與賓入內故鄭云以言歸宜近內牛
羊豕陳于門內西方東上爲使踐汙穢庭使近尔賓朝服以受
如受饔禮朝服食禮輕也無儐以己本宜往明日賓朝服以拜賜
于朝訝聽命賜亦謂食侑幣
右不親食
大夫相食親戒速記異於君者也速召也先就告之歸具饌具復自召之迎賓
于門外拜至皆如饗拜饗食大夫鄉饗食之禮也降盥受醬湆侑幣
束錦也皆自阼階降堂受授者升一等此皆者謂受醬受湆受幣也
侑用束錦大夫文也降堂謂止階上賓止也主人三降賓不從○疏曰主人降堂不至地故賓止
不降也賓執粱與湆之西序端不敢食於尊處主人辭賓反之

卷加席主人辭賓反之辭幣降一等主人從從辭賓降受侑幣再拜稽首主人送幣亦然敵也○疏曰左氏傳哀十七年孟武伯曰非天子寡君無所稽首若然臣於君乃稽首平敵相於當頓首今言敵而稽首者以食禮相尊敬雖敵亦稽首與臣拜君同故也辭於主人降一等主人從辭謂辭其臨己食卒食徹于西序端亦親徹東面再拜降出拜亦拜卒食其他皆如公食大夫之禮疏曰云其他謂豆數俎體陳設皆不異上陳○若不親食則公作大夫朝服以侑幣致之作使也大夫有故君必使其同爵者為之致禮列國之賓來榮辱之事君臣同賓受于堂無儐與受君禮同

右大夫相食禮

大夫相食禮圖

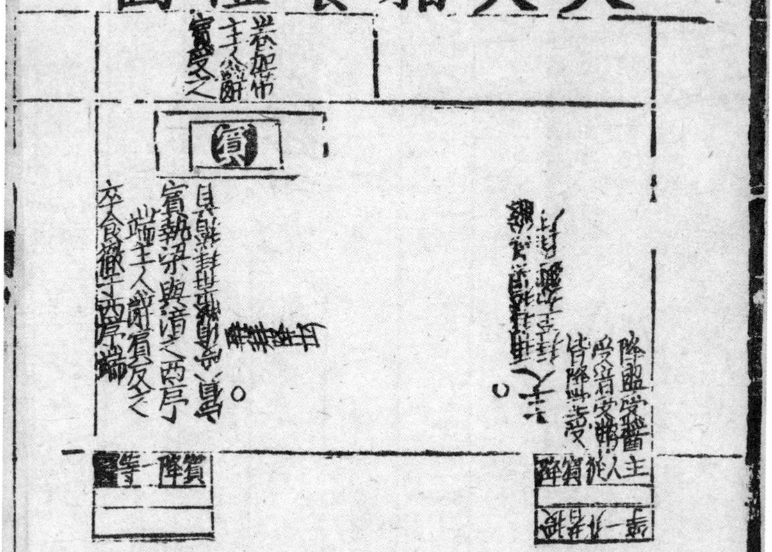

公食使大夫戒
此大夫相食親戒速
公食迎賓于大門內
此迎賓于門外
公食公降階盥
此降堂盥
公食公受醬受湆于宰之
此降堂而受
公食受宰夫醬階不升堂
此降者升一等
公食公執粱與湆之西序東
此之西序端
公食賓降辭幣
此賓降一等
公食卷加席公不辭
此卷加席主人辭
公食徹粱與湆奠于階西
此奠于西序端
其他皆如公食大夫之禮

儀禮圖第九

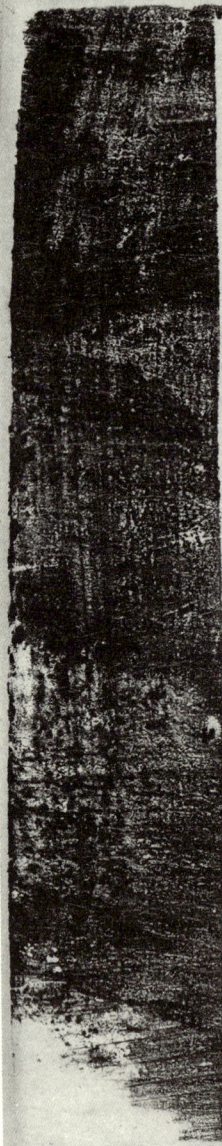

儀禮圖第十

覲禮第十 鄭目録云覲見也諸侯秋見天子之禮春見曰朝夏見曰宗秋見曰覲冬見曰遇朝宗禮備覲遇禮省○疏曰案曲禮下云天子當宁而立諸侯北面而見天子曰覲天子當宁而立諸侯東面諸侯西面曰朝鄭注諸侯春見曰朝受摯於朝受享於廟生氣文也秋見曰覲一受之於廟殺氣質也朝者位於内朝而序進覲者位於廟門外而序入王南面立於宁宁而受焉夏宗依春冬遇依秋春秋時齊侯唁魯昭公以遇禮相見取易略也覲禮今存朝宗遇禮今亡

覲禮○至于郊 郊謂近郊去王城五十里

右至郊

王使人皮弁用璧勞侯氏亦皮弁迎于帷門之外再

拜勞力到反○小行人職曰凡諸侯入王則逆勞于畿則郊勞者大行人也皮弁者天子之朝朝服也
璧無束帛者天子之至尊也不言諸侯言侯氏者明國殊舍異禮不凡之也郊舍狹寡為帷宮以受勞掌
舍職曰為帷宮設旌門○疏曰案大行人上公三勞侯伯再勞子男一勞蓋五等同有畿勞侯伯又加遠
郊勞上公又加近郊勞此據上公而言五十里有市市有館或來者多館舍狹寡故為帷宮使者
不答拜遂執玉三揖至于階使者不讓先升侯氏升
聽命降再拜稽首遂升受玉不答拜者為人使不當其禮也不讓先升奉王
命尊也升者升壇使者東面致命侯氏東階上西面聽之使者左還而立侯氏還
璧使者受侯氏降再拜稽首使者乃出左還還南面示將去也立
者見侯氏將有事於己從之也還玉重禮侯氏乃止使者使者乃入侯氏
與之讓升侯氏先升授几侯氏拜送几使者設几答

拜侯氏先升賓禮統焉几者安賓所以崇優厚也上介出止使者則已布席也侯氏用束帛乘馬儐使者使者再拜受侯氏再拜送幣儐使者所以致尊敬也拜送幣各於其階使者降以左驂出侯氏送于門外再拜侯氏遂從之騑馬曰驂左驂設在西者其餘三馬侯氏之士遂以出授使者之從者于外從之者遂隨使者以至朝

右郊勞

今按几布席設几皆在西北位此帷宮恐亦當然帷宮無壇可升引考壇也左氏傳子産相鄭伯以如楚舍不為壇注云舍不除地封土為壇以受郊勞是也又宣十八年子家壇帷復命於介謂之壇帷是壇亦帷其旁非特為帷宮而已設几則必有席蓋凡席相將無席何以設几故鄭注云上介出止使者則已布席太宰贊玉几注云立而設几優尊者此儐者亦不坐而設几故注云几者安賓所以崇優厚

郊勞圖

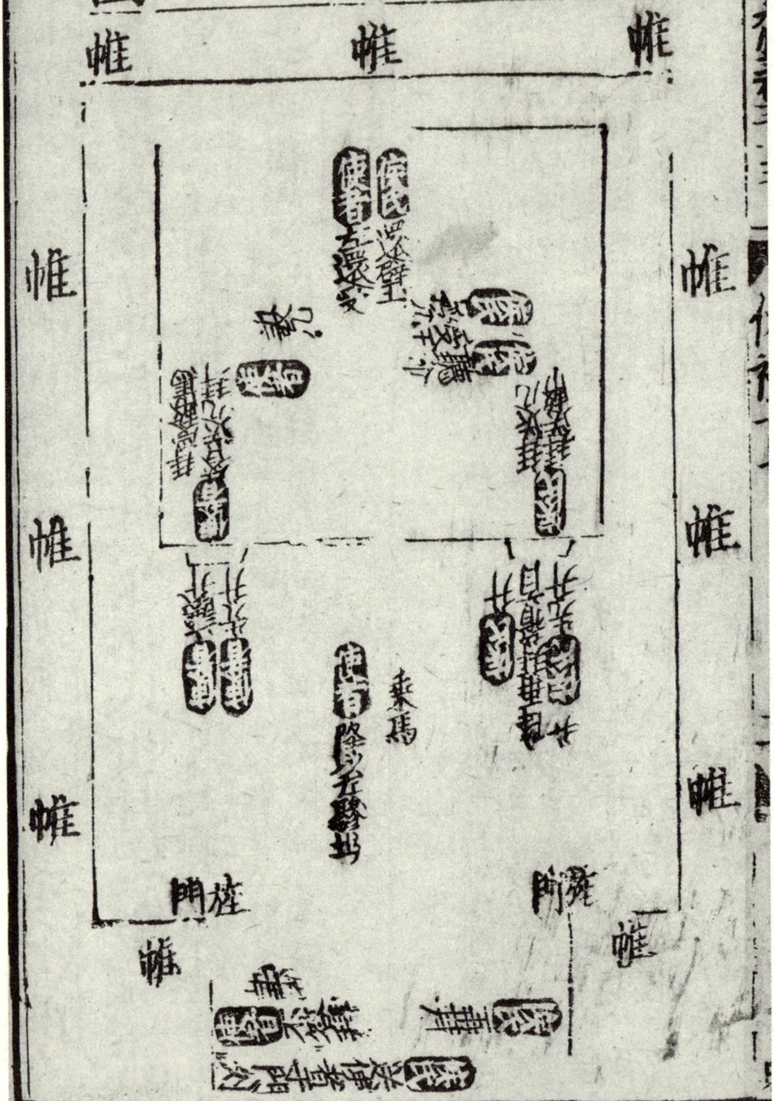

天子賜舍以其所至道路勞苦未受其禮且使即安也賜舍猶致館也所使者司空與小行人為承擯○疏曰司空主土營城郭宮室館亦宮室之事故知所使者司空也但司空亡無正文故云與以疑之知小行人為承擯者案小行人及郊勞眡館將幣為承而擯是其義也曰伯父女順命于王所賜伯父舍此使者致館辭侯氏再拜稽首受館儐之束帛乘馬王使人以命致館無禮猶儐之者尊王使也侯氏受館於外既則儐使者於內

右賜舍

天子使大夫戒曰某日伯父帥乃初事大夫者卿為訝者也掌訝職曰凡訝者賓客至而往詔相其事戒猶告也告使順循其事也初猶故也侯氏再拜稽首受覲日也

右戒日

諸侯前朝皆受舍于朝同姓西面北上異姓東面北上言諸侯者明來朝者衆矣顧其入覲不得並耳受舍于朝受次于文王廟門之外聘禮曰宗人授次次以帷少退于君之次則是次也言舍者尊舍也天子使掌次為之諸侯上介先朝受焉此覲也言朝者覲遇之禮雖簡其來之心猶若朝也分別同姓異姓受之將有先後也春秋傳曰寡人若朝于薛不敢與諸任齒則周禮先同姓

右受舍

侯氏裨冕釋幣于禰將覲質明時也裨冕者衣裨衣而冠冕也裨之為言埤也天子六服大裘為上其餘為裨以事尊卑服之而諸侯亦服焉上公衮無升龍侯伯鷩子男毳孤絺卿大夫玄此差司服所掌也禰謂行主遷主矣而云禰親之也釋幣者告將覲也其釋幣如聘大夫將受命釋幣于禰之禮既則祝藏其幣歸乃埋之於祧西階之東○裨婢支反○疏曰云天子吉服有九言六服者據六冕

而言以六冕為上無卑義袞冕以下皆為裨諸侯唯
不得有大裘上公則袞冕以下故云此差司服所掌

右釋幣于禰

乘墨車載龍旂弧韣乃朝以瑞玉有繅韣音獨繅音早○墨車大
夫制也乘之者入天子之國車服不可盡同也交龍
為旂諸侯之所建弧所以張縿之弓也弓衣曰韣端
玉謂公桓圭侯信圭伯躬圭子穀璧男蒲璧繅所以
藉玉以韋衣木廣袤各如其玉之大小以朱白蒼為
六色○疏曰墨車大夫制也工記文偏駕不入王門
偏駕金輅象輅革輅等是也既不入王門舍於客館乘此
墨車以朝也爾雅說旌旗正幅為縿故以此弧張縿
弓張縿之兩幅故云張縿之弓也○縿所銜反天子
設斧依於戶牖之間左右几依如今綈素屏風也有繡斧文所以示威也斧
謂之黼几玉几也左右者優至尊也其席莞席紛純加繅席畫純加次席黼純○莞音官純諸允反天
子袞冕負斧依袞衣者裨之上也繢之繡之為九章其龍天子有升龍有降龍衣此衣而

衮冕南鄉而立以俟諸侯見○疏曰自衮冕公之玄冕五者皆禪六故云釋之上也嗇夫承命
告于天子嗇夫蓋司空之屬也為末擯承命於侯氏下介傳而上上擯以告天子天子見公擯
者五人見侯伯擯者四人見子男擯者三人皆宗伯為上擯春秋傳曰嗇夫馳天子曰非他
伯父實來予一人嘉之伯父其入予一人將受之言非
他者親之之辭嘉之者美之之辭也上擯又傳此而下至嗇夫侯氏之下介受之傳而上上介以告其君君乃
許入○疏曰伯父實入不言迎之天子不下堂而見諸侯故無迎法侯氏入門右坐奠
圭再拜稽首入門而右執臣道不敢由賓客位也卑者見尊奠摯而不授擯者謁
謁猶告也上擯告以天子前辭欲親受之如賓客也其辭所易者曰伯父其升侯氏坐取圭
升致命王受之玉侯氏降階東北面再拜稽首擯者
延之曰升升成拜乃出擯者請之侯氏坐取圭則遂左降拜稽首自送玉也從後詔

禮曰延延進也○記偏駕不入王門在旁與己同曰偏同姓金輅異姓象輅四衛革輅並蕃國木輅駕之與王同謂之偏偏駕不入王門乘墨車以朝是也偏駕之車舍之於館與○疏曰周禮巾車掌王五路玉路以祀不賜諸侯金路以賓同姓以封象路以朝異姓以封革路以即戎以封四衛木路以田以封蕃國此五路者天子所乘為正四路者諸侯乘之為偏○几俟于東箱王即席乃設之也東箱東夾之前相翔待事之處○奠圭于繅上謂釋於地也

右行覲禮

今按曲禮云天子當扆而立諸侯北面而見天子曰覲此經同姓西面異姓東面彼諸侯覲皆北面不辨同姓異姓者此謂當門外為位時彼謂入見天子時鄭注云覲者位於廟門外而序入入謂北面見天子時

諸侯觀天子圖

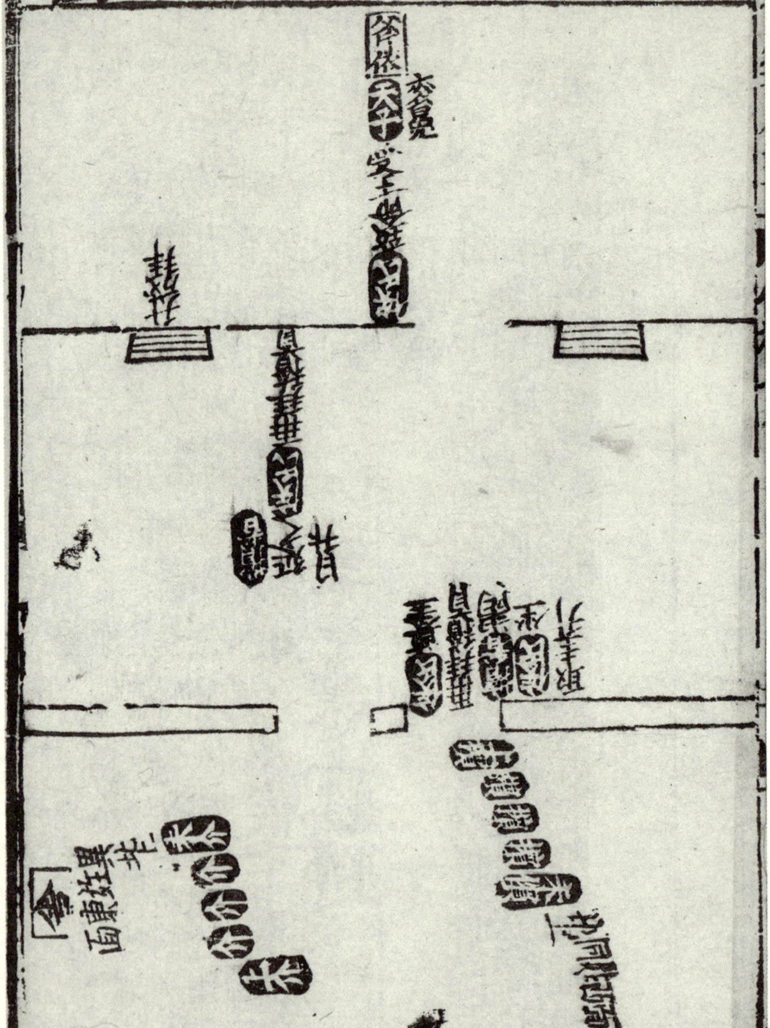

四享皆束帛加璧庭實唯國所有四當為三古書作三四或皆積畫此篇又多四字字相似由此誤也大行人職曰諸侯廟中將幣皆三享其禮差又無取於四也初享或用馬或用虎豹之皮其次享三牲魚腊籩豆之實龜也金也丹漆絲纊竹箭也其餘無常貨此地物非一國所能有唯所有分為三享皆以璧帛致之

奉束帛匹馬卓上九馬隨之中庭西上奠幣再拜稽首卓讀如卓王孫之卓卓猶的也以素的一馬以為上書其國名後當識其何產也馬必十匹者不敢斥王之乘用成數敬也

擯者曰予一人將受之亦言王欲親受之

侯氏升致命王撫玉侯氏降自西階東面授宰幣西階前再拜稽首以馬出授人九馬隨之王之受玉撫之而已輕財也以馬出隨侯氏出授王人於外也王不使人受馬者至于享王之尊益君侯氏之卑益臣○疏曰享於天子訖亦當有幣問公卿大夫左傳曰凡朝于周發幣于公卿

享畢

三享訖

右行享禮

乃右肉袒于廟門之東乃入門右北面立告聽事右肉袒者刑宜施於右也凡以禮事者左袒入更從右者臣益純也告所聽事者告王以國所用為罪之事也陽日披其右臂一方谿○疏曰國所用為罪之事加得字解之當是六告王以國所用為者得非罪之事擯者謁諸天子天子辭於侯氏曰伯父無事歸寧乃邦謁告寧安也乃猶女也侯氏再拜稽首出自屏南適門西遂入門左北面立王勞之再拜稽首擯者延之曰升升成拜降出勞力報反○王辭之不即左者當出隱於屏而襲之也天子外屏勞之勞其道勞也

右侯氏請事王勞侯氏

行享禮圖

天子賜侯氏以車服迎于外門外再拜賜車者同姓以金路異姓
以象路服則衮也鷩也毳也路先設西上路下四亞之重賜無數
在車南路謂車也凡君所乘車曰路路下四謂乘馬也亞之次車而東也詩云君子來朝何錫予
之雖無予之路車乘馬又何予之玄衮及黼重猶善也所加賜善物多少由恩也春秋傳曰重錦三十兩
○疏曰路大也君之居以大為名是以六路寢路門之等引左氏重錦以證重賜也諸公奉篋
服加命書于其上升自西階東面大史是右言諸公者王同
時分命之而使賜侯氏也右讀如周公右王之右是右者始隨入於升東面乃居其右○疏曰諸侯來覲
者衆各停一館故命諸公分往賜之侯氏升西面立大史述命讀王命書也
侯氏降兩階之間北面再拜稽首受命升成拜大史辭之降也
春秋傳曰且有後命以伯舅耋老毋下拜此辭之類大史加書于服上侯氏受

受篋服使者出侯氏送再拜儐使者諸公賜服者束帛四馬儐大史亦如之既云拜送乃言儐使者以勞有成禮略而遂言古○瑜曰侯賓儐

使者在拜送前同姓大國則曰伯父其異姓則曰伯舅同姓小邦則曰叔父其異姓小邦則曰叔舅據此禮云伯父同姓大邦而言

右賜車服

賜侯氏車服圖

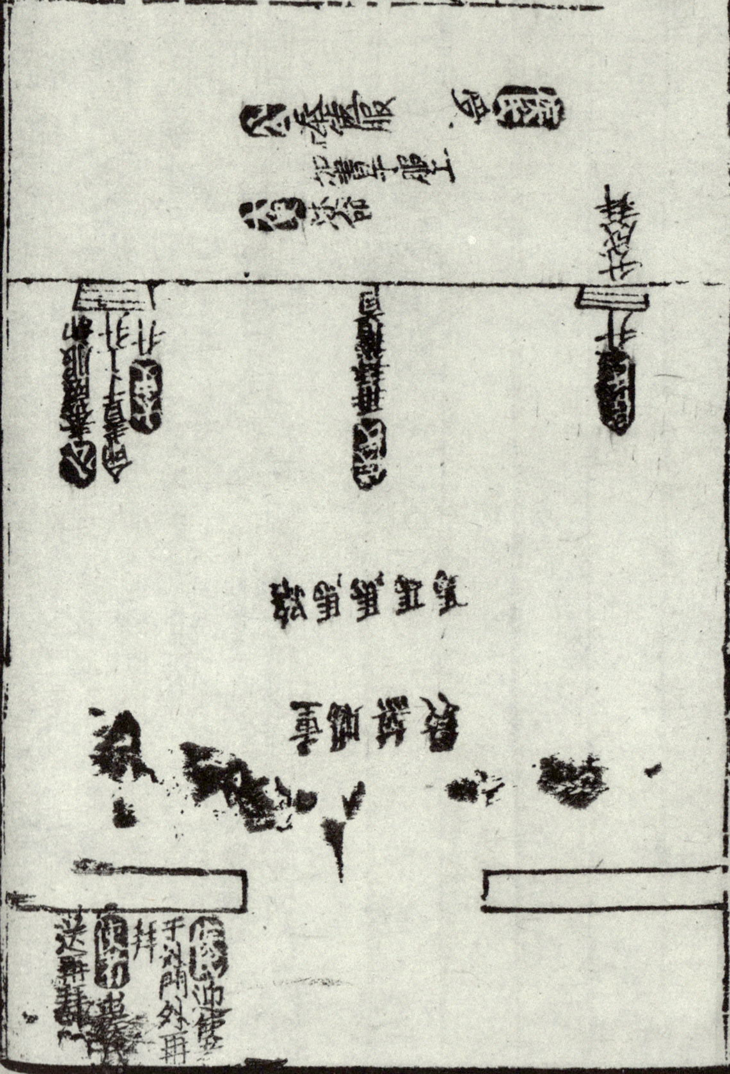

饗禮乃歸禮謂食燕也王或不親以其禮幣致之故言自禮至文也掌客職曰上公三享三食三燕侯伯再享再食再燕子男一享一食一燕○疏曰案聘禮及諸文皆言享然公禮鄭故引掌客五等享食燕則有如禮為食燕也若不親則皆以幣致之

右饗

諸侯覲于天子為宮方三百步四門壇十有二尋深四尺加方明于其上四時朝覲受之於廟此謂時會殷同也宮謂壝土為埒以象牆壁也為宮者於國外春會同則於東方夏會同則於南方秋會同則於西方冬會同則於北方八尺曰尋十有二尋則方九十六尺也深謂高也從上曰深司儀職曰為壇三成成猶重也三重者自下差之為三等而上有堂焉堂上方二丈四尺上等中等下等每面十二尺方明者上下四方神明之象也上下四方之神者所謂明神也會同而盟明神監之則謂之天之司盟有象者猶宗廟之有主乎王巡守至于方嶽

之下諸侯會見之亦為此宮以見之司儀職曰將會諸侯則命為壇三成宮旁一門詔王儀南鄉見諸侯是名○疏曰合木為之上下四方故名方明則神明之象故名明秋官司盟云北面詔明神故曰所謂明神也天之司盟即左氏襄十一年傳司慎司盟是也

方明者木也方四尺設六色東方青南方赤西方白北方黑上玄下黃設六玉上圭下璧南方璋西方琥北方璜東方圭六色象其神六玉以禮之上宜以蒼璧下宜以黃琮而不以者則上下之神非天地之至貴者也設玉者刻其木而著之

上介皆奉其君之旂置于宮尚左公侯伯子男皆就其旂而立置於宮者建之豫為其君見王之位也諸公中階之前北面東上諸侯東階之前西面北上諸伯西階之西東面北上諸子門東北面東上諸男門西北面東上尚左者建旂公東上侯先伯伯先子子先男而位皆上東方也諸侯入壝門或左或右各就其旂而立王降階南鄉見之三揖土揖庶姓時揖異

姓天揖同姓見揖位乃定○疏曰中階之前以下皆
朝事儀明堂位文周公朝諸侯于明堂不在宗廟皆
與此同也云或左或右者謂二伯帥之入亦就士應門左右也**四傳擯**王既揖五者升壇設擯升
諸侯以會同之禮見其奠瑞玉及享幣公拜於上等侯
伯於中等子男於下等擯者每延之升堂致命王受
玉撫玉降拜於下等及請事勞皆如覲禮是以記之
覲云四傳擯者每一位再擯者以告乃更陳列而升
其次公也侯也伯也各一位子男俠門而俱東上亦
一位也至庭乃設擯則諸侯初入門王官之伯帥之
耳○疏曰三等者禮皆司儀職文受玉
謂朝撫玉謂享子男共一位故設擯四**天子乘龍載**
大旂象日月升龍降龍出拜日於東門之外反祀方
明此謂會同以春者也馬八尺以上爲龍大旂大常也王建大常縿首畫日月其下及旒交畫升龍降
龍朝事儀曰天子冕而執鎮圭尺有二寸繅藉尺有二
寸搢大圭乘大路建大常十有二旒樊纓十有二
就貳車十有二乘帥諸侯而朝日於東郊所以教尊
尊也退而朝諸侯由此二者言之已祀方明乃以會

同之禮見諸侯也凡會同者不協而盟司盟職曰凡
邦國有疑會同則掌其盟約之載書及其禮儀北面
詔明神既盟則藏之言北面詔明神則明神有象也
象者其方明乎及盟時又加於壇上乃以載辭告焉
詛祝掌其祝號○疏曰此四門之禮乃將見諸侯先
禮日月山川也禮既畢乃祀方明於壇祀方明禮畢
遂去方明於下天子乃升壇與諸侯相見朝禮既畢
乃更加方明於壇與諸侯行盟誓之禮若邦國無疑
王帥諸侯朝日而已無祀方明之事禮日於南門外禮月與四瀆於北
門外禮山川丘陵於西門外此謂會同以夏冬秋者也變拜言禮者容祀也
禮月於北郊者月太陰之精以為地神也盟神必云
日月山川焉者尚著明也詩曰謂予不信有如皦日
春秋傳曰縱子忘之山川神祇其忘諸乎山川有明神為信也祭天燔柴祭山丘陵
升祭川沈祭地瘞升沈必就祭者也就祭則是謂王巡狩及諸侯之盟祭也其盟揭其
著明者燔柴祭天沈瘞祭禮終矣大備矣郊特牲曰郊之祭也迎長日之至也大報天而主日也宗伯職曰兆

實柴祀日月星辰則燔柴祭天謂祭日也柴為祭日則祭地瘞者祭月也日月而云天地靈之也王制曰王巡狩至于岱宗柴是王巡狩之盟其神主日也春秋傳曰晉文公為踐土之盟而傳云山川之神是著侯之盟其神主山川也月者太陰之精上為天使臣道莫貴焉是王官之伯會諸侯而盟其神主月與○惱若蓋反○疏曰上論天子在國行會同之事此據巡狩於四方諸侯隨方而祭之以為盟主也

右祀方明

會同見諸侯圖

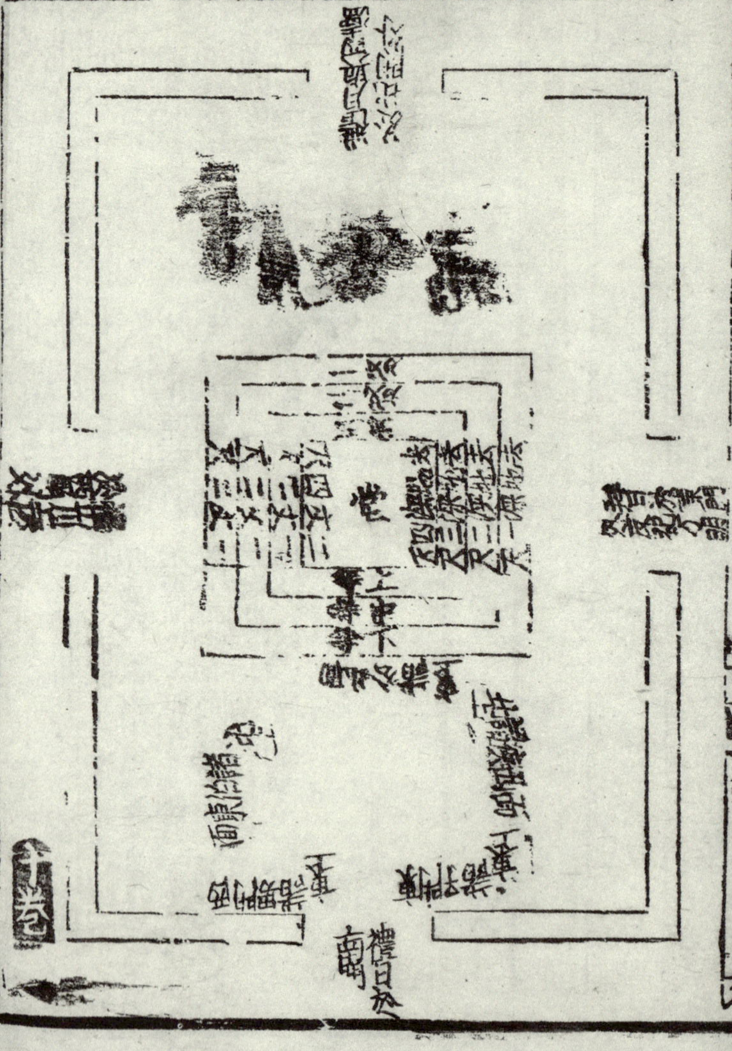

儀禮圖第十一

喪服第十一

子夏傳疏曰傳者不知是誰人所作人皆云孔子弟子卜商字子夏所為案公羊傳是公羊高所為高是子夏弟子今公羊傳有者何何以曷為孰謂之等與此傳同師徒相習此傳子夏作不虛也其傳內更云傳者是子夏引他舊傳以證已義儀禮十七篇餘不為傳獨為喪服作傳者喪服篇總包天子已下五服差降精麤變除之數既繁出入正殤交互恐讀者不能悉解其義是以特為傳解

喪服○斬衰裳苴絰杖絞帶冠繩纓菅屨者衰七回反苴七餘反絰大結反絞户交反一如字菅古顏反屨九具反○者者明為下出也凡服上曰衰下曰裳麻在首在要皆曰絰絰之言實也明孝子有忠實之心首絰象緇布冠之缺項要絰象大帶又有絞帶象革帶齊

衰以下用布。○疏曰不言裁割而言斬者取痛甚之意雜記縣子曰三年之喪如斬期之喪如剡一云苴絰杖絞帶者以一苴目此三事謂苴麻爲首絰要絰又以苴竹爲杖苴麻爲絞帶云冠繩纓者以六升布爲冠又屈一條繩爲武垂下爲纓冠在首退在帶下者以衰用布三升冠六升冠既加飾又齊衰冠纓用布則知此繩纓不用苴麻用枲麻故退冠在下也菅草也詩云白華菅兮鄭云白華已漚爲菅已下諸章並見年月唯此不言三年者表其痛極是哀於斬也服下出者字明臣子爲君父等所出也 ○傳曰

斬者何不緝也苴絰者麻之有蕡者也苴絰大搹左本在下去五分一以爲帶齊衰之絰斬衰之帶也去五分一以爲帶大功之絰齊衰之帶也去五分一以爲帶小功之絰大功之帶也去五分一以爲帶緦麻之絰小功之帶也去五分一以爲帶苴杖竹也削杖

桐也杖各齊其心皆下本杖者何爵也無爵而杖者何擔主也非主而杖者何輔病也童子何以不杖不能病也婦人何以不杖亦不能病也

緝七入反蕡扶云反搹音革去起呂反齊市[illegible]反○盈手曰搤搤扼也中人之扼圍九寸以五分一為殺者象五服之數也爵謂天子諸侯卿大夫士也無爵謂庶人也擔猶假也無爵者假之以杖尊其為主也非主謂衆子也○踊曰枲是雄麻蕡是子麻以色言之謂之苴以實言之謂之蕡云苴絰大搹左本在下者本謂麻根此對為母右本在上云苴杖竹也削杖桐也為父所以杖竹者父者子之天竹圓亦象天竹又外內有節象子為父亦有外內之痛又竹能貫四時而不改子之哀痛亦經寒溫而不改故用竹也為母杖桐者桐之言同內心同之於父外無節象家無二尊屈於父為之齊衰經時而有變又削之使方象地也

絞帶者繩帶也冠繩纓條屬右縫冠六升外畢鍛而勿灰衰三升

菅屨者菅菲也外納屬音燭衆並如字升鄭音登登成也縫扶弄反纖行亂反○屬猶著也通屈一條繩為武垂下為纓著之冠也布八十縷為升升字當為登登成也今之禮皆以登為升俗誤已行久矣雜記曰喪冠條屬以別吉凶三年之練冠亦條屬右縫小功以下左縫外畢者冠前後屈而出縫於武也○疏曰引雜記者證條屬是喪冠若吉冠則纓武異材喪冠則纓武同材將一條繩從額上約之至項後交過兩廂各至耳於武綴之各垂於頤下結之右縫者其冠三辟積鄉右為之從陰也外畢者冠廣二寸落頂前後兩頭皆在武下鄉外出反屈之縫於武而為之兩頭縫畢鄉外故云外畢外納者鄭注士喪禮云納收餘也

居倚廬寢苫枕塊哭晝夜無時歠粥朝一溢米夕一溢米寢不脫絰帶既虞翦屏柱楣寢有席疏食水飲朝一哭夕一哭而已既練舍外寢始食菜果飯素食哭無時塊苦對反本又作凷說文云塊俗凷字溢如字王肅劉逵

皆一云滿手曰溢與鄭異拄丁主反楣亡悲反疏食音嗣
鬻〇二十兩曰溢為米一升二十四分升之一楣謂
之翦柱楣所謂梁闇讀鶉鵪也舍外寢於中門之外
屋下壘墼為之不塗墍所謂堊室也素猶故也謂復
平生時食也斬衰不書受月者天子諸侯卿大夫士
虞卒哭異數〇疏曰居倚廬孝子所居在門外東壁
倚木為廬既夕記云居倚廬鄭注云倚木為廬在中
門外東方北戶喪大記云婦人不居廬也經與傳據男
子生文在中門外者哀親之在外寢苫者哀親之在
草也絰帶不說則衰裳不說可知既虞卒哭帶[illegible]說可
也云既虞翦屏柱楣者士虞禮既葬反日中而虞鄭
注士喪三虞二三虞之後乃改舊廬西鄉開戶翦去戶
旁兩楣屏之餘草柱楣者前梁謂之楣楣下兩頭豎
柱施梁乃夾戶傍之屏也既虞之後卒去廬中無時
之哭唯有阼階下朝一哭夕一哭既練之後無朝夕
哭唯有堊室中或十日或五日一哭思憶則哭無時一溢之
數若也者依莽法乃二十兩
曰石枕之也梁闇即諒陰也
父〇傳曰為父何以斬衰也父至尊也疏曰父是一家之尊

傳父卒然後爲祖後者服斬詳見九下杖期爲君之祖父母條

諸侯爲天子○傳曰天子至尊也疏曰天子至尊同於父也○記

方喪三年疏曰方謂比方也謂比方父喪禮以喪君也○君爲天子三年夫

人如外宗之爲君也外宗君外親之婦也其夫與諸侯爲兄弟服斬妻從服期諸侯爲天子服斬夫人亦從服期喪大記曰外宗房中南面○疏曰夫人如外宗之爲君也言諸侯外宗之婦爲君期則夫人爲天子亦期也君謂列國諸侯之君外宗君外親之婦也者其夫既是君之外姓其婦即是外宗也熊氏云凡外宗有三案周禮外宗之女有爵通卿大夫之妻一也雜記云外宗爲君夫人猶內宗也注謂君之姑姊妹之女舅之女從母皆是皆爲諸侯服斬爲夫人服期是二也此文外宗亦諸侯外宗之婦也君姑之子婦從母之子婦其夫是君之外親爲君服斬其婦亦名外宗爲君服期是三也內宗有二者案周禮云內女之有爵謂其同姓之女悉是一也雜記云內宗者是君之五屬之內女是二也

世子不爲天子服遠嫌也不服與畿外民同○疏曰諸侯世子自有繼世之道○服問
君○傳曰君至尊也天子諸侯及卿大夫有地者皆曰君○疏曰案周禮載師云家
邑任稍地小都任縣地大都任畺地是天子卿大夫有地者若魯國季孫氏有費邑叔孫氏有郈邑孟孫
氏有郕邑晉國三家亦皆有韓趙魏之邑是諸侯之卿大夫有地者皆曰君士無臣雖有地不得稱君故
僕隸等爲其喪弔服加麻不加斬也方喪三年見上文諸侯天子○記與諸侯爲兄
弟者服斬謂卿大夫以下也與尊者爲親不敢以輕服服之言諸侯者明雖在異國猶來爲之
三年也○疏曰經不云君而云諸侯故知容在異國也○小記○大夫之適子爲君
夫人太子如士服大夫不世子不嫌也○疏曰此明大夫無繼世之道其子無嫌得爲
君與夫人及君之太子著服如士服也○服問○外宗爲君夫人猶內宗也
皆謂嫁於國中者也爲君服斬夫人齊衰不敢以其親服服至尊也外宗謂姑姊妹之女舅之女及從母

皆是也內宗五屬之女也其無服而嫁於諸臣者從爲夫之君嫁於庶人從爲國君○疏曰此外宗與前章外宗爲君別也故鄭注彼云外宗是君之外親之婦此外宗唯據君之宗也○釋訖

父爲長子○傳曰何以三年也正體於上又乃將所傳重也庶子不得爲長子三年不繼祖也此言爲父後者然後爲長子三年重其當先祖之正體又以其將代己爲宗廟主也庶子者爲父後者之弟也○疏曰雖承重不得三年有四種一則正體不得傳重謂適子有廢疾不堪主宗廟也二則傳重非正體庶孫爲後是也三則體而不正立庶子爲後是也四則正而不體立適孫爲後是也

爲人後者○傳曰何以三年也受重者必以尊服服之何如而可爲之後同宗則可爲之後何如而可以爲人後支子可也爲所後者之祖父母妻妻之父母

昆弟昆弟之子若子若子者為所為後之親如親子○疏曰同宗則可為之後者以其大宗子當收聚族人非同宗則不可謂同承別子之後一宗之內若別宗同姓亦不可以其收族故也云支子可也者以其適子當家自為小宗小宗當收斂五服之內亦不可闕則適子不得後也故取支子支子則第二以下庶子也死者祖父母則為後者曾祖父母則齊衰三月也妻即為後者之母也妻之父母則妻之昆弟妻之昆弟之子於為後者為外祖父母及舅舅之內兄弟皆緦麻子為之著服也傳舉疏以見親言外以包內骨肉親者如親子可知

妻為夫○傳曰夫至尊也○疏曰夫至尊者雖是體敵齊等夫者是妻之尊敬以其在家天父出則天夫是其男尊女卑之義故同之於君父也

妾為君○傳曰君至尊也妾謂夫為君者不得體之加尊之也雖士亦然

女子子在室為父女子子者子女也別於男子也布總箭笄髽衰三

年總子孔反笄音雞髽側瓜反○此妻妾女子子喪服之異於男子者總束髮謂之總者既束其本
又總其末箭笄篠竹也髽露紒也猶男子之括髮括髮以麻則髽亦用麻以麻者自項而前交於額
上卻繞紒如著幓頭焉小記曰男子冠而婦人笄男子免而婦人髽凡服上曰衰下曰裳此但言衰不言
裳婦人不殊裳衰如男子衰下如深衣深衣則衰無帶下又無衽○疏曰至此始言三年者此三者並總
三年婦除之一云衰下如深衣衣者如其十二幅縫齊倍要也連裳於衣故不須帶下以掩裳上際縫合前後
兩邊不開故不須衽以掩裳際也○傳曰總六升長六寸箭笄長尺
吉笄尺二寸長直亮反○總六升者首飾象冠數長六寸謂出紒後所垂為飾也○疏曰云
箭笄長尺吉笄尺二寸者此斬之笄用箭下記云女子子適人者為父母婦為舅姑用惡笄鄭以為榛木為
笄則檀弓南宮縚之妻之姑之喪云蓋榛以為笄是也吉時大夫士之妻用象天子諸侯之后夫人用玉
為笄今於喪中唯有此箭笄及榛笄二者若言寸數亦不過此二等以其斬衰尺吉笄尺二寸檀弓南宮縚

之妻爲姑㨶以爲笄亦云一尺則大功以下不得要
容差降鄭注云笄所以卷髮既直[redacted]卷髮故五服略
爲一節皆用一尺而已是以女子子爲父母既用櫛
笄卒哭之後折吉笄之首歸於夫家以榛笄之外餘
差降故用吉笄也上云男子免女笄此女子子布總用
布當男子冠用布之處故同六升以同首飾故也

子嫁反在父之室爲父三年謂遭喪後而出者始服齊衰[redacted]而虞則受以
三年之喪受既虞而出則小祥亦如[redacted]既除喪而出
則已凡女行於大夫以上曰嫁行於士庶人曰適人

○記爲父母喪未練而出則三年既練而出則已未
練而反則期既練而反則遂之疏曰女出嫁爲父母期若父母喪未小祥
而彼夫遣歸值小祥則隨兄弟服三年之[redacted]已絶
夫族故其情更降於父母也若父母喪已小祥而女
被遣其期服已除若反本服須隨兄弟之[redacted]兄弟
祥之後無服變之節故女遂正也未練而反則期者
謂先有喪而爲夫所出今未小祥而夫命已反則還
未嫁[redacted]祥而[redacted]而依期也既練而反則遂之者若

還■已隨兄弟小祥服三年之受而夫反命之則猶遂三年乃除隨兄弟故也○小記

公士大夫之眾臣為其君布帶繩屨士卿士也公卿大夫厭於天子諸侯故降其眾臣布帶繩屨貴臣得伸不奪其正○疏曰云士卿士也者以其在公之下大夫之上當卿之位也典命大國立孤一人諸侯無公以孤為公降其眾臣布帶繩屨二事其餘服杖冠絰則如■也其布帶則與齊衰同其繩屨則與大功等也貴臣得伸依上人■帶當屨也○傳曰公卿大夫室老士貴臣其餘皆眾臣也君謂有地者也眾臣杖不以即位近臣君服斯服矣繩屨者繩菲也■室老相也士邑宰也近臣閽寺之屬君嗣君也斯此也近臣從君喪服無所降也繩非今時不借也○疏曰公卿大夫或有地或無地鄉遂臣為之皆有村但無地公卿大夫其君卑眾臣皆得以杖與嗣君同即阼階下夕哭位者有地公卿大夫其君尊眾臣雖杖不與嗣君同即哭位下君故也漢時謂屨為不借

右斬衰三年

斬衰正義服圖

正服衰三升冠六升○既葬以其冠爲受衰六升

冠七升

父

父爲長子

爲人後者

女子子在室爲父布總箭笄髽三年

妻爲夫

妾爲君

子嫁反在父之室爲父三年

義服衰三升半冠同六升○既葬以其冠爲受衰

七升

諸侯爲天子

君

公士大夫之眾臣爲其君布帶繩屨

疏衰裳齊牡麻絰冠布纓削杖布帶疏屨三年者疏猶麤也○疏曰斬衰先言斬齊衰後言齊者一以見哀之淺深一以見造衣之先後○傳曰齊者何緝也牡麻者枲麻也牡麻絰右本在上冠者沽功也疏屨者藨蒯之菲也沽猶麤也冠尊加其麤麤功大功也○疏曰云牡麻絰右本在上者上章爲父左本在下者陽統於內別此爲母陰統於外故右本在上作冠用沽功者衰裳升數恒少冠之升數恒多冠在首尊既冠從首尊故加飾而■數恒多也斬冠六升不言功者六升雖是麤之末未得古稱故不見人功此三年齊冠七升初入大功之境故言沽功始見人功沽麤之義故云麤功見人功麤大不精者也藨是草名蒯亦草類父卒則爲母尊得伸也○疏曰云則者欲見父卒三年之內而母卒仍服期父服除後遭母喪

者乃得伸○繼母如母○傳曰繼母何以如母繼母之配父與因母同故孝子不敢殊也因猶親也○疏曰繼母配父即是胖合之義故孝子不敢殊異之也

慈母如母○傳曰慈母者何也傳曰妾之無子者妾子之無母者父命妾曰女以為子命子曰女以為母若是則生養之終其身如母死則喪之三年如母貴父之命也此謂大夫士之妾也不命則亦服庶母慈己之服可也又大夫之妾子父在為母大功則士之妾子為母期矣父卒則皆得伸也

小記父卒而后為祖母後者三年祖父在則其服如父在為母也

○疏曰適孫承重之服謂若適孫無父而為祖後祖父已卒今又遭祖母喪則事事得伸如父卒為

母三年也若祖父卒時父已先亡亦爲祖父三年若祖卒時父在已爲祖期今父没祖母亡亦爲祖母三年也

母爲長子○傳曰何以三年也父之所不降母亦不敢降也○記妾爲君之長子惡笄有首布總

右齊衰三年

齊衰三年降正服圖

降服衰四升冠七升○既葬以其冠爲受衰七升冠八升

父卒父卒則爲母疏此降服乃降斬衰而爲齊衰也賈疏曰家無二尊厭於父爲之齊衰十

繼母 如母

慈母 如母

三服衰五升冠八升○既葬以其冠爲受衰八升
冠九升
母爲長子
妾爲君之長子
疏衰裳齊牡麻絰冠布纓削杖布帶疏屨期者疏曰此章與前章惟期一字異以期與三年縣絕服制不同論經章別七服下章不言還依此例除惟言杖不杖及麻屨變異者此章雖止一期而禫杖具有案下雜記云十一月而練十三月而祥十五月而禫注云此謂父在爲母爲母之與父恩愛本同爲父所厭屈而至期是以雖屈猶伸禫杖也妻雖義合妻乃天夫爲夫斬衰爲妻報以禫杖但以夫尊妻卑故齊斬有異
○傳曰問者曰何冠也曰齊衰大功冠其受也緦麻小功冠其衰也帶緣各視其冠疏曰降服齊衰四升冠七升既葬以其冠爲受衰七升冠八升正服齊衰五升冠八升既葬以其冠

為受受衰八升冠九升義服齊衰六升冠九升既葬以其冠為受受服衰九升冠十升降服大功衰七升冠十升既葬以其冠為受受衰十升冠十一升正服大功衰八升冠十升既葬以其冠為受受衰十升冠十一升義服大功衰九升冠十一升既葬以其冠為受受衰十一升冠十二升以其初死冠升皆與既葬衰升數同故云冠其受也小功緦麻冠皆與衰升數同故云冠其衰也帶緣各視其冠者帶謂布帶象革帶者緣謂喪服之內中衣緣用布緣之二者之布升數多少視猶比也各比擬其冠也問齊衰之冠因答云大功與緦麻小功并帶緣也

父在為母。○傳曰：何以期也？屈也。至尊在，不敢伸其私尊也。父必三年然後娶，達子之志也。疏曰子於母屈而期心喪猶三年故父雖為妻期而除然必三年乃娶者通達子之心喪之志故也

妻。○傳曰：為妻何以期也？妻至親也。○記父在則為

妻不杖

五服外○記公子爲其母練冠麻麻衣縓緣爲其

妻縓冠葛絰帶麻衣縓緣皆既葬除之公子君之庶子也其或爲母謂妾子也麻者緦麻之絰帶也此麻衣者如小功布深衣爲不制衰裳變也詩云麻衣如雪縓淺絳也一染謂之縓練冠而麻衣縓緣三年練之受飾也檀弓曰練練衣黃裏縓緣諸侯之妾子厭於父爲母不得伸權爲制此服不奪其恩也爲妻縓冠葛絰帶妻輕○䟽曰練衣練中衣據重服三年變服後爲中衣之飾也諸侯尊絕朞已下無服公子被厭不合爲母服不奪其母子之恩故五服外權爲制此服必服麻衣縓緣者麻衣大祥受服縓緣練之受飾雖抑猶容有三年之哀故也

○傳曰何以不在五服之中也君之所不服子亦

不敢服也君之所爲服子亦不敢不服也君之所不服謂

妾與庶婦也君之所爲服謂夫人與適婦也諸侯之妾貴者視卿賤者視大夫皆三月而葬

出妻之子爲母○傳曰出妻之子爲母期則爲外祖父母無服傳曰絕族無施服親者屬在旁而及曰施親者屬母子無絕道

出妻之子爲父後者則爲出母無服傳曰與尊者爲一體不敢服其私親也疏曰父已與母無親子獨親之故云私親

父卒繼母嫁從爲之服報○傳曰何以期也貴終也嘗爲母子貴終其恩○按通典宋崔凱云父卒繼母嫁從爲之服報鄭玄云嘗爲母子貴終其恩也王肅云從乎繼母而寄育則爲服不從則不服凱以爲出妻之子爲母及父卒繼母嫁從爲之服報皆謂庶子自爲父後者皆不服也傳云與尊者爲一體不敢服其私親也便蔚之謂王順經文鄭附傳說王即情所安於傳亦無礙既嫁則與宗廟絕爲父後者安可以廢祖祀而服之乎

右齊衰杖期

齊衰杖期降正服圖

降服衰四升冠七升○既葬以其冠爲受衰七升 冠八升

父在爲母

正服衰五升冠八升○既葬以其冠爲受衰八升 冠九升

妻

出妻之子爲母

父卒繼母嫁從爲之服報

不杖麻屨者 疏曰此章與上章雖杖與不杖不同其正服衰五升而冠八升則不異也○愚按以此例推之其降服衰四升而冠七升亦不異也

祖父母○傳曰何以期也至尊也

小記父卒而后爲祖母後者三年注見前齊衰三年條

世父母叔父母○傳曰世父叔父何以期也與尊者一體也然則昆弟之子何以亦期也旁尊也不足以加尊焉故報之也父子一體也夫妻一體也昆弟一體也故父子首足也夫妻胖合也昆弟四體也故昆弟之義無分然而有分者則辟子之私也子不私其父則不成爲子故有東宮有西宮有南宮有北宮異宮而同財有餘則歸之宗不足則資之宗世母叔母何以亦期也以名服也○檀弓縣子瑣曰吾聞之古者不降上下各以其親滕伯文爲孟虎齊衰其叔父

也爲孟皮齊衰期叔父也伯文殷時滕君也爵爲伯名文○䟽曰滕伯文爲孟

虎並是齊衰之服期齊衰之服其滕伯虎是滕伯文之叔父也爲孟皮齊是皮之叔父也言滕伯上爲叔父

下爲兄弟之子皆著齊衰

大夫之適子爲妻○傳曰何以期也父之所不降子

亦不敢降也何以不杖也父在則爲妻不杖大夫不以尊降

適婦者重適之子以厭降公有四品君大夫以尊降公子大夫之子昆弟以旁尊降爲人後者女子子

嫁者以出降○小記曰子不降妻之父母其爲妻也與大

夫之適子同

昆弟昆兄也爲姊在室亦如妹○爲衆子衆子者長子之弟及妾子女子在室亦如

之○昆弟之子○傳曰何以期也報之也檀弓曰喪服兄弟之

子適子……
別而……

大夫之庶子為適昆弟○傳曰何以期也父之所不

降子亦不敢降也大夫雖尊不敢降其適重之也適子為庶昆弟庶昆弟相為亦如大夫

大夫為之……如大

……功也

謂適子死承重者

適孫○傳曰何以期也不敢降其

適也有適子者無適孫孫婦亦如之周之道適子死則立適孫是適

孫將上為祖後者也長子在則皆為庶孫

耳孫婦亦如之適婦在亦為庶孫之婦

為人後者為其父母報○傳曰何以期也不貳斬也

何以不貳斬也持重於大宗者降其小宗也為人後

者孰後後大宗也曷為後大宗大宗者尊之統也

獸知母而不知父野人曰父母何算焉都邑之士則知尊禰矣大夫及學士則知尊祖矣諸侯及其大祖天子及其始祖之所自出尊者尊統上卑者尊統下大宗者尊之統也大宗者收族者也不可以絕故族人以支子後大宗也適子不得後大宗上猶遠也下猶近也○疏曰大宗子統領百世而不遷又上祭大祖而不易是尊統遠小宗子唯統五服之內是尊統近云大宗者尊之統也又云大宗者收族是大宗統遠之事也

女子子適人者爲其父母昆弟之爲父後者○傳曰爲父何以期也婦人不貳斬也婦人不貳斬者何也婦人有三從之義無專用之道故未嫁從父既嫁從

夫夫死從子故父者子之天也夫者妻之天也婦人不貳斬者猶曰不貳天也婦人不能貳尊也爲昆弟之爲父後者何以亦期也婦人雖在外必有歸宗曰小宗故服期也○記女子子適人者爲其父母婦爲舅姑惡笄有首以髽卒哭子折笄首以笄布總疏曰婦人以飾事人是以雖居喪內不可頓去修容故使惡笄而有首至卒哭女子子哀殺歸于夫氏故折吉笄之首而著布總也○傳曰笄有首者惡笄之有首也惡笄者櫛笄也折笄首者折吉笄之首也吉笄者象笄也何以言子折笄首而不言婦據在夫家宜言婦終之也終之者終子道於父

母之

繼父同居者○傳曰何以期也傳曰夫死妻穉子幼子無大功之親與之適人而所適者亦無大功之親所適者以其貨財爲之築宮廟歲時使之祀焉妻不敢與焉若是則繼父之道也同居則服齊衰期異居則服齊衰三月必嘗同居然後爲異居未嘗同居則不爲異居築宮廟於家門之外神不歆非族妻不敢與焉恩雖至親族已絶矣夫不可二此以恩服爾未嘗同居則不服之○小記繼父不同居也者必嘗同居皆無主後同財而祭其祖禰爲同居有主後者爲異居見同財則期同居異財故同居今異居及繼父有子亦爲異居則三月未嘗同居則不服○疏曰饒云皆無主後爲同居則此子有子亦爲異居也

為夫之君○傳曰何以期也從服也疏曰從服者以夫為君斬故妻從之服期也

姑姊妹女子子適人無主者姑姊妹報疏曰姑對姪姊妹對兄弟出適反為姪與兄弟大功姪與兄弟為之降至大功今還相為期故言報也○傳曰無主者謂其無祭主者也何以期也為其無祭主故也

為君之父母妻長子祖父母○傳曰何以期也從服也父母長子君服斬妻則小君也父卒然後為祖後者服斬此為君矣而有父若祖之喪者謂始封之君也若是繼體則其父若祖有廢疾不立父卒者父為君之孫宜嗣位而早卒今君受國於曾祖○疏曰云父母長子君服斬者欲見臣從君服期君之母當齊衰而言斬者以母亦有三年之服故并言之云妻則小君也者欲見臣為小君期是常非從服之

例云父卒然後爲祖後者服斬者傳解經臣爲君之祖父母服期若君在則爲君祖父母從服期云此爲君矣而有父若祖之喪者謂始封之君也始封之君非繼體容有祖父不爲君而死君爲之斬臣亦從服期也若是繼體則其父若祖合立爲廢疾不立已當立是受國於曾祖又云公卒若此解傳之父卒耳若今君受國於祖祖薨則羣臣爲之斬何得從服期故鄭以新君受國於曾祖其然曾祖爲君薨羣臣自當服斬其君之祖薨君爲之服斬臣從服期也趙商問已爲諸侯父有廢疾不任國政不任喪事而爲其祖服制度之宜年月之斷云何答曰父卒爲祖後者三年斬何疑趙商又問父卒爲祖後者三年已聞命矣所問者父在爲祖如何欲言三年則父在欲言期復無主斬杖之宜主喪之制未知所定答曰天子諸侯之喪皆斬衰無期彼志與此注相兼乃具也

妾爲女君○傳曰何以期也妾之事女君與婦之事舅姑等女君君適妻也女君於妾無服報之則重降之則嫌○疏曰婦之事舅姑亦期故云等但

並已匹適傾覆之惜故卅之雖或嫁娣使姪子之妻與婦事舅姑同也諸經傳得無故君服妾之文故二云無服云報之則重降之則輕若還報以期無尊卑降殺則太重若降之大功小功則似舅姑為適婦庶婦之嫌故使女君為妾無服也○記妾為女君惡笄有首布總疏曰妾為女君之服亦三年但為情輕故與婦事舅姑齊衰同惡笄有首布總也

婦為舅姑○傳曰何以期也從服也○記婦為舅姑惡笄有首以髽見上文女子子適人者為其父母昆弟之為父後者條

夫之昆弟之子男女皆是○傳曰何以期也報之也疏曰二母與子本是路人為配二父而有母名為之服期故二母報子還服期

公妾大夫之妾為其子○傳曰何以期也妾不得體君君為其子得遂也疏曰諸侯絕旁期為眾子無服大夫降一等為眾子大功其妻體君

[illegible]賤皆曰不[illegible]
[illegible]遂[illegible]也
曰何以期也不敢降其祖也
[illegible]降[illegible]
[illegible]子昆弟[illegible]子[illegible]
命婦者[illegible]不[illegible]
[illegible]命[illegible]
[illegible]命婦[illegible]
[illegible]
大夫者[illegible]也命婦者其婦[illegible]
命婦者[illegible]無[illegible]祭主者也何

⋯言父母期故言

期也父之所不降子亦

曷為不降

命婦也夫尊於朝妻貴於

命婦之無祭⋯
不也⋯女同不報

工謂姑姊妹女子子也唯
國傳以為主謂女子子殺

⋯注止言
所主⋯自為之期

⋯功⋯無祭
恩降⋯則

姊妹女子子若以世母叔
四人嫁適士則小功嫁

祖父母適孫為士者○傳曰何以期也大夫

其祖與適也不敢降其祖與適
則可降其旁親也

以及士妾為其父母疏⋯公謂五等諸侯皆
妾云⋯謂一妻一妾孤

人妾不言⋯
卿甲士⋯

卑○傳曰何以期也妾不得體

爲父母遂也疏曰則父母不以尊降其父母者
以秋之道維尊為天王后猶
妾見言子尊不加於父母此傳似誤矣禮妾
從服其黨服此不自服其父母故以明之
所引禮見記云女君死則妾為女君之黨
服為傳誤也然傳意蓋為公子為君厭
君不
右齊衰不杖期

齊衰不杖期正義服圖

疏衰七升　○既葬以其冠為受衰　七升
爲其父母報
嫁人者　其父母
大士妾　其父母
八升　既葬以其冠為受衰　八升

父母

之妾爲其子

爲大功惟不降故在正服

子爲妻

子爲適昆弟

者爲其昆弟之爲父後者

子適人無主者姑姊妹報

父母

世父母叔父母子昆弟昆弟之

子子無主者爲大夫命婦者

適孫爲士者

義服衰六升冠九升○旣葬以其冠爲受衰九升

冠十升

繼父同居者

爲夫之君

爲君之父母妻長子祖父母

妾爲女君

婦爲舅姑

夫之昆弟之子

疏衰裳齊牡麻絰無受者無受者服是服而除不以輕服受之不著月數者天子諸侯葬異月也○疏曰天子七月葬諸侯五月葬爲之齊衰者皆三月藏其服至葬更服之葬後乃除

寄公爲所寓○傳曰寄公者何也失地之君也何以爲所寓服齊衰三月也言與民同也

大夫婦人爲宗子宗子之母妻○傳曰何以服齊衰

三月也尊祖也尊祖故敬宗敬宗者尊祖之義也宗子之母在則不爲宗子之妻服也疏曰宗子母在未年八十母自與祭母死宗人爲之服宗子母七十已上則宗子妻得與祭宗人乃爲宗子妻服也必爲宗子母妻服者以宗子燕食族人於堂其母妻亦燕食族人之婦於房皆序以昭穆故族人爲之服也○記宗子孤爲殤大功衰小功衰皆三月親則月筭如邦人言孤有不孤者不孤則族人不爲殤服服之也不孤謂父有廢疾若年七十而老子代主宗事者也孤爲殤長殤中殤大功衰下殤小功衰皆如殤服而三月謂與宗子絕屬者也親謂在五屬之內筭數也月數如邦人者與宗子有期之親者成人服之齊衰期長殤大功衰九月中殤大功衰七月下殤小功衰五月有大功之親者成人服之齊衰三月卒哭受以大功衰九月其長殤中殤大功衰五月下殤小功衰三月有小功之親者成人服之齊衰三月卒哭受以小功衰五月其殤與絕屬者同有緦麻之親者成人及殤皆與

總麤者同○疏曰云大功衰小功衰者以其成人齊衰故長殤中殤皆在大功衰下殤在小功衰也自大功親以下盡小功親以上成人月數雖依本皆服齊衰者以其總麤者猶服齊衰三月明親者無問大功小功緦麻皆齊衰者也既皆齊衰故三月既葬受服乃始受以大功衰小功衰也至於小功親已下殤與絕屬者同者以其成人小功五月殤即入三月故與絕屬者在為宗子齊衰三月緦麻親亦三月是以成人及殤死皆與絕屬者同也

為舊君君之母妻○傳曰為舊君者孰謂也仕焉而已者也何以服齊衰三月也言與民同也君之母妻則小君也仕焉而已者謂老若有廢疾而致仕者也為小君服者恩深於民○疏曰此經上下臣為舊君君有二故發問云仕焉而已者傳意以下為舊君是待放之臣以此為致仕之臣也云何以服齊衰三月者怪其舊服斬衰今服三月也言與民同也者以本義合且今義已斷故抑之使與民同也下文

庶人爲國君無小君是恩淺也此爲小君是恩深於民也

庶人爲國君不言民而言庶人庶人或有在宮者天子畿內之民服天子亦如之○疏曰云庶人在官者謂府史胥徒經言庶人兼在官者而言之云天子畿內之民亦如之者以其畿外上公五百里侯四百里已下其民皆服君三月則畿內千里專屬天子亦如諸侯之境內也○疏曰無傳者已於前公與上下舊君釋訖故不言也

大夫在外其妻長子爲舊國君在外待放已去者○傳曰何以服齊衰三月也妻言與民同也長子言未去也妻雖從夫而出古者大夫不外娶婦人歸宗往來猶民也春秋傳曰大夫越境逆女非禮君臣有合離之義長子去可以無服

繼父不同居者嘗同居今不同○疏曰無傳者已於前期章釋子是以不言也

曾祖父母疏曰此經直云曾祖不言高祖案族祖父以高祖之孫而緦麻則高祖有服明矣故此注兼高祖而說也經不言者見其同服可知○傳曰何以齊衰三月也小功者兄弟之服也不敢以兄弟之服服至尊也正言小功者服之數盡於五則高祖宜緦麻曾祖宜小功也據祖期則曾祖宜大功高祖宜小功也高祖曾祖皆有小功之差則曾孫玄孫為之服同也重其衰麻尊尊也減其日月恩殺也○疏曰三年問云何以至期也曰至親以期斷又云然則何以三年也曰加隆焉爾也是本為父母期而加隆至三年若謂為父則為祖宜大功曾祖宜小功高祖宜緦麻若為父加隆三年則為祖宜期曾祖宜大功高祖宜小功是高祖曾祖皆有小功之差也曾祖中既兼有高祖是以兼云曾孫玄孫服同也

大夫為宗子○傳曰何以服齊衰三月也大夫不敢降其宗也

舊君大夫待放未去者 ○傳曰大夫爲舊君何以服齊衰三月也大夫去君埽其宗廟故服齊衰三月也言與民同也何大夫之謂乎言其以道去君而猶未絕也以道去君爲三諫不從待放於郊未絕者言爵祿尚有列於朝出入有詔於國妻子自民也○疏曰不言士者此主爲待放未絕大夫有此法士無待放之法不言公卿及孤者詩云三事大夫則三公亦號大夫

曾祖父母爲士者如衆人○傳曰何以齊衰三月也大夫不敢降其祖也

女子子嫁者未嫁者爲曾祖父母○傳曰嫁者其嫁於大夫者也未嫁者其成人而未嫁者也何以服齊衰三月不敢降其祖也言嫁於大夫者明雖尊猶不降也此皆不降明有所降

右齊衰三月

齊衰三月義服

義服衰六升冠九升無受

曾祖父母

曾祖父母爲士者如衆人

女子子嫁者未嫁者爲曾祖父母

衰冠無受同前

大夫大夫婦人爲宗子宗子之母妻

大夫爲宗子

記宗子孤爲殤大功衰小功衰皆三月親

則月算如邦人

衰冠無受同前

寄公爲所寓

庶人爲國君

爲舊君君之母妻

大夫在外其妻長子爲舊國

舊君

衰冠無受同前

繼父不同居者

大功布衰裳牡麻絰無受者大功布者其鍛治之功麤沽之○疏曰斬疏皆不言布與功至此經始言布体與人功斬衰冠六升不加灰此七升言鍛治可以加灰矣但麤沽而已言大功者用功麤大言小功者用功細小

女子子之長殤中殤疏曰子女子子在章首者父母於子哀痛情深故在前

○傳曰何以大功也未成人也何以無受也喪成人者其文縟喪未成人者其文不縟故殤之絰不樛垂蓋未成人也年十九至十六為長殤十五至十二為中殤十一至八歲為下殤不滿八歲以下為無服之殤無服之殤以日易月以日易月之殤殤而無服故

子生三月則父名之死則哭之未名則不哭也不緦無者不殺其殤之無者雖計日大功以上服者以日易月謂生一月者哭之一日也殤而無服者哭之而已爲昆弟之子女子子亦如之凡言子者可以兼男女又一云女子子者殊之以別於男也○疏曰馬融王肅以爲日易月者以哭之日易服之月殤之月如其親則旬有三日哭以八之餘矣

叔父之長殤中殤○姑姊妹之長殤中殤○昆弟之長殤中殤○夫之昆弟之子女子子之長殤中殤○適孫之長殤中殤○大夫之庶子爲適昆弟之長殤中殤○公爲適子之長殤中殤○大夫爲適子之長殤中殤公君也諸侯大夫不降適殤者重適也天子亦如之○疏曰自叔父至大夫庶子爲適昆弟之長殤中殤皆是成人齊衰朞長殤中殤降一等者以其殤故於此總見之又皆以尊卑爲前後次第作文

也二八公為適適子大夫為適適子皆是正統成人斬衰今
為殤死不得著代故入大功特言適子者天子諸侯
於無子則絕而無服大夫
於無子降一等故不言也
○其長殤皆九月纓絰其
中殤七月不纓絰
絰有纓者為其重也自大功以上
絰有纓以一條繩為之小功以下
絰無纓也○疏曰大功服之中無七月之服唯此大功
中殤有之諸文唯有冠纓不見絰纓故鄭云大功以
上有
之也
○小記大夫冠而不為殤婦人笄而不為殤
言
成
人也

右殤大功九月七月

殤大功降服圖

殤九條皆降服衰七升冠十升無受

大功布衰裳牡麻絰纓布帶三月受以小功衰即葛

九月者受猶承也凡天子諸侯卿大夫士虞卒哭而受服正言三月者天子諸侯無大功主於大夫士也此雖有君為姑姊妹女子子嫁於國君者非內喪也○疏曰天子九月而祔諸侯七月而祔辟眞以受服然經下言三月者主謂大夫士三月葬者皆云非內喪也者彼國自以五月葬後服此諸侯為之白也三月受服同於大夫士故云士於大夫也○傳曰大功布九升小功布

十一升此受之下也以發傳者明受盡於此也又受麻絰以葛絰閒傳曰大功之葛與小功之麻同○疏曰此章有降有正有義專直言義大功之受故鄭云此受之下也據降受之下發傳言明受盡於此義服大功也以其大功亦至葬唯有受麻服葛因故衰無受服法故傳據義大功而言也云因受麻絰以葛絰者言受衰須受亦傳唯發衰不言受麻以葛故鄭解之也引閒傳者證經大功既葬變麻為葛與小功初死同也○司服卿大夫之服自玄冕而下如孤之服

其凶服加以大功小功士之服自皮弁而下如大夫

之服其凶服亦如之凶服天子諸侯齊斬而已卿大夫加以大功小功士亦如之又加緦焉○疏曰天子諸侯自旁期以下皆絶而不爲服大夫加以大功小功謂本服大功小功者其降一等小功降仍有服緦者其本服之緦則降而無服士亦如大夫有大功小功但士無降服則亦有緦服

姑姊妹女子子適人者○傳曰何以大功也出也出必降之者蓋有受我而厚之者○疏曰[illegible][illegible]曰姑姊妹之薄也蓋有受我而厚之者也是於彼厚夫自爲之禫杖朞故於此薄爲之大功

從父昆弟世父叔父之子也其姊妹在室亦如之○疏曰世叔父與祖爲一體又與己父爲一體緣親以致服故云從也

爲人後者爲其昆弟○傳曰何以大功也爲人後者降其昆弟也

庶孫男女皆是○疏曰庶孫從父而服祖期故祖從子而服其孫大功降一等

適婦適婦謂適子之妻○疏曰舅姑為適婦從夫而服其舅姑期其舅姑從子而服其婦大功降一等者也

○傳曰何以大功也不降其適也疏庶婦小功加於庶婦一等○小記

適婦不為舅後者則姑為之小功

女子子適人者為衆昆弟父在則同父沒乃為父後者服期也

姪丈夫婦人報為姪男女服同○傳曰姪者何也謂吾姑者

吾謂之姪

夫之祖父母世父母叔父母○傳曰何以大功也從

服也夫之昆弟何以無服也其夫屬乎父道者妻皆

母道也其夫屬乎子道者妻皆婦道也謂弟之妻婦

者是嫂亦可謂之母乎故名者人治之大者也可無慎乎道猶行也謂弟之妻爲婦者卑遠之故謂之婦嫂者尊嚴之稱是爲序男女之別爾若已以母婦之服服兄弟之妻以舅子之服服己則是亂昭穆之序也○疏曰假作此號使遠乎淫亂爾不相爲服也

大夫爲世父母叔父母子昆弟昆弟之子爲士者謂子庶子○疏曰大夫爲此八者本期今以爲士故降至大功○傳曰何以大功者尊不同也尊同則得服其親服尊同謂亦爲大夫者親服期

公之庶昆弟大夫之庶子爲母妻昆弟公之庶昆弟則父卒也大夫之庶子則父在也其或爲母謂妾子也○疏曰云公子具父在今繼兄而言昆弟故知父卒也云公子父在爲母妾在五服之外父卒乃得伸故服大功也云大夫之庶子則父在也者以其繼父而言又大夫子子

為母妻得伸其本服大功故知父卒也一云其或為母謂妾子也者以適妻君大夫自不降其[illegible]
則今在大功中故知[illegible]自為己母也○傳曰何以大功也先君餘尊之
所厭不得過大功也大夫之庶子則從乎大夫而降
也父之所不降子亦不敢降也言從乎大夫而降則於父卒如國人也○
○疏釋曰[illegible]公之[illegible]以公之[illegible]大夫之[illegible]母妻昆弟在五服[illegible]公
[illegible]有[illegible]之[illegible]不得過大功其大夫之子[illegible]
[illegible]則得伸無餘尊[illegible]大[illegible]
皆為其從父昆弟之為大夫者皆者言其互相為服○疏曰承上文公之
[illegible]曰[illegible]大夫之庶子[illegible]之下則[illegible]上一人也以其二人
[illegible]為父所[illegible]降今[illegible]為大夫故此二人不降
[illegible]服大功[illegible]本服也[illegible]云互相爲服者以彼此同
是從父昆弟相[illegible]者[illegible]故[illegible]異五[illegible]之義故也
為夫之昆弟之婦人子適人者婦人子者女子子也不言女子子因出見

恩疏○釋曰此出適出長殤為之服在家期出嫁大功

大夫之妾為君之庶子下傳曰妾為君之黨服得與女君同指為此也妾為君之長子亦三年自為其子期異於女君也士之妾為君之衆子亦期

女子子嫁者未嫁者為世父母叔父母姑姊妹舊讀合大夫之妾為君之庶子女子子嫁者未嫁者言大夫之妾為此三人之服也○疏曰此是女子子逆降旁親及出降者此經云嫁者自為出降世父已下出降大功自昇當云更言未嫁者亦為世父已下非未嫁逆降鄭何以為馬融輩解此鄭以為非故下注破之也○傳曰嫁者其嫁於大夫者也未嫁者成人而未嫁者也何以大功也妾為君之黨服得與女君同下言為世父母叔父母姑姊妹者謂妾自服其私親也此不辭即實為妾遂自服其私親當言其以明之齊衰三月章

曰女子子嫁者未嫁者爲曾祖父母經與此同足以明之矣傳所云何以大功也妾爲君之黨服得與女君同文爛在下爾女子子成人者有出道降旁親及將出者明當及時也○疏曰何以大功至女君同當在上爲昏之辭子下誤在此下言至私親也非子夏舊書必是鄭君置之於此分別舊讀者意而以注破之故云不辭○朱先生曰此段自鄭注時已疑甯亦之讀今者女子子適人者爲父母及昆弟之爲父後者已見於齊衰期章爲眾昆弟又見於此大功章爲伯叔父母姑姊妹之服無文而獨見於此則當從鄭注之說無疑矣

大夫大夫之妻大夫之子公之昆弟爲姑姊妹女子子嫁於大夫者疏曰大夫大夫妻大夫之子公之昆弟四等人尊卑同皆降旁親姑姊妹已下一等大功又以出降當小功但嫁於大夫尊同無尊降有出降故皆大功也

君爲姑姊妹女子子嫁於國君者○傳曰何以大功

也尊同也尊同則得服其親服諸侯之子稱公子公子不得禰先君公子之子稱公孫公孫不得祖諸侯此自卑別於尊者也若公子之子孫有封爲國君者則世世祖是人也不祖公子此自尊別於卑者也是故始封之君不臣諸父昆弟封君之子不臣諸父而臣昆弟封君之孫盡臣諸父昆弟故君之所爲服子亦不敢不服也君之所不服子亦不敢服也不得禰不得祖者不得立其廟而祭之也卿大夫已下祭其祖禰則世世祖是人不得祖公子者後世爲君者祖此受封之君不得祀別子也公子若在高祖以下則如其親服後世遷之乃毀其廟爾因國君以尊降其親故終

愚按子夏傳云自卑別於尊是以子孫之卑自別於祖之尊此義爲是自尊別於卑乃以子孫之尊自別於祖之卑此說於理有害而鄭注遂以爲因國君以尊降其親而說此義則又愈遠禮意蓋國君以尊降其親謂降其旁親其正統之服不降祖服期曾祖高祖齊衰三月是未嘗降其祖也鄭此蓋惑於自尊別卑之說乃以封君之不祖公子爲以尊降其親而不知公子爲別子繼別爲宗謂之大宗百世不遷大宗或無後則子爲之立後使此不絶而常以公子爲祖矣君公子之子孫有封爲國君者則後世子孫只得祖封君而不得祖公子以系其別子之宗非是以封君之尊別於公子之卑而不祖之也子夏之說既已失之鄭注從襲謬誤愈差愈遠蓋失而又失者也

右大功九月

大功降正義服圖

降服衰七升冠十升〇既葬以其冠爲受衰十升
冠十一升
姑姊妹女子子適人者
女子子適人者爲衆昆弟
爲人後者爲其昆弟
女子子嫁者未嫁者爲世父母叔父母姑姊
妹
大夫爲世父母叔父母子昆弟昆弟之子爲
士者
公之庶昆弟大夫之庶子爲母妻昆弟

正服衰八升冠十一升〇既葬以其冠爲受衰十升
冠十一升
從父昆弟
庶孫
適婦
姪丈夫婦人報
大夫之妾爲君之庶子

正不降

君爲姑姊妹女子子嫁於國君者
大夫大夫之妻大夫之子公之昆弟爲姑姊
妹女子子嫁於大夫者
公之庶昆弟大夫之庶子皆爲其從父昆弟
之爲大夫者

喪服衰九升冠十一升十一升冠十二升 ○ 疏葬以其冠爲受衰十
夫之祖父母世父母叔父母
爲夫之昆弟之婦人子適人者

繐衰裳牡麻絰既葬除之者 繐音歲 ○ 疏曰繐衰
在小功上者此不言帶屨者以 姊小功升數又少故
大功之繐也則帶屨亦同小功 其傳云 ○ 傳曰繐衰
可知
者何以小功之繐也 治其縷細其縷 小功五成布四升半 以恩輕也升數少者
以服至尊也布細而疏
者謂之繐今南陽有鄧繐
諸侯之大夫爲天子 疏曰此直云大夫則天子中 其小聘使下大夫大

大九十一小功之字十二
聘或使卿出故大行人云諸侯之孤以皮帛繼子男○傳曰何以緦衰也

諸侯之大夫以時接見乎天子以時會見於天子而服之則其士庶民不服可

御

右緦衰既葬除之

小功布衰裳澡麻帶絰五月者

記曰下殤小功帶澡麻不絕疏曰小功以下絰帶皆斷本也衢帶於絰上以見重一以中衰本是齊衰之變故特一繐衰云細而反以報之者一為一條服之惡繩報合也乃繚斬必細而反以合者則見重故也

一緦衰一條衰四升有半冠八升七月既葬除之

澡音早○澡者治去莩垢不絕其本也○小其本屈而反以報之○此有下殤小功帶不絕小記者欲見下殤小功下殤若大功下殤則入附先以一股麻不絕本者以一頭屈而反向上合之

叔父之下殤○適孫之下殤○昆弟之下殤○大夫

庶子爲適昆弟之下殤○疏曰以上八[illegible]成人[illegible]已上殤大功[illegible]此下殤 爲姑姊妹女子子之下殤[illegible]長殤中殤大功[illegible]功故在此章

爲人後者爲其昆弟從父昆弟之長殤疏曰此本大功長殤中殤

則小功從父昆弟情本[illegible]○[illegible]故在此[illegible]降[illegible]殺

傳曰問者曰中殤何以不

見也大功之殤中從上小功之殤中從下

問者據從父昆弟之下殤在緦麻也大功小功皆謂服其成人也大功之殤中從上則齊衰之殤亦中從上也小功之殤中從下則緦麻之殤亦中從下也此主謂丈夫之爲殤者服也凡不見者以此求之也○疏曰鄭云問者據從父昆弟之下殤在緦麻章[illegible]不見[illegible]小功之殤中從下[illegible]從父昆弟之長殤中殤[illegible]章云[illegible]大功之殤中從上[illegible]反故[illegible]婦人爲夫之族類[illegible]之殤[illegible]下[illegible]相[illegible]音[illegible]也

[illegible]

爲夫之叔父之長殤不見中殤者中從下也○疏曰[illegible]夫之叔父[illegible]在小功[illegible]云不見中殤者中從下[illegible]在此成人[illegible]大功章[illegible]夫之殤中從下[illegible]婦人爲夫之[illegible]下在[illegible]

昆弟之子女子子夫之昆弟之子女子子之下殤疏曰

此皆[illegible]長中殤在大功[illegible]小功也

爲姪庶孫丈夫婦人之長殤[illegible]功[illegible]長殤在此[illegible]中殤亦在此[illegible]中從上[illegible]大功長[illegible]中[illegible]不[illegible]言[illegible]婦人[illegible]之義也

大夫公之昆弟大夫之子爲其昆弟庶子姑姊妹女子子之長殤[illegible]成人[illegible]

大夫之妾爲庶子之長殤[illegible]成人在大功章[illegible]

長殤降一等在此一云君之庶子若君適
長則成人隨皮君三年長殤小大功

右小功殤五月

小功殤降服圖

降服衰十升冠升同無受

叔父之下殤
適孫之下殤

昆弟之下殤
夫大夫庶子為適昆弟之下殤

為姑姊妹女子子之下殤
為人後者為其昆弟從父昆弟之長殤

昆弟之子女子子夫之昆弟之子女子子之
下殤

為姪庶孫丈夫婦人之長殤
大夫公之昆弟大夫之子為其昆弟庶子姑姊
妹女子子之長殤

降義服

為夫之叔父之長殤

大夫之妾爲庶子之長殤

小功布衰裳牡麻絰即葛五月者即衰也小功輕三月變麻因故衰以澡葛絰帶而五月也閒傳曰小功之葛與緦之麻同舊說小功以下吉屨無絇也○司服大夫凶服加以大功小功

從祖祖父母從祖父母報祖父之昆弟之親○疏曰從祖祖父母是曾祖之子祖之兄弟從祖父母者是從祖祖父之子父之從父昆弟之親

從祖昆弟父之從父昆弟之子○疏曰此是從祖父之之子故鄭云父之從父昆弟之子己之再從從兄弟服此三者爲二小功也

○記兄弟皆在他邦加一等不及知父母與兄弟居加一等皆在他邦謂行仕出游若辟讐仇不及知父母父母早卒○

疏曰其在他國一朝不死相愍若得歸鄉者父在鄭兄弟則相愍而死當憐其孤幼相育故皆加一等

○傳曰何如則可謂之兄弟傳曰小功以下爲兄弟 於此發兄弟傳者嫌大功已上又加也大功以上若皆在他國則親自親矣若不及知父母則固同財矣 ○疏曰小功已下爲兄弟者加一等大功以上不可復加也云親自親矣固同財矣者皆明恩自隆重不可復加之義

從父姊妹 父之昆弟之女

孫適人者 女孫在室亦大功也

爲人後者爲其姊妹適人者 不言姊者文承其罷當而恩輕者降可知

爲外祖父母○傳曰何以小功也以尊加也 疏曰外親之服不過緦以祖是尊名故加至小功 ○記庶子爲後者爲其外祖父母 疏曰以其與尊者爲一體雖不得服所出母是

從母舅無服不爲後如邦人

以母黨言不服之○小記爲母之君母，母卒則不服。謂祖適母○服問傳曰：母出則爲繼母之黨服，母死則爲其母之黨服。爲其母之黨服，則不爲繼母之黨服。雖外親亦無二統。

從母丈夫婦人報。從母之子，男女同。○疏曰：丈夫婦人者，異姓無出入降，皆成人長大爲號。云報者，兩相爲服，故曰報。○傳曰：何以小功也？以名加也。外親之服皆緦也。

夫之姑姊妹娣姒婦報。疏曰：夫之姑姊妹，夫爲之期，妻降一等，出嫁小功，因恩疏略，從降，故在室及嫁同小功。○傳曰：娣姒婦者，弟長也。何以小功也？以爲相與居室中，則生小功之親焉。娣姒婦者，兄弟之妻相名也。長婦謂稚婦爲娣婦，娣婦謂長婦爲姒婦。

大夫、大夫之子、公之昆弟爲從父昆弟、庶孫、姑姊妹、女子子適士者。[illegible]○記大夫、公之昆弟、大夫之子於兄弟降一等。[illegible]

大夫之妾爲庶子適人者。君之庶子女子子也。庶女子子在室大功，其嫁於大夫亦大功。[illegible]

庶婦。[illegible]

君母之父母、從母。君母，父之適妻也。從母，君母之姊妹。○傳曰：何以小功也？君母在則不敢不從服，君母不在則不服。[illegible]

者因以寶其難也凡無子以為母與如適子

君子子為庶母慈己者君子子者大夫及公子之適妻子○傳曰君子子者貴人之子也為庶母何以小功也以慈己加也云君子子者父在也父沒則不服之矣以慈己則有子庶慈母當服緦也不言師保慈居中服之可知也

右小功五月

小功降正義服圖

降服衰十升冠升同即葛五月無受

孫適人者

[illegible]為人後者為其姊妹適人者

大夫大夫之子公之昆弟為從父昆弟庶孫

姑姊妹女子子適士者

大夫之妾為庶子適人者

正服衰十一升冠升同即葛五月無受

從祖祖父母

從祖父母

從祖昆弟

從父姊妹

外祖父母

從母丈夫婦人報

庶婦

君母之父母從母

君子子為庶母慈母者

義服衰十二升冠升同即葛五月無受

夫之姑姊妹娣姒婦報

緦麻三月者緦麻布衰裳而麻絰帶也不言衰絰略輕服省文○疏曰以緦如絲者為衰裳又以澡治莩䓖之麻為絰帶故曰緦麻

○傳曰緦者十五升抽其半有事其縷無事其布曰緦緦謂之緦者治其縷細如絲也抽猶去也雜記曰緦冠繰纓○疏曰縷麤細與朝服十五升同但縷數則半之冠與衰同用緦布但以灰鍊治布為纓○記曰子

唯當室緦童子未冠之稱也當室者為父後承家事者為家主與族人為禮於有親者雖恩不

至不可以無服也○傳曰不當室則無緦服也

族曾祖父母○族祖父母○族父母○族昆弟族曾祖父

者曾祖昆弟之親也族祖父者亦高祖之孫則高祖之曾孫親高祖

有服窮矣○疏曰云族曾祖父母者己之曾祖親兄弟也

弟也云族祖父母者族曾祖父母之子己祖之從父昆弟也

父昆弟也一云族父母者族祖父母之子己父之從祖昆弟也

昆弟也云族昆弟者族父母之子己之三從兄弟

同高祖為族屬也四緦麻者旁親之屬盡於此

邦言之逆也大功以下云四世而緦服之窮也名為四

子孫春秋傳曰同族於禰廟且鄭云謂高祖以下盡

庶孫之婦疏曰適子之婦大功庶子之婦小功適孫之婦小功庶孫之婦緦是其差也

庶孫之中殤庶孫者成人大功其殤中從上此當為下殤言中殤者字之誤耳

從祖姑姊妹適人者報疏曰本服小功是以出降一等在緦

從祖父從父昆弟之長殤不見中殤中從下○疏曰本服小功以長殤降一等
外孫女子子之子○疏曰以女子出外適而生故云外孫
從父昆弟姪之下殤疏曰成人大功長中殤小功故下殤在此章也
夫之叔父之中殤下殤疏曰成人大功長殤小功中下殤在此
從母之長殤報疏曰從母者母之姊妹成人小功故長殤在此中下之殤無服
庶子為父後者為其母疏曰此謂無冢適唯有妾子父死庶子承後為其母緦也
○傳曰何以緦也傳曰與尊者為一體不敢服其私
親也然則何以服緦也有死於宮中者則為之三月
不舉祭因是以服緦也君卒庶子為母大功大夫卒庶子為母三年士雖在庶子
為母皆如衆人○疏曰君卒庶子為母大功若大功章云公之庶昆弟為其母是也以其先君在公子為

母在五服外先君卒則是令君庶昆弟爲其母大功先君餘尊之所厭不得過大功云大夫卒庶子爲母三年者以其父在大功大功章云大夫之庶子爲母是也父卒無餘尊所厭故伸三年士雖在庶子爲母皆如衆人者士卑無厭故也鄭注言大夫士之庶子者欲見不緣後者如此服若緣後則皆緦故并言之

士爲庶母 ○傳曰何以緦也以名服也大夫以上爲庶母無服

貴臣貴妾 此謂[illegible]大夫之君[illegible]之服貴臣室老士也貴妾[illegible]衰章注云室老家相也士邑宰也 ○傳曰何以緦也以其貴也

乳母 謂養子者有它故賤者代之慈己 ○傳曰何以緦也以名服也

從祖昆弟之子 族父母爲之服 ○疏曰[illegible]昆弟之子[illegible]爲族父母

曾孫 孫之子 ○疏曰不言玄孫者以其曾高同曾玄孫亦同

父之姑歸孫爲祖父之姊妹○疏曰爾雅云女子謂昆弟之子爲姪謂姪之子爲歸孫

從母昆弟○傳曰何以緦也以名服也疏曰因從母有母名而服其子也

甥姊妹之子○傳曰甥者何也謂吾舅者吾謂之甥何以緦也報之也疏曰甥既服舅以緦舅亦爲甥以緦

壻女子子之夫也○傳曰何以緦也報之也

妻之父母○傳曰何以緦從服也從於妻而服之○服問有從重而輕爲妻之父母

姑之子外兄弟也○疏曰姑是內人以出外而生故曰外兄弟○傳曰何以緦報之也

舅母之兄弟○傳曰何以緦從服也從於母而服之

舅之子內兄弟也○傳曰何以緦從服也

夫之姑姊妹之長殤疏曰夫之姑姊妹成人婦爲之小功長殤降一等故緦

夫之諸祖父母報諸祖父者夫之所爲小功從祖祖父母外祖父母

君母之昆弟○傳曰何以緦從服也從於君母而服之君母卒則不服

從父昆弟之子之長殤○昆弟之孫之長殤疏曰此二人本小功故長殤在緦麻中下殤無服

爲夫之從父昆弟之妻○傳曰何以緦也以爲相與同室則生緦之親焉降於親娣姒故緦也○長殤中殤降一等

下殤降二等齊衰之殤中從上大功之殤中從下此主
謂妻爲夫之親服也凡不見者以此求之○疏曰大
功有同室同財之義故云報嫂同室生緦之親焉云
長殤中殤降一等以下乃是婦人爲夫之族類著殤服
法繇文承上男子爲殤之下要爲下婦人而發也

右緦麻三月

緦麻降正義服圖

降服 衰十五升抽其半冠升同無受
庶孫之中殤
從祖父從祖昆弟之長殤
從父昆弟之子之長殤
昆弟之孫之長殤
從父昆弟姪之下殤
從母之長殤報
從祖姑姊妹適人者報

降義 夫之叔父之中殤下殤
夫之姑姊妹之長殤

正服衰冠無受與降服同

族曾祖父母

族祖父母

族父母

族昆弟

庶孫之婦

外孫

甥

婿

庶子爲父後者爲其母

妻之父母

士爲庶母

姑之子

乳母

舅

從祖昆弟之子

舅之子

曾孫

君母之昆弟

父之姊

義服 從母昆弟 夫之諸祖父母報 爲夫之從父昆弟之妻 貴臣貴妾

記朋友皆在他邦袒免歸則已謂服無親者當爲之主每至袒時則袒袒則去冠代之以免舊說云以爲免象冠廣寸已猶止也歸有主則止也主若幼少則未止小記曰大功者主人之喪有三年者則必爲之再祭朋友虞祔而已○疏曰朋友義合故云無親袒時謂小斂訖投冠括髮時引小記者證朋友爲主之義子幼不能爲主大功爲主者爲之再祭謂練祥朋友輕爲之虞祔而已

○朋友麻朋友雖無親有同道之恩相爲服緦之經帶檀弓曰羣居則絰出則否其弔服也

右朋友

記改葬緦謂墳墓以他故崩壞改設之如葬時也服緦者臣爲君也子爲父也妻爲夫也必服緦者親見尸柩不可以無服緦三月而除之

右改葬

記大夫弔於命婦錫衰命婦弔於大夫亦錫衰弔於命婦命婦死也弔於大夫大夫死也小記曰諸侯弔必皮弁錫衰服問曰公爲卿大夫錫衰以居出亦如之當事則弁絰大夫相爲亦然爲其妻往則服之出則否○傳曰錫者何也麻之有錫者也錫者十五升抽其半無事其縷有事其布曰錫謂之錫者治其布使之滑易也不錫者不治其縷哀在內也緦者不治其布哀在外君及卿大夫弔士雖當事皮弁錫衰而已士之相弔則如朋友服疑衰素裳凡婦人相弔吉笄無首素緫

右錫衰

五服衰冠升數圖

斬衰三年				
正服衰三升	冠六升	既葬以其冠為受衰六升	冠七升
義服衰三升有半	冠六升	既葬以其冠為受衰六升	冠七升
齊衰三年齊衰期齊衰不杖			
降服衰四升	冠七升	既葬以其冠為受衰七升	冠八升
正服衰五升	冠八升	既葬以其冠為受衰八升	冠九升
義服衰六升	冠九升	既葬以其冠為受衰九升	冠十升
齊衰三月			
義服衰六升	冠九升	無受	
大功九月			
殤降服衰七升	冠十升	無受	
成人降服衰七升	冠十升	既葬以其冠為受衰十升	冠十一升

自斬衰至大功降服凡八條冠皆校衰二等

正服衰八升　冠十升　既葬以其冠爲受衰十升　冠十一升

義服衰九升　冠十一升　既葬以其冠爲受衰十一升　冠十二升

已上二條冠皆校衰二等

繐衰四升半　冠八升　既葬除之

小功五月

殤降服衰十升　冠升同　無受

降服衰十升　冠升同　即葛五月無受

正服衰十一升　冠升同　即葛五月無受

義服衰十二升　冠升同　即葛五月無受

緦麻三月

降正義服同衰十五升抽其半　冠升同　無受

已上衰冠升數并受服出本經記

賈氏疏

喪服制度

衰裳○記凡衰外削幅裳內削幅幅三袧袧刲音鈎又恪侯反○削猶殺也大古冠布衣布先知為上外殺其幅以便體也後知為下內殺其幅稍有飾也後世聖人易之以此為喪服袧者謂辟兩側空中央也祭服朝服辟積無數凡裳前三幅後四幅也○疏曰云衰外削幅者謂縫之邊幅向外裳內削幅者謂縫之邊幅向內云幅三袧者據裳而言用布七幅幅二尺二寸兩畔各去一寸為削幅則二七十四丈四尺若不辟積其腰中則束身不得就故一幅布凡三處屈之若

齊裳內衰外齊緝也緝裳者內展之緝衰者外展之○負廣出於適寸負在背上者也適辟領也負出於辟領外旁一寸○疏曰以一方布置於背上上畔縫著領下畔垂放之以在背上故得負名出於辟領外旁一寸揔尺八寸也○適博四寸出於衰博廣也辟領廣四寸則與闊中八寸也兩之為尺六寸也出於衰者旁出衰外不著寸數者可知也○疏曰衰

謂胷前衰也云辟領廣四寸者項之兩相向外各廣
四寸云則與闊中八寸者謂兩身當縫中央總闊八
寸一邊有四寸并辟領四寸爲八寸云兩之爲尺六
寸者一相闊與辟領八寸故兩之摠一尺六寸云旁
出衰外者以兩旁辟領向前望衰之外也衰廣四寸
辟領橫廣摠尺六寸除中央四寸當衰衰外兩旁各
出衰
六寸○衰長六寸博四寸廣袤當心也前有衰後有
負板左右有辟領孝子哀
戚無所不在○疏曰衰長也綴
於外衿之上故得廣長當心○衣帶下尺衣帶下
尺者要
也廣尺足以掩裳上際也○衽二尺有五寸衽所以掩裳際若上
正一尺燕尾二尺五
寸凡用布三尺五寸○疏曰云上正一尺者取布三
尺五寸廣一幅留上一尺爲正正者正方不破之言
也一尺之下從一畔旁入六寸乃邪向下一畔一尺
五寸去下畔亦六寸橫斷之留下一尺爲正如是則
用布三尺五寸得兩條衽衽各二尺五寸兩條共用
三尺五寸也兩旁皆綴於衣垂之向下掩裳兩相下
際不合
之處○袂屬幅屬猶連也連幅謂不削○疏曰屬
整幅二尺二寸凡用布爲衣物皆

去邊幅一寸爲縫殺今此屬連其幅則不削去其邊幅取整幅爲袂必不削幅若欲取與下文衣二尺二寸同縱橫皆二尺二寸正方者也 ○**衣二尺有二寸** 此謂袂中也言衣者明與身參齊二尺二寸其袖足以容中人之肱也衣自領至要二尺二寸倍之四尺四寸加辟領八寸而又倍之凡衣用布一丈四寸○疏曰身即衣也兩旁神與中央身三事下畔皆等故云參齊 ○**袪尺二吉** 袪袖口也尺二寸足以容中人之併兩手也吉時拱尚左手喪時拱尚右手○疏曰云袪袖口也則袂末接袪者也圍之則二尺四寸也

今按記云衣二尺有二寸蓋指衣身自領至要之長而言之也用布八尺八寸中斷以分左右爲四尺四寸者二又取四尺四寸者二中摺以分前後爲二尺二寸者四此即尋常度衣身之常法也合二尺二寸者四疊爲四重從一角當領處四寸下取方裁入四寸乃記所謂適博四寸注疏所謂辟領四寸是也按鄭注云適辟領也則兩物即一物也今記曰適注疏又曰辟領

何為而異其名也辟領攝也以衣當領裁入四寸処反攝向外加兩肩上故曰辟領即疏所謂此相向外各四寸是也左右有辟領以明孝子哀戚無所不在故曰適即疏所謂指適緣於父毋不兼念餘事是也既辟領四寸加兩肩上以為左右適故後之左右各有四寸虛處當脊而相並謂之闊中前之左右各有四寸虛處近領而相對亦謂之闊中乃疏所謂闊中八寸是也此則衣身所用布之數與裁之之法也注又云加辟領八寸而又倍之者謂別用布一尺六寸以塞前後之闊中也布一條縱長一尺六寸橫闊八寸又縱摺而中分之其下一半裁斷左右兩端各四寸除去不用只留中間八寸以加後之闊中元裁[illegible]領各四寸處而塞其缺當脊處相此所謂加辟領八寸是也其上一半全一尺六寸不裁以布之中間從項上分左右對摺向前垂下以加於前之闊中與元裁斷處[illegible]相接以為左右領也夫下一半加於後之闊中者用布八寸而加一半從項而下以加前之闊中者又倍之而為一尺六寸焉此所謂而又倍之

者異也此則衣領所用之布與裁之之法也古
者衣服吉凶異制故衰服領與吉服領不同而
凡制衣必此法又云凡用布一丈四寸者衣身
八尺八寸又領一尺六寸合為一丈四寸也闊
則裁如竅又衽之少寬然此即衣身與衣領之數
若負衰帶下以兩衽又在此數之外矣但領之段
有餘此布何從出乎衣領用布闊八寸而長
一尺六寸以者布幅闊二尺二寸除衣領用布長
闊八寸之外更餘闊一尺四寸而長一尺六寸
可以分作三條旋於給而隨足無餘欠也云袂
二尺二寸而袂乃尺二寸者縫合其下一尺大留
上一尺二寸以為袖口也云衣帶下尺者衣身
二尺二寸僅至腰而止無以掩裳上際故於衣
帶之下用縱布一尺上屬於衣橫繞於腰則以
腰之闊狹為準所以掩裳上
際而後綴兩衽於其旁也

右衰裳制

衰裳之制五服皆同以升數多少為重輕父母重故升數少上
殺下殺旁殺輕故升數多詳見前五服衰
冠升數圖又按注云前有衰後有負版左

右有辟領孝子哀戚之心無所不
在推子爲父母用之此外皆不用

裁辟領四寸圖

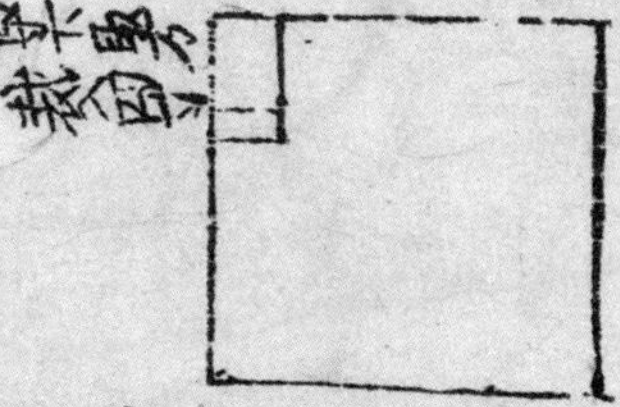

辟領四寸爲左右適圖

裁衽圖

別用布橫長一尺六寸廣八寸塞闊中為領圖

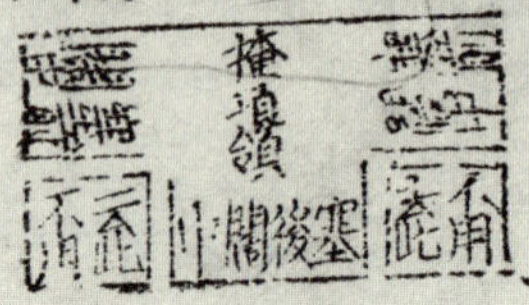

反摺向前圖

兩衽相疊圖

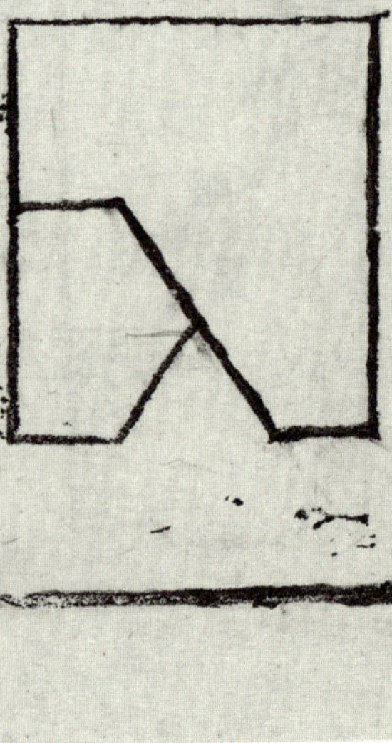

衰衣前圖

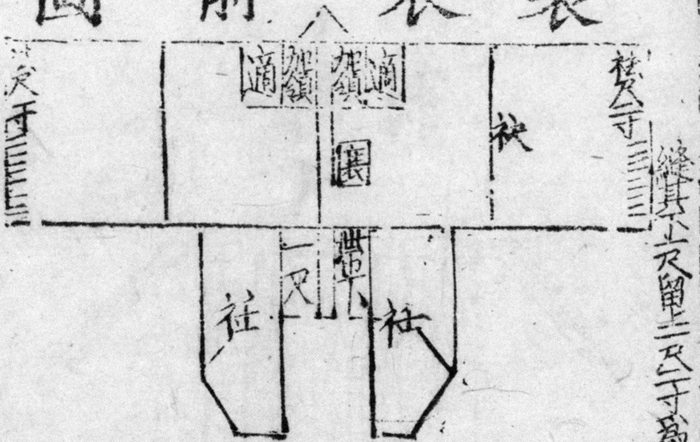

適
加領
加領
適
衰
袂
袂二尺二寸
袂二尺二寸
帶下尺
一尺
衽
衽
縫其下一尺留一尺二寸爲袖口

衰衣後圖

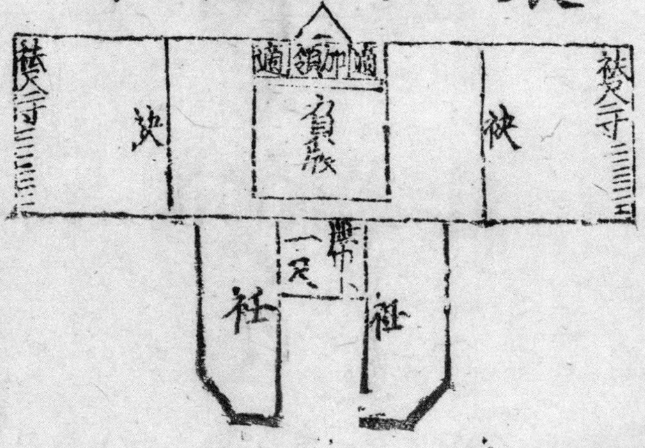

適
加領
適
負版
袂
袂
袂二尺二寸
袂二尺二寸
帶下尺
一尺
衽
衽

裳制

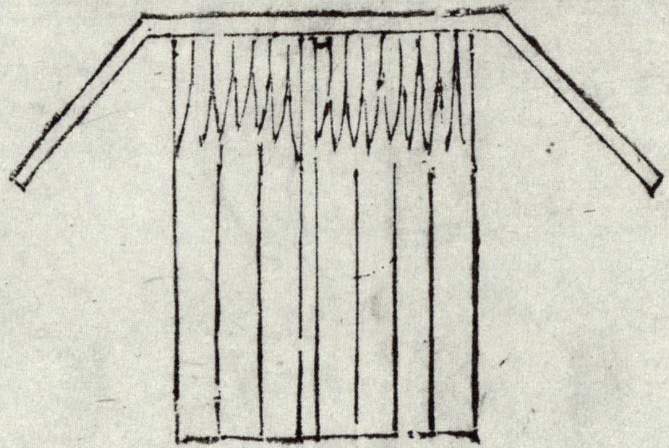

後四幅前三幅

冠○傳斬衰冠繩纓條屬右縫冠六升外畢鍛而勿

灰屬猶著也通屈一條繩爲武垂下爲纓著之冠也雜記曰喪冠右縫小功以下左縫外畢者冠前後屈而出縫於武也○疏曰通屈一條繩爲武謂將一條繩從額上約之至項後交過兩廂各至耳於武綴之各垂於頤下結之云右縫小功以下左者大功以上哀重其冠三辟積鄉右爲之從陰小功緦麻哀輕其冠亦三辟積鄉左爲之從陽二者皆條屬但從吉從凶不同也○云外畢者冠廣二寸落頂前後兩頭皆在武下鄉外出反屈之縫於武疏云外畢云鍛而勿灰者以冠爲首飾布倍衰裳而用六升又加以水濯勿用灰而已

○齊衰冠布纓注布纓亦如上繩纓以一條爲武垂下爲纓也○今按斬衰冠繩纓齊衰冠布纓齊衰以下不見所用何纓又按雜記云緦冠繰纓注云繰當爲澡麻帶絰之澡謂有事其布以爲纓以此條推之則自緦而上亦皆冠布纓而未澡而緦始澡其纓耳

右冠制繩纓條屬○三辟積○右縫○外畢○鍛而勿灰○凡五節

斬衰冠

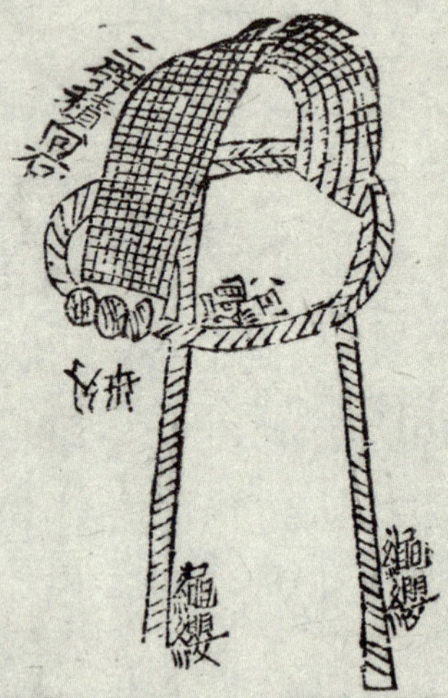

齊衰冠

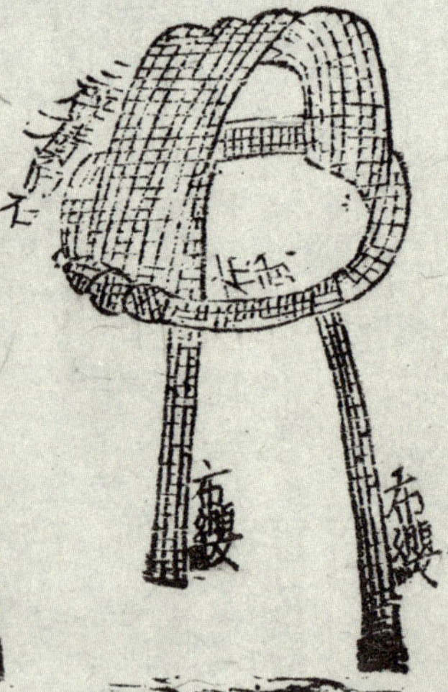

大功冠

並同齊衰

小功冠

三辟積向左
餘與齊衰同

緦麻冠

澡纓辟積同小
功餘與齊衰同

絰帶○斬衰苴絰絞帶○傳苴絰者麻之有蕡者也

苴絰大搹左本在下絞帶者繩帶也麻在首在要皆曰絰首絰象緇布冠之缺項要絰象大帶又有絞帶象革帶○疏曰蕡是子麻○齊衰牡麻絰布帶

○傳牡麻者枲麻也牡麻絰右本在上疏曰枲是雄麻○按斬衰絞帶用麻齊衰絞帶用布○大功以上絰有纓小功以下絰無纓也

今按士喪禮苴絰疏曰小斂訖當服未成服之麻也麻在首在要皆曰絰分而言之首曰絰要曰帶○斬衰齊衰大功皆散帶垂三日成服髮垂小功以下初即絞之○朱先生曰首絰右本在上者鄭衰絰之制以麻根處著頭右邊而從額前向左圍向頭後却就右邊元麻根處相接即以麻尾藏在麻根之下麻根搭在麻尾之上綴殺之有纓者以其加於冠外故須著纓方不脫落也○問絰帶之制先生曰首絰大一搤只是拇指與第二指一圍腰絰較小絞帶又小於

腰絰腰絰象大帶兩頭長垂下絞帶象革帶一頭有彄子以一頭串於彄中而束之

右絰帶制

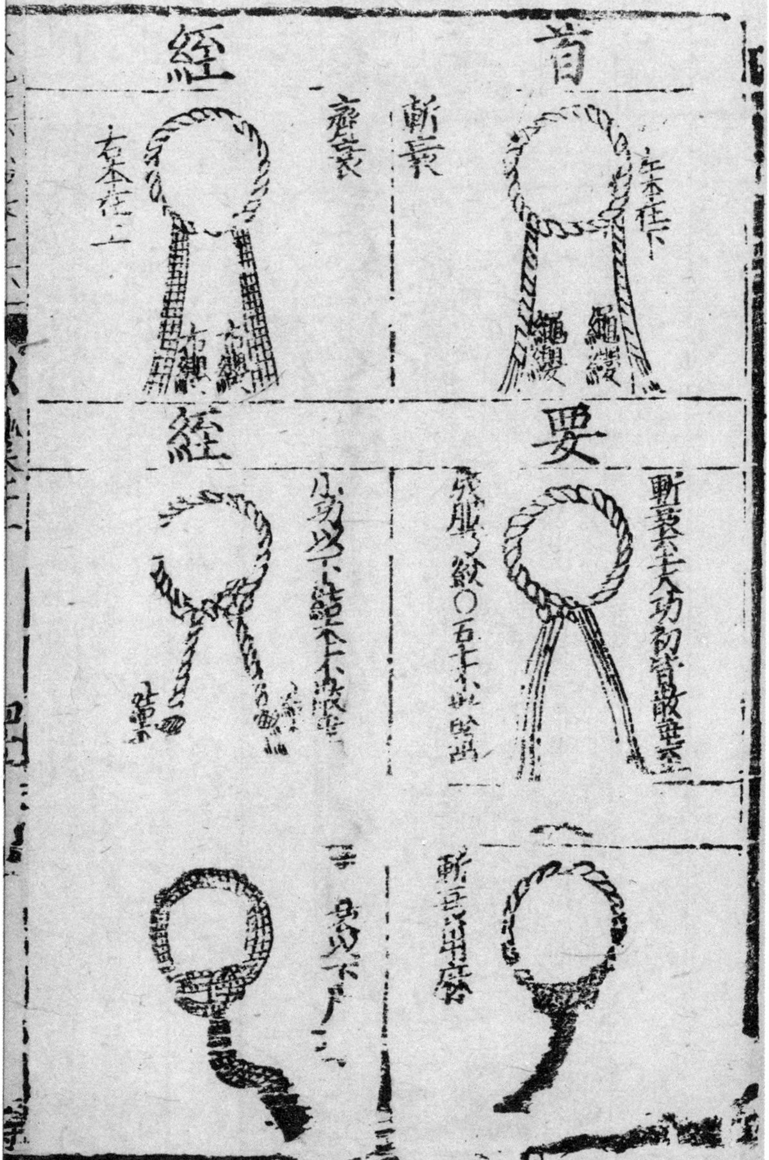
首絰
斬衰
齊衰
左本在下
右本在上
要絰
斬衰齊衰大功初皆散垂
成服乃絞○
小功以下結本上不散垂
斬衰

杖○斬衰苴杖齊衰削杖○傳苴杖竹也爲父削杖桐
也爲所杖各齊其心皆下本疏曰云杖各齊其心者杖之高下以心爲斷也二云皆
下本者本根也○小記絰殺五分而去一杖大如絰如要絰也

右杖制

屨○斬衰菅屨○傳菅屨者菅菲也外納鄭注云納收餘也王[illegible]謂
正向外編之○齊衰疏屨○傳疏屨者藨蒯之菲也

右屨制按經云齊衰不杖麻屨○小記齊衰三月與大功同繩屨○鄭注云
傳說小功以下吉屨無絇○按疏云絇者屨鼻頭有飾爲行戒今喪中去飾故無絇

婦人喪服制度

衰○女子子在室爲父衰三年凡服上曰衰下曰裳此但言衰不言裳婦人不殊裳衰如男子衰下如深衣深衣則衰無帶下又無衽○疏曰婦人不殊裳者案周禮內司服王后六服皆單言衣不言裳以連衣裳不別見裳則此喪服亦連裳於衣衰亦綴於衣故直名衰也云衰如男子衰者亦如記所云此衰外削幅以下之制如男子衰也下如深衣者如深衣六幅破爲十二闊頭鄉下狹頭鄉上縫齊倍要也云深衣則衰無帶下者案記云衣帶下尺注云衣帶下尺者要也廣尺足以掩裳上際也今此裳既縫著衣不見裏衣故不須要以掩裳上際也云又無衽者記云衽二尺有五寸注云衽所以掩裳際也彼據男子裳前三幅後四幅開兩邊露裏衣是以須衽屬衣兩旁垂之以掩交際之處此既下如深衣縫之以合前後邊不開故不須衽以掩之也

右衰制

緦○女子子在室爲父布緦○傳緦六升長六寸束髮謂之緦既束其本又緦其末緦六升者首飾象冠數長六寸謂出紒後所垂爲飾者○陳曰鄭以六寸據齊之者此斬衰六寸南宮縚妻爲姑緦八寸以下雖無文大功當與齊同八寸緦麻小功同一尺

右布緦制

笄○女子子在室爲父箭笄○傳箭笄長尺疏曰箭笄長尺者此斬之笄用箭記云女子子適人者爲父母婦爲舅姑用惡笄有首鄭以爲榛木爲笄長尺是也齊衰中皆有此箭笄及榛二者皆長一尺大功以下不得更容差降

右笄制

髽○女子子在室爲父髽髽露紒也蓋以麻自項而前交於額上却繞紒如著幓頭焉○朱先生曰儀禮注疏以男子括髮與免及婦人髽皆如著幓頭然幓頭布今之掠頭編子自項

亦從刪去又於額上却繞於紒也免謂此去之

右髽制

首絰按士虞記云卒哭婦人說首絰少儀云葛絰而麻帶又喪服記注云婦人亦宜絰則婦人首絰當與男子同

右首絰

絰帶○士喪禮婦人之帶牡麻結本上謂男子大功以上小斂皆散垂至三成服乃絞此婦人之帶小斂即結本不散垂

右絰帶制又按經傳婦人無絞帶明文惟喪服斬衰章疏云婦人亦有絞帶以備喪禮又按卒哭之後丈夫去麻帶服葛帶而首絰不變婦人以首絰為首絰而麻帶不變至練男子除首絰婦人除帶蓋男子重首婦人重帶故也

文 按傳云婦人何以不杖不能病也賈疏曰婦人不
杖 杖謂童子婦人若成人婦人正杖喪大記云三日
子夫人杖五日大夫世婦杖諸經皆有婦人杖文姻
姊在為夫杖母為長子削杖喪服小記云女子子在室
為父母其主喪者不杖則子一人杖鄭云女子子在
室亦童子也無男昆弟使同姓為攝主不杖則子一
人杖謂長女也許嫁及二十而笄笄為成人成人正
杖也是其童女為喪主則亦杖矣如鄭所云蓋婦人
人不皆杖
非不杖也

右杖

髽 婦人髽絰傳無明文惟周禮髽人命婦有散髽注云散髽去飾又云除無礼而有散髽者惟大祥時

右髽

本宗五服圖 詳見服制及補服本章

族兄弟 緦 族父之子也

族父 緦 族祖之子也
從祖兄弟 小功 從祖父之子也
從祖昆弟之子 緦

族祖父 緦 族曾祖之子也
從祖父 小功 從祖祖父之子也
從父昆弟 大功
從父昆弟之子 小功
從父昆弟之孫 緦

族曾祖父 緦 曾祖之兄弟也
從祖祖父 小功 祖之兄弟也
世父叔父 期 報
昆弟 期
昆弟之子 期 報
昆弟之孫 小功 報
昆弟之曾孫 緦

高祖父 齊衰三月
曾祖父 齊衰三月
祖父 齊衰不杖期
父 斬衰
己
子 [illegible]
孫 適孫期 庶孫大功
曾孫 緦
玄孫 緦

高祖父母 齊衰三月

曾祖父母 齊衰五月

祖父母 齊衰不杖期

父母 斬衰三年 嫡孫為祖後 齊衰不杖期

妻 夫為妻 杖期

婦 適 期 衆婦 小功

孫婦 適 小功 衆孫婦 緦

曾孫婦 無服

玄孫婦

族曾祖母 緦

從祖祖母 小功 報

伯叔母 齊衰不杖期

兄弟婦

兄弟子婦 小功

兄弟之孫婦 緦 報

兄弟曾孫婦

族祖母 緦

從祖母 小功 報

從兄弟妻 緦

從兄弟子之婦

從兄弟孫之婦

族母 緦

從祖兄弟之妻

從祖兄弟子之婦

族兄弟之妻

姑姊妹女子子在室

並與男子同 嫁者…

無生者亦同

天子諸侯正統旁期服圖

天子諸侯絕旁期，尊同則不降。正統之期不降，於衆子絕而無服。

君爲姑姊妹嫁兄弟俱作 於國君者諸侯服不 大功 杖期

君爲女子子嫁於國君者大功

世叔父 無服

兄弟 無服

衆子 無服

姑

姊妹

君爲姊妹女子嫁於國君者大功

君爲昆弟之子女子子嫁於國君者大功

高祖父母 齊衰三月

爲曾祖後者斬衰三年

曾祖父母 齊衰三月

父有廢疾及爲祖後者 斬衰三年

祖父母 齊衰期

父 斬衰三年

母 齊衰三年

己

適子 斬衰

適婦 大功

有適子者無適孫

適孫 期

適孫婦 小功

曾孫

適曾孫 期

玄孫

案不杖期章爲君之父母妻長子祖父母傳曰父
母長子君服斬父卒然後爲祖後者服斬注云此
爲君矣而有父若祖之廢疾者謂爲封之君也若是
繼體則其父若祖有廢疾不立今君受國於曾祖
疏曰鄭意以父祖廢疾以今君受國於曾祖不
取受國於祖者若今君受國於祖祖薨則羣臣爲
之斬何得從服期故鄭以新君受國於曾祖趙商
問已爲諸侯父有廢疾不任國政不任喪事而爲
其祖服制度之宜年月之斷云何答云父卒爲祖
後者三年斬何疑趙商又問父卒爲祖後者三年
已聞命矣所問者父在爲祖如何欲言三年則父
在欲言則復無主斬杖之宜主喪之制未知所定
答曰天子諸侯之
喪皆斬衰無期
朱先生因言孫爲祖承重頃在朝檢此條不
見後歸家檢儀禮疏說得甚詳正與今日之
事一般乃知書多看不辦舊來有明經科便
有人去讀這般書注疏都讀過自王介甫新
經出廢明經學究科人更不讀書卒
有禮文之變更無人曉得爲害不細

己為姑姊妹女子女孫適人者服圖

祖行	父之姑 緦 歸孫為祖父之姊妹比		
父行	姑 大功	從祖姑 緦報	
己	姊妹 大功	從父姊妹 小功	從祖姊妹 緦報
女子 大功	兄弟之女子 大功	從父兄弟之女	
女孫 小功	兄弟之女孫		

姑姊妹女子子適人無主者姑姊妹報不杖期傳

曰何以期也為其無祭主故也疏曰無主後者人

之所哀憐不忍降之

己爲姑姊妹女子女孫適人者服圖

從祖姊妹 緦報

從祖姑 緦報

從父姊妹 小功

從父兄弟之女

歸孫爲祖父之姊妹也

父之姑 緦

姑 大功

姊妹 大功

兄弟之女子 大功

兄弟之女孫

祖行

父行

己

女子 大功

女孫 小功

姑姊妹女子子適人無主者姑姊妹報不杖期傳曰何以期也爲其無祭主故也疏曰無主後者人之所哀憐不忍降之

天子諸侯正統旁期服圖

天子諸侯絕旁期尊同則不降正統之期不降於衆子絕而無服

思爲姑姊妹嫁昆弟作君爲女子子嫁於國君者諸侯服不 大功 杖期 君者大功

世叔父 無服

姑

昆弟 無服

姊妹 無服 衆子 無服

君爲姑姊妹嫁於國君者大功

君爲昆弟女子子嫁於國君者大功

高祖父母 齊衰三月

曾祖父母 齊衰三月

爲曾祖後者斬衰三年

父有廢疾及先卒孫爲祖後者斬衰三年

祖父母 齊衰期

父 斬衰三年

母 齊衰三年

己

適子長子 斬衰

衆子 大功

適婦 大功

衆婦 小功

適孫 期

適孫 斬衰

有適子者無適孫

曾孫

適曾孫 期

玄孫 緦

適玄孫 期

不杖期章為君之父母妻長子祖父母傳曰父
母長子君服斬父卒然後為祖後者服斬注云此
為君矣而有父若祖之喪者謂始封之君也若是
繼體則其父若祖有廢疾不立今君受國於曾祖
疏曰鄭意以父祖廢疾必以今君受國於曾祖不
承受國於祖者若今君受國於祖祖薨則羣臣為
之斬何得從服期故鄭云新君受國於曾祖趙商
問已為諸侯父有廢疾不任國政不任喪事而為
其祖服制度之宜年月之斷云何荅云父卒為祖
後者三年斬何疑趙商又問父卒為祖後者三年
已聞命矣所問者父在為祖如何欲言三年則父
在欲言期復無主斬杖之宜主喪之制未知所定
答曰天子諸侯之
喪皆斬衰無期

朱先生因言孫為祖承重頃在朝檢此條不
見後歸家檢儀禮疏說得甚詳正與今日之
事一般乃知書多看不辦舊來有明經科便
有人去讀這般書注疏都讀過自王介甫新
經出廢明經學究科人更不讀書卒
有礼文之變更無人曉得為害不細

大夫降旁親或不降圖

公之庶昆弟大夫之子爲從父昆弟之爲大夫者相爲服大功

大夫大夫之子公之昆弟爲從父昆弟大功

從父昆弟

大夫爲世父母叔父母子爲士者亦大功

世叔父母

大夫之子爲世叔父母姑姊妹無主

大夫爲昆弟爲士者亦大功

大夫之庶子爲適昆弟不杖期

公之庶昆弟大夫之庶子爲昆弟大功

昆弟

大夫之子爲昆弟姊妹無主者爲大夫命婦者不杖期

昆弟之子

大夫之子爲昆弟之子無

曾祖父母爲士者如衆人

曾祖父母

大夫爲祖父母爲士者不杖期

祖父母

公之庶昆弟大夫之庶子爲其母大功

父母

者爲大夫命婦者不杖期報

大夫大夫之妻大夫之子公之昆弟爲姑姊妹嫁於大夫者大功大夫大夫之子公之昆弟爲姑姊妹適士者小功大夫公之昆弟大夫之子爲姑姊長殤小功

姑

大夫公之昆弟大夫之子爲其昆弟姊妹之長殤小功

大夫大夫之妻大夫之子公之昆弟爲姊妹嫁於大夫者大功大夫之庶子爲適昆弟之長殤中殤大功下殤小功大夫大夫之子公之昆弟爲昆弟姊妹適士者小功

姊妹

己

妻

大夫之適子爲妻不杖期世子爲妻不杖期公之庶昆弟大夫之庶子爲其妻大功

士者爲大夫命婦者不杖期報

女子子

大夫大夫之妻大夫之子公之昆弟爲女子子嫁於大夫者大功適士者小功大夫公之昆弟大夫之子爲庶子之長殤小功

女子子

大夫爲庶子之爲士者大功大夫爲適子之長殤中殤大功

大夫公之昆弟大夫之子爲其昆弟庶子之長殤小功

大夫之子爲子女子子無主者爲大夫命婦者不杖期

子

適孫爲士者不杖期

大夫大夫之子公之昆弟爲庶孫小功

孫

大夫婦人爲大宗服圖

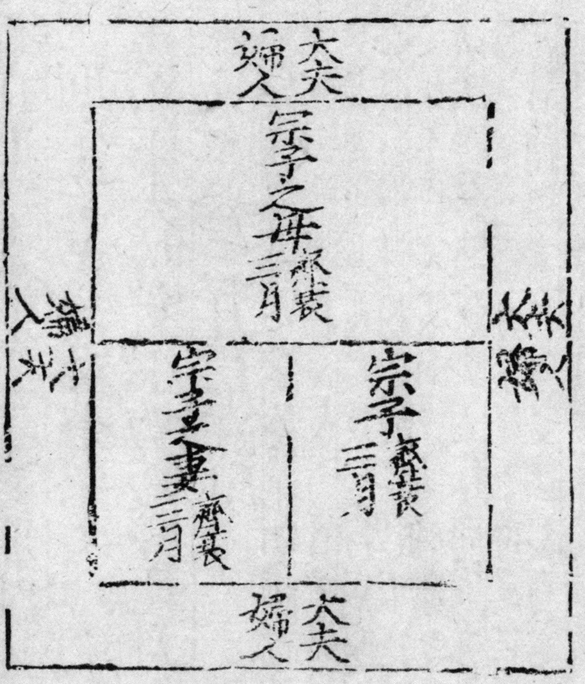

大夫
婦人
宗子之母齊衰三月
宗子齊衰三月
宗子之妻齊衰三月
大夫
婦人
大夫
婦人
大夫
婦人

宗子之母在則不為宗子之妻服疏云宗子母年
七十已上則宗子妻得與祭宗人乃為宗子妻服
記宗子孤為殤大功衰小功衰皆三月親則月算
如邦人詳見齊衰三月章注疏

問喪祭之禮至周公然後備夏商而上想甚簡略朱先生曰然親親長長貴貴尊賢夏商而上大槩只是親親長長之意到得周來則又添得許多貴貴底禮數如始封之君不臣諸父昆弟封君之子不臣諸父而臣昆弟期之喪天子諸侯絕大夫降然諸侯大夫尊同則亦不絕不降姊妹嫁諸侯者則亦不絕不降此皆貴貴之義上世想皆簡略未有許多降殺貴貴底禮數凡此皆天下之大經前世所未備到得周公搜剔出來立為定制更不可易

己為君母黨服圖

君母之[illegible]小功	外祖父母	君母之父母小功
從母 小功報 長殤緦報 君母之姊妹小功	母	舅 緦 君母之昆弟從服緦
從母之子 緦	己	舅之子 緦

君母之父母從母君母在則不敢不從服君母不

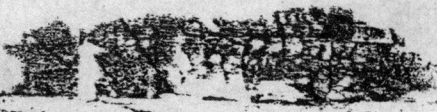

在則不服　爲君母後者君母卒則不爲君母之黨服　爲母之君母母卒則不服　庶子爲後者爲其外祖父母從母舅無服不爲後如邦人　出妻之子爲外祖父母無服　爲慈母之父母無服　母出則爲繼母之黨服母死則爲其母之黨服爲其母之黨服則不爲繼母之黨服

北今先生曰姊妹於兄弟未嫁期既嫁則降爲大功姊妹之身却不降也故姨母重於舅也又問從母之夫舅之妻皆無服何也曰先王制礼父族四故由父而上爲族曾祖父緦麻姑之子姊妹之子女子子之子皆由父而推之也母族三母之父母之母母之兄弟恩止於舅故從母之夫舅之妻皆不爲服推不去故也妻族二妻之父妻之母乍看時似乎雜亂無紀子細看則皆有義存焉

外黨爲己服圖

外祖父母

舅

舅之子

母

從母

己

外祖爲外孫緦

舅報甥緦

從母報姊妹之子亦小功

舅之子報姑之子緦

從母昆弟緦

從母之子

姑姊妹之子女子子及內外兄弟相報服備見前圖

女子子之子服緦即外祖父母爲外孫是也　姊妹之子服緦即舅報甥是也　姑之子服緦即舅之子報姑之子是也　舅之子內兄弟也姑之子外兄弟也

伊川先生曰報服若姑之子爲舅之子服是也異姓之服以是推得一重若爲母而推則及舅而止若爲姑而推可以及其子故舅之子無服却爲姑之子服既與姑之子爲服姑之子須當報之也故姑之子舅之子其服同

妻為夫黨服圖

- 夫之曾祖父 緦
- 夫之曾祖母 緦
- 夫之諸祖父 報緦
- 夫之祖父 大功
- 夫之祖母 大功
- 夫之諸祖母 報緦
- 夫之從祖父 緦
- 夫之叔父長殤小功中下殤緦
- 夫之世叔父 大功
- 夫之姑小功報 長殤緦
- 舅 齊衰不杖期
- 姑 齊衰不杖期
- 夫之世叔母 小功 報
- 夫之從祖母 緦
- 夫之從父昆弟
- 夫之昆弟
- 夫之姊妹 小功 報長殤緦
- 夫 斬衰
- 己
- 娣姒婦 小功 報
- 夫之從父昆弟之妻 緦
- 夫之從父昆弟之子
- 子女子子長中殤大功下殤小功
- 夫之昆弟之子 齊衰不杖期
- 女子子適人者大功
- 子 長子齊衰三年
- 婦
- 夫之昆弟之子婦 緦
- 夫之從父昆弟之子婦
- 從父昆弟之孫
- 夫之昆弟之孫 緦
- 夫之昆弟之孫婦 緦
- 從父昆弟之孫婦

己爲妻黨服圖

按服問云有從重而輕爲妻之父母有從有服而無服公子爲其妻之父母

妻父 緦	妻母 緦
己	妻

妻黨爲己服圖

妻父 爲壻緦	妻母 爲壻緦
己	妻

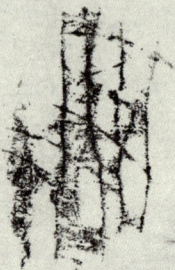

臣為君服圖

天子王后

諸侯為天子斬衰

諸侯之夫人為天子期

服問云夫人如外宗之為君服

天子之女嫁於諸侯為父斬衰為母齊衰

公卿大夫為天子斬衰

公卿大夫之妻為天子期

諸侯夫人

卿大夫士為諸侯斬衰

大夫之妻為諸侯期

雜記云外宗為君夫人猶內宗也

諸侯之女嫁於大夫為父斬衰為母齊衰

與諸侯為兄弟 雜記云

國服斬衰

與諸侯五屬之親皆服

斬衰

大夫之適子為君夫人世子服

斬衰

寄公為所寓

齊衰三月

公卿大夫

貴臣為公卿大夫斬衰

傳曰室老士貴臣其

貴臣注云

室家相也士邑宰也

眾臣為公卿大夫布帶

繩屨疏曰言獻

於天子諸侯故降其

眾臣布帶繩屨二

事其餘服杖冠絰則

如常也

士

士無臣雖有地不得

君稱故僕隸等為其

喪服加麻

大功小功緦麻九

卿大夫適子爲天子亦
如士服斬衰
諸侯之大夫爲天子總
衰裳
庶人爲國君齊衰三月
注天子畿内之民爲
天子亦如之

大夫致仕者爲舊君
齊衰三月
大夫待放未去者爲舊
君齊衰三月
大夫在外待放已去者
其妻長子爲舊國
君齊衰三月
庶人爲國君齊衰三月
庶人在官府史之屬在
官者言之

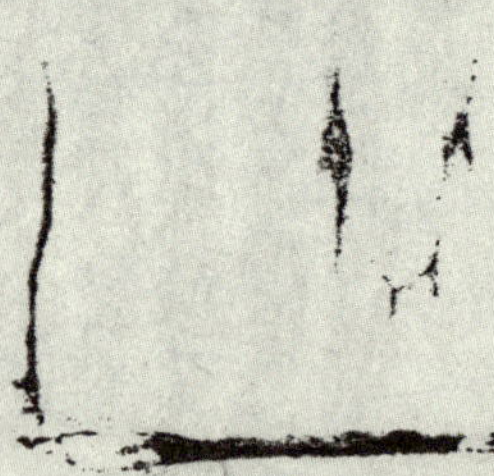

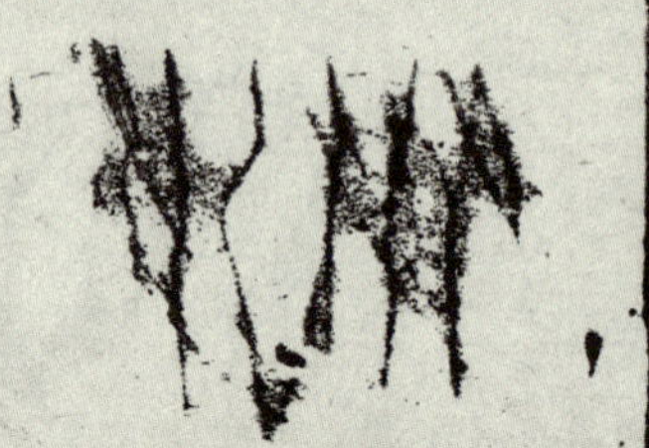

仕焉而有祿者違而君薨弗爲服也
違大夫之諸侯諸侯之大夫不反
服也子不爲天子服
大夫之臣斯外之民不服
大夫不待見天子者無服
士不接見亦無服

臣從君服圖

君之祖父母 齊衰不杖期

君之父母 齊衰不杖期

大夫致仕者為舊君之母齊衰三月

傳王后齊衰期
諸侯公卿大夫同
卿大夫妻為小君期
臣外宗為君期

君 齊衰不杖期

大夫之適子為君夫人
卿士服期天子卿大夫
之適子為王后亦然
大夫致仕者為舊君
之妻齊衰三月

世子 齊衰不杖期

大夫之適子為天子
卿士服期天子卿大
夫之適子為天子亦然

臣為君之祖父母服或遺
也若君已繼體則其父若祖
於曾祖䟽云若君受國
斬何得從服期故鄭以為
斬臣從服期
臣為君之父母服
嗣則其父
從服期

代行一公出如始封之君
付以廢疾不立今君受國
於祖祖薨則君為之
君受國於曾祖故君服
始封之君也若君已繼
受國於祖故君服斬

君爲臣服圖

天子　正服為三公六卿錫衰（[illegible]）；為諸侯緦衰；為大夫士疑衰

諸侯　[illegible]斬衰[illegible]

大夫　為貴臣貴妾緦　此謂公卿大夫之君[illegible]其臣[illegible]之服

朱先生曰儀禮不是[illegible]是以義起[illegible]極細密[illegible]周緻[illegible]只[illegible]君臣之際[illegible]之末[illegible]所謂[illegible]自[illegible]高宗[illegible]

古人預作一書如此初間作得簡略[illegible]至於情文[illegible]人見此[illegible]然君臨臣喪坐撫當心要[illegible]然[illegible]之際[illegible]然不相關臣之義安在祖宗時於舊[illegible]以來一向廢此只[illegible]之後來不復舉云云

妾服圖 妾為君之黨服得與女君同

君 妾為君斬衰

女君 妾為女君不杖期

妾為私親女君卒而則不為其君之子服

女君死則妾為女君之黨服

凡妾為私親如眾人

為君之長子三年與女君同

公妾大夫之妾為其子期

體君得為其子得遂也

士之妾為君之眾子亦期

君之子

為君之庶子適士者小功與女君同

大夫之妾為君之庶子大功與女君同

大夫之妾為庶子適人者小功

公士大夫士為貴妾服圖

緦麻

公士大夫為貴妾

士妾有子而為之緦

女君於妾無服

天子諸侯於妾無服

儀禮圖第十一

元本儀禮圖

（宋）楊復　撰

第二册

國家圖書館出版社

第二册目録

儀禮圖第五

鄉射禮第五

鄭目錄云州長春秋以禮會民而射於州序之禮謂之鄉者州鄉之屬鄉大夫或在焉不改其禮○疏曰周禮五州為鄉長州屬鄉也云不改其禮者雖鄉大夫在其州射於大夫射於仍依州長射禮也然此經鄉庠云堂則由楹外又云堂則物當楣又於序則而云大夫用兕中其禮與主射云不改者大判鄉大夫主射先行鄉飲酒禮及未旅而射為不改耳其賓亦有少異也

鄉射之禮○主人戒賓賓出迎再拜主人答再拜乃請主人州長也鄉大夫士入若在焉則稱鄉大夫也戒猶警也語也出迎出門也請告也告賓以射事不言拜辱此為習民以禮樂不主為賓己也不謀賓者時不獻賢能事輕也今郡國行此禮以季春周禮鄉老及鄉大夫三年正月以獻賢能之書於王退而以鄉射之禮五物詢衆庶諸侯之鄉大夫既貢士於其君亦

用此礼射而詢衆庶也○疏曰案鄉大夫是諸侯鄉
大夫則此州長亦諸侯之州長以士爲之是以經云
釋獲者執鹿中而記云士鹿中賓禮辭許主人再拜
也若天子州長中大夫爲之矣
賓答再拜主人退賓送再拜退還射宮省錄射事無介雖先飲酒主於
射也其序賓之礼略○記大夫與則公士爲賓與音預○不敢使鄉人加尊於
大夫也公士在官之士鄉賓主用處士○疏曰據此
鄉射使處士無爵命者爲賓故有大夫來不以鄉人
加尊於大夫故易大夫之使公士爲賓鄉飲酒貢士居
有大夫來不易之以其賓擬貢故也處士即君子
也使能不宿戒能者敏於事不待戒而習之
右戒賓
乃席賓南面東上不言於戶牖之間者此射於序○疏曰此射於序鄉飲酒在庠以其
序無室庠有室無室則無戶牖設席亦當戶牖之處
耳言東上亦主不在東故席在東不得以曲礼席南

鄉射禮圖

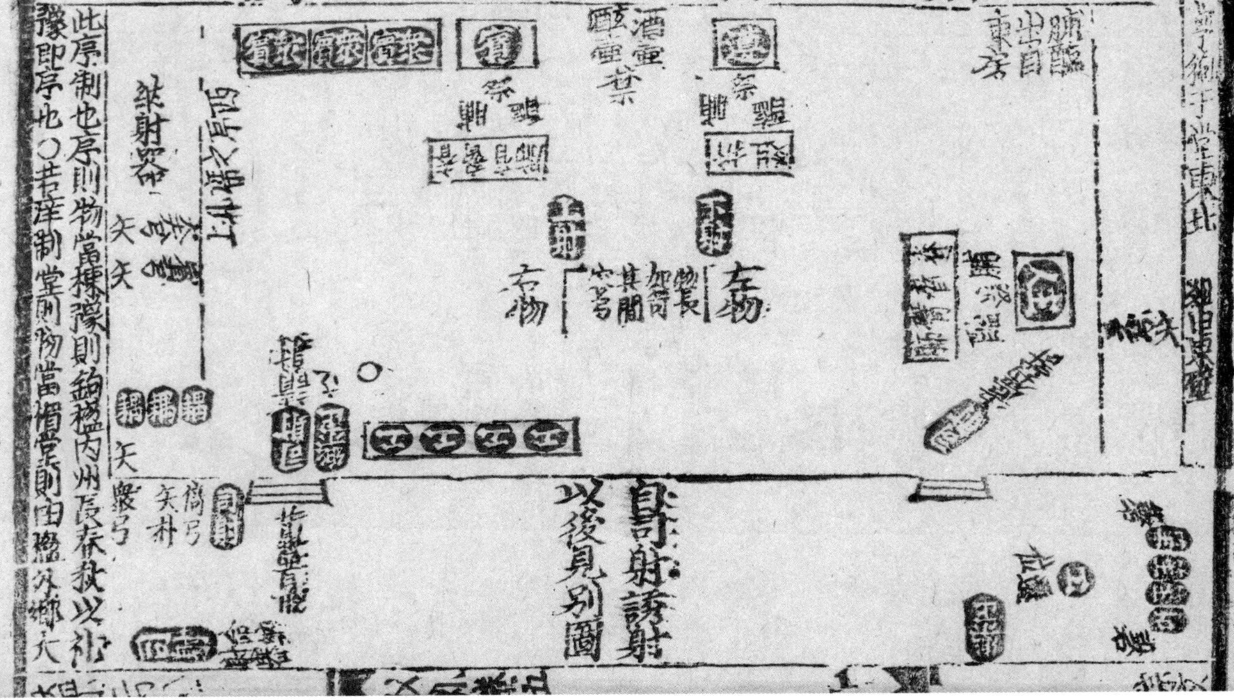

此序制也序則物當棟豫則物當楣內州長春秋以禮
豫即序也○若庠制堂則物當楣堂則由楹外鄉大

會民而射於州序序無室上楚物當自楣
天子行鄉飲酒禮而射於庠庠有室

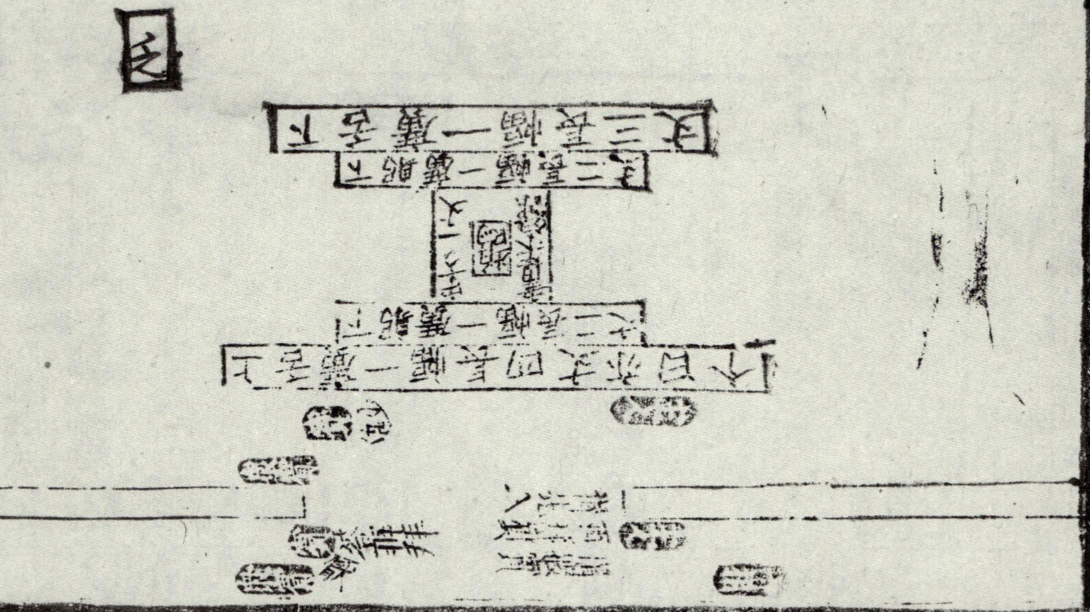

句向以東方為上解之衆賓之席繼而西言繼者甫欲習衆庶未有所殊別○疏曰鄉飲酒三賓之席不屬波蕩賢能故有殊別席主人於阼階上西面阼階東階○尊於賓席之東兩壺斯禁左玄酒皆加勺篚在其南東肆斯禁禁切地無足者也設尊者北面西曰左尚之也肆陳也○疏曰左玄酒據人設尊北面故西為左設洗于阼階東南南北以堂深東西當東榮水在洗東篚在洗西南肆深申鴆反○榮屋翼縣于洗東北西面此縣謂磬也縣於東方辟射位也但縣磬者半天子之士無鍾○記其牲狗也狗取擇人亨于堂東北鄉飲酒義曰祖陽氣之所發也○尊綌冪賓至徹之以綌為冪取其堅絜○蒲筵緇布純緇席純緣也○西序之席北上衆賓統於賓○疏曰衆賓之席繼賓已西東上今謂衆賓有東面者則北上非常故記之也若公卿

大夫多尊東不能受則於尊西賓近於西則三賓東面北上統於賓也○獻用爵其他用觶爵尊不褻也○薦脯用籩五膱祭半膱橫于上醢以豆出自東房膱長尺二寸膱音職○脯用籩籩宜乾物也醢以豆豆宜濡物也膱猶脡也為記者異耳祭橫于上殊之也於人為縮膱廣狹未聞也○俎由東壁自西階升于東方俯既亨載賓俎脊脅肩肺主人俎脊脅臂肺肺皆離皆右體也進腠腠七豆反○以骨名肉貴骨也賓俎用肩主人用臂尊賓也離猶掔也腠膚理也進理謂前其本右體周所貴也若有尊者則俎其餘體也○掔苦圭反

右設器陳器具饌見前圖

乃張侯下綱不及地武侯謂所射布也綱持舌繩也武迹也中人之迹尺二寸侯象人綱即其足是以取數焉不繫左下綱中掩束之事未至也○大射注云西

方謂之近个乏參侯道居侯黨之一西五步六个謂之乏新以爲獲者禦矢也侯道五十步此乃之法侯北十丈西二丈○記鄉侯上个五尋上个謂最上幅也八尺曰尋上幅用布四丈中十尺方者也用布五丈今官布幅幅二尺二寸旁削一寸考工記曰梓人爲侯廣與崇方謂中也侯道五十弓弓二寸以爲侯中言侯中所取數也量侯道以貍步而云弓者侯之所取數宜於射器也正二寸骹中之博也○骹苦交反○疏曰周禮弓人云骹解中有變焉謂弓把中側骨之處博二寸故於此取數焉倍中以爲躬躬身也謂中之上下幅也用布各二丈倍躬以爲左右舌謂上个也居兩旁謂之个左右出謂之舌下舌半上舌半者半其出於躬者也用布三丈所以半上舌者侯人之形類也上个象臂下个象足中人張臂八尺張足六尺五八四十五六三十以此爲襄也凡鄉侯用布十六丈數起侯道五十弓以計道七十弓之侯用布二十五丈二尺道九十弓之侯用布三十六丈○疏曰云九

鄉侯用布十六丈數起侯道五十弓以計者周布十
六丈者中五幅幅一丈用布五丈上下躬各二丈總
四丈上个四丈下个三丈見總十六丈也二云道七十
弓之侯用布二十五丈二尺道九十弓之侯用布三
十六丈亦以此計之〇凡侯天子熊侯白質諸侯麋侯赤質大
夫布侯畫以虎豹士布侯畫以鹿豕此所謂獸侯也燕射則張之鄉
射及賓射當張采侯二正而記此者天子諸侯之燕
射各以鄉射之禮而張此侯由是云焉〇踰曰射二人
掌賓射大夫士張采侯二正鄉射無文知亦采侯二人
正者賓射嚮之臣多以爲賓射則繫射韝蹤人習禮亦立賓
王行射禮故於射賓射間然〇朱先生曰按周禮辨
人有三侯采侯獸侯其曰皮侯而棲鵠者天子人
射二侯用虎豹熊皮飾侯之側而畫以五采之雲氣
號曰皮侯而又各以其皮飾鵠綴之中央鵠之棲
故謂之棲鵠其曰五采之侯者賓射之侯也正[illegible]之方
外如鵠亦三分其侯而居一中二尺畫朱其外次白
以蒼次黃次黑次其尺寸亦如之大如鵠而亦畫其側爲
五采雲氣三正之侯則去玄黃二正之侯則去青白

直以朱綠也射義注所謂畫布曰正棲皮曰鵠是也

其曰獸侯則燕射之侯此記所謂天子熊侯白質諸侯麋侯赤質大夫布侯畫以虎豹士布侯畫以鹿豕若是也蓋用布而畫獸頭於正鵠之處故名獸侯天子諸侯則以白土赤土塗其布以爲質士則用布而不塗其側所畫雲氣采色之數則亦如采侯之差等也

九畫者丹質

疏曰若賓射之侯天子九十步侯朱白蒼黃玄五正皆還畫此五色雲氣於其側七十步侯朱白蒼三正者還畫此三色雲氣於其側五十步侯朱綠二正者還畫此二色雲氣於其側也然畫之時又必先用丹采其地乃於其上畫雲氣也○今按鄉射記所記乃燕射獸侯之制而疏兼述大射皮侯賓射采侯之制推賓射采侯一條於此篇鄉射之禮爲助疏家所謂鄉射亦立賓主行禮約與賓射同是也大射皮侯則後篇大射禮所用之侯也燕射獸侯如後篇燕禮之公若射則大司正爲司射如鄉射之禮當其射時張此獸侯也

右張侯

羹定 肉謂之羹定猶孰也謂狗孰可食 主人朝服乃速賓賓朝服出

迎再拜主人荅再拜退賓送再拜 速召也射賓輕也戒時玄端 賓

及衆賓遂從之○及門主人一相出迎于門外再拜

賓荅再拜 相主人家臣擯贊傳命者 揖衆賓 差益卑禮宜異 主人以賓揖

先入 以猶與也先入入門而西面 賓厭衆賓衆賓皆入門左東面

北上賓少進 [illegible]進差在前也 主人以賓三揖皆行及階

三讓主人升一等賓升 三讓而主人先升者是主人先讓於賓賓不俱升者賓客之

道進宜難也 主人阼階上當楣北面再拜賓西階上當楣

北面荅再拜 拜楣前梁也○主以謝賓至也

右迎賓 今按鄉射與主人一揖迎于門以後大飲[illegible]鄉飲酒禮同所異者鄉

飲酒有賓有介鄉射有賓無介射義曰鄉大夫之射也必先行鄉飲酒之禮謂此也○詳見鄉飲酒禮圖

主人獻賓

賓酢主人

主人酬賓

旅衆賓 主人取爵于序端與鄉飲酒西階南異

一人舉觶 賓厭衆賓以鄉飲酒無厭介

以上並見鄉飲酒圖

大夫若有遵者則入門左 謂此鄉之人為大夫者也謂之遵者方以禮樂化民欲其遵法之也其士也於旅乃入鄉大夫士非鄉人禮亦然今文遵為僎

主人降迎大夫于門內

（而不出門別於賓）賓及眾賓皆降復初位（不敢居堂俟大夫入也初位門內東
面）主人揖讓以大夫升拜至大夫答拜主人以爵降
大夫降主人辭降大夫辭洗如賓禮席于尊東（尊東明與
賓夾尊也不言東上統於尊也）升不拜洗主人實爵席前獻于大夫
大夫西階上拜進受爵反位主人大夫之右拜送大
夫辭加席主人對不去加席（去加曰設○辭之者謙不以己尊加賢者也不
去者大夫再重席正也賓一重席）乃薦脯醢大夫升席設折俎祭如
賓禮不嚌肺不啐酒不告旨西階上卒爵拜主人答
拜（凡拜不嚌殺於賓也大夫升降由東方）○記若有諸公則如賓禮大
夫如介禮無諸公則大夫如賓禮（尊卑之差諸公大國之孤也）

作大夫不入後樂賢也

右獻遵

大夫降洗將酢主人也大夫若衆則辯獻長乃酬主人復阼階降辭如初卒洗主人盥盥者雖將酌自飲尊大夫不敢褻揖讓升大夫授主人爵于兩楹間復位主人實爵以酢于西階上坐奠爵拜大夫答拜坐祭卒爵拜大夫答拜主人坐奠爵于西楹南再拜崇酒大夫答拜主人復阼階揖降已降爲士於旅乃入擬獻士旣奠爵於西楹南大夫降立于賓南雖尊不奪人之正禮主人揖讓以賓升大夫及衆賓皆升就席

右遵酢主人如鄉飲酒獻賓之禮介禮見鄉飲酒禮

席工于西階上少東樂正先升北面立于其西言少東者明樂正西側階不欲大東辟射位工四人二瑟瑟先相者皆左何瑟面鼓執越內弦右手相入升自西階北面東上工坐相者坐授瑟乃降相扶工也面前也鼓在前變於君也執越內弦右手相由便也越瑟下孔所以發越其聲也前越言執者內有弦結手入之淺也相者降立西方笙入立于縣中西面堂下樂相從也縣中磬東立西面乃合樂周南關雎葛覃卷耳召南鵲巢采蘩采蘋不歌不笙不間志在射略於樂也不略合樂者周南召南之風鄉樂也不可略其正也○疏曰鄉飲酒禮燕禮作樂四節今不歌不笙不間唯有合樂故云志在射略於樂也二南是大夫士之鄉樂已之正樂故云不可略其正也工不興瞽矇禮略也告于樂正曰正歌備樂正告于賓乃降樂正降者堂上正樂畢也降立

西階東北面○主人取爵于上篚獻工大師則爲之洗賓
降主人辭降大夫不降尊也工不辭洗卒洗升實爵工不興
左瑟一人拜受爵主人阼階上拜送爵薦脯醢使人
相祭工飲不拜既爵授主人爵衆工不拜受爵祭飲
辯有脯醢不祭不洗遂獻笙于西階上笙一人拜于
下盡階不升堂受爵主人拜送爵階前坐祭立飲不
拜既爵升授主人爵衆笙不拜受爵坐祭立飲辯有
脯醢不祭主人以爵降奠于篚反升就席○記三笙
一和而成聲和戶臥反○三人吹笙一人吹和凡四人也爾雅曰笙小者謂之和○獻
工與笙取爵于上篚既獻奠于下篚其笙則獻諸西

階上奠爵于下篚不復用也○樂正與立者齒謂其飲之次也尊樂正同於賓黨

右樂賓詳見鄉飲酒禮樂賓圖

主人降席自南方禮殺側降賓不由使從降作階為司正司正禮辭許諾主人再拜司正答拜爵備畢將留賓必事為有解倦失禮立司正以監之察儀法也詩云既立之監或佐之史主人升就席

右立司正

司正洗觶升自西階由楹內適阼階上北面受命于主人西階上北面請安于賓賓禮辭許司正告于主人遂立于楹閒以相拜主人阼階上再拜賓西階上

答再拜皆揖就席司正實觶降自西階中庭北面坐奠觶興退少立進坐取觶興反坐不祭遂卒觶興坐奠觶拜執觶興洗北面坐奠于其所興少退北面立于觶南（今按司正中庭北面奠觶與鄉飲酒禮同詳見燕禮同正中庭奠觶圖）○未旅（旅序也未以次序相酬將射也旅則禮終也○疏曰未旅而射者旅而酬而禮終恐不得射也）○記

司正既舉觶而薦諸其位（薦於觶南）

右司正舉觶（鄉射先行鄉飲酒之禮既立司正而未旅酬）

三耦俟于堂西南面東上（司射選弟子之中德行道藝之高以為三耦○今按此時既取三耦之人俟事於此未比三耦）司射適堂西袒決遂取弓于階西兼挾乘矢升自西階階上北面告于賓曰弓矢既

具有司請射司射主人之吏也於堂西袒決遂者主人無次隱蔽而已袒左免衣也決猶闓也以象骨爲之著右大擘指以鉤弦闓體也遂射韝也以韋爲之所以遂弦者也其非射時則謂之拾拾歛也所以蔽膚斂衣也方持弦矢曰挾乘矢四矢也扶射曰挾乘一矢於弓外見鏃於弣右巨指鉤弦○疏曰大射諸侯禮有大射正爲長射人次之司射又次之小射正次之皆是士爲之則此大夫士禮不得用士故知是主人之吏賓對曰某不能爲二三子許諾言某不能謙也二三子謂衆賓已下司射適阼階上東北面告于主人曰請射于賓賓許○司射降自西階階前西面命弟子納射器弟子賓黨之年少者也納內也射器弓矢決拾旌中籌楅豐也賓黨東面主人之吏西面乃納射器皆在堂西賓與大夫之弓倚于西序矢在弓下北括衆弓倚于堂西矢在其上上堂西廉矢亦北括○疏曰序在堂上故矢在

弓下堂西在堂下故矢離弓而自堂西廉稜之上也其主人之弓矢在東序東
亦倚于東序也矢在其下北括司射釋弓矢遂以比三耦於堂西
三耦之南北面命上射曰某御於子命下射曰子與
某子射比選次其才相近者也○司正為司馬兼官由便也立司正為涖酒爾
今射司正無事司馬命張侯弟子說束遂繫左下綱事至也司
馬又命獲者倚旌于侯中為當負侯也獲者亦弟子也謂之獲者以事名之
獲者由西方坐取旌倚于侯中乃退樂正適西方命
弟子贊工遷樂于下當辟射也贊佐也遷徙也弟子相工如初入
降自西階階下之東南堂前三笴西面北上坐笴古
老反○笴矢幹也○疏曰矢人注矢幹長三尺是去堂九尺也樂正北面立于其南

北面鄉堂下與工序也○記三耦者使弟子司射前戒之弟子賓黨之少者也前戒謂先射請戒之○凡挾矢於二指之閒橫之二指謂左右手之第二指此以食指將指挾之○將子匠反○疏曰以左擘指鉤弦故知挾矢以第二第三指間第二指爲食指左傳云子公之食指動是也第三指爲將指左傳云吳王闔閭傷於將指是也司射之弓矢與扑倚于西階之西扑普卜反○便其事也○司射既袒決遂而升司馬階前命張侯遂命倚旌著並行也古文曰遂命獲者倚旌○疏曰如上經納射器及比三耦以前司射獨行事及司正爲司馬與司射並行事○司射在司馬之北司馬無事不執弓以不主射故也○旌各以其物旌總名也雜帛爲物大夫士之所建也言各者鄉射則或於庠或於榭○疏曰周禮通帛爲旜雜帛爲物通者通體純絳帛周尚赤也雜者中絳緣邊白也白殷之正色也諸侯鄉大夫是大夫

謂衆庶故於卒諸侯州長是上士故書翿或君射于謝物大夫五仞士三仞故言各無物則以白羽與朱羽糅杠長三仞以鴻脰韜上二尋○糅女又反杠音江脰音豆韜吐刀反○無物者謂小國之州長也其鄉大夫一命其州長士不命不命者無物此翿旌也翿亦所以進退衆者糅者雜也杠橦也七尺曰仞鴻鳥之長脰者也八尺曰尋今文翿為縮韜為翿○翿徒刀反橦直江反○疏曰脰頸也

右請射

司射猶挾乘矢以命三耦各與其耦讓取弓矢拾拾其業反○猶有故之辭拾更也○疏曰更遞取弓矢見威儀也非決拾之拾三耦皆袒決遂有司左執弣有司弟子納射器者也右執弦而授弓遂授矢三耦皆執弓搢三而挾一个搢插也插於帶右○司射先立于

所設中之西南東面今按此時未設中但言司射位於將設中處之西南三耦皆進由司射之西立于其西南東面北上而俟○司射東面立于三耦之北搢三而挾一个揖進當階北面揖及階揖升堂揖豫則鉤楹內堂則由楹外鉤楹繞楹而東也序無室可以深也豫讀如成周宣謝災之謝周禮作序凡屋無室曰榭○今按下記云序則物當棟堂則物當楣故射於序者必繞楹深入當棟而後及於物射於庠之堂者惟由楹外西行以當楣而及於物也當左物北面揖左物下物也及物揖左足履物不方足還視侯中俯正足方猶併也志在於射左足至右足還併足則是立也南面視侯之中乃俯視併正其足○朱先生曰詳注意蓋謂左足履物而右足不併便還足南面視侯之中也若便併右足則是立矣以志在相射故未暇立而視侯既視侯而後俯併其足也不去旌以其不獲

誘射誘猶教也將乘矢將行四矢執弓不挾不挾矢盡右執弦南

面揖揖如升射降出于其位南適堂西改取一个挾

之遂適階西取扑搢之以反位扑所以撻犯教者書云扑作教刑○

記射自楹間物長如笱其間容弓距隨長武自楹間者謂射

於庠也楹間中央東西之節也物謂射時所立處也

謂之物者物猶事也君子所有事也長如笱者謂從

畫之長短也笱矢幹也長三尺與跬相應射者進退

之節也間容弓者上下射相去六尺也距隨者物橫

畫也始前足至東頭爲距後足來合而南面爲隨武

跡也尺二寸○今按經文左足履物謂左足之履物之

横畫也尺二寸故横畫亦尺二寸即注所謂前足至

東頭爲距也經云還視侯中謂後足來合而南面以

視侯中即注所謂後足來合而南面爲隨也

若如注說則當以右手拓弓左手鉤弦了足○序則

物當棟堂則物當楣是制五架之屋也正中曰棟次曰楣前曰庪○楚扑

長如笴刋本尺（刋其可持處）○射者有過則撻之（過謂矢揚中人。凡射時矢中人當刑之今鄉會衆賢以禮樂勸民而射者中人本意在侯去傷害之心遠是以輕之以扑撻於中庭而已）

右司射誘射

司射誘射圖

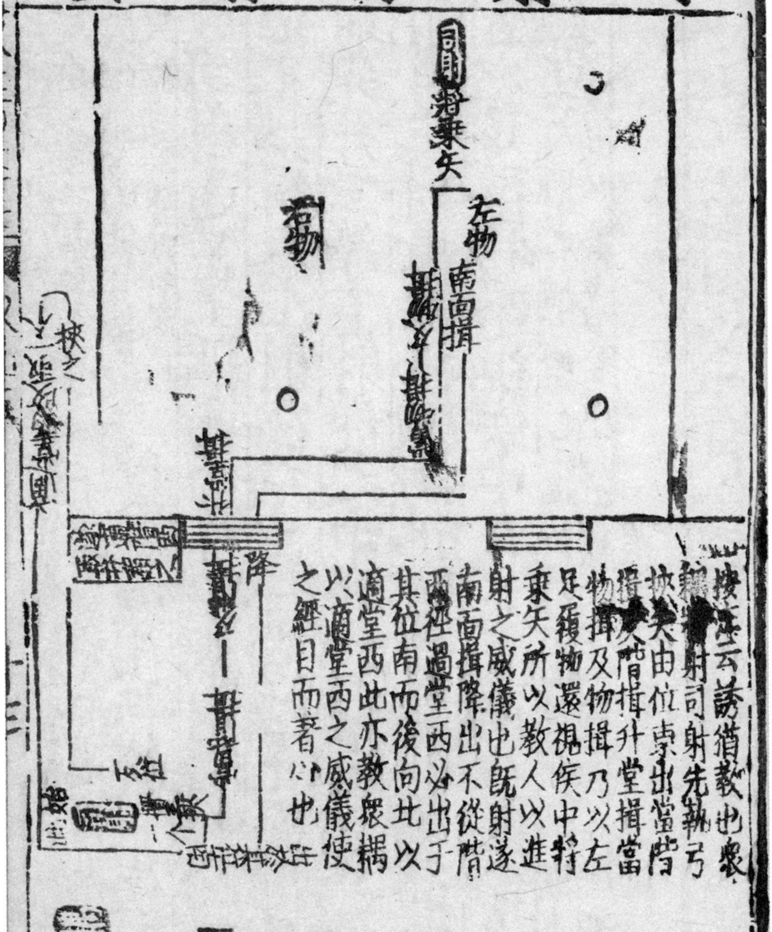

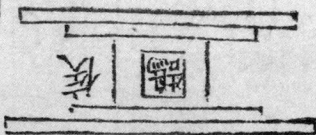

按注云誘猶教也衆耦射司射先執弓挾矢由位東出當階揖及階揖升堂揖當物揖及物揖乃以左足履物還視侯中俯乘矢所以教人以進射之威儀也既射遂南面揖降出不從階西徑過堂西必出于其位南而後向北以適堂西此亦教衆耦以適堂西之威儀使之經目而著也

司馬命獲者執旌以負侯欲令射者見侯與旌深宜志於中○疏曰凡射主欲中侯中則使獲者以旌唱獲以是故使見之也○司射還當上耦西面作上耦射還左還也作使也反位上耦揖進上射在左並行當階北面揖及階揖上射先升三等下射從之中等中猶間也上射升堂少左下射升上射揖並行並射也並東行皆當其物北面揖及物揖皆左足履物還視侯中合足而俟○記命負侯者由其位於賤者禮略○疏曰司馬自在己位遙命之是於賤者略也經無司馬命負侯之位故記之也

右司馬命負侯司射作射

司馬適堂西不決遂袒執弓不決遂因不射不備出于司射之

南升自西階鉤楹由上射之後西南面立于物間右

執簫南揚弓命去侯鉤楹以當由上射者之後也簫弓末也大射曰左執弣揚猶舉也○今按獲者執旌負侯欲令射者見侯與旌深有志於中今將射故司馬揚弓命去侯命獲者離去侯偭而避之於乏也

獲者執旌許諾聲不絕以至于乏坐東面偃旌興而俟聲不絕不以宮商不絕而已鄉射威儀省偃猶仆也司馬出于下

射之南還其後降自西階反由司射之南適堂西釋

弓襲反位立于司射之南圍下射者明爲二人命去侯○疏云圍下射者皆出物間西行則似爲上射命去侯是以并下射圍繞之明爲二人命去侯也○司射進與司

馬交于階前相左由堂下西階之東北面視上射命

曰無射獲無獵獲射獲謂矢中人也獵謂矢從傍○今按司射北面視上射命之辭謂上耦將射恐矢發不正而中人也上射揖司射退反位○上射於右於右物射○凡適堂西皆出入于司馬之南

右司馬命去侯司射命射

上耦升司馬命去侯司射命射

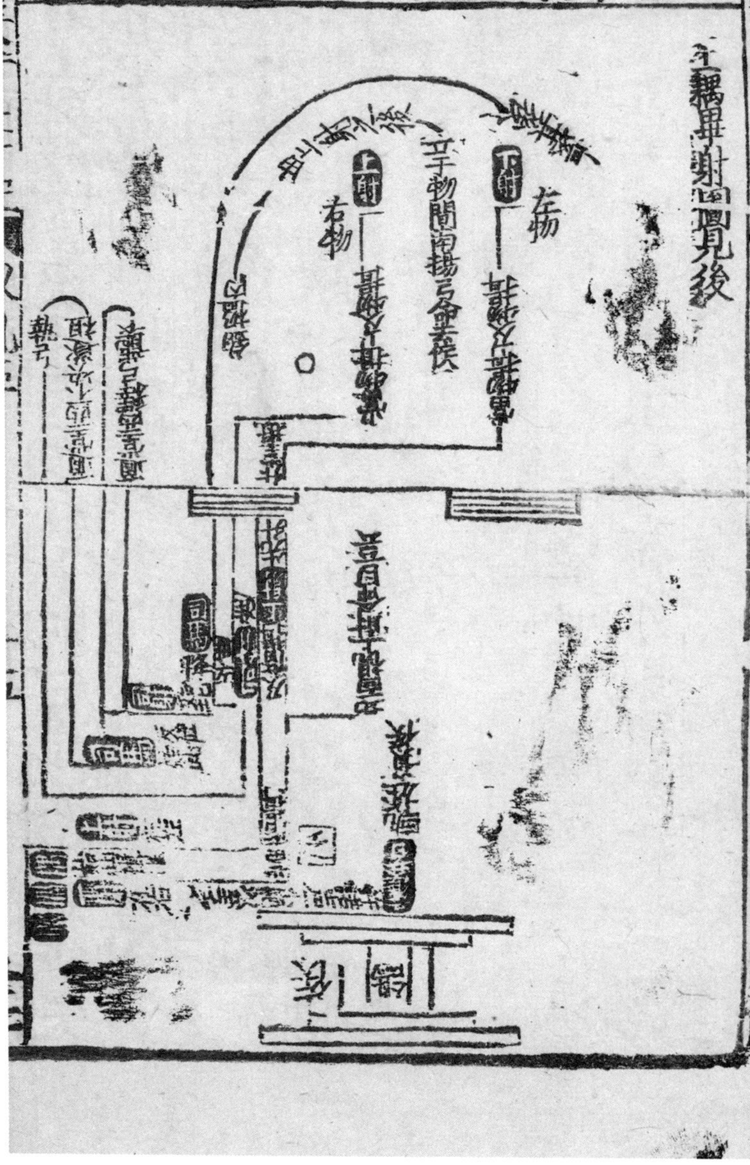

乃射上射既發挾弓矢而后下射射拾發以將乘矢

獲者坐而獲射者中則大言獲獲得也射講武田之類是以中爲獲也舉旌以宮

偃旌以商宮爲君商爲臣聲和律呂相生○疏曰舉旌以宮大言獲也偃旌以商小言獲也

獲而未釋獲但大言獲未釋其筭○今時第一番射獲者但大言其獲未釋筭及第二番

始設中而釋筭卒射皆執弓不挾南面揖揖如升射下耦亦左還說

射如司上射降三等下射少右從之中等並行上射於

左降下○疏曰出上則下射升先降皆上射爲先又上射升降皆在左與升射者相左

交于階前相揖由司馬之南適堂西釋弓說決拾襲

而俟于堂西南面東上○三耦卒射亦如之○記始

射獲而未釋獲復釋獲復用樂行之君子取以禮○疏曰始射獲

上耦次耦升降相左圖

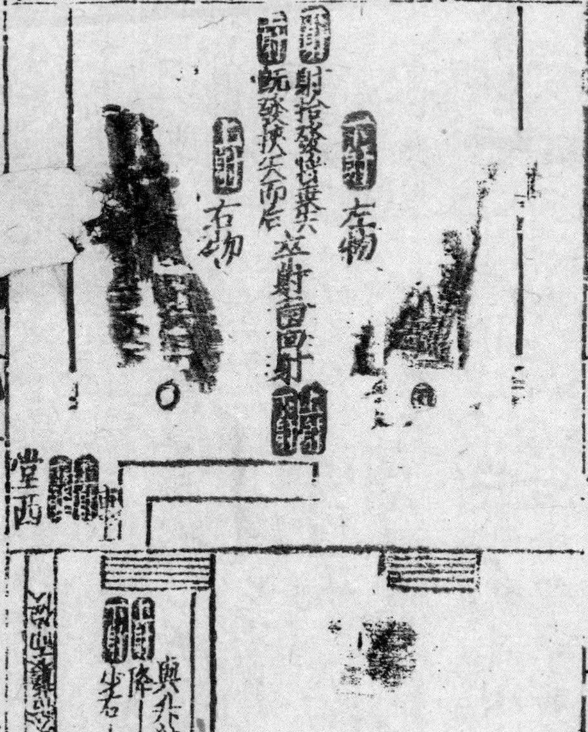

右上耦次耦升降相左初射獲而未釋獲

而不釋獲據三耦射時云復釋獲者皆據第二番射時復用樂據第三番射時

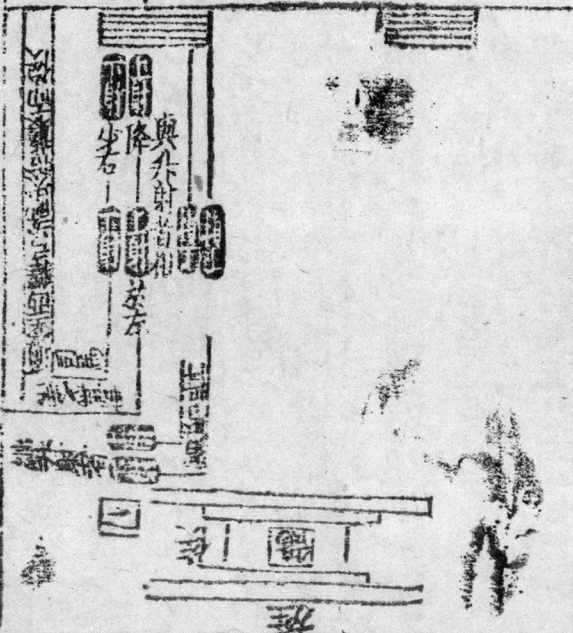

今按云射事士射章如請射作射之類皆司射
主之司馬兼揔射政如命負侯去侯之類皆
司馬命之司馬者衆目所觀仰而號令所從出
也故凡自堂降階適堂西者不從階下徑過堂
西必向南而行由司馬之南復自北回以適堂
西非特以示威儀乃所以見聽命司馬之意如
此圖三耦適堂西之類是也記曰適堂西皆出
入于司馬之南唯賓與大夫降階遂西取弓矢
注云當福進遂是也不射位有堂西位司射立
於中之西南司馬立於司射之南三耦衆耦又

立于其南此射位也射位見前圖堂西乃授弓矢比三耦之位故射畢則適堂西釋弓說決拾而立於堂西以俟

司射去扑倚于西階之西升堂北面告于賓曰三耦卒射去扑乃升升不敢佩刑器即尊者之側賓揖揖以然之司射降搢扑反位

右三耦初射

司馬適堂西袒執弓由其位南進與司射交于階前相左升自西階鉤楹自右物之後立于物間西南面揖弓揖推之也命取矢獲者執旌許諾聲不絕按大射經文云以宮初去侯以旌負侯而俟俟弟子取矢以旌指歐之司馬出于左物之南

還其後降自西階遂適堂前北面立于所設楅之南命弟子設楅（楅猶幅也所以承笴齊矢者）乃設楅于中庭南當洗東肆（東肆統於賓）司馬由司射之南退釋弓于堂西襲反位弟子取矢北面坐委于楅北括乃退司馬襲進當楅南北面坐左右撫矢而乘之（撫拊之也就委矢左右手撫而四四數分之也上既言皆襲衣矣後言之者嫌有事即袒也凡事升堂乃袒○疏曰此括者順射時矢南行也）若矢不備則司馬又袒執弓如初升命曰取矢不索（索猶盡也）弟子自西方應曰諾乃復求矢加于楅○記楅長如笴博三寸厚寸有半龍首其中蛇交韋當（博廣也兩端為龍首中央為蛇身相交也直心背之衣曰當以丹韋為之司馬左右撫矢而乘之分委於當）楅髤橫

而奉之南面坐而奠之南北當洗髤虚求切○髤亦黑漆也

右設楅取矢初射已發之矢

司射倚扑于階西升請射于賓如初賓許諾賓主人大夫士若皆與射則遂告于賓適阼階上告于主人主人與賓爲耦言若者或射或否任時欲耳○疏曰射禮三而止第一番直司射與三耦誘射不釋算第二番三耦與衆耦與射釋算第三番兼有作樂爲射節賓主人大夫則或射或否遂告于大夫大夫雖衆皆與士爲耦以耦告于大夫曰某御於子大夫來觀禮同爲相爲耦則嫌自尊引大夫爲下射而云御於子尊大夫也上謂衆賓之在下者及羣士來觀禮者也禮一命已下齒於鄉里西階上北面作衆賓射作使

司射降搢扑由司馬之南適堂西立比衆耦衆耦大夫耦及

衆賓也衆賓將與射者皆降由司馬之南適堂西繼三耦而立東上大夫之耦為上若有東面者則北上賓主人與大夫皆未降未降自志在射司射乃比衆耦辯

右比衆耦繼三耦而立

遂命三耦拾取矢司射反位反位者俟其袒決遂來三耦拾取矢皆袒決遂執弓進立于司馬之西南司射作上耦取矢司射反位上耦揖進當福北面揖及福揖上射東面下射西面上射揖進坐橫弓卻手自弓下取一个兼諸弣順羽且興執弦而左還退反位東面揖橫弓者南踣弓也卻手由弓下取矢者以左手在弓表右手從裏取之便也兼并矢於弣當順羽既又當執弦

也順羽者手放而下備不整理也○疏曰表弓背也且興者謂以右手順羽之時則興故云且也左還者以左手向外而西回也東面揖揖下射取矢也下射進坐橫弓覆手自弓上取一个興其他如上射覆手由弓上取矢者以左手在弓裏右手從表取之亦便○疏曰不言卻弓蓋卻左手向上執弓而南踣可知○朱先生曰上文東向覆手而踣弓則弦向身此云西向卻手南踣弓則弦向外既拾取乘矢揖皆左還南面揖皆少進當福南皆左還北面搢三挾一个揖皆左還上射於右上射轉居右便其反位也下射左還少南行乃西向與進者相左相揖反位相左者由進者之北三耦拾取矢亦如之後者遂取誘射之矢兼乘矢而取之以授有司于西方而后反位取誘射之矢挾五个弟子逆受於東面位之後○疏曰挾五个者以前拾取矢皆搢三挾一个乃反位此則先取四

矢亦搢三挾一个乃并取誘射四矢兼挾之故五个也有司即弟子納射器者因留主授受於堂西西方今見下耦將司射矢來向彷西面弟子即往適受之說下射乃反向東面之位○朱先生曰從省兼取誘射之矢則是下耦之下射也此疏文不備又東面位蓋在司馬之西南

○衆賓未拾取矢皆袒決遂執弓搢三挾一个由堂西進繼三耦之南而立東面北上大夫之耦爲上

疏曰第一番射時未有拾取矢禮以其第一番唯有三耦射無賓射福上無矢可取故也

○記取誘射之矢者既拾取矢而後兼誘射之乘矢而取之

右三耦拾取矢進退相左

取初射加于福之矢也

三耦拾取矢進退相左圖

按記云楅長如笴笴矢幹也笴長三尺則楅亦長三尺也兩端爲龍首所以限矢也其中爲蛇身兩兩相交相對則置之於地而安也以丹韋爲當則四四分矢而委之於其上也

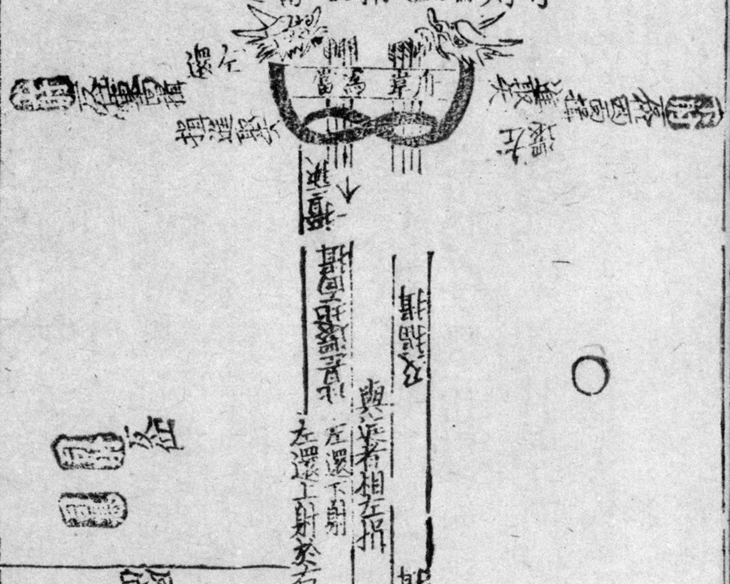

司射作射如初一耦揖升如初司馬命去侯獲者許諾司馬降釋弓反位司射猶挾一个去扑與司馬交于階前升請釋獲于賓猶有故之辭司射請之詔射恒執弓挾矢以掌射事備尚未知當設之也今三耦卒射衆足以知之矣猶挾之者君子不必也賓許降搢扑西面立于所設中之東北面命釋獲者設中遂視之視之當教之釋獲者執鹿中一人執筭以從之鹿中謂射於謝也於庠當兕中釋獲者坐設中南當楅西當西序東面興受筭坐實八筭于中横委其餘于中西南末興共而俟興還北面受筭反東面賓之司射遂進由堂下北面命曰不貫不釋貫猶中也不中正不釋筭也上射揖司射退反位釋獲者坐取中之八

筭陔實八筭于中興執而俟執所取筭乃射若中則釋獲者坐而釋獲每一个釋一筭上射於右下射於左若有餘筭則反委之委餘筭禮尚異也委之合於中西又取中之八筭陔實八筭于中興執而俟三耦卒射○記士鹿中翿旌以獲翿小國之州長也用翿為旌以獲無物也鹿中髹前足跪鑿背容八筭釋獲者奉之先首前足跪者象敎擾之獸受負也○箭籌八十箭篠也籌筭也筭八十者略以十耦為正貴全數長尺有握握素握本所持處素謂刌之也刌本一膚○疏曰八公羊何休云側手為膚握四寸通長一尺四寸

右三耦再射釋獲

三耦再射釋獲圖

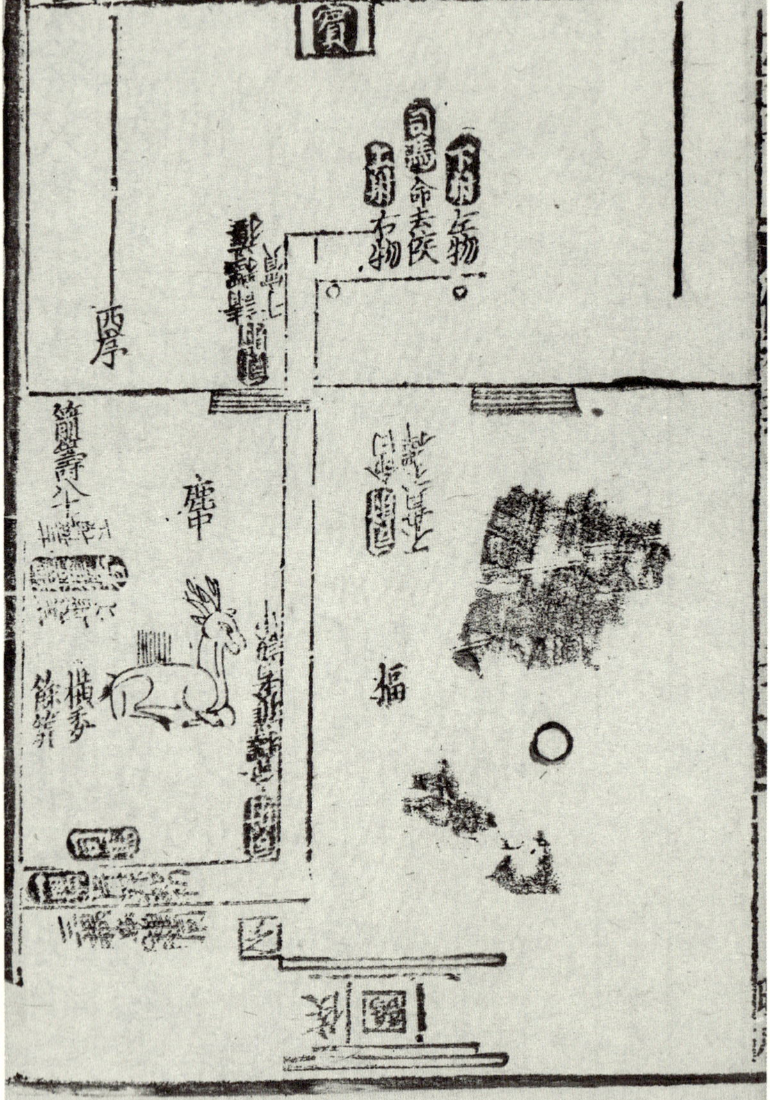

賓主人大夫揖皆由其階降揖主人堂東袒決遂執
弓搢三挾一个賓於堂西亦如之皆由其階階下揖
升堂揖主人為下射皆當其物北面揖及物揖乃射
卒南面揖皆由其階階上揖降階揖賓序西主人序
東皆釋弓說決拾襲反位升及階揖升堂揖皆就席
○朱先生曰後記有君袒朱襦大夫袒薫襦君在大夫射則肉袒然則士射皆肉袒與○記衆
賓不與射者不降○大夫降立于堂西以俟射○賓
主人射則司射擯升降卒射即席而反位卒事擯賓主人升降者皆尊之也不使司馬擯其升降主於射○凢適堂西皆出入于司馬
之南唯賓與大夫降階遂西取弓矢尊者宜逸由便也

右賓主人射

降階升階九四節

一　賓主人大夫揖皆由其階降揖主人往堂東賓

堂西袒決遂執弓大夫止於堂西

二　主人賓皆由其階階下揖升堂揖皆當其物乃

射

三　皆由其階階上揖降階揖往序東西釋弓說決

拾襲反位

四　升及階揖升堂揖皆就席而后大夫與其耦升

射

大夫袒決遂執弓搢三挾一个由堂西出于司射之西就其耦大夫爲下射揖進耦少退揖如三耦及階耦先升卒射揖如升射耦先降降階耦少退皆釋弓于堂西襲耦遂止于堂西大夫升就席耦於庭不並行尊大夫也○衆賓繼射釋獲皆如初司射所作唯上耦於是言唯上耦者嫌賓主人射亦作之○記大夫與士射袒纁襦襦如朱反○不肉袒殊於耦耦少退于物下大夫也既發則然

右大夫及衆賓射

大夫與其耦射圖

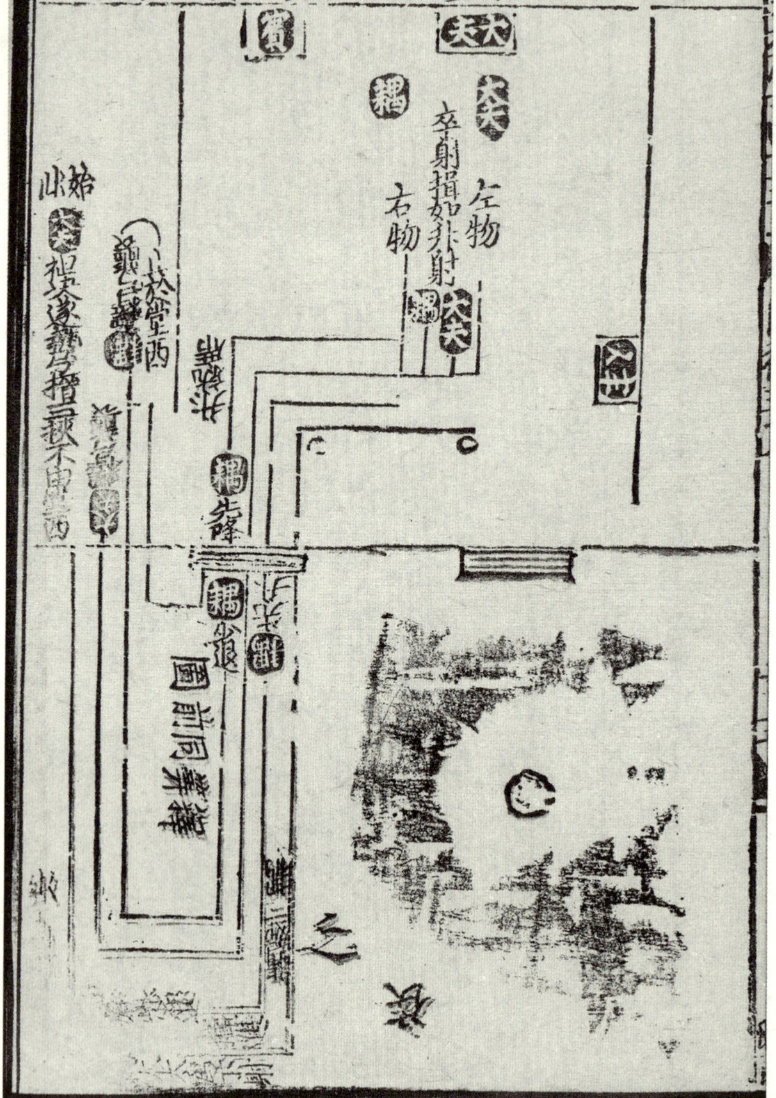

卒射釋獲者遂以所執餘獲升自西階盡階不升堂告于賓曰左右卒射降反位坐委餘獲于中西興共而俟司射不告卒射者釋獲者於是有事宜終之也餘獲餘筭也無餘筭則空手耳俟俟數也司馬袒決執弓升命取矢如初獲者許諾以旌負侯如初司馬降釋弓反位弟子委矢如初大夫之矢則兼束之以茅上握焉兼束大夫矢優之是以不下也束于握上則兼取之順羽便也握謂手中央也不束主人矢者不可以殊於賓也言大夫之矢則矢有題識也○朱先生曰注疏上握之說未明疑束之之處當在中央手握之下使握在上則去鏃近而去羽遠取之便易也司馬乘矢如初司射遂適西階西釋弓去扑襲進由中東立于中南北面視筭釋弓去扑射事已釋獲者東面于中西坐先

數右獲固東面矣復言之者為其少南就右獲二筭為純純猶全也耦陰陽一純以取實于左手十純則縮而委之縮從也於數者東西為從○從子容反每委異之易校數有餘純則橫於下又異之也自近為下一筭為奇奇則又縮諸純下奇猶虧也又從之興自前適左東面起由中東就左獲少北於故東面鄉之○疏曰云少北於故故則右筭也又移至左筭之後東面向之是以云少北於故坐兼斂筭實于左手一純以委十則異之變於右○疏曰右則一純取之於地實于左手此則總斂於左手一一取之於左手委於地礼以變為敬也其餘如右獲謂所縮所橫者司射復位釋獲者遂進取賢獲執以升自西階盡階不升堂告于賓賢獲勝黨之筭也齊之而取其餘若右勝則曰右賢於左若左勝則曰左賢於右

以純數告若有奇者亦曰奇賢猶勝也言賢者射之以中爲雋也假如右勝告曰右賢於左若干純若干奇若左右鈞則左右皆執一筭以告曰左右鈞降復位坐兼斂筭實八筭于中委其餘于中西興共而俟○司射釋弓矢視筭與獻釋獲者釋弓矢唯此二事休戒主文釋弓矢耳然則獲升降不釋

右取矢視筭

鄉射取矢視筭圖

釋筭之法先數右獲其筭在地以右手取之於地二筭爲純實于左手十純則縮而委之於地有餘純則横於下奇則又縮諸純下及其數左獲也揔斂其筭於左手以右手取之二筭爲純即委之於地十純則異之其餘如右獲謂有餘純則横於下一筭則縮於純下如右獲之法也

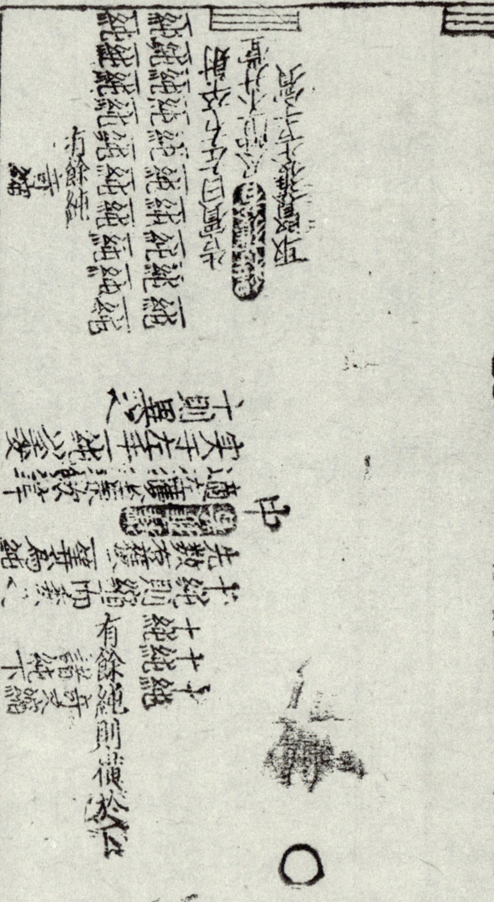

司射適堂西命弟子設豐將飲不勝者設豐所以承其爵也豐形蓋似豆而卑
弟子奉豐升設于西楹之西乃降勝者之弟子洗觶
升酌南面坐奠于豐上降袒執弓反位司射遂袒執
弓挾一个搢扑北面于三耦之南命三耦及衆賓勝
者皆袒決遂執張弓以手執弦如卒射不勝者皆襲說決拾
卻左手右加弛弓于其上遂以執弣司射先反位三
耦及衆射者皆與其耦進立于射位北上司射揖升
飲者如作射一耦進揖如升射及階勝者先升升堂
少右先升尊賢也少右辟飲者亦相飲之位○朱先生曰右首北面而言則東也相飲之謂飲之者立於飲者之右不勝者進北面坐取豐上之觶興少退立

卒觶進坐奠于豐下興揖立卒觶不祭不拜受罰爵不備禮也不勝者
先降與升飲者相左交于階前相揖出于司馬之南
遂適堂西釋弓襲而俟有執爵者主人使贊者代弟子酌也執爵
者坐取觶實之反奠于豐上升飲者如初三耦卒飲
賓主人大夫不勝則不執弓執爵者取觶降洗升實
之以授于席前受觶以適西階上北面立飲卒觶授
執爵者反就席大夫飲則耦不升若大夫之耦不勝
則亦執弛弓特升飲衆賓繼飲射爵辯乃徹豐與
觶○記主人亦飲于西階上以獻酬禮然也已無以從不可以辭罰○
禮射不主皮主皮之射者勝者又射不勝者降禮射謂以

禮樂射也大射賓射燕射是矣主皮者無侯張獸
皮而射之主於獲也不勝者降則不復升射也

右飲不勝者

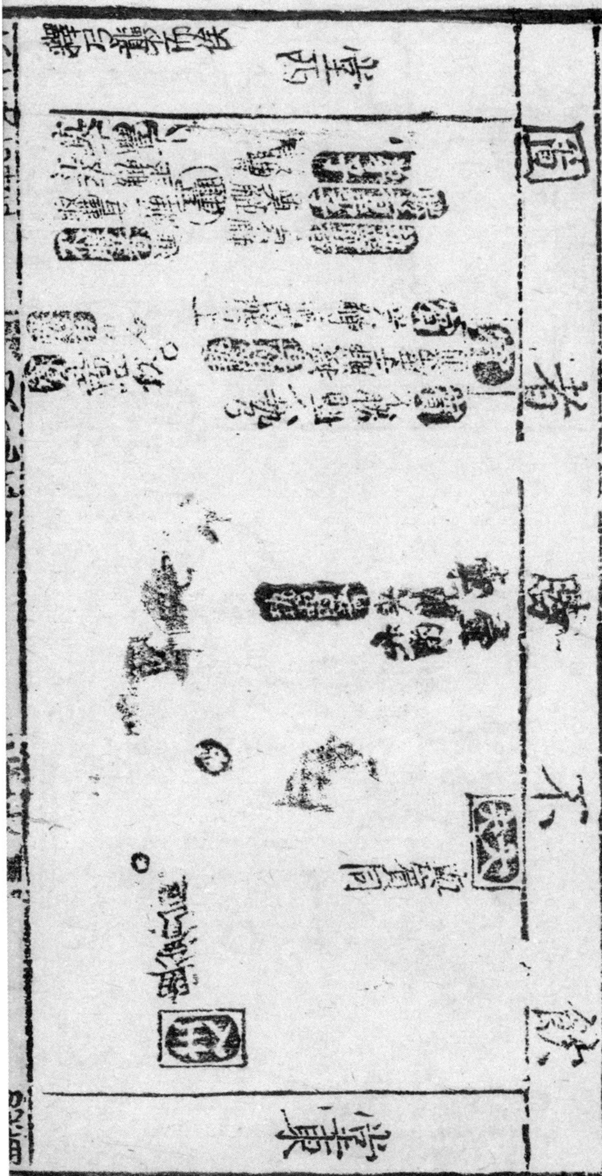

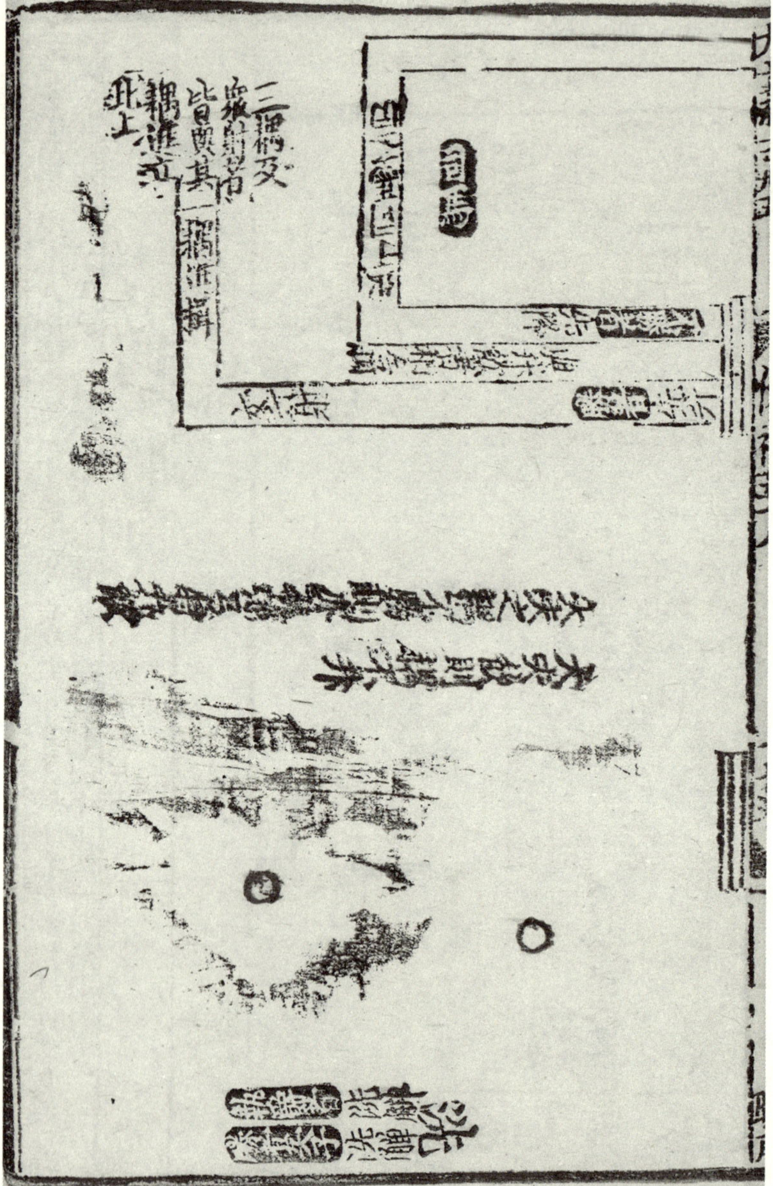
三耦及衆射者皆與其耦進立于上
三耦進揖

司馬洗爵升實之以降獻獲者于侯鄉人獲者賤明其主以侯為功
得獻也薦脯醢設折俎俎與薦皆三祭皆三祭為其將祭侯也祭侯三
處也獲者負侯北面拜受爵司馬西面拜送爵負侯負侯中也
拜送爵不同面者辟正主也其設薦俎西向錯以南為上為受爵于侯薦之於位獲者執爵
使人執其薦與俎從之適右个設薦俎个音幹○獲者以侯為功
是以獻焉人謂主人贊者上設薦俎者也為設籩在東豆在西俎當其北也亡闕設新之獲者南
面坐左執爵祭脯醢執爵興取肺坐祭遂祭酒為侯祭也
亦二手祭酒反注如大射○疏同大射禮二手祭酒者獲者南面於俎北當為侯祭於豆間爵反注為一
手不能正也此薦俎之設如於北面人焉興適左个中皆如之先祭左个後中習以
外即之至中若神在中也左个之西北三步東面設薦俎獲者薦

右東面立飲不拜既爵不就乏者明其享侯之餘也立飲爲右近司馬於是司馬也爲

司馬受爵奠于篚復位獲者執其薦使人執爼從

之辟設于乏南辟普益反○遷設薦爼就乏明己所得禮也言辟之者不使當位辟舉旌

偃旌也設于南右之也凡故薦爼皆當其位之前獲者負侯而俟○司射適

階西釋弓矢去扑說決拾襲適洗洗爵升實之以降

獻釋獲者于其位少南薦脯醢折爼有祭不當其位辟中釋

獲者薦右東面拜受爵司射北面拜送爵釋獲者就

其薦坐左執爵祭脯醢興取肺坐祭遂祭酒興司射

之西北面立飲不拜既爵司射受爵奠于篚釋獲者

少西辟薦反位辟薦少西之者爲復射妨司射視算也亦辟爼○記東方謂

之若个个古賀反○侯以鄉堂爲面也獲者之俎，折脊脅肺臑。臑奴報反○臑若膊胳觳之折以大夫之餘體○膊音純胳音格觳苦角反○疏曰前體肩臂臑後足膊胳觳賓主人記用肩臂唯有臑及膊胳觳若無大夫則獲者得臑若以大夫一人則獲者得臑二則胳三則觳更多則折之不得整體或更得餘體也釋獲者之俎，折脊脅肺，皆有祭。祭祭肺也皆皆獲者也

右獻獲者及釋獲者

獻獲者及釋獲者圖

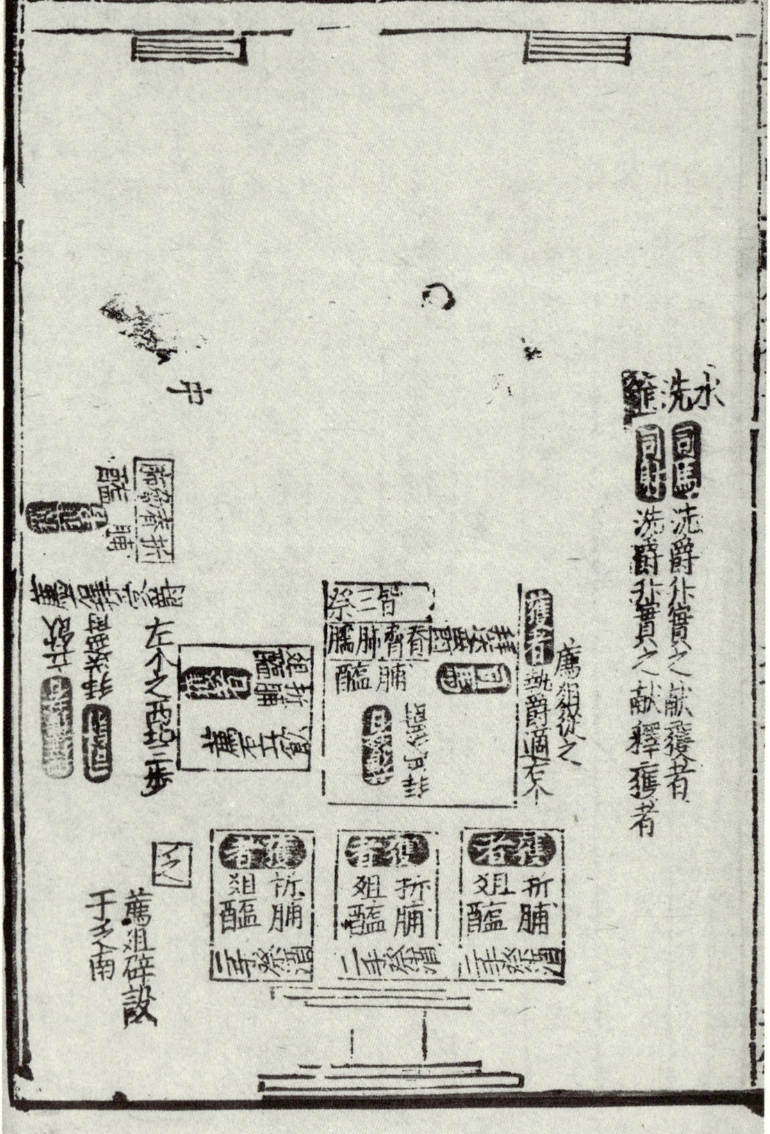

司射適堂西袒決遂取弓于階西挾一个搢扑以反
位為將復射司射去扑倚于階西升請射于賓如初賓許
○司射降搢扑由司馬之南適堂西命三耦及衆賓
皆袒決遂執弓就位司射先反位○三耦及衆賓皆
袒決遂執弓各以其耦進反于射位司射作拾取矢
三耦拾取矢如初反位○賓主人大夫降揖如初主
人堂東賓堂西皆袒決遂執弓皆進階前揖及楅揖
拾取矢如三耦卒北面搢三挾一个揖退賓堂西主
人堂東皆釋弓矢襲及階揖升堂揖就席
右三耦賓主人拾取矢取再射加于楅之矢也

大夫袒決遂執弓就其耦降袒決遂於堂西就其耦於射位與之拾取矢揖皆進如三耦耦東面大夫西面大夫進坐說矢束說矢束者下耦以將拾取○疏曰云大夫西面者爲下射故也興反位而后耦揖進坐兼取乘矢順羽而興反位揖兼取乘矢者尊大夫不敢與之拾也相下相尊君子之所以相接也大夫進坐亦兼取乘矢如其耦北面搢三挾一个亦於三耦爲之位揖退耦反位大夫遂適序西釋弓矢襲升即席大夫不序於下尊也○衆賓繼拾取矢皆如三耦以反位○記大夫說矢束坐說之明不自尊別也

右大夫衆賓拾取矢取再射加于楅之矢也

大夫與其耦拾取矢圖

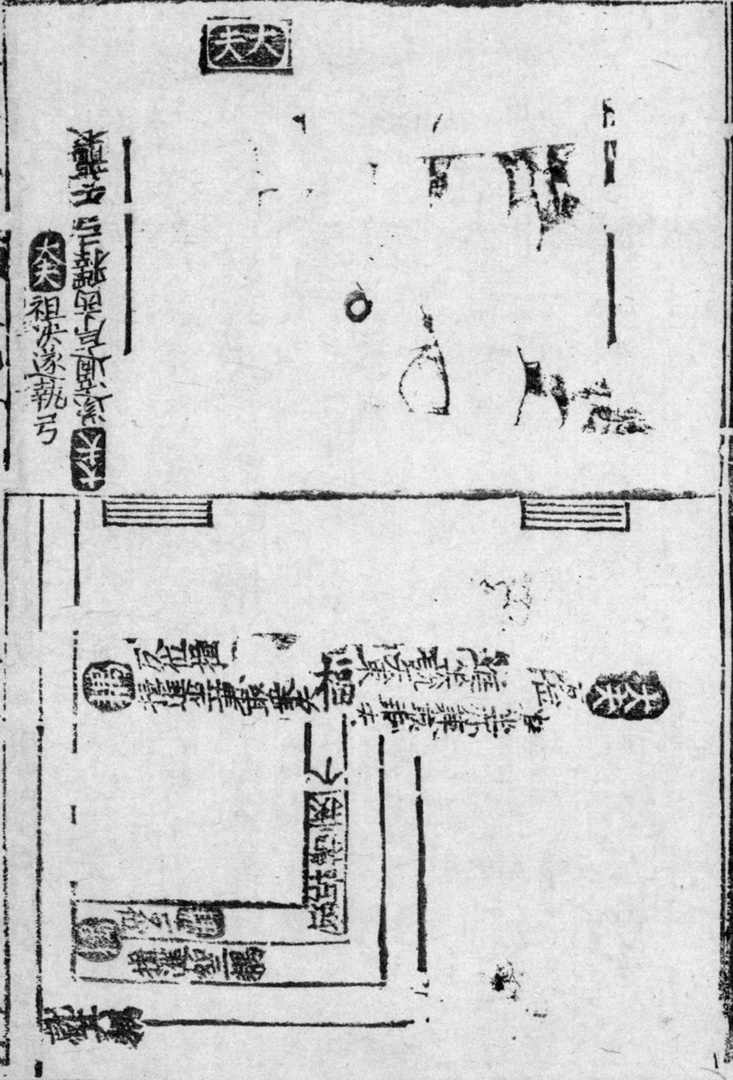

司射猶挾一个以進作上射如初一耦揖升如初適讀

此言還當上耦西面是言進終始互相明也司馬升命去侯獲者許諾司馬降釋弓反位司射與司馬交于階前去扑襲升請以樂樂于賓賓許諾司射降搢扑東面命樂正曰請以樂樂于賓賓許東面於西階之前也不就樂正命之者傳尊者之命於賤者遠號令之可也樂正亦許諾猶北面不還以賓在堂

司射遂適階間堂下北面命曰不鼓不釋不與鼓節相應不釋筭也鄉射之鼓五節歌五終所以將八矢一節之間當拾發四節四拾其一節先以聽也○疏曰射人云王以騶虞九節諸侯以貍首七節卿大夫以采蘋五節士以采蘩五節卿大夫士同五節尊卑樂節雖多少不同四節以盡乘矢則同其餘外皆以聽王九節者五節先以聽諸侯七節者三節先以聽卿大夫士五節皆一節先以聽皆以四節拾發乘矢但尊者先以聽

則多畀者先以聽則少優尊者先知審故也上射揖司射退反位樂正東面命大師曰奏騶虞間若一東面者進還鄉大師也騶虞国風召南之詩篇也射義曰騶虞者樂官備也其詩有一發五豝五豵于嗟騶虞之言樂得賢者衆多嘆思至仁之人以充其官也此天子之射節也而用之者方有樂賢之志取其宜也其其他賓客卿大夫則歌采蘋間若一者重節〇疏曰間若一謂五節之間長短希數皆如一則是重樂節也〇朱先生曰據詩但取一發五豝之義且騶虞則爲仁獸之名以廣類蕃殖美国君之仁如之也樂官備云者諸儒有以騶為文王之囿虞為主囿之官故立此義而鄭注因之與其詩箋自相違異今姑存之大師不與許諾樂正退反位乃奏騶虞以射三耦卒射賓主人大夫衆賓繼射釋獲如初卒射降皆應鼓與歌之節乃釋筭降者衆賓〇記歌騶虞若采蘋皆五終射無筭也謂衆賓繼射者衆賓無數每一耦射歌五終也

三射以樂爲節圖

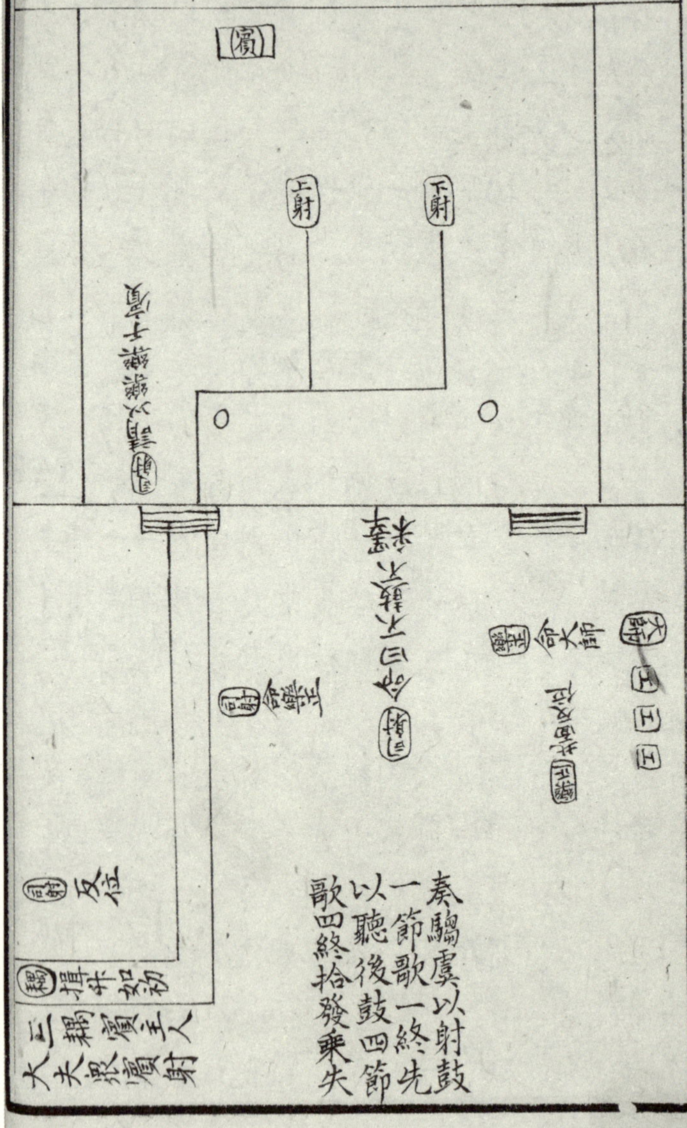

右三射以樂爲節

釋獲者執餘獲升告左右卒射如初（卒已也）司馬升命
取矢獲者許諾司馬降釋弓反位弟子委矢司馬乘
之皆如初司射釋弓視筭如初（筭獲筭也）釋獲者以賢獲
與鈞告如初降復位
右取矢袒[illegible]如初
司射命設豐設豐實觶如初遂命勝者執張弓不勝
者執弛弓升飲如初
右飲一不勝者如初
司射猶袒決遂左執弓右執一个兼諸弦面鏃（面猶尚也）
（并矢於弦尚其鏃將止變於射也）適堂西以命拾取矢如初司射反

大二百五二小二百二 三 卅三 子仁

位三耦及賓主人大夫眾賓皆袒決遂拾取矢如初
矢不挾兼諸弦弣以退不反位遂授有司于堂西辯
拾取矢揖皆升就席謂賓大夫及眾賓也皆襲於進立于西階之前主人以賓揖
升大夫及眾賓從升立時少退于大夫三耦及眾弟子自若留下
若三耦及賓主人大夫眾賓拾取矢取三射旌
手播之矢
司射乃適堂西釋弓去扑說決拾襲反位司馬命弟
子說侯之左下綱而釋之命獲者以旌退命弟子退
福司射命釋獲者退中與算而俟諸所退皆俟堂西備復射也旌言以
者雉恒執也獲者釋獲者亦退其薦俎

右三射畢

司馬反爲司正退復觶南而立（當監旅酬）樂正命弟子贊工即位弟子相工如其降也升自西階反坐（贊工遷樂也降時如初入樂正反自西階東北面）賓北面坐取俎西之觶興阼階上北面酬主人主人降席立于賓東賓坐奠觶拜執觶興主人答拜賓不祭卒觶不拜不洗實之進東南面（旅不拜者酬而禮殺也賓立飲）主人阼階上北面拜賓少退主人進受觶賓主人之西北面拜送（旅酬而同階禮殺也）賓揖就席主人以觶適西階上酬大夫大夫降席立于主人之西如賓酬主人之禮（其既實觶進西南面立鄉所酬）主人揖就席若無

[illegible]

大夫則長受酬亦如之（長謂以長幼之次酬衆賓）司正升自西階

相旅作受酬者曰某酬某子（某者字也某子者氏也稱酬者之字受酬者曰某子旅酬下爲上尊之也春秋傳曰字不若子此言某酬某子者射禮略於飲酒飲酒言某子受酬以飲酒爲主）受酬者降席司正退立于西席端東面（退立俟後酬者也始升相立階西北面）衆受酬者拜興飲皆如賓酬主人之禮

辯遂酬在下者皆升受酬于西階上（在下謂賓黨也鄉飲酒記曰主人之贊者西面北上不與無筭爵然後與此異於賓）卒受者以觶降奠于篚司

正降復位○記古者於旅也語凡旅不洗不洗者不

祭既旅士不入

右旅酬（旅酬以後與鄉飲圖同）

使二人舉觶于賓與大夫二人主人之贊者舉觶者皆洗觶升實之西階上北面皆坐奠觶拜執觶興賓與大夫皆席末答拜舉觶者皆坐祭遂飲卒觶興坐奠觶拜執觶興賓與大夫皆答拜舉觶者逆降洗升實觶皆立于西階上北面東上賓與大夫拜舉觶者皆進坐奠于薦右賓與大夫辭坐受觶以興舉觶者退反位皆拜送乃降賓與大夫坐反奠于其所興若無大夫則唯賓賓與一人舉觶如燕禮媵爵之儀

右二人舉觶

司正升自西階阼階上受命于主人適西階上北面

請坐于賓賓辭以俎反命于主人主人曰請徹俎賓許司正降自西階階前命弟子俟徹俎司正升立于序端賓降席北面主人降席自南方阼階上北面大夫降席席東南面（俟弟子升受俎）賓取俎還授司正司正以降自西階賓從之降遂立于階西東面司正以俎出授從者主人取俎還授弟子弟子受俎降自西階以東主人降自阼階西面立（以東授主人侍者）大夫取俎還授弟子弟子以降自西階遂出授從者大夫從之降立于賓南衆賓皆降立于大夫之南少退北上

右徹俎

主人以賓揖讓說屨乃升大夫及衆賓皆說屨升坐

○乃羞○無筭爵使二人舉觶賓與大夫不興取奠觶飲卒觶不拜二人謂鄉尚者二人也使之升立于西階上賓與大夫將旅當執觶也執觶者受觶遂實之賓觶以之主人大夫之觶長受長衆賓長而錯皆不拜錯者賓主人之觶以之次賓也衆賓長之觶以之次大夫其或多者迭飲於坐而已皆不拜受辯卒受者興以旅在下者于西階上衆賓之末飲而酬主人之贊者大夫之末飲而酬賓黨亦錯焉不使執觶者酌以其將旅酬不以己尊孤人也其末若皆衆賓則先酬主人之贊者若皆大夫則先酬賓黨而已執觶者酌在上辯降復位長受酬酬者不拜乃飲卒觶以賓之言酬者不拜者嫌酬堂下異位當拜也受酬者不拜受禮殺由受尊者之酬猶不拜辯旅皆不拜主人之贊者於此始

大二寸廿五字二寸卅八 仪礼.五ㄅ 三十六

旅嫌有拜執觶者皆與旅嫌已飲不復飲也上使之勸人耳非逮下之惠也亦自次齒與於旅也卒受者以虛觶降奠于篚執觶者洗升實觶反奠于賓與大夫復奠之者燕以飲酒爲歡醉乃止主人之意也○無筭樂

右燕

賓興樂正命奏陔賓降及階陔作賓出衆賓皆出主人送于門外再拜○記大夫後出主人送于門外再拜

右賓出

明日賓朝服以拜賜于門外主人不見如賓服遂從之拜辱于門外乃退不見不褻禮也

右賓拜賜主人拜辱

主人釋服乃息司正無介不殺使人速迎于門外不拜入升不拜至不拜洗薦脯醢無俎賓酢主人主人不崇酒不拜衆賓既獻衆賓一人舉觶遂無筭爵無司正（使擯者而已不立之）賓不與（至尊不可褻也）徵唯所欲以告於鄉先生君子可也羞唯所有鄉樂唯欲

右息司正

古大曠日孔子曰射不主皮爲力不同科古之道也蓋有禮射有主皮之射不主皮禮射也所謂大射鄉射是也爲力者主皮之射也主皮者主於獲而已尚力而不習禮故曰爲力不同科也禮射者必先比耦故一耦皆有上射下射皆執弓而搢挾矢其進也當階及階當物及物皆揖其退也亦如之其行有左右其升降有先後其射皆拾發其取矢于楅也始進揖當楅揖及

揖揖取矢揖卒取矢揖既揖挾揖退與將進者
揖及取次上有横弓卻手兼附順羽拾取之節
焉卒射而飲勝者袒決遂執張弓不勝者襲說
決拾加弛弓升飲揖如初則辟退居還必守
禮可見矣夫先王制禮豈苟為繁文末節使人
難行哉亦曰以善養人而已蓋君子之於天下
必無所不中節然後成德必力行而後有功其
四支欲於安佚而恭敬之心不勝則怠惰驕
慢之氣生怠惰驕慢之氣生則動容周旋不能
中乎節禮雖備而心亦為之不安矣其所不安
則手足不知所措故放辟邪侈踰分犯上將無
所不至天下之亂自此始矣聖人憂之故當謹
於繁文末節以養人於無所事之時使其習之
而不厭煩則不遜之行亦無自而作至於久以偷
安之則非法不行無所往而非義矣君子敬以
直內義以方外敬義立而德不孤則不疑其所
行矣故發而不中節者常生乎不敬所存乎內
者敬則所形乎外者莊矣內外交修則發乎事
者中矣故曰內志正外體直然後持弓矢審固
持弓矢審固然後可以言中此射一藝也容比

於禮節比於樂而不失正體者見必有樂於義理父於恭敬順志不分之心然後可以得之則其所以得之者有見德可知矣故曰可以觀德行矣

儀禮圖第十五卷

燕禮先後之序

大夫 大夫 大夫

辯獻大夫遂薦之繼賓以西東上

賓

一 主人獻賓

五 主人酬賓

公

三 主人獻公

七 媵爵者奠觶

十三 又媵觶者奠觶

二十二 賓媵觚于公

十二 司正洗角觶

二十 內小臣 左右正與 獻庶子於阼

十 諸公

十六 獻工

樂工 工工工工

二 賓酢主人

八 公取媵爵酬賓

九 大夫長升受旅

十一 主人獻卿

十四 酬賓長旅如初

十五 主人獻大夫

十八 公為大夫舉旅

二十一 主人獻士士升

二十六 公命賓媵爵士旅辯

二十九 士旅酌

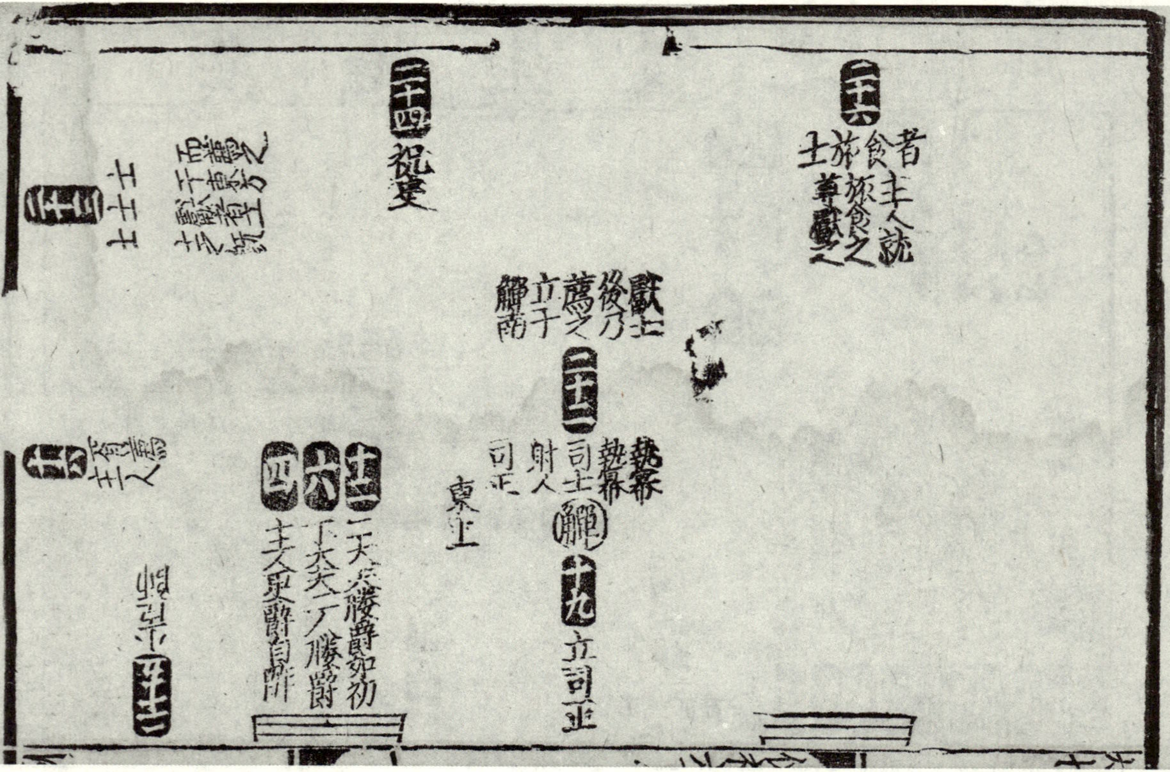
二十六
二十四
祝
二十二
二十一
十九
立司正
執冪
司士
射人
司正
東上

燕禮第六

燕禮○小臣戒與者與音預○小臣相君燕飲之法戒與者謂留羣臣也君以燕禮勞使臣若有功故與羣臣樂之小臣則警戒告語焉飲酒以合會為歡也○朱先生曰留羣臣謂羣臣朝畢將退君欲與之燕故使小臣留之

右戒羣臣

膳宰具官饌于寢東膳宰天子曰膳夫掌君飲食膳羞者也具其官饌具其官之所饌謂酒也牲也脯醢也寢路寢樂人縣縣鍾磬也國君無故不徹縣言縣者為燕新之設洗篚于阼階東南當東霤罍水在東篚在洗西南肆設膳篚在其北西面霤力又反○設此不言其官賤也當東霤者人君為殿屋也亦南北

以堂深肆陳也膳篚者君象觚所饌也亦南陳言西面尊之異其文○疏曰不言南肆而言西面是尊君之篚故異其文也

司宮尊于東楹之西兩方壺左玄酒南上

公尊瓦大兩有豐冪用綌若錫在尊南南上尊士旅食于門西兩圜壺大音泰錫悉歷反細布也○司宮天子曰小宰聽酒人之成要者也尊方壺爲卿大夫士也臣道直方於東楹之西予君專此酒也○[illegible]曰准乃右面尊玄酒在南順君之面也瓦大有虞氏之尊也禮器曰君尊瓦甒豐形似豆卑而大冪用綌若錫冬夏異也在尊南在方壺之南也尊士旅食者用圜壺變於卿大夫也旅衆也士衆食謂未得正祿所謂庶人在官者也○甒亡甫反

司宮筵賓于戶西東上無加席也筵席也席用蒲筵緇布純無加席燕私禮臣屈也諸侯之官無司几筵也○

記燕朝服于寢朝服者諸侯與其羣臣日視朝之服也謂冠玄端緇帶素韠白屨也燕於路寢相親暱也○疏曰天子諸侯吉事皆舄[illegible]云白屨者[illegible]引士冠禮戒

皮其實諸侯當白舄其臣則白屨也複下曰舄禪下曰屨鄉飲在朝而燕在寢是親暱其牲狗也（狗取擇人也明非其人不與爲禮也）亨于門外東方（亨于門外臣所掌也）

右具饌設縣陳器

射人告具（告事具於君射人主此禮以其或射也）小臣設公席于阼階上西鄉設加席公升即位于席西鄉（周禮諸侯昨席莞筵紛純加繅席畫純○莞音官繅音早純之閏反）小臣納卿大夫卿大夫皆入門右北面東上士立于西方東面北上祝史立于門東北面東上小臣師一人在東堂下南面士旅食者立于門西東上（納者以公命引而入也自士以下從而入即位耳師長也小臣之長一人猶天子大僕正君之服位者也凡入門而右由闑東左則由闑西○）公降立于阼階之東

南鄉爾卿卿西面北上爾大夫大夫皆少進爾近也移也揖而移之近之也大夫猶北面少前射人請賓命當由君出也公曰命某爲賓某大夫名也射人命賓賓少進禮辭命賓者東面南顧禮辭辭不敏也反命射人以賓之辭名於君又命之賓再拜稽首許諾又復射人反命告賓許賓出立于門外東面當更以賓禮入公揖卿大夫乃升就席揖之人之也○疏曰言人之者公將及升以堂故以人意相存偶是以揖之乃升小臣自阼階下北面請執冪者與羞膳者執冪者執瓦大之冪也方圜壺無冪羞膳者羞於公謂庶羞乃命執冪者執冪者升自西階立于尊南北面東上以公命於西階前命之也東上玄酒之冪爲上也膳宰請羞于諸公卿者小臣不請而使膳宰於卑者彌略也禮以異爲敬射人納賓射人[illegible]

者也賓入及庭公降一等揖之及至也至庭謂既入而左北面時公升
就席以其將與主人為禮不參之也賓升自西階主人亦升自西階
賓右北面至再拜賓答再拜主人宰夫也宰夫大宰之屬掌賓客之獻飲食
者也其位在洗北西面君於其臣雖為賓不親獻以其尊莫敢伉禮也至再拜者拜賓來至也天子膳夫
為獻主○記與卿燕則大夫為賓與大夫燕亦大夫為
賓不以所與燕者為賓者燕為序歡心賓主敬也公父文伯飲南宮敬叔酒以路堵父為客此之謂也
君恒以大夫為賓者大夫卑雖尊之猶遠于君○堵音者○疏曰此謂與已臣子燕法若與異國之賓燕
皆用上介為賓也羞膳者與執冪者皆士也尊君也膳宰卑於士○疏曰士
則膳宰之下長也羞卿者小膳宰也膳宰之佐也凡薦與羞者小膳
宰也謂於卿大夫以下也○燕義曰諸侯燕禮之義君立阼階

之東南南鄉爾卿大夫皆少進定位也君席阼階之上居主位也君獨升立席上西面特立莫敢適音敵之義也設賓主飲酒之禮也使宰夫為獻主臣莫敢與君亢禮也不以公卿為賓而以大夫為賓為疑也明嫌之義也賓入中庭君降一等而揖之禮也○席小卿次上卿大夫次小卿士庶子以次就位於下

右即位

具饌設縣陳器即位圖

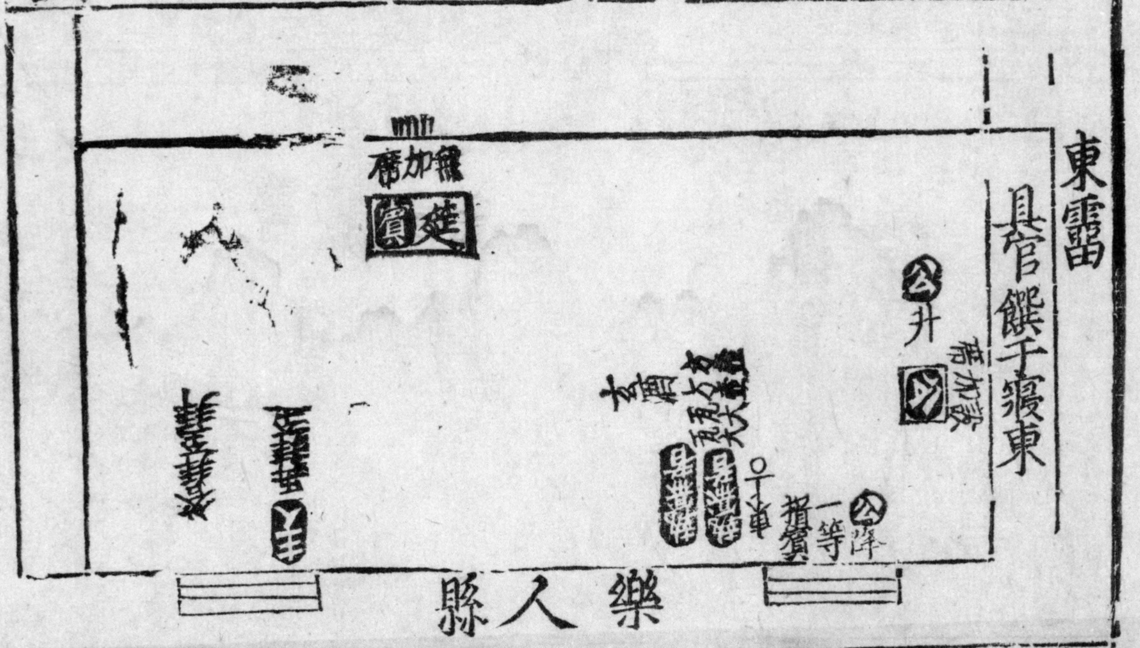

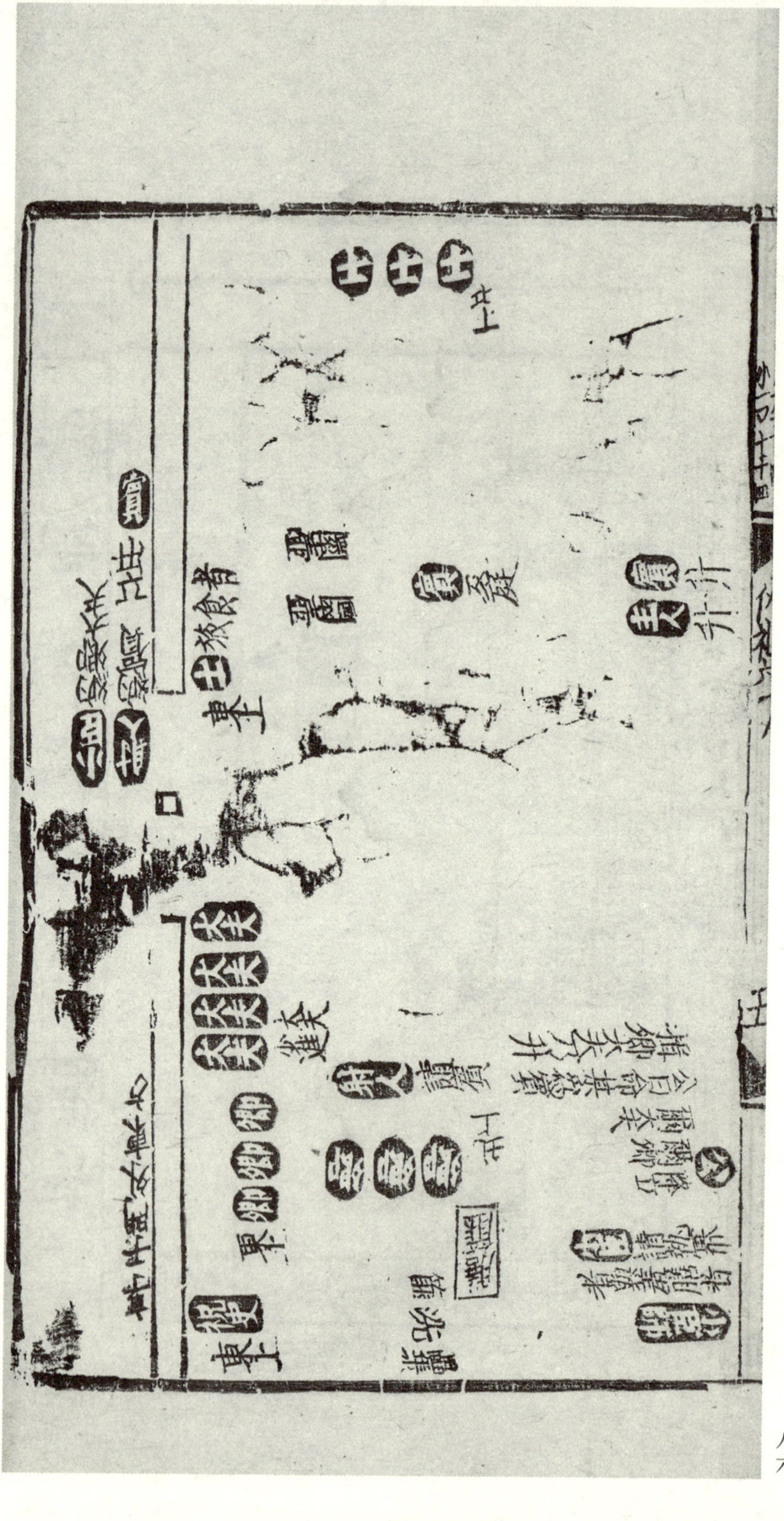

賓升
主人升
賓
大夫
卿
士
東上
祝史
射人請賓
旅食者

主人降洗洗南西北面（賓將從降鄉之）賓降階西東面主人辭降賓對（對答）主人北面盥坐取觚洗賓少進辭洗主人坐奠觚于篚興對賓反位（賓少進者又辭宜違其位也獻不以爵辟正主也）主人卒洗賓揖乃升（賓每先升尊也）主人升賓拜洗主人賓右奠觚答拜降盥（主人復盥為拜手坋塵也）賓降主人辭賓對卒盥賓揖升主人升坐取觚（取觚將就瓦大酌膳）執冪者舉冪主人酌膳執冪者反冪（君物曰膳膳之言善也酌君尊者尊賓也）主人筵前獻賓賓西階上拜筵前受爵反位主人賓右拜送爵（賓既拜前受爵退復位）膳宰薦脯醢賓升筵膳宰設折俎（折俎牲體骨也鄉飲酒記曰賓俎脊脅肩肺）賓坐左執爵右祭脯醢奠爵于

小刀批二

薦右興取肺坐絕祭嚌之興加于俎坐挩手執爵遂祭酒興席末坐啐酒降席坐奠爵拜告旨執爵興主人答拜降席席西也旨美也賓西階上北面坐卒爵興坐奠爵遂拜主人答拜遂拜拜既爵也○記惟公與賓有俎主人於燕其餘可以無俎

右主人獻賓

主人獻賓圖

今按鄉飲鄉射禮主人與賓分階以行禮燕禮則宰夫為公

命宰夫為獻主故賓主人皆升自西階主人於

洗爵及賓酢主人亦酢之於西階上賓以公之

洗爵皆於洗北主也獻與酢不以爵而以

主也獻與酢皆言觚受爵洗爵皆言觶賓爵

也

降洗 主人

升洗 賓

水 洗 篚

賓以虛爵降（將酢主人）主人降賓洗南坐奠觚少進辭降主人東面對（上既言爵矣復言觚者嫌易之也大射禮曰主人西階西東面少進對○疏曰一升曰爵二升曰觚散文即通觚亦稱爵）賓坐取觚奠于篚下盥洗（篚下篚南）主人辭洗（謙也）賓坐奠觚于篚興對卒洗及階揖升主人升拜洗如賓禮賓降盥主人降賓辭降卒盥揖升酌膳執冪如初以酢主人于西階上主人北面拜受爵賓主人之左拜送爵（賓既南面授爵乃之左）主人坐祭不啐酒（辟正主也未薦者臣也）不拜酒不告旨（主人之義）遂卒爵興坐奠爵拜執爵興賓荅拜主人不崇酒以虛爵降奠于篚（崇充也不以酒惡謝賓甘美君物也）賓降立于西階西（既受獻矣不敢安盛）射人

升賓賓升立于序內東面東西牆謂之序大射禮曰擯者以命升賓

右賓酢主人

賓酢主人圖

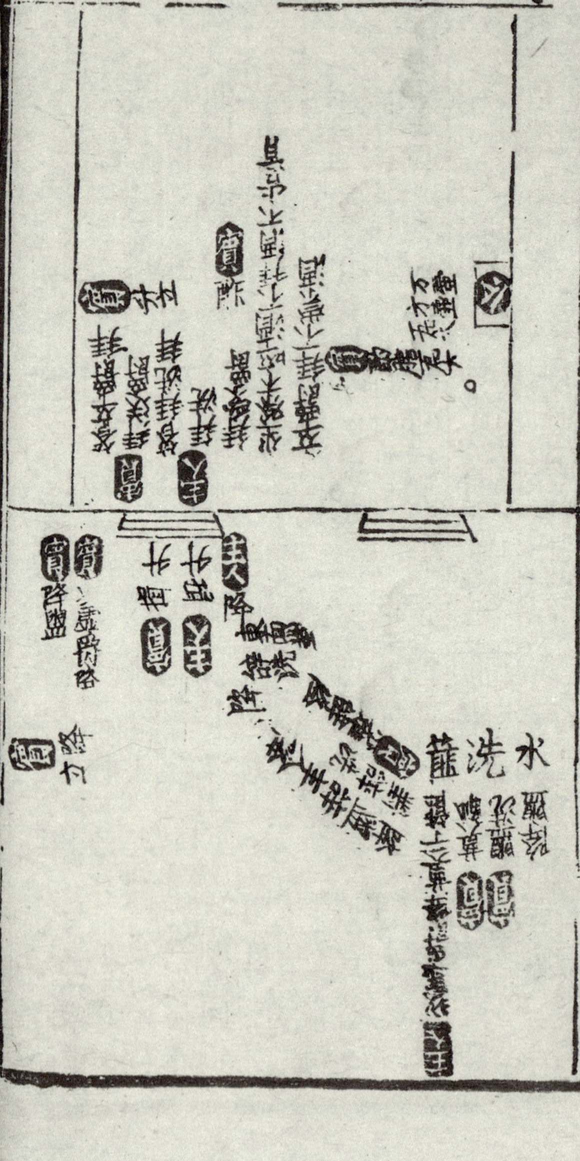

主人盥洗象觚升實之東北面獻于公（象觚觚有象骨飾也取象觚者東面）公拜受爵主人降自西階阼階下北面拜送爵

士薦脯醢膳宰設折俎升自西階（薦進也大射禮曰宰胥薦脯醢由左房）公祭如賓禮膳宰贊授肺不拜酒立卒爵坐奠爵拜執爵興（凡異者君尊變於賓也）主人荅拜升受爵以降奠于膳篚○更爵洗升酌膳酒以降酢于阼階下北面坐奠爵再拜稽首公荅再拜（更爵者不敢襲至尊也○疏曰襲因也不敢因君之爵）主人坐祭遂卒爵再拜稽首公荅再拜主人奠爵于篚○記獻公曰臣敢奏爵以聽命（授公釋此辭不敢必受之）

右主人獻公及自酢

主人獻公及自酢圖

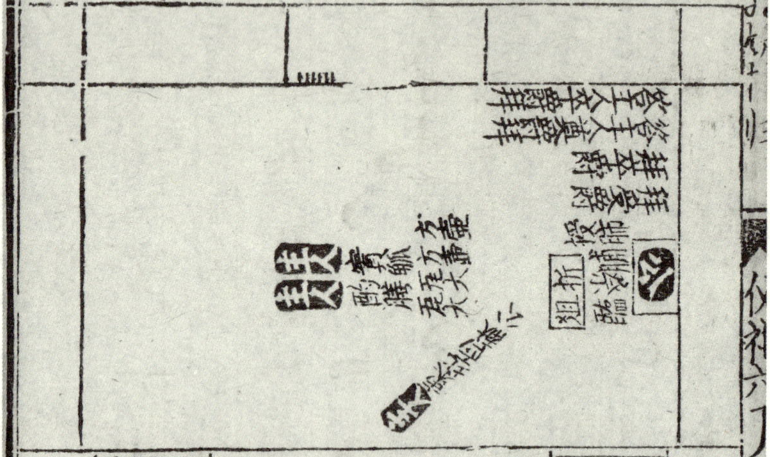

主人
降自西階

罍水
洗
篚
膳篚

今按主人獻公觚用象觚則别於公賓矣夫主人阼階下拜送爵又更爵酢于阼階下君尊也君尊不酢其臣主人自酢成公之意也必更爵而酢不敢襲至尊爵也雖更爵亦酌君之膳酒者明酢之之意出自君也

主人盥洗升媵觚于賓酬散西階上坐奠爵拜賓降筵北面答拜散思旦反○媵送也讀或爲揚揚舉也酌散者酌方壺也於媵爲散主人坐祭遂飲賓辭卒爵拜賓答拜辭者辭其代君行酒不立飲也此降於正主酬也主人降洗賓降主人辭降賓辭洗卒洗揖升不拜洗不拜洗酬而禮殺主人酌膳賓西階上拜拜者拜其酌己受爵于筵前反位主人拜送爵賓升席坐祭酒遂奠于薦東遂者因坐而奠不北面也奠之者酬不舉也主人降復位賓降筵西東南面立賓不立於序內位彌尊也位彌尊者其禮彌卑記所謂一張一弛者是之類與○疏曰案上初尊得獻降升之時序內立是不敢近賓席是禮尊而賓卑至此酬訖立於席西是賓位彌尊禮漸殺故云彌卑也献時爲盛是一張也酬時爲殺是一弛也

主人酬賓圖

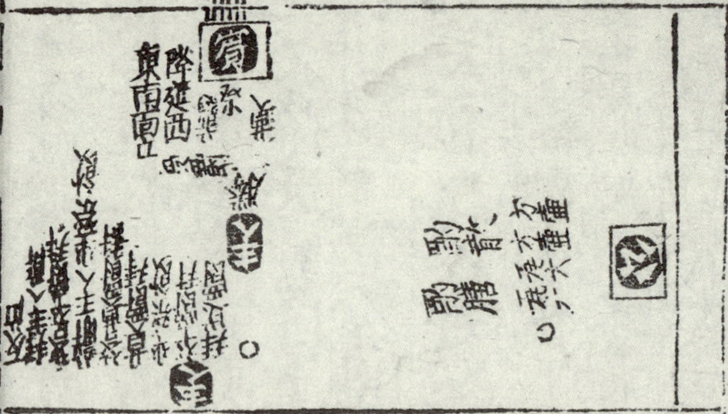

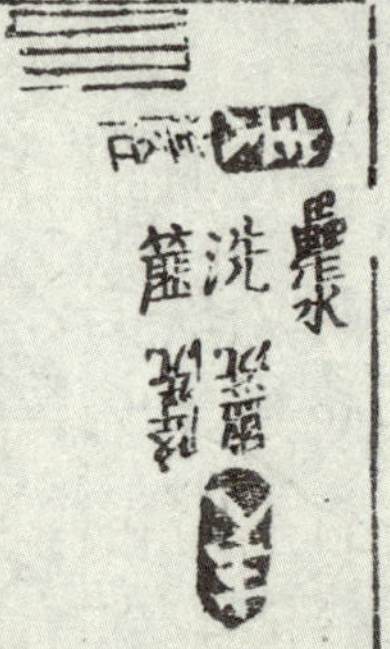

今按鄉飲酒鄉射禮主人酬賓皆主人賓觶席前北面賓於西階上拜此燕禮主人始酌膳賓已西階上拜者以燕禮是主人代君勸酒其賓急承君勸不敢安暇以後主人之至席前故先拜也鄉射禮主人酬賓亦同

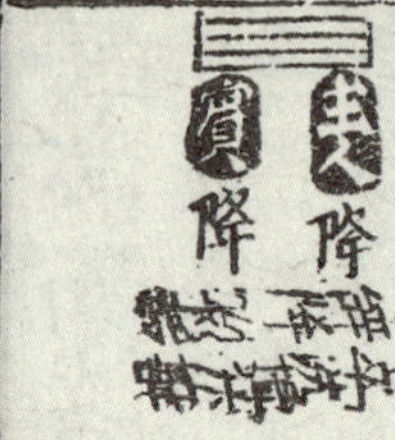

右主人酬賓

小臣自阼階下請媵爵者公命長（命長使選卿大夫之中長幼可使者）小臣作下大夫二人媵爵（作使也卿為上大夫不使之者為其尊）媵爵者阼階下皆北面再拜稽首公答再拜（再拜稽首拜君命也）媵爵者立于洗南西面北上序進盥洗角觶升自西階序進酌散交于楹北降阼階下皆奠觶再拜稽首執觶興公答再拜（序次第也猶代也楹北西楹之北也交而相待於西階上既酌右還而反往來以右為上）媵爵者皆坐祭遂卒觶興坐奠觶再拜稽首執觶興公答再拜媵爵者執觶待于洗南（待君命也）小臣請致者（請使一人與二人與優君也）若君命皆致則序進奠觶于篚阼階下皆再拜稽首公答再拜媵爵者洗象觶升

賓之序進坐奠于薦南北上降阼階下皆再拜稽首送觶公答再拜序進往來由尊北交于東楹之北奠于薦南不敢必君舉也大射禮曰媵爵者皆退反位

右下大夫二人媵爵

下大夫二人媵爵圖

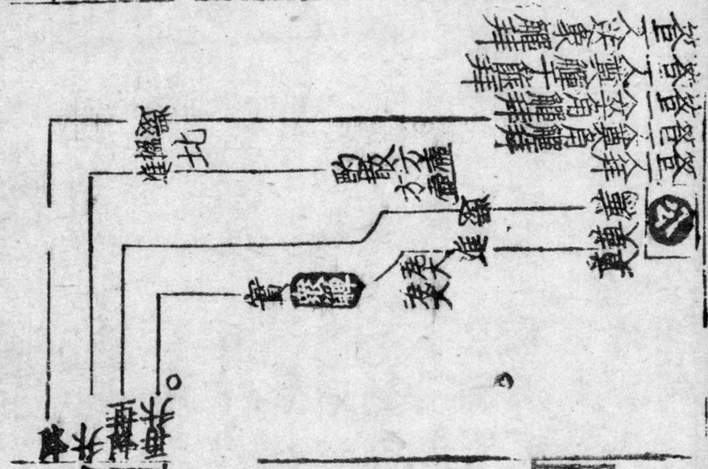

今按二人媵爵公取此媵爵以酬賓賓以旅酬於西階上此與鄉飲酒禮一人舉觶于賓以為旅酬始其義同而禮則不同

公坐取大夫所媵觶興以酬賓賓降西階下再拜稽首公命小臣辭賓升成拜（興以酬賓就其階而酬之也升成拜復再拜稽首也先時君辭之於禮若未成然）公坐奠觶答再拜執觶興立卒觶賓下拜小臣辭賓升再拜稽首（不言成拜者為拜故下賓未拜也下不輒拜禮殺也此賓拜于君之左不言之者不敢敵偶於君）公坐奠觶答再拜執觶興賓進受虛爵降奠于篚○易觶洗（君尊不酌故也凡爵不相襲者也於尊者言更自敵以下言易更作新易有故之辭進受虛爵尊君也不言公酬賓於西階上及公反位者亦尊君空其文也）公有命則不易不洗反升酌膳觶下拜小臣辭賓升再拜稽首（下拜下亦未拜凡下未拜有二或禮殺或君親辭君親辭則聞命即升升乃拜是亦不言成拜）公答再拜（拜於阼階上也於是賓請旅侍臣）賓以旅酬

於西階上旅序也以次序勸卿大夫飲酒射人作大夫長升受旅言作
大夫即卿存焉長者尊先而卑後○疏曰長者尊先
而卑後者君不酬賓賓則旅二三卿二三卿徧以大射至五大
夫大夫徧不及士賓大夫之右坐奠觶拜執觶興大夫答拜
賓在右者相飲之位賓坐祭立飲卒觶不拜酬而禮殺若膳觶也則
降更觶洗升實散大夫拜受賓拜送言更觶卿尊也大夫辭
受酬如受賓酬之禮不祭卒受者以虛觶降奠于篚
卒猶後也大射禮曰奠于篚復位○記凡公所辭皆栗階栗蹙也謂越等急趨
君命也○蹙子六反凡栗階不過二等其始升猶聚足連步越一等左右足各一發而
升堂○疏曰天子之堂九尺諸侯七尺大夫五尺士三尺一尺為一階今云凡栗階不過二等言凡則天
子九等已下至士三等皆有栗階之法天子已下皆
級已上等為栗階左右足各一發而升當其上等以下

皆連步故鄭云其始升猶聚足連步也凡公所酬既拜請旅侍臣既拜謂自
酬升拜時也擯者阼階下告于公還西階下告公許旅行也請行酒于羣臣必請者不專惠也○燕
義曰君舉旅於賓及君所賜爵皆降再拜稽首升成
拜明臣禮也君答拜之禮無不答明君上之禮也○
君舉旅行酬而后獻卿卿舉旅行酬而后獻大夫大
夫舉旅行酬而后獻士士舉旅行酬而后獻庶子俎
豆牲體薦羞皆有等差所以明貴賤也

右公爲賓舉旅

公爲寶舉旅圖

水洗龍

今按公取媵爵以酬賓此別是一禮與尋常
酬賓不同此所謂公爲賓舉旅也燕禮君使
宰夫爲獻主以臣莫敢與君亢禮也今君舉
觶於西階之上以酬賓可乎蓋君臣之際其
分甚嚴其情甚親使宰夫爲獻主所以嚴君
臣之分今舉觶以酬賓賓西階下拜小臣辭
升成拜公奠觶答拜公坐奠觶賓下拜升公答
再拜略去勢分極其謙卑所以通君臣之情
也注云不言君酬賓於西階上及公反位尊
君空其文也此又所以嚴君臣之分也

主人洗升實散獻卿于西階上酬而後獻卿別尊卑也飲酒成於酬也司宫兼卷重席設于賓左東上言兼卷則每卿異席也重席重蒲筵緇布純也卿坐東上統於君也席自房來○疏曰公食記曰宰夫筵出自東房卿升拜受觚主人拜送觚卿辭重席司宫徹之徹猶去也重席雖非加猶為其重累去之辟君也○疏曰公食大夫蒲筵緇布純加萑席玄純有兩種席故稱加此一種席重設之故曰重席非加辭之者以兩重似君故辭以辟之乃薦脯醢卿升席坐左執爵右祭脯醢遂祭酒不啐酒降席西階上北面坐卒爵興坐奠爵拜執爵興主人答拜受爵卿降復位不酢辟君也卿無俎者薦上於蓋辯獻卿主人以虛爵降奠于篚射人乃升卿卿皆升就席○若有諸公則先卿獻之如獻卿之禮

諸孤者謂大國之孤也孤一人言諸者容牧有三監孤席于阼階西北面東上無加席席孤北面為其大尊屈之也亦因阼階西位近君近君則屈親寵苟敬私昵之坐

右主人獻孤卿

主人獻孤卿圖

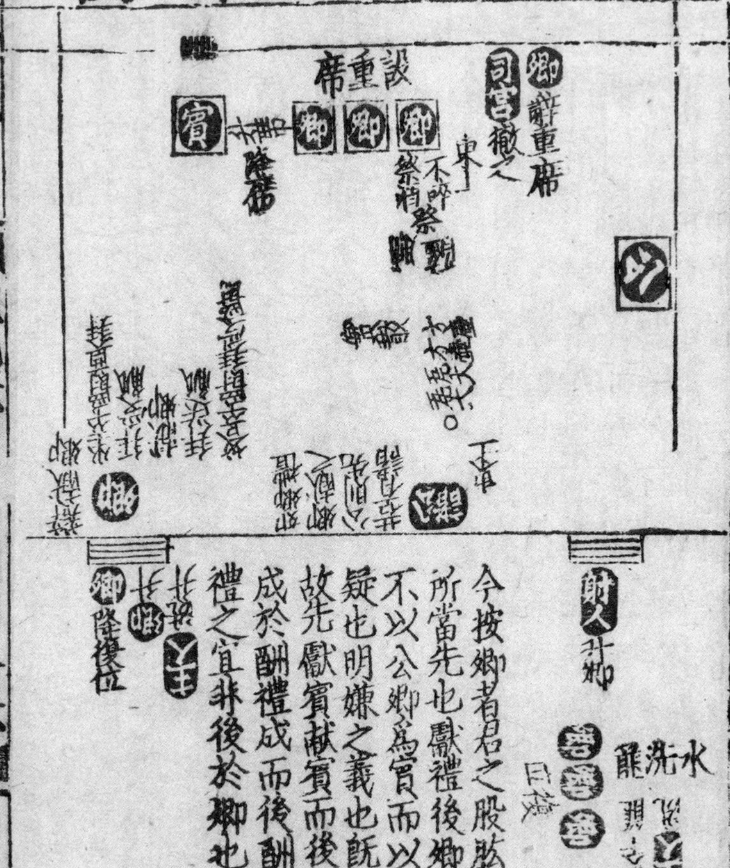

今按卿者君之股肱腹心燕禮之所當先也獻禮後卿何也燕義曰不以公卿爲賓而以大夫爲賓爲疑也明嫌之義也既命大夫爲賓故先獻賓獻賓而後獻公又獻禮成於酬禮成而後酬卿此事之序禮之宜非後於卿也

小臣又請媵爵者二大夫媵爵如初復又請致者若命長致則媵爵者奠觶于篚一人待于洗南長致致者阼階下再拜稽首公答再拜命長致者公或時未能舉自優暇也洗象觶升實之坐奠于薦南降與立于洗南者二人皆再拜稽首送觶公答再拜奠於薦南者於公所用酬賓觶之處二人俱拜以其共勸君

今按經云二大夫媵爵如初謂如前下大夫二人媵爵時之禮也然有同亦有異前二人媵爵此亦二人媵爵故序進酌散交于西楹之北降阼階下奠觶卒觶再拜稽首執觶待于洗南是則同前小臣請致者若君命皆致故序進酌觶奠下薦南與後者交于東楹之北降而之阼階下再拜稽首送觶此則不然君命長致故二人皆于洗南俟長一人進酌觶奠于薦南降而之阼

右再媵爵

階下與二人皆再拜稽首送觶無序進交于東楹北之事此其異也

公又行一爵若賓若長唯公所酬一爵先媵者之下觶也若賓若長則賓禮殺矣長公卿之尊者也賓則以酬長長則以酬賓以旅于西階上如初大夫卒受者以虛觶降奠于篚

右公爲賓若孤卿舉旅

今按經云如初謂如前公爲賓舉旅時禮也前君命二人皆致有兩觶奠于薦南後命長致有一觶奠于薦南前後凡有三觶燕禮自立司正以前凡有三舉旅用此三觶也初酬賓時公坐取所媵一觶以酬賓是行一觶也此公又行一爵若賓若長唯公所酬注云公又行一爵先媵者之下觶也下觶未舉今舉之是行二觶也上歌之後笙入之前公又舉奠觶唯公所賜以旅于西階上如初是行三觶也注疏之文不甚顯故表而出之○又主人獻士之後賓媵觶于

公、公取此觶為大夫舉旅此又在三觶之外也

主人洗升獻大夫于西階上大夫升拜受觚主人拜送觚大夫坐祭立卒爵不拜既爵主人受爵大夫降復位既盡也不拜之者禮又殺○疏曰前卿受獻不酢辟君也是禮殺今大夫受獻不但不酢主人又不拜既爵故云禮又殺也

胥薦主人于洗北西面脯醢無脀脀之承反○胥膳宰之吏也主人大夫之下先大夫薦之尊之也不於上者上[illegible]熟其位既習卿賓○疏曰此薦禮大夫堂上下在下獨此宰云言堂上獻位者以其主人位在阼階者已在阼階故主人阼階之位在下是以大射仍云不薦於上辟正主也

辯獻大夫遂薦之繼賓以西東上徧獻之乃薦略賤也亦獻而后薦卿亦

卒射人乃升大夫大夫皆升就席

右主人獻大夫

主人獻大夫圖

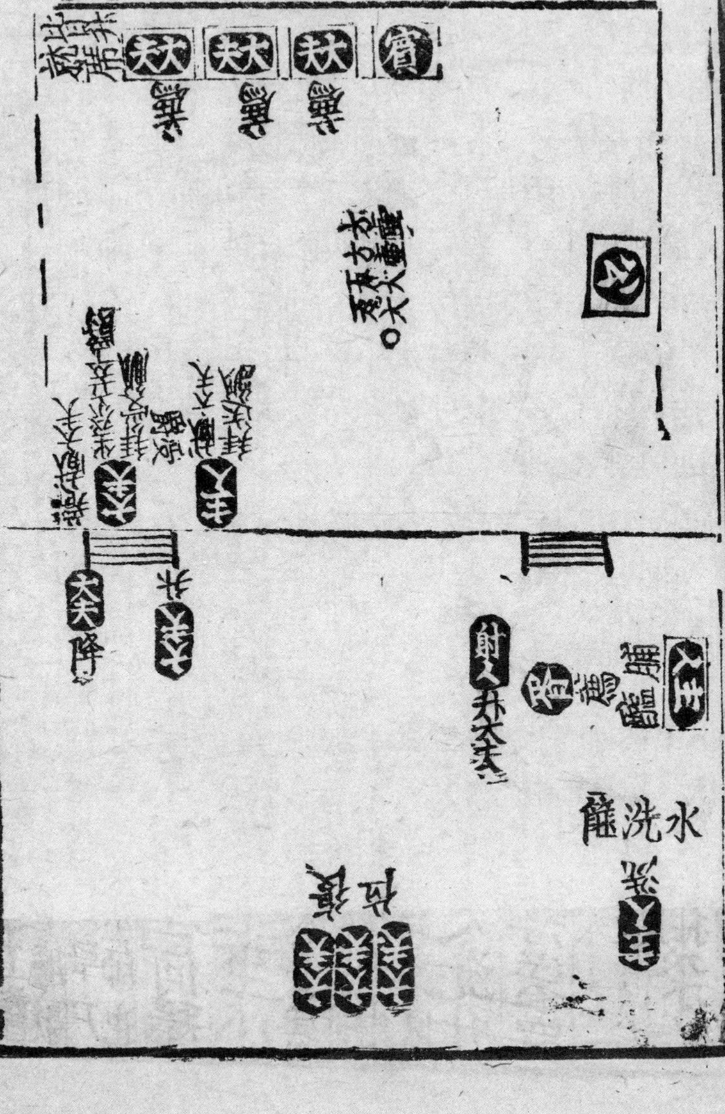

席工于西階上少東樂正先升北面立于其西工瞽矇歌諷誦詩者也凡執技藝者稱工少牢饋食禮曰皇尸命工祝樂記師乙曰乙賤工也樂正于天子樂師也凡樂掌其序事樂成則告備

小臣納工工四人二瑟小臣左何瑟面鼓執越內弦右手相入升自西階北面東上坐小臣坐授瑟乃降何胡我反相息亮反○工四人者燕禮輕從大夫制也面鼓者燕尚樂可鼓者在前也越瑟下孔也內弦弦爲主也相扶工也後一人徒相天子大僕二人也小臣四人祭僕六人御僕十二人皆同官

工歌鹿鳴四牡皇皇者華卒歌主人洗升獻工工不興左瑟一人拜受爵主人西階上拜送爵工歌乃獻之賤者先就事也左瑟便其右一人工之長者也工拜於席○疏丁丁匕也面以西爲左空其右[illegible]獻使旁酒從東楹[illegible]故以右爲便

薦脯醢輒薦之變於大夫也使人相祭[illegible]

工者相其祭薦祭酒卒爵不拜賤不備禮主人受爵將復獻衆工也衆工不拜受爵坐祭遂卒爵辯有脯醢不祭主人受爵降奠于篚遂猶因也

右樂賓升歌獻工

公又舉奠觶唯公所賜以旅于西階上如初言賜者君又彌尊賓長彌卑○疏曰燕尚飲酒故工歌之後笙奏之前而爲大夫舉旅大射主於射至三射之後乃爲大夫舉旅案上文爲賓舉旅直云公舉以酬賓爲卿舉旅亦云若君賜若長是君禮當尊賓禮當殺故猶言賜也至此言唯君所賜若是卒旅畢君又彌尊賓長彌卑也也

右公爲大夫舉旅

笙入立于縣中奏南陔白華華黍主人洗升獻笙于

西階上一人拜盡階不升堂受爵降主人拜送爵階前坐祭立卒爵不拜既爵升授主人一人，笙之長者也。鄉射禮曰：笙一人拜于下。衆笙不拜受爵降坐祭立卒爵辯有脯醢不祭○乃間歌魚麗笙由庚歌南有嘉魚笙崇丘歌南山有臺笙由儀○遂歌鄉樂周南關雎葛覃卷耳召南鵲巢采蘩采蘋大師告于樂正曰正歌備大師，上工也，掌合陰陽之聲，教六詩，以六律為之音者也。子貢問師乙曰：吾聞聲歌各有宜也，如賜者宜何歌也？是明其掌知之也。正歌者，升歌及笙各三終，間歌三終，合樂三終，為一備。備亦成也。樂正由楹內東楹之東告于公乃降復位言由楹內者，以其立於堂廉也。復位，位在東縣之北。○記若以樂納賓則賓及庭奏肆夏賓拜酒主人

答拜而樂闋公拜受爵而奏肆夏公卒爵主人升受爵以下而樂闋

闋苦穴反○肆夏樂章也今亡以鍾鎛播之鼓磬應之所謂金奏也記曰入門而縣興示易以敬也卿大夫有王事之勞則奏此樂焉○易以豉反○疏曰常燕□□□子無樂王事之勞或有或無故言若也九夏皆詩篇名頌之族類也鍾師云掌金奏金謂鍾及鎛又云凡樂事以鍾鼓奏九夏鄭注云先擊鍾次擊鼓是奏肆夏時有鍾鎛鼓磬彼經注雖不言磬但縣內有此四者故鄭兼言磬也言賓及庭奏肆夏則非尋常大夫為賓與宰夫為主人相對者謂若賓為苟敬四方賓之類特奏肆夏其事既重若非有王事之勞何以致此故也

升歌鹿鳴下管新宮笙入三成

新宮小雅逸篇○疏曰鹿鳴不言工歌新宮不言笙奏而言升歌下管欲明笙奏異於常燕常燕御上所陳四節是也特言下管新宮笙入三成者謂笙奏新宮三終申說下管之義

遂合鄉樂

鄉樂周南召南六篇言遂者不間也

若舞則勺

勺頌篇告成大武之樂歌也其詩曰於鑠王師

遵養時晦又曰實維爾公允師既合鄉樂萬舞而奏之所以美王侯勸有功也○疏曰言若者或為之舞或不為之舞舞則作周萬舞之舞而奏之詩傳曰萬者干舞也

右樂賓笙間合今按燕禮歌笙間合四節與鄉飲酒禮同鄉飲酒禮則四節相繼而作燕禮於工歌三終之後公為大夫舉旅既舉旅之後乃笙入三終間歌三終合樂三終而後樂備蓋燕尚飲酒故於工歌之後笙入之前有旅酬之禮

射人自阼階下請立司正公許射人遂為司正君許其請因命用為司正君三舉爵樂備作矣將留賓飲酒更立司正以監之察儀法也射人俱相禮其事同司正洗角觶南面坐奠于中庭升東楹之東受命西階上北面命卿大夫君曰以我安卿大夫皆對曰諾敢

不安洗奠角觶于中庭明其事以自表威儀多也君意殷勤欲留賓飲酒命卿大夫以我故安或亦其實不主意於賓○疏曰不主意於賓者欲兼羣臣北交也○司正降自西階南面坐取觶升酌散降南面坐奠觶右還北面少立坐取觶興坐不祭卒觶奠之興再拜稽首右還將適觶南先西面也必從觶西為君之在東也少立者自嚴正慎其位左還南面坐取觶洗南面反奠于其所反奠虛觶不空位也

右司正中庭奠觶

今按燕禮大射禮司正洗角觶南面坐奠于中庭又降自西階南面取觶升酌散降南面坐奠觶又右還北面取觶卒觶奠之再拜稽首又左還南面坐取觶進退皆由觶西蓋君在阼不敢背君若從觶東而左還北面則背君故也鄉飲鄉射皆臣禮只有北面奠觶之文威儀簡故也

司正中庭奠觶圖

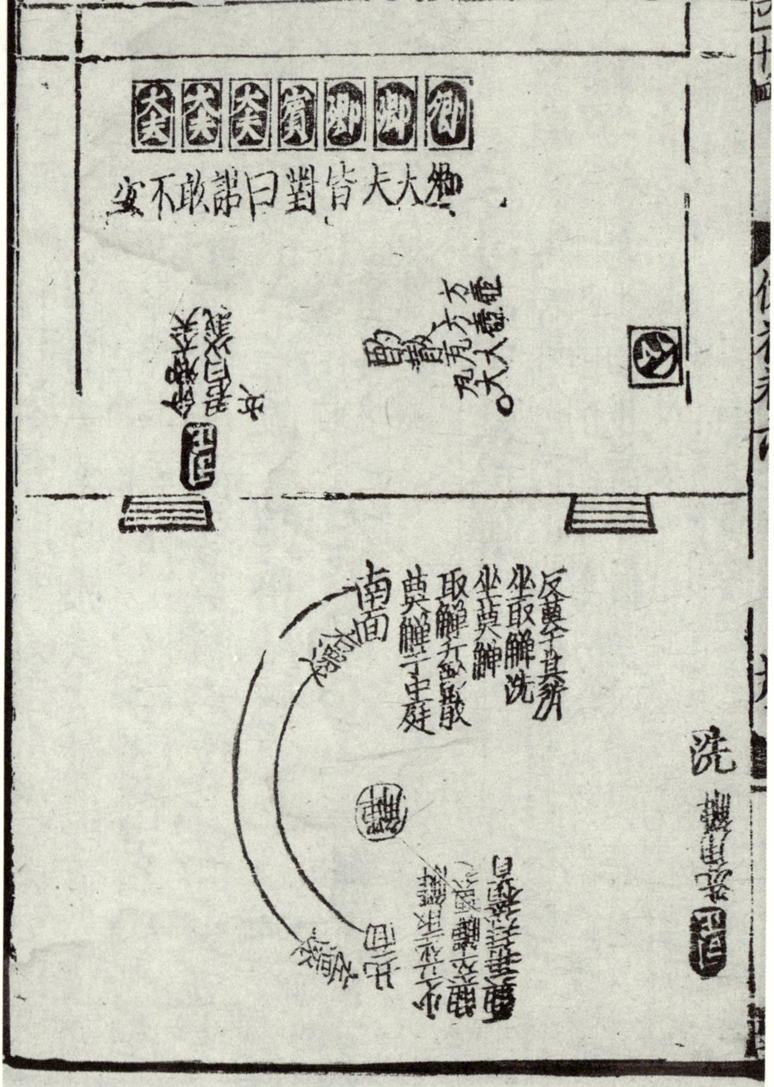

升自西階東楹之東請徹俎降公許告于賓賓北面

取俎以出膳宰徹公俎降自阼階以東膳宰降自阼階以賓親徹

若君親徹然○疏曰臣之升降當西階今不降西階而降自阼階者君降賜故云若君親徹降自阼然也

卿大夫皆降東面北上以將坐降待賓反也

右徹俎

賓反入及卿大夫皆說屨升就席公以賓及卿大夫

皆坐乃安凡燕坐必說屨屨賤不在堂也禮者尚敬敬多則不親燕安坐相親之心○疏曰不

云君者降說屨皆曰攝少儀尊者坐在室則說屨於戶內今此燕在堂上則君尊說屨堂上卑則可知羞

庶羞謂臑肝膋狗胾醢也骨體所以致敬也庶羞所以盡愛也敬之愛之厚賢之道○疏曰上經云及膋

音遼胾壯吏反○疏曰按大射云羞庶羞注云所進衆羞謂臑肝膋狗胾醢也或有炮鼈膾鯉雉兔鶉鴽

大射先行燕禮明與燕同有此物者以經云薦羞則不惟二豆而已此法不言炮鼈已下注文不具也肵臂見內則用狗肵豪之以其臂而炙之大夫祭薦獻訖乃祭薦不敢於盛成禮也○疏曰盛謂未立司正之前立行禮時也成禮謂祭先也大夫後時受獻不祭薦是不敢成禮於盛時也司正升受命皆命君曰無不醉賓及卿大夫皆興對曰諾敢不醉皆反坐皆命者命賓命卿大夫也起對必降席司正退立西序端○記有內羞羞豆之實酏食糝食羞籩之實糗餌粉餈

右燕

主人洗升獻士于西階上士長升拜受觶主人拜送觶獻士用觶士賤也○疏曰大夫已上獻用觚旅酬乃用觶此獻士即用觶士賤士坐祭立飲不拜既爵其他不拜坐祭立飲他謂衆士也亦升受爵不拜

乃薦司正與射人一人司士一人執冪二人立于觶南東上天子射人司士皆下大夫二人諸侯則上士其人數亦如之司正為上○疏曰此等皆士而先薦者以其皆有事故先得薦司士掌羣士爵祿廢置之事士中之尊故亦先得薦司正為上者鄉同是士以其為賤長故設在上以先薦之辯獻士士既獻者立于東方西面北上乃薦士每已獻而即位于東方蓋尊之畢獻薦于其位○疏曰卿大夫在東方今卿大夫先得獻升堂上東方位空故士得獻即東方卿位近尊之以無正文故蓋以疑之也祝史小臣師亦就其位而薦之次士獻之已不變位位自在東方主人就旅食之尊而獻之旅食不拜受爵坐祭立飲北面酌南鄉獻之於尊南不洗者以其賤略之也亦畢獻乃薦之主人執虛爵奠于篚復位

右主人獻士及祝史

若射則大射正爲司射如鄉射之禮大射正射人之長者也如鄉射之禮者燕爲樂卿大夫宜從其禮也如者如其告弓矢既具至退中與算也納射器而張侯其告請先于君乃以命賓及卿大夫其爲司正者亦爲司馬君與賓爲耦鄉射記曰自君射至龍旜亦其異者也旜諸延反乃射若以燕射主於飲酒○記君與射則爲下射袒朱襦樂作而后就物袒徒旱反襦如朱反朱人○君尊○君尊不擬度不以樂志辟不敏也○辟音避既發則小臣受弓以授弓人俟後發也不使人執正燕射朝○後扶又反上射退于物一笴既發則答君而俟若飲君燕則夾爵謂君在不勝之黨賓飲之如燕媵觚則又夾爵○疏曰射飲君則自飲及君飲畢自酌飲爲夾爵君在大夫射則肉袒袒音但不纏淫卿大夫於君辟一涉反○君國中射則皮樹中以翿旌獲白羽

與朱羽糅國中城中也謂燕射也皮樹獸名以翿旌獲尚文德也○疏曰知城中是燕射者以其下有賓射人射不在國也尚文德者以文舞用羽武舞用干也此用羽知尚文德也於竟則虎中龍旜於竟謂與隣國君射也畫龍於旜尚文章也通帛為旜○疏曰與隣國君射則賓射也以其君有送賓之事因送則射云尚文章也者亦若翿旌也

右燕射

賓降洗升媵觚于公酌散下拜公降一等小臣辭賓升再拜稽首公答再拜此當言媵觶酬之禮皆用觶言觚者字之誤也古者觶字或作角旁氏由此誤爾賓坐祭卒爵再拜稽首公答再拜賓降洗象觶升酌膳坐奠于薦南降拜小臣辭賓升成拜公答再拜賓反位反位反席也

右賓媵觶于公

公坐取賓所媵觶興唯公所賜至此又言興者明公崇禮不倦也受
者如初受酬之禮降更爵洗升酌膳下拜小臣辭升
成拜公答拜乃就席坐行之坐行之若今坐相勸酒有執爵者
士有盥升主酌授之者○疏曰若然二舉旅皆酬者自酌授之也唯受于公者拜公所
賜爵者也其餘則否司正命執爵者爵辯卒受者興以酬士欲令
惠均○疏曰已前二舉旅辯大夫則止今此爲士舉旅故從之大夫卒受者以爵興
西階上酬士士升大夫奠爵拜士答拜既酬士者士立堂下無坐
位大夫立卒爵不拜實之士拜受大夫拜送士旅于
西階上辯祝史小臣旅食皆及焉士旅酌旅序也士以次序自酌相酬無執爵者

卒

右公爲士舉旅

主人洗升自西階獻庶子于阼階上如獻士之禮辯降洗遂獻左右正與内小臣皆於阼階上如獻庶子之禮

庶子掌正六牲之體及舞位使國子脩德學道世子之官也而與膳宰樂正聯事樂正亦教國子以舞左右正謂樂正僕人正也小樂正立于西縣之北僕人正僕人師僕人士立于其北北上大樂正立于東縣之北若射則僕人正僕人士陪于工後内小臣奄人掌君陰事陰令后夫人之官也皆獻于阼階上別於外内臣也獻正下及内小臣則磬人鍾人鑮人鼓人僕人之屬盡獻可知也凡獻皆薦也○釋曰内小臣別於外内臣周禮有外内命夫内命夫朝廷卿大夫外命夫諸侯臣在鄉遂及采地者但列内臣皆獻於西階上此内小臣獻於阼階

右主人獻庶子以下

無筭爵 筭數也爵行無次無數唯意所勸醉而止 士也有執膳爵者有執散爵者執膳爵者酌以進公公不拜受執散爵者酌以之公命所賜所賜者興受爵降席下奠爵再拜稽首公答拜 席下席西也 受賜爵者以爵就席坐公卒爵然後飲 不敢先虛爵明此勸惠從尊者來也 執膳爵者受公爵酌反奠之 賓歡在於飲酒成其意 受賜爵者興授執散爵執散爵者乃酌行之 于其所勸者 唯受爵於公者拜卒受爵者興以酬士于西階上士升大夫不拜乃飲實爵 乃猶而也 士不拜受爵大夫就席士旅酌亦如之公有命徹冪則卿大夫

皆降西階下北面東上再拜稽首公命小臣辭公答再拜大夫皆辟命徹幂者公意殷勤必盡酒也小臣辭不升成拜明雖辭正臣禮也不言賓賓弥臣也君答拜於上示不虛受也○疏曰云不言賓賓直言卿大夫皆降不別言賓是燕末賓同於臣言弥臣者上旅酬猶言賓但言賜不言酬已是賓卑今乃設賓不言賓是賓弥臣也遂升反坐士終旅於上如初卿大夫降而爵止於其反席卒之○朱先生曰此士方旅酬而大夫降則爵止不行公辭而大夫復升上乃終旅於上也無筭樂升歌間合無數也取歡而已其樂章亦然宵則庶子執燭於阼階上司宮執燭於西階上甸人執大燭於庭閽人爲大燭於門外宵夜也燭燋也甸人掌共薪蒸者庭大燭爲位廣也閽人門人也爲作也作大燭以俟賓客出

右無筭爵

賓醉北面坐取其薦脯以降（取脯重得君賜）奏陔（陔陔夏樂章也賓出奏陔夏以為行節也凡夏以鍾鼓奏之）賓所執脯以賜鍾人於門內霤遂出（必賜鍾人鍾人掌以鍾鼓奏九夏今奏陔以節己用賜脯以報之明雖醉不忘禮）卿大夫皆出（隨賓出也）公不送（賓禮訖是臣也）

右賓出

公與客燕（謂四方之使者）曰寡君有不腆之酒以請吾子之與寡君須臾焉使某也以請（上介出請入告）對曰寡君君之私也君無所辱賜于使臣臣敢辭（上介出荅主國使者辭）寡君固曰不腆使某固以請寡君君之私也君無所辱賜于使臣臣敢固辭（朱元晦曰寡君君之私也以下是客對辭）寡君固曰不

腆使某固以請某固辭不得命敢不從朱先生曰自某固辭以下是客對辭致命曰寡君使某有不腆之酒以請吾子之與寡君須臾焉親相見致君命辭也君貺寡君多矣又辱賜于使臣臣敢拜賜命朱先生曰君貺寡君多矣以下是客對辭○記若與四方之賓燕則公迎之于大門内揖讓升四方之賓謂來聘者也自戒至于拜至皆如公食亦告饌具而後公即席小臣請執冪謂羞者乃迎賓也賓為苟敬席于阼階之西北面有脀不嚌肺不啐酒其介為賓苟且也假也主國君饗時親進醴于賓今燕又宜獻焉人臣不敢褻煩尊者至此升堂而辭讓欲以臣禮燕爲恭敬也於是席之如獻公之位言苟敬者賓實主國所宜敬也脀折俎也不嚌啐似若尊者然也介門西北面西上公降迎上介以爲賓揖讓升如初禮主人獻賓獻公既獻苟敬乃媵觚羣臣即位如燕也○疏曰言

苟敬者賓賓主國所宜敬但爲辭讓故以命介爲賓
不得敬之今雖以介爲賓賓不可全不敬於是席之於
阼階西而且敬之故云苟敬也上燕已臣子之時獻
賓獻公既即媵觶以酬賓今苟敬之前有爲有俎賓
與君同則知獻公後即
獻苟敬乃可酬賓也無膳尊無膳爵降尊以就卑也若與
四方之賓燕媵爵曰受賜矣臣請贊執爵者受賜謂公卿者
酬之至燕主人事賓之禮殺賓
降階升媵觶于公答恩惠也相者對曰吾子無自
辱焉亦告公以公命答之也有房中之樂弦歌周南召南之詩
而不用鍾磬之節也
謂之房中者后夫人之
所諷誦以事其君子

右公與客燕

儀禮圖第七

大射儀第七

鄭目録云名曰大射者諸侯將有祭祀之事與其羣臣射以觀其禮數中者得與於祭不數中者不得與於祭於五禮屬嘉禮

大射之儀○君有命戒射將有祭祀之事當射宰告於君君乃命之言君有命政教宜由尊者○宰戒百官有事於射者宰於天子冢宰治官卿也作大事則掌以君命戒於百官○射人戒諸公卿大夫射○司士戒士射與贊者射人掌以射法治射儀司士掌國中之士治凡其戒命皆司馬之屬也殊戒公卿大夫與士辨貴賤也贊佐也謂士佐執事不射者○前射三日宰夫戒宰及司馬射人宿視滌宰夫冢宰之屬掌百官之徵令者司馬於天子政官之卿凡大射則合其六耦滌謂溉器埽除射宮

右戒百官

司馬命量人量侯道與所設乏以貍步大侯九十參七十干五十設乏各去其侯西十北十參依注音糝素感反干依注音豻五旦反○量人司馬之屬掌量道巷塗數者侯謂所射布也尊者射之以威不寧侯卑者射之以求爲侯量侯道謂去堂遠近也容謂之乏所以爲獲者之禦矢貍之伺物每舉足者止視遠近爲發必中也是以量侯道取象焉鄉射記曰侯道五十弓考工記曰弓之下制六尺則此貍步六尺明矣大侯熊侯謂之大者與天子熊侯同參讀爲糝糝雜也雜侯者豹鵠而麋飾下天子大夫也干讀爲豻豻侯者豻鵠豻飾也大夫將祭於已射麋侯士無臣祭不射○鵠古毒反○疏曰熊侯而謂之大者言畿外諸侯亦得用三侯其數上同于天子而非畿內諸侯所可比故於熊侯加大以別之然不嫌於偪上者天子三侯則虎侯熊侯豹侯諸侯不得用虎侯而以熊侯糝侯豻侯爲三侯其畿內則但有熊侯豹侯此其所以別遠

大射禮圖

自司正奠觶以後見列圖

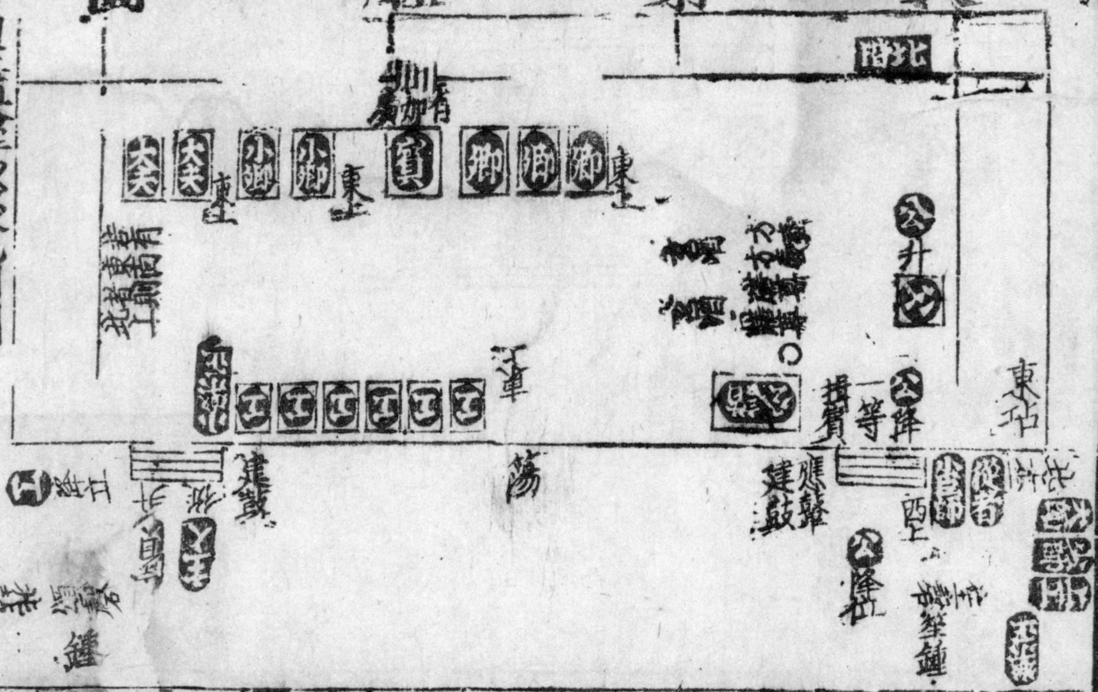

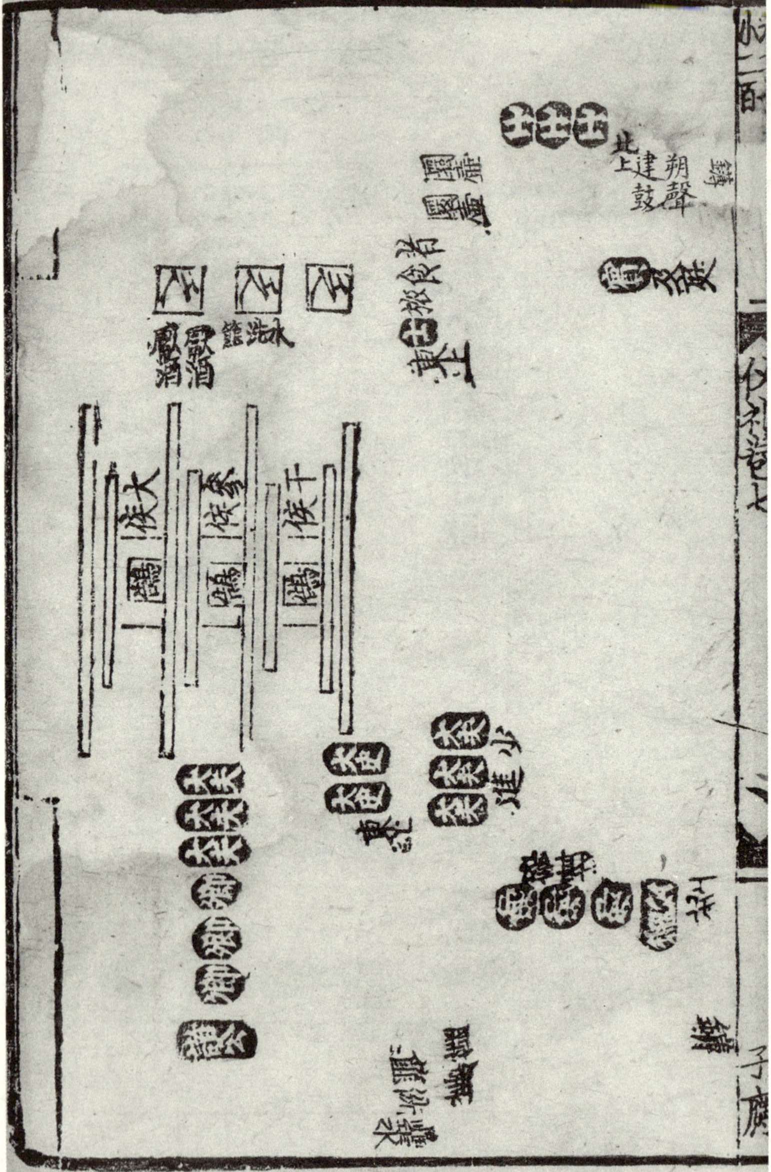
朔鼙
建鼓
北上
乏
乏
乏
干侯
參侯
大侯

云豹鵠而麋飾下天子大夫也者司裘云卿大夫閒
其麋侯此則豹皮爲鵠以麋飾其側不用熊麋是下
天子大夫也豻鄭注周禮云胡犬豻侯亦取提覺意
大夫得置家臣故得祭得大射擇士士卑無臣故祭
不得射也○今按注義則自天子至大夫皆有大射
皆爲擇士與祭而行此射禮惟士卑無臣故祭不得
射也○遂命量人巾車張三侯大侯之崇見鵠於參參
見鵠於干干不及地武不繫左下綱設乏西十北十
凡乏用革見賢遍反○巾車於天子宗伯之屬掌裝
衣車者亦使張侯侯巾類崇高也高必見
鵠鵠所射之主鵠之言較較直也射者所以直己志
或曰鵠鳥名射之難中中之爲俊是以取名準南子
曰鳰鵠知來然則所云正者正也亦鳥名齊魯之閒
名題肩爲正正鵠皆鳥之捷黠者考工記曰梓人爲
侯廣與崇方參分其廣而鵠居一焉則大侯之鵠方
六尺糝侯之鵠方四尺六寸大半寸豻侯之鵠方三
尺三寸少半寸及至武迹也中人之足長尺二寸
以豻侯計之糝侯去地一丈五寸少半寸大侯去地

二丈二尺五寸少半寸凡侯北面西方謂之左前射三日張侯設乏欲使有事者豫志焉○疏曰鄉射云之參侯道居侯黨之一西五步此云此之去侯北十丈西三丈此經云西十北十則西與北皆六丈不得為三分居侯黨之一者以其三侯之堂深故也西亦六丈者以三侯恐矢揚觸人鑊一侯亦異也三侯之下揔云西十北十則其乏皆西十北十矣侯之廣狹取度於侯道大侯道九十弓弓取二寸二九十八侯中丈八尺三分其侯而鵠居一故知鵠六尺也參侯干侯亦以侯道弓數及弓取二寸推之大侯中丈八尺鵠方六尺參侯中丈四尺鵠方四尺六寸大半寸干侯中一丈鵠方三尺三寸少半寸凡言大半寸者三分寸之二少半寸者三分寸之一

右張侯見前圖

樂人宿縣于阼階東笙磬西面其南笙鍾其南鑮皆南陳縣音玄鑮音博○笙猶生也東為陽中萬物以生是以東方鍾磬謂之笙皆編而縣之周禮曰

凡縣鍾磬半爲堵全爲肆有鍾有磬爲全鎛
如鍾而大奏樂以鼓鎛爲節○堵丁古反

建鼓在阼階西南鼓應鼙在其東南鼓

鼙步迷反○建猶樹也以木貫而載之樹
之跗也南鼓謂所伐面也應鼙應朔鼙也先擊朔鼙
應鼙應之鼙小鼓也在東便其先擊小後擊大也鼓
不在東縣南爲君也○跗方于反

西階之西頌磬東面其南鍾其南鎛皆南陳一建鼓在其南東鼓朔鼙在其北

頌音容○言成
功曰頌西爲陰中萬物之所成
是以西方鍾磬謂之頌朔始也

一建鼓在西階之東南面簜在建鼓之閒

簜大黨反○簜竹也謂笙簫之
屬倚於堂○疏曰下云乃管新
宮注云管謂吹
簜則此簜管也

鼗倚于頌磬西紘

鼗大刀反紘音宏
○鼗如鼓而小有
柄賓至搖之以奏樂也紘編磬
繩也設鼗於磬西倚于紘也

右設樂

厥明司宮尊于東楹之西兩方壺膳尊兩甒在南有豐冪用錫若絺綴諸箭蓋冪加勺又反之皆玄尊酒在北膳尊君尊也後陳之尊之也豐以承尊也冪覆尊巾也錫細布也絺細葛也箭篠也為冪蓋卷辟綴於篠橫之也又反之為覆勺也皆玄尊二者皆有玄酒之尊重本也酒在北尊統於君南為上也唯君面尊言專惠也○篠素了反○疏曰唯君面尊謂君燕臣子專其恩惠殺尊卑獨君○尊士旅食于西鑮之南北面兩圜壺旅眾也士眾食未得正祿謂庶人在官者圜壺變於方也賤無玄酒又尊于大侯之乏東北兩壺獻酒獻素何反○為隸僕人巾車欒侯豻侯之獲者獻讀為沙沙酒濁特泲之必摩沙者也兩壺皆沙酒郊特牲曰汁獻涗于醆酒服不之尊俟時而陳於南統於侯皆東面○泲子禮反涗始銳反○疏曰云特泲之必摩沙者也者此解名沙酒之意引郊特牲者此以五齊中取醆酒盎齊泲鬱鬯之事也獻沙也泲鬱鬯之時和盎

齊以手摩沙出其香汁沇清也泲之使清也此為僕以下卑賤之人而獻鬱鬯者此所得獻皆因祭侯諸侯之禘故用鬱鬯也○設洗于阼階東南罍水在東篚在洗西南陳設膳篚在其北西面又設洗于獲者之尊西北水在洗北篚在南東陳無爵因服不也有篚為奠虛爵也服不之洗亦俟時而陳於其南○小臣設公席于阼階上西鄉司宮設賓席于戶西南面有加席卿席賓東東上小卿賓西東上大夫繼而東上若有東面者則北上席工于西階之東東上諸公阼階西北面東上○官饌百官各饌其所當共之物

右陳器設位具饌

羹定射人告具于公公升即位于席西鄉小臣師納

諸公卿大夫諸公卿大夫皆入門右北面東上士西方東面北上大史在干侯之東北北面東上士旅食者在士南北面東上小臣師從者在東堂下南面西上大史在干侯東北士旅食者在士南為有侯入庭深也○疏曰燕禮士旅食者立于門西東上此不繼門而在士南繼士者為有侯故入庭深也○公降立于阼階之東南南鄉小臣師詔揖諸公卿大夫諸公卿大夫西面北上揖大夫大夫皆少進詔告也變爾言揖亦以其入庭深也上言大夫誤衍耳

右即位

今按大射儀自請賓以至辯獻大夫與燕禮同

射義曰古者諸侯之射也必先行燕禮燕禮所

以明君臣之義也大射君與臣行射禮一正欲明
君臣之義此所以先行燕禮也故凡與燕禮同
者更不重出惟節文少異者各注于本條之下
大射正擯大射正射人之長擯者請賓按燕禮以射人請賓此大射禮以大射正擯故請賓以後下文皆言擯者與燕禮言射人異餘同賓再拜稽首受命擯者
反命賓出立于門外北面按此與燕禮再拜稽首許諾出立門外東面異餘同
入公降一等揖賓賓辟辟逡遁不敢當盛○按燕禮無賓辟之文餘同入公升即
席奏肆夏賓升自西階按燕禮不奏肆夏餘同○主人獻賓同
宰胥薦脯醢宰胥宰官之吏也不使膳宰薦不主於飲酒變於燕賓升筵庶子
設折俎庶子司馬之屬掌正六牲之體者也不使膳宰設俎爲射變於燕○按此與燕禮膳宰薦

膳臨膳宰設折俎異餘同告音執爵興主人答拜樂闋異也○按燕禮無

樂闋之文餘同○賓酢主人同○主人獻公同公拜受爵乃

奏肆夏按燕禮亘不奏肆夏餘同宰夫自薦脯醢由左房庶子設折

俎按此與燕禮亘膳宰薦脯醢膳宰設折俎異餘同庶子贊授肺按此與燕禮膳宰贊授肺

異餘同樂闋升受爵降奠于篚按燕禮亘無樂闋之文餘同更爵洗升

酌散按此與燕禮酌膳異餘同○主人酬賓同○二人媵爵同送

觶公答拜媵爵者皆退反位一在門右北面位○公為賓舉旅

同賓升再拜稽首公答拜賓告于擯者請旅諸臣擯

者告于公公許賓以旅大夫于西階上按此經文所載詳於燕禮

餘同○主人獻孤卿同卿升席庶子設折俎按燕禮亘卿無折俎餘

同右祭脯醢奠爵于薦右興取肺坐絕祭不嚌肺興

加于俎坐捝手取爵遂祭酒按此與燕禮異餘同○再媵爵同

○公為賓若孤卿舉旅同唯公所賜按此與燕禮惟公所賜異餘同

○主人獻大夫同繼賓以西東上若有東面者則北

上按燕禮無若有東面者則北上之文餘同

右先行燕禮[illegible]圖

乃席工于西階上少東小臣納工工六人四瑟工謂瞽矇

善歌諷誦詩者也六人大[illegible]一人上工四人四瑟[illegible]少師各[illegible]僕人正徒相大

師僕人師相少師僕人士相上工相扶工也僕人正僕人之長師其佐

也士其吏也天子[illegible]相工[illegible]兼官是以僕人掌之

之大師少師工之長[illegible]瞽矇正焉[illegible]曰瞭

大司[illegible]

也大師也於是分別工[illegible]者射禮明貴賤○疏曰正為長師為瑟僕[illegible]長師為佐士社僕人之下故知僕人之使○[illegible]若燈反相者皆左何瑟後首內弦挎越右手相左何鼓可瑟[illegible]○[illegible]相上工者後首亢於射略於此樂[illegible]以右手相工由便也越瑟下孔所以發戚其聲者能後者徒相入[illegible]相大師少師者也上列官之尊卑此言先後之位亦所以明貴賤相者以工出入小樂正從之從大師也後升者變於燕也小樂正於天子樂師也○疏曰燕禮樂正先升以不使小樂正者彼主於樂故則略於樂也升自西階北面東上工六人坐授瑟乃降相降立于西縣之北小樂正立于西階東不統於工明工雖衆位猶在此乃歌鹿鳴三終歌鹿鳴三終而不歌四牡皇皇者華主於講道略於燕樂亦與諸侯主人洗升實爵獻工工不興左瑟[illegible]爵獻工辟正主也獻不用觚工賤異之工不興不能備禮左瑟便其右一人拜受爵[illegible]

師也言一人者工賤同之也工拜於席主人西階上拜送爵薦脯醢使人相祭使人相者相其祭薦祭酒卒爵不拜主人受虛爵衆工不拜受爵坐祭遂卒爵辯有脯醢不祭主人受爵降奠于篚復位大師及少師上工皆降立于鼓北群工陪于後鼓北西縣之北也言鼓北者與鼓齊面餘長在後也羣工陪于後三人爲列也考工記曰韗人爲皋陶長六尺有六寸○疏曰下文大師少師樂還向東明此降者在西縣之北可知云鼓北者案謂同樂縣之時鼓在鎛南今不言在鍾磬之北是繼鼓一面言之者欲取形大又植向東工亦面向東鼓隨之案鼓面也言餘長在後者欲見鼓長六尺六寸工面與鼓面齊鼓有餘長在人後乃管新宮三終管謂吹簜以播新宮之樂其篇亡其義未聞笙從工而入既管不獻略下樂也立于東縣之中卒管大師及少師上工皆東坫之東南西面北上坐不言

路也然於堂上於是時大樂正還遂就西向立于其南〇今據燕禮工歌小雅鹿鳴四牡皇皇者華笙奏南陔白華華黍間歌魚麗笙由庚歌南有嘉魚笙崇丘歌南山有臺笙由儀遂歌鄉樂周南召南此與射歌鹿鳴三終又笙新宮而止何其略也彼蓋屈主於樂此則略於樂也

右樂賓 詳見鄉飲酒樂賓圖

擯者自阼階下請立司正 君將留羣臣而射宜更立司正以監之察儀法也

公許擯者遂為司正 君許其請因命用之不易之者俱相禮其事同也 司正適洗洗角觶南面坐奠于中庭 奠觶者著其位以顯其事威儀多也 升東楹之東受命于公西階上北面命賓諸公卿大夫公曰以我安 以我安者君意殷勤欲留之以我故安也 賓諸公卿大夫皆對曰諾敢不安司正降自西階南面坐取觶升酌散

降南面坐奠觶奠於中庭故奠興右還北面少立坐取觶興坐不祭卒觶奠之興再拜稽首左還南面坐取觶洗南面反奠于其所北面立皆所以自昭明於衆也將於觶南北面則右還於觶北南面則左還如是得從觶西往來也必從觶西往來者爲君在阼不背之也

右立司正圖見燕禮

司射適次袒決遂執弓挾乘矢於弓外見鏃於弣右巨指鉤弦司射射人也次若今時更衣處張幃席爲之耦次在洗東南袒左免衣也挾猶闓也以象骨爲之著右巨指所以鉤弦而闓之遂射韝也以朱韋爲之著左臂所以遂弦也方持弦矢曰挾乘矢四矢弣弓把也見鏃焉順其射也右巨指右手大擘以鉤弦弦在旁挾由便也○疏曰司射射人大射正司正擯者其實一人也自阼階前曰爲政請射爲政謂司馬也司馬政官主射

禮
遂告曰大夫與大夫士御於大夫因告選三耦於君御猶侍也大夫與大夫為耦不足則士侍於大夫與大夫為耦也遂適西階前東面右顧疏曰司射西階前東面者君在阼宜向之右顧者以其命有司是士士在西階前東面是以右顧向之有司納射器射器皆入君之弓矢適東堂賓之弓矢與中籌豐皆止于西堂下衆弓矢不挾總衆弓矢楅皆適次而俟中閒中筭器也籌籌筭也豐可奠射爵者衆弓矢三耦及卿大夫以下弓矢也司射矢亦止西堂下衆弓矢不挾則納工與賓弓矢者挾之楅承矢器工人士與梓人升自北階兩楹之閒疏數容弓若丹若墨度尺而午射正莅之數音朔○工人士梓人皆司空之屬能正方圜者一從一橫曰午謂畫物也射正司射之長卒畫自北階下司空埽所畫物自北階下埽物重射事也工人士梓

人司宮位在北堂下大史俟于所設中之西東面以聽政中未設也
大史俟焉將有事也鄉射禮曰設中南當楅西當西序東面司射西面誓之曰公
射大侯大夫射參士射干射者非其侯中之不獲卑
者與尊者爲耦不異侯大史許諾遂比三耦比選次之也不
言面者大夫在門右北面士西方東面○疏曰天子大射賓射六耦三侯畿內諸侯則二侯四耦畿外諸
侯大射賓射皆三侯三耦但諸侯畿外畿內各有一申一屈故畿外三侯遠尊得申與天子同三耦則屈
畿內二侯近尊則屈四耦則申若燕射則天子諸侯例同三耦一侯而已以其燕私屈也若鄉大夫士例
同一侯三耦三耦俟于次北西面北上司射命上射曰某
御於子命下射曰子與某子射卒遂命三耦取弓矢
于次取弓矢不拾者次中隱蔽處

右納射器比三耦

按左物右物鄉射同鄉射記云物長如笴其間容弓距隨長武是也但大射禮工人士梓人升自北階卒畫自北階下司宮埽所畫物自北階下事允謹於鄉射○鄉射禮司射在中西南司馬在司射之南三耦在其西南又無次大射禮耦次在洗東南此人君禮與鄉射異司射命衆耦之辭與鄉射亦同但鄉射比三耦於堂西其禮輕大射定大夫士三耦次位於庭而後比之此人君禮與鄉射異

司射入于次搢三挾一个出于次西面揖當階北面
揖及階揖升堂揖當物北面揖及物揖由下物少退
誘射搢插也挾一个挾於弦也个猶枚也由下物而少退謙也誘猶教也夫子循循然善誘人○疏
曰射人誘射與鄉射同但鄉射往階西取弓矢此則入次取弓矢爲異然此云入次搢三挾一个則已前
皆挾乘矢不改鄉射亦然射三侯將乘矢始射干又射參太侯再
發將行也行四矢象有事於四方詩云四矢反兮以御亂兮卒射北面揖揖於當物之處
不南面者爲不背卿○疏曰鄉射南面揖者彼尊東或公或卿大夫位同不別故同向不特尊之此大射
辨尊卑尊東唯有天子命卿其餘小卿及大夫皆賓西故特尊之不背之也及階揖降如江
升射之儀遂適堂西改取一个挾之改更也不射而挾矢亦有事也
遂取扑搢之以立于所設中之西南東面○扑普卜反扑所以

撻犯教者也○於是言立著其位也鄉射記曰司射之弓矢與扑倚于西階之西○疏曰鄉射三耦立于司射西南東面北上大射三耦俟于次北西面北上

右司射誘射

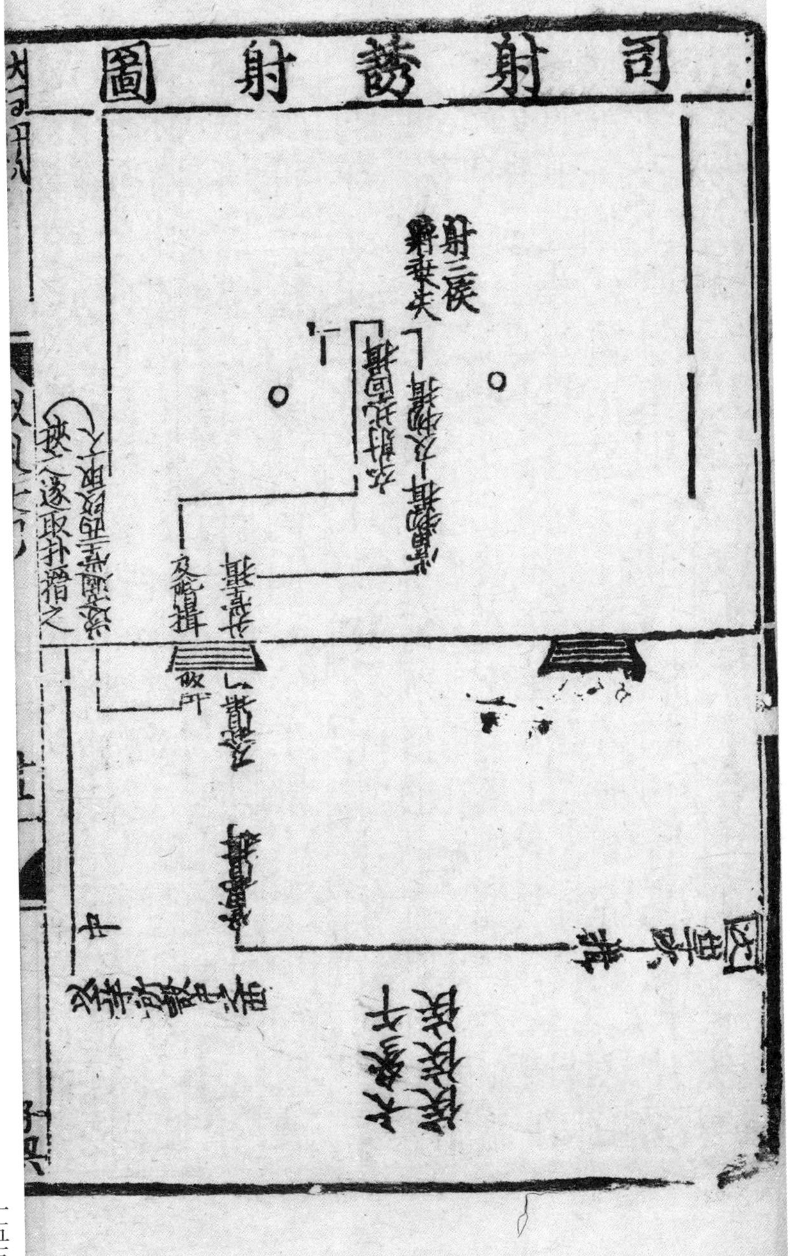
司射誘射圖

司馬師命負侯者執旌以負侯司馬師正之佐也欲令射者見侯與旌深志於侯中也負侯獲者也天子服不氏下士一人徒四人掌以旌居乏待獲祈羽為旌○疏曰引天子服不氏為獲者明諸侯亦當然也負侯者皆適侯執旌負侯而俟司射適次作上耦射作使也司射反位上耦出次西面揖進上射在左並行當階北面揖及階揖上射先升三等下射從之中等上射在左便射位也中猶閒也○疏曰鄉射亦云上射在左不云便射位者彼東面位上射在北故在左不取便射位之義此次北西面位亦上射在北居右故上射須在左以其發位並行及升北面就物位皆言居左獲物南面上射乃在右故云上射在左便射位也上射升堂少左下射升上射揖並行並併也併東行皆當其物北面揖及物揖皆左足履物還視侯中合足而俟視侯中各視其

侯之中參中十大夫耦則視參中參中十四尺士耦則視干中十中十八

右司馬命負侯司射作射

司馬正適次袒決遂執弓右挾之出升自西階適下

物立于物間左執弣右執簫南揚弓命去侯去起呂反○司

馬正政官之屬簫弓末揚弓者執下末揚猶舉也適下物由上射後東過也命去侯者將射當獲也鄉射

禮曰西南面立於物間負侯皆許諾以宮趨直西及乏南又諾

以商至乏聲止宮爲君商爲臣其聲和相生也鄉射禮曰獲者執旌許諾○疏曰宮數八

十一商數七十二彈宮則商應故云聲和也授獲者退立于西方獲者興

共而俟太侯服不氏負侯徒一人居乏之相代而獲參侯下侯負侯居乏之不相代鄉射禮曰獲者

執旌許諾聲不絕以至于乏坐東面偃旌興而俟司馬正出于下射之南還

其後降自西階遂適次釋弓説決拾襲反位還戶關反說吐活反○拾遂也鄉射禮曰司馬反位立于司射之南司射遂與司馬交于階前相左由堂下西階之東北面視上射命曰毋射獲毋獵獲上射揖司射退反位射獲之射食亦反○射獲矢中之也獵矢從旁為獵

右司馬命去侯司射命射

上耦揖升司馬命去侯司射命射圖

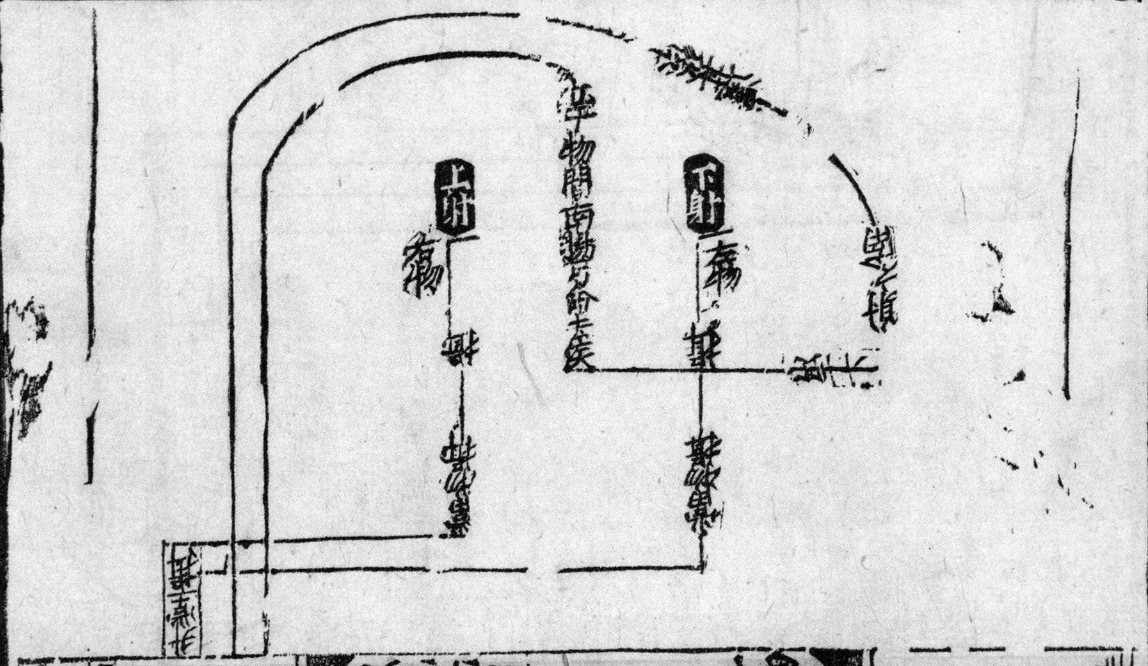

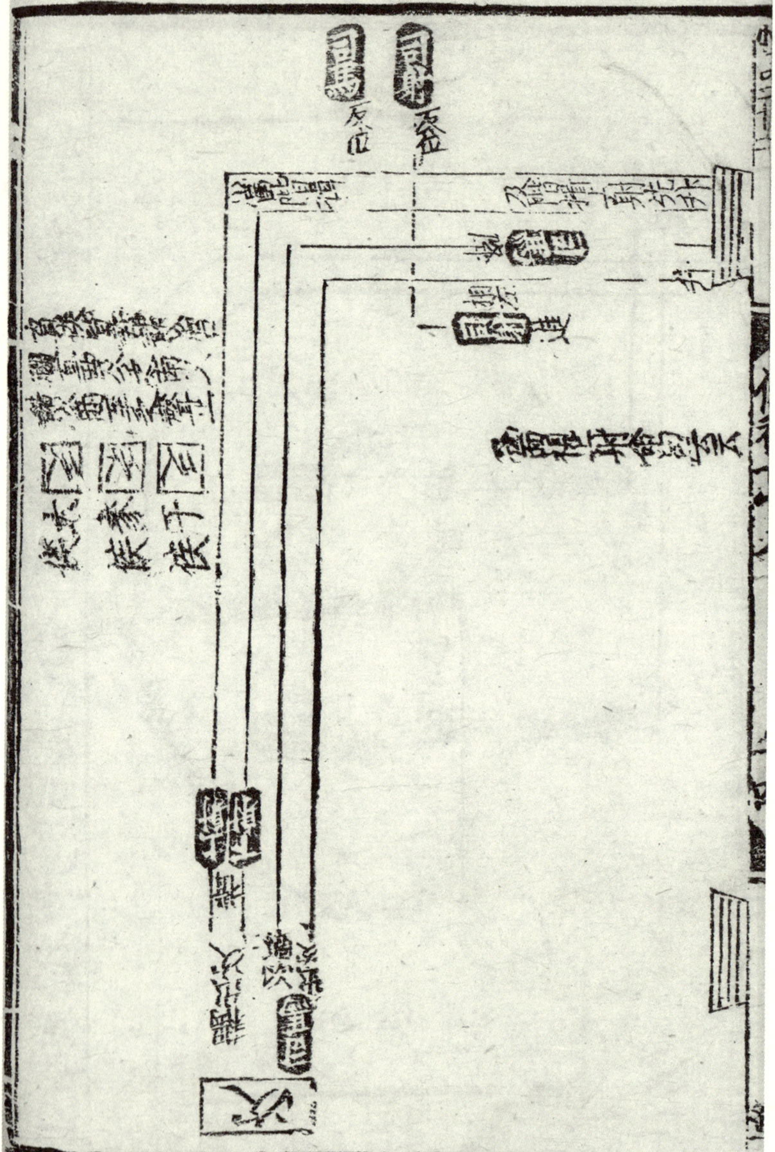

乃射上射既發挾矢而后下射射拾發以將乘矢（[illegible]）

（也將行也）獲者坐而獲（坐言獲也）舉旌以宮偃旌以商（言獲也）獲

而未釋獲（但言獲未釋算）卒射右挾之北面揖揖如升射（右挾）

（挾弦）之右手 上射降三等下射少右從之中等（並行）上射

於左與升射者相左交于階前相揖適次釋弓說決

拾襲反位（上射[illegible]乃降[illegible]）（由下射階上少右言襲者凡射皆袒）○三耦卒射

亦如之○司射去扑倚于階西適阼階下北面告于

公曰三耦卒射反搢扑反位

右三耦射（[illegible]釋獲）

上下靈文蓍升降相生圖

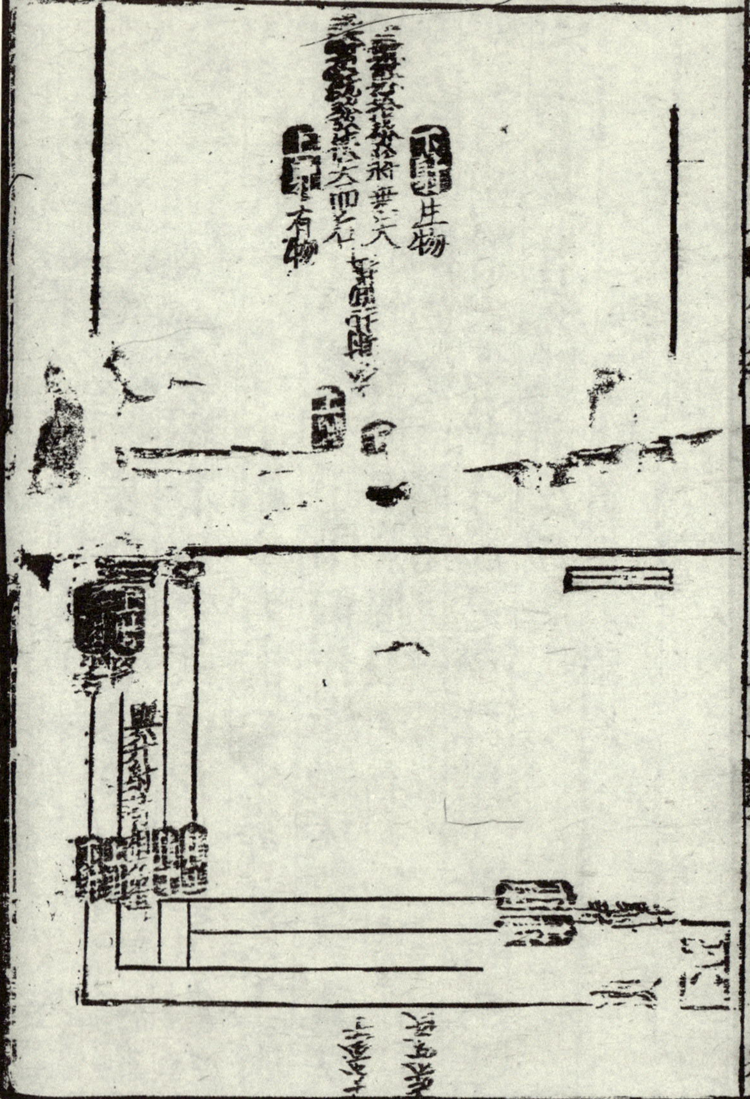

司馬[illegible]

左[illegible]立[illegible]

南[illegible]後[illegible]

[illegible]◎司馬正[illegible]

[illegible]小臣師設楅[illegible]

[illegible]設楅

[illegible]小臣[illegible]楅

[illegible]辛[illegible]矢[illegible]備則司馬正

[illegible]初司取矢不索乃[illegible]加

[illegible]右[illegible]之與[illegible]位下[illegible]

[illegible]西階[illegible]升自西階東面請射于公

[illegible]公許遂適西階上

[illegible]于公諸公卿[illegible]則以耦告于上大夫[illegible]

[illegible]司射自西階上北面告于大夫曰請降

[illegible]搢扑反位大夫從之降適次立于三

[illegible]司射東[illegible]大夫

[illegible]大夫命上射曰某御於子命下射

[illegible]遂比眾耦[illegible]眾耦立于大夫之

[illegible]士與大夫為耦則以大夫[illegible]耦為

[illegible]夫之耦曰子與某子射[illegible]告於大夫

曰某御於子（士雖爲上射其辭猶尊大夫）命衆耦如命三耦之辭諸公卿大夫皆未降（言未降者見其志在射）○遂命三耦各與其耦拾取矢皆袒決遂執弓右挾之（此命入次之事也司射既命而反位不言之者上射謂當作取矢事未訖）一耦出西面揖當福北面揖及福揖（三耦同入次其出也一上射出西面立司射作之乃揖行也當福福正南之東西）上射東面下射西面上射揖進坐橫弓卻手自弓下取一个兼諸弣與順羽且左還毋周反面揖（橫弓者南踣弓也卻手自弓下取矢者以左手在弓表右手從裏取之便也兼并也并矢於弣當順羽既又當執弦順羽者手放而下備不整理也左還還反其位毋周右還還而反東面也君在阼還周則下射將背之○踣步北反背音佩）下射進坐橫弓覆手自弓上取一个兼諸弣與順羽且左

還毋周反面揖 橫弓亦南踣弓也人東西鄉以南北爲從橫弓覆手自弓上取矢以左手在弓
裏右手從表取之便也 既拾取矢捂之 撥齊等之也 兼挾乘矢皆內
還南面揖 內還者上射左下射右皆右還亦以君在北嫌下射故左還而背之也上以陽爲
內下以陰爲內因其宜可也 適楅南皆左還北面揖搢三挾一个
楅南鄉當楅之位也 揖以耦左還上射於左 以猶與也言以者耦之事成於此意
相人耦也上射轉居左便其反位也上射少北乃東面○疏曰云上射轉居左便其反位也者位在次北
西面是以上射居左今次北右還西面便也 退者與進者相左相揖退釋
弓矢于次說決拾襲反位三耦拾取矢亦如之後者
遂取誘射之矢兼乘矢而取之以授有司于次中皆
襲反位 有司納射器因當主授受之

三耦拾取矢進退相左圖

右取矢再請射

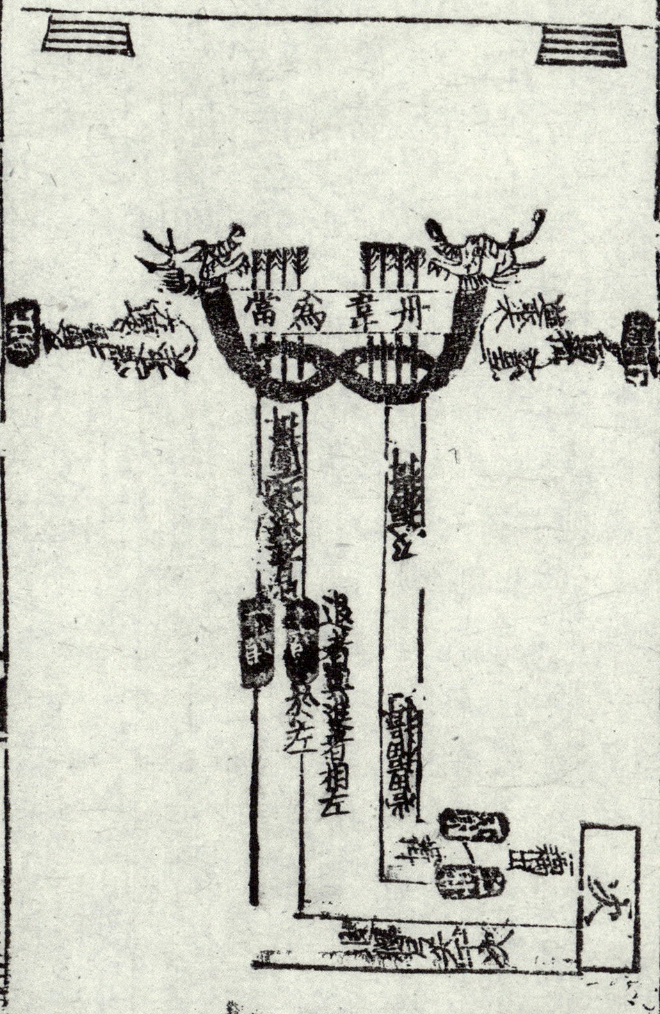

司射作射如初一耦揖升如初司馬命去侯負侯許
諾如初司馬降釋弓反位司射猶挾一个去扑與司
馬交于階前適阼階下北面請釋獲于公公許反搢
扑遂命釋獲者設中以弓為畢北面北面立于所設中之南當視之
也鄉射禮曰設中南當楅西當西序大史釋獲小臣師執中先首坐設
之東面退大史實八筭于中橫委其餘于中西興共
而俟先猶前也命大史而小臣師設之國君官多也小臣師退反東堂下位鄉射禮曰横委其餘于
中西南末司射西面命曰中離維綱揚觸梱復公則釋獲
衆則不與中丁仲反○離猶過也獵也侯有上下綱其邪制躬舌之角者爲維或曰維當爲綸綸
綱耳揚觸者謂矢中他物揚而觸侯也梱復謂矢至侯不著而還復復反也公則釋獲優君也衆當中

[illegible]面者唯公所中中三侯皆獲省中一侯則釋獲釋獲者命小
史小史命獲者傳告服不侯此司射命知司射遂進由堂下北
面視上射命曰不貫不釋上射揖司射退反位貫猶中也
射不中鵠不釋算釋獲者坐取中之八算改實八算興執而
俟扶所取之算乃射若中則釋獲者每一个釋一算上射
於右下射於左若有餘算則反委之委餘算禮尚異又取中
之八算改實八算于中興執而俟三耦卒射○鄉射
記君國中射則皮樹中以翿旌獲白羽與朱羽糅國中
城中也謂燕射也皮樹名以翿旌獲尚文德也於郊則閭中以旌獲於郊謂大
射也大射於大學王制曰小學在公宮之左大學在郊閭獸名如驢一角或曰如驢歧蹄周書曰北唐以閭

閭析羽爲旌於竟則虎中龍旜於竟謂與鄰國君射也畫龍於旜尚文章也通帛爲旜

禮大夫兕中各以其物獲兕獸名似牛一角士鹿中翿旌以

獲士謂小國之州長也用翿旌以獲無物也

右三耦再射獲

三耦再射釋筭圖

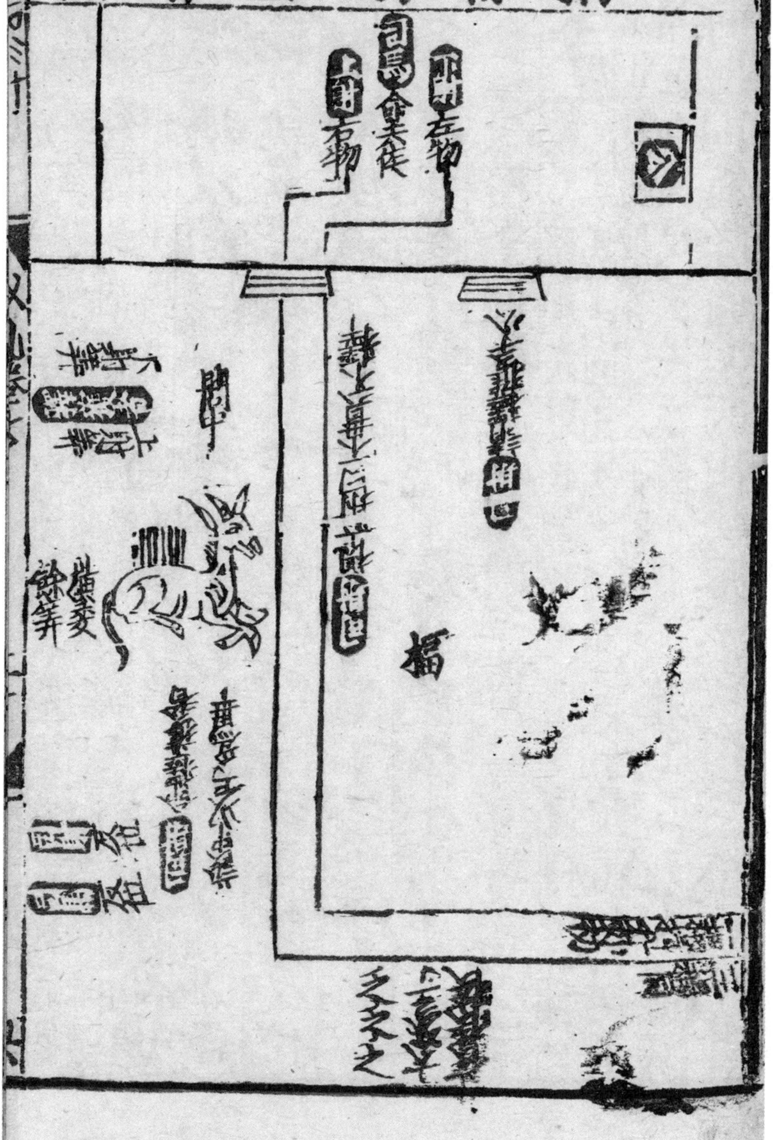

賓降取弓矢于堂西不敢與君並俟告取之以升俟君事畢○疏曰君得告乃取弓
矢賓不敢與君並俟告也然此但取之以俟非但袒決遂也故曰俟君事畢諸公卿則適
次繼三耦以南言繼三耦明在大夫北○公將射則司馬師命
負侯皆執其旌以負其侯而俟君尊若始焉司馬師反位
隸僕人埽侯道新之司射去扑適阼階下告射于公公
許適西階東告于賓告當射也遂搢扑反位小射正一人
取公之決拾于東坫上一小射正授弓拂弓皆以俟
于東堂授弓當授大射正拂弓去塵○疏曰大射正一人為上司射次之司射或謂之小射正但
大射正與司射各一人小射正不止一人此既云小射正一人又云一小射正則小射正二人也○
公將射則賓降適堂西袒決遂執弓搢三挾一个升

自西階先待于物北北一笴東面立不敢與君並俟矢幹東面立鄉
君畢司馬升命去侯如初還右乃降釋弓反位還右還君之右
也猶出下射之南還其後也〇公就物小射正奉決拾以笥大射
正執弓皆以從于物笥葦器大射正舍同正執其職小射正坐奠
笥于物南遂拂以巾取決興贊設決朱極三極猶放也所以
韜指利放弦也以朱韋爲之三者食指將指無名指無極放弦契於此指多則痛小指短不用小臣
正贊袒公袒朱襦卒袒小臣正退俟于東堂小射正
又坐取拾興贊設拾以笥退奠于坫上復位既袒乃設拾拾
當以韝襦上大射正執弓以袂順左右隈上再下壹左執
弣右執簫以授公公親揉之隈烏回反揉而九反〇順放之也隈弓淵也揉

窽之棚其步危也○窽紆阮反小臣師以巾内拂矢而授矢于公稍
屬屬之玉反○内拂恐塵及君也稍屬不搢矢大射正立于公後以矢行
告于公若不中使君當知而改其度下曰留上曰揚左右曰方留不
至也揚過去也方出旁也公既發大射正受弓而俟拾發以將乘
矢公下射也而先發不留尊也○公卒射小臣師以巾退反位大
射正受弓受弓以授有司於東堂小射正以笥受決拾退奠于
坫上復位大射正退反司正之位小臣正贊襲公還
而后賓降釋弓于堂西反位于階西東面階西東面賓降位
公即席司正以命升賓賓升復筵而后卿大夫繼射
○諸公卿取弓矢于次中袒決遂執弓搢三挾一个

堂西面揖揖如三耦升射卒射降如三耦適次釋弓說決拾襲反位眾皆繼射釋獲皆如初衆公卿[illegible]言國不[illegible]及[illegible]言變獲互言也○鄉射記君射則爲下射上射退于物一笴既發則荅君而俟荅對也君樂作而后就物君袒朱襦以射若賈小臣以巾執矢以授君尊不搢矢不挾矢授之稍屬○唯君有射于國中其餘否臣不習武事於君側也君在大夫射則肉袒不袒纁襦厭於君也

右公及賓諸公卿大夫射

公及賓射圖

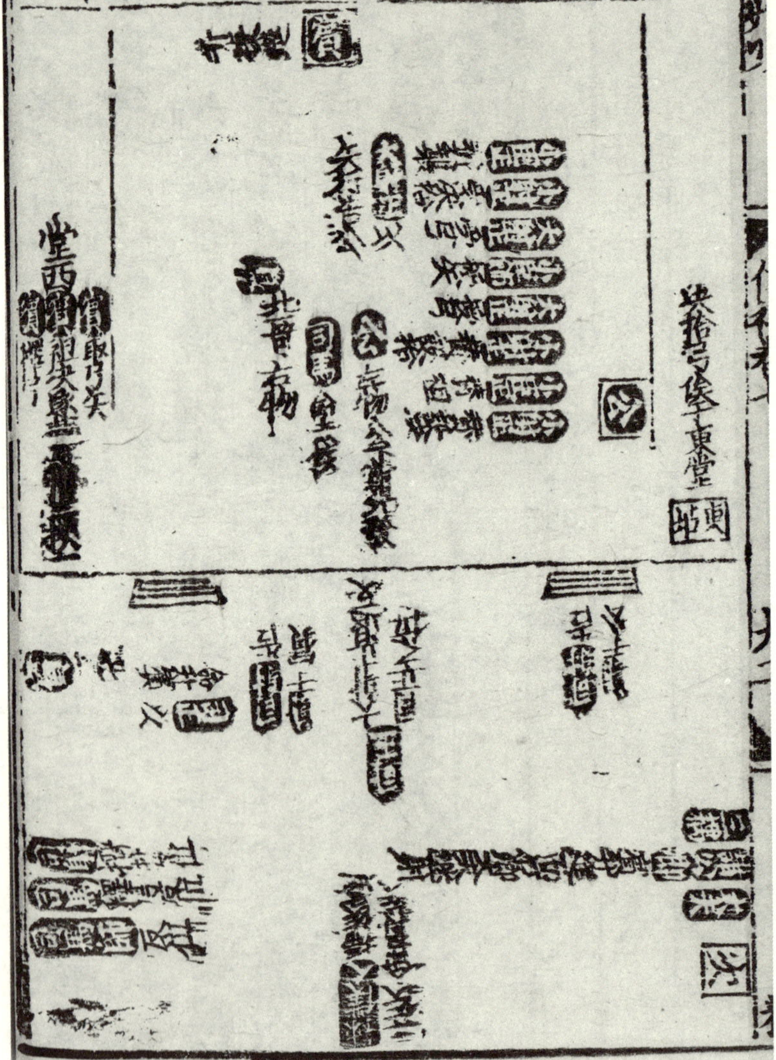

卒射釋獲者遂以所執餘獲適阼階下北面告于公曰左右卒射今從此後注多與鄉射同更不重出其不同者著之反位坐委餘獲于中西興共而俟○司馬袒執弓升命取矢如初負侯許諾以旌負侯如初司馬降釋弓如初小臣委矢于楅如初司馬司馬正於是司馬師亦坐乘矢賓諸公卿大夫之矢皆異束之以茅卒正坐左右撫之進束反位異束大夫矢尊殊之也正司馬正也進前也又言束整結之示親也○疏曰公卿皆異束但大夫或與士耦則士矢不束大夫束之故注特言大夫尊殊之也賓之矢則以授矢人于西堂下是言矢人則納射器之有司各以其器名官職不言君矢小臣以授矢人于東堂下可知司馬釋弓反位而后卿大夫升就席此言其升前小臣委矢于楅○疏曰據上文則升席

當在司馬釋弓之後小臣委矢之前故注言其次第也○司射適階西釋弓去扑襲進由中東立于中南北面視筭釋獲者東面于中西坐先數右獲二筭為純一純以取實于左手十純則縮而委之每委異之有餘純則橫諸下一筭為奇奇則又縮諸純下興自前適左東面坐坐兼斂筭實于左手一純以委十則異之其餘如右獲司射復位釋獲者遂進取賢獲執之由阼階下北面告于公若右勝則曰右賢於左若左勝則曰左賢於右以純數告若有奇者亦曰奇若左右鈞則左右各執一筭以告曰左右鈞還復位坐兼斂筭實八筭于中委其

餘于中西興共而俟

右再射取矢視筭　圖與鄉射同

司射命設豐司宮士奉豐由西階升北面坐設于西楹西降復位勝者之弟子洗觶升酌散南面坐奠于豐上降反位奉芳勇反○弟子其少者也不授者射爵猶罰爵略之○少詩召反○疏曰按獻酬之爵皆手授此罰爵不手授此飲射爵亦不手授故云猶罰爵略之也司射遂袒執弓挾一个搢扑東面于三耦之西命三耦及衆射者勝者皆袒決遂執張弓執張弓言能用之也不勝者皆襲說決拾卻左手右加弛弓于其上遂以執弣附襲說決拾之復言之者抱勝者也不勝者執弛弓言不能用之也兩手執弣無所挾也司射先反位居前俟所命入

次而來飲三耦及衆射者皆升飲射爵于西階上不勝之黨無不
飲小射正作升飲射爵者如作射一耦出揖如升射
及階勝者先升升堂少右不勝者進北面坐取豐上
之觶興少退立卒觶進坐奠于豐下興揖右手執觶左手執弓
不勝者先降後升先降略之不由次也降而少右復並行與升飲者相左
交于階前相揖適次釋弓襲反位僕人師繼酌射爵
取觶實之反奠于豐上退俟于序端僕人師酌者君使之代弟子也
自此以下辯爲之酌升飲者如初三耦卒飲○若賓諸公卿大
夫不勝則不降不執弓耦不升此耦謂士也諸公卿或闕士爲之耦尊不
升其諸公卿大夫相爲耦者不降席重恥尊也僕人師洗升實觶以授賓者觶

公卿大夫受觶于席以降適西階上北面立飲卒觶
不拜執爵者反就席雖尊亦西階上立飲不可以己尊往正訓也擬爵而不奠豐尊大夫
也○若歡公則侍射者降洗角觶升酌散降拜侍射賓也
飲君則不敢以爲罰徵致爵之禮也公降一等小臣正辭賓升再拜稽
首公答再拜賓坐祭卒爵再拜稽首公答再拜賓降
洗象觶升酌膳以致下拜小臣正辭升再拜稽首公
答再拜公卒觶賓進受觶降洗散觶升實散下拜小
臣正辭升再拜稽首公答再拜賓後酌自歡者夾爵也但如致爵則無以
異於燕也夾爵亦所以取公也所謂若獻君燕則夾爵賓坐祭卒觶降奠于
篚階西東面立不祭象觶爵擯者以命升賓賓升就席蓋者

司正也若諸公卿大夫之耦不勝則亦執弛弓特升飲此耦亦謂士也特猶獨也以尊與卑爲耦而又不勝使之獨飲若無倫匹孤賤也衆皆繼飲射爵如三耦射爵辯乃徹豐與觶○鄉射記若飲君如燕則夾爵謂君在不勝之黨也賓飲君如燕賓媵觶于公之禮則夾爵夾爵者君飲卒爵復自酌

右飲不勝者

御
興賓同

賓
興賓
大夫

贊人辭
莫辭
豐

勝者執弓
莫辭

賓不降送升坐升不執三僕人

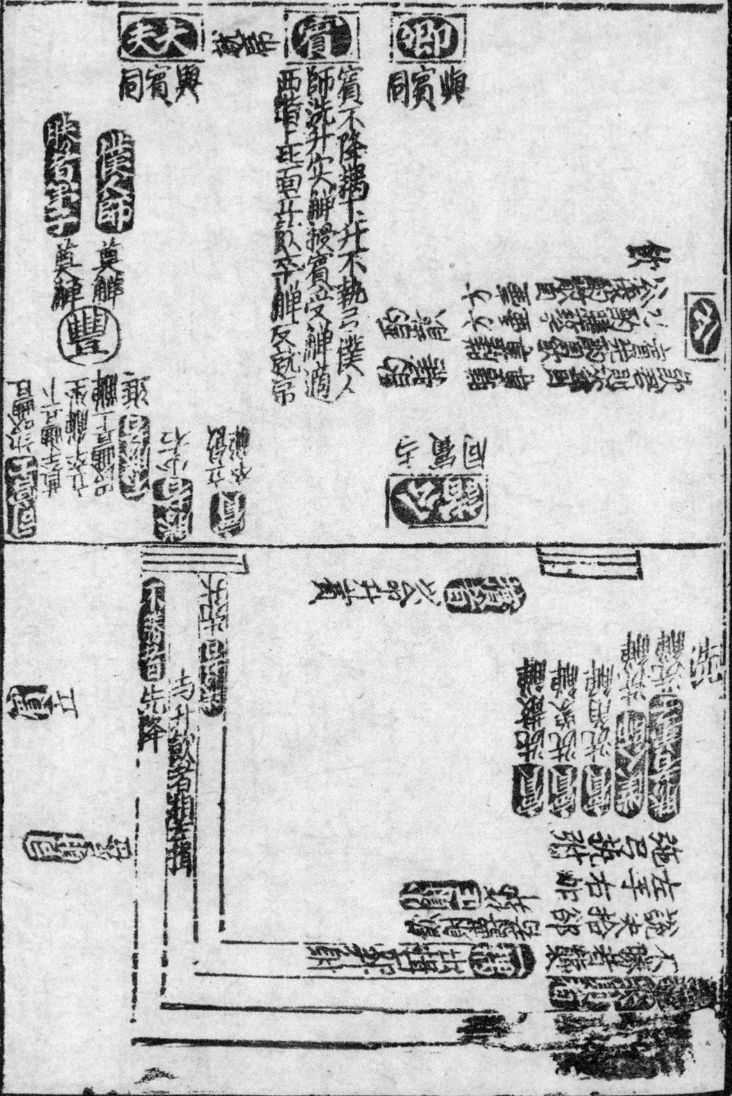

司宮尊侯于服不之東北兩獻酒東面南上皆加勺
設洗于尊西北篚在南東肆實一散于篚獻素何反○爲大侯
獲者設尊也言尊侯者獲者之功由侯也不於初設之者不敢必君射也君不射則不獻大侯之獲者散
爵名容五升○司馬正洗散遂實爵獻服不言服不者著其官尊大侯
也服不司馬之屬掌養猛獸而教擾之者洗酌皆西面○擾而小反服不侯西北三步
北面拜受爵近其所爲獻司馬正西面拜送爵反位不俟卒爵
略賤也此終言之獻服不之徒乃反位○疏曰服不祭侯而後卒爵今司馬反位在未祭侯之前是略賤
者雖不俟卒爵然亦必兼獻其徒而後始反位宰夫有司薦庶子設折俎宰夫
有司宰夫之吏也鄉射記曰獲者之俎折脊脅肺卒錯錯音厝獲者適右个薦
俎從之个音幹○不言服不言獲者明君大侯服不負侯其徒居乏待獲變其文容二人也司馬

通此司獻之薦俎已錯乃適右个明此獻己已歸功於侯也適右个由侯內鄉射記曰東方謂之右个[illegible]

者左執爵右祭薦俎二手祭酒 祭俎不奠爵不備禮也二手祭酒者[illegible]

[illegible]於俎北當為侯祭於豆閒爵反注為一手不能[illegible]正此薦俎之設如於北面以馬侯天子既侯[illegible]

[illegible]民無咳以占[illegible]不寧侯不屬于王所故抗而射之[illegible]食爾女曾孫諸侯百福[illegible]以下祝辭[illegible]

[illegible]適左个祭如右个中亦如之卒祭左个之西北

三步東面 此鄉人受爵獻之位也不此禮者辟為侯卒爵 設薦俎立卒爵 [illegible]

[illegible]司馬正已反位不拜可知也[illegible]禮曰獲者薦右東面立飲 ○司馬師受虛爵

洗獻隸僕人與巾車獲者皆如大侯之禮 [illegible]

[illegible]大侯乏參侯干侯之獲者其受獻之禮亦如服不[illegible]僕人由車於服不之位受之明獲於其位[illegible]

[illegible]者既自後 卒司馬師受虛爵奠于篚 [illegible] 獲者

[illegible]洗可知

皆執其薦庶子執俎從之設于乏少南少南為復射妨旌也

人中東墨人曰服不之節南服不復負侯而俟○司射適階西去扑

適堂西釋弓說決拾襲適洗洗觚升實之降獻

者于其位少南獻釋獲者與獲者異文武不同也去扑者扑不升堂也少南辟中

脯醢折俎皆有祭俎與服不同特祭一為異釋獲者薦右東面拜

受爵司射北面拜送爵釋獲者就其薦坐左執爵右

祭脯醢興取肺坐祭遂祭酒祭俎不奠爵亦賤不備禮興司射之

西北面立卒爵不拜既爵司射受虛爵奠于篚釋獲者

者少西辟薦反位

右獻服不及釋獲者

獻服不及釋獲者圖

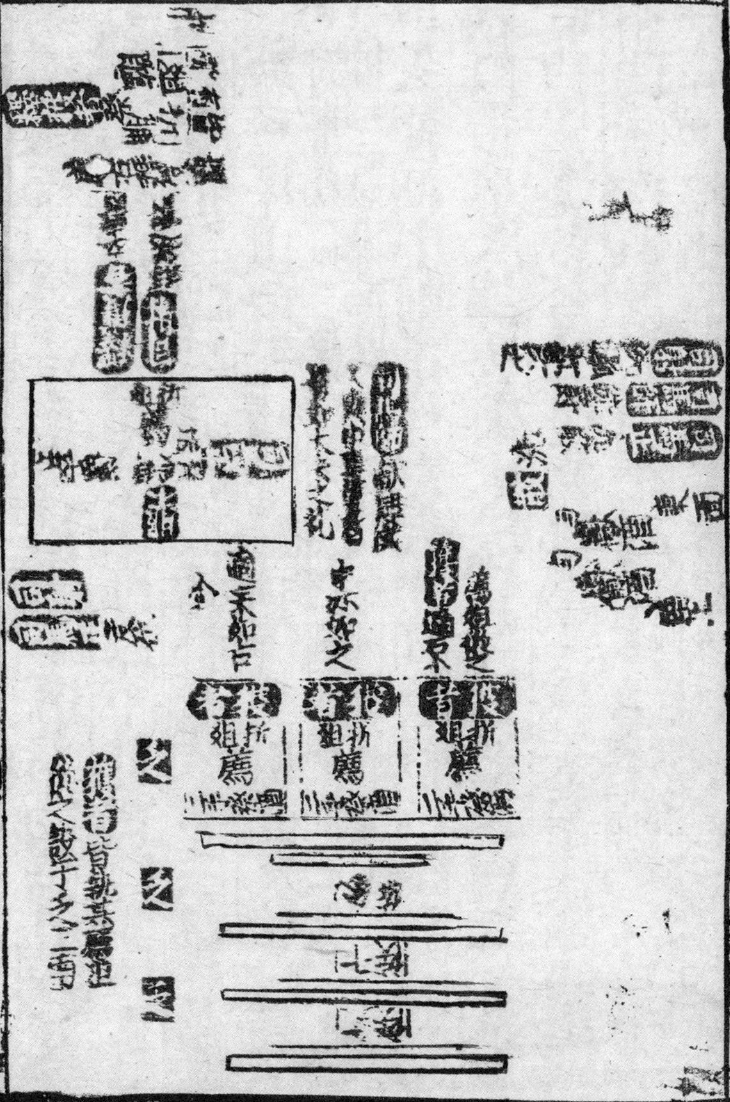

司射適堂西袒決遂取弓挾一个適階西搢扑以反
位為將復射司射倚扑于階西適阼階下北面請射于公
如初不升堂賓諸公卿大夫既射矢聞之同如反搢扑適次命三耦皆袒
決遂執弓序出取矢異言拾是言序互言拾司射先反位言是先先元一二
耦也司射既命三耦以入次之事畢反位三耦入次袒決遂執弓挾矢乃出次與西面位三耦
拾取矢如初小射正作取矢如初小射正司射之佐使取矢禮殺代之
三耦既拾取矢諸公卿大夫皆降如初位與耦入於
次皆袒決遂執弓皆進當楅進坐說矢束上射東面
下射西面拾取矢如三耦是耦射命耦而已不作射各拾取矢如初○說曰言
公卿射命耦者以三耦射於大夫降於三耦之南西面北上司射東面于大夫西面北上與大夫命

上射曰某御於子命下射曰子與某子射卒遂比衆耦

耦云云至公即席受賓升階復位袒決遂而後衆耦受繼射後教皆繼射釋獲皆如初注云諸公卿言衆言釋獲互言也既同射注同射亦使禮射此文小射正但作三耦拾取矢公以下亦無作拾取文故曰不作取矢從初說三耦請說

右三耦諸公卿大夫拾取矢

君士與大夫爲耦士東面大夫西面大夫進坐說矢束東退反位說矢束同於三耦說也耦揖進坐兼取乘矢順羽且左還毋周反面揖兼取乘矢不敢與大夫大夫進坐亦兼取乘矢如其耦北面搢三挾一个揖退大夫與其耦皆適次釋弓說決拾襲反位諸公卿升就席大夫反位諸公卿

尹就席大夫與己上下位○疏曰公卿○衆射若

記云大夫與士射袒纁襦耦少退于物司射猶挾一个以作射大夫

拾取矢皆如三耦遂入于次釋弓矢說決拾襲反位
右大夫耦拾取矢 同鄉射圖
司射猶挾一个以作射如初一耦揖升如初司馬升
命去侯負侯許諾司馬降釋弓反位司射與司馬交
于階前倚扑于階西適阼階下北面請以樂于公公
許 請奏樂以爲節也始射獲而未釋獲復釋獲復用樂行之君子之於事也始取苟能中課終用成法教化之漸也射用應樂爲難孔子曰射者何以射何以聽循聲而發發而不失正鵠者其唯賢者乎
射反搢扑東面命樂正曰命用樂 言君有命用樂射也樂正在工南北
面樂正曰諾司射遂適堂下北面視上射命曰不鼓
不釋 不與鼓節相應不釋算也鼓亦樂之節學記曰鼓無當於五聲五聲不得不和凡射之鼓節投

盡其存者也周禮射節天子九諸侯七卿大夫以下五上射揖司射退反位樂

正命大師曰奏貍首間若一貍里之反○樂正西面受命左還東面命大師

以大射之樂章使奏之也貍之言不來也其詩有射諸侯首不朝者之言因以名篇

世失之謂之曾孫曾孫者其章頭也射義所載詩曰曾孫侯氏是也以爲諸侯射節者采其既有弧矢

之威又言小大莫處御於君所以燕以射則燕則譽樂以時會君事之志也間若一者調其聲之疏數

重節○朝直遥反○疏曰重節以疏數如一者重此樂節故也大師不興許諾樂正

反位奏貍首以射三耦卒射賓待于物如初公樂作

而后就物稍屬不以樂志其他如初儀不以樂志之射

發心其發不必應樂辟不敏也志意所擬度也春秋傳曰吾志其目卒射如初賓就席

諸公卿大夫衆射者皆繼射釋獲如初卒射降反位

釋獲者執餘獲進告左右卒射如初

右三射以樂爲節大射作階下請以樂于公公樂作而後就與鄉射賓禮異大射奏貍首與鄉射奏騶虞其餘互見鄉射圖

司馬升命取矢負侯許諾司馬降釋弓反位小臣委矢司馬師乘之皆如初司射釋弓視筭如初釋獲者以賢獲與鈞告如初復位來縕反

右取矢視筭如初

司射命設豐實觶如初遂命勝者執張弓不勝者執弛弓升飲如初卒退豐與觶如初

右飲不勝者如初

司射猶袒決遂左執弓右執一个兼諸弦面鏃適次命拾取矢如初（側持弦矢曰執面猶尚也兼矢於弦尚鏃將止變於射也）司射反位三耦及諸公卿大夫衆射者皆袒決遂以拾取矢如初矢不挾兼諸弦面鏃退適次皆授有司弓矢襲反位（不挾亦謂執之如司射）卿大夫升就席

右拾取矢如初

司射適次釋弓說決拾去扑襲反位司馬正命退楅解綱小臣師退楅巾車量人解左下綱司馬師命獲者以旌與薦俎退（解猶釋也）司射命釋獲者退中與筭而俟（諸所退射器皆俟備君復射釋獲者亦退其薦俎）

右三射畢

公又舉奠觶唯公所賜若賓若長以旅于西階上如初

大夫卒受者以虛觶降奠于篚反位長丁丈反

右公為大夫舉旅

司馬正升自西階東楹之東北面告于公請徹俎公許射事既畢禮殺人倦宜徹俎燕坐遂適西階上北面告于賓賓北面取俎以出諸公卿取俎如賓禮遂出授從者于門外大夫降復位門東北面位〇疏曰大夫雖無俎以賓及公卿皆送俎不可獨立於堂故降復位云門東北面位者謂初小臣納卿大夫門東北面揖位庶子正徹公俎降自阼階以東降自阼階親徹也以東藏

右徹俎

賓諸公卿皆入門東面北上（諸公卿不入門而右以將燕亦因從賓）司正升賓賓諸公卿大夫皆說屨升就席公以賓及卿大夫皆坐乃安（自卿命以我安賓臣於君尚猶踧踖至也乃敢安○今按此後又與燕禮同）羞庶羞同○主人獻士同乃薦司正與射人于觶南北面東上司正爲上（按此一節與燕禮異餘同）辯獻士同祝史小臣師亦就其位而薦之同就獻旅食同旅食不拜受爵坐祭立飲主人執虛爵奠于篚復位（按主人執虛爵以下與燕禮異）○賓媵觶于公同小臣正辭（按燕禮云小臣辭）○公取賓媵觶唯公所賜同酬膳下再拜稽首小臣正辭（賓升再拜稽首）

首與燕禮畢爵同　酬士同

右燕

若命曰復射則不獻庶子獻庶子則正禮畢後無事司射命射唯

欲司射命賓及諸公卿大夫射欲者則射不欲者則止可否之事從人心也卿大夫皆降

再拜稽首公答拜拜君樂與臣下執事無已不言賓賓從群臣禮在上壹發中

三侯皆獲其功一也而和者益多尚歡樂也矢揚觸或有參中者

右復射

主人洗升自西階獻庶子于阼階上如獻士之禮辯

獻降洗遂獻左右正與內小臣皆於阼階上如獻庶

子之禮○無算爵與燕禮同○無算樂同宵執燭同賓出

同公入驁（驁五刀反○驁夏亦樂章也以鍾鼓奏之其詩今亡此公出而言入者射宮在郊以將還為入燕不驁者於路寢無出入也）

右大射畢

大射義

古者諸侯之射也必先行燕禮卿大夫士之射也必先行鄉飲酒之禮故燕禮者所以明君臣之義也鄉飲酒之禮者所以明長幼之序也故射者進退周還必中禮內志正外體直然後持弓矢審固持弓矢審固然後可以言中此可以觀德行矣其節天子以騶虞爲節諸侯以貍首爲節卿大夫以采蘋爲節士以

采蘩為節騶虞者樂官備也貍首者樂會時也采蘋者樂循法也采蘩者樂不失職也是故天子以備官為節諸侯以時會天子為節卿大夫以循法為節士以不失職為節故明乎其節之志以不失其事則功成而德行立德行立則無暴亂之禍矣功成而國安故曰射者所以觀盛德也[illegible]也下云曾侯氏是樂官備者謂騶虞曰壹發五豝喻得賢者多也于嗟乎騶虞[illegible]樂會時者謂貍首曰小大莫處御于君所[illegible]者[illegible]采蘋曰于以采蘋南澗之濱循澗以采蘋喻循法度以成君事也樂不失職者謂采蘩曰被之僮僮夙夜在公○射者男子之事也因而飾之以禮樂也故事之盡禮樂而可數為以立德行者莫若射故聖王務焉

選士者先德行乃後決之於射男擇士而有射事學禮樂以飾之○古者天子之制
諸侯歲獻貢士於天子天子試之於射宮其容體比
於禮其節比於樂而中多者得與於祭其容體不比
於禮其節不比於樂而中少者不得與於祭數與於
祭而君有慶數不與於祭而君有讓數有慶而益地
數有讓而削地是以諸侯君臣盡志於射以習禮樂
夫君臣習禮樂而以流亡者未之有也故詩曰曾孫
侯氏四正具舉大夫君子凡以庶士小大莫處御于
君所以燕以射則燕則譽言君臣相與盡志於射以
習禮樂則安則譽也是以天子制之而諸侯務焉此

天子所以養諸侯而兵不用諸侯自爲正之具也此曾孫之詩諸侯之射節也四正正爵四行也四行者獻賓獻公獻卿獻大夫乃後樂作而射也莫敢無安居其官次若也御猶侍也以燕以射先行燕禮乃射也則燕則譽譽言國安則有名譽譽或爲與○天子將祭必先習射於澤澤者所以擇士也已射於澤而后射於射宮射中者得與於祭不中者不得與於祭不得與於祭者有讓削以地得與於祭者有慶益以地進爵絀地是也澤宮名也士謂諸侯朝者諸臣及所貢士也皆先令習射於澤已乃射於射宮課中否也諸侯有慶者先進爵有讓者先削地

儀禮圖第七

中華古籍保護計劃

ZHONG HUA GU JI BAO HU JI HUA CHENG GUO

·成果·

（宋）楊復　撰

元本儀禮圖

第一册

國家圖書館出版社

圖書在版編目(CIP)數據

元本儀禮圖:全七册/(宋)楊復撰.—北京:國家圖書館出版社,2021.10

(國學基本典籍叢刊)

ISBN 978-7-5013-7374-1

Ⅰ.①元… Ⅱ.①楊… Ⅲ.①禮儀—研究—中國—古代 Ⅳ.①K892.9

中國版本圖書館CIP數據核字(2021)第215809號

書　　名　元本儀禮圖(全七册)
著　　者　(宋)楊復 撰
責任編輯　南江濤　潘雲俠
助理編輯　王　哲
封面設計　徐新狀

出版發行　國家圖書館出版社(北京市西城區文津街7號　100034)
(原書目文獻出版社　北京圖書館出版社)
010-66114536　63802249　nlcpress@nlc.cn(郵購)
網　　址　http://www.nlcpress.com
印　　裝　北京市通州興龍印刷廠
版次印次　2021年10月第1版　2021年10月第1次印刷

開　　本　880×1230(毫米)　1/32
印　　張　47
書　　號　ISBN 978-7-5013-7374-1
定　　價　150.00圓

《國學基本典籍叢刊》編委會

《國學基本典籍叢刊》前言

國家圖書館出版社(原書目文獻出版社 北京圖書館出版社)成立三十多年來,出版了大量的中國傳統文化典籍。由於這些典籍的出版往往采用叢書的方式或綫裝形式,供公共圖書館和大學圖書館典藏使用,普通讀者因價格較高、部頭較大,不易購買使用。爲弘揚優秀傳統文化,滿足廣大普通讀者的需求,現將經、史、子、集各部的常用典籍,選擇善本,分輯陸續出版單行本。每書之前均加簡要説明,必要者加編目録和索引,總名《國學基本典籍叢刊》。歡迎讀者提出寶貴意見和建議,以使這項工作逐步完善。

編委會

二〇一六年四月

序　言

《儀禮圖》十七卷，宋楊復撰，元刻明初補修印本，中國國家圖書館（下簡稱「國圖」）藏。書後附刻《儀禮》經文十七卷、《儀禮旁通圖》一卷。

楊復，字志仁，號信齋，福建路福安縣（今屬福建省福安市）人。受學朱熹，與黄榦、劉子淵、陳日湖友善，曾受真德秀之邀講學福州郡學貴德堂。朱熹撰《儀禮經傳通解》未成而卒，由弟子黄榦、楊復續成完帙。楊復所作《儀禮圖》是目前可考最早的一部以方位圖疏解《儀禮》的專著，是繼朱熹《儀禮經傳通解》以後又一部代表南宋《儀禮》研究水平的禮學名著。楊復具體生卒年已不可考，然其師朱熹卒於宋寧宗慶元六年（1200），《儀禮圖自序》撰於理宗紹定元年（1228），可知楊復大致爲南宋寧宗、理宗間人。

《儀禮》又稱《禮》《禮經》，屬「五經」之一，是禮學的核心原典。《儀禮》最初在「三禮」中居於核心地位，《漢書藝文志·六藝略》禮類著録「三禮」時，將《儀禮》置於首位，稱爲「經」，《禮記》

《周禮》則置於其後，僅稱『傳』『周官經』。但《儀禮》十七篇分別記載周代十餘種禮儀的程序，各篇相對獨立，系統性不如《周禮》；專述禮節而少言禮義，思想性又不如《禮記》。且《儀禮》文辭古奧，號稱難讀。因此兩漢以後《儀禮》在經學中的地位逐漸下降，至唐代孔穎達等纂修《五經正義》時，徑以《禮記》代替《儀禮》，《周禮》《儀禮》之學遂晦，以致開元十六年（728）國子祭酒楊瑒上奏疾呼：『《周禮》《儀禮》及《公羊》《穀梁》殆將廢絶，若無甄異，恐後代便棄。』（《舊唐書·楊瑒傳》）《周禮》的境遇，在北宋王安石撰作《周官新義》並依據《周禮》推行新政後有所改善。但王安石在提高《周禮》地位的同時，卻罷廢《儀禮》學官，使得《儀禮》進一步式微。

南宋朱熹編撰《儀禮經傳通解》後，《儀禮》之學方有一些起色。朱熹認爲『《儀禮》，禮之根本，而《禮記》乃其枝葉』，他對王安石罷廢《儀禮》的做法不以爲然，曾直言不諱地説：『王介甫廢了《儀禮》，取《禮記》，某以此知其無識。』（《朱子語類》）而朱熹撰作《通解》的目的就是使《儀禮》『興起廢墜，垂之永久』（朱熹《乞修三禮札子》）。《通解》事實上完成了存亡續絶的任務，成爲繼漢鄭玄《儀禮注》、唐賈公彦《儀禮疏》之後又一部《儀禮》學名著。然而，《通解》在朱熹生前並未修成，朱熹卒後，其弟子黄榦續修其書，黄榦之後又由楊復接手，並最終續成。楊復在續成《儀禮經傳通解》之後，撰作了一部疏解《儀禮》的專書——《儀禮圖》。這部專書無論是編撰目的還是編撰體例，皆與《儀禮經傳通解》密切相關。

《儀禮經傳通解》相較鄭玄《儀禮注》、賈公彦《儀禮疏》的最大優長在『横通』與『分節』。《通解》以《儀禮》爲經，以群經、群書爲傳，以經統傳，以傳釋經，貫通《儀禮》與群經、群書的同時，亦增强了《儀禮》的系統性，是謂『横通』。《通解》之前的《儀禮》文本，每篇自始至終連文而書，基本不分章節，《通解》則將每篇經文劃分爲若干儀節，分段標目，使得《儀禮》諸篇頗具條理，降低了研讀《儀禮》的難度，是謂『分節』。然而僅靠『横通』與『分節』，還是不能徹底解决《儀禮》難讀的問題。且《儀禮經傳通解》由於追求『横通』，對《儀禮》本經的解釋力度不够，加之體量巨大、徵引龐雜，有時反而令習禮者無所適從，難以快速把握《儀禮》要義。楊復是《儀禮經傳通解》的最終續成者，自然十分瞭解《通解》的缺失。他在《自序》中明確交待了撰作《儀禮圖》的宗旨：『學者多苦《儀禮》難讀，雖韓昌黎亦云。何爲其難也？……其義密，其辭嚴，驟讀其書者如登泰華、臨滄溟，望其峻深，既前且卻，此所以苦其難讀也。……復曩從先師朱文公讀《儀禮》，求其辭而不可得，則擬爲圖以象之。圖成而義顯，凡位之先後秩序、物之輕重權衡、禮之恭遜文明、仁之忠厚懇至、義之時措從宜、智之文理密察，精粗本末，昭然可見。』楊復撰作目的是以繪圖爲突破點，使《儀禮》變得形象易讀，降低研讀《儀禮》的難度。而楊復撰成《儀禮圖》之時，《通解》已經續成。若《通解》

足以解決《儀禮》難讀的問題，楊復自然没有另起爐灶的必要。彌補《通解》對《儀禮》闡釋不足的缺憾，應是楊復撰作《儀禮圖》的一個重要考量。《儀禮圖》《士冠禮》《士昏禮》二篇卷末按語分别以『其詳見於《儀禮經傳通解》』『詳見《儀禮經傳通解》』收尾，更可見《儀禮圖》配合《通解》之意。當然，出於對其師的敬仰，這層意思自是楊復不願明言的。

《儀禮圖》共十七卷，分别對應《儀禮》十七篇。每篇之内包括文字解説、禮圖兩部分。文字解説部分的編纂順序是先列《儀禮》經文、鄭玄注、音義，再列『疏曰』『朱先生曰』，最後爲楊復按語『今按』。其中『音義』是由陸德明《經典釋文》和《儀禮經傳通解》所附『文公音』删節而來。『疏曰』並非賈公彦《儀禮疏》，而是《通解》所附『疏曰』，係朱熹自賈疏删改而來。除個别音義直接取自《經典釋文》外，《儀禮圖》文字解説部分的經文、鄭玄注、音義、『疏曰』『朱先生曰』總體由《儀禮經傳通解》删節而來，僅按語是楊復自作。文字解説部分亦從《通解》之例進行分節，但《儀禮圖》在整體承襲《通解》分節的基礎上又有改進，如《儀禮·士昏禮》朱熹所分第九節『婦至』，楊復《儀禮圖》細分爲『夫婦即席』『徹饌成禮』二節，更爲周詳。

《儀禮圖》中的禮圖多爲楊復首創，是該書的核心。《儀禮圖》十七卷中的禮圖總共有二百零五幅，其中以方位圖爲多。方位圖均置於某個儀節之末，是前面一個或若干個儀節文字解説的圖像化。如《儀禮圖・士冠禮》第一節『筮於廟門』之末附有『筮於廟門之圖』，明確描繪了主人、宰、筮人、卦者、有司參與筮日之禮時在廟門的站位、朝向及行動軌迹，與第一節的文字解説相輔相成。有時一幅方位圖對應多個儀節，如《儀禮圖・士冠禮》第五節『陳服器』末不附圖，第六節『即位』之末則附有『陳服器及即位圖』，此圖即對應第五、第六兩節。當然，《儀禮圖》並非每個儀節都繪圖，有些非核心儀節或不太複雜的儀節便不附圖，如《儀禮圖・士冠禮》第二節『戒賓』、第三節『筮賓宿賓』、第四節『爲期』均不附方位圖。《儀禮圖》中的禮圖還有名物圖與表格，如《儀禮圖・喪服》禮圖以表格爲主、名物圖爲輔，並無方位圖，這與《喪服》篇的特性有關。《儀禮》十七篇中唯有《喪服》一篇專載禮儀等差而無禮儀過程，因此衹能通過繪製表格的方法體現禮義。

《儀禮圖》末附《儀禮旁通圖》一卷，分宫廟、冕弁、牲鼎禮器三門，共有禮圖二十五幅，以表格爲主，兼有少量名物圖。《旁通圖》體例不一，有時前圖後文，有時前文後圖，有時有圖無文。《儀禮旁通圖》主要論述、描畫宫室器物，其目的在於闡述『制度、名物之總要』（楊復《儀禮圖自序》），並不局限於《儀禮》一經。《旁通圖》雖偶有引《儀禮經傳通解》者（『朱先生曰』），但其主體仍爲楊復首創。

《儀禮圖》撰作於南宋紹定元年前後，它以圖釋禮，彌補了《儀禮經傳通解》對《儀禮》本經疏解不足的缺憾，與《通解》配合，基本完成了朱熹『興起廢墜』的願望。當然，繪圖之法並非是楊復個人的發明，楊復《自序》有云：『嚴陵趙彦肅嘗作《特牲》《少牢》二禮圖，質諸先師。先師喜曰：「更得冠昏圖及堂室制度並考之，乃爲佳爾。」蓋《儀禮》元未有圖，故先師欲與學者考訂以成之也。』是朱熹已意識到禮圖的重要，衹是無暇爲之。楊復作《儀禮圖》，無疑是受到老師重視禮圖的啓發。

創始之作往往難以盡善，《儀禮圖》亦是如此。楊復《儀禮圖》的按語水平、禮圖繪製精密度都難稱完善，清代張惠言《儀禮圖》一出，楊《圖》就黯然失色，迅速淡出了禮學家的視野。但該書在南宋、元、明、清初屢經刊刻刷印，無論刊刻次數還是印本存世數量均超過《儀禮經傳通解》，由此可知楊《圖》在南宋至清初十分流行，一直是研習《儀禮》者的必讀書，在歷史上發揮了較大作用，其價值並不弱於《通解》。《四庫全書總目》在批評《儀禮圖》諸多缺憾之後，也給出了較爲公允的評價：『然其餘諸圖，尚皆依經繪象，約舉大端，可粗見古禮之梗概，於學者不爲無裨。一二舛漏，諒其創始之難工可也。』業師劉曉東先生曾云：『楊復《儀禮圖》以圖輔解，張惠言《儀禮圖》乃以圖爲解。』楊復與張惠言的旨趣不同，從禮學上看，張《圖》不可能完全代替楊《圖》。張惠言《儀禮圖》産生之後，清人胡培翬所作《儀禮正義》、黄以周所作《禮書通故》、盧文弨《儀禮注疏詳校》、阮元《儀禮注疏校勘記》仍反復提及楊復《儀禮圖》，更可見楊《圖》具有學術和版本上的雙重價值。今日研治《儀禮》者，亦有必要對楊復《儀禮圖》多加關注。

《儀禮圖》的宋刻本已不存世，但仍有若干記載可以幫助我們認識一些情况。元十行本《儀禮圖》卷前有宋末元初人陳普《序》，其中提到了一個南宋桂林刊本：『白鹿、章貢、桂林所刊晦翁、勉齋、信齋之書，千里求之，或云有半生望之不得見，今後復數十年，又當若何？』南宋方大琮與楊復門人鄭逢辰書信中亦提及桂林刊本：『近得默得在桂林日刊《儀禮圖》，歎信齋之有功於學者。』楊復《儀禮圖自序》撰寫於宋理宗紹定元年（1228），方大琮卒於宋理宗淳祐七年（1247），鄭逢辰卒於淳祐八年（1248），可知桂林本刊刻時間在紹定元年至淳祐七年之間，與楊復《儀禮圖自序》撰作時間接近，很有可能是《儀禮圖》的初刻本。

宋元之際，桂林本已頗爲難得，福建邵武人謝子祥於是重刻《儀禮圖》，陳普《儀禮圖序》對此有明確記載：『大淵獻之歲，昭武謝子祥刊《儀禮》本經十七篇及信齋楊氏《圖》成。』『大淵獻之歲』即亥年，據明閔文振《石堂先生傳》可知陳普享年七十二歲，其一生經歷了六個亥年，第一個是宋理宗淳祐十一年辛亥（1251），最後一個是元武宗至大四年辛亥（1311），則謝子祥本的刊刻時間在宋元之間，不晚於元至大四年。從刊刻時間上看，謝子祥本有可能源於宋桂林本。然宋桂林本、謝子祥本均已亡佚，其關係難以確知。

《儀禮圖》的元刊本現存兩種，簡介如下：

（一）元十行本

今存之元十行本《儀禮圖》卷前有陳普爲謝子祥本《儀禮圖》所撰之序，臺北《『國家圖書館』善本書志初稿》據此將元十行本定爲『元昭武謝子祥本』，實則不然。考元十行本《儀禮圖》刻工，發現王君粹、德謙、中、希孟四位刻工曾參與刊刻元十行本《唐書》。據尾崎康《正史宋元版之研究》，静嘉堂藏元十行本《唐書》是元天曆二年（1329）覆南宋中期建安魏仲立宅刊本。又檢静嘉堂藏元十行本《唐書》刻工，發現子明、王榮、君美、英玉、茂卿、德成等刻工也曾參與元十行本其他經書的刊刻。則元十行本《十三經注疏》與静嘉堂藏元十行本《唐書》刻工共通，刊刻時間相近。元十行本《儀禮圖》的版式特徵又與其餘元十行本經書高度一致，明代補修情況也極爲相似。因此，元十行本《儀禮圖》與其餘十行本經書配套，其刊刻時間當與其餘經書相距不遠，均在元泰定（1324—1327）前後，由福建建陽書坊刊刻。

謝子祥本刊刻於宋元之間，而元十行本刊刻於元泰定前後。從時間上看，謝子祥本早於元十行本。且元十行本與其餘元十行本經書配套，但陳普在爲謝子祥本所作序中並未提及《儀禮》之外任何經書的刊刻，可見謝子祥刊刻《儀禮圖》是一個單獨行爲。今存元十行本卷前有陳普爲謝子祥本所撰之序，以書寫體上版，可知元十行本所據底本爲謝子祥本。然謝子祥本已佚，元十行本與謝子祥本之異同已不可考。

元十行本左右雙邊。每半葉十行，行二十字。注文小字雙行，行亦二十字。雙黑魚尾，魚尾相向。版心上記大小字數，中記卷葉，下記刻工。不避『玄』『敬』『恒』『桓』等宋諱。元代刻工有宗文、德謙、昭甫等。全書共計七百零五葉。卷首有朱子《晦庵朱文公乞修三禮奏札》，次爲紹定元年楊復《自序》，再次爲宋末元初人陳普《序》。陳序後爲正文。

元十行本正文包括三個組成部分：《儀禮》十七卷、《儀禮圖》十七卷、《儀禮旁通圖》一卷。《儀禮》十七卷，共一百五十四葉。首爲目録，題『《儀禮》篇目』，列有『士冠禮第一』至『有司徹第十七』十七篇篇名卷次。目録後爲《儀禮》經文十七篇，每卷一篇，無鄭玄注、賈公彦疏。《儀禮圖》十七卷，共五百一十二葉。首爲『《儀禮圖》目録』，備列卷次、篇名及各篇所含禮圖，如『卷第一／士冠禮／筮于廟門圖，陳服器及即位圖……』。目録後爲《儀禮圖》正文，十七卷，每卷一篇。《儀禮旁通圖》一卷，共四十葉。其目録附於《儀禮圖》目録之末，不單刻於《旁通圖》卷首。《旁通圖》圖文參半，主要述説、描畫宫室器物，是對前文《儀禮圖》十七卷的補充。

由於《旁通圖》一卷不單刻目録，其目録附於《儀禮圖》十七卷目録之末，可知《旁通圖》一卷當置於《儀禮圖》十七卷之末。《儀禮》十七卷與《儀禮圖》十七卷的先後順序則較難確定。卷前陳普《序》云：『大淵獻之歲，昭武謝子祥刊《儀禮》本經十七篇及信齋楊氏《圖》成。』陳普之意，似乎《儀禮》十七卷在《儀禮圖》十七卷之前。又檢全書刻工，發現《儀禮》十七卷刻工名多用全稱，而《儀禮圖》十七卷、《旁通圖》一卷則多用簡稱。如刻工王君粹，在《儀禮》十七卷版心下題『王君粹』『君粹』，而在《儀禮圖》十七卷中則衹題『粹』，鄭七才、希孟、宗文、子仁等刻工亦與此同。刻工刻書時，一般在本人所刻某書的前幾葉使用全名，而出於省工的目的，之後諸葉往往多用簡稱。從刻工署名情況看，《儀禮》十七卷先刻，《儀禮圖》十七卷後刻。因此《儀禮圖》三部分的排列順序當爲《儀禮》十七卷、《儀禮圖》十七卷、《儀禮旁通圖》一卷。存世印本多有將《儀禮圖》十七卷、《旁通圖》一卷訂於《儀禮》十七卷之前者，皆係誤訂。

元十行本刊刻後，在明代經過明初補修、正德六年（1511）補修、正德十二年（1517）補修、正德十六年（1521）補修、嘉靖重校補修五次較大規模補修。筆者所知元十行本各期補修印本有二十五部。其中未經補修的元十行原本僅有殘本一部，原北平圖書館善本甲庫藏，存《儀禮圖》中的《儀禮》十七卷及《儀禮旁通圖》一卷第二十二至四十葉，共一百七十七葉，均爲元代原版，並無明代補修葉，可知是元十行原本，彌足珍貴。該本版面已有漫漶，《儀禮》卷三末葉甚至有較大裂版，可知北平甲庫本並非初印。

元十行本在明初補修時抽換全書七百零五葉中的二十四葉，其餘葉極少改動。元刊明初補修印本今存四部，其中僅有國家圖書館藏本（06694）無缺卷，南京圖書館藏本（GJ／KB5015）缺《儀禮》十七卷、《旁通圖》一卷，北京大學圖書館藏本（LSB／3461）缺《儀禮》十七卷、《儀禮圖》卷十二、卷十五、卷十七、《旁通圖》一卷，中國科學院圖書館藏本（2914372－81）缺《儀禮》十七卷，《儀禮圖》卷二、五至十、十三至十四、十六、《旁通圖》一卷爲抄配，抄配葉多有脱訛。

筆者所考元十行本存世印本中，未見正德六年補修印本，據正德十二年補修本可知明正德六年補修時抽換全書七百零五葉中的十五葉，至於其餘葉修版情況，則無從考知。

元十行本在明正德十二年補修時抽換全書七百零五葉中的一百零九葉，其餘葉有少量修改，是一次大規模補修。元刊正德十二年補修印本今存一部，日本静嘉堂文庫藏，編號140。

元十行本在明正德十六年補修時抽換全書七百零五葉中的三十五葉，其餘葉改動較少。元刊正德十六年補修印本今存四部，其中臺北『國家圖書館』藏本（00393）、香港大學馮平山圖書館藏本（善095.25／46）無缺卷。浙江圖書館藏本（善9）缺《儀禮》十七卷，《儀禮圖》卷十六至十七及《旁通圖》一卷據元刊明嘉靖重校補修本影抄配補。天一閣博物院藏本（T00147）僅存《儀禮圖》卷十一至十三。

元十行本在明嘉靖三至十五年（1523—1536）之間經歷了一次規模最大、校勘最精的補修，學界習稱爲『嘉靖重校補修』。嘉靖重校補修抽換全書七百零五葉中的二百六十二葉，其餘葉亦多有修改，在歷次補修中質量最高。元刊明嘉靖重校補修印本今存十四部，其中北京市文物局藏本（《中華再造善本》影印）、南京圖書館藏本（GJ/顧0516）、美國國會圖書館藏本（PL2469.Z6）無缺卷，上海圖書館兩部藏本（綫善812867-72，綫善773492-500）、國家圖書館藏本（03800）、吉林省圖書館藏本（善/88）缺《儀禮》十七卷，國家圖書館兩部藏本（03799，09731）、日本國立公文書館内閣文庫藏本（別062-0004）、臺北『國家圖書館』藏本（00394）缺《儀禮》十七卷、《旁通圖》一卷，臺北『國家圖書館』藏本（00381）缺《儀禮圖》十七卷，美國哈佛大學哈佛燕京圖書館藏本（《美國圖書館藏宋元版漢籍圖録》著録）缺《儀禮圖》十七卷、《旁通圖》一卷。又有上海圖書館藏本（綫善T12720-27）、天一閣博物院藏本（T00140）鈐印相同，均爲嘉靖重校補修本，合之恰爲完帙，當原爲一部，分藏兩處。

此外，上海圖書館藏有一部經過拼合的元刊明修十行本《儀禮圖》（綫善835089-112），此本

《儀禮》十七卷、《儀禮圖》十七卷、《旁通圖》一卷俱全，但《儀禮圖》十七卷爲正德十六年補修本，《儀禮》十七卷、《旁通圖》一卷則是嘉靖重校補修本。據書前楊守敬跋可知《儀禮》及《旁通圖》爲孫星衍舊藏，楊守敬另外購得《儀禮圖》十七卷，將三部分合訂重裝，『使爲劍合珠還』。

明代五次補修均是抽换元代原葉，而不抽换本朝補葉。對於未抽换的葉，則以修版爲主。各期補修中，正德十二年、嘉靖重校補修規模較大，明初、正德六年、正德十六年相對較小。從刊刻質量、文字正誤來看，嘉靖重校補修優於正德十二年補修，正德十二年補修優於明初、正德六年補修，正德十六年補修則是歷次補修中質量最差者。

（二）元崇化余志安勤有堂本

元崇化余志安勤有堂本今存全帙一部，北京大學圖書館藏。余志安本每半葉十行，行二十字。注文小字雙行，行亦二十字。左右雙邊，兼有四周雙邊。黑口，雙黑魚尾，魚尾相向。版心中記卷葉。版心下黑口右側偶見刻工，有正、君、文、日等。不避『玄』『敬』『恒』『桓』等宋諱。《儀禮》十七卷附刻句讀，《儀禮圖》《旁通圖》無句讀。全書共計七百零四個葉。卷首有朱子《晦庵朱文公乞修三禮奏札》，次爲紹定元年楊復《自序》，再次爲『崇化余志安刊於勤有堂』雙行牌記。牌記之後依次爲《儀禮》十七卷、《儀禮圖》十七卷、《旁通圖》一卷，内容與元十行本同。

余氏刻書是建陽書坊的代表之一，有萬卷堂、勤德堂、勤有堂等分支。存世余氏刻本中與《儀禮圖》一樣明確提及『余志安』『勤有堂』的有國家圖書館藏元至順三年（1332）刊《故唐律疏議》、日本静嘉堂文庫藏元元統三年（1335）刊《國朝名臣事略》二書，又劉薔《天禄琳琅知見書録》引用吴哲夫研究指出余志安本刻工中正、君、文三人見於臺北『故宫博物院』藏宋本《前漢書》元統二年（1334）補葉中，可知余志安本具體刊刻時間當在元至順（1330—1335）、元統（1333—1335）前後。

筆者所知的余志安本印本有八部，均是原刻，未見後代補版、修版。其中北京大學圖書館藏本（094／582／4628）正文無缺卷，但卷前缺朱熹《奏札》、楊復《自序》、勤有堂牌記、《儀禮》目録、《儀禮圖》目録，取而代之的是嘉定十三年（1220）五月衡山趙方手跋。余志安本刊於元至順、元統前後，此跋絶非宋嘉定十三年所寫。且楊復所作《儀禮圖自序》時間爲紹定元年，嘉定十三年之時《儀禮圖》很可能尚未成書，此跋係僞作無疑。至於余志安本原有之朱熹《奏札》、楊復《自序》、勤有堂牌記及《儀禮》目録、《儀禮圖》目録，當是作僞者故意撤去，衹留正文，再僞作宋跋，以元本充宋本。北大本之外的清宫天禄琳琅舊藏本（散藏於臺北『故宫博物院』［故善 004095 - 004104］、北京大學圖書館（094／582／4628.2）等處］、臺北『國家圖書館』藏本（00396）、原北平圖書館善本甲庫藏本、南京圖書館藏本（GJ／KB5014）、上海圖書館藏本（T13310）、上海博物館藏本（《第三批國家珍貴古籍名録圖録》著録）均有不同程度的殘缺。另外，《第二批國家珍貴古籍名録圖録》著録有國家博物館藏本（第二批國家珍貴古籍名録編號02570），據《圖録》所録《儀禮》卷一第一葉可知國博本版式與北大本全同，當是余志安本。《圖録》著録爲『《儀禮》十七卷《儀禮圖》十七卷《旁通圖》一卷』，則國博本或爲全本，其具體情況待考。

元十行本、余志安本內容、行款、字體及文字排布高度一致，又同爲元建陽書坊所刻，二本定有密切聯繫。元十行本刊刻於元泰定前後，余志安本刊刻於元至順、元統前後，余志安本略晚於元十行本，有可能是據元十行本翻刻。而元十行本、余志安本的少量異文，則進一步證明了這一推測。如《儀禮圖》卷二第四葉A面第六行，元十行本：『祭醴，始扱壹蔡，又扱再祭。』此句是《儀禮·士昏禮》記文，『蔡』乃『祭』字之誤。余志安本作『祭』，不誤，但『祭』字上有空白，空白位置與元十行本『蔡』字草字頭處一致。元十行本、余志安本文字排布密集，甚至文字間多有筆劃粘連，文字之間少有明顯間隙。此處異文最合理的解釋是余志安本最初也誤刻作『蔡』，但刻成後發現錯誤，將草字頭剜掉，所以在草字頭處形成了明顯空白。又如《儀禮圖》卷十一第四葉A面第五行，元十行本雙行小字：『見上文「諸侯天子」。』此處元十行本『諸侯』下脱一『爲』字，余志安本作『見上文「諸侯爲天子」』，不脱。但『爲天子』三字與其餘字字體有明顯差異，行格亦不契合，當是將『天子』二字剜改作『爲天子』。以上二例均是余志安所據底本誤，而余志安本改正者。余志安本底本原誤之字恰好與元十行本同，由此可知余志安本很可能是據元十行本重刻，並在重刻時進行了校勘。

余志安本與元十行本的異文尚有若干條，如《儀禮圖》卷七第二十葉B面第六行，元十行本誤作『小射止一人』，余志安本作『小射正一人』，不誤；《儀禮圖》卷十一第一葉A面第九行雙行小字，元十行本誤作『菅，右顔反』，余志安本作『菅，古顔反』，不誤。二本有異文之處，余本誤者少，元十行本誤者多。此外，余志安本字體較元十行本更爲規範、齊整，如元十行本中『禮』有時作『礼』，余志安本一概作『禮』；元十行本中的『躰』，余志安本均作『體』；元十行本中的『斉』，余志安本均作『齊』。又元十行本全書原無句讀，余志安本《儀禮》十七卷則加刻句讀。總的來説，余志安本在元十行本的基礎上進行了卓有成效的校勘、增補，使得余志安本『青出於藍而勝於藍』。

當然，還有一種可能性不能排除，那就是余志安本與元十行本一樣，均是據業已亡佚的宋元間昭武謝子祥本重刻，『蔡』『諸侯天子』等底本之誤，係謝子祥本固有，元十行本承襲謝本舊誤，而余志安本則改正了謝本之誤。可惜謝子祥本已不可見，我們已無從驗證這種可能性。在新材料出現之前，我們衹能暫且認定余志安本係據元十行本重刻。

明清時期《儀禮圖》的版本主要有明嘉靖盧堯文本、清康熙徐乾學《通志堂經解》本、清乾隆《四庫全書》本。

（一）明嘉靖十五年國子監生盧堯文等刻本

元十行本《十三經注疏》在經過明初、正德六年、正德十二年、正德十六年、嘉靖三年、嘉靖重校六次較大規模補修後，明代補葉已達六成以上，風格參差不齊，文字脱誤較元十行本原本《十三經注疏》大幅增加，客觀上已不能滿足經書印行的需要。嘉靖十五至十七年（1536—1538）間，福建巡按李元陽、福州府學僉事江以達主持刊刻《十三經注疏》，替代了元十行明嘉靖重校補修本，而元十行本《儀禮圖》則被嘉靖初年陳鳳梧本《儀禮注疏》所取代。雖然《儀禮圖》在李元陽本刊刻之後退出了《十三經注疏》的序列，但其傳刻並未終止。明嘉靖十五年國子監生盧堯文等重新刊刻楊復《儀禮圖》，刊刻時間略早於李元陽本。

盧堯文本包括《儀禮圖》十七卷、《儀禮旁通圖》一卷。左右雙邊。每半葉十行，行二十字。注文小字雙行，行亦二十字。白口，單黑魚尾。版心中記卷葉，版心下無刻工。卷首依次有明嘉靖十五年國子監祭酒吕柟《新刊儀禮圖解序》、宋朱熹《晦庵朱文公乞修三禮奏札》、唐賈公彦《儀禮注疏序》、宋楊復《儀禮圖自序》、宋元間陳普《序》。次爲《儀禮圖目録》，列有《儀禮圖》十七卷、《儀禮旁通圖》一卷目録，目録尾題『監生東陽盧堯文、常熟錢寅、新安佘誨、新安汪尚庭、吴邑魏學詩校刊』。《目録》後爲《儀禮圖》十七卷、《儀禮旁通圖》一卷正文。卷末有明嘉靖十五年國子司業童承敘《刻儀禮圖後序》。盧堯文本存世印本至少有八部，分藏北京大學圖書館、國家圖書館、上海圖書館、山東省圖書館、寧波天一閣博物院、日本静嘉堂文庫（兩部）、日本東京大學東洋文化研究所。

據吕柟序、童承敘後序及吕柟《進呈書籍以永聖教疏》，吕柟最初希望由工部主持刊刻楊復《儀禮圖》，作爲演習禮儀的依據。但《儀禮圖》傳本稀少，身爲國子祭酒的吕柟亦衹得到『一二善本』。於是吕柟命監生謄抄《儀禮圖》，爲刊刻作準備。但此時國子監盧堯文等五位監生自行校寫、刊刻，已近完成，且所刊之本『開朗精密，足可按習』，因此吕柟放棄了再刊《儀禮圖》的想法，並應盧堯文等之請作序。吕序、童序所列五位監生姓名與《儀禮圖目録》末所題五位校刊者姓名相同，由此可知盧堯文本並非官刻，而是由明國子監盧堯文等五位監生自發抄校、刊刻。盧堯文本刊刻時間當與吕序、童序撰作時間大體一致，即嘉靖十五年。

吕柟序、童承敘後序均未説明盧堯文本所據底本。盧堯文本半葉十行，行二十字，行款、文字排布與元十行本、余志安本一致，似當源出二本之一。元十行本内容與余志安本幾乎完全一致，但元十行本較余志安本多出一篇陳普《序》，而盧堯文本恰有陳普《序》，且元十行本在明代屢經補修、刷印，較易獲取，故而盧堯文本出自元十行本的可能性相對較大。取元十行本、余志安本、盧堯文本相校，其異文也證明盧堯文本源自元十行本。如《儀禮圖》卷七第二十葉B面第二行：『然此但取之以俟，非即祖决遂也。』元十行本、盧堯文本『非即』誤作『非但』，余志安本不誤。又如《儀禮圖》卷十一第一葉A面第九行雙行小字：『菅，古顏反。』元十行本、盧堯文本『古』誤作『右』，余志安本不誤。

盧堯文本源自元十行本，然而元十行本《儀禮圖》在明代經歷明初、正德六年、正德十二年、正德十六年、嘉靖重校五次補修，加上元十行未經補修本，共有六種印本。筆者取國家圖書館藏元十行明初補修本、日本静嘉堂文庫藏元十行正德十二年補修本、臺北『國家圖書館』藏元十行正德十六年補修本、《中華再造善本》影印北京市文物局藏元十行嘉靖重校補修本、北京大學圖書館藏盧堯文本進行彙校，發現元十行本明初補葉可以幫助我們最終確認盧堯文本之底本。以元十行本《儀禮圖》卷十一第六葉爲例，此葉爲明初補版，共有墨釘二十個。正德十二年補修未抽换此葉，但進行了修版，對二十個墨釘中的十六個進行了正確修改，剩餘墨釘四個。正德十六年補修未抽换此葉，亦未修版，墨釘仍是四個。嘉靖重校補修未抽换此葉，但進行了修版，將剩餘四個墨釘全部修改。而正德十二年補修修改的十六個墨釘，盧堯文本均不誤，正德十二年補修未修改的墨釘，盧堯文本卻出現了訛誤，如《儀禮圖》卷十一第六葉A面第一行：『既在同卷髮，故五服略爲一節，皆用一尺而已。』『同』，元十行明初補修本、元十行正德十二年補修本、元十行正德十六年補修本爲墨釘，元十行嘉靖重校補修本正確修改作『同』，盧堯文本『同』誤作『爲』。總之，正德十二年補修正確修改的墨釘，盧堯文本均不誤；正德十二年、正德十六年補修未能修改而嘉靖重校補修正確修改的墨釘，盧堯文本卻出現訛誤。由此可知盧堯文本之底本並非元十行嘉靖重校補修本，乃是正德十二年、正德十六年補修本中的一本。

細考《儀禮圖》各本禮圖，可知盧堯文本與正德十二年補修本關係密切，如《儀禮圖》卷八第三葉A面《授使者幣圖》，此葉明初、正德六年、正德十二年本皆是元版，正德十六年補修則抽换此葉。正德十二年補修本此圖寢門內有『宰入告具於君』六字，寢門與承載幣的『幕』之間有『宰告備、揖入』『君南鄉』八字，『幕』左上角有『加奉』二字，『幕』南有四個『馬』字，四馬之南有『宰以書授使者』『使者受書授上介』十三字。以上三十三字中，正德十六年補修本衹有『宰以』『使者』四字，其餘二十九字均缺，删簡嚴重。盧堯文本此二十九字衹缺『君揖入』之『入』字，其餘文字、位置、方向均與正德十二年補修本相同。禮圖繪製並無一定之規，若非親見原圖，很難做到文字、位置、方向與原圖高度一致。故而盧堯文本此圖不可能源自刪簡嚴重的正德十六年補修本，當是源自正德十二年補修本。因此可以斷定盧堯文本的底本是元十行明正德十二年補修本。

盧堯文本與其底本元十行正德十二年補修本亦非完全一致。盧堯文本在刊刻時，刪省了元十行本原有的《儀禮》十七卷，於卷前卷後增加呂柟序、賈公彥《儀禮注疏序》、童承敘後序。此外，盧堯文本大量校改了正德十二年補修本訛誤，如《儀禮圖》卷二第四葉A面第六行：『祭醴，始扱壹祭，又扱再祭。』正德十二年補修本『壹祭』誤作『壹蔡』，盧堯文本不誤；《儀禮圖》卷三第三葉A面第七行：『名正則詞不悖，分定則名不犯。』正德十二年補修本『定』誤作『之』，盧堯文本不誤。盧堯文本亦偶有新增之訛誤，如《儀禮圖》卷十一第二葉A面第五行：『假之以杖，尊其爲主也，非主謂衆子也。』盧堯文本『謂』誤作『則』，元十行明初補修本、正德十二年補修本、正德十六年補修本、嘉靖重校補修本均不誤。

總體來説，盧堯文本所據底本較好，對内容的調整合理，校改底本錯誤十之七八，新增訛誤極少，圖文正確率極高，實乃精校之善本。

（二）清康熙《通志堂經解》本、清乾隆《四庫全書》本清康熙間徐乾學主持編刻《通志堂經解》，收入楊復《儀禮圖》，內含《儀禮》十七卷、《儀禮圖》十七卷、《儀禮旁通圖》一卷。通志堂本之前存世的《儀禮圖》版本有元十行本及其各期補修本、元崇化余志安勤有堂本、明嘉靖十五年盧堯文本，這些版本都可能是通志堂本的底本。今將上述諸本彙校，發現元十行本嘉靖重校補修時新增的不少訛誤，同樣出現在通志堂本上，如《儀禮圖》卷四第一葉A面第五行：『卿大夫、士飲國中賢者，用鄉飲酒。』元十行嘉靖重校補修本、通志堂本『國』誤作『酒』，余志安本、元十行明初補修本、正德十二年補修本、正德十六年補修本、盧堯文本不誤；《儀禮圖》卷七第二十二葉A面第八行：『右公及賓諸公卿大夫射。』元十行嘉靖重校補修本、通志堂本脱『諸』字，余志安本、元十行明初補修本、正德十二年補修本、正德十六年補修本、盧堯文本不脱。類似例證尚有不少，可知通志堂本的底本是元十行嘉靖重校補修本。

通志堂本進行了卓有成效的校改工作，如《儀禮圖》卷三第三葉B面第八行：『况於禮之亡乎？』元十行嘉靖重校補修本『亡』誤作『忘』，通志堂本不誤；《儀禮圖》卷七第二十四葉A面第十行：『諸公卿或闕，士爲之耦者不升。』元十行嘉靖重校補修本『升』誤作『勝』，通志堂本不誤。但通志堂本之底本是元十行本中最晚的補修印本，元葉占比僅占全書36.9%，因此其圖文正確率不如以正德十二年補修本爲底本的盧堯文本。

清乾隆間纂修《四庫全書》，亦收入楊復《儀禮圖》。四庫本文字、禮圖與通志堂本幾乎完全一致，通志堂本的脱誤幾乎全部被四庫本繼承，可知四庫本以通志堂本爲底本繕寫。四庫本在抄録之餘改正了少量底本之誤，但同時新增了一些脱誤，如《儀禮圖》卷一第六葉A面第九行『將冠者采衣紒』鄭注『《玉藻》曰「童子之節也」』，四庫本『節』誤作『飾』。《四庫全書考證》還專門爲此出校曰：『刊本「飾」訛「節」，據《儀禮注》及《玉藻》改。』然《禮記・玉藻》篇原文作『童子之節也』，且孔穎達《禮記正義》曰『「童子之節也」者，謂童稚之子，未成人之禮節』，可知作『節』爲是。元十行本各期補修印本、盧堯文本、通志堂本均作『節』不誤，四庫本反將『節』改爲『飾』，純屬臆改。此外四庫本還删除了通志堂本卷前朱熹《奏札》、楊復《自序》、陳普《序》，正文則不録《儀禮》白文十七卷，僅有四庫提要、《儀禮圖》十七卷、《儀禮旁通圖》一卷。總的來看，四庫本圖文基本全依通志堂本，新增訛誤之餘又删減大量内容，屬《儀禮圖》歷代重要版本中質量最差之本。

兹將《儀禮圖》版本源流繪製成圖，以便總覽。圖中實綫代表直接來源，虚綫代表間接來源，實綫方框代表獨立版本，虚綫方框代表補修印本。

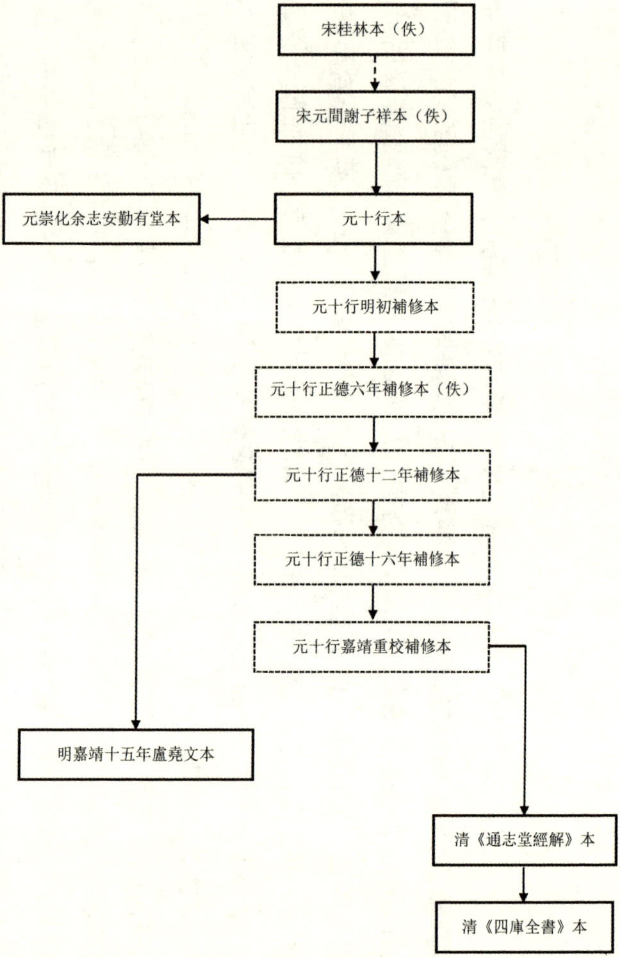
宋桂林本（佚）
宋元間謝子祥本（佚）
元十行本
元崇化余志安勤有堂本
元十行明初補修本
元十行正德六年補修本（佚）
元十行正德十二年補修本
元十行正德十六年補修本
元十行嘉靖重校補修本
明嘉靖十五年盧堯文本
清《通志堂經解》本
清《四庫全書》本

《儀禮圖》版本源流圖

元泰定年間刊刻的元十行本《儀禮圖》是現存最早的楊復《儀禮圖》刊本，是元崇化余志安勤有堂本、明嘉靖十五年盧堯文本、清康熙《通志堂經解》本、清乾隆《四庫全書》本等其餘重要版本的祖本。未經補修的元十行本已無全本存世，本文所考元十行本存世二十五部印本中卷帙完全者皆系元刊明修本，其中補修刷印最早的是國家圖書館藏元十行明初補修本。元十行本明初補修印本共存世四部，國圖藏本是唯一一部全本。且明初補修是元十行本第一次補修，補版二十四葉(《儀禮》卷五第七至八葉，卷十一第九葉，卷十四第一葉，卷十五第一至三葉，卷十六第三葉、第五至六葉；《儀禮圖》卷二第十葉，卷八第十四葉，卷十一第六至七葉、第五十二至五十三葉，卷十二第九葉、第十四葉、第二十八葉，卷十三第九至十葉，卷十五第一至二葉、第十五葉。其中明初所補《儀禮圖》卷十一第五十二、五十三葉誤與第五十一、五十葉重複，係補板之失)，僅占全書3.4%。其餘元葉極少修版，漫漶程度較輕。在元十行本原本全帙不可得的情况下，國圖藏明初補修本能够最大限度地反映元十行本的面貌，彌足珍貴。

此前學界研治楊復《儀禮圖》多用清通志堂本、四庫本，而通志堂本以元十行本最晚的補修刷印本爲底本，存在先天不足。四庫本則據通志堂本謄抄，校改較少，在抄録時又新增了部分脱誤。

可以説通志堂本、四庫本是所有《儀禮圖》版本中最差的兩個版本。古籍在傳刻傳抄中，總是不斷滋生新的訛誤。對於《儀禮圖》這種以禮圖爲核心的典籍，傳刻傳抄致誤的問題就更加明顯。禮圖十分精密，一點一劃、綫條修短，往往對應人與物站位朝向、宮室的構造比例等關鍵信息，可謂失之毫厘，謬以千里。而在傳抄傳刻過程中，幾乎無法做到禮圖的完美複製，總會出現細節上的偏差。這些偏差輕則使讀者難以理解，重則使讀者産生誤解，厚誣前人。如《儀禮圖》卷一第六葉B面《陳服器及即位圖》，此圖是元十行本嘉靖重校時補版，補版時中庭之碑（以圓圈表示）缺失。明嘉靖盧堯文本以元十行正德十二年補修本爲底本，因此中庭之碑不缺。而清通志堂本以元十行嘉靖重校補修本爲底本，故亦無中庭之碑，這一錯誤又被後來的四庫本繼承。中庭之碑立於堂下，是行禮時重要的方位參照，不可或缺。後印後刻本的類似訛誤尚有不少，都不同程度地影響了原書的禮學價值。國圖藏元十行明初補修本《儀禮圖》則是存世《儀禮圖》諸本中最接近楊復原作的一部，文字、禮圖精確，遠勝通志堂本、四庫本，是研治《儀禮圖》者的最佳選擇。

此外，元十行本是元代建陽書坊所刊十行本《十三經注疏》中唯一一部以個人經解代替經注疏合刻本的經書，而國圖藏明初補修本作爲現存足本元十行本《儀禮圖》中刷印最早的印本，是研究十行本經書編刻及元代福建書坊刻書的重要參照。總的來看，影印國圖藏元十行明初補修本《儀禮圖》，具有禮學與文獻學的雙重價值。

杜以恒

二〇二一年六月三十日

總目録

第一册

第二册

第三册

喪服第十一……一五一

第四册

第五册

第六册

儀禮十七卷

第七册

儀禮旁通圖一卷

第一册目録

儀禮圖十七卷

據國家圖書館藏元刻明修本影印
原書版框高十八點一厘米寬十二
點四厘米

明刊本多目錄三頁係元刊本所無此本傍通圖

之前多白文十七卷為他本所無

熙邦

晦菴朱文公乞修三禮奏劄

臣聞之六經之道同歸而禮樂之用爲急遭秦滅學禮樂先壞漢晉以來諸儒補緝竟無全書其頗存者三禮而已周官一書固爲禮之綱領至其儀法度數則儀禮乃其本經而禮記郊特牲冠義等篇乃其義疏耳前此猶有三禮通禮學究諸科禮雖不行而士猶得以誦習而知其說熈寧以來王安石變亂舊制廢罷儀禮而獨存禮記之科棄經任傳遺本宗末其失已甚而博士諸生又不過誦其虛文以供應舉至於其間亦有因儀法度數之

實而立文者則咸幽冥其源一有大議率
用耳學臆斷而已若乃樂之為教則又絕其師授
律尺短長聲音清濁學士大夫莫有知其說者而
不知其為闕也故臣頃在山林嘗與一二學者考
訂其說欲以儀禮為經而取禮記及諸經史雜書
所載有及於禮者皆以附於本經之下具列註疏
諸儒之說略有端緒而私家無書檢閱無人抄寫
久之未成會蒙除用學徒分散遂不能就而鍾律
之制則士友間亦有得其遺意者竊欲更加參考
別為一書以補六藝之闕而亦未能具也欲望

聖明特詔有司許臣就祕書省關借禮樂諸書自
行招致舊日學徒十餘人踏逐空閑官屋數間與
之居處令其編類雖有官人亦不繫銜請俸但乞
逐月量支錢米以給飲食紙札油燭之費其抄寫
人即乞下臨安府差撥貼書二十餘名候結局日
量支犒設別無推恩則於公家無甚費用而可以
興起廢墜垂之永久使士知實學異時可爲
聖朝制作之助則斯文幸甚取 進止

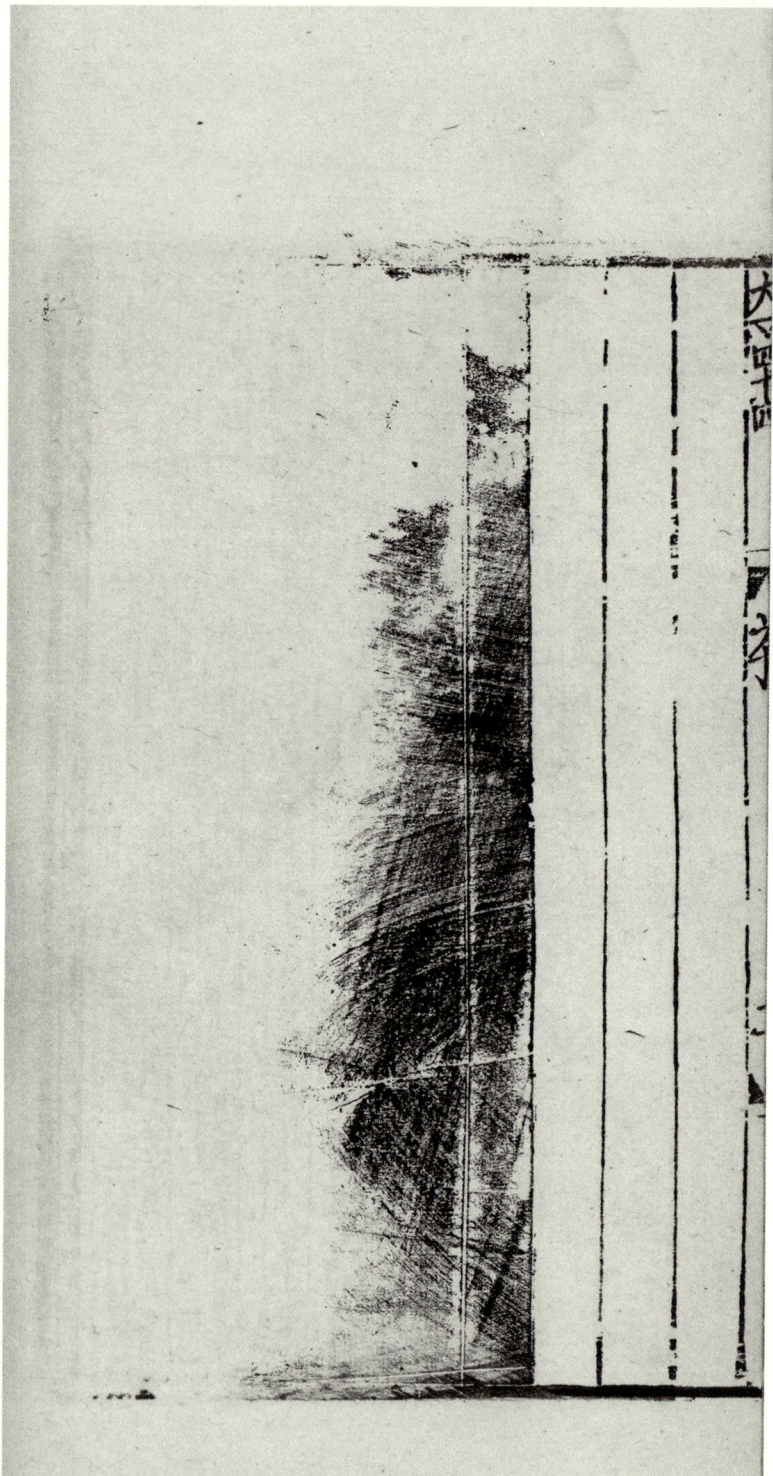

學者多苦儀禮難讀雖韓昌黎亦云何爲其難也聖人之文化工也化工所生人物草木至易至簡神化天成極天下之智巧莫能爲焉聖人寫胷中制作之妙盡天理節文之詳經緯彌綸混成全體竭天下之心思莫能至焉是故其義密其辭嚴驟讀其書者如登泰華臨滄溟望其峻深既前且卻此所以苦其難也雖然莫難明於易可以象而求莫難讀於儀禮可以圖而見圖亦象也復是書從先師宋文公讀儀禮求其辭而不可得則擬爲圖以象之圖成而義顯凡位之先後秩序物之輕重

權衡禮之恭遜文明仁之忠厚懇至義之時措從
宜智之文理密察精粗本末昭然可見矣周公制
作之僅存者文物彬彬如此之盛而其最大者如
朝宗會遇大饗大享享帝之類皆亡逸而無傳重
可歎也 嚴陵趙彥肅嘗作特牲少牢二禮圖質
諸 先師先師喜曰更得冠昏圖及堂室制度并
考之乃爲佳爾蓋儀禮元未有圖故 先師欲與
學者考訂以成之也 今所圖者則高堂生十七
篇之書也經爲家鄉邦國王朝喪祭禮則因
先師經傳通解之義例也附儀禮旁通圖於其後

則制度名物之總要也區區用心雖未敢謂無遺誤庶幾其或有以得先師之心焉紹定戊子正月望日秦溪楊復序

大淵獻之歲聖武謝子祥刊儀禮本經十七篇及信齋楊氏圖成燁然孔壁淹中之出世也使與書得數千本落六合間鳳鳥至有期矣使河間獻王後劉歆前有能為子祥所為則三十九篇可以遍人今不亡矣嗚呼此人之所以成位乎兩間者何獨遜於虞夏商周而深憂於秦漢以來十七篇賴高堂生鄭注要蹤於今千餘年綿綿

如絲而剝繭，黃氏加箋疏之，學子亦習業之肄不
陳晦翁勉齋信齋師弟子扶持力倍於高爲臺
鄭覺心與周孔顏曾同其勞，亦僅不滅而已焉
家乃不見有一本殘經，自廣章貢桂林所刊晦
翁勉齋信齋之書，手豈求之哉？亦有宋學生望
之不得見，今從復數千年，又當吾家行子梓之舉
救焚拯溺之功，景星慶雲之瑞也。是經纖纖
士冠昏喪祭鄉相見大夫祭，萃皆之慝，天子諸
侯亦幸存一二，故晦翁通解、勉齋喪禮、信齋
祭禮得以爲據依，如累九層之臺，其以下爲基址

不見足而為縱之求中者亦執柯以伐柯猶甚遠復
而則在算也三十九篇疑之亦不足矣然則十七篇
之存圖亦出其奧要之廣之者有餘羅輿之者識莫
夫之物也三百之數若多以圖暨之三十九以篇疑
可得三千五三百中為多以算其學方通圖之為物
制度尤明盡合十七篇圖而熟之既云昌黎難
讀之患而古人之學之其一朝而在我矣長於三篇
五白寧德陳著謹序

儀禮圖目錄

卷第一

士冠禮

卷第二

士昏禮

納采及問名圖

醴賓圖

納徵圖

壻家陳鼎及器圖

親迎圖

夫婦即席圖

徹饌成禮圖

婦見舅姑及醴婦圖

婦饋舅姑圖

主人獻賓圖

賓酢主人圖

主人酬賓圖

主人獻介圖

介酢主人圖

主人獻衆賓圖

一人舉觶爲旅酬始圖

主人迎遵獻遵圖

樂賓圖

司正中庭奠觶圖

卷第六

燕禮

具饌設縣陳器即位圖

主人獻賓圖

賓酢主人圖

主人獻公及自酢圖

主人酬賓圖

下大夫二人媵爵圖

公爲賓舉旅圖

主人獻孤卿圖

主人獻大夫圖

司正中庭奠觶圖

○卷第七

大射儀

獻服不及[illegible][illegible]者圖

卷第八

聘禮

授使者幣圖

使者受命圖

致館并設飧圖

擯出迎賓圖

揖賓入及廟門圖

受玉圖

受享幣圖

禮賓圖
賓私覿圖
公送賓問君問大夫勞賓介圖
歸賓饔餼圖
賓問卿面卿圖
還玉圖
卷第九
公食大夫禮
陳具饌及迎賓即位圖
拜至鼎朼入載俎圖

公設饔餼大夫饔餼菜食賓圖

公以束帛侑賓及賓卒食圖

大夫相食禮圖

卷第十

覲禮

郊勞圖

諸侯覲天子圖

行享禮圖

賜侯氏車服圖

會同見諸侯圖

卷第十一

喪服

斬衰正義服圖

齊衰三年降正服圖

齊衰杖期降正服圖

齊衰不杖期降正義服圖

齊衰三月義服圖

大功殤降服圖

大功降正義服圖

小功殤降服圖

小功降正義服圖
緦麻降正義服圖
五服衰冠升數圖
衰裳圖
冠圖
絰帶圖
本宗五服圖
爲人後者爲其本宗服圖
女子子適人者爲其本宗服圖妾爲私親服附
己爲姑姊妹女子子女孫適人者服圖

天子諸侯正統旁期服圖

大夫降服或不降圖

大夫婦人爲大宗服圖

己爲母黨服圖

母黨爲己服圖

妻爲夫黨服圖

己爲妻黨服圖

妻黨爲己服圖

臣爲君服圖

臣從君服圖

卷第十二

士喪禮

朝夕奠圖

朔月奠圖

卜日圖

卷第十三

既夕禮

啓殯朝祖圖

載柩陳器圖

還柩祖奠圖

公賵圖

賓賵奠賻贈圖

遣奠圖

反哭於祖廟遂適殯宮圖

卷第十四

士虞禮

陳牲及器圖

門外門內堂上位圖

設饌饗食神圖

主人迎尸入九飯圖

主人獻祝佐食圖

主婦亞獻圖

卷第十五

設俎豆敦甒祭圖

迎尸正祭及酳尸圖

尸醋主人圖

主人獻祝及佐食圖

主婦亞獻尸尸酢主婦圖

主人主婦致爵醋圖

賓作止爵至酢于主人凡六爵圖

獻賓及衆賓宗人公有司圖

主人酬賓圖

主人獻長兄弟衆兄弟及私臣圖

主人獻內兄弟圖

嗣舉奠圖

旅酬及弟子舉觶于其長圖

二人養圖

徹俎及陽厭圖

○卷第十六

少牢饋食禮

殺牲摡器實鼎圖

即位筵几舉鼎匕載圖

陰厭圖

卷第十七

主人酬尸圖

乃羞于尸侑主人主婦圖

主人獻賓圖

主人酬賓圖

主人獻兄弟圖

主人獻內賓及私人圖

尸作賓爵及賓獻侑致主人尸酌酢圖

二人舉觶旅酬圖

兄弟之後生舉觶于其長圖

不賓尸盛尸俎圖

○冕弁門

十一體
少牢十一體
少牢賓尸十一體
特牲九體
豚解七體
士虞左胖七體
接神及尸者三體
鼎數圖
一鼎
三鼎

五鼎
七鼎
九鼎
十鼎
十二鼎
禮器圖
籩豆
有豆無籩
敦簠簋
爵觚觶角散

簠簋敦豆鐙皆有蓋敦蓋有首

簠簋籩豆鐙鉶之制

儀礼圖目録

儀禮圖第一

士冠禮第一 冠古亂反

士冠禮○筮于廟門 筮者以蓍問日吉凶於易也冠必筮日於廟門者重以成人之禮成子孫也廟謂禰廟不於堂者嫌蓍之靈由廟神○疏曰言子兼言孫者家事統於尊若祖在則爲冠主故兼孫也 主人玄冠朝服緇帶素韠 韠音畢蔽膝也 ○即位于門東西面 主人將冠者之父兄也玄冠委貌也朝服者十五升布衣而素裳也衣不言色者衣與冠同也筮必朝服者尊蓍龜之道緇帶黑繒帶素韠白韋韠長三尺上廣一尺下廣二尺其頸五寸肩革帶博二寸天子與其臣玄冕以視朔皮弁以日視朝諸侯與其臣皮弁以視朔朝服以日視朝凡染黑五入爲緅七入爲緇玄則六入與○緇側慶反○今按朝服重於玄端冠禮主人玄端爵韠今此筮亦吝番不服玄端而服朝服是尊蓍龜之道也 有司如主人服即位于西方

面北上有司羣吏有事者謂主人之吏所自辟除府史以下筮與席所卦者具
饌于西塾饌雛睆切○筮所以問吉凶謂蓍也所卦者所以畫地記爻易曰六畫而成卦饌陳
也具俱也西塾門外西堂也布席于門中闑西閾外西面闑魚列反○闑
門橛閾閫也筮人執筴抽上韇兼執之進受命於主人筴初
革反韇音獨○筮人有司主三易者韇藏筴之器○
疏曰筴即蓍也曲禮曰筴為筮韇以皮為之言上韇
者其制有上下下者從下向上
承之上者從上向下韜之也宰自右少退贊命自由
也贊佐也命告也佐主人告所以筮也少儀曰贊幣
自左詔辭自右○疏曰士無臣所以屬吏為宰地道尊
右故贊命皆在右引少儀者取贊命在右之義筮人許諾右還即席坐西面
卦者在左即就也東面受命右還北行就席卦者有司主畫地識爻者○今按筮人東面受命
于主人右還即席西面坐筮少牢禮有東面受命于主人西面立筮又士喪禮卜日宗人西面命龜退負

東面卜人西面作龜以此知龜筮皆西面卒筮書卦執以示主人卒已也書卦者筮人以方寫所得之卦也主人受眂反之反還也筮人還東面旅占卒進告吉旅衆也還與其屬共占之若不吉則筮遠日如初儀遠日旬之外徹筮席徹去也宗人告事畢

冠義曰冠禮筮日筮賓所以敬冠事冠者禮之始也嘉事之重者也是故古者重冠重冠故行之於廟行之於廟者所以尊重事尊重事而不敢擅重事所以自卑而尊先祖也

右筮于廟門

筮于廟門之圖

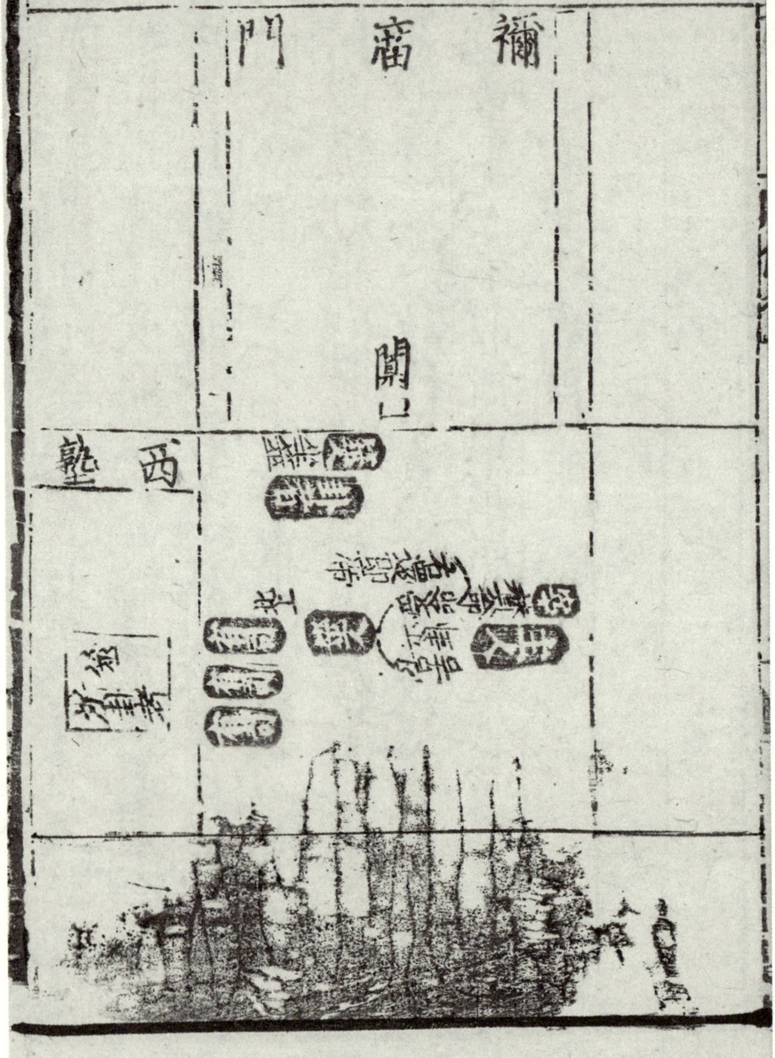

主人戒賓賓禮辭許戒警也告也賓主人之僚友禮辭一辭而許也再辭而許曰固辭三辭曰終辭○疏曰同官為僚同志為友廣戒僚友使來觀禮也主人再拜賓答拜主人退賓拜送○戒賓曰某有子某將加布於其首願吾子之教之也疏曰布謂緇布冠也賓對曰某不敏恐不能共事以病吾子敢辭主人曰某猶願吾子之終教之也賓對曰吾子重有命某敢不從

古戒賓

前期三日筮賓如求日之儀前期三日空二日也筮賓筮其可使冠子者賢者恒吉乃宿賓賓如主人服出門左西面再拜主人東面答拜宿進也宿者必先戒戒不必宿其不宿者為衆賓或悉來或否主人朝服○今按上文云

人戒賓者廣戒僚友使來觀禮又前期三日筮賓乃於廣戒僚友之中又筮其可使冠子者筮得其人於是宿以進之其衆賓則但戒而不宿故曰宿者必先戒戒不必宿乃宿賓乃宿賓者親相見致其辭賓許主人再拜賓答拜主人退賓拜送○宿曰某將加布於某之首吾子將莅之敢宿賓對曰某敢不夙興莅臨也○宿贊冠者一人亦如之贊冠者佐賓爲冠事者宿之以筮賓之明日

右筮賓宿賓

厥明夕爲期于廟門之外主人立于門東兄弟在其南少退西面北上有司皆如宿服立于西方東面北上厥其也宿服朝服○疏曰厥明夕謂宿賓贊之明日向暮時也爲期爲加冠之期也擯者請

期宰告曰質明行事擯者有司佐禮者在主人曰擯在客曰介質正也宰告曰旦日正明行冠事告兄弟及有司擯者告也告事畢宗人告也擯者告期于賓之家

右為期

夙興設洗直于東榮南北以堂深水在洗東深申鴆反○夙早也興起也洗承盥洗者棄水器也士用鐵榮屋翼也周制自卿大夫以下其室為夏屋水器尊卑皆用金罍及大小異○陳服于房中西墉下東領北上墉墻○爵弁服纁裳純衣緇帶韎韐纁許云反韎為妹韐音閤○此與君祭之服雜記曰士弁而祭於公爵弁者冕之次其色赤而微黑如爵頭然或謂之緅其布三十升纁裳淺絳裳凡染絳一入謂之縓再入謂之赬三入謂之纁朱則四入與純衣絲衣也餘衣皆用布唯冕與爵弁服用絲耳先裳後衣

者欲令下近緇明衣與帶同色韎韐縕韍也士縕韍而幽衡合韋為之士染以茅蒐因以名焉今齊人名蒨為韎韐韍之制似韠冠弁者不與衣陳而言於上以冠名服耳○縓七絹反赬丑貞反縕音溫韍音弗幽於糾反茅如字又音蘇蒨七見反

○皮弁服素積緇帶素韠此與君視朔之服也皮弁者以白鹿皮為冠象上古也積猶辟也以素繒為裳辟蹙其要中皮弁之衣亦用布十五升其色象焉

○玄端玄裳黃裳雜裳可也緇帶爵韠此莫夕於朝之服玄端即朝服之衣易其裳耳上士玄裳中士黃裳下士雜裳雜裳者前玄後黃易曰夫玄黃者天地之雜也天玄而地黃士皆爵韋為韠其爵同不以玄冠名服者是為緇布冠陳之玉藻曰韠君朱大夫素士爵韋○莫音暮

○緇布冠缺項青組纓屬于缺緇纚廣終幅長六尺皮弁笄爵弁笄緇組紘纁邊同篋缺依注音頍去蕊反屬章玉反纚山綺反缺讀如有頍者弁之頍緇布冠無笄者著頍圍髮際結項中隅為四綴以固冠也項中

有頍亦由固頍為之耳今未冠笄者著卷幘頍象之
所生也滕薛名蔮為頍屬猶著纚今之幘梁也終充
也纚一幅長六尺足以韜髮而結之矣笄今之簪有
笄者屈組為紘垂為飾無笄者纓而結其絛纁邊組
側赤也同篋謂此以上凡六物隋方曰篋○著頍著
卷之著陟略反讀著之著直略反纚[illegible]反蔮古內
反隋他果反○疏曰隋謂狹而長也六物謂頍項青組
纓屬為一物纚為二物二笄并紘各一通為六物也
○櫛實于簞簞笥也○蒲筵二在南筵席也○疏曰二者一東序冠子一
西醴子○側尊一甒醴在服北有篚實勺觶角柶脯醢甒音武觶之豉反柶音四○側猶特也無偶曰側置酒曰側尊側者無玄酒服北者纁裳北也篚
南上竹器如笭者勺尊斗所以斟酒也爵三升曰觶柶狀如匕以角為之者欲滑也南上者篚次尊籩豆次篚
○笭力丁反[illegible]音須○爵弁皮弁緇布冠各一匴執以待于西
坫南南面東上賓升則東面匴蘇管反○爵弁者制如冕黑色但無繅耳周

禮王之皮弁會五采玉璂象邸玉笄諸侯及孤卿大
夫之冕皮弁各以其等為之則士之皮弁又無玉象
邸飾綦而冠今小吏冠其遺象也匴竹器名今之冠
箱也執之者有司也坫在堂角○纚音早璂音其邸
丁禮○屨夏用葛玄端黑屨青絇繶純純博寸絇其于反
繶於力反純章允反○屨者順裳色玄端黑屨以玄
裳為正也絇之言拘也以為行戒狀如刀衣鼻在屨
頭繶縫中紃也純緣也三者皆
青博廣也○縫扶用反紃音旬素積白屨以魁柎之
緇絇繶純純博寸魁苦回反○魁蜃蛤柎注也○蜃上忍反爵弁纁屨黑
絇繶純純博寸爵弁屨以黑為飾爵弁尊其屨飾以繢次○繢門冬官畫繢之事比方為
繡次青與白是也對方為繡次以青與赤是其復下曰
舄用繢以衲下曰屨用繡以今纁屨不以繢飾而以
黑飾是用繡次○疏曰三屨經不言所陳處注
蹤亦無明文疑亦在房中故既加冠而適房改服即
得并易屨而出也冬皮屨可也疏曰春宜從夏秋宜從冬不屨繐屨繐屨喪屨

也纚不灰除日纚

右陳服器

主人玄端爵韠立于阼階下直東序西面玄端士入廟之服也阼猶酢也東階所以荅酢賓客也堂東西牆謂之序○兄弟畢袗玄立于洗東西面北上兄弟主人親戚也畢猶盡也袗同也玄者玄衣玄裳也緇帶韠位在洗東退於主人不爵韠者降於主人也○擯者玄端負東塾東塾門內東堂負之北面○疏曰擯者是中士若下士當服黃裳雜裳○今按二三者皆玄端而於兄弟擯者皆不言亦士人服者以兄弟衣裳同而韠異擯者衣韠同而裳異○將冠者采衣紒在房中南面紒音計○采衣未冠者所服玉藻曰童子之節也緇布衣錦緣錦紳幷紐錦束髮皆朱錦也紒結髮○紒以紒反

右即位

陳服器及即位圖

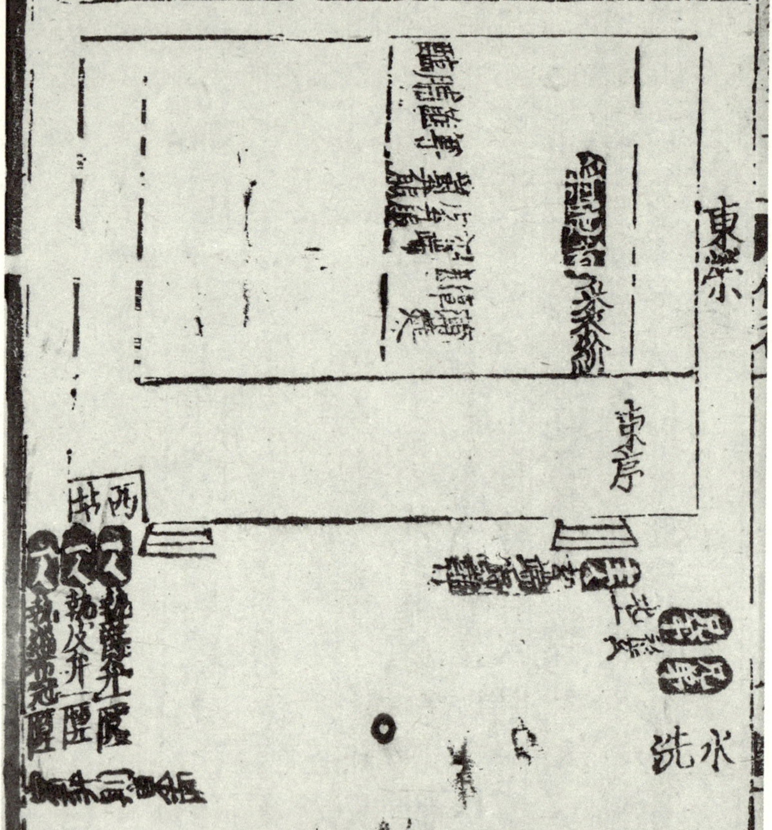

賓如主人服贊者玄端從之立于外門之外外門大門外
擯者告告者出請入告主人迎出門左西面再拜賓答拜左東
也出以東為左入以東為右主人揖贊者與賓揖先入贊者賤揖之而已又
與賓揖先入道之贊者隨賓每曲揖周左宗廟入小門將東曲揖直廟將北曲又揖○疏曰入
大門而東則主人在南賓在北俱東向是一曲故揖也至廟南主人在東賓在西俱北面是曲為一揖故
云直廟將北曲又揖也至于廟門揖入三揖至于階三讓入門將右
曲揖將北面揖當碑揖○疏曰主人將右欲背客宜揖將北曲與客相見又揖當碑揖者碑是庭中之大
節又宜揖主人升立于序端西面賓西序東面主人賓俱升立相鄉
贊者盥于洗西升立于房中西面南上盥於洗西由賓階升也立
于房中近其事也南上尊於主人之贊者

右迎賓

主人之贊者筵于東序少北西面 主人之贊者其屬中士若下士筵布席也東序主人位也適子冠於阼少北辟主人 將冠者出房南面 南面立于房外之西待賓命 贊者奠纚笄櫛于筵南端 贊者賓之贊冠者也奠停也 賓揖將冠者將冠者即筵坐贊者坐櫛設纚 即就設施 賓降主人降 賓辭 主人對 主人降為賓將盥不敢安位也辭對之辭未聞 賓盥卒壹揖壹讓升主人升復初位 初位初至階讓升之位 賓筵前坐正纚興降西階一等執冠者升一等東面授賓 正纚者將加冠宜親之興起也降下也下一等升一等則中等相授冠緇布冠也 賓右手執項左手執前進容乃祝坐如初乃冠興復位贊者卒 進容者行翔而前鶬焉

前鶬焉至則立祝坐如初坐筵前興起也復位西序東面卒謂設缺項結纓也○鶬七良反○疏曰缺項者冠後亦以頍項其下皮弁爵弁無頍項皆云缺項故知非頍項冠者興賓揖之適房服玄端爵韠出房南面復出房南面者一加禮成觀衆以容體○賓揖之即筵坐櫛設笄賓盥正纚如初降二等受皮弁右執項左執前進祝加之如初復位贊者卒紘卒紘謂繫屬之興賓揖之適房服素積素韠容出房南面容者再加彌成其儀益繁○賓降三等受爵弁加之服纁裳韎韐其他如加皮弁之儀降三等下至地他謂卒紘容出○徹皮弁冠櫛筵入于房徹者贊冠者主人之贊者為之○記冠義始冠緇布之冠也大古冠布齊則緇之其緌也孔子曰吾未之聞也冠而敝

之可也太古唐虞以上緌纓飾未之聞太古質無飾重古始冠冠其齊冠白布冠今之喪冠○按玉藻緇布冠繢緌諸侯之冠也鄭氏曰冠禮緇布冠自諸侯下達則諸侯亦以異於大夫士者繢緌耳適子冠於阼以著代也三加彌尊諭其志也諭明其志者欲其德之進也○始加祝曰令月吉日始加元服棄爾幼志順爾成德壽考惟禛介爾景福既冠為成德祺祥也○朱先生曰禛古與慎通用○再加曰吉月令辰乃申爾服申重也敬爾威儀淑慎爾德眉壽萬年永受胡福胡猶遐亦遠也○三加曰以歲之正以月之令咸加爾服正猶善也咸皆也皆加爾之三服謂緇布冠皮弁爵弁也兄弟具在以成厥德黃耇無疆受天之慶黃黃髮也耇凍梨也皆壽徵也疆竟

士冠三九

筵于户西南面筵主人之贊者户西室户西贊者洗于房中側酌醴加柶覆之面葉○房中之洗在北堂直室東隅篚在洗東北面盥面前也葉柶大端○疏曰側酌者言無人爲之薦脯醢還是此贊者故下直言薦脯醢不言別有人云面葉者贊者面葉授賓賓得面枋授以冠者冠者得之面宗以扱醴而祭賓揖冠者就筵筵西南面賓受醴于户東加柶面枋筵前北面枋音柄○户東室户東冠者筵西拜受觶賓東面答拜筵西拜南面拜也賓還荅拜於西序之位東面者明成人與爲禮異於荅主人○疏曰按鄉飲酒賓荅拜於西階上北面荅主人拜薦脯醢薦賛冠者也冠者即筵坐左執觶右祭脯醢以柶祭醴三興筵末坐啐醴捷柶興降筵坐奠觶拜執觶興賓答拜啐七內反捷初

洽反○捷柶扱捌反醴中○醴辭曰甘醴惟厚嘉薦令芳嘉善也芳香也薦謂脯醢芳者也拜受祭之以定爾祥承天之休壽考不忘不忘長有令名

右醴

冠者奠觶于薦東降筵北面坐取脯降自西階適東壁北面見于母適東壁者出闈門也時母在闈門之外婦人入廟由闈門○母拜受子拜送母又拜婦人於丈夫雖其子猶俠拜○疏曰不見父與賓者蓋冠畢則已見也不言者從可知也○冠者母不在則使人受脯于西階下疏曰母不在者或歸寧或有疾病

右冠者見母

賓降直西序東面主人降復初位（初位初至階讓升之位）冠者立于西階東南面賓字之冠者對（對應也其辭未聞）○字辭曰禮儀既備令月吉日昭告爾字（爾汝也）（昭明也）爰字孔嘉髦士攸宜（爰於也孔甚也）（髦俊也攸所也）宜之于假永受保之曰伯某甫仲叔季唯其所當（于猶為也假大也宜之是為大矣伯仲叔季長幼之稱孔子為尼甫周大夫有嘉甫宋大夫有孔甫是其類甫字或作父○朱先生曰假嘏與假同福也詳求）○冠義曰冠而字之敬其名也

右字冠者

賓出主人送于廟門外（不出外門將醴之）○請醴賓賓禮辭許賓就次（醴當作禮次門外更衣處也）

右賓出就次

冠者見於兄弟兄弟再拜冠者荅拜見贊者西面拜亦如之見贊者西面拜則見兄弟東面拜贊者後賓出入見姑姊如見母入入寢門也如見母者亦北面姑與姊亦俠拜也不見妹妹卑○冠義曰見母母拜之見兄弟兄弟拜之成人而與爲禮也

右見兄弟姑姊

乃易服服玄冠玄端爵韠奠摯見于君遂以摯見於鄉大夫鄉先生易服不朝服者非朝事也摯雉也鄉先生鄉中老人爲卿大夫致仕者○冠義曰奠摯於君遂以摯見於鄉大夫鄉先生以成人見也

右見君見鄉大夫鄉先生

乃醴賓以壹獻之禮壹獻者主人獻賓而已即燕無樂亦無亞獻者獻酢酬賓主人各兩爵而已主人酬賓束帛儷皮凡飲賓而從之以財貨曰酬束帛十端也儷皮兩鹿皮也贊者皆與贊冠者為介○賓出主人送于外門外再拜歸賓俎

右醴賓朱先生曰此以上為正禮此後皆禮之變

迎賓加冠

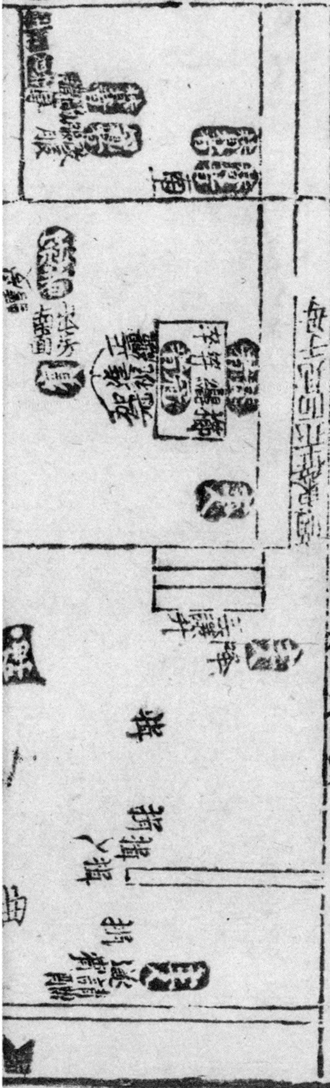

受醴見母送賓之圖

一卷儀禮士

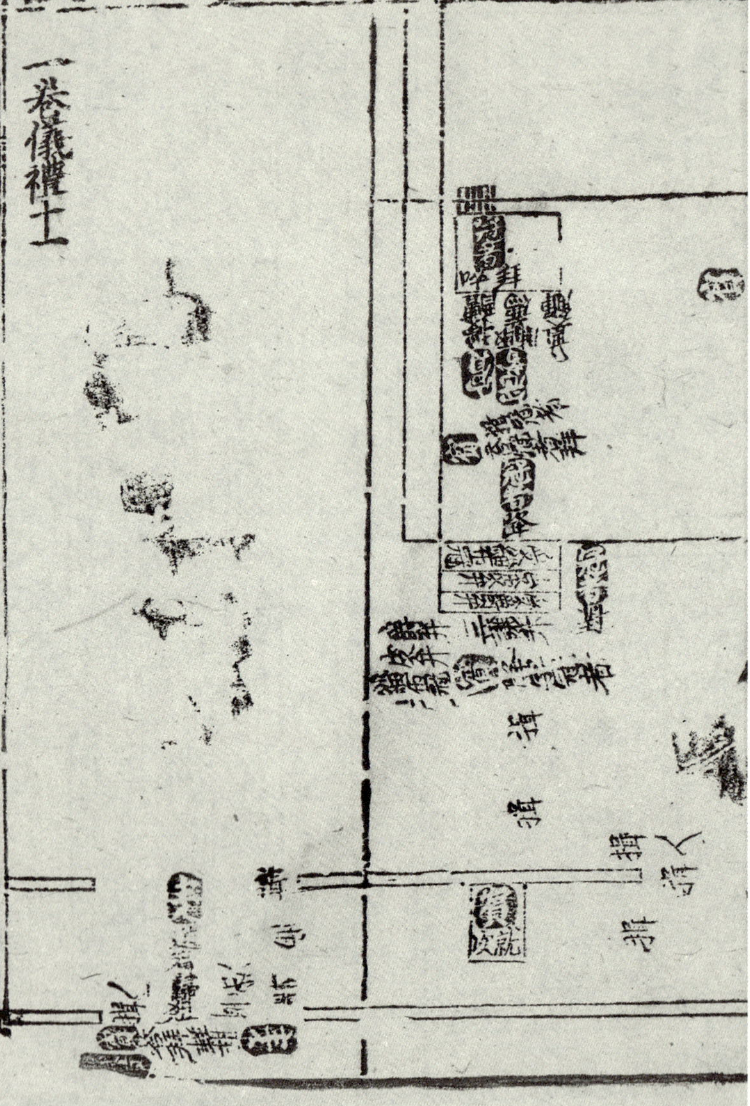

若不醴則醮用酒醮子召反○若不醴謂國有舊俗可行聖人用焉不改者也酌而無
酬酢曰醮○疏曰醴亦無酬酢但醴大古之物自然質無酬酢此醮用酒酒本有酬酢故無酬酢得名醮
也又云周之適子三加一醴夏殷適子三加三醮是以冠辭醴一而醮三尊于房戶之間
兩甒有禁玄酒在西加勺南枋房戶間者房西室戶東也禁承尊之器也
名之為禁者因為酒戒也玄酒新水也雖今不用猶設之不忘古也洗有篚在西南順
洗篚洗當東榮篚亦以盛勺觶陳於洗西南順北為上也○始加醮用脯醢賓降
取爵于篚辭降如初卒洗升酌加冠於東序醮之於戶西賓降者爵在庭
酒在堂將自酌也冠者拜受賓答拜如初如初如醴禮也於賓答拜贊者則亦
薦之冠者升筵坐左執爵右祭脯醢祭酒興筵末坐啐
酒降筵拜賓答拜冠者奠爵于薦東立于筵西冠者立俟

賓命卽賓揖之則就東序之筵徹薦爵筵尊不徹徹薦與爵者辟後加也不徹筵與尊三加可相因由便也○加皮弁如初儀再醮攝酒其他皆如初攝猶整也整酒謂撓之○撓呼高反○加爵弁如初儀三醮有乾肉折俎嚌之其他如初北面取脯見于母乾肉牲體之脯也折其體以爲俎嚌嘗之○若殺則特豚載合升離肺實于鼎設扃鼏鼏亡狄反○煑於鑊曰亨在鼎曰升在俎曰載載合升者明亨與載皆合左右胖離割也割肺者使可祭也可嚌始醮如初亦薦脯醢徹薦爵也如醮如初爵筵尊不徹矣再醮兩豆葵菹蠃醢兩籩栗脯蠃醢螔蝓醢○蠃力戈反螔音移蝓音榆三醮攝酒如再醮攝酒如再醮則再醮亦攝之矣加俎嚌之皆如初嚌肺卒醮取籩脯以降如初加俎嚌之嚌當爲祭字之誤也祭俎如初如祭脯醢○朱先生曰嚌字當如字讀上章三醮折

廼嚌之不改字以此為說改之言始初則祭已在其中矣上章無此再言之釋上嚌之為嚌肺也○記醮於客位加有成也醮自一數之禮每加於此門則醮之於客位○醮辭曰旨酒既清嘉薦亶時亶誠也始加元服兄弟具來孝友時格永乃保之凡醮者不祝○疏曰言凡謂庶子也○今按凡醮者不祝謂一加二加三醮醮有醮辭則不用祝辭也○再醮曰旨酒既湑湑清也嘉薦伊脯乃申爾服禮儀有序祭此嘉爵承天之祜○三醮曰旨酒令芳籩豆有楚咸加爾服肴升折俎承天之慶受福無疆字辭見上文

右醮

若不醴則醮用酒圖

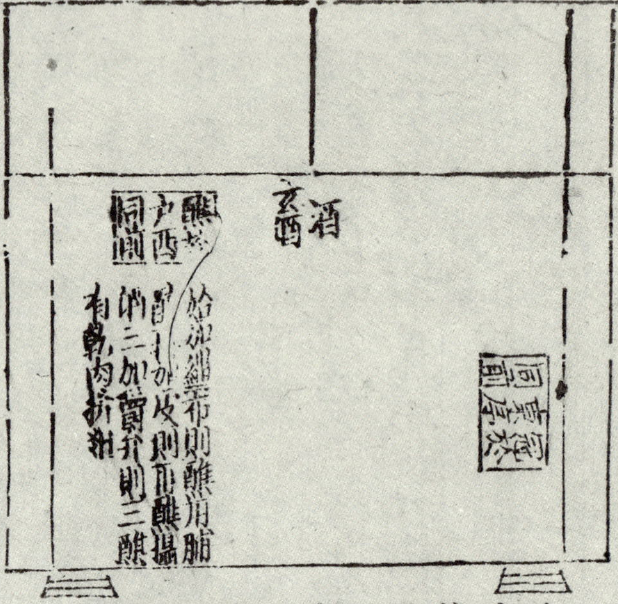

洗

篚

醮于與醴子同但不節文有小異

彼三加既訖出房立于賓揖之則

就西序之筵受醴

此則一加訖出房立于賓揖之就

西序之筵受醮醮訖立于筵西

賓揖之就東序之筵再加亦然

三加醮訖而後取脯見母

彼則贊酌醴于房中出房受醴于

戶東

此則尊于房戶之間賓降取爵

于篚升酌

若孤子則父兄戒宿（父兄諸父諸兄）冠之日主人紒而迎賓拜揖讓立于序端皆如冠主禮於阼（冠主冠者親父若宗兄也）○凡拜北面于阼階上賓亦北面于西階上答拜○若殺則舉鼎陳于門外直東塾北面○（孤子得申禮盛之疏曰凡陳鼎在外者賓客之禮也在內者家私之禮是在外者為盛也）

右孤子冠

孤子冠圖

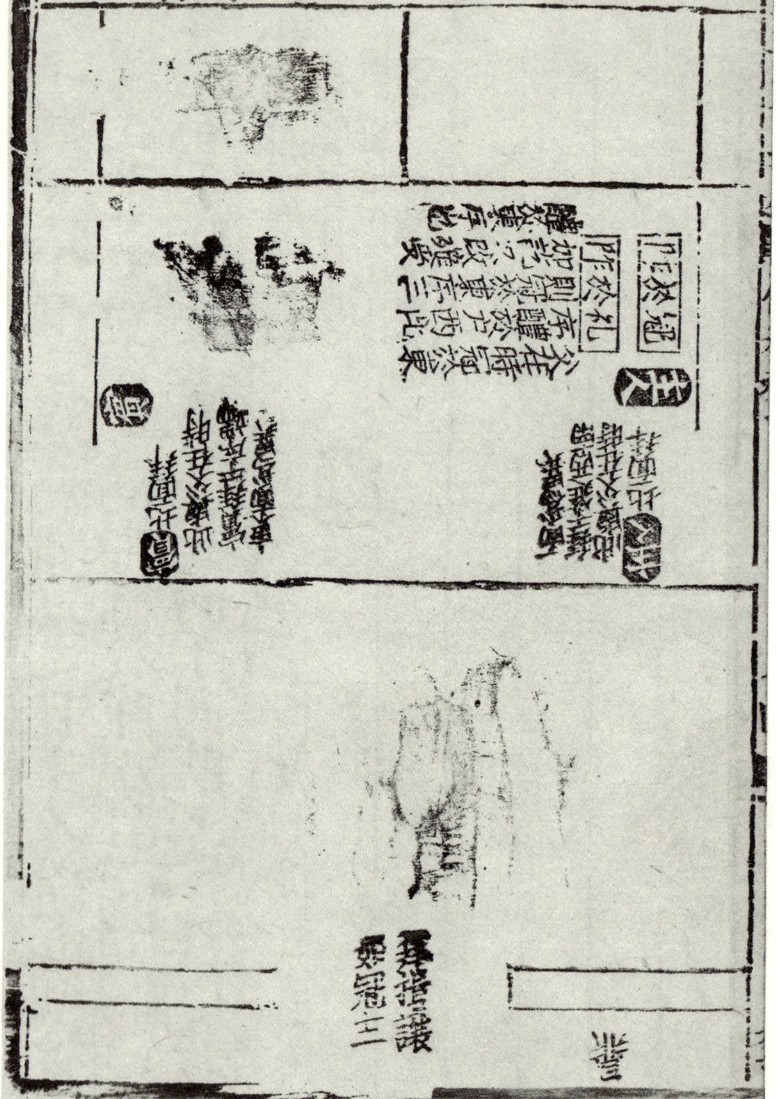

若庶子則冠于房外南面遂醮焉房外謂尊東也

右庶子冠

庶子冠圖

記云適子冠於阼以著代也庶子不於阼而冠於房外南面非代故也記云醮於客位加有成也是適子於客位成而尊之此則成而不尊故因冠之處遂醮焉

今按儀禮所存者惟士冠禮自士以上有大夫諸侯天子冠禮見於家語冠頌大戴公冠與禮記特牲玉藻者雖遺文斷缺不全而大槩亦可考如趙文子冠則大夫禮也魯襄公邾隱公冠則諸侯禮也周成王冠則天子禮也大夫無冠禮古者五十而後爵何大夫冠禮之有其冠也則服士服行士禮而已始冠緇布冠自諸侯下達諸侯始加緇布冠繢緌緌纓飾而冠有繢緌者飾也其服玄端再加皮弁三加玄冕大戴公冠四加玄冕則注四當爲三〇朱先生曰按本文但玄端皮弁玄冕則三加鄭説爲是惟天子三加其衮冕與天子始冠

加玄冠朱組纓（玉藻曰玄冠朱組纓天子之冠也鄭氏曰始冠之冠也玄冠委貌）再加皮弁（三王共皮弁素積○疏曰此條論第二所加之冠自天子達於士以其質素故三王同之無所改易也）三加袞冕（見上一文）又君冠必以祼享之禮行之以金石之樂節之（以鍾磬爲之節）以先君之祧處之（諸侯以始祖之廟爲祧）又諸侯醴賓以三獻之禮其酬賓則束帛乘馬其詳見於儀禮經傳通解

儀禮圖第一

儀禮圖第二

士昏禮第二

昏禮○下達納采用鴈 采七在反○達通也將欲與彼合昏姻必先使媒氏下通其言女氏許之乃後使人納其采擇之禮用鴈爲摯者取其順陰陽往來○陸佃曰若逆女之類自天子達是也大夫有昏禮而無冠禮則冠禮不下達矣○朱先生曰今按下達之說注疏迂謬不通陸氏說爲近是蓋大夫執鴈士執雉而士昏下達納采用鴈如大夫乘墨車士乘棧車而士昏親迎乘墨車此注疏所乘墨車爲攝盛而不知下達二字本爲用鴈而發言自士以下至於庶人皆得用鴈亦攝盛之意也

主人筵于戶西西上右几 主人女父也筵爲神布席也戶西者尊處將以先祖之遺體許人故受其禮於禰廟也席西上右几神不統於人席有首尾

使者玄端至 使者夫家之屬若羣吏使往來者

擯者出請事入告 擯者有司佐禮者請猶問也禮不必

事錄如儐問之重慎也主人如賓服迎于門外再拜賓不答拜揖入門外大門外不答拜者奉使不敢當其盛禮至于廟門揖入三揖至于階三讓主人以賓升西面賓升西階當阿東面致命主人阼階上北面再拜阿棟也入堂深示親親○疏曰凡士之廟五架為之棟北一楣下有室戶中脊為棟棟南一架為前楣楣前接簷為庪擯在客外以賓得深入當之也○庪[illegible]居毀切授于楹間南面授於楹間明為合好其節同也南面並授也賓降出主人降授老鴈老群吏之尊者○擯者出請不必賓之事有無賓執鴈請問名主人許賓入授如初禮問名者將歸卜其吉凶○記凡行事必用昏昕受諸禰廟用昕使者用昏壻也昕旦也○疏曰用昕使者○壻禰男氏[illegible]女家納采問名納吉納徵請期五[illegible]親迎用昏時也○昏

辭曰吾子有惠貺室某也壻辭擯者請事告之辭吾子謂女父也貺賜也室猶妻也某壻名某有先人之禮使某也請納采某壻父名某使名也對曰某之子惷愚又弗能教吾子命之某不敢辭對曰者擯出納賓之辭某女父名也吾子謂使者致命曰敢納采疏曰此使者升堂致命於主人之辭然亦當有主人對辭如納徵不言之者文不具也此下納吉納徵請期之等皆有門外賓與擯者傳辭及升堂致命主人對辭而或不言者文不具耳○問名曰某既受命將加諸卜敢請女爲誰氏某使者名也誰氏者謙也不必其主人之女對曰吾子有命且以備數而擇之某不敢辭卒曰某氏不記之者明爲主人之女○疏曰若他女主人終卒對答之辭當云某氏主人之女舊知之故不問也○今按昏義問名疏曰問名者問其女之所生母之姓名也故昏禮云爲誰氏言女之出何姓氏也此疏與儀禮疏義不同當

攷

○問名主人受鴈還西面對賓受命乃降受鴈于兩楹間南面還于阼階上對賓以女名

○宗子無父母命之親皆沒己躬命之宗子者適長子也命之命使者母命之在春秋紀裂繻來逆女是也躬猶親也親命之則宋公使公孫壽來納幣是也言宗子無父是有有父者禮七十老而傳八十齊喪之事不及若是者子代其父為宗子其取也父命之

支子則稱其宗支子庶昆弟也稱其宗子命使者

弟則稱其兄弟宗子母弟

右納采問名

納采及問名圖

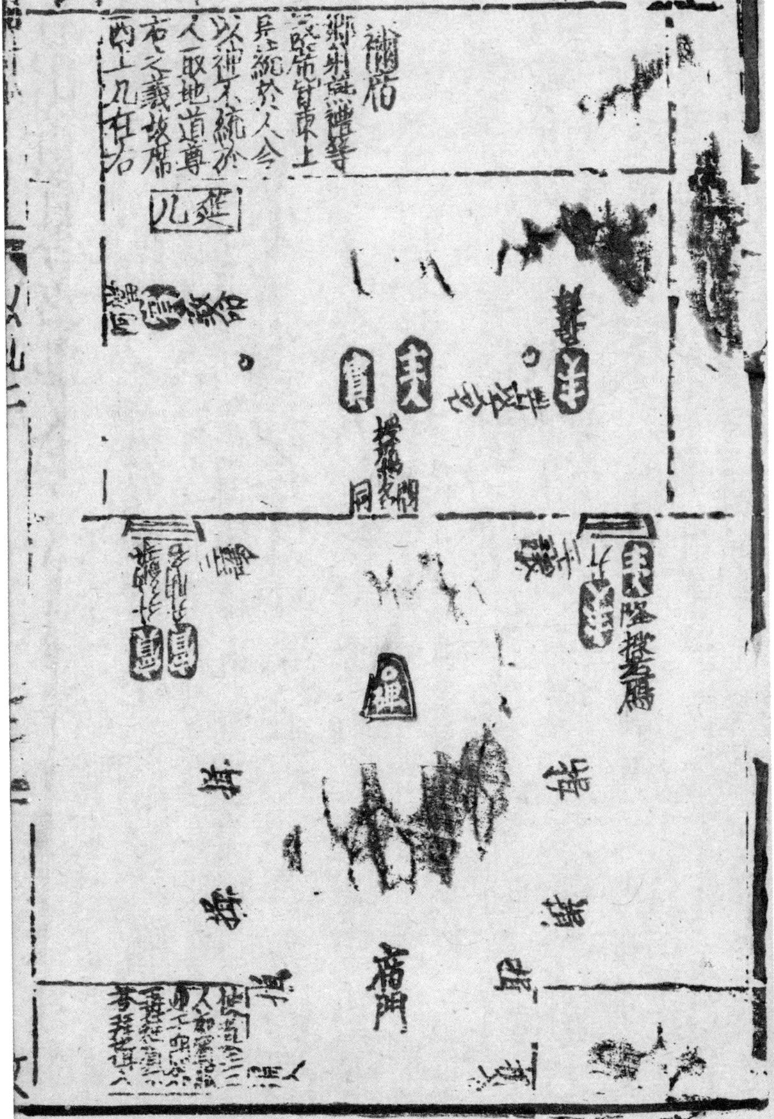

擯者出請賓告事畢入告出請醴賓此醴亦當爲禮禮賓者欲厚之
賓禮辭許禮辭一辭主人徹几改筵東上側尊一甒醴于房
中徹几改筵者鄉爲神今爲人側尊亦言無玄酒側尊於房中亦有篚有籩豆如冠禮之設主人
迎賓于廟門外揖讓如初升主人北面再拜賓西階
上北面荅拜主人拂几授校拜送賓以几辟北面設
于坐左之西階上荅拜校下孝反辟音避○拂拭也拭几者尊賓新之也校几足辟逡遁
贊者酌醴加角柶面葉出于房贊佐也佐主人酌事也贊者亦洗酌加角柶覆之如冠禮矣出房南面待主人迎受主人受醴面枋筵前西北
面賓拜受醴復位主人阼階上拜送主人西北面疑立待賓即筵也
賓復位於西階上北面明相尊敬此筵不主爲飲食起○疑魚乞反贊者薦脯醢薦進賓

即筵坐左執觶祭脯醢以柶祭醴三西階上北面坐
啐醴建柶興坐奠觶遂拜主人答拜凡祭於脯醢之豆閒必所為祭
者謙敬示有所先也啐嘗也嘗之者成主人意○疏曰所祭謂於豆閒以其食也祭之
賓即筵奠于
薦左降筵北面坐取脯主人辭辭其親取脯者尊主人之賜將歸執以反命辭
者辭其親徹賓降授人脯出主人送于門外再拜人謂使者從者○
記祭醴始扱壹祭又扱再祭賓右取脯左奉之乃歸
執以反命疏經但言取脯記又明右手取脯以左手奉之者見其恭也○醴曰子
為事故至於某之室某有先人之禮請醴從者言從者謙
不敢斥也對曰某既得將事矣敢辭將行先人之禮敢固以
請主人某辭不得命敢不從也辭不得命者不得許己之命也○

凡使者歸反命曰某既得將事矣敢以醴告醴於執觶

主人曰聞命矣

右醴賓

醴賓圖

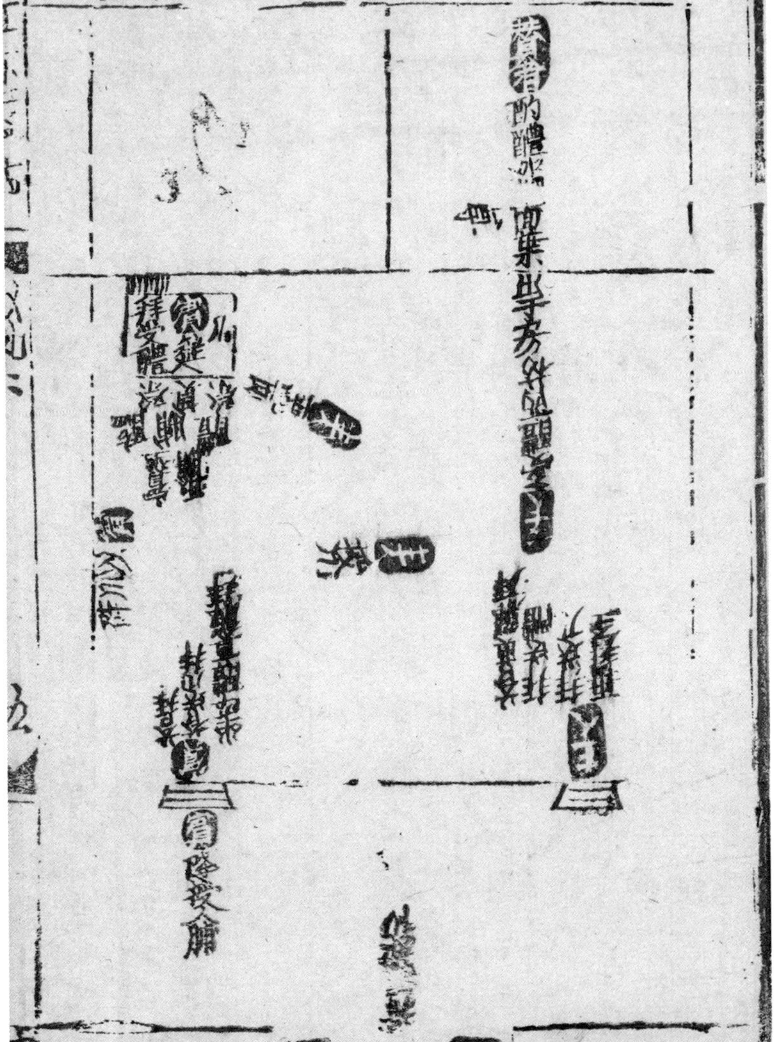

納吉用鴈如納采禮歸卜於廟得吉兆復使使者往告婚姻之事於是定○納吉曰吾子有貺命某加諸卜占曰吉使某也敢告對曰某之子不教唯恐弗堪子有吉我與在某不敢辭謝六禮[illegible]

右納吉

納徵玄纁束帛儷皮如納吉禮儷音麗○徵成也使使者納幣以成昏禮用玄纁者象陰陽備也束帛十端也周禮曰凡嫁子娶妻入幣純帛無過五兩儷兩也執束帛以致命兩皮為庭實皮鹿皮[illegible]○記納徵執皮攝之內文兼執足左首隨入西上參分庭一在南攝猶辟也兼執足者左手執前兩足右手執後兩足左首象生曲禮曰執禽者左首隨入為門中阸狹西上中庭位併○阸於賣反○疏曰隨入為門中阸狹者皮

皆橫執之二人相隨乃可以入至中庭相并故得俱北面西上賓致命釋外足見文

主人受幣士受皮者自東出于後自左受遂坐攝皮

逆退適東壁賓致命主人受幣庭實所用為節○疏云出于後者出於執皮者之後至於左

北面受之逆退者二人相隨自東而西今以後者先向東行故云逆退也○辭無不腆無

辱腆善也賓不稱幣不善主人不謝來辱摯不用死皮帛必可制摯雁也皮

帛儷皮束帛也○疏曰可制者可制為衣物此亦教婦以誠信之義也○納徵曰吾子

有嘉命貺室某也某有先人之禮儷皮束帛使某也

請納徵致命曰某敢納徵對曰吾子順先典貺某重

禮某不敢辭敢不承命典常也○疏曰吾子順命以下至請納徵是門外詞

擯者辭也其敢納徵者是升堂致命辭也對曰者是堂上主人對辭也○女子許嫁笄

而醴之稱字許嫁已受納徵禮也笄女之禮猶冠男也使主婦女賓執其禮祖廟未毀教于公宮三月若祖廟已毀則教于宗室祖廟女高祖為君者之廟也以有緦麻之親就尊者之宮教以婦德婦言婦容婦功宗室大宗之家○疏曰此謂諸侯同族之女也若大承高祖則四世之內皆教於公宮注止言緦麻舉以緦麻以見親也及與君絕服則於大宗之家教之

仁大紡績

納徵禮圖

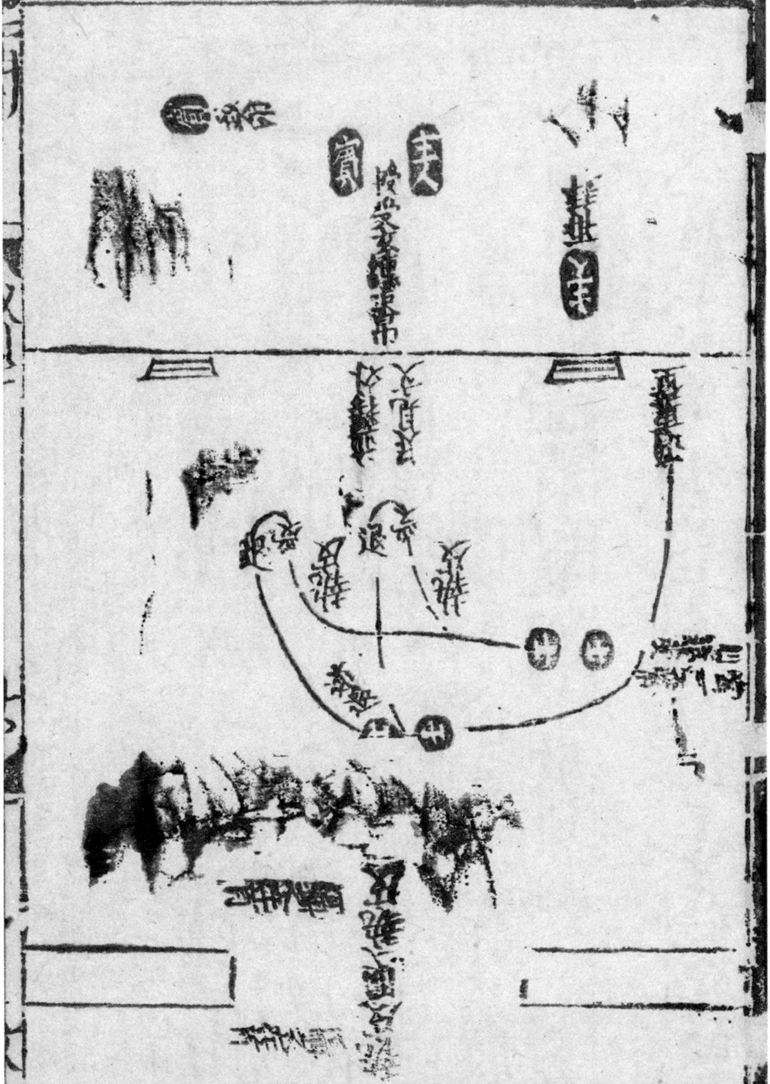

請期用鴈主人辭賓許告期如納徵禮主人辭者陽倡陰和期日宜由夫家來也夫家必先卜之得吉日乃使使者往辭即告之○請期曰吾子有賜命某既申受命矣惟是三族之不虞使某也請吉日三族謂父昆弟己昆弟子昆弟虞度也不億度謂卒有死喪此三族者己及子皆爲服期期服則踰年欲及今之吉也雜記曰大功之末可以冠子嫁子○踰以朱反大功之服內不發此端宮而測則內則嬪敢舉命發於面言對曰某既前受命矣唯命是聽曰某命某聽命于吾子對曰某固唯命是聽使者曰某使某受命吾子不許某敢不告期曰某日某吉日之甲乙對曰某敢不敬須須待

右請期

期初昏陳三鼎于寢門外東方北面北上其實特豚

合升去蹄舉肺脊二祭肺二魚十有四腊一肫髀不

升皆飪設扃鼏去起呂反肫音純劉少米反[illegible]而起扃古熒反鼏亡狄反○謂取妻之

曰鼎一亦升豚魚腊也寢壻之室也北面向內也特

猶一也合升合左右胖升於鼎也去蹄蹄甲不用也

舉肺脊者食時所先舉也肺者氣之主也周人尚焉

脊者體之正也食時則祭之飯必舉之貴之也每皆

二者夫婦各一耳凡魚之正十五而鼎減一為十四

者欲其敵偶也腊兔腊也肫或作純純全也凡腊用

全髀不升者近竅賤也飪熟也扃所以扛鼎鼏覆之

○今文[illegible]劉[illegible]反[illegible]古[illegible]反○[illegible]曰脊體之正者

一[illegible]體[illegible]二十一節前有肩臂臑後有肫胳

脊[illegible]有正脊脡脊橫脊[illegible]中[illegible]正脊故也

設洗于阼階東南饌于房中醯醬二豆菹醢四豆兼

巾之黍稷四敦皆蓋饌仕戀反敦音對○醯醬者以醯和醬生人尚褻味兼巾之者

六豆共巾也巾為御塵蓋為尚溫周禮曰食齊視春時

大羹湇在爨大如字又音泰湇[illegible]音[illegible]

湆音泣又去劫反○大羹湆煑肉汁也大古之羹無鹽菜○羹古行反周禮曰羹齊視夏時今文湆皆作汁尊于室中北墉下有禁玄酒在西綌冪加勺皆南枋綌去逆反墉音庸○禁所以庪甒者玄酒不忘古也綌麤葛今文枋作柄尊于房戶之東無玄酒篚在南實四爵合巹巹音謹○無玄酒者略之也夫婦酳於內尊其餘酳於外尊合巹破匏也四爵兩巹凡六為夫婦各三酳一升曰爵○匏白交反酳以刃反○記腊必用鮮魚用鮒必殽全鮒音附○殽全者不餒敗不剝傷○鮮者取夫婦日新之義鮒取夫婦相依附也

右陳器饌

醯醬二豆
菹醢四豆
黍稷四敦
有尊
玄酒
洗

主人爵弁纁裳緇袘從者畢玄端乘墨車從車二乘
執燭前馬袘以豉反又音移從才用反乘繩證反○主人壻也壻為婦主爵弁而纁裳玄冕之
次大夫以上親迎冕服纁裳者衣緇衣不言衣與帶而言袘者明其與袘俱用緇袘謂緣以緇緣裳從者
有司乘貳車從行者也畢猶皆墨車漆車士而乘墨車攝盛也執燭前馬使徒役持炬火居前炤道○
炬其呂反炤之召反又音照婦車亦如之有裧裧昌占反○亦如之者車同等裧車
裳幃周禮謂之容車有容則固有蓋至于門外婦家大門之外○主人筵于戶
西西上右几主人女父也筵為神布席也女次純衣纁袡立于房中
南面袡而占反○次首飾也純衣絲衣女從者畢袗玄則此衣亦玄矣袡亦緣也姆纚笄
宵衣在其右姆亡彼反纚山買反○姆婦人年五十無子出而不復嫁能以婦道教人若今
縚髮笄今時簪也宵讀為素衣朱綃之綃魯詩以綃
為綺屬也姆亦玄衣以綃為領姆在女右當詔以婦禮

禮○綃他刀反綃音消女從者畢袗玄纚笄被顈黼在其後被皮
義反顈苦迥反○女從者謂姪娣也袗同也同玄者上下皆玄顈禪也詩云素衣朱襮爾雅云黼領謂之
襮周禮曰白與黑謂之黼言袗則非常服○襮音博○主人玄端迎于門外西
面再拜賓東面答拜賓壻主人揖入賓執鴈從至于廟
門揖入三揖至于階三讓主人升西面賓升北面奠
鴈再拜稽首降出婦從降自西階主人不降送賓升奠鴈
拜主人不荅明主爲授女耳主人不降送禮不參○疏云賓奠鴈再拜稽首者此時當在房外當楣北面
而在房戶者見隱二年紀裂繻來逆女何休云夏后氏逆於庭殷人逆於堂周人逆於戶後代漸文迎於
房者親親之義也壻御婦車授綏姆辭不受壻御者親而下之綏所以引升
車者僕人之禮以授人綏婦乘以几姆加景乃驅御者代景之制蓋如明

衣加之以爲行道禦塵令衣鮮明也景亦明也驅行也行車輪三周御者乃代壻壻乘其車
先俟于門外壻車在大門外乘之先者道之也男率女女從男夫婦剛柔之義自此始也俟
待也門外壻女大門外○父醮子子壻命之辭曰往迎爾相承我
事相息亮反○相助也宗事宗廟之事也勗帥以敬先妣之嗣若則
常勗呼玉反○勗勉也若猶女也勉帥婦道以敬其爲先妣之嗣女之行則當有常深戒之詩云
姒嗣徽音○女音汝大音泰○以先妣之嗣謂婦人今代姑祭○子曰諾唯恐弗堪
忘命○賓至擯者請對曰吾子命某以茲初昏
將請承命賓壻也命某某壻父名茲此也將行也使某壻名行昏禮來迎對曰某
具以須○父醮女而俟迎者母南面于房外女既
衣父醮之于房中南面蓋母薦焉重昏禮也女于薦東立于位而俟壻壻至父出使擯者請事

母出房外示親授壻且當戒女也○疏曰舅姑共饗婦姑薦脯醢故知父母禮女亦用薦脯醢祭上篇字奠醮子父也此當禮賓禮婦皆奠爵于薦東明此亦奠薦東也女出于母左父西面戒之必有正焉若衣若笄母戒諸西階上不降必有正焉首以誡戒之使不忘○疏曰則母立房西加戒訓戒父母行至西階上乃戒之也云誡若謂託衣笄而戒身而不忘持戒亦然也○父送女命之曰戒之敬之夙夜毋違命命舅姑之教命母施衿結帨曰勉之敬之夙夜無違宮事衿其鴆反帨始銳反○帨佩巾○疏曰宮事謂姑命婦之事○庶母及門內施鞶申之以父母之命命之曰敬恭聽宗爾父母之言夙夜無愆視諸衿鞶鞶步干反愆起連反○庶母父之妾也鞶囊也男鞶革女鞶絲所以盛帨巾之屬申重也宗尊也示之以衿鞶者皆託戒使識之也○盛音成識申志反○壻授綏姆

辭曰未教不足與爲禮也（姆教人者）○婦乘以几從者二人坐持几相對（持几者重慎之○疏曰此几謂將上車而登若王后則履石大夫人諸侯無文）○昏義曰父親醮子而命之迎男先於女也子承命以迎主人筵几于廟而拜迎于門外婿執鴈入揖讓升堂再拜奠鴈蓋受之於父母也降出御婦車而婿授綏御輪三周先俟于門外（酌而無酬酢曰醮醮之禮如冠醮與其異者於寢耳婿御婦車輪三周御者代之婿自乘其車先道之歸也）○婿親御授綏親之也親之也者親之也出乎大門而先男帥女女從男夫婦之義由此始也（先君車道也）

右親迎

親迎

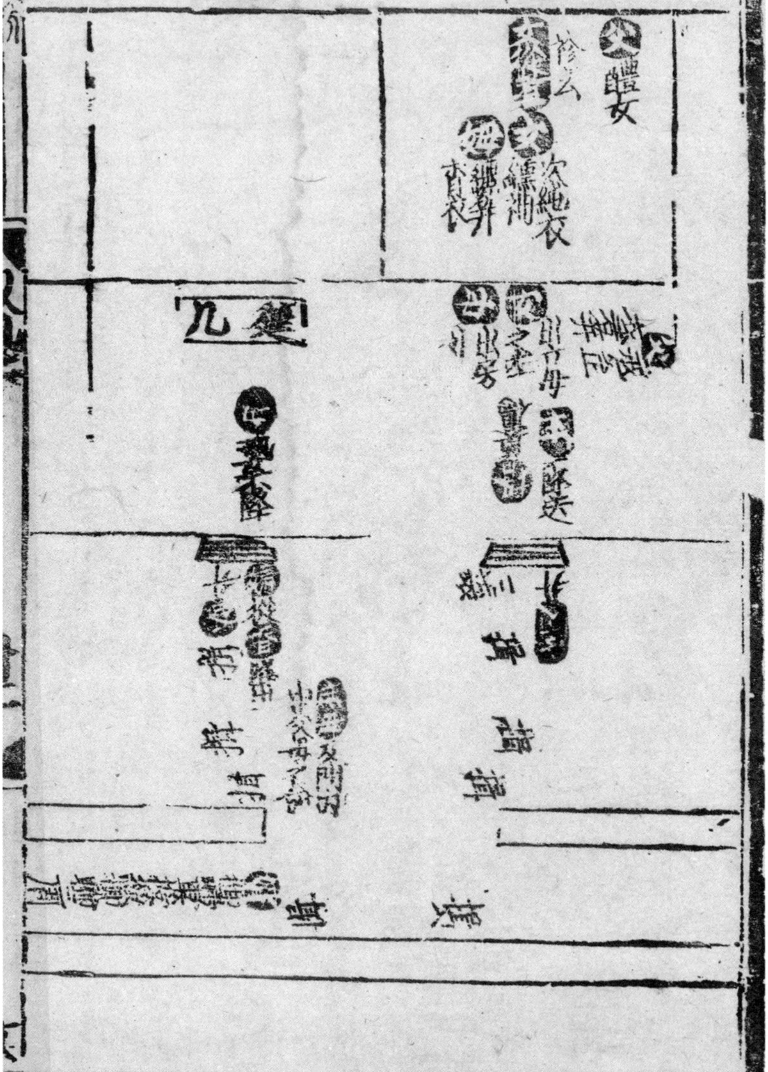

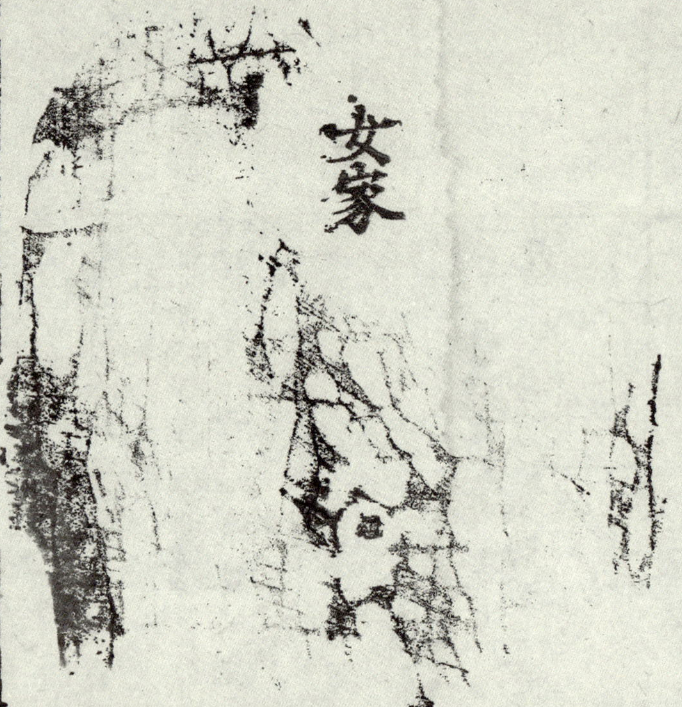
安冢

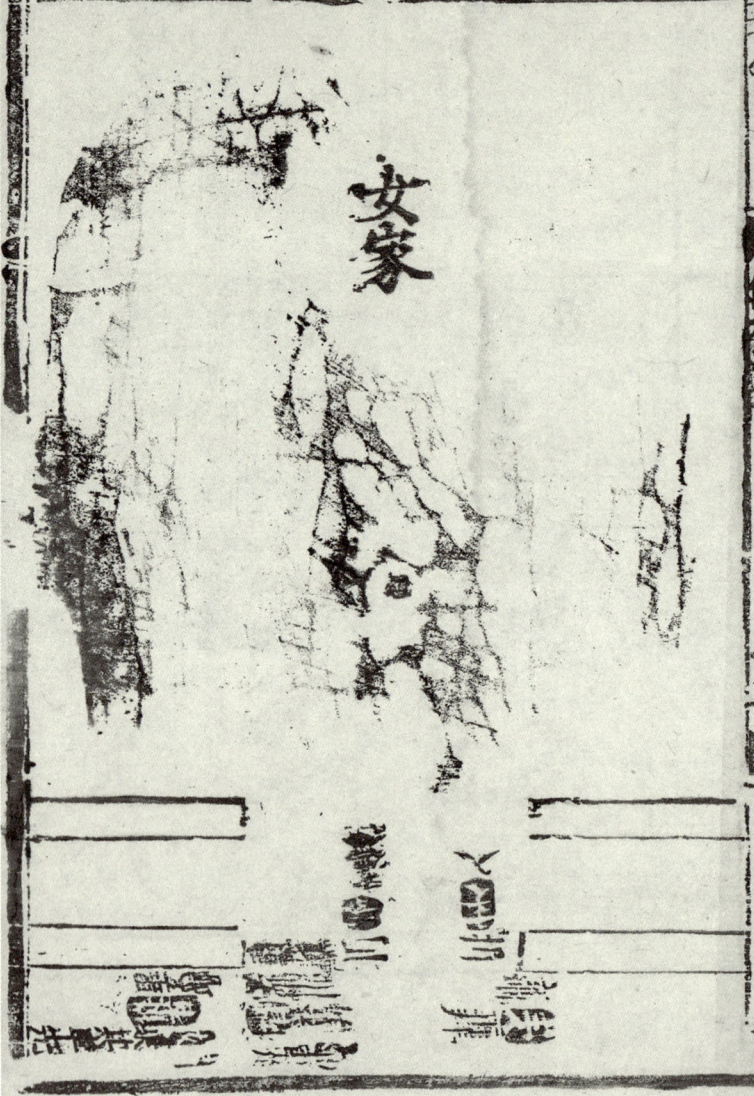

婦至主人揖婦以入及寢門揖入升自西階媵布席
于奧夫入于室即席婦尊西南面媵御沃盥交媵以證反
御音訝○升自西階道婦入也媵送也謂女從者也御當為訝訝迎也謂婿從者也媵沃婿盥於南洗御沃婦盥於北洗夫婦始接情有廉恥媵御交道其志○疏曰婿既即席婦在尊西未設席設饌訖乃設交盥者有南北二洗
贄者徹尊冪舉者盥出除鼏舉鼎入陳于阼
階南西面北上匕俎從設執匕者執俎者從鼎而入設之匕所以別出牲體也
俎所以載也北面載執而俟執俎而立俟豆先設○疏曰執匕俎舉鼎各別人者吉禮尚威儀也特牲禮右人於鼎北南面匕肉出之左人於鼎西俎南北面承取肉載於俎隧執俎而立此與之同也凡牲体於鼎以次別出之載者依其次載之匕者逆退復位于門東北
面西上執匕者事畢逆退由便至此乃著其位略賤也贄者設醬于席前菹

醓醢在其北俎入設于豆東魚次腊特于俎北豆東菹醢之東

贊設黍于醬東稷在其東設湆于醬南饌要方也設對醬

于東對醬婦醬也設之當特俎菹醢在其南北上設黍于腊北其

西稷設湆于醬北御布對席贊啓會卻于敦南對敦

于北卻去逆反會古外反○啓發也○疏曰上設婿湆於醬南在醬黍之南特俎出從饌北此設婦湆於醬北在特俎東饌內則不得要方上注云要方者據大判而言耳卻仰也謂仰於地也贊告

具揖婦即對筵皆坐皆祭祭薦黍稷肺贊者西面告饌具也揖揖

婦使即席薦菹醢贊爾黍授肺脊皆食以湆醬皆祭舉食舉

也爾移也移置席上便其食也皆食食黍也以用也用者謂用口啜湆用指咂醬古文黍作稷○疏曰

辛謂辛脯○啜昌悅反咂子闔反三飯卒食卒已也同牢示親不主爲食起三飯而成禮也

○疏曰少牢十一飯特牲九飯而禮成此獨三飯故
云同牢示親不主爲食起三飯而成禮也○主爲于
僞反贊洗爵酌酳主人主人拜受贊戶內北面荅拜酳
婦亦如之皆祭酳漱也酳之言演也安也漱所以絜
口且演安其所食酳酌內尊○疏曰
主人拜受者婿拜當東面酳婦亦如之者婦拜當南
面特牲主人洗角酌酳尸注云酳猶衍也是獻尸也
尸既卒食又欲頤衍養樂之少牢云主人酌酒乃酳
尸注云酳猶羨也既食之而又飲之所以樂之三注
不同文有詳
略相兼乃具贊以肝從皆振祭嚌肝皆實于菹豆嚌才
計反○肝肝炙也飲酒宜
有肴以安之○炙之夜反卒爵皆拜贊荅拜受爵再
酳如初無從三酳用巹亦如之亦無從也贊洗爵酌于戶
外尊入戶西北面奠爵拜皆荅拜坐祭卒爵拜皆荅
拜興贊酌者自酢也○疏曰言皆皆自上夫婦也○記婦入寢門贊者徹尊冪

酌玄酒三屬于尊棄餘水于堂下階間加勺○屬音燭酌音注也玄酒涗水貴新昏礼又貴新故事至乃取之三注于尊中○昏義曰共牢而食同尊卑也故婦人無爵從夫之爵坐以夫之齒爵謂夫命爲大夫則妻爲命婦器用陶匏尚禮然也此謂大古之礼器也○大音泰○疏曰共牢之時俎以外其器但用陶匏而已三王作牢用陶匏言大古無共牢之礼三王之世作之而用大古之器重夫婦之始也○又曰婦至壻揖婦以入共牢而食合卺而酳所以合體同尊卑以親之也疏曰卺謂半瓢以一瓢分爲兩瓢謂之卺壻之與婦各執一片以酳故云合卺而酳○合體合体同体指合卺而言同尊卑指共牢而言

右夫婦即席

夫婦即席圖

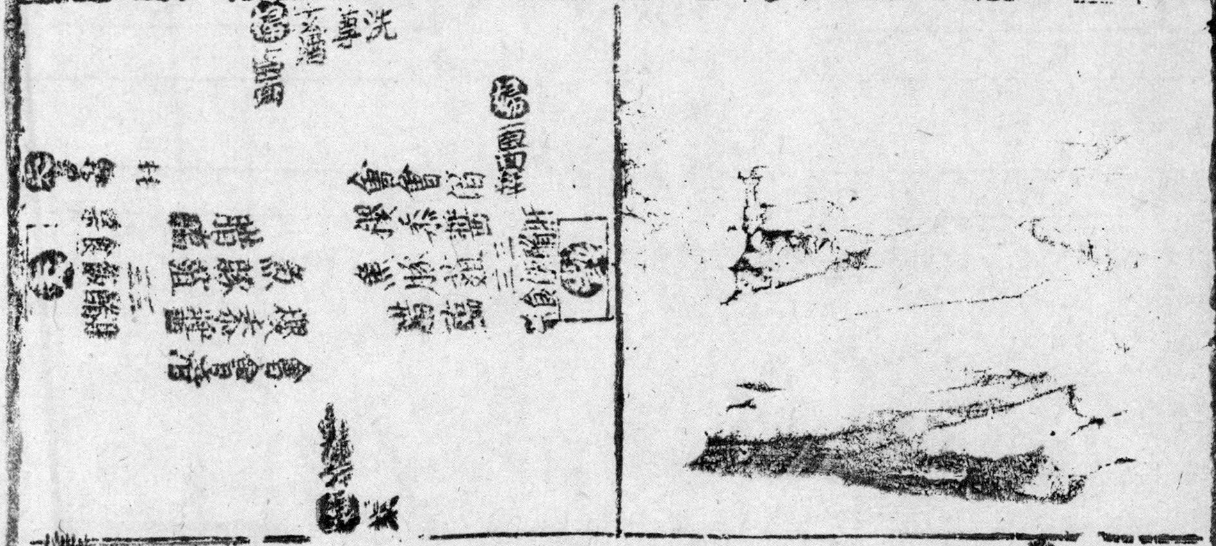

[illegible]

[illegible]

[illegible] 押

[illegible] 押

主人出婦復位復尊西南面之位乃徹于房中如設于室尊否徹室中之饌設于房中為媵御餕之徹尊不設有外尊也○餕音俊主人說服于房媵受婦說服于室御受姆授巾說吐活反○巾所以自絜清御衽于奧媵衽良席在東皆有枕北止衽臥席也婦人稱夫曰良止足也主人入親說婦之纓入者從房還入室也婦人十五許嫁笄而禮之因著纓明有繫也蓋以五采為之其制未聞燭出昏禮畢將臥息媵餕主人之餘御餕婦餘贊酌外尊酳之外尊房戶之東尊媵侍于戶外呼則聞為尊者有所徵求

右徹饌成禮

徹饌成禮

饌于房中
如設于室
婦御餕之
尊西

主人説服于房媵受

主人入親説婦之纓
婦説服于室御受

婦復位

媵衽良席在東
御衽于奥

尊

今按婦至主人揖入升自西階道婦入也夫先即席婦尚立於尊西南面媵御沃盥交道其志而後贊者徹尊冪舉者出舉鼎入陳其阼階南載牲于俎俟設豆訖而後俎入又設對饌後布婦對席及贊者告饌具夫揖婦即對筵皆坐夫正席於先婦布席於後者先後倡隨之義也又其序先祭而後食既三飯卒食而後三酳一酳再酳用爵三酳用巹一酳以肝從再酳三酳無從其一酳也主人拜受爵贊戶內北面荅拜酳婦亦如之三酳禮成而後贊酌戶外尊以自酢

奠爵拜皆答拜卒爵拜皆答拜興於是主人出婦復位主人出者將向房說服也婦復位者婦人不宜出復入故因舊位而立也於是徹室中之饌設于房使御布婦席媵布夫席西上疏云前布同牢席夫在西婦在東示陰陽交會有漸也今乃夫在東婦在西易處者取陽往就陰故男女各於其方也

夙興婦沐浴纚笄宵衣以俟見夙早也昬明日之晨興起也俟待也待見於舅姑寢門之外古者命士以上年十五父子異宮質明贊見婦于舅姑席于阼舅即席席于房外南面姑即席質平也房外房戶外之西○疏曰鄭知房外在房戶外之西者以其舅在阼阼當房戶之東若姑在房戶之東即當舅之北南面向之不便是以知此房外者房戶內之西也婦執笄棗栗自門入升自西階進拜奠于席笄音煩○笄竹器而衣者進拜者進東面乃拜奠之者舅尊不敢授也舅坐撫之興答拜婦還又拜還又拜者還於先拜處拜婦人與丈夫為禮則俠拜○俠古洽反降階受笄腶脩升進北面拜奠于席姑坐舉以興拜授人腶丁亂反○人有司姑執笄以起答婦拜授有司徹之舅則宰徹之○疏曰公羊傳云棗栗云乎腶脩云乎注棗栗取其早自謹敕腶脩取其斷斷自脩也○記笄緇被纁裏加

于橋舅姑拜宰徹笲襄音里○被表也笲有衣者婦見舅姑以飾爲敬橋所以庋笲其制未聞○雜記曰婦見舅姑兄弟姊妹皆立于堂下西面北上是見已見賢遍反○婦來爲供養也其見主於尊者兄弟以下在位是爲已見不復特見○供恭用反養羊尚反○疏曰堂下舅姑之堂下東邊西向以此爲上近堂爲尊也舅姑在堂上婦亦當南門而入入則從於夫之兄弟姑姊妹前姑又須以見即爲相見不復更別詣其室見之也見諸父各就其寢旁尊也亦爲見時不來○疏曰諸父謂夫之伯叔也既是旁尊則婦於明日乃各往其寢而見之不與舅姑同日也

右婦見舅姑

贊醴音禮醴當爲禮贊禮婦者以故其婦道新成親厚之席于戶牖間室戶西牖東南面位側尊甒醴于房中婦疑立于席西疑音擬○疑正立自定之貌

贊者酌醴加柶面枋出房席前北面婦東面拜受贊西階上北面拜送婦又拜薦脯醢婦東面拜贊北面答之變于丈夫始冠成人之禮○疏曰冠禮禮子與此禮婦俱在賓位彼南面受醴者以向賓此東面者以舅姑在東亦面之拜也婦升席左執觶右祭脯醢以柶祭醴三降席東面坐啐醴建柶興拜贊答拜婦又拜奠于薦東北面坐取脯降出授人于門外奠于薦東升席奠之取脯降出授人親徹且榮得禮人謂婦氏人○記婦席薦饌于房醴婦饗婦之席薦也○疏曰醴婦饗婦時唯席與薦無俎豆其饗婦并有俎俎則不饌于房從鼎升于俎入設于席前今據醴婦時而言也○昏義曰夙興婦沐浴以俟見質明贊見婦于舅姑執笲棗腶脩以見贊醴婦婦祭脯醢祭醴成婦禮也成其爲婦之禮

也贊醴婦婦當作礼詰之言訖也○記庶婦則使人醮之婦不饋庶婦庶子之婦也使人醮之不饗也酒不醻酢曰醮亦有脯醢適婦酌之以醴庶婦酌之以酒其儀則同不饋者共養統於適也○疏曰其儀則同者適婦用醴於客位東面拜受贊者北面拜送庶婦於房外之西南面拜受醮者亦北面拜送

右贊醴婦

婦見舅姑及醴婦圖

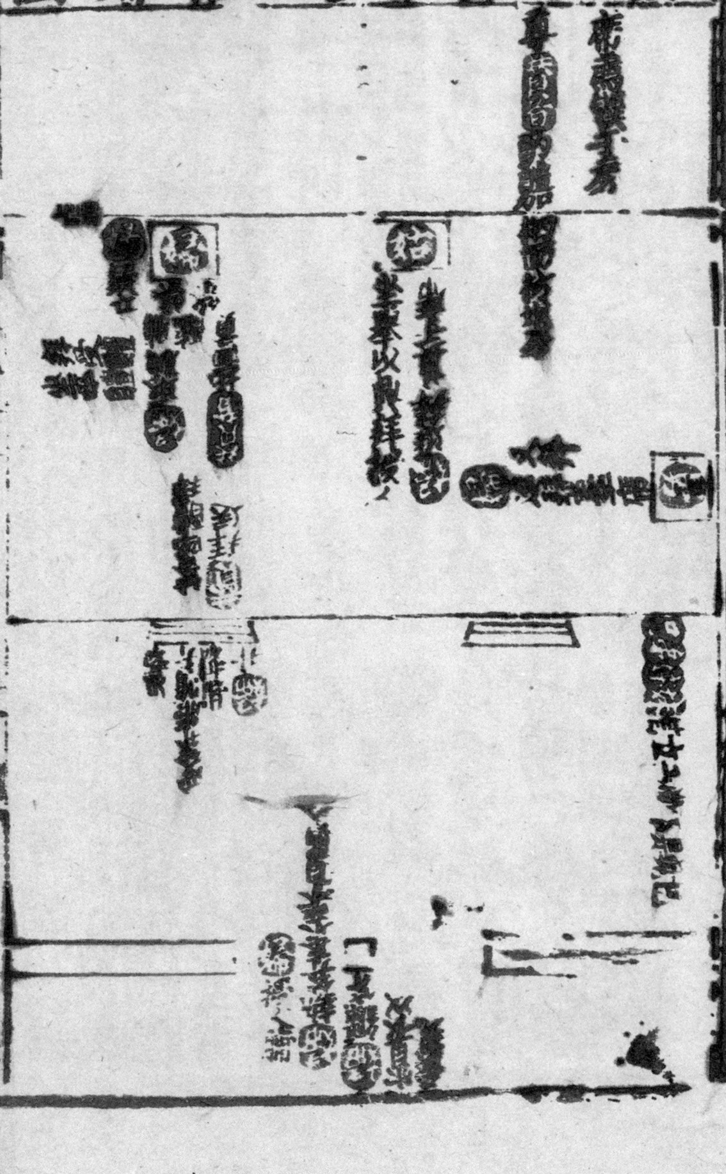

舅姑入于室婦盥饋饋者婦道既成成以孝養特豚合升側載無
魚腊無稷並南上其他如取女禮取七住反○側載者右胖載之舅俎
左胖載之姑俎異尊卑並南上者舅姑共席于奧其饌各以南為上其他謂醬湆菹醢女謂婦也如取婦
禮同牢時婦贊成祭卒食一酳無從贊成祭者授處之今文無成也席于
北墉下室中北墉下婦徹設席前如初西上婦餕舅辭易
醬婦餕者即席將餕也辭易醬者嫌淬汙婦餕姑之饌御贊祭豆黍肺
舉肺脊乃食卒姑酳之婦拜受姑拜送坐祭卒爵姑
受奠之奠丁見反婦徹于房中媵御餕姑酳之雖無娣媵
先於是與始飯之錯古者嫁女必姪娣從謂之媵姪兄之子娣女弟也娣尊姪卑
若或無娣猶先媵容之也始飯謂舅姑錯者媵餕舅餘御餕姑餘也
古文始為姑

婦饋舅姑圖

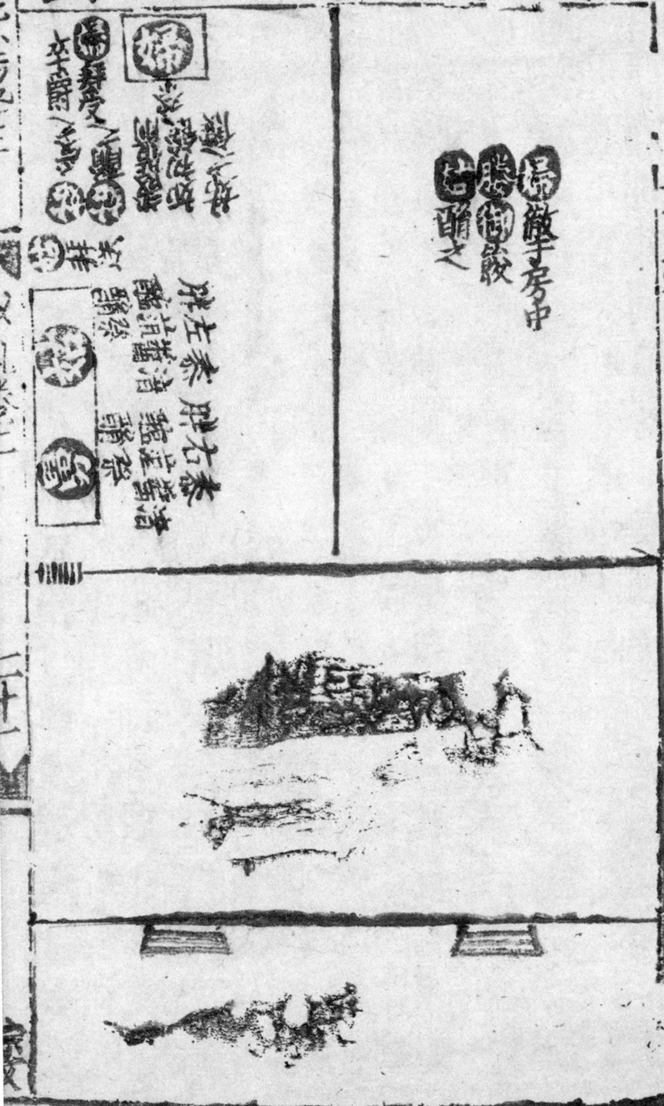

右婦饋舅姑

舅姑共饗婦以一獻之禮舅洗于南洗姑洗于北洗奠酬以酒食勞人曰饗南洗在庭北洗在北堂設兩洗者獻酬酢以絜清為敬奠酬者明正禮成不復舉凡酬酒皆奠於薦左不舉舅姑先降自西階婦降自阼階授之室使為主明代己歸婦俎于婦氏人言俎則饗禮有牲矣婦氏人丈夫送婦者使有司歸以婦俎當以反命於女之父母明其得禮○疏曰按雜記云大饗卷三牲之俎歸于賓館是賓所當得也饗時設几而不倚爵盈而不飲肴乾而不食故歸俎此饗婦亦不食故歸之也經不言牲既言俎所以盛肉故知有牲也婦氏人即上婦所稱媵者也○記饗婦姑薦焉舅姑共饗婦舅獻爵姑薦脯醢婦洗在北堂直室東隅篚在東北面盥洗在北堂所謂北洗北堂房中半以北洗南北直室東隅東西直房戶與隅間婦酢舅更爵自薦更爵男女不相因也不敢辭洗舅降則辟于房不敢拜洗不敢與尊

者為亂

○昏義曰厥明舅姑共饗婦以一獻之禮奠酬

舅姑先降自西階婦降自阼階以著代也言既獻之而授之以室事也降者各還其燕寢昏禮不言厥明此言之者容大夫以上禮多或異日○今按舅洗于南洗洗爵以獻婦也姑洗于北洗洗爵以酬婦也賈疏云舅獻姑酬共成一獻仍無妨姑薦脯醢此說是也但婦酢舅更爵自薦又云奠謝酬酢皆不言數故以陶雜之舅姑之位當如婦見舅席於阼姑席于房外而婦行更爵自薦及奠酬之禮與

右舅姑共饗婦

舅姑饗婦一獻圖

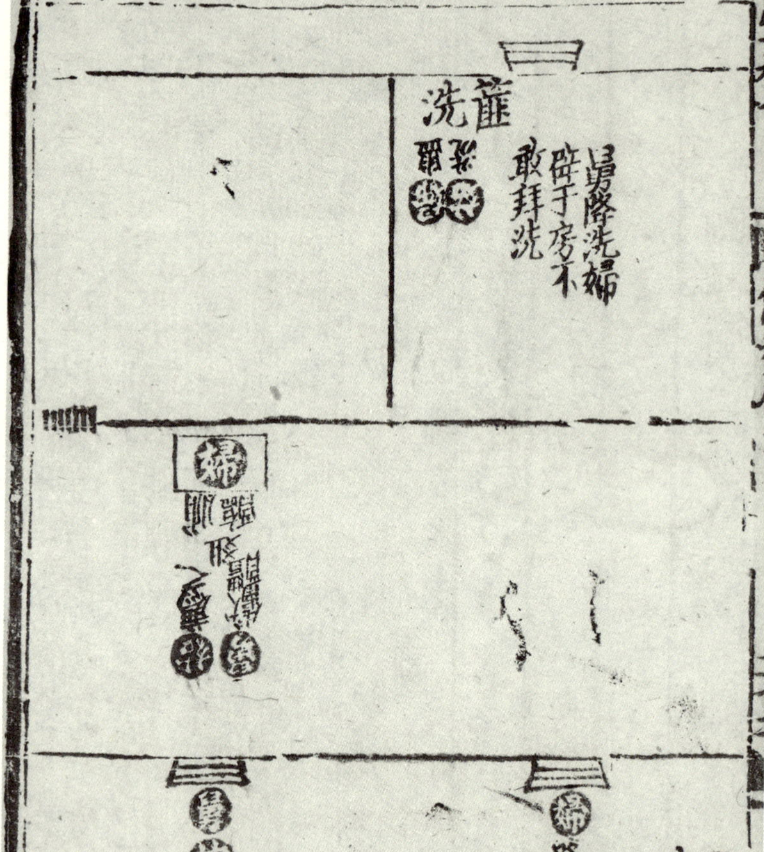

舅饗送者以一獻之禮酬以束錦送者女家有司也爵至酬賓又從之以束錦所以相厚○古文錦皆作帛○疏曰此一獻依常饗賓客法姑饗婦人送者酬以束錦婦人送者隸子弟之妻妾若異邦則贈丈夫送者以束錦贈送也就賓館○疏曰贈賄之等皆就館故知此亦就館也婿饗婦送者丈夫婦人如舅姑饗禮疏曰舅姑沒則婿兼饗○記凡婦人相饗無降姑饗婦人送者于房無降者以北洗篚在上○疏曰婦人有事不下堂舅姑饗婦及姑饗婦人送者皆然

〔則壻兼饗〕

右饗送者

記婦入三月然後祭行入夫之室三月之後於祭乃行謂助祭也

右祭行

若舅姑既沒則婦入三月乃奠菜沒終也奠菜者以篚祭菜也蓋用菫

○菫音謹席于廟奧東面右几席于北方南面廟考妣之廟北方墉下○疏曰周禮司几筵注云祭於廟同几精氣合又祭統云設同几同几即同席今祭於廟而別席者生時見舅姑舅姑別席異面此當見亦別席異面象生不與常祭同也祝盥婦盥于門外婦執笲菜祝帥婦以入祝告稱婦之姓曰某氏來婦敢奠嘉菜于皇舅某子帥道也入入室也某氏者齊女則曰姜氏魯女則曰姬氏來婦言來爲婦嘉美也皇君也婦拜扱地坐奠菜于几東席上還又拜如初扱初洽反○扱地手至地也婦人扱地猶男子稽首婦降堂取笲菜入祝曰某氏來婦敢告于皇姑某氏奠菜于席如初禮降堂階上也室事交乎戶今降堂者敬也於姑言敢告舅尊於姑○疏曰降堂謂堂上也室事交乎戶堂事交乎階今室事當交於戶乃交於階者敬也婦出祝闔牖戶凡廟無事則閉之老

舅姑沒三月乃奠菜圖

醴婦于房中南面如舅姑醴婦之禮（因於舊見礼之）

右舅姑沒三月乃奠菜

記若不親迎則婦入三月然後壻見曰某以得爲外
昬姻請覿女氏稱昬壻氏稱姻覿見也主人對曰某以得爲外昬
姻之數某之子未得濯溉於祭祀是以未敢見今吾
子辱請吾子之就宮某將走見主人女父也以白造緇曰辱對曰
某以非他故不足以辱命請終賜見非他故彌親之辭命謂將走見
之已言今文無終賜對曰某得以爲昬姻之故不敢固辭敢不
從不言外亦彌親之辭主人出門左西面壻入門東面奠摯再
拜出出門出內門入門入大門出內門不出大門者異於賓客也壻見於寢奠摯者壻有子道不敢
授也摯雉也擯者以摯出請受欲使以賓客禮相見壻禮辭許受摯
入主人再拜受壻再拜送出出已見女父見主婦主婦闔

扉立于其内主婦主人之婦也闔扉者婦人無外事扉左扉壻立于門外東面主婦一拜壻答再拜主婦又拜壻出必先一拜者婦人於丈夫必俠拜主人請醴及揖讓入醴以一獻之禮主婦薦奠酬無幣及與也無幣異於賓客壻出主人送再拜

右不親迎三月壻見妻之父母

不親迎三月壻見妻之父母圖

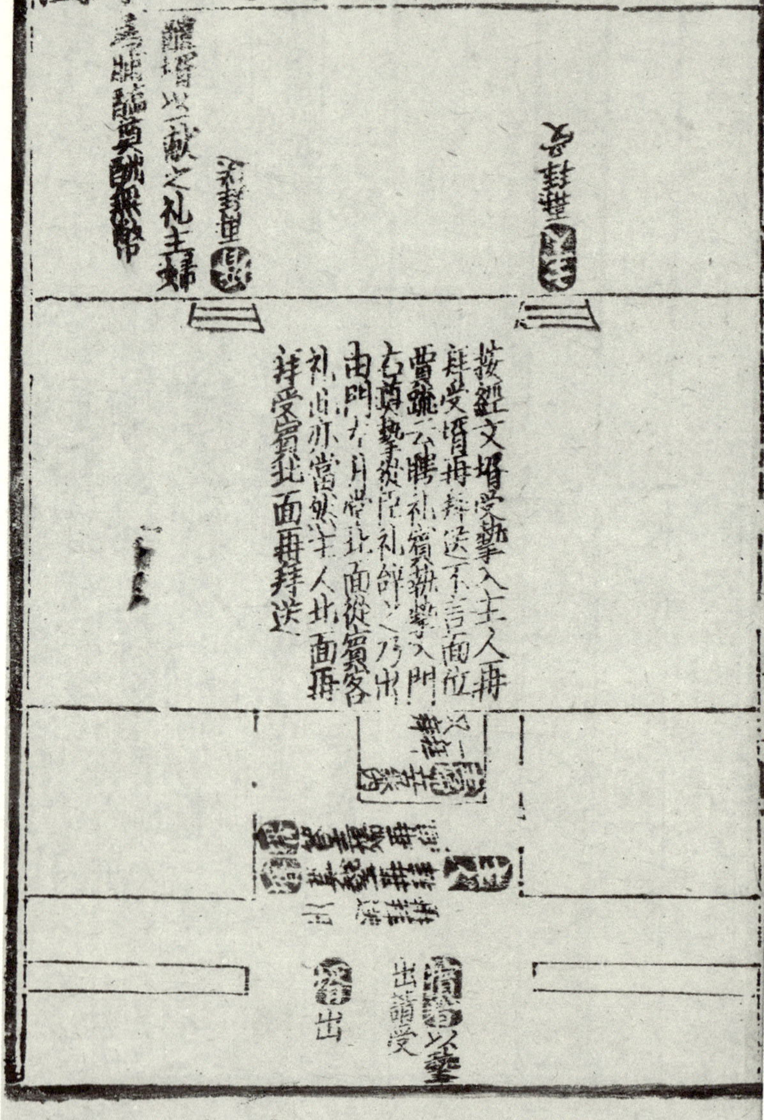

今按儀禮所存者惟士昏禮大夫以上無文按
儀禮士昏親迎主人爵弁乘墨車注云爵弁玄
冕之次士而乘墨車攝盛也疏云大夫以上自
祭用朝服助祭用玄冕士家自祭用玄端助祭
用爵弁今士親迎用爵弁是用助祭之服以爲
攝盛則卿大夫親迎當用玄冕攝盛也天子諸
侯尊不須攝盛宜用家祭之服以迎也天子當
服衮冕而五等諸侯皆玄冕是以記云玄冕齋
戒鬼神陰陽也將以爲社稷主以社稷言之據
諸侯而説也周禮巾車王之車有玉輅金輅象

輅革輅木輅諸侯自金輅以下孤乘夏篆卿乘
夏縵大夫乘墨車士乘棧車庶人乘役車今士
乘大夫墨車爲攝盛則庶人當乘棧車大夫當
乘夏縵卿當乘夏篆天子諸侯亦不假攝盛當
乘金輅矣又白虎通王度記有天子諸侯一娶
九女之制曾子問有變禮記傳有書證乎見儀
禮經傳通解

儀禮圖卷第二

儀禮圖第三

士相見禮第三

士相見之禮○摯冬用雉夏用腒左頭奉之曰某也願見無由達某子以命命某見腒其居反乾雉也○摯所執以至者君子見於所尊敬必執摯以將其厚意也士摯用雉者取其耿介交有時別有倫也雉必用死者為其不可生服也夏用腒備腐臭也左頭頭陽也無由達言久無因緣以自達也某子今所因緣之姓名以命者稱述主人之意○疏曰倫類也交接有時至於別後則雉雉不雜謂春交秋別也士之義亦然又云雉必用死者尚書云一死鄭云士執雉也義取耿介為君致死也○劉敞曰摯者致也所以致其志也天子之摯鬯諸侯玉卿羔大夫鴈士雉鬯也者言德之遠聞也玉也者言一度不易也羔也者言柔而有禮也鴈也者言進退知時也雉也者言死其節也故天子以遠德為志諸侯以一度為志卿以有禮為志大夫以進退

爲志士以死節爲志主人對曰某子命某見吾子有辱請吾子之就家也某將走見有又也某子命某往見今吾子又自辱來序其意也走猶往也賓對曰某不足以辱命請終賜見命謂請吾子之就家主人對曰某不敢爲儀固請吾子之就家也某將走見不敢爲儀言不敢外貌爲威儀忠誠欲往也固如故也賓對曰某不敢爲儀固以請言如固請終賜見主人對曰某也固辭不得命將走見聞吾子稱贄敢辭贄不得命者不得見許之命也走猶往也以比樂比辭其贄爲其大崇也賓對曰某不以贄不敢見見於所尊敬而無贄嫌太簡主人對曰某不足以習禮敢固辭言不足習禮者不敢當其崇禮來見己賓對曰某也不依於贄不敢見固以請言依於贄謙自卑也主人對曰某

也固辭不得命敢不敬從出迎于門外再拜賓荅再拜主人揖入門右賓奉摯入門左主人再拜受賓再拜送摯出右就右也左就左也受摯於庭既拜受送則出矣不受摯於堂下人君也○疏曰凡門出則以西爲右以東爲左入則以東爲右西爲左依賓西主東之位也主人請見賓反見退主人送于門外再拜請見者爲賓崇禮來相接以矜莊歡心未交也賓反見則燕矣下云凡燕見於君至凡侍坐於君子博記反見之燕義臣初見於君再拜奠摯而出○劉氏曰賓至門主人二辭見賓辭摯主人三辭摯所以致尊讓也

右請見

士相見受摯圖

今按受摯于庭不受之于堂注謂下人君此義難曉按聘禮賓至于近郊君使卿朝服用束帛勞賓受于舍門內諸公之臣則受于

堂上

堂又按聘禮賓私面於卿受幣于楹間又衆介面卿受幣于中庭以此言之則受於堂為重受於庭為輕其義可知也

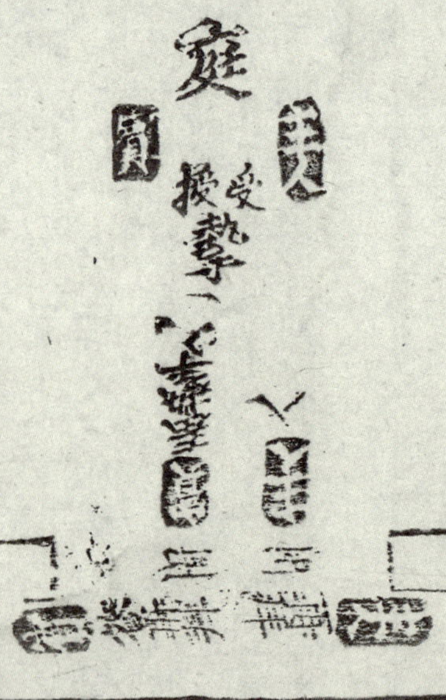

陳師道曰先王之制士見于大夫卿公介以厚
其別詞以正其名贄以效其情儀以致其敬四
者備矣謂之禮成士之相見如女之從人有願
見之心而無自行之義必有紹介爲之前焉所
以別嫌而謹微也故曰介以厚其別也以舉事
詞以導賓主之意若先王所以定名也名正則詞
不得其名不定則名不犯故曰詞以正其名言不足
以盡其意名不可以過情又爲之贄以效其終敬
授受焉介以通名儐以將命勤亦至矣然因人
而後達也禮莫重於自盡故祭主於盡敬主於

迎賓主於摯故曰摯以効其情誠發之於心而諭
于身達于容色故又有儀焉詞以三請其辭以三
獻三揖而升三拜而出禮煩則泰簡則野三者
禮之中也故曰儀以致其敬是以貴不陵賤下
不援上謙以其分守順于時命志不屈而身不辱
以成其善當是之世豈特士之自賢者無不由禮
爲之節也夫周之制禮其所爲防至矣及其衰亂
世禮存而俗變猶自是而失身況於禮之士乎
自周之禮亡全士知免者寡矣世無君子明禮以
正之欲相循以爲常而史官又載其事故其弊

習而不自知也○又曰先王之制士不傳摯
臣則不見於王公矣相見所以成禮而其弊必
至於自鬻故先王謹其始以為之防而為士者
世守焉

主人答還見之以其摯曰曏者吾子辱使某見請還摯於將命者

還音旋○復見之者禮尚往來也以其摯謂所執來者曏曩也將猶傳也傳命者謂擯相者○疏曰云凡諸侯自以朝及擯者主尊重不可遂復朝聘許還之璧琮

不得以彼朝聘用玉帛為禮有不還之義其在于門執摯相見彼禽摯皆還之聘見於且則不還之

與朝聘異不可相決也此云擯賓曰擯入告禮曰也故聘禮與冠義皆云每一門止一相注云相謂擯者

相也

主人對曰某也既得見矣敢辭讓其來答己也○

擯者請前賓[illegible]主人[illegible]其家[illegible]出迎[illegible]云主人[illegible]賓對曰某也非敢求見

請還摯於將命者言不敢求見嫌褻主人不敢當也○疏曰賓[illegible]主人[illegible]見是[illegible]不[illegible]當[illegible]

[illegible]之還其摯而已直主人對曰某也既得見矣敢固辭[illegible]

賓對曰某不敢以聞固以請於將命者言不敢以聞[illegible]

○釋曰[illegible]云非敢求見此云不敢以聞[illegible]云又益不敢當也主人對曰某

也[illegible]不得命敢不從賓奉摯入主人再拜受賓再

拜送摯出主人送于門外再拜

右復見

士見於大夫終辭其摯於其入也一拜其辱也賓退

送再拜終辭其摯以將不親答也凡不答而受其摯唯君於臣耳大夫於士不出迎入一拜正禮也

也送再拜辱賢

右士見大夫

若嘗為臣者則禮辭其摯曰某也辭不得命不敢固

辭禮辭一辭其摯而許也將不答而聽其以摯入有臣道也賓入奠摯再拜主人

荅壹拜奠摯尊卑異不親授也賓出使擯者還其摯于門外曰

某也使某還摯還其摯者辟正君也賓對曰某也既得見矣敢

辭擯者對曰某也命某某非敢為儀也敢以請[illegible]

使受賓對曰某也夫子之賤私不足以踐禮敢固辭

之家臣稱私踐行也言其臣也不足以行賓客禮擯者對曰某也使某不敢為

儀也固以請賓對曰某固辭不得命敢不從再拜受

受其摯而削去之○疏曰以其當時為臣為禮既不受其摯以相見無賓主之禮故鄭云去之

右賓為臣者見

下大夫相見以鴈飾之以布維之以索如執雉索悉各反雉直几反○鴈取知時飛翔有行列也飾之以布謂裁縫衣其身也維謂繫聯其足上大夫相見以羔飾之以布四維之結于面左頭如麛執之麛亡兮反又亡卜反上大夫卿也羔取其從帥群而不黨也面前也繫聯四足交出背上於胸前結之也如麛執之者秋獻麛有成禮如之或曰麛孤之摯也其禮蓋謂左執前足右執後足○疏曰以秋獻麛則獻當在秋時也麛皆有三卿五大夫言之大夫士大擬二卿則此下見五大夫也三卿宜六以大夫而五者何休云周禮皆以一大夫

如士相見之禮大夫雖摯異其儀猶如士故云

右大夫相見

始見于君執摯至下容彌蹙下謂君所也蹙猶促也促恭慤貌也其為恭士大夫一也○庶人見於君不為容進退走容謂趨翔○士大夫則奠摯再拜稽首君荅壹拜言君荅士大夫一拜則於庶人不荅之庶人之摯鶩○疏曰君於士不荅拜此得與大夫同荅壹拜者士賤君不荅拜此以新升爲士故荅拜聘禮問勞云荅士拜者亦以新遊反故拜之

右士大夫庶人見君

若他邦之人則使擯者還其摯曰寡君使某還摯賔對曰君不有其外臣臣不敢辭再拜稽首受

右他邦人見君

凡燕見于君必辯君之南面若不得則正方不疑君

辯猶正也君南面則臣見正北面君或時不然當正東面若正西面不得疑君所處邪鄉之此謂特見圖事非立賓主之燕也疑度之

君在堂升見無方階辯君所在升見升堂見於君也君近東則升東階君近西則升西階

右燕見君

凡言非對也妥而後傳言凡言謂己為君言事也妥安坐也傳言猶出言也若君問可對則對不待安坐也與君言言使臣與大人言言事君與老者言言使弟子與幼者言言孝弟于父兄與衆言言忠信慈祥與居官者言言忠信博陳燕見言語之儀也言使臣者使臣之禮也大人卿大夫也言事君者臣事君以忠也祥善也居官謂士以下

右相見而言

凡與大人言，始視面，中視抱，卒視面，毋改，衆皆若是。

始視面，謂觀其顔色可傳言未也。中視抱，容其思之，且為敬也。卒視面，察其納己言否也。毋改，謂傳言見荅應之間，當正容體以待之，毋自變動，為嫌懈惰不虚心也。衆，謂諸卿大夫同在此者。皆若是，其視之儀無異也。古文毋作無，今文衆為終。

若父，則遊目，毋上於面，毋下於帶。

子於父，主孝不主敬，所視廣也，因觀安否何如也。今文父為甫，古文毋作無。

若不言，立則視足，坐則視膝。

不言則伺其行起而已。

右相見而視

凡侍坐於君子，君子欠伸，問日之早晏，以食具告，改居，則請退可也。

君子，謂卿大夫及國中賢者也。志倦則欠，體倦則伸。問日早晏，近於久也。具猶辦也。改居，謂自變動也。

夜侍坐，問夜，膳葷，請退可也。

問夜，問其時數也。膳葷，謂食之。葷辛物，葱薤之屬，食之以止臥。古文葷作薰。

右侍坐於君子

若君賜之食則君祭先飯徧嘗膳飲而俟君命之食然後食[illegible]君祭[illegible]飯[illegible]食其祭食[illegible]示為君嘗食也[illegible]膳君與之禮食膳謂[illegible]進[illegible]羞[illegible]嘗[illegible]則[illegible]俟君[illegible]之[illegible]也

若有將食者則俟君之食然後食[illegible]將食[illegible]進食[illegible]禮[illegible]膳宰[illegible]也[illegible]進食則臣不嘗[illegible]大夫[illegible]食[illegible]

若君賜之爵則下席再拜稽首受爵升席祭卒爵而俟君卒爵然後授虛爵受爵者於尊所至於授爵坐授人耳必俟君卒爵者若欲其釂然也

右君賜食賜爵

退則坐取屨隱辟而后屨君為之興則曰君無為興臣不敢辭君若降送之則不敢顧辭遂出謂君[illegible]若食之[illegible]欲之[illegible]而退也

隱辟俛而逡遁興起也辭君有興而不敢辭其降於己太崇不敢當也大夫則辭退下比

及門三辭下亦辭降也

右見君見大夫退

若先生異爵者請見之則辭辭不得命則曰某無以

見辭不得命將走見先見之先生致仕者也異爵謂卿大夫也辭辭其自降

而來走猶出也先見之者出先拜也曲禮曰主人敬賓則先拜賓

右先生異爵者見

非以君命使則不稱寡大夫士則曰寡君之老謂擯贊者

辭也不稱寡不稱寡君不言寡君之某言姓名而已大夫卿士其使則皆曰寡君之某擯爲朝位而未有祿者君

有饋焉曰獻使

焉曰寡君之老

右稱寡君不稱寡君

凡執幣者不趨容彌蹙以爲儀不趨主慎也以進而益恭爲威儀耳執玉者則唯舒武舉前曳踵唯舒者重玉器尤慎也武迹也舉前曳踵備蹷跲也○朱先生曰蹙但讀如戚字絕句謂容彌蹙同惟武則舒陸氏所見

右執幣執玉

凡自稱於君士大夫則曰下臣宅者在邦則曰市井之臣在野則曰草茅之臣庶人則曰刺草之臣他國之人則曰外臣宅者謂致仕者去官而居宅或在國中或在野周禮載師有宅田刺猶剗除也

右自稱於君

儀禮圖卷第四

鄉飲酒禮第四

〔鄭目錄云諸侯之鄉大夫三年大比獻賢者能者於其君以禮賓之與之飲○疏曰凡鄉飲酒之礼其名有四此賓賢能一也六十者坐五十者立侍黨正蜡祭飲酒二也州長春秋習射於序先行鄉飲酒三也又有鄉大夫士飲國中賢者用鄉飲酒四也其王制云習鄉尚齒即是黨正飲酒洪○呂大臨曰鄉人凡有會聚皆當行此礼恐不止四事論語載鄉人飲酒杖者出斯出矣亦指鄉人而言之○今按疏所引四條後一條出鄉飲酒義鄉人士君子尊於房戶之間賓主共之說此疏云鄉人鄉大夫也士州長黨正也君子謂鄉大夫士也鄉大夫士飲國中賢者亦用此礼也〕

鄉飲酒之禮○主人就先生而謀賓介〔主人謂諸侯之鄉大夫也〕

先生鄉中致仕者賓介處士賢者周禮大司徒以鄉
三物教萬民而賓興之及三年大比而興賢者能者
鄉老及鄉大夫帥其吏與其衆寡以禮禮賓之厥明
獻賢能之書於王是禮乃三年正月而一行也今郡
國十月行此飲酒禮以黨正每歲邦索鬼神而祭祀
則以禮屬民而飲酒于序以正齒位之說然此篇無
正齒位之事焉凡鄉黨飲酒必於民聚之時欲其見
化知尚賢尊長也孟子曰天下有達尊三爵也德也
齒也○鄉射曰黨正正齒位之禮六十者坐五十者立
侍六十者三豆七十者四豆八十者五豆九十者六
豆年長者豆益多此是正齒位之法也漢時十月飲酒礼
鄉黨正之文然黨正飲酒黨正正齒位法也民聚之時
謂大比大禮之時即鄉大夫賓賢者豫此篇鄉飲酒尊長擧黨正
鄉飲酒也但黨正飲酒以鄉大夫臨觀行礼或鄉大夫
夫居此黨內則亦名鄉飲酒也此引孟子者以證鄉大
夫飲酒是尚賢也黨正飲酒尚齒也爵於此無所當
連引之者或曰賓賢者有達尊首一爵謂尊爵之義也○
今鄉飲酒禮舍於賓賢能而正齒位法然自賓介而下
衆賓有長幼於堂下者自有東上北上樂正與立者皆
薦以齒據此則以長以齒是亦正齒位法但無黨正云三

豆四豆五豆五豆六豆之等差耳

右謀賓介

主人戒賓賓拜辱主人答拜乃請賓賓禮辭許主人再拜賓答拜主人退賓拜辱戒告也拜辱出拜其自屈辱至己門也請告以其所為來之事不固辭者素所有志○朱先生曰學成行脩進仕於朝出以致君下以澤民此士之素所有志也介亦如之○記鄉朝服而謀賓介皆使能不宿戒鄉鄉人謂鄉大夫也朝服冠玄端緇帶素韠白屨再戒為宿戒禮將有事先戒而復宿戒○韠音畢

右戒賓介

乃席賓主人介賓席牖前南面主人席阼階上西面介席西階上東面衆賓之席皆不屬焉席衆賓於賓席之西不屬者不相續也皆獨坐明其德各特○尊兩

大百五十八小二百五十二 從孔尹

壺于房戶間斯禁有玄酒在西設篚于禁南東肆加
二勺于兩壺斯禁禁切地無足者玄酒在西上也肆陳也○疏曰言東肆以頭首爲記從西
向東爲肆則大頭在西也○設洗于阼階東南南北以堂深東西
當東榮水在洗東篚在洗西南肆深申鴆反○榮屋翼○疏曰堂深謂
從堂廉北至房室之壁堂下洗北去堂遠近深淺取於堂上深淺假令堂深三丈洗亦去堂三丈以此爲
度○記蒲筵緇布純筵席也純緣也○緣以絹反尊綌冪賓至徹
之冪迷直反○綌葛也冪覆尊巾獻用爵其他用觶爵尊不褻用之○全按上篚在
禁南東肆下篚在洗西南肆上篚爵三觶一爵實賓獻
賓觶工皆異爵三也主人取觶降洗以酬賓一也下
薦之觶四一人舉觶爲旅酬始一也司正○磬階間
舉觶二也二人舉觶爲無算爵始四也
縮霤北面鼓之縮所六反霤力又反○縮從也霤以東西爲從鼓鞞擊也大夫而特縣方

賓鄉人之賢者從士禮也射則磬在東○疏曰磬階間者在堂下兩階之間東西節也縮從也上當堂之南霤堂北節也凡東西爲橫南北爲從南霤則以東西爲從謂之縮○今按春官小胥正樂縣之位王宮縣諸侯軒縣卿大夫判縣士特縣宮縣四面象宮室四面軒縣三面去南面辟王也判縣左右之合又去北面特縣縣於東方或於階間而已凡鍾磬編縣之二八十六枚而在一虡謂之堵鍾一堵磬一堵謂之肆所謂卿大夫判縣者天子之卿大夫判縣左右一肆鍾磬各二堵也士特縣一肆鍾磬各一堵也諸侯之卿大夫半天子之卿大夫判縣一肆西鍾東磬各一堵也諸侯之士半天子之士上縣磬一堵而已鄉射則避射位故鄉射磬在東鄉飲則在階間縮霤也鄉飲○諸侯之大夫禮以其賓鄉人之賢者從士禮也

其牲狗也狗取擇人亨于堂東北祖陽氣之所始也薦脯用籩五挺橫祭于其上出自左房挺大頂反○挺猶膱也鄉射禮曰祭半膱膱長尺有二寸左在東陽也○膱音職○疏曰橫祭者於脯爲橫於人爲縮貫有五膱祭者六俎由東壁自

礼卷四　三

西階升亨狗既熟載之俎饌於東方賓俎脊脅肩肺主人俎脊脅
臂肺介俎脊脅肫胳肺肺皆離皆右體進腠腠千豆反○凡
牲前脛骨三肩臂臑也後脛骨二膞胳也骨有貴賤
凡前貴後賤離猶𢯱也腠理也進理謂前其本也今文胳
作骼○疏曰賓用肩主人用臂介用胳前貴於後也
○朱先生曰𢯱字釋文無音疏又云有𢯱𢯱一而介不
用明本無此○立者東面北上若有北面者則東上
字也今刪
賢者衆賓無常也或統於堂或統於門○疏曰立堂
下者東面北上統於堂也立門西者北面東上統於
門也主人之贊者西面北上贊佐也謂主人之屬佐助主人禮事徹冪沃盥設薦
俎者西面北上統於堂也○鄉飲酒義曰六十者坐五十者立六十
者坐者衆賓以年六十以上坐於堂上賓席之西南
面若坐不盡則以介席之東東面北上其五十者則
立於西階下東面北
上示有陪侍之義

右設席陳器具饌

今按鄉飲酒禮註席賓於牖前與周禮司几筵筵國賓於牖前似同而賓異賓位在西北以天子諸侯室有東西房言之則室前之中為中此乃王位設扆之處自中以西便為西北又是牖前如司几筵筵國賓於牖前是也以大夫士東房西室言之房室之間為中故户西牖東西北之位家鄉國皆以為重士冠禮子筵于户西士昏禮婦席于户牖間鄉飲席於牖前鄉射賓席在於户牖之處名雖不同皃皆是一義鄉飲雖云牖前亦是牖東也蓋户西牖東主西北之賓位

也士冠禮子士昏禮婦亦在此位敬禮之如賓客然
所謂醴於客位是也若牖前則近於西北隅矣果賓
席在牖前則三賓當如鄉射記東面北上今經云衆
賓之席繼而西則賓席決不在牖前明矣雖然此特
以鄭義大夫士東房西室言之也又按陳祥道云鄉
飲酒薦脯五挺出自左房鄉射記籩豆出自東房大
射宰胥薦脯醢由左房夫鄉飲鄉射大夫禮大射諸
侯禮其言相類蓋言左以有右言東以有西則大夫
士之房室與諸侯同可知鄭氏謂大夫士無西房恐
未然也又見鄭注大夫士東房西室圖

設席陳器圖

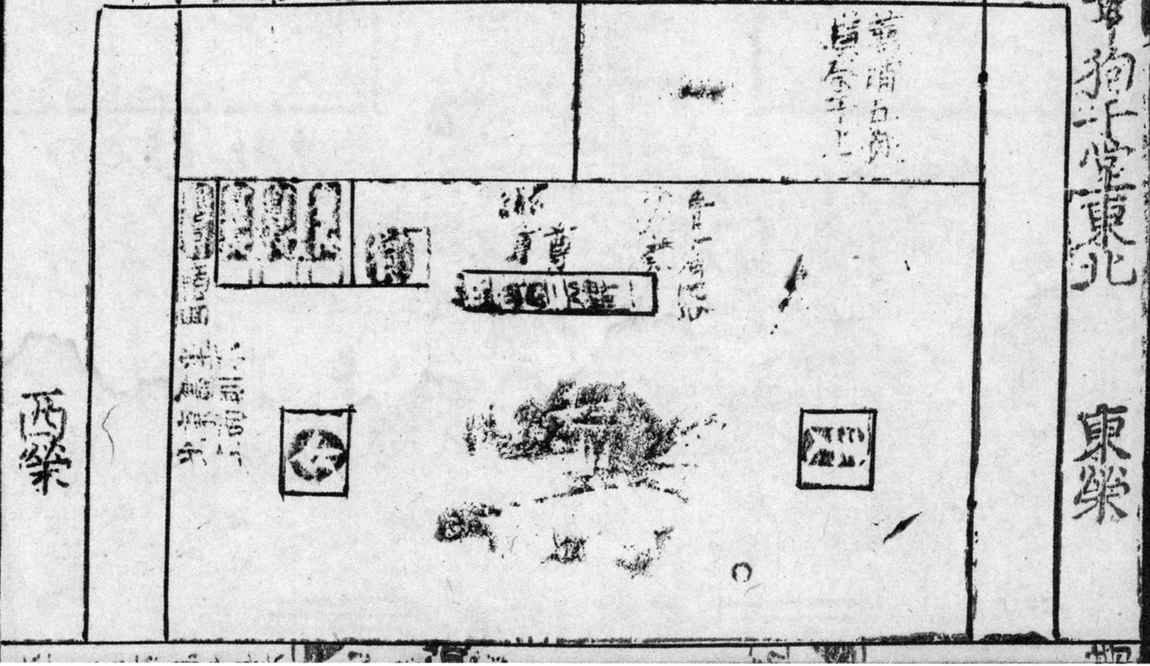

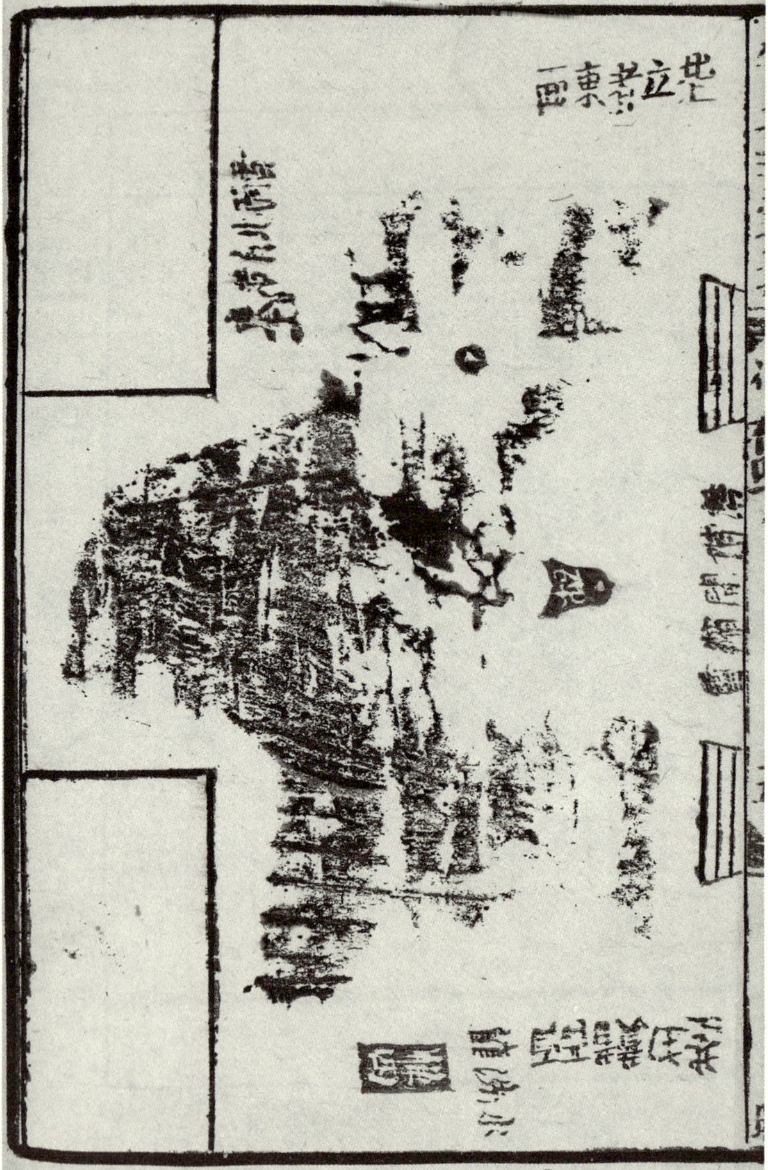

羹定（肉謂之羹，定猶孰也）主人速賓，賓拜辱，主人答拜，還（速，召也。還，猶退）

（[illegible]）賓拜辱，介亦如之。賓及眾賓皆從之。（ ）主人一

相迎于門外，再拜賓，賓答拜；拜介，介答拜。（相，主人之吏，擯贊傳

命[illegible]）揖眾賓（[illegible]）主人揖，先入（將揖賓，道之先入門而[illegible]）

（[illegible]）賓厭介，入門左；介厭眾賓入，眾賓皆入門左，北上

（[illegible]厭[illegible]，向推手曰揖，引手曰厭，[illegible]皆[illegible]門西東[illegible]）

右迎賓

主人迎賓圖

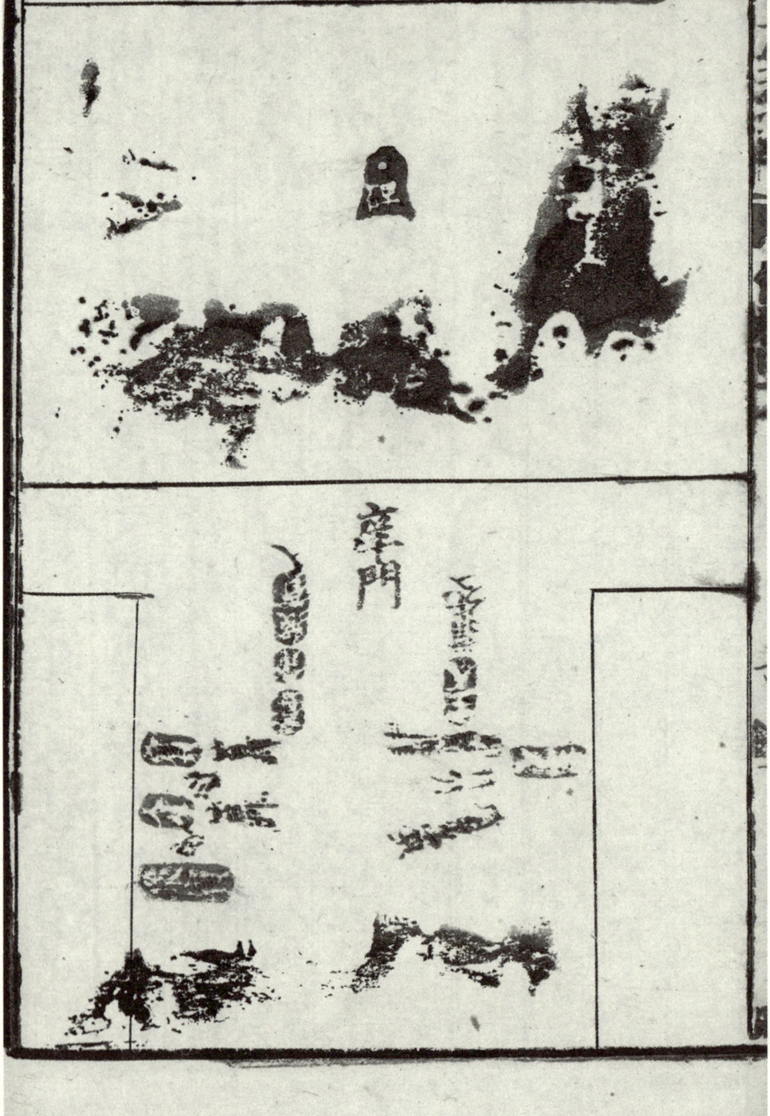

主人與賓三揖至于階三讓主人升賓升主人阼階上當楣北面再拜賓西階上當楣北面答拜楣亡悲反○楣前梁也○疏曰楣前梁對後梁為室戶上主人坐取爵于篚降洗將獻賓賓降從主人主人坐奠爵于階前辭賓對主人坐取爵興適洗南面坐奠爵于篚下盥洗已盥乃洗爵致絜敬也賓進東北面辭洗必進東行示情○疏曰示情者賓進前就主人示謙下主人之情也主人坐奠爵于篚興對賓復位當西序東面始降位在此主人坐取爵沃洗者西北面沃洗者主人之羣吏卒洗主人壹揖壹讓升賓拜洗主人坐奠爵遂拜降盥復盥為手坋汙○坋步困反賓降主人辭賓對復位當西序卒盥揖讓升賓西階上

疑立疑魚乙反○疑正立自定之貌主人坐取爵實之賓之席前西

北面獻賓向其席也賓西階上拜主人少退賓進受爵以

復位復西階上位主人阼階上拜送爵賓少退薦脯醢薦進

也進之者主人有司賓升席自西方升由下也升必中席乃設折俎牲體枝解

節折在俎主人阼階東疑立賓坐左執爵祭脯醢坐坐於席祭脯

醢者以奠爵于薦西興右手取肺郤左手執本坐弗

右手

繚右絕末以祭尚左手嚌之興加于俎繚音了嚌才郤許反○肺離

之本端厚大者繚猶紾也尚左手者明垂紾之乃絕

其末嚌嘗也○疏曰本謂根本肺之大端此鄉飲酒

大夫禮故云繚祭鄉射士禮云絕祭但云繚必兼絕

言絕不得兼繚也周禮大祝辨九祭七曰絕祭八曰

繚祭注云繚祭以手從肺本循之至于末乃絕以祭

絕祭不循其末直絕以祭二祭本同禮多者繚之禮

啐者絕則祭之一云嚌則嘗也者嚌至齒則嘗之也坐捝手遂祭酒興席末坐啐酒降席坐奠爵拜告旨執爵興主人阼階上答拜捝始銳反啐七內反○降席席西也賓西階上北面坐卒爵興坐奠爵遂拜執爵興主人阼階上答拜卒盡也於此盡酒者明此席非專為飲食起○疏曰此席非專為飲食起為賓賢能起故不在席盡爵於此西階上卒之○記以爵拜者不徒作作起也言拜既爵者不徒起起必酢主人○凡舉爵三作而不徒爵謂獻賓獻大夫獻工皆有薦

右主人獻賓

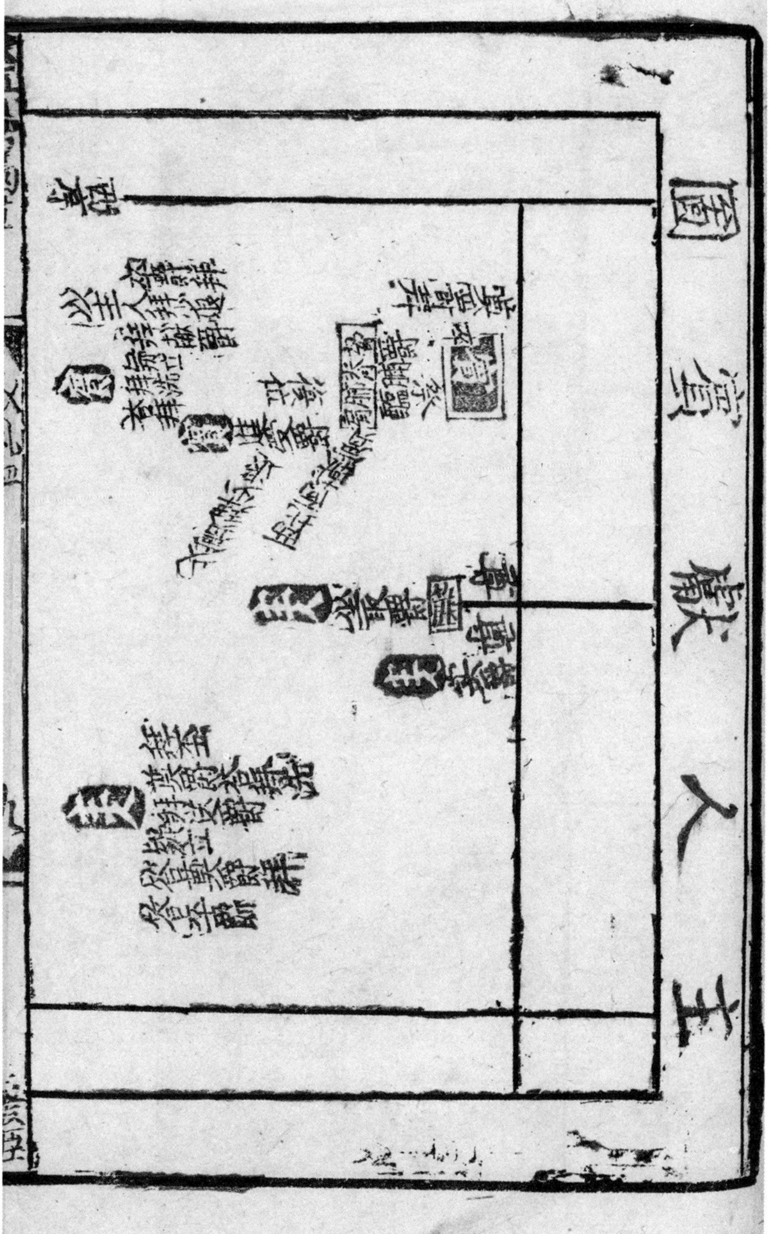
主人獻賓圖

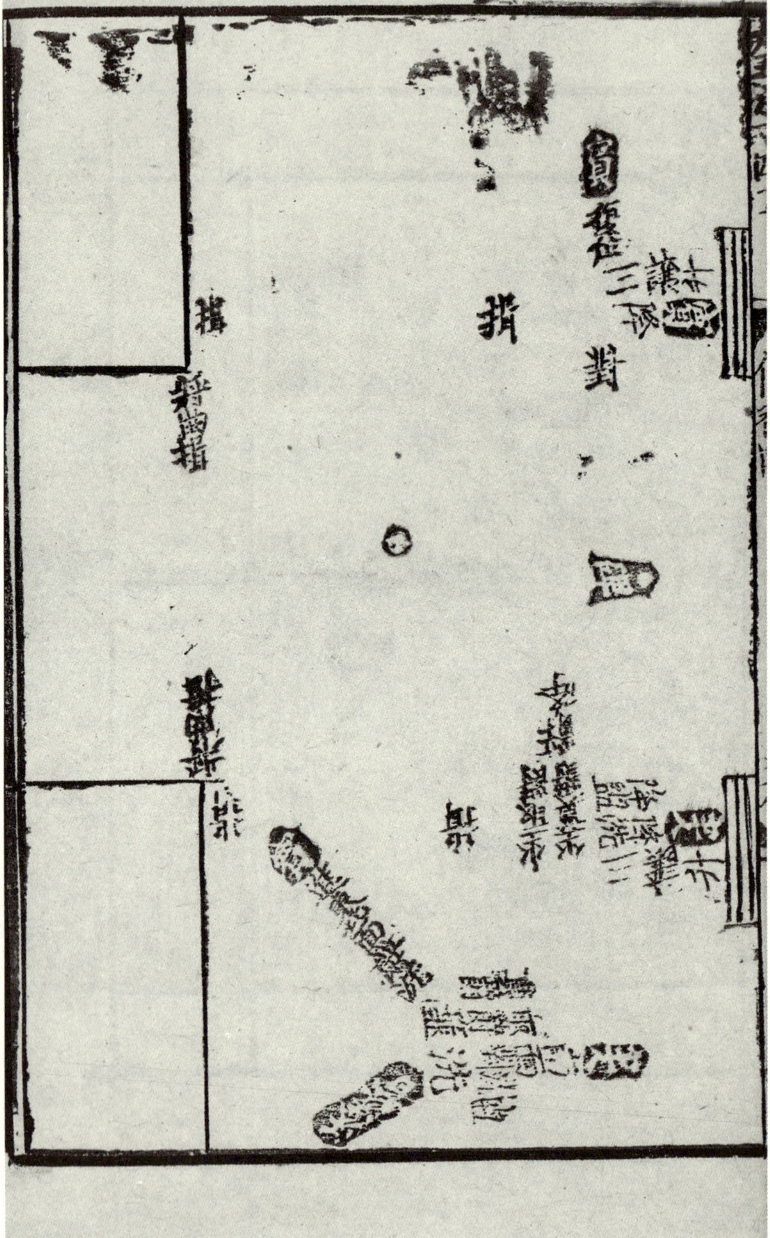

賓降洗將酢主人 主人降降立阼階東西面 賓坐奠爵興辭西階前也
主人對賓坐取爵適洗南北面主人阼階東南面辭
洗賓坐奠爵于篚興對主人復阼階東西面賓東北
面盥坐取爵卒洗揖讓如初升主人拜洗賓答拜興
降盥如主人禮賓實爵主人之席前東南面酢主人
主人阼階上拜賓少退主人進受爵復位賓西階上
拜送爵薦脯醢主人升席自北方設折俎祭如賓禮
祭者祭薦俎及酒亦嚌啐 不告旨酒己物也 自席前適阼階上北面坐
卒爵興坐奠爵遂拜執爵興賓西階上答拜自席之前者啐酒
席末因從北方降由便也 主人坐奠爵于序端阼階上北面再拜

崇酒賓西階上答拜東西牆謂之序崇充也言酒惡相充實○記主人

介凡升席自北方降自南方席南上升由下降由上由便

右賓酢主人

賓酢主人圖

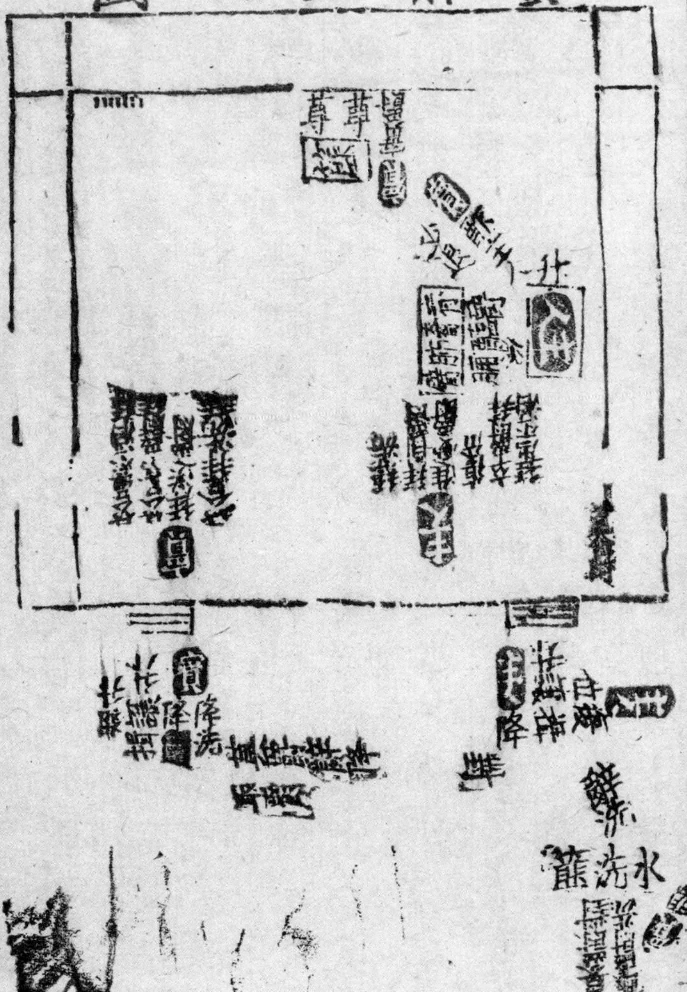

主人坐取觶于篚降洗賓降主人辭降賓不辭洗立當西序東面（不辭洗者以其將自飲）卒洗揖讓升賓西階上疑立主人實觶酬賓阼階上北面坐奠觶遂拜執觶興賓西階上答拜（酬勸酒也酬之言周忠信為周）坐祭遂飲卒觶興坐奠觶遂拜執觶興賓西階上答拜主人降洗賓降辭如獻禮升不拜洗（不拜洗殺於獻）賓西階上立主人實觶賓之席前北面賓西階上拜主人少退卒拜進坐奠觶于薦西（賓已拜主人奠其觶）賓辭坐取觶復位主人阼階上拜送賓北面坐奠觶于薦東復位（酬酒不舉君子不盡人之歡不竭人之忠以全交也）主人揖降賓降立于階西當序東面（主人將與介為禮賓

謙不敢居堂上〇記凡奠者於左不飲者不欲其妨〇疏曰謂主人酬賓之觶賓奠之於左是不欲其妨後奠爵者將舉於右便也〇注曰謂右一人舉觶爲旅酬始二人舉觶爲無算爵始皆奠於右以右舉之便也

右主人酬賓

主人酬賓圖

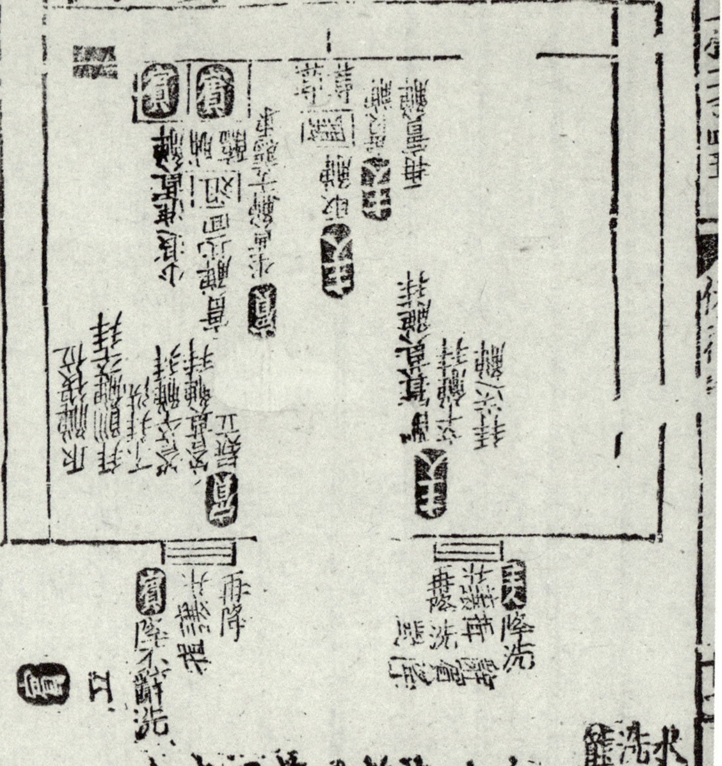

今按[illegible]酬賓[illegible]主人[illegible]自飲以[illegible]飲卑主人[illegible]先自飲於阼階上[illegible]之乃復奠觶於[illegible]之席前酬賓[illegible]而不[illegible]人之飲[illegible]以降不辭洗今亦[illegible]

主人以介揖讓升拜如賓禮主人坐取爵于東序端降洗介降主人辭降介辭洗如賓禮升不拜洗介禮殺也介西階上立不言疑者省文主人實爵介之席前西南面獻介介西階上北面拜主人少退介進北面受爵復位主人介右北面拜送爵介少退主人拜于介右降尊以就卑也主人立于西階東薦脯醢介升席自北方設折俎祭如賓禮不嚌肺不啐酒不告旨自南方降席北面坐卒爵興坐奠爵遂拜執爵興主人介右答拜不嚌啐下賓○記主人介凡升席自北方降自南方○以爵拜者不徒作

右主人獻介

主人獻介圖

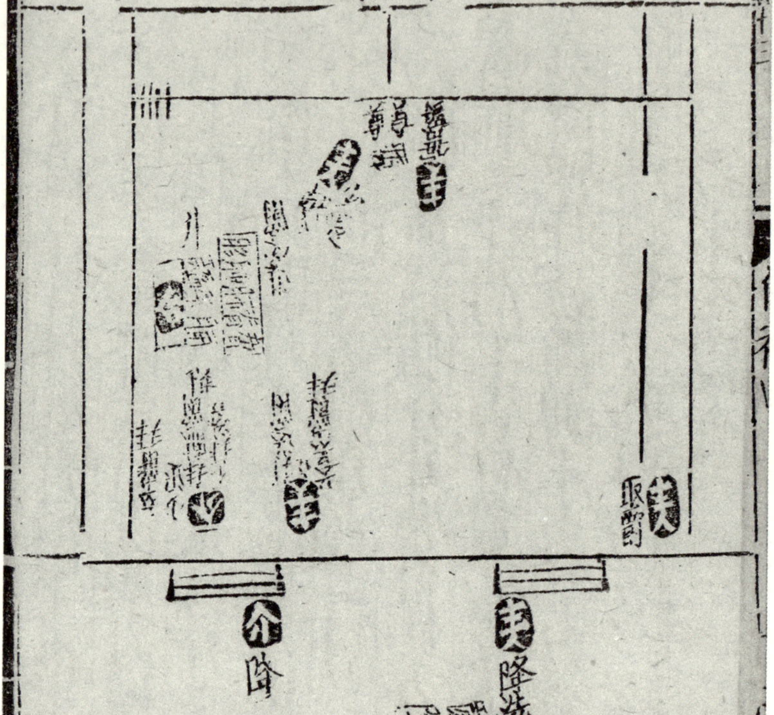

介禮殺於賓者不拜洗主人不拜於阼階而拜於介方不嚌肺不啐酒不告旨

介降洗主人復阼階降辭如初（如賓酢之時）卒洗主人盥（盥者當爲介酌○疏曰此主人自飲而盥者尊介也）介揖讓升授主人爵于兩楹之間（就尊南授之介不自酌下賓酒者賓主共之○疏曰知兩楹間是尊南者以上云尊於房戶之間房戶間當兩楹之北也）介西階上立主人實爵酢于西階上介右坐奠爵遂拜執爵興介答拜主人坐祭遂飲卒爵興坐奠爵遂拜執爵興介答拜主人坐奠爵于西楹南（以當獻衆賓）介右再拜崇酒介答拜主人復阼階揖降介降立于賓南

右介酢主人

介酢主人圖

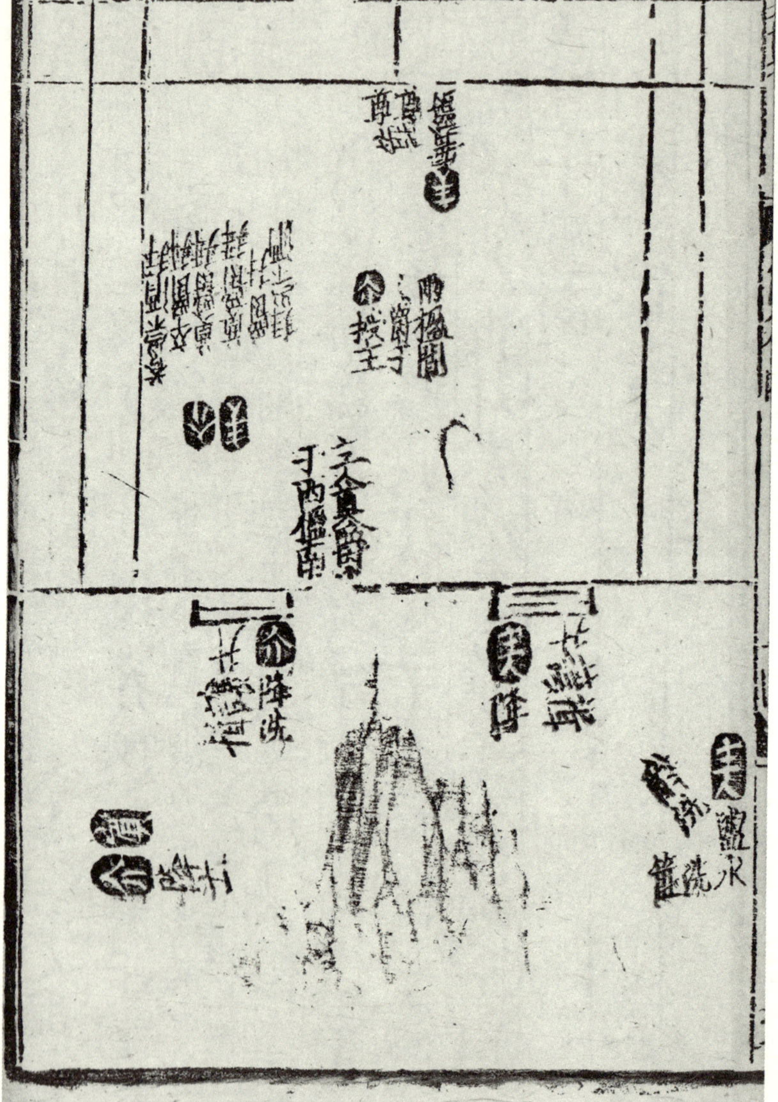

主人西南面三拜衆賓衆賓皆荅壹拜不備拜賤也主人
揖升坐取爵于西楹下降洗升實爵于西階上獻衆
賓衆賓之長升拜受者三人主人拜送於衆賓右坐祭立
飲不拜既爵授主人爵降復位既卒也卒爵不拜立飲立授賤者禮簡
衆賓獻則不拜受爵坐祭立飲次三人以下也不拜禮彌簡每一
人獻則薦諸其席謂三人也衆賓辯有脯醢亦每獻薦於其位位在下
今文辯皆作徧主人以爵降奠于篚○記坐卒爵者拜既爵
立卒爵者不拜既爵降殺各從其宜不使相錯○衆賓之長一人
辭洗如賓禮○立者東面北上若有北面者則東上
注見上文樂正與立者皆薦以齒謂其飲之次也尊樂正同於賓黨不言飲而言

焉以明飲也斷飲皆薦於其位樂正位西階東北面**○主人之贊者西面北上不與**與音預○贊佐也謂主人之屬佐助主人禮事徹冪沃盥設薦俎者西面北上統於堂也與及也不及謂不獻酒**無筭爵然後與**燕乃及之

右主人獻衆賓

主人獻衆賓圖

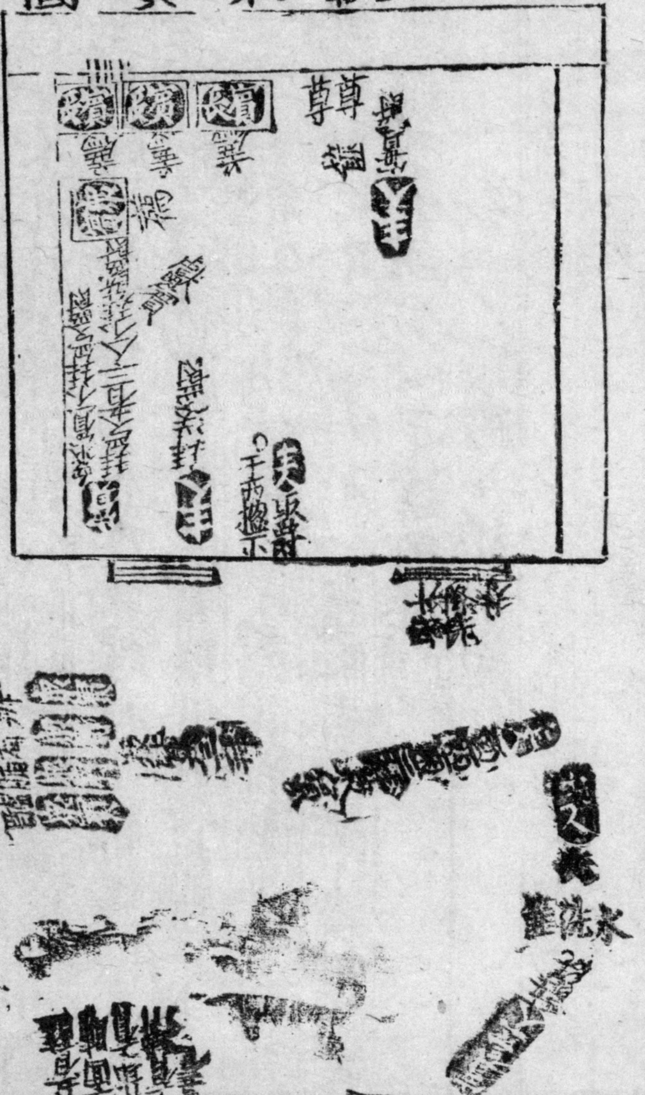

揖讓升賓厭介升介厭衆賓升衆賓序升即席序次也即就也○一人洗升舉觶于賓一人主人之吏發酒端曰舉實觶西階上坐奠觶遂拜執觶興賓席末答拜坐祭遂飲卒觶興坐奠觶遂拜執觶興賓答拜降洗升實觶立于西階上賓拜賓拜拜將受觶進坐奠觶于薦西賓辭坐受以興舉觶不授下主人也言坐受者明行事相接若親受謙也舉觶者西階上拜送賓坐奠觶于其所所薦西也舉觶者降事已

右一人舉觶爲旅酬始

一人舉觶為旅酬始圖

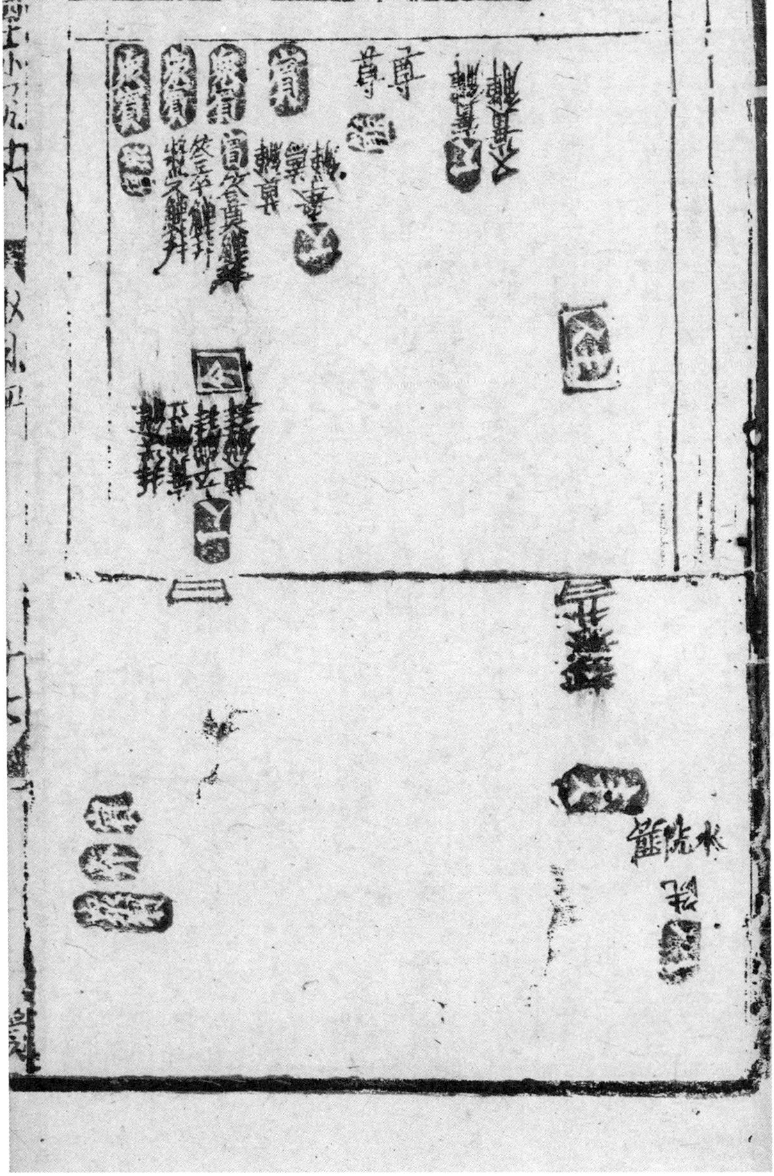

賓若有遵者諸公大夫則既一人舉觶乃入不干主人正禮

也遵者諸公大夫也謂之賓者同從外來耳大國有孤四命謂之公席于賓東公三重

大夫再重席此二者於賓東尊之不與鄉人齒天子之國三命者不齒於諸侯之國爵為大

夫則不齒矣不言遵者遵者亦鄉大夫公如大夫入主人降賓介降眾

賓皆降復初位主人迎揖讓升公升如賓禮辭一席

使一人去之主人迎之於門內也辭一席謙自同於大夫大夫則如介禮

有諸公則辭加席委於席端主人不徹無諸公則大

夫辭加席主人對不去加席加席上席也大夫席再重[illegible]

諸公則大夫於主人之北西面其西面者北上統於公

二　按鄉射禮[illegible]大夫若有遵者則入門左

主人降迎大夫於門內也不出門別於賓賓及衆賓皆降復初位不敢居堂俟大夫入也初位門內東面主人揖讓以大夫升拜至大夫答拜主人以爵降大夫降主人辭降大夫辭洗如賓禮席于尊東尊東明與賓夾尊也不言東上統於尊也升不拜洗主人實爵席前獻于大夫大夫西階上拜進受爵反位主人大夫之右拜送大夫辭加席主人對不去加席去起呂反○辭之者謙不以己尊加賢者也不去者大夫再重席正也賓一重席乃薦脯醢大夫升席設折俎祭如賓禮不嚌肺不啐酒不告旨西階上卒爵拜主人答拜凡所不者殺於賓也大夫升席由東方○記若有諸公則如賓禮大夫如介禮

無諸公則大夫如賓禮尊卑之差諸公大國之孤樂作大夫不

入後樂賢也

大夫降洗將酢主人也大夫若衆則辯獻長乃酢主人復阼階降辭

如初卒洗主人盥盥者雖將酌自飲尊大夫不敢褻揖讓升大夫

授主人爵于兩楹閒復位主人實爵以酢于西階

上坐奠爵拜大夫答拜坐祭卒爵拜大夫答拜主人

坐奠爵于西楹南再拜崇酒大夫答拜主人復阼

階揖降將升賓○䟽曰以爲士於旅乃以辯獻士故奠爵於西楹南大夫降立于

賓南○主人揖讓以賓升大夫及衆賓皆升就席

右主人獻遵遵酢主人

主人迎遵獻遵圖

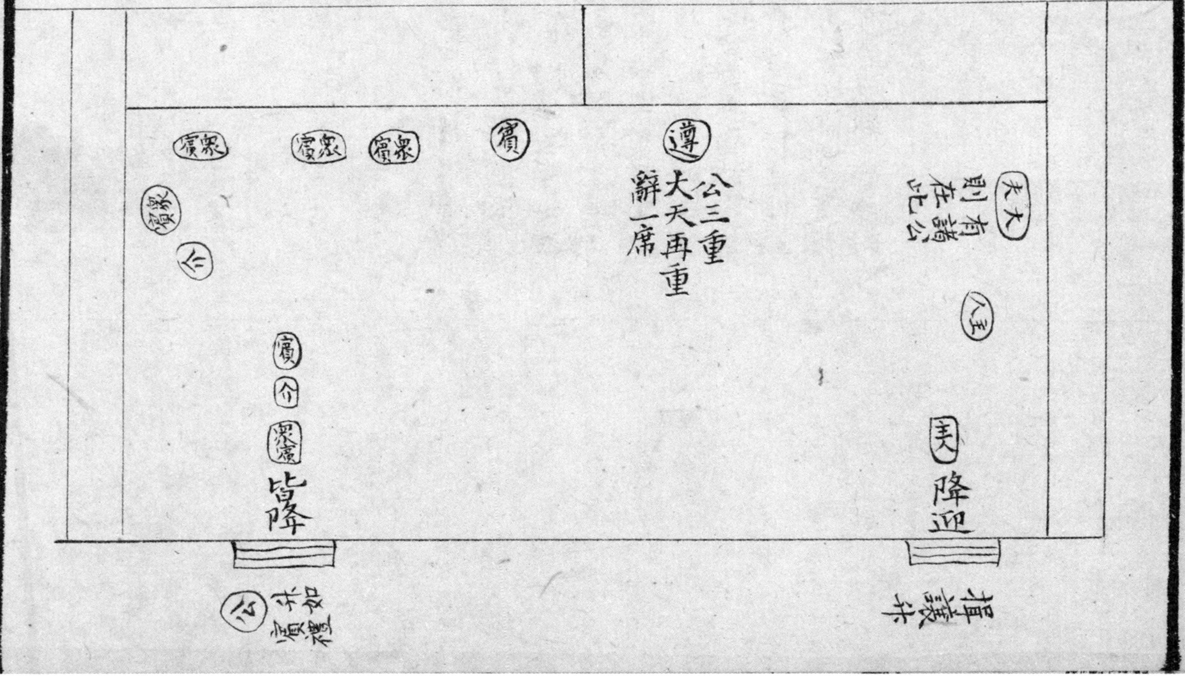

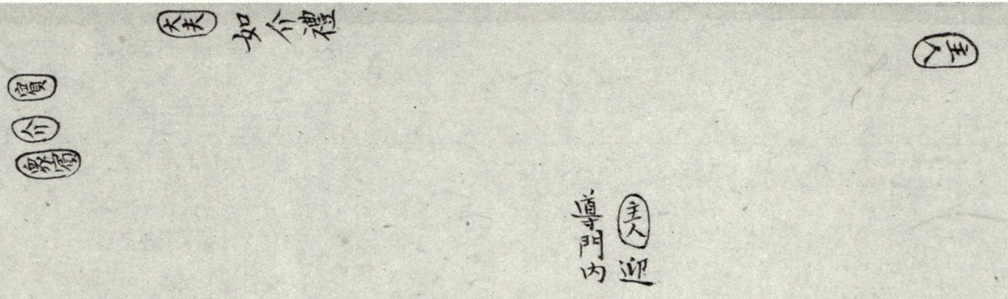

今按獻遵一條經史所載差畧謂公升如賓禮則自拜至以後其禮當與賓同見前獻賓圖謂大夫如介礼則不拜洗不嚌肺不告旨禮殺於賓參之獻介圖及鄉射禮可見但無諸公則獻大夫當如獻賓之禮

設于堂廉東上爲工布席也側邊曰廉燕禮曰席工於西階上少東樂正先升北面此言樂正先升立于西階東則工席在階東工四人二瑟瑟先相者二人皆左何瑟後首挎越内弦右手相何户可反挎口孤反○四人大夫制也二瑟二人鼓瑟則二人歌也瑟先者將入序在前也相扶工也衆賓之少者爲之每工一人鄉射禮曰弟子相工如初入天子相工使視瞭者凡工瞽矇也故有扶之者師冕見及階子曰階也及席子曰席也固相師之道後首者變于君也挎持也相瑟者則爲之持瑟其相歌者徒相也越瑟下孔也内弦側擔之者樂正先升立于西階東正長也工入升自西階北面坐相者東面坐遂授瑟乃降降立于西方近其事工歌鹿鳴四牡皇皇者華三者皆小雅篇也鹿鳴君與臣下及四方之賓燕講道脩政之樂歌也此采其己有旨酒以召嘉賓嘉賓既來示我以善道又樂嘉賓有孔昭之明德可則傚也四牡君勞使臣之來樂其勞苦

歌也此采其勤苦王事念將父母懷歸傷悲忠孝之至以勞賓也皇皇者華君遣使臣之樂歌也此采其更是勞苦自以爲不及欲諮謀於賢知而以自光明也○朱先生曰鹿鳴謂兮曰燕飲之事所以道主人之誠意而美嘉賓之德也四牡言其去家而仕於朝辭親而從王事於此乎始也皇皇者華言其奉爲君使而賦政於外也學記曰宵雅肄三官其始也正謂此也蓋此三詩先王所制以爲燕飲之樂用之鄉人用之邦國各取其象而歌之也卒歌主人獻工鄉射禮曰取爵于上篚獻工工左瑟一人拜不興受爵主人阼階上拜送爵一人工之長也凡工賤不爲之洗薦脯醢使人相祭使人相者相其祭酒祭薦工飲不拜既爵授主人爵坐授衆工則不拜受爵坐祭遂飲人辯有脯醢不祭祭飲獻酒重無不祭也大師則爲之洗賓介降主人辭降工不辭洗大夫若君賜之樂謂之大師則爲之洗卑之也賓介降從主人也工大師也上

鄭言獻工矣乃言大師者大師或瑟或歌也其獻之瑟則先歌則後笙入堂下磬南北面立樂南陔白華華黍笙吹笙者也以笙吹此詩以為樂也南陔白華華黍小雅篇也今亡其義未聞昔周之興也周公制禮作樂采時世之詩以為樂歌所以通情相風切也其有此篇明矣後世衰微幽厲尤甚禮樂之書稍稍廢棄孔子曰吾自衛反魯然後樂正雅頌各得其所謂當時在者而復重雜亂者也惡能存其亡者乎且正考父校商之名頌十二篇于周大師歸以祀其先王至孔子二百年之閒五篇而已此其信也○劉敞云此三篇皆笙詩也小序云有其義而亡其辭亡謂本無非亡逸之亡也鄉飲酒禮鼓瑟而歌鹿鳴四牡皇皇者華然後笙入堂下磬南北面立樂南陔白華華黍燕禮亦鼓瑟而歌鹿鳴四牡皇皇者華然後笙入立于縣中奏南陔白華華黍南陔以下今無以考其名篇之義然曰笙曰樂曰奏而不言歌則有聲而無詞明矣下由庚崇丘由儀放此主人獻之于西階上一人拜盡階不升堂受爵主人拜送爵階前坐

祭立飲不拜既爵升授主人爵一人笙之長者也笙三人和一人凡四人

鄉射禮曰笙一人拜于下衆笙則不拜受爵坐祭立飲辯有脯醢不祭亦受爵于西階上薦之皆於其位磬南○乃間歌魚麗笙由庚歌南有嘉魚笙崇丘歌南山有臺笙由儀間代也謂一歌則一吹六者皆小雅篇也魚麗言太平年豐物多也此采其物多酒旨所以優賓也南有嘉魚言太平君子有酒樂與賢者共之也此采其能以禮下賢者賢者纍蔓而歸之與之燕樂也南山有臺言太平之治以賢者為本此采其愛友賢者為邦家之基民之父母既欲其身之壽考又欲其名德之長也由庚崇丘由儀今亡其義未聞○蹟曰堂上下歌笙堂上一升歌間代而作故謂之為間也○乃合樂周南關雎葛覃卷耳召南鵲巢采蘩采蘋合樂謂歌樂與衆聲俱作也周南召南國風篇也王后國君夫人房中之樂歌也關雎言后妃之德葛覃言后妃之職卷耳言后妃之志

槩言國君夫人之德所繫言國君夫人不失職采蘩
言卿大夫之妻能循其法度者太王王季居于岐山
之陽躬行召南之教以興王業及文王而行周南之
教以受命大雅云刑于寡妻至于兄弟以御于家邦
謂此也其始一國爾文王作邑于豐以故地爲卿士
之采地乃分爲二國周周公所食召召公所食于時
文王三分天下有其二德化被于南土是以其詩有
仁賢之風者屬之召南焉有聖人之風者屬之周南
焉夫婦之道生民之本王政之端此六篇者其教之
原也故國君與其臣下及四方之賓燕用之合樂也
鄉樂者風也小雅爲諸侯之樂大雅頌爲天子之樂
鄉飲酒升歌小雅禮盛者可以進取燕合鄉樂禮輕
者可以逮下也春秋傳曰肆夏繁遏渠天子所以享
元侯也文王大明緜兩君相見之樂也然則諸侯相
與燕升歌大雅合小雅天子與次國小國之君燕亦
如之與大國之君燕升歌頌合大雅其笙間之篇
未聞○疏上歌樂衆聲俱作者謂堂上有歌瑟堂下
有笙磬合奏此詩也○朱先生曰二南之分注疏說
未安惟程子曰以周公主內治故以畿內之詩言文
王太姒之化者屬之周南以召公掌諸侯故以畿外

之詩言列國諸侯大夫之家者屬之召南也言爲得
之謂之南者言其化自岐雍之間被于江漢之域自
北而南也詩何以雅以南即謂此也工告于樂正曰正歌備樂正告于
賓乃降樂正降者以正歌備無事也降立西階東北面○記磬階間縮霤北
面鼓之○獻工與笙取爵于上篚既獻奠于下篚明其
異器敬也如是則獻大夫亦然上篚三爵○疏曰獻
賓獻大夫訖降奠于篚是其上篚一爵也獻工與笙
既獻奠于下篚是上篚二爵也又鄉射禮云主人以
爵降洗獻大夫大夫此篇亦有大夫故知上篚有三爵也
其笙則獻諸西階上謂主人拜送爵也於工拜于阼階上者以其坐于西階東也

右樂賓

樂賓圖

二人鼓瑟二人歌

歌　鹿鳴　四牡　皇皇者華三終

升歌三終者謂升堂歌鹿鳴四牡皇皇者華每一篇而一終也

以笙吹詩有聲無詞

笙　南陔　白華　華黍三終

笙入三終者謂吹笙之人入於堂下奏南陔白華華黍每一篇而一終也

堂下吹笙堂上升歌

間　歌魚麗笙由庚歌南有嘉魚笙崇丘歌南山有臺笙由儀三終

間歌三終者間代而作謂之乃間堂上先歌魚麗則堂下笙由庚此為一終又堂上歌南有嘉魚則堂下笙崇丘此為二終又堂上歌南山有臺則堂下笙由儀此為三終

歌樂與衆聲俱作

合　周南關雎　葛覃　卷耳　召南鵲巢　采蘩　采蘋

鄉飲酒義合樂三終者謂堂上下歌瑟及笙並作也若工歌關雎則笙吹鵲巢合之若工歌葛覃則笙吹采蘩合之若工歌卷耳則笙吹采蘋合之賈疏合樂三終者謂堂上歌瑟堂下笙磬合奏此六詩也言三終者二南各三終也二說不同當考

燕禮 歌笙間合四節同又有二事之旁者賓及庭奏肆夏又升歌鹿鳴下管新宮笙入三成與上四節異

鄉射 不歌不間不合惟有合樂一節以主於射略於樂也

大射 與鄉射又不同歌鹿鳴三終又管新宮而止亦主於射略於樂也

主人降席自南方不由北方由便側降賓介不從○疏曰側特也賓介不從故言側作相為司正司正禮辭許諾主人拜司正答拜作使也禮樂之正既成將留賓為有解惰立司正以監之拜拜其許主人升復席司正洗觶升自西階阼階上北面受命于主人主人曰請安于賓司正告于賓賓禮辭許為賓欲去留之告賓於西階司正告于主人主人阼階上再拜賓西階上答拜司正立于楹間以相拜皆揖復席再拜拜賓許也司正既以賓許告主人遂立楹間以相拜賓主人既拜揖就席司正實觶降自西階階間北面坐奠觶退共少立階間北面東西節也其南北當中庭共拱手也少立自正慎其位也已帥而正孰敢不正燕禮曰右還北面坐取觶不祭遂飲卒觶興坐奠觶遂拜執

觶興盥洗北面坐奠觶于其所退立于觶南洗觶奠之示絜敬立於其南以察眾○疏曰案鄉射大射皆具不云盥此有盥字者誤合刪去○記曰一正既舉觶而薦諸其位司正主人之屬也無獻者皆於是舉觶而薦之○疏曰記又云主人之贊者西面北上不與無算爵然後與是無獻也

右司正中庭奠觶

司正中庭奠觶圖

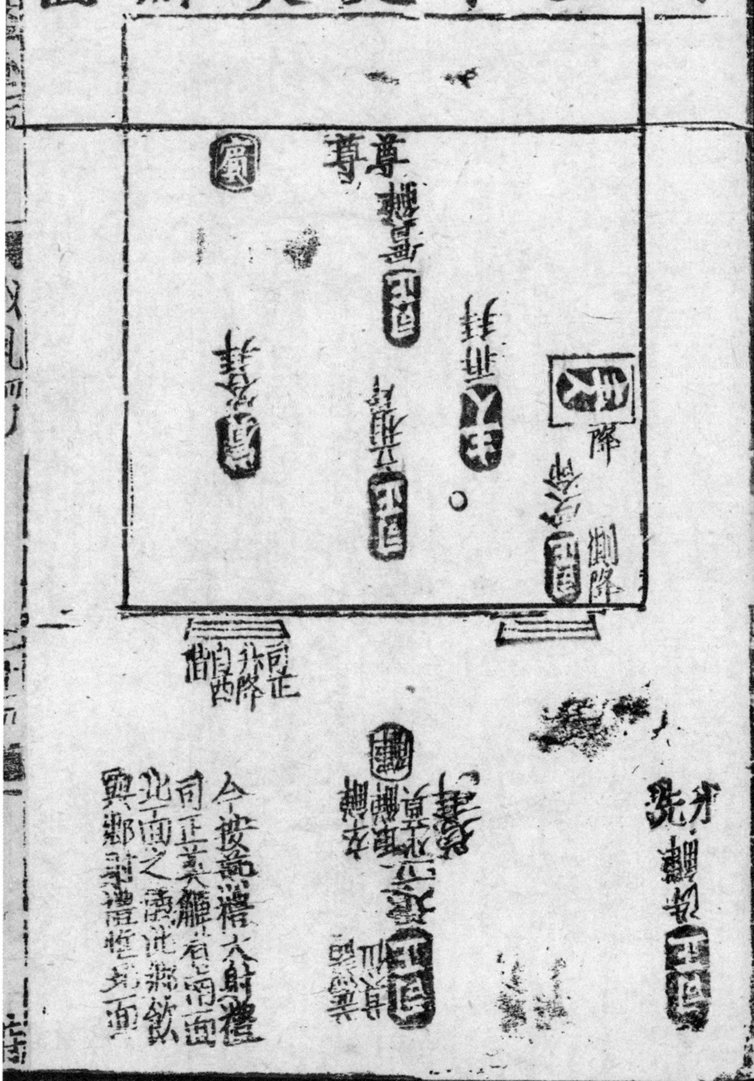

今按燕禮大射禮司正奠觶皆南面北面之儀此鄉飲與鄉射禮皆北面

賓北面坐取俎西之觶阼階上北面酬主人主人降
席立于賓東初起旅酬也凡旅酬者少長以齒終於沃盥者皆弟長而無遺矣○疏曰前一人舉觶奠于薦右今乃取為旅酬賓坐奠觶遂拜執觶興主人答拜不
祭立飲不拜卒觶不洗實觶東南面授主人賓立飲卒觶因更酌以鄉主人將授主人阼階上拜賓少退主人受觶賓拜送
于主人之西旅酬同階禮殺賓揖復席酬主人訖主人西階上酬
介介降席自南方立于主人之西如賓酬主人之禮
主人揖復席其酌實觶乃南面授介自此以下旅酬酌者亦如之司正升相旅
曰某子受酬受酬者降席旅序也於是介酬眾賓眾賓又以次序相酬某者眾賓姓也同姓則以伯仲別之又同則以且字別之司正退立于序端東面辟位

酬者又便其贊上贊下也始升相西階西北面受酬者自介右由介東也尊介使不失故位衆受酬者受自左後將受酬者皆由西變於介也拜興飲皆如賓酬主人之禮嫌賓以下異也辯卒受者以觶降坐奠于篚辯辯衆賓之在下者鄉射禮曰辯遂酬在下者皆升受酬于西階上司正降復位觶南之位○

記旅不洗敬禮殺也不洗者不祭不甚絜也既旅士不入後正禮也既旅則將燕矣○

鄉射記古者於旅也語禮成樂備乃可以言語先王禮樂之道也疾今人慢於禮樂之盛言語無節故追道古也

右旅酬

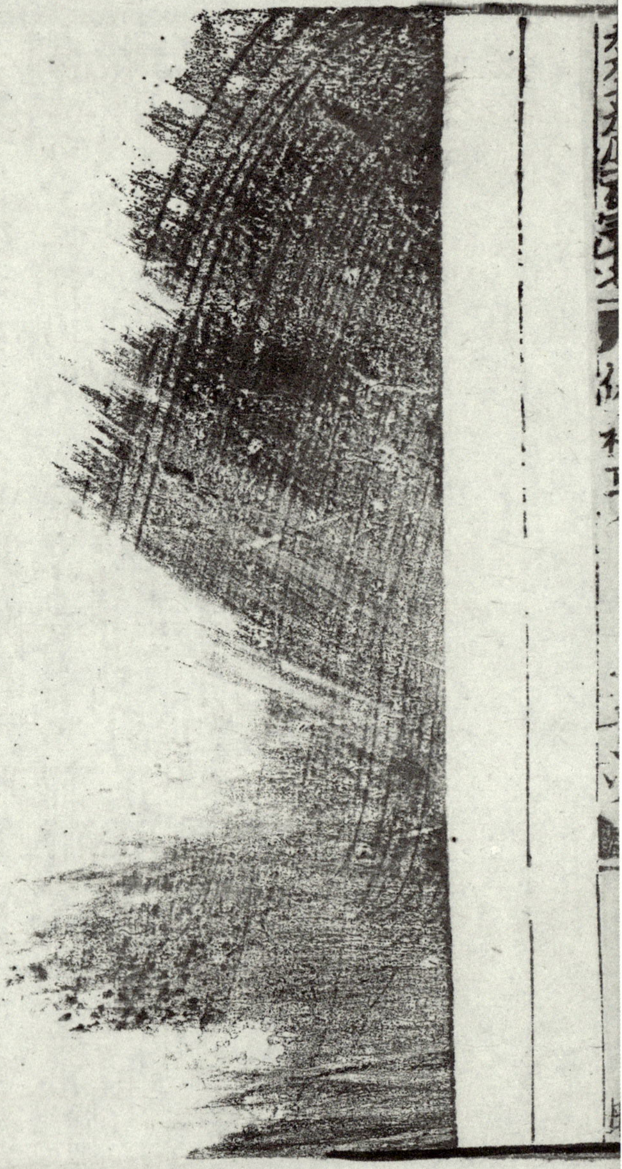

旅酬圖

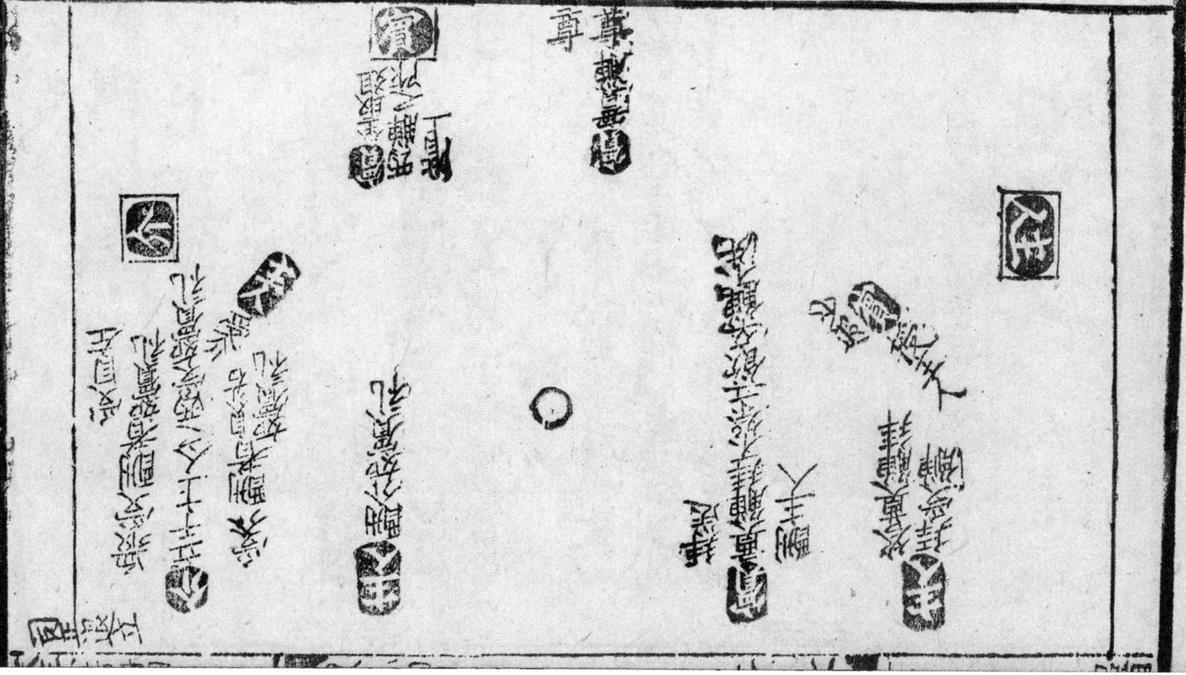

受酬者自介右

主人酬介介立于主人之西是主人在介右也及介酬其子其子受酬亦在介右蓋尊介使不失故位也惟介酬其子一條如此

衆受酬者受自左

自介酬其子之後衆受酬者皆立於酬者之左繼於介也亦如賓酬主人立於主人之左

使二人舉觶于賓介洗升實觶于西階上皆坐奠觶遂拜執觶興賓介席末答拜皆坐祭遂飲卒觶興坐奠觶遂拜執觶興賓介席末答拜二人亦主人之吏若有大夫則舉觶于賓與大夫燕禮曰媵爵者立于洗南西面北上序進盥洗○疏曰若有大夫則舉觶于賓與大夫者以其大夫尊於介故也逆降洗升實觶皆立于西階上賓介皆拜於席末拜○疏曰賓在席西南面介在席南東面皆進薦西奠之賓辭坐取觶以興介則薦南奠之介坐受以興退皆拜送降賓介奠于其所賓言取介言受尊卑異文

右二人舉觶為無筭爵始

# 二人舉觶爲無筭爵始圖

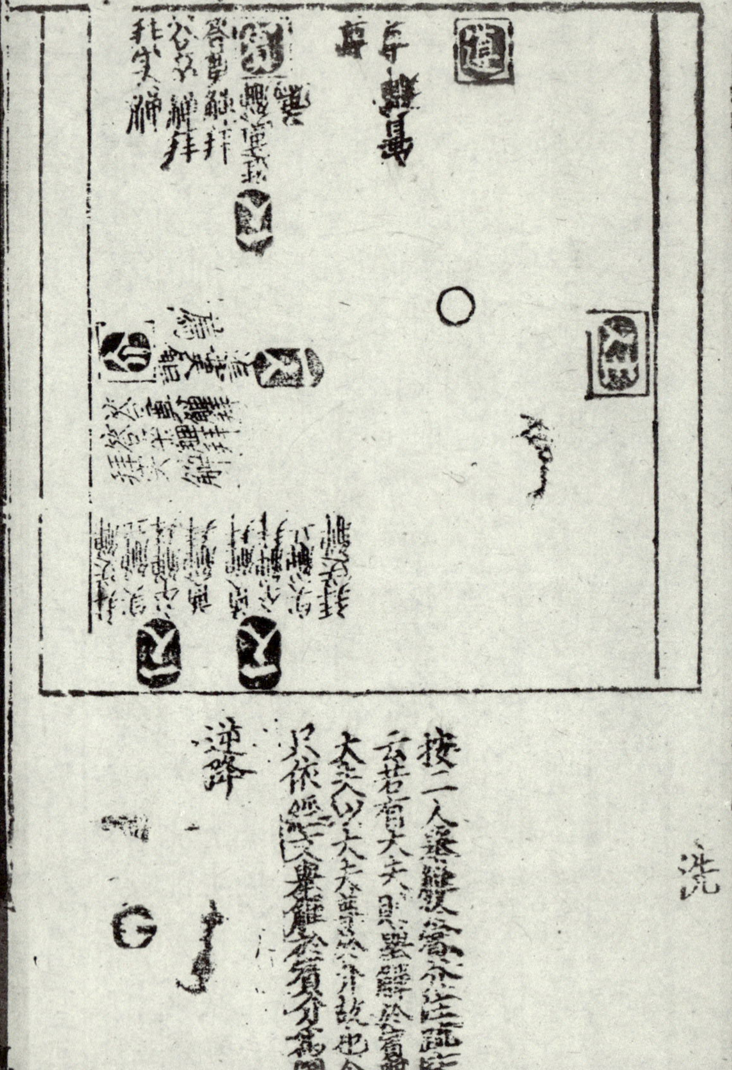

按二人舉觶於賓介注疏皆云若有大夫則舉觶於賓與大夫以大夫尊於介故也今只依經二人舉觶於賓介爲圖

司正升自西階受命于主人主人曰請坐于賓賓辭以俎至此盛禮俱成酒清肴乾賓主百拜強有力者猶倦焉張而不弛弛而不張非文武之道請坐者將以賓燕也俎者肴之貴者辭之者不敢以禮殺當貴者　主人請徹俎賓許亦司正傳請告之　司正降階前命弟子俟徹俎西階前也弟子賓之少者俎者主人之吏設之使弟子俟徹者明徹俎賓之義　司正升立于序端賓降席北面主人降席阼階上北面介降席西階上北面遵者降席席東南面皆立相須徹俎也遵者謂此鄉之人仕至大夫者也今來助主人樂賓主人所榮而遵法者也因以為名或有無來不來用時事耳　賓取俎還授司正司正以降賓從之主人取俎還授弟子弟子以降自西階主人降自阼階介取俎還授弟子弟子以降介從

之若有諸公大夫則使人受俎如賓禮衆賓皆降取俎

昔皆鄉其席徹俎子皆降復初入之位 ○記徹俎賓介遵者之俎受者以降遂出授從者從才用反主人之俎以東藏於東方

右徹俎

說屨揖讓如初升坐說屨者爲安燕當坐也必說於下者屨賤不空居堂說屨主人先左賓先右乃羞羞進也所進者狗胾醢也鄉設骨體所以致敬也今進羞所以盡愛也敬之愛之所以厚賢也無算爵算數也賓主燕飲爵行無數醉而止也此鄉射禮曰使二人舉觶于賓與大夫又曰執觶者洗升實觶反奠于賓與大夫皆是 ○今按鄉飲酒禮無算爵其文略故引鄉射無算爵以觶之後鄉射無算爵賓與大夫不興取奠觶飲卒觶不拜執觶者受觶遂實之賓觶以之主人大夫之觶衆賓長受而錯皆不拜注錯者賓主人之觶以之次賓實賓長之觶以之次大夫此鄉飲酒禮亦同但

鄉射有賓[illegible]介鄉飲酒有賓有介當賓賓之[illegible]以之

主人以[illegible]以之[illegible]及[illegible]論[illegible]而行也當[illegible]

人之[illegible]眾賓長[illegible]之[illegible]大夫又入賓[illegible]

賓長以[illegible]以賓長之[illegible]以大夫之[illegible]下

第一[illegible]賓長[illegible]賓大夫[illegible]

者[illegible]以上及其[illegible]者[illegible]

與[illegible]以[illegible]無算樂[illegible]無

為[illegible]乃[illegible]

合[illegible]上也春[illegible]一十九[illegible]八千○記主人

[illegible]聘[illegible]下[illegible]

之贊者西面北上不與無算爵然後與[illegible]及也不及[illegible]

乃及

之

右[illegible]

無筭爵圖

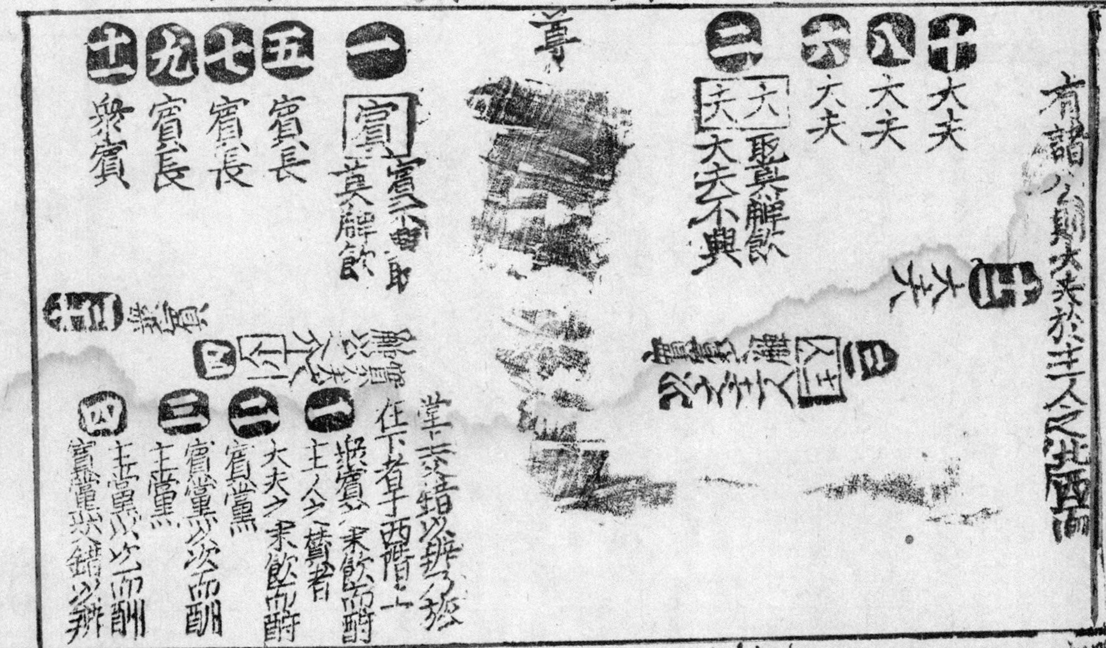

有諸公則大夫於主人之北西面
十 大夫
八 大夫
六 大夫
二 大夫 取其觶飲 大夫不興
大夫
尊
一 賓
奠觶飲
五 賓長
七 賓長
九 賓長
十一 衆賓
堂上
在下者于西階上
主人之贊者
大夫之未飲而爵
賓黨
賓黨以次而酬
主黨
主黨以次而酬
賓黨主黨錯以辨

旅在下者於階上受爵
以辯○執觶者皆與旅○終
於沃洗者○乃旅其辯也既辯
者洗升實觶於西階下當奠大決
所以反奠之者禁以終酬爵
歡醉乃止此所以爲無算爵

賓出奏陔陔陔夏也陔之言戒也終日燕飲酒罷以陔爲節明無失禮也周禮鍾師以鍾鼓奏九夏是奏陔夏則有鍾鼓矣鍾鼓者天子諸侯備用之大夫士鼓而已蓋建於阼階之西南鼓鄉射禮曰賓興樂正命奏陔賓降及階陔作賓出衆賓皆出主人送于門外再拜門東西下拜也賓介不答拜禮有終也

右賓出

明日賓服鄉服以拜賜拜賜謝恩惠鄉服昨日與鄉大夫飲酒之朝服也不言朝服未服以朝也○疏曰此賓言鄉服其鄉射記言朝服不同者按鄉射以公士爲賓謂在朝者朝服是其常此賓鄉人子弟未仕雖著朝服仍以鄉服言之故也○主人如賓服以拜辱拜賓服自屈辱也鄉射禮曰賓朝服以拜賜于門外主人不見如賓服遂從之拜辱於門外乃退○疏曰彼此賓主皆不相見造門外拜謝而已

右賓拜賜主人拜辱

主人釋服釋朝服更服玄端也乃息司正息勞也勞賜昨日贊執事者謂之司正司正庭長也無介勞禮略也司正為賓不殺市買若因所有可也不殺則無俎薦脯醢羞同也○疏曰與正行飲酒同羞唯所有任有何物徵唯所欲徵召也○疏曰昨日正行飲酒不得與親友故今禮食之餘可別召朋友也以告于先生君子可也告請也先生不以筋力為禮於是可以來君子國中有盛德者可者召不召唯所欲賓介不與與音預○禮瀆則褻鄉樂唯欲鄉樂周南召南六篇之中唯所欲作不從次也不歌鹿鳴魚麗者辟國君也

右息司正

鄉飲酒義

孔子曰吾觀於鄉而知王道之易易也主人親速賓
及介而眾賓自從之至于門外主人拜賓及介而眾
賓自入貴賤之義別矣三揖至于階三讓以賓升拜
至獻酬辭讓之節繁及介省矣至于眾賓升受坐祭
立飲不酢而降隆殺之義辨矣工入升歌三終主人
獻之笙入三終主人獻之間歌三終合樂三終工告
樂備遂出一人揚觶乃立司正焉知其能和樂而不
流也賓酬主人主人酬介介酬眾賓少長以齒終於
沃洗者焉知其能弟長而無遺矣降說屨升坐修爵
無數飲酒之節朝不廢朝莫不廢夕賓出主人拜送

節文終遂焉知其能安燕而不亂也貴賤明隆殺辨
和樂而不流弟長而無遺安燕而不亂此五行者足
以正身安國矣彼國安而天下安故曰吾觀於鄉而
知王道之易易也○鄉飲酒之義主人拜迎賓于庠
門之外入三揖而后至階三讓而后升所以致尊讓
也盥洗揚觶所以致絜也拜至拜洗拜受拜送拜旣
所以致敬也尊讓絜敬也者君子之所以相接也君
子尊讓則不爭絜敬則不慢不慢不爭則遠於鬭辨
矣○天地嚴凝之氣始於西南而盛於西北此天地
之尊嚴氣也此天地之義氣也天地溫厚之氣始於

東北而盛於東南此天地之盛德氣也此天地之仁氣也主人者尊賓故坐賓於西北而坐介於西南以輔賓賓者接人以義者也故坐於西北主人者接人以仁以德厚者也故坐於東南而坐僎於東北以輔主人也○鄉人士君子尊於房戶之間賓主共之也尊有玄酒貴其質也（其如字○鄉人鄉大夫也士州長黨正也君子謂鄉大夫士也飲國中賢者亦用此禮也）羞出自東房主人共之也洗當東榮主人之所以自絜而以事賓也

儀禮圖卷四